全国高等教育自学考试指定教材

法律专业（基础科段）

民事诉讼法学

（含：民事诉讼法学自学考试大纲）

（2016年版）

全国高等教育自学考试指导委员会　组编

主　编　潘剑锋

撰稿人　潘剑锋　刘哲玮　王　晴
　　　　戴　锐　周晓霞　白晓峰

审稿人　刘荣军　肖建国　肖建华

图书在版编目(CIP)数据

民事诉讼法学:2016 年版/潘剑锋主编. —北京:北京大学出版社,2016.4
（全国高等教育自学考试指定教材）
ISBN 978-7-301-26865-0

Ⅰ.①民… Ⅱ.①潘… Ⅲ.①民事诉讼法—法的理论—中国—高等教育—自学考试—教材 Ⅳ.①D925.101

中国版本图书馆 CIP 数据核字（2016）第 025059 号

书　　名	民事诉讼法学（2016 年版）
著作责任者	潘剑锋　主编
责 任 编 辑	孙战营
标 准 书 号	ISBN 978-7-301-26865-0
出 版 发 行	北京大学出版社
地　　址	北京市海淀区成府路 205 号　100871
网　　址	http://www.pup.cn
电 子 邮 箱	编辑部 law@pup.cn　总编室 zpup@pup.cn
新 浪 微 博	@北京大学出版社　@北大出版社法律图书
电　　话	邮购部 62752015　发行部 62750672　编辑部 62752027
印 刷 者	河北滦县鑫华书刊印刷厂
经 销 者	新华书店
	787 毫米×1092 毫米　16 开本　28.5 印张　624 千字
	2016 年 4 月第 1 版　2025 年 3 月第 8 次印刷
定　　价	49.00 元

未经许可，不得以任何方式复制或抄袭本书之部分或全部内容。
版权所有，侵权必究
举报电话：010-62752024　电子邮箱：fd@pup.cn
图书如有印装质量问题，请与出版部联系，电话：010-62756370

组 编 前 言

21世纪是一个变幻难测的世纪,是一个催人奋进的时代。科学技术飞速发展,知识更替日新月异。希望、困惑、机遇、挑战,随时随地都有可能出现在每一个社会成员的生活之中。抓住机遇,寻求发展,迎接挑战,适应变化的制胜法宝就是学习——依靠自己学习、终生学习。

作为我国高等教育组成部分的自学考试,其职责就是在高等教育这个水平上倡导自学、鼓励自学、帮助自学、推动自学,为每一个自学者铺就成才之路。组织编写供读者学习的教材就是履行这个职责的重要环节。毫无疑问,这种教材应当适合自学,应当有利于学习者掌握和了解新知识、新信息,有利于学习者增强创新意识,培养实践能力,形成自学能力,也有利于学习者学以致用,解决实际工作中所遇到的问题。具有如此特点的书,我们虽然沿用了"教材"这个概念,但它与那种仅供教师讲、学生听,教师不讲、学生不懂,以"教"为中心的教科书相比,已经在内容安排、编写体例、行文风格等方面都大不相同了。希望读者对此有所了解,以便从一开始就树立起依靠自己学习的坚定信念,不断探索适合自己的学习方法,充分利用自己已有的知识基础和实际工作经验,最大限度地发挥自己的潜能,达到学习的目标。

欢迎读者提出意见和建议。

祝每一位读者自学成功。

全国高等教育自学考试指导委员会
2015年1月

分　　工

第一编:潘剑锋,6万字
第二编:刘哲玮,10万字
第三编:王晴,8万字
第四编:戴锐,10万字
第五编:周晓霞,7万字
第六编:白晓峰,7万字

北京林业大学法学院韩静茹博士和北京大学法学院博士生卢桂参与了教材的审阅,并提出了修改意见。

法律规范的全称与简称对照表

名称	简称
《中华人民共和国民事诉讼法》(1991年4月9日第七届全国人民代表大会第四次会议通过,2007年10月28日第十届全国人民代表大会常务委员会第三十次会议第一次修正,2012年8月31日第十一届全国人民代表大会常务委员会第二十八次会议第二次修正)	《民事诉讼法》
《全国人民代表大会常务委员会关于修改〈中华人民共和国民事诉讼法〉的决定》(2007年10月28日第十届全国人民代表大会常务委员会第三十次会议通过)	《民事诉讼法第一修正案》
《全国人民代表大会常务委员会关于修改〈中华人民共和国民事诉讼法〉的决定》(2012年8月31日第十一届全国人民代表大会常务委员会第二十八次会议通过)	《民事诉讼法第二修正案》
《最高人民法院关于适用〈中华人民共和国民事诉讼法〉的解释》(法释〔2015〕5号)	《民诉解释》
《最高人民法院关于民事诉讼证据的若干规定》(法释〔2001〕33号)	《证据规定》
《最高人民法院关于人民法院民事调解工作若干问题的规定》(法释〔2004〕12号)	《调解规定》
《最高人民法院关于适用简易程序审理民事案件的若干规定》(法释〔2003〕15号)	《简易程序规定》
《最高人民法院关于适用〈中华人民共和国民事诉讼法〉审判监督程序若干问题的解释》(法释〔2008〕14号)	《再审解释》
《最高人民法院关于适用〈中华人民共和国民事诉讼法〉执行程序若干问题的解释》(法释〔2008〕13号)	《执行解释》
《最高人民法院关于人民法院执行工作若干问题的规定》(试行)(法释〔1998〕15号)	《执行规定》
《中华人民共和国民法通则》(1986年4月12日第六届全国人民代表大会第四次会议通过,2009年8月27日第十一届全国人民代表大会常务委员会第十次会议修正)	《民法通则》
《中华人民共和国合同法》(1999年3月15日第九届全国人民代表大会第二次会议通过)	《合同法》

(续表)

名　称	简　称
《中华人民共和国侵权责任法》(2009年12月26日第十一届全国人民代表大会常务委员会第十二次会议通过)	《侵权责任法》
《中华人民共和国物权法》(2007年3月16日第十届全国人民代表大会第五次会议通过)	《物权法》
《中华人民共和国公司法》(1993年12月29日第八届全国人民代表大会常务委员会第五次会议通过,1999年12月25日第九届全国人民代表大会常务委员会第十三次会议第一次修正,2004年8月28日第十届全国人民代表大会常务委员会第十一次会议第二次修正,2005年10月27日第十届全国人民代表大会常务委员会第十八次会议修订,2013年12月28日第十二届全国人民代表大会常务委员会第六次会议第三次修正)	《公司法》

目 录

民事诉讼法学自学考试大纲

- 大纲前言 ········· 3
- Ⅰ 课程性质与课程目标 ········· 5
- Ⅱ 考核目标 ········· 7
- Ⅲ 课程内容与考核要求 ········· 8
- Ⅳ 关于大纲的说明与考核实施要求 ········· 48
- 附录 题型举例 ········· 51
- 后记 ········· 53

民事诉讼法学

第一编 导论 ········· 57

第一章 民事诉讼法概述 ········· 57
- 第一节 民事纠纷与民事诉讼 ········· 57
- 第二节 民事诉讼法 ········· 66
- 第三节 民事诉讼法学 ········· 70

第二章 民事诉讼法的基本原则 ········· 73
- 第一节 民事诉讼法的基本原则概述 ········· 73
- 第二节 当事人诉讼权利平等原则 ········· 75
- 第三节 辩论原则 ········· 76
- 第四节 处分原则 ········· 78
- 第五节 民事诉讼诚实信用原则 ········· 80
- 第六节 法院调解原则 ········· 82
- 第七节 民事检察监督原则 ········· 83
- 第八节 支持起诉原则 ········· 84

第三章 民事诉讼法的基本制度 ········· 85
- 第一节 合议制度 ········· 85
- 第二节 回避制度 ········· 88
- 第三节 公开审判制度 ········· 89
- 第四节 两审终审制度 ········· 91

第二编　诉讼主体 ... 92

第四章　诉权与审判权 ... 92
- 第一节　诉 ... 92
- 第二节　诉权 ... 97
- 第三节　民事审判权 ... 100

第五章　主管与管辖 ... 105
- 第一节　民事案件的主管 ... 105
- 第二节　民事诉讼管辖概述 ... 108
- 第三节　级别管辖 ... 113
- 第四节　地域管辖 ... 115
- 第五节　裁定管辖 ... 122
- 第六节　管辖权异议 ... 125

第六章　当事人 ... 127
- 第一节　当事人概述 ... 127
- 第二节　原告与被告 ... 134
- 第三节　共同诉讼人 ... 135
- 第四节　代表人诉讼与民事公益诉讼 ... 139
- 第五节　第三人 ... 145

第七章　诉讼代理人 ... 152
- 第一节　诉讼代理人概述 ... 152
- 第二节　法定代理人 ... 153
- 第三节　委托代理人 ... 155

第三编　诉讼制度 ... 160

第八章　民事证据制度 ... 160
- 第一节　民事诉讼证据概述 ... 160
- 第二节　民事诉讼证据的分类 ... 163
- 第三节　民事诉讼证据的种类 ... 165
- 第四节　证明对象 ... 171
- 第五节　证明责任 ... 174
- 第六节　证据的收集、提供与保全 ... 178
- 第七节　证据的审查与判断 ... 182
- 第八节　证明标准 ... 185

第九章　期间和送达 ... 188
- 第一节　期间 ... 188
- 第二节　送达 ... 190

第十章　法院调解 ··· 195
第一节　法院调解概述 ··· 195
第二节　法院调解的原则和程序 ··· 197
第三节　调解协议与调解书 ··· 200

第十一章　保全制度 ··· 203
第一节　财产保全 ··· 203
第二节　行为保全 ··· 208
第三节　先予执行 ··· 211

第十二章　对妨害民事诉讼的强制措施 ··· 213
第一节　对妨害民事诉讼的强制措施概述 ··· 213
第二节　妨害民事诉讼行为的构成和种类 ··· 213
第三节　强制措施的种类及其适用 ··· 216

第十三章　诉讼费用 ··· 220
第一节　诉讼费用概述 ··· 220
第二节　诉讼费用的种类 ··· 221
第三节　诉讼费用的负担 ··· 224
第四节　诉讼费用的预交与退还 ··· 227
第五节　诉讼费用的缓、减、免 ··· 228

第四编　诉讼程序 ··· 230

第十四章　普通程序 ··· 230
第一节　普通程序概述 ··· 230
第二节　程序的开启 ··· 231
第三节　程序的进行 ··· 240
第四节　审理中的特殊情况 ··· 252
第五节　民事裁判 ··· 257

第十五章　简易程序 ··· 266
第一节　简易程序概述 ··· 266
第二节　简易程序的适用范围 ··· 267
第三节　简易程序的具体规定 ··· 269
第四节　小额诉讼程序 ··· 272

第十六章　第二审程序 ··· 276
第一节　第二审程序概述 ··· 276
第二节　程序的开启 ··· 278
第三节　第二审审理 ··· 281
第四节　第二审的裁判与调解 ··· 284

第十七章 再审程序 … 288
第一节 再审程序概述 … 288
第二节 再审程序的提起 … 289
第三节 再审案件的审理与裁判 … 302

第十八章 涉外民事诉讼程序的特别规定 … 309
第一节 涉外民事诉讼程序概述 … 309
第二节 涉外民事诉讼管辖 … 314
第三节 送达、期间 … 320
第四节 涉外仲裁 … 324
第五节 司法协助 … 328

第五编 非讼程序

第十九章 特别程序 … 343
第一节 特别程序概述 … 343
第二节 选民资格案件的审判程序 … 345
第三节 宣告失踪、死亡案件的审判程序 … 347
第四节 认定公民无民事行为能力、限制民事行为能力案件的审判程序 … 352
第五节 认定财产无主案件的审判程序 … 355
第六节 确认调解协议案件的程序 … 357
第七节 实现担保物权的程序 … 360

第二十章 督促程序 … 365
第一节 督促程序概述 … 365
第二节 支付令的申请和受理 … 367
第三节 支付令的发出和法律效力 … 370
第四节 债务人异议和督促程序终结 … 371

第二十一章 公示催告程序 … 374
第一节 公示催告程序概述 … 374
第二节 公示催告 … 376
第三节 除权判决 … 379

第六编 执行程序

第二十二章 执行程序概述 … 382
第一节 执行和执行程序概述 … 382
第二节 执行的原则 … 384
第三节 执行的主体和客体 … 385

第二十三章 执行程序的一般规定 … 389
第一节 执行依据 … 389
第二节 执行管辖 … 392

第三节　执行的开始及进行 ·· 396
　　第四节　委托执行和协助执行 ·· 400
　　第五节　执行阻却 ·· 404
　　第六节　执行救济和执行回转 ·· 412
第二十四章　执行措施与妨害执行的强制措施 ································ 419
　　第一节　执行措施概述 ··· 419
　　第二节　因金钱债权对金钱的执行 ·· 420
　　第三节　因金钱债权对动产、不动产的执行 ································ 423
　　第四节　因金钱债权对财产性权益的执行 ··································· 432
　　第五节　对行为的执行 ··· 435
　　第六节　保障性执行措施 ·· 437
　　第七节　妨害执行的强制措施 ·· 440
后记 ·· 442

全国高等教育自学考试
法律专业（基础科段）

民事诉讼法学自学考试大纲

（含考核目标）

全国高等教育自学考试指导委员会　制定

大纲前言

为了适应社会主义现代化建设事业的需要,鼓励自学成才,我国在20世纪80年代初建立了高等教育自学考试制度。高等教育自学考试是个人自学,社会助学和国家考试相结合的一种高等教育形式。应考者通过规定的专业课程考试并经思想品德鉴定达到毕业要求的,可获得毕业证书;国家承认学历并按照规定享有与普通高等学校毕业生同等的有关待遇。经过30多年的发展,高等教育自学考试为国家培养造就了大批专门人才。

课程自学考试大纲是国家规范自学者学习范围,要求和考试标准的文件。它是按照专业考试计划的要求,具体指导个人自学、社会助学、国家考试、编写教材及自学辅导书的依据。

为更新教育观念,深化教学内容方式、考试制度、质量评价制度改革,更好地提高自学考试人才培养的质量,全国考委各专业委员会按照专业考试计划的要求,组织编写了课程自学考试大纲。

新编写的大纲,在层次上,专科参照一般普通高校专科或高职院校的水平,本科参照一般普通高校本科水平;在内容上,力图反映学科的发展变化以及自然科学和社会科学近年来研究的成果。

全国考委法学类专业委员会参照普通高等学校相关课程的教学基本要求,结合自学考试法律专业的实际情况,组织编写的《民事诉讼法学自学考试大纲》,经教育部批准,现颁发施行。各地教育部门、考试机构应认真贯彻执行。

全国高等教育自学考试指导委员会
2015年6月

Ⅰ 课程性质与课程目标

一、课程性质和特点

《民事诉讼法学》是全国高等教育自学考试法律专业的必考课,是为培养和检验自学应考者的程序法知识和运用民事诉讼法进行诉讼、办理民事案件能力而设置的一门基本法律的必修课。

《民事诉讼法》课程的考试内容、考核目标和考试命题,应当充分体现民事诉讼法作为必修基本法律课程的性质,注意与法学专业开设的民事实体法、婚姻法、经济法、劳动法、知识产权法的区别与联系。本课程在高等教育法律专业自学考试学科体系中,是必须设置的重要课程。

二、课程目标

本课程的设置目的,是帮助已经学习了相关实体法的自学应考者全面掌握民事诉讼法,加深对实体法知识的理解,提高法学理论素养,进而为精通法律知识,运用所学知识保护合法权益奠定良好基础。

本课程的设置目标和基本要求是:

1. 了解和学习民事诉讼法的基本理论、基本知识和基本技能,提高程序法意识,增强法制观念。

2. 熟悉各种民事诉讼法律规范,理解各程序规范相互间的联系,提高运用程序规范进行诉讼、处理民事纠纷的能力。

3. 加深对民事诉讼法和相关实体法的区别与联系的理解,正确运用民事诉讼法的规定,保证实体法的有效贯彻实施。

4. 提升运用诉讼机制,维护社会秩序、经济秩序,培育和发展社会主义市场经济服务的能力。

三、与相关课程的联系与区别

民事诉讼法不仅与民法总论、物权法、合同法、侵权责任法、公司法等民商事实体法课程具有密切的关系,还与法院组织法、仲裁法、刑事诉讼法、行政诉讼法等课程相关联。

从民事诉讼法与各类民商事实体法之间的关系来看,前者的程序法属性,决定了其主要规范法院、当事人及其他诉讼参与人在民事诉讼中的行为和活动,而后者则旨在确定各种民事实体法律关系的构成要素、具体内容、实现方式以及法律效果等。一方面,民事诉讼法为各类民商事纠纷的公力救济提供了程序规范;另一方面,民商事实体法也为民事诉讼程序的运行以及裁判结果的作出提供了法律依据。

从民事诉讼法与法院组织法、检察院组织法的关系来看，虽然均包含程序要素，但组织法更侧重于对法官、检察官等司法主体的行为规范。而从民事诉讼法与仲裁法的关系来看，二者均属于化解民事纠纷的程序性规范，但其在本质属性方面的差异，决定了其在程序设置等诸多方面的不同。

从民事诉讼法与刑事诉讼法、行政诉讼法的关系来看，三者均属于程序法，但在调整对象、程序目标、参与主体、法律效果等方面存有不同程度的差异，因此在学习过程中应注意避免混淆三大诉讼法的内容。

四、课程的重点和难点

本课程的重点是掌握民事诉讼的基本原理、运行规律和主要制度，并围绕"诉权与审判权"的关系，深入理解民事司法程序之间、制度之间、程序与制度之间的关系，从而为科学应用民事诉讼奠定基础。

本课程的难点是民事诉讼基本理论以及各类民事司法程序，考生不应仅局限于法律条文的表层，而应当学会运用民事诉讼的基本理论去理解和分析各种程序及制度。

Ⅱ 考核目标

本大纲在考核目标中,按照识记、领会、简单应用和综合应用四个层次,来设定考生应当达到的能力层次要求。四个能力层次相互间为递进关系,各能力层次的含义如下:

识记:要求考生能够识别和记忆本课程中有关民事诉讼法方面的基本概念和基本原理的主要内容,并能够根据考核的不同要求,作出正确的表述、选择和判断。

领会:要求考生能够领悟和理解本课程中民事诉讼法的相关基本概念和基本原理的内涵及外延,理解相关知识点间的区别和联系,并能够作出正确的判断、理解和说明。

简单应用:要求考生能够初步运用所学的民事诉讼法学理论、各类民事司法程序及主要制度。

综合应用:要求考生能够根据已知的民事诉讼法学的理论,对涉及民事诉讼法的现实问题进行综合分析和论证,并得出解决问题的答案。

Ⅲ 课程内容与考核要求

第一编 导 论

第一章 民事诉讼法概述

一、学习的目的与要求

掌握民事诉讼、民事诉讼法律关系、民事诉讼法概念,以及我国民事诉讼法的性质、任务和效力范围,理解民事诉讼法在我国法律体系中的地位,为学习本课程打下初步基础。

二、课程内容

1. 民事纠纷,又称民事争议,是指平等主体之间因财产关系、人身关系所涉的民事权益而引发的争议。民事诉讼,是指法院在所有诉讼参与人的参加下,按照法律规定的程序,审理和解决民事案件的活动以及在此过程中所产生的各种法律关系的总和。

2. 民事诉讼法律关系,是民事诉讼法律、法规所调整的法院与当事人及其他诉讼参与人之间、当事人之间以及当事人与其他诉讼参与人之间存在的,以诉讼权利和诉讼义务为内容的具体的社会关系。

3. 民事诉讼法,是国家制定的、规定民事审判程序制度,以规范诉讼法律关系主体的活动并调整他们之间法律关系的法律规范的总和。民事诉讼法的性质是:公法、部门法、基本法、程序法。

4. 民事诉讼法的效力包括对事效力、对人效力、空间效力和时间效力四个方面。

5. 民事诉讼法学的研究范围包括:本国现行的民事诉讼法律制度;民事诉讼司法实践;民事诉讼法与相邻法律部门的关系;民事诉讼法律制度的历史发展情况;外国民事诉讼法律制度和外国民事诉讼法学。

三、考核要求

（一）民事纠纷与民事诉讼

识记：① 民事纠纷的概念和特点；② 民事纠纷解决机制的概念和种类；③ 民事诉讼的概念和特点；④ 民事诉讼法律关系的概念、特点、构成要素；⑤ 民事诉讼上法律事实的概念与分类

领会：① 民事纠纷的本质属性和特征；② 各种民事纠纷解决机制的相互关系；③ 民事诉讼法律关系主体之间的关系

简单应用：① 厘清各种民事纠纷解决机制各自的优劣势；② 依据各种民事纠纷解决机制的特有优势，来划定其各自的适用范围；③ 各种民事诉讼法律关系主体的地位和角色

综合应用：① 能够阐释民事诉讼在整个民事纠纷解决机制体系中的地位和角色；② 依据民事纠纷的具体情况，选择最为适宜的纠纷解决机制；③ 各种民事诉讼法律关系主体在内外部关系

（二）民事诉讼法

识记：① 民事诉讼法的概念和性质；② 民事诉讼法的任务和效力

领会：① 民事诉讼法的性质；② 民事诉讼法的效力

简单应用：依据民事诉讼法的性质，理解其与其他法律规范的关系

综合应用：提升运用民事诉讼化解民事纠纷的能力

（三）民事诉讼法学

识记：① 民事诉讼法学的概念；② 民事诉讼法学的研究范围；③ 民事诉讼法学的研究方法

领会：民事诉讼法学的主要研究方法

简单应用：各种民事诉讼法学研究方法的优劣势及其相互关系

综合应用：能够运用民事诉讼法学的四种主要研究方法，分析和研究民事诉讼问题

第二章 民事诉讼法的基本原则

一、学习的目的与要求

正确理解我国民事诉讼法基本原则的概念和对民事诉讼的指导作用，特别掌握特有原则的含义、内容和意义。

二、课程内容

1. 民事诉讼法的基本原则,是指在民事诉讼的整个过程中,或者在重要的程序阶段发挥指导作用或主导作用的基本准则。具有基础性、抽象概括性、宏观指导性等特点。
2. 当事人诉讼权利平等原则,是指在民事诉讼中,当事人平等地享有和行使民事诉讼权利,平等地履行其诉讼义务。
3. 辩论原则,是指在人民法院的主持下,当事人有权就争议的案件事实和法律问题,各自陈述自己的主张、意见和根据,互相进行反驳和答辩,以维护自己的合法权益。
4. 处分原则,是指当事人有权在法律规定的范围内,自由支配和处置自己的民事实体权利和诉讼权利。
5. 诚实信用原则,是指法院、当事人及其他诉讼参与人在审理民事案件和进行民事诉讼活动时,应当公正、善意、诚实、严守诚信。民事诉讼诚实信用原则应当适用于所有参加民事诉讼活动的主体。
6. 法院调解原则,是指人民法院审理民事案件,应当根据自愿和合法的原则进行调解;调解不成的,应当及时判决。
7. 民事检察监督原则,是指人民检察院有权对民事诉讼实行法律监督。该项原则的正当性基础,是宪法赋予检察机关的法律监督职能和保证民事案件公正审判的预设目标。
8. 支持起诉原则,是指在受害人不敢或不能起诉时,机关、团体、企业事业单位可以支持受害人向法院提起诉讼。

三、考核要求

(一)民事诉讼法的基本原则概述

识记:① 民事诉讼法基本原则概念和特征;② 民事诉讼法基本原则的意义;③ 我国民事诉讼法基本原则的种类

领会:民事诉讼法基本原则的理论价值和实践价值

简单应用:① 民事诉讼法基本原则在整个民事司法系统中的作用;② 民事诉讼法的特有原则和共有原则

综合应用:能够阐释民事诉讼法基本原则的特征和意义

(二)当事人诉讼权利平等原则

识记:① 当事人诉讼权利平等原则的内涵;② 当事人诉讼地位平等原则的基本要求

领会:① 当事人诉讼权利平等原则的基本精神;② 当事人诉讼权利平等原则的理论基础

简单应用:当事人诉讼权利平等原则的正当性基础及其具体要求

综合应用:运用当事人诉讼权利平等原则分析和评述具体问题

(三)辩论原则

识记:① 辩论原则的含义;② 辩论原则的内容和要求

领会:① 辩论原则的具体适用;② 辩论原则的正当性基础

简单应用:辩论原则在民事诉讼中的具体体现和基本要求

综合应用:运用辩论原则分析和评述具体问题

(四)处分原则

识记:① 处分原则的含义和依据;② 处分原则的内容和基本要求

领会:① 处分原则的基本理念;② 处分原则在民事诉讼中的具体要求

简单应用:运用处分原则来分析和评述具体问题

综合应用:运用处分原则的基本理念来分析处分权与审判权的关系

(五)民事诉讼诚实信用原则

识记:① 民事诉讼诚实信用原则的确立及内涵;② 民事诉讼诚实信用原则的适用主体;③ 民事诉讼诚实信用原则的表现形式

领会:① 民事诉讼诚实信用原则的理论基础;② 民事诉讼诚实信用原则的基本要求

简单应用:民事诉讼诚实信用原则的主要功能

综合应用:① 我国民事诉讼诚实信用原则的确立背景及其现实价值;② 民事诉讼诚实信用原则与处分原则的关系

(六)法院调解原则

识记:① 法院调解原则的含义;② 法院调解原则的基本精神;③ 法院调解原则的内容

领会:法院调解原则的基本要求和具体适用

简单应用:法院调解原则在我国民事诉讼领域的具体体现

综合应用:法院调解原则的正当性基础及其在我国的实践情况

(七)民事检察监督原则

识记:① 民事检察监督原则的含义;② 民事检察监督原则的内容

领会:① 民事检察监督原则的正当性基础;② 民事检察监督原则的实现方式

简单应用:民事检察监督原则的适用范围和主要方式

综合应用:民事检察监督原则在民事诉讼领域的具体表现

(八)支持起诉原则

识记:① 支持起诉原则的内涵;② 支持起诉原则的具体要求;③ 支持起诉的方式

领会:① 支持起诉原则的理论基础;② 支持起诉的适用条件

简单应用:支持起诉的基本精神和具体要求

综合应用:支持起诉原则在民事诉讼中的践行方式

第三章 民事诉讼的基本制度

一、学习的目的与要求

理解民事诉讼法规定的基本制度,明确各制度在诉讼程序中的功能和角色。

二、课程内容

1. 合议制度,是指法院审判民事案件实行审理和评议的审判制度,即由三人以上的审判人员组成审判庭,对民事案件进行审理和裁判的制度。合议庭分为混合式合议庭与单一式合议庭,前者由人民陪审员参与组庭。

2. 回避是指审判人员以及其他有关人员如果与案件存在一定的利害关系,则应当退出案件审理的制度。回避制度的预设功能在于保证案件得到公正审理。回避制度适用于案件的审判人员以及法律规定的其他人员。我国民事诉讼的回避方式共有三种,即自行回避、依申请回避和决定回避。

3. 公开审判制度,是人民法院依法对民事案件实行公开审理和公开宣判的制度。审判公开存在两种例外规定:法定不公开审理与依申请不公开审理。

4. 两审终审制,是指一个案件经过两级法院审判后即告终结的制度。

三、考核要求

(一) 合议制度
识记:① 合议制的概念;② 合议制的功能和构成;③ 陪审制的概念和内容
领会:① 合议庭的内部关系;② 合议庭与院长、庭长及审判委员会的关系;③ 陪审制的功能
简单应用:① 不同程序类型中审判组织的形式;② 合议制与独任制的关系
综合应用:合议庭的内外部关系
(二) 回避制度
识记:① 回避的概念及其适用范围;② 回避的方式及其法定事由;③ 回避的程序和

决定主体

  领会:① 回避制度的功能;② 三种回避方式各自的法定情形

  简单应用:回避制度的理论基础及其具体适用

  综合应用:结合具体案例判断相关人员应否回避以及回避的方式、程序和后果

(三) 公开审判制度

  识记:① 公开审判制度的含义和内容;② 公开审判的例外规定;③ 公众的裁判文书查阅权

  领会:① 法定不公开审理与依申请不公开审理的情形;② 社会公众查阅裁判文书的范围和条件

  简单应用:公开审判制度的价值功能及其主要体现

  综合应用:结合具体案例分析案件的审判方式

(四) 两审终审制度

  识记:① 两审终审制的概念;② 两审终审制的主要内容

  领会:一审终审的情形

  简单应用:结合具体案件判断其审级制度模式

  综合应用:我国审级制度的特点及其优劣势

第二编 诉讼主体

第四章 诉权与审判权

一、学习的目的与要求

正确认识诉及其要素和种类,理解诉的合并、分离与变更,识记诉权的概念和功能,明确审判权的概念和功能,理解审判权的范围,并能处理审判权和诉权的关系。

二、课程内容

1. 诉是指当事人向人民法院提出的,要求法院对相关争议事项作出裁判以保护当事人实体权益的一种请求。诉的要素有三个:一是诉讼当事人,二是诉讼标的,三是诉讼理由。

2. 依当事人诉讼请求的目的和内容的不同,可以把诉分为确认之诉、给付之诉和变更之诉三种。

3. 反诉,是指在已经进行的诉讼过程中,被告以本诉的原告作为被告,向本诉的受诉法院提出的与本诉的诉讼标的有一定联系的独立的诉。

4. 诉权,是法律赋予当事人进行诉讼的基本权能,是当事人进行诉讼活动的基础。诉权与诉讼权利既有联系,又存在区别。诉权的功能,是指诉权在诉讼过程中所能发挥的作用,包括维护当事人的合法权益,实现双方当事人的对抗,制约法院审判权的滥用。

5. 民事审判权,是人民法院对民事案件进行审理并通过审理对案件作出裁判的权力。民事审判权的特征包括:主体的唯一性、对象的特定性、行使的独立性、运行的程序性、过程的亲历性、结果的权威性。

6. 民事审判权的权能包括:民事案件受理权、调查证据权、诉讼指挥权、特定事项处分权、释明权和民事裁判权。

三、考核要求

（一）诉
识记：① 诉的概念；② 诉的要素；③ 诉的种类
领会：① 诉讼标的；② 诉讼理由；③ 诉的分离与变更
简单应用：① 诉的合并
综合应用：反诉
（二）诉权
识记：① 诉权的概念；② 诉权的功能
领会：① 诉权与诉讼权利的关系；② 诉权的保护
（三）民事审判权
识记：① 民事审判权的概念；② 民事审判权的权能
领会：① 民事审判权的特征；② 民事审判权的功能；③ 民事审判权与诉权的关系
简单应用：① 民事案件受理权；② 特定事项处分权；③ 诉讼指挥权
综合应用：① 释明权；② 调查证据权；③ 民事裁判权

第五章 主管与管辖

一、学习的目的与要求

准确记忆民事案件的主管的概念和范围，理解法院主管与其他机构主管民事纠纷的关系，识记管辖的概念和分类，理解级别管辖、地域管辖、裁定管辖的各种类型、条件和后果，理解管辖权异议的条件和处理程序。

二、课程内容

1. 主管，是指国家机关、社会团体依法律规定，行使职权和履行职责的范围和权限。民事诉讼中的主管，指人民法院与其他国家机关、社会团体在解决民事纠纷方面的分工和权限。

2. 民事诉讼管辖，是指确定上下级人民法院之间和同级人民法院之间受理第一审民事案件的分工和权限。管辖制度的设立,需要遵循一系列的原则:便于当事人进行诉讼的原则,方便人民法院审判的原则,保证案件公正审判的原则,均衡各个人民法院工作负担的原则,维护国家主权原则,原则性和灵活性相结合的原则。

3. 管辖恒定,是指管辖权的确定,以法院受理原告起诉时为准,此后无论案件情况有何变化,案件始终由受诉人民法院管辖。

4. 级别管辖,是指人民法院系统内划分上下级人民法院之间受理第一审民事案件的分工和权限。法律规定了中级人民法院、高级人民法院和最高人民法院各自管辖的案件类型。

5. 地域管辖,是指确定同级人民法院在各自辖区内受理第一审民事案件的分工和权限。我国主要有一般地域管辖、特殊地域管辖、专属管辖和协议管辖等确定管辖的规则。

6. 裁定管辖,包括移送管辖、指定管辖和管辖权转移三种类型。

7. 管辖权异议,是指当事人向受诉法院提出的该法院对所受理案件无管辖权的意见和主张。管辖权异议需要满足主体、对象和时间等各方面的条件。管辖权异议的裁定可以上诉,在管辖权异议的审理和上诉期间,法院不得对案件的实体问题进行审理。

三、考核要求

(一) 民事案件的主管
识记:① 主管的概念;② 法院主管民事案件的范围
领会:① 民事纠纷的性质;② 人民调解委员会解决民事纠纷;③ 劳动争议仲裁委员会解决劳动争议;④ 民商事仲裁机构解决民事纠纷
简单应用:法院主管民事案件与刑事、行政案件之间的关系

(二) 民事诉讼管辖概述
识记:① 管辖的概念;② 确定管辖的原则;③ 管辖的分类
领会:① 确定管辖的意义;② 各种专门法院的管辖范围
简单应用:① 用确定管辖的具体标准分析后续的管辖规则;② 管辖恒定的意义

(三) 级别管辖
识记:级别管辖的概念
领会:① 确定级别管辖的标准;② 各级法院管辖第一审案件的范围
综合应用:正确分析案件的级别管辖法院

(四) 地域管辖
识记:① 地域管辖的概念;② 专属管辖的类型;③ 协议管辖的条件
领会:① 一般地域管辖及其例外原则;② 合同案件的管辖;③ 侵权案件的管辖
综合应用:正确分析案件的地域管辖法院

（五）裁定管辖

识记：① 移送管辖的概念；② 指定管辖的概念；③ 管辖权转移的概念

领会：① 移送管辖的条件；② 不能移送管辖的情形；③ 指定管辖的情形

简单应用：管辖权转移的情形和程序

综合应用：裁定管辖的功能

（六）管辖权异议

识记：① 管辖权异议的概念；② 管辖权异议的条件

领会：管辖权异议的功能

简单应用：① 管辖权异议的处理程序；② 管辖权异议的救济

第六章 当 事 人

一、学习的目的与要求

识记当事人、诉讼权利能力、诉讼行为能力、原告、被告、必要共同诉讼、普通共同诉讼、代表人诉讼、公益诉讼、有独立请求权第三人、无独立请求权第三人等基本概念，理解当事人适格的判断标准，明确第三人撤销之诉的提起条件和审理程序，能够结合案例准确把握当事人的诉讼地位。

二、课程内容

1. 民事诉讼当事人，是指因与他人发生民事纠纷，而以自己的名义参加诉讼，并受法院裁判约束的利害关系人。

2. 当事人的诉讼权利能力是指可以作为当事人进行诉讼的资格，自然人、法人和其他组织享有诉讼权利能力。当事人的诉讼行为能力，指的是当事人亲自进行诉讼的能力。

3. 当事人的适格，是指当事人就特定的诉讼，有资格以自己的名义成为原告或被告，因而受本案判决拘束的当事人。应当根据当事人是否为所争议的民事法律关系的主体来判断是否是适格的当事人。

4. 当事人的更换，是指在诉讼中基于法律的规定或当事人的意思，将原来的当事人变更为新的当事人。包括法定更换和任意更换两种情形。

5. 原告与被告是民事诉讼最基本的当事人。

6. 共同诉讼，是指当事人一方或者双方为二人以上的诉讼。我国包括必要共同诉讼和普通共同诉讼两种类型。二者的区别主要在于:诉讼标的的数量不同;共同诉讼人与诉讼标的的关系不同;共同诉讼人之间的关系不同;是否必须合并审理不同;裁判的作出不同。

7. 代表人诉讼,是指当事人一方或者双方人数众多,由该群体中的一人或者数人代表群体起诉或者应诉,法院所作判决对该群体所有成员均有约束力的诉讼。具体可以分为两类:人数确定的代表人诉讼和人数不确定的代表人诉讼。二者的区别包括:起诉时当事人人数是否确定不同;共同诉讼的类型不同;诉讼代表人的产生方式不同;是否需要发布公告通知权利人参加诉讼不同;人民法院的判决和裁定是否有扩展性不同。

8. 民事公益诉讼是指在民事、经济活动中,特定的机关或有关社会团体,根据法律的授权,对违反法律法规损害社会公共利益的行为,向法院提起诉讼,由法院通过审判来追究违法者的法律责任并进而维护社会公共利益的诉讼活动。

9. 有独立请求权的第三人,是指对原、被告之间争议的诉讼标的物认为有独立的请求权,从而通过起诉的方式,参加到已经开始的诉讼中的人。其在诉讼中具有类似于原告的诉讼地位。

10. 无独立请求权的第三人,指对他人争议的诉讼标的虽无独立的请求权,但案件的处理结果与其有法律上的利害关系,而参加到原告、被告已经开始的诉讼中进行诉讼的人。具体可以分为被告型第三人和辅助型第三人两种类型。

11. 第三人撤销之诉,是指当第三人因不可归责于己的事由而未参加原案审理,但原案的生效判决、裁定、调解书使其民事权益受到损害,可以请求法院撤销或改变原案生效判决、裁定、调解书中对其不利部分的诉讼程序。

三、考核要求

(一) 当事人概述
识记:① 当事人的概念;② 当事人的更换方式;③ 当事人的诉讼权利和诉讼义务
领会:① 当事人适格的判断标准;② 诉讼权利能力与诉讼行为能力的概念
简单应用:在案件中如何正确确定当事人

(二) 原告与被告
识记:① 原告的概念与特征;② 被告的概念与特征

(三) 共同诉讼人
识记:① 必要共同诉讼人的概念与特征;② 普通共同诉讼人的概念与特征;③ 普通共同诉讼与必要共同诉讼的区别
领会:① 共同诉讼人的特殊情形;② 必要共同诉讼人的追加;③ 普通共同诉讼的构成条件
简单应用:必要共同诉讼的审判

综合应用:结合案件确定共同诉讼人的地位

(四)代表人诉讼与公益诉讼

识记:① 代表人诉讼的概念;② 代表人诉讼的功能;③ 诉讼代表人的条件和人数;④ 民事公益诉讼的概念与特征

领会:① 诉讼代表人的权能;② 两种代表人诉讼的区别;③ 民事公益诉讼的功能

简单应用:结合案件选任代表人

综合应用:结合案件分析公益诉讼的启动条件和审理程序

(五)第三人

识记:① 有独立请求权第三人的概念与诉讼地位;② 无独立请求权第三人的概念与类型;③ 第三人撤销之诉的概念与特征

领会:① 有独立请求权第三人参加诉讼的条件;② 无独立请求权第三人参加诉讼的条件;③ 第三人撤销之诉的程序条件

简单应用:结合案件提起第三人撤销之诉

综合应用:结合案件确定第三人的诉讼地位

第七章 诉讼代理人

一、学习的目的与要求

了解诉讼代理人的概念、特点和类型,明确两种代理人在代理权限范围、权利取得、消灭方式等方面的不同,理解民事诉讼中的委托代理与民事代理的区别。

二、课程内容

1. 诉讼代理人,是指根据法律规定或当事人等人的授权,为维护当事人等人的利益进行诉讼活动的人。民事诉讼代理人分为法定代理人和委托代理人两种。

2. 法定代理人,是指根据法律的规定,代理无诉讼行为能力的当事人进行诉讼的人,其代理权基于法律的直接规定而产生。

3. 委托代理人,是指受当事人、法定代表人、法定代理人、诉讼代表人、诉讼中第三人等的委托而代为诉讼行为的人。其代理权的发生,是基于当事人等人的授权。

4. 当事人的委托授权分为一般授权和特别授权。一般授权是指授权代理人代为进行一般诉讼权利,特别授权则包括授权代理人处分一定的实体上的权利,如承认、放弃、变更诉讼请求,进行和解,提起反诉或上诉等。

三、考核要求

(一) 诉讼代理人概述
识记:① 诉讼代理人的概念;② 诉讼代理人的特点;③ 诉讼代理人的分类
领会:民事诉讼中的代理与民事代理的区别和联系
(二) 法定代理人
识记:① 法定代理人的概念;② 法定代理人的代理权限和诉讼地位
领会:① 法定代理权的取得情形;② 法定代理权的消灭
(三) 委托代理人
识记:① 委托代理权的概念与特点;② 委托代理人的范围;③ 委托代理权的产生、变更与消灭
领会:① 委托代理的分类;② 特别授权与全权授权的区别
简单应用:完成委托代理的完整流程

第三编 诉讼制度

第八章 民事证据制度

一、学习的目的与要求

正确理解民事诉讼证据的基本含义,了解证据的分类和种类,正确把握证明责任的基本含义、证明责任的分配原则、特殊侵权案件中证明责任的分配,了解当事人和法院在诉讼证明过程的各个环节中承担的角色和遵循的程序规范。

二、课程内容

1. 民事诉讼证据是指能够证明民事案件真实情况的客观事实,具有客观性、关联性、合法性三个基本特征。证据能力是指在法律上可作为证据的资格,通常表现为证据的合法性。证明力是指证据对案件事实认定的影响力。

2. 在学理上,诉讼证据可分为本证与反证,原始证据和派生证据,直接证据和间接证据等等。

3. 我国民事诉讼法规定了民事诉讼证据的八个种类:当事人陈述、书证、物证、视听资料、电子数据、证人证言、鉴定意见以及勘验笔录。

4. 证明对象,也称待证事实,在民事诉讼中包括:民事实体法事实;程序法事实;证据事实;外国法和地方性法规、习惯。

5. 免予证明的事实包括:自然规律及定理、定律;众所周知的事实;推定的事实;预决的事实;已为有效公证文书证明的事实;自认的事实。

6. 当作为裁判基础的法律要件事实在诉讼中处于真伪不明状态时,法官需要根据证明责任的分配作出裁判,即由负有该法律要件事实的证明责任的一方当事人承受不利的风险。我国相关司法解释对证明责任分配的一般原则作出了规定。

7. 特殊案件适用证明责任的倒置,也就是将按照一般证明责任分配规则应当由己方负担的证明责任,分配给对方当事人负担,也称证明责任的特殊分配。

8. 证据的收集原则上应由当事人负责;当事人提供证据应当在举证期限内及时进行;在证据可能损毁、灭失或以后难以取得时,可利用证据保全制度以保存其证明力。

9. 质证是民事诉讼程序中不可或缺的重要环节,未经质证的证明材料,不能作为认定案件事实的依据。

10. 证明标准是指在诉讼中负证明责任的主体对案件事实加以证明所要达到的程度。我国民事诉讼中实行了高度可能性的证明标准;并对部分特殊事实规定了更高的证明标准。

三、考核要求

（一）民事诉讼证据概述

识记:① 民事诉讼证据的概念;② 证据能力与证明力的概念

领会:民事诉讼证据的特征

（二）民事诉讼证据的分类

领会:① 本证与反证的区分;② 原始证据与派生证据的区分;③ 直接证据与间接证据的区分

简单应用:间接证据如何证明待证事实

（三）民事诉讼证据的种类

识记:八种证据类型:当事人陈述、书证、物证、视听资料、电子数据、证人证言、鉴定意见和勘验笔录

领会:八种证据类型的特点

简单应用:① 如何区分书证与物证;② 如何区分证人证言与鉴定意见;③ 证人作证的要求和程序

（四）证明对象

识记:证明对象的概念

领会:① 证明对象的范围;② 法律推定和事实推定;③ 免于证明的事实的种类;④ 自认的情形与自认的撤回

简单应用:确定具体案件的证明对象

（五）证明责任

识记:① 证明责任的概念;② 证明责任分配的概念;③ 证明责任特殊分配的概念

领会:① 证明责任分配的考虑因素;② 证明责任分配的一般原则;③ 证明责任特殊分配的具体情形

简单应用:判断具体案件中证明责任的分配

（六）证据的收集、提供与保全
识记：证据保全的概念
领会：① 法院依职权主动收集证据和依当事人申请收集证据的情形；② 举证时限的确定；③ 逾期举证的后果；④ 证据保全的程序与措施
（七）证据的审查与判断
识记：质证的概念
领会：证据审查的程序与方式
简单应用：判断不同证据的证明力
（八）证明标准
识记：证明标准的概念
领会：民事诉讼证明标准的确定
综合应用：① 掌握诉讼证明的基本过程；② 提高识别、判断、运用诉讼证据的能力

第九章　期间和送达

一、学习的目的与要求

领会期间的含义及其制度上的意义；明确法定的送达方式，以及不同送达方式的适用与法律效力。

二、课程内容

1. 期间是指人民法院、诉讼参与人进行或完成某种诉讼行为所要遵循的时间上的要求。期间的耽误通常就意味着丧失了进行有关行为的资格。
2. 送达是指人民法院依照法律规定的程序和方式，将诉讼文书送交当事人或其他诉讼参与人的行为。
3. 民事诉讼法中对非涉外诉讼送达规定了七种送达方式：直接送达；留置送达；传真、电邮送达；委托送达；邮寄送达；转交送达和公告送达。

三、考核要求

（一）期间
识记：① 期间的含义；② 期限和期日的含义
领会：① 期间、期日的制度意义；② 期间的耽误和顺延
简单应用：如何计算期间
（二）送达
识记：① 送达的含义；② 送达的特征；③ 七种送达方式的含义
领会：① 不同送达方式的适用情形；② 送达的效力
综合应用：针对不同情况，了解应如何按照法律规定的程序和要求完成送达

第十章　法院调解

一、学习的目的与要求

了解法院调解制度的基本内容，掌握法院调解的具体规定。

二、课程内容

1. 法院调解，又称诉讼中调解，是人民法院行使民事审判权的一种重要方式，也是当事人行使诉讼上的处分权的一种方式，体现了二者的有机结合。
2. 法院调解的原则包括当事人自愿原则和合法原则。
3. 法院调解贯穿在案件审理的整个过程中；我国民事诉讼法及相关司法解释对调解的程序有一系列具体规定。
4. 调解达成协议后，除法律规定的特殊情况外，法院应一律制作调解书。调解协议或调解书生效后，与生效判决具有同等的法律效力。另外，一审的调解生效后，当事人不得对调解协议或调解书提出上诉。
5. 调解书经双方当事人签收后才具有法律效力，因此，调解书应直接送达当事人本人，或由其指定的代收人签收，而不适用留置送达。

三、考核要求

（一）法院调解概述
识记：法院调解的概念与性质
领会：法院调解与诉讼外调解、诉讼中和解的区别
（二）法院调解的原则和程序
识记：法院调解的原则
简单应用：法院调解的主要程序规定
（三）调解协议与调解书
识记：调解协议和调解书的概念
领会：① 调解协议和调解书的区别；② 不需要制作调解书的案件；③ 调解书的送达和效力
综合应用：通过具体案例提高对调解制度的认识，熟悉其具体程序规范的运用。

第十一章 保 全 制 度

一、学习的目的与要求

正确认识财产保全、行为保全与先予执行的性质和作用，掌握它们各自适用的条件、范围和措施。

二、课程内容

1. 财产保全，是指人民法院在利害关系人起诉前或当事人起诉后，为保障将来的生效判决能够得到执行或者避免财产遭受损失，对当事人的财产或者争议的标的物，在特定情形下采取限制当事人处分的措施的制度。

2. 行为保全，是指为了保证法院将来的判决能够得以执行或者为了使当事人、利害关系人的权益在判决前免受进一步的损害，人民法院根据当事人或利害关系人的申请，裁定被申请人为一定行为或者不为一定行为的保全措施。

3. 先予执行，是指在案件受理后，终局判决以前，为了解决当事人一方生活或者生产

经营的急需,法院根据其申请,依法裁定对方当事人向其给付一定数额的金钱或者财物,实施或停止某种行为的措施。

4. 保全与先予执行这种临时性措施在考虑到对申请人的权益予以救济的同时,也须尽可能不给被申请人造成不必要的影响,因此,民事诉讼法在申请保全或先予执行的条件、保全或执行的范围、担保的提供、错误时的补救和赔偿等方面都作了具体规定。

三、考核要求

(一) 财产保全
识记:① 财产保全的概念;② 财产保全的程序
领会:① 诉中财产保全与诉前财产保全的异同;② 财产保全的范围
(二) 行为保全
识记:① 行为保全的概念;② 行为保全的程序
领会:行为保全适用的条件与措施
(三) 先予执行
识记:① 先予执行的概念;② 先予执行的程序
领会:先予执行的适用范围与条件
综合应用:结合案例,理解财产保全、行为保全和先予执行这几种临时性救济制度的制度意义、适用情形和具体程序

第十二章 对妨害民事诉讼的强制措施

一、学习的目的与要求

正确认识对妨害民事诉讼的强制措施的性质和作用,掌握妨害民事诉讼行为的构成要件,并能理解和运用各种不同的强制措施。

二、课程内容

1. 设立对妨害民事诉讼的强制措施,目的是为了保障民事诉讼活动的正常进行。从

性质上讲,它是一种排除妨害的强制性手段,而不是惩罚手段。

2. 妨害民事诉讼的行为的种类有:必须到庭的被告,经过两次传票传唤,无正当理由拒不到庭;违反法庭规则、扰乱法庭秩序;妨害诉讼证据的收集、调查和阻拦、干扰诉讼正常进行;有义务协助调查、执行的单位或组织拒不履行协助义务;通过虚假诉讼等方式侵害他人合法权益或逃避执行义务。

3. 针对妨害民事诉讼的行为,强制措施有拘传、训诫、责令退出法庭、罚款以及拘留五种。

4. 除拘传仅适用于必须到庭而拒不到庭的被告外,其他四种强制措施,视妨害民事诉讼行为的情节轻重予以适用。罚款和拘留是比较严厉的强制措施,法律规定了较为严格的适用程序。

三、考核要求

(一)对妨害民事诉讼的强制措施概述
识记:对妨害民事诉讼强制措施的概念和特征
领会:强制措施的性质
(二)妨害民事诉讼行为的构成和种类
识记:① 妨害民事诉讼行为的构成要件;② 妨害民事诉讼行为的种类
领会:必须到庭的被告
(三)强制措施的种类及其适用
识记:各种强制措施的含义
领会:各种强制措施适用的条件、程序和具体情形
综合应用:通过具体案例的分析,提高准确识别妨害民事诉讼的行为和准确运用强制措施的能力

第十三章 诉讼费用

一、学习的目的与要求

明确诉讼费用的性质、意义,掌握诉讼费用的负担原则,了解征收诉讼费用的具体办法。

二、课程内容

1. 民事诉讼费用,是指当事人进行民事诉讼应当向法院交纳和支付的费用。

2. 我国民事诉讼费用由两部分构成,一部分是案件受理费或申请费,另一部分是由当事人负担的其他诉讼费用。

3. 因案件情况不同,如财产案件和非财产案件的性质不同,案件受理费的征收标准和办法也有所不同。另外亦有减半收取案件受理费和不需交纳案件受理费的情况。

4. 诉讼费用原则上由败诉方负担,胜诉方自愿承担的除外。

5. 案件受理费由原告、有独立请求权的第三人、上诉人预交;申请费由申请人预交。预交的诉讼费用在特定情形下应退还。

6. 对于民事、行政案件中有充分理由证明自己合法权益受到侵害但经济确有困难的当事人,实行诉讼费用的缓交、减交、免交,即司法救助制度。

三、考核要求

(一)诉讼费用概述
识记:诉讼费用的概念
领会:诉讼费用的性质

(二)诉讼费用的种类
识记:诉讼费用的种类
领会:① 案件受理费征收的基本标准;② 减半收取案件受理费和不需交纳案件受理费的情况

(三)诉讼费用的负担
识记:诉讼费用负担的一般原则
领会:一审案件诉讼费用负担的几种情况
简单应用:一审、二审、再审案件的不同情况下诉讼费用的不同负担情形

(四)诉讼费用的预交与退还
识记:诉讼费用退还的情况
领会:诉讼费用预交的具体要求

(五)诉讼费用的缓、减、免
识记:司法救助的概念
领会:不交纳案件受理费和司法救助含义下的免交诉讼费用的区别

第四编 诉讼程序

第十四章 普通程序

一、学习的目的与要求

了解普通程序的概念和特点,明确普通程序的开启、进行及特殊情况的处理,掌握民事裁判的类型和效力。

二、课程内容

1. 普通程序是人民法院审理第一审民事诉讼案件时通常所适用的程序,具有如下特点:普通程序具有普遍的适用性;普通程序过程完整、规定全面;普通程序具有基础性,有类似审判程序通则的功能。

2. 民事诉讼中的起诉,是指公民、法人及其他民事主体因自己的民事权益受到侵害或者与他人发生争议,向人民法院提出诉讼请求,要求人民法院予以司法保护,依法作出裁判的诉讼行为。

3. 起诉必须符合下列条件:(1)原告是与本案有直接利害关系的公民、法人或其他组织;(2)有明确的被告;(3)有具体的诉讼请求和事实、理由;(4)属于人民法院主管范围和受诉人民法院管辖。

4. 先行调解是指法院在收到当事人的起诉之后,正式立案之前,对于适宜调解的案件,应当积极引导当事人选择人民调解、行政调解、行业调解等非诉纠纷解决方式解决纠纷,实现矛盾的尽早化解。

5. 受理是指人民法院对起诉人的起诉进行审查后,认为符合法律规定的起诉条件,决定立案审理的行为。

6. 反诉是指在已经进行的诉讼过程中,被告以本诉的原告作为被告,向本诉的受诉法院提出的与本诉的诉讼标的有直接联系的独立的诉讼请求。人民法院受理反诉之后,应当与本诉合并审理。

7. 审理前的准备是指人民法院在受理案件之后,至开庭审理之前,为开庭审理的顺利进行和案件的正确、及时处理所进行的一系列必要的活动。审理前阶段的准备工作主要有以下几个方面:(1) 告知各方当事人案件受理情况及其权利义务,要求被告方及时履行义务、行使权利;(2) 审核诉讼材料,明确原告的诉讼请求和被告的答辩意见;(3) 处理反诉及增加诉讼请求;(4) 当事人变更、追加和通知参加;(5) 处理与证据有关的事项;(6) 程序分流。

8. 开庭审理,是指在审判人员主持下,在当事人及其他诉讼参与人的参加下,依照法定程序和形式对案件进行实体审理的诉讼活动。主要包括开庭预备、法庭调查和法庭辩论、评议和宣判等阶段。

9. 撤诉是在法院受理案件之后作出裁判之前,原告向法院表示撤回起诉,要求法院对案件停止审理的行为。撤诉有申请撤诉和按撤诉处理两种。

10. 缺席判决是对席判决的对称,是指在一方当事人无正当理由拒不到庭或未经法庭许可中途退庭的情况下,法院依法对案件进行审理并作出判决的制度。

11. 延期审理是指在人民法院已确定开庭审理的日期,或者在开庭审理过程中,由于出现某种法定情形,使案件在原定的庭审日期无法进行或案件的庭审无法继续进行,从而推延开庭审理日期的制度。

12. 诉讼中止,是指人民法院在审理案件的过程中,由于出现某些法定情形使诉讼无法继续进行,而暂时停止诉讼的制度。

13. 诉讼终结,是指因出现法定事由,使诉讼无法进行下去或没有必要继续进行下去,而由法院裁定结束诉讼程序的制度。

14. 民事判决是指人民法院通过对民事案件的审理,在对案件的事实依法定程序进行了全面审查的基础上,依据法律、法规的规定,对双方当事人之间的实体问题所作的结论性的判定。法院的生效判决在法律上具有拘束力、既判力,有给付内容的判决还具有执行力。民事裁定,是人民法院在审理案件过程中,对一些程序上应解决的事项所作的判定。民事决定是人民法院为保证诉讼的顺利进行,就诉讼上某些特殊事项或者与诉讼有关的问题,依法作出的断定。

15. 公众可以查阅发生法律效力的判决书、裁定书,但涉及国家秘密、商业秘密和个人隐私的内容除外。

三、考核要求

(一) 普通程序概述
识记:① 普通程序的概念;② 普通程序的特点
(二) 程序的开启
识记:① 起诉的概念;② 起诉的条件;③ 先行调解的概念和适用范围;④ 反诉的概念

和条件

领会：① 案件审查起诉的内容；② 登记立案；③ 不予受理和应予受理的情况

简单应用：领会不予受理和应予受理的特殊情形，以此来判断一些具体案件是否应当受理

（三）程序的进行

识记：① 审前准备各项内容的基本概念；② 开庭审理的概念和法定形式；③ 开庭审理各阶段的基本概念；④ 开庭审理笔录和期限的概念

领会：① 审前准备中与证据处理相关的准备事项；② 程序分流的要求；③ 法庭调查和法庭辩论的顺序

简单应用：领会当事人变更、追加和通知参加，以分析当事人加入诉讼的适当性

综合应用：领会程序进行的各法定阶段，以此来判断某些案件的审程序是否合法

（四）审理中的特殊情况

识记：① 撤诉的概念和适用情况；② 缺席判决的概念和适用情况；③ 延期审理的概念和适用情况；④ 诉讼中止和诉讼终结的适用情况

领会：延期审理和诉讼中止的区别

（五）民事裁判

识记：① 民事判决的概念和种类；② 民事裁定的概念和种类；③ 民事决定的概念

领会：民事判决的效力

第十五章 简易程序

一、学习的目的与要求

了解简易程序的概念和意义，掌握简易程序的适用范围，明确简易程序各阶段的特殊规定。掌握小额诉讼程序的适用范围，明确小额诉讼程序的特殊规定。

二、课程内容

1. 简易程序是指基层人民法院及其派出法庭审理第一审简单的民事案件所适用的审判程序。

2. 简易程序只适用于审理简单的民事案件。简单的民事案件是指事实清楚、权利义务关系明确、争议不大的案件。适用简易程序的人民法院，仅限于基层人民法院和它派出

的法庭。

3. 简易程序具有简易性,具体表现在起诉、受理、审前准备、审判组织、审限等方面。

4. 小额程序是指基层人民法院及其派出法庭审理第一审简单的小额财产、金钱给付案件所适用的审判程序。适用小额程序审理的案件标的额必须为各省、自治区、直辖市上年度就业人员年平均工资30%以下。小额诉讼程序实行一审终审。

三、考核要求

（一）简易程序概述
识记:① 简易程序的概念;② 简易程序的意义
（二）简易程序的适用范围
识记:① 简易程序适用的肯定条件和否定条件;② 简易程序适用的法院级别
领会:简易程序适用范围的确定标准
（三）简易程序的具体规定
识记:① 简易程序各阶段的简化规定;② 简易程序审限的规定
（四）小额诉讼程序
识记:① 小额诉讼程序的适用范围;② 小额诉讼程序各阶段的简化规定
领会:小额诉讼程序与简易程序的区别

第十六章　第二审程序

一、学习的目的与要求

了解第二审程序的概念及其与第一审程序的区别,掌握上诉的概念和条件,明确第二审审理的具体方式和特殊规定。掌握第二审裁判的适用条件和类型,明确第二审中的调解。

二、课程内容

1. 第二审程序是指当事人对一审人民法院所作的未发生法律效力的裁判不服,向上一级人民法院提起上诉,上一级人民法院据此对案件进行审理所适用的审判程序。

2. 上诉,是当事人对一审未生效的判决、裁定,在法定期限内明示不服,要求上一级人民法院对案件进行审理并撤销或变更原判决或裁定的诉讼行为。上诉需要满足一定的条件。

3. 第二审法院以上诉人的上诉请求为其审查范围,但如果第一审判决违反法律禁止性规定,或者损害国家利益、社会公共利益、他人合法权益,那么法院审理可以突破上诉请求的范围。

4. 第二审人民法院审理上诉案件,应当由审判员组成合议庭。以开庭审理为原则,不开庭审理为例外。

5. 第二审法院对上诉案件进行审理之后,应当根据案件的不同情况,分别作出判决或裁定,在一定情况下,也可以对案件进行调解。第二审判决的类型包括:驳回上诉,维持原判;依法改判、撤销或者变更;撤销原判,发回重审;裁定撤销原判,驳回起诉或者移送管辖。

三、考核要求

(一) 第二审程序概述
识记:① 第二审程序的概念;② 第二审程序与第一审程序的联系和区别
(二) 程序的开启
识记:① 上诉的概念和条件;② 上诉的程序;③ 上诉的受理
(三) 第二审审理
识记:① 第二审审理的范围;② 第二审审理的组织;③ 第二审审理的特殊规定
领会:① 第二审审理的形式;② 第二审上诉、起诉的撤回
(四) 第二审的裁判与调解
识记:① 第二审判决的类型及其适用条件;② 第二审裁定的类型;③ 第二审调解的适用情况
领会:第二审判决的适用条件
综合应用:在领会第二审判决的适用条件的基础上,能够应用所学知识,分析在具体案例中如何作出二审裁判

第十七章 再审程序

一、学习的目的与要求

了解再审程序的概念及其特点,掌握再审开启的三种方式,明确再审审理的具体方式和特殊规定。掌握再审裁判的适用条件和类型,掌握再审中的调解。

二、课程内容

1. 再审程序是指人民法院对判决、裁定已经发生法律效力但确有错误的案件,进行再次审理的程序。

2. 人民法院发现已经发生法律效力的判决、裁定确有错误,有权决定对案件再行审理。

3. 当事人对已经发生法律效力的判决、裁定,认为有错误的,可以向上一级人民法院申请再审。

4. 人民检察院可以根据职权或当事人的申请启动抗诉或提出检察建议,从而引起再审程序的发生。

5. 再审案件的审理应按一审普通程序或二审程序审理。人民法院应当围绕再审请求进行再审。人民法院开庭审理再审案件,应当按照法院依职权再审、当事人申请再审以及抗诉再审三种不同类型分别以不同方式进行。

6. 再审程序是事后的、特殊的救济程序,因而应当严格限制适用的范围和次数,针对同一案件不能反复多次进行再审。

三、考核要求

(一) 再审程序概述
识记:① 再审程序的概念;② 再审程序的特征;③ 再审程序的意义
(二) 再审程序的提起
识记:① 法院决定再审的概念和条件;② 当事人申请再审的对象、程序;③ 检察院依

职权抗诉及提出检察建议的概念、条件和程序;④ 当事人申请检察建议或者抗诉的概念、条件和程序

领会:① 当事人申请再审的法定事由;② 当事人申请检察建议或者抗诉与当事人向法院申请再审的关系

综合应用:能够区分申请再审的法定事由、检察院依职权提起抗诉的事由、当事人申请检察建议或者抗诉的条件的区别和联系,并以之分析具体案例

(三) 再审案件的审理与裁判

识记:① 再审审理的范围;② 再审审理的特殊规定;③ 再审判决的类型;④ 再审调解的概念

领会:① 再审审理的形式;② 再审裁判的效力

综合应用:在领会再审判决的适用条件的基础上,能够应用所学知识,分析在具体案例中如何作出再审裁判

第十八章　涉外民事诉讼程序的特别规定

一、学习的目的与要求

了解涉外民事诉讼的概念,掌握涉外民事诉讼的管辖,明确涉外民事诉讼期间和送达的特殊规定。掌握涉外仲裁裁决的承认与执行,外国法院判决的承认和执行,了解区际司法协助的概念和方式。

二、课程内容

1. 涉外民事诉讼,是指含有涉外因素的民事诉讼。涉外民事诉讼程序,指的是人民法院受理、审判和执行具有涉外因素的民事案件的诉讼程序。

2. 涉外民事诉讼程序的一般原则包括以下六项:适用我国《民事诉讼法》原则;诉讼权利同等和对等原则;信守国际条约原则;尊重外交特权与豁免原则;使用我国通用语言文字原则;委托我国律师代理诉讼原则。

3. 涉外民事诉讼管辖权的确定原则包括:属地管辖权原则;属人管辖权原则;实际控制管辖权原则。涉外民事诉讼中管辖包括如下种类:普通管辖;特殊地域管辖;专属管辖;集中管辖。

4. 在涉外民事诉讼中,送达的方式,依受送达人的居住地点的不同而有所区别。对

于受送达人不在我国境内居住的,可以采取以下八种方式送达:依照国际条约规定的方式送达;通过外交途径送达;委托我国驻受送达所在国的使领馆代为送达;向有权接受送达的诉讼代理人送达;向代表机构或分支机构、业务代办人送达;邮寄送达;传真、电子邮件等方式送达;公告送达。

5. 涉外仲裁与涉外民事诉讼,是我国解决涉外民事纠纷的两种方式。对于涉外民事纠纷的解决来说,当事人只能在两种方式中选择一种方式,或者提请仲裁,或者向人民法院起诉。

6. 仲裁裁决的承认与执行,可分为我国涉外仲裁机构的裁决在我国的承认与执行、我国涉外仲裁机构的裁决在外国的承认与执行以及我国法院对外国仲裁裁决的承认与执行。

7. 司法协助,是指不同国家的法院之间,根据本国缔结或者参加的国际条约或者互惠关系,彼此相互协助,为对方代为一定的诉讼行为。一般司法协助,是指一国法院和外国法院可以相互请求,代为送达文书和调查取证。其内容表现为:代为送达诉讼文书代为取证、代为提供有关法律资料。特殊司法协助,包括对外国法院的裁判和仲裁裁决的承认与执行。

8. 外国法院判决的承认和执行包括两种情形:一是外国法院作出的涉外民事判决在内国的承认和执行;二是内国法院的涉外民事判决在外国的承认与执行

三、考核要求

(一) 涉外民事诉讼程序概述

识记:① 涉外民事诉讼、涉外民事诉讼程序的概念;② 涉外民事诉讼程序的一般原则

(二) 涉外民事诉讼管辖

识记:① 确定涉外民事诉讼管辖的原则;② 涉外民事诉讼中管辖的种类;③ 涉及国外华侨案件和涉及港、澳、台同胞案件的管辖问题

领会:涉外管辖竞合问题

(三) 送达、期间

识记:① 涉外送达的八种方式;② 涉外期间的具体规定

(四) 涉外仲裁

识记:① 涉外仲裁和诉讼的选择管辖;② 我国涉外仲裁机构的裁决在外国的承认与执行

领会:① 我国涉外仲裁机构的裁决在我国的承认与执行;② 我国法院对外国仲裁裁决的承认与执行

综合应用:能够应用所学知识,分析在具体涉外案例中,我国法院对外国仲裁裁决是否应当承认与执行。

（五）司法协助

识记：① 一般司法协助的概念和途径；② 特殊司法协助的概念和种类；③ 区际司法协助的特别规定

领会：① 外国法院作出的涉外民事判决在内国的承认和执行；② 内国法院的涉外民事判决在外国的承认与执行

综合应用：能够应用所学知识，分析在具体涉外案例中，我国法院对外国判决是否应当承认与执行

第五编 非讼程序

第十九章 特别程序

一、学习的目的与要求

了解非讼程序的概念和适用范围,明确特别程序的概念和适用范围,掌握各种特殊案件的不同的审理程序。

二、课程内容

1. 我国民事非讼程序的适用范围主要有:适用特别程序处理的非讼案件;适用督促程序处理的督促案件;适用公示催告程序处理的公示催告案件;适用《海事诉讼特别程序法》规定的海商事督促程序和公示催告程序处理的督促案件和公示催告案件、设立海事赔偿责任限制基金程序中的非讼案件、债权登记与受偿程序中的非讼案件、船舶优先权催告程序中的非讼案件;其他法律规定的非讼案件。

2. 我国特别程序适用于选民资格案件、宣告失踪或者宣告死亡案件、认定公民无民事行为能力或者限制民事行为能力案件、认定财产无主案件、确认调解协议案件和实现担保物权案件。它们在审理程序上有各自的特点和程序。

3. 我国特别程序的共同规则主要有:优先适用特别程序规定;无原告和被告;实行一审终审;审判组织有特别要求;特别程序转化规定;审限较短;免交诉讼费;不适用审判监督规定。

三、考核要求

(一)特别程序概述

识记:① 特别程序的概念;② 特别程序的适用范围;③ 特别程序的共同规则

领会:① 非讼程序的概念;② 非讼程序的适用范围
(二)选民资格案件的审判程序
识记:选民资格案件的概念
领会:① 审理选民资格案件的特别程序;② 适用特别程序审理选民资格案件所作判决的法律后果
简单应用:运用特别程序的原理和规范,解决选民资格案件审判程序的适用问题
(三)宣告失踪、死亡案件的审判程序
识记:① 申请宣告公民失踪、死亡案件的概念;② 申请宣告公民失踪、死亡案件的条件
领会:① 审理宣告公民失踪、死亡案件的特别程序;② 适用特别程序审理宣告公民失踪、死亡案件所作判决的法律后果
简单应用:运用特别程序的原理和规范,解决宣告公民失踪、死亡案件审判程序的适用问题
(四)认定公民无民事行为能力、限制民事行为能力案件的审判程序
识记:① 认定公民无民事行为能力、限制民事行为能力案件的概念;② 认定公民无民事行为能力、限制民事行为能力案件的申请条件
领会:① 认定公民无民事行为能力、限制民事行为能力案件的审判程序;② 适用特别程序审理认定公民无民事行为能力、限制民事行为能力案件所作判决的法律后果
简单应用:运用特别程序的原理和规范,解决认定公民无民事行为能力、限制民事行为能力案件审判程序的适用问题
(五)认定财产无主案件的审判程序
识记:① 认定财产无主案件的概念;② 认定财产无主案件的申请条件
领会:① 认定财产无主案件的审判程序;② 适用特别程序审理认定财产无主案件所作判决的法律后果
简单应用:运用特别程序的原理和规范,解决认定财产无主案件审判程序的适用问题
(六)确认调解协议案件的程序
识记:① 确认调解协议案件的概念;② 申请确认调解协议的要件
领会:① 调解协议的司法确认程序;② 法院确认调解协议有效的裁判效力
简单应用:运用特别程序的原理和规范,解决确认调解协议案件程序的适用问题
(七)实现担保物权的程序
识记:实现担保物权案件的概念
领会:① 实现担保物权案件的审判程序;② 适用特别程序审理实现担保物权案件所作判决的法律后果
简单应用:运用特别程序的原理和规范,解决实现担保物权案件程序的适用问题

第二十章 督促程序

一、学习的目的与要求

了解督促程序的概念和特性,明确申请支付令的条件和支付令的法律效力,掌握申请支付令案件的程序。

二、课程内容

1. 申请支付令必须符合下列条件:申请人请求给付的标的物必须是金钱或有价证券;请求给付的金钱、有价证券已到清偿期且数额确定;债权人与债务人没有其他债务纠纷;支付令能够送达债务人。

2. 法院受理支付令申请后,经审查债权人提供的事实、证据,认为债权债务关系明确、合法的,应当在受理之日起15日内向债务人发出支付令;申请不成立的,裁定予以驳回。

3. 债务人在收到支付令之日起15日内,既不清偿债务,又不提出书面异议或异议被裁定驳回的,债权人可以向法院申请执行。

4. 债务人提出支付令异议须具备的成立条件:债务人的异议应在法定期限内提出;必须以书面形式提出;必须针对支付令所确定的债务本身提出;必须向发出支付令的法院提出。

5. 支付令异议成立的法律后果:法院裁定终结督促程序;支付令失效;转入诉讼程序,但申请支付令的一方当事人不同意提起诉讼的除外。

三、考核要求

(一)督促程序概述

识记:督促程序的概念

领会:① 督促程序的主要特性;② 督促程序的法律意义

(二) 支付令的申请和受理
识记:申请支付令的条件
领会:支付令的受理
(三) 支付令的发出和法律效力
识记:支付令的法律效力
(四) 债务人异议和督促程序终结
识记:① 支付令异议的含义;②债务人提出支付令异议的成立条件;③ 支付令异议成立的法律后果
领会:督促程序终结的情形
综合应用:能够运用督促程序的原理和规范,解决有关程序的具体适用问题

第二十一章 公示催告程序

一、学习的目的与要求

了解公示催告程序的概念和特征,明确公示催告程序的适用范围和申请要件,掌握公示催告的具体程序以及除权判决的程序和效力。

二、课程内容

1. 申请公示催告程序须具备下列要件:须符合申请公示催告法定的适用范围;须具备申请公示催告的法定事由;申请人须适格;须向有管辖权的法院提出申请;须向法院提出书面申请。

2. 法院收到申请以后,经审查,认为不具备申请公示催告条件的,裁定驳回申请;认为具备申请公示催告条件的,裁定受理,并应通知支付人停止支付。

3. 法院决定受理申请人的申请,应当在3日内发出公告,催促利害关系人申报权利。

4. 法院作出除权判决应具备以下条件:在申报权利期间无人申报权利,或者申报权利被依法驳回的;公示催告申请人应从申报权利期间届满的次日起1个月内向人民法院提出申请。

5. 利害关系人因正当理由不能在除权判决前向法院申报权利的,自知道或应当知道判决公告之日起1年内,可向作出除权判决的法院起诉。

三、考核要求

（一）公示催告程序概述

识记:公示催告程序的概念

领会:公示催告程序的主要特征

（二）公示催告

识记:① 申请公示催告的特别程序要件;② 利害关系人申报权利的主要条件;③ 利害关系人合法申报权利的法律后果

领会:① 法院对公示催告申请的审查;② 停止支付通知的意义;③ 公示催告公告及其意义

简单应用:运用公示催告程序的适用范围和特殊程序规范,解决具体案件中相关程序规则的适用问题

（三）除权判决

识记:① 法院作出除权判决的条件;② 提起撤销除权判决之诉的特殊要件

领会:① 除权判决公告及其意义;② 除权判决的法律效力

综合应用:运用公示催告程序的原理和规范,解决有关程序的具体适用问题

第六编 执行程序

第二十二章 执行程序概述

一、学习的目的与要求

掌握执行的概念、特征。掌握执行程序与审判程序的区别与联系,明确执行的原则。了解执行的主体与客体。

二、课程内容

1. 执行或强制执行,是执行机关运用国家强制力,强制义务人履行生效法律文书所确定的义务的活动。

2. 执行程序是规范执行工作的步骤和方法。执行程序最主要的目的是确保执行工作的顺利进行,但也承担着实现法的公平和正义的功能。执行程序的基础是当事人的执行请求权和执行机关的执行权。

3. 执行的原则是贯穿于执行程序始终,对执行程序有根本性指导作用的行为准则。执行活动需遵循以下原则:执行的合法性原则;执行标的有限原则;兼顾被执行人利益原则;强制执行与说服教育相结合的原则。

4. 执行的主体,是指在执行程序中,依法享有权利和承担义务,并能引起执行程序发生、变更或终结的组织和个人。

5. 执行客体,又称为执行标的,是指执行活动所指向的对象。执行客体可以是财物,也可以是行为,但不包括人身。

三、考核要求

（一）执行和执行程序概述
领会：① 执行的概念、种类、特征；② 执行程序与审判程序的关系
（二）执行的原则
识记：执行的主要原则及其内容
综合应用：运用执行的原则，分析和处理执行程序的具体制度和问题
（三）执行的主体和客体
识记：执行主体和执行客体的种类
领会：追加与变更被执行人的主要情形

第二十三章　执行程序的一般规定

一、学习的目的与要求

明确执行依据的概念、特征及其范围。掌握执行管辖的一般规定、管辖权的转移、管辖争议和管辖权异议。掌握执行程序的开始，了解其进行的过程。了解委托执行与协助执行。掌握执行阻却的各种情形和具体制度的内容。掌握执行救济的有关程序和执行回转的概念、条件。

二、课程内容

1. 执行依据，也被称为执行名义、执行根据，是指执行机关据以执行的生效法律文书。有效的执行依据是启动执行程序的必要条件。

2. 执行管辖是指人民法院之间受理执行案件的分工和权限。执行管辖的划分依据主要是执行依据。执行依据不同，执行法院也不同。

3. 执行管辖权的转移，是指在执行过程中，依据上级人民法院的决定或经上级人民法院同意，将执行案件的管辖权从原来有管辖权的人民法院转移至无管辖权的人民法院的情形。它主要包括两种：提级执行和指定执行。

4. 我国执行程序的开始有两种方式：申请执行和移送执行。在受理执行案件以后，

人民法院需要进行一定的准备活动。其中,最主要的是发出执行通知和调查被执行人的财产状况。

5. 委托执行是指受理案件的执行法院对于被执行人或者被执行的财产不在本辖区的案件,委托其他人民法院代为执行的法律制度。委托执行是人民法院之间的司法互助,它不同于管辖权的转移,不改变执行案件的管辖。

6. 协助执行是指有关单位和个人按照人民法院的通知,协助完成与执行活动相关的事项的制度。

7. 执行阻却,是指在执行过程中,由于某种特殊事由的出现,导致执行程序无法继续进行或者没有必要继续进行的状态。根据我国《民事诉讼法》和司法解释的规定,执行阻却主要包括不予执行、暂缓执行、执行中止、执行担保、执行和解、执行终结和终结本次执行程序等情形。

8. 执行救济是指执行当事人和利害关系人就法院执行活动提出不同意见,维护自身合法权益的途径和手段。我国《民事诉讼法》和司法解释确立的执行救济制度主要是执行行为异议及其复议、案外人异议与案外人异议之诉及许可执行之诉、分配方案异议与分配方案异议之诉。

9. 案外人异议,是指在执行过程中,申请执行人和被执行人以外的人对执行标的主张实体权利而向人民法院提出的异议。其救济途径包括案外人异议之诉和许可执行之诉。

10. 多个债权人对同一被执行人申请执行或者对执行财产申请参与分配的,执行法院应当制作财产分配方案,并送达各债权人和被执行人。

三、考核要求

(一) 执行依据
识记:① 执行依据的概念;② 执行依据的种类
领会:执行依据的特征
(二) 执行管辖
识记:执行管辖的确定
领会:① 执行管辖权的转移;② 管辖权争议及其解决;③ 管辖权异议的提出及处理
(三) 执行的开始及进行
识记:① 申请执行的条件;② 移送执行的概念及主要情形
领会:查明债务人财产的途径
(四) 委托执行和协助执行
识记:① 委托执行的概念;② 协助执行的概念
领会:① 委托执行的适用及程序;② 协助执行的适用

（五）执行阻却

识记：① 不予执行的概念；② 暂缓执行的概念；③ 执行中止的概念；④ 执行担保概念；⑤ 执行和解的概念；⑥ 执行终结的概念

领会：① 不予执行的适用；② 暂缓执行与执行中止的区别；③ 执行中止的适用；④ 执行担保的适用；⑤ 执行和解的内容及效力；⑥ 执行终结的适用

（六）执行救济和执行回转

识记：① 执行救济的概念和种类；② 执行行为异议的条件；③ 案外人异议的条件；④ 执行回转的概念

领会：① 案外人异议之诉；② 申请执行人许可执行之诉；③ 分配方案异议和分配方案异议之诉；④ 执行回转的适用情形

第二十四章 执行措施与妨碍执行的强制措施

一、学习的目的与要求

明确执行措施的概念、特征和分类。领会实现金钱债权的执行措施和对行为的强制执行。明确保障性执行措施的概念和种类。明确妨碍执行的强制措施的概念和基本种类。

二、课程内容

1. 执行措施，是指人民法院在执行过程中，强制被执行人履行义务，以实现具有执行力的生效法律文书的方法和手段。执行措施具有以下特征：强制性、主动性和法定性。

2. 对金钱的执行目的在于清偿申请执行人的金钱债权。我国对金钱的执行分为两种：一是对存款的执行，即查询、冻结、划拨被执行人的存款；二是对收入的执行，即扣留、提取被执行人的收入。

3. 对财产性权益的执行主要包括对到期债权的执行，对投资权益（股权）的执行，对股息、红利的执行和对知识产权的执行。

4. 对行为的强制执行分为两种：一是强制完成生效法律文书确定的财产给付；二是强制完成生效法律文书确定的单纯的非财产给付。

5. 保障性执行措施，是指在执行过程中，人民法院可以采取的、用以辅助或配合强制执行实施的有关措施，主要有搜查、加倍支付利息和延迟履行金、限制出境、限制高消费和载入失信被执行人名单五种。

6. 妨害执行的强制措施,是指人民法院为排除妨害执行活动的行为,保证执行活动顺利进行,而依法对实施妨害执行行为的人采取的强制手段。

三、考核要求

（一）执行措施概述
识记：执行措施的概念、特征
领会：执行措施的分类
（二）因金钱债权对金钱的执行
领会：对金钱的执行措施
（三）因金钱债权对动产、不动产的执行
领会：对动产、不动产的执行措施
（四）因金钱债权对财产性权益的执行
领会：对不同财产性权益的执行措施
（五）对行为的执行
领会：对行为的执行措施
（六）保障性执行措施
领会：不同的保障性执行措施及其适用
（七）妨害执行的强制措施
领会：主要的妨害执行强制措施及其适用

Ⅳ 关于大纲的说明与考核实施要求

一、自学考试大纲的目的和作用

民事诉讼法学课程自学考试大纲是根据专业自学考试计划的要求,结合自学考试的特点而确定。其目的是对个人自学、社会助学和课程考试命题进行指导和规定。

《民事诉讼法》课程自学考试大纲明确了课程学习的内容以及深广度,规定了课程自学考试的范围和标准。因此,它是编写自学考试教材和辅导书的依据,是社会助学组织进行自学辅导的依据,是自学者学习教材、掌握课程内容知识范围和程度的依据,也是进行自学考试命题的依据。

二、课程自学考试大纲与教材的关系

课程自学考试大纲是进行学习和考核的依据,教材是学习掌握课程知识的基本内容与范围,教材的内容是大纲所规定的课程知识和内容的扩展与发挥。大纲与教材所体现的课程内容应基本一致;大纲里面的课程内容和考核知识点,教材里一般也要有;反过来教材里有的内容,大纲里就不一定体现。

三、关于自学教材

《民事诉讼法学》,全国高等教育自学考试指导委员会组编,潘剑锋主编,北京大学出版社,2016年版。

四、关于自学要求和自学方法的指导

本大纲的课程基本要求是依据专业考试计划和专业培养目标而确定的。课程基本要求还明确了课程的基本内容,以及对基本内容掌握的程度。基本要求中的知识点构成了课程内容的主体部分。因此,课程基本内容掌握程度、课程考核知识点是高等教育自学考试考核的主要内容。

为有效地指导个人自学和社会助学,本大纲已指明了课程的重点和难点,在章节的基本要求中一般也指明了章节内容的重点和难点。

本课程共5学分。

根据学习对象成人在职业余自学的情况,作者结合自己或他人的教学经验和体会,提出几点具有规律性或代表性的学习方法,以便更好地指导考生如何进行自学。举例如下:

（一）系统学习、深入重点

自学者首先应系统地学习各章内容，掌握要求识记的概念，深入理解和掌握基本理论和基本方法，在此基础上深入知识点，掌握重点。

（二）科学学习方法，明确相关概念、方法之间的关系

考试前梳理已经学习过的内容，搞清楚一些基本概念、理论及方法之间的关系，便于记忆、加深理解，从而掌握分析计算方法。例如，第二章，首先应当理解民事诉讼基本原则的概念及其整个民事司法程序系统中宏观指导作用，在此基础上搞清各项基本原则的确立依据、内涵外延、基本要求以及具体体现，进而理解民事诉讼基本原则与各类程序和制度的内在关联。

（三）深入理解教材内容，注意理论与实践相结合

民事诉讼兼具理论性和实践性，自学者对教材中的问题提示以及具体示例等应当深入理解。例如，第六章当事人，应当结合教材中的举例和阐释，来准确把握具体案件中当事人诉讼地位的确定。还可以运用"诉权与审判权"的关系原理，来提升分析问题和解决问题的能力，使得自学者做到学以致用。

五、应考指南

自学应考者在备战民事诉讼法学课程的过程中，应当始终围绕"诉权与审判权"的关系这一核心，对民事诉讼基本理论、基本原则、基本制度、主要程序以及核心制度进行系统掌握。除了吃透教材外，还应当仔细研读教材中所提示的重要法条，做到理论与规范相结合、理论与实践相结合、识记与应用相结合。

六、对社会助学的要求

指导自学应考者全面系统地学习指定教材，掌握全部考试内容和考核知识点。根据本大纲列出的考试内容和考核目标，对自学应考者进行切实有效的辅导，将识记、领会、简单运用、综合运用四者有机结合起来，培养和提高他们分析问题和解决问题的能力，切记猜题押题。

七、关于考试命题的若干规定

1. 民事诉讼法学课程的考试方法采用闭卷笔试形式，满分为100分，60分为及格线。考试时间为150分钟。

2. 本大纲各章所规定的基本要求、知识点及知识点下的知识细目，都属于考核的内容。考试命题既要覆盖到章，又要避免面面俱到。要注意突出课程重点、章节重点，加大重点内容的覆盖度。

3. 命题不应有超出大纲中考核知识点范围的题，考核目标不得高于大纲中所规定的相应的最高能力层次要求。命题应着重考核自学者对基本概念、基本知识和基本理论是否了解或掌握，对基本方法是否会用或熟练。不应出与基本要求不符的偏题或怪题。

4. 本课程在试卷中对不同能力层次要求的分数比例大致为:识记占 20%,领会占 30%,简单应用占 30%,综合应用占 20%。

5. 要合理安排试题的难易程度,试题的难度可分为:易、较易、较难和难四个等级。每份试卷中不同难度试题的分数比例一般为:2∶3∶3∶2。必须注意试题的难易程度与能力层次有一定的联系,但二者不是等同的概念。在各个能力层次中对于不同的考生都存在着不同的难度。

6. 课程考试命题的主要题型一般有单项选择题、多项选择题、名词解释题、简答题、论述题、案例分析题等题型。参见附录题型举例。

八、参考资料

《中华人民共和国民事诉讼法》以及《最高人民法院关于适用〈中华人民共和国民事诉讼法〉的解释》《最高人民法院关于民事诉讼证据的若干规定》《关于适用〈中华人民共和国民事诉讼法〉执行程序若干问题的解释》《关于人民法院民事调解工作若干问题的规定》《关于适用〈中华人民共和国民事诉讼法〉审判监督程序若干问题的解释》等等。

附录 题型举例

一、单项选择题(在每小题列出的四个备选项中只有一个是符合题目要求的,请将其代码填写在题后的括号内。错选、多选或未选均无分。)

1. 下列有关确认调解协议效力案件的审判组织形式的说法,正确的是(　　)
   A. 一律采用独任制　　　　　　　　B. 一律采用合议制
   C. 重大的案件采用合议制　　　　　D. 疑难的案件采用合议制
2. 代表人诉讼中,诉讼代表人的人数最多是(　　)
   A. 2人　　　　B. 5人　　　　C. 3人　　　　D. 7人

二、多项选择题(在每小题列出的五个备选项中至少有两个是符合题目要求的,请将其代码填写在题后的括号内。错选、多选、少选或未选均无分。)

1. 共同诉讼中的诉讼标的是(　　)
   A. 共同的　　　B. 同一种类的　　　C. 独立的　　　D. 单一的
   E. 合并的
2. 对妨害民事诉讼的行为,可以采取的强制措施包括(　　)
   A. 训诫　　　　　　　　　　　　　B. 罚款
   C. 责令退出法庭　　　　　　　　　D. 拘传
   E. 拘留

三、名词解释题

1. 诉讼标的
2. 行为保全

四、简答题

1. 简述书证的种类及其作用。
2. 简述小额诉讼的特点。

五、论述题

1. 论民事诉讼诚实信用原则。
2. 试析民事普通程序与简易程序的区别和联系。

六、案例分析题

1. 赵明与范红(女)二人离婚一案,经法院调解,双方达成离婚协议。法院制作调解书后,分别向赵明、范红进行送达,赵明接受了送达。而范红在法院向其送达时,拒绝签收调解书,法院因此找来范红所在地的居委会干部作为见证人并将调解书放在范红的住所。

问在此情况下,该调解书依法是否生效?为什么?

2. 住所地在上海市浦东区的王佳与住所地在北京市朝阳区的刘田签订了一份房屋租赁合同,由王佳承租刘田在北京市海淀区中关村南大街的两居室住房一套,并约定若因为租赁合同的履行发生争议,提交北京市西城区人民法院诉讼解决。后因王佳长期欠缴房租,刘田决定将王佳诉至法院。

问:哪个法院对本案有管辖权?为什么?

后 记

《民事诉讼法学自学考试大纲》是根据全国高等教育自学考试法律专业考试计划的要求,由全国考委法学类专业委员会组织编写。

《民事诉讼法学自学考试大纲》由北京大学潘剑锋教授担任主编,参加编写的有北京大学刘哲玮副教授。

全国考委法学类专业委员会于2015年7月对本大纲组织审稿。北京师范大学刘荣军教授担任主审,中国人民大学肖建国教授、中国政法大学肖建华教授参加审稿并提出改进意见。

本大纲编审人员付出了辛勤劳动,特此表示感谢。

全国高等教育自学考试指导委员会
法学类专业委员会
2015年10月

全国高等教育自学考试指定教材
法律专业（基础科段）

民事诉讼法学

全国高等教育自学考试指导委员会　组编

第一编　导　论

第一章　民事诉讼法概述

第一节　民事纠纷与民事诉讼

一、民事纠纷概述

(一) 民事纠纷的概念和特点

民事纠纷,又称民事争议,是指平等主体之间因财产关系、人身关系所涉的民事权益而引发的争议,属于法律纠纷的一种。民事纠纷是社会生活中产生的一种矛盾,该种矛盾的发生源于不同的民事主体对同一民事权利或民事权益持不同的看法或主张。

作为一种极为纷繁复杂的社会现象,民事纠纷具有以下几项特点:

(1) 民事纠纷主体在民事法律关系中的地位平等。涉纷主体在民事实体权利上的平等性,决定了其在纠纷解决过程中主体地位的平等性,双方享有同等或对等的权利。换言之,在解纷过程中,涉纷主体在解纷意愿、方式、手段等方面均是对等的,其相互之间不存在服从与隶属的关系,也不存在一方的意志凌驾于另一方之上的问题。民事纠纷的该项特点,决定了在解决纠纷的过程中须对双方当事人一视同仁。

(2) 民事纠纷的内容是对民事权利义务的争议。这一特点将民事纠纷与刑事纠纷、行政纠纷等其他性质的纠纷相区别。如前所述,民事纠纷源于民事主体对人身关系、财产关系中所涉权益的认识分歧,因此民事纠纷的内容必然是民事主体之间的民事权利义务争议,如果超出了这个界限,则不属于民事纠纷的范畴。

(3) 民事纠纷的主体对自己的民事权利享有处分权。该项特征源于民事法律关系的私法属性,民事实体法以当事人意思自治为基本原则,涉纷主体对民事实体权利的处分权,决定了其有权在解纷过程中对自己享有的民事程序权利进行处分。只要不违反国家法律的规定,任何机构和个人都不得干预该种处分权的行使,当然,这主要是针对有关财产关系的民事纠纷,而有关人身关系的民事纠纷多具有不可处分性。

(二) 民事纠纷的类型

根据民事纠纷的内容和特点,可以将民事纠纷划分为两大类型:一类是因财产关系而引发的民事纠纷,其中又包括财产所有关系的民事纠纷和财产流转关系的民事纠纷两种;另一类是因人身关系而引发的民事纠纷,其中包括人格权关系的民事纠纷和身份权关系的民事纠纷两种。

需要特别说明的是,在现实生活中,上述两类纠纷往往是交错并存的。具体来说,一方面,某些财产关系的民事纠纷与人身关系的民事纠纷,常常互为发生前提;另一方面,继承权、知识产权、股东权等某些民事权利由于兼具财产和人身的双重属性,因此其所引发的民事纠纷亦同时具有财产纠纷和人身纠纷的性质。

二、民事纠纷的多元解决机制

民事纠纷的解决机制,是指缓解和消除民事纠纷的途径、方法和制度。民事纠纷的多样化决定了解纷机制的多样性,依据解决纠纷的方法和机制,结合解纷主体的性质、涉纷主体的意愿以及解纷结果的效力等因素,可以将民事纠纷的解决机制类型化为三条渠道:当事人自行解纷的私力救济模式;依靠社会解纷的社会救济模式;依靠国家公权力解纷的公力救济模式。

(一) 私力救济

私力救济又称自力救济,俗称"私了",是指纠纷主体依靠自身力量解决纠纷,以维护自己的民事权益。该类救济路径主要包括自决、避让、和解三种方式。

所谓自决,是指纠纷主体中的一方强调凭借自己的力量使对方服从。所谓避让,是指在发生民事纠纷后,一方当事人主动放弃争执,而使纠纷归于消灭的行为。避让的主要特点在于一方主动放弃争执,该种行为的出现通常源于利他、得不偿失、蔑视对方、畏惧对方等心理。所谓和解,则是指民事纠纷的涉纷双方,针对争执的问题进行协商并达成协议,从而消灭争执的行为。和解的主要特点在于当事人双方有协商的意愿和积极协商的行为,该种解纷方式具有程序简单灵活、结果高度合意等优势。虽然和解与避让具有一定的相似性,例如均无需第三方介入和参与,但二者的本质差异在于,和解中的当事人双方均持该种想法,而不同于避让中仅一方当事人有此想法。

(二) 社会救济

社会救济,是指依靠社会力量处理民事纠纷的一种机制,具体包括两种方式:一是诉讼外调解;二是仲裁。

诉讼外调解,是指第三者依据一定的道德和法律规范,给发生纠纷的当事人摆事实、讲道理,促使双方在相互谅解的基础上相互让步并达成合意,最终解决纠纷的一种活动。该种解纷机制的特点在于,涉纷当事人在协商解纷的过程中有第三方的介入,且纠纷解决过程较为灵活,既能充分体现当事人的意愿,又能反映第三方的劝导作用。诉讼外调解能否成功,主要取决于纠纷当事人对第三方调解者的信任程度。

仲裁,是指民事纠纷当事人双方达成协议,一致同意将纠纷提交第三方机构进行居中裁决的活动。仲裁机制的适用,以涉纷主体达成有效的仲裁协议为前提,同时要求提交仲裁的争议具有可仲裁性且协议约定的仲裁机构客观存在。仲裁与诉外调解的共同点在于,二者均是有第三方介入的解纷机制,但仲裁还具有一些独有特性:其一,仲裁的适用范围特定,其仅能针对当事人约定的非人身关系纠纷进行裁断,婚姻、继承等人身关系纠纷无法通过仲裁解决;其二,仲裁的程序较为规范和专业;其三,仲裁具有较高的保密性,其以不公开仲裁为原则、公开仲裁为例外;其四,仲裁兼具合意性与强制性,从程序的启动到裁决的作出,当事人的意愿均发挥着重要作用,但仲裁实行一裁终局且仲裁裁决具有强制执行力。

(三) 公力救济

公力救济,是指利用国家公权力解决民事纠纷,典型的方式是民事诉讼。

民事诉讼,是指法院在民事纠纷双方当事人及其他诉讼参与人的参加下,对民事案件进行审理并作出裁判的行为,是处理特定社会纠纷时最权威、最有效的机制。相较于社会救济和自力救济机制,民事诉讼的独有特性主要包括:第一,解纷主体是代表国家的法院,因此具有显著的国家强制性色彩。第二,民事诉讼程序具有高度的严格性和规范性,从当事人提出解纷请求、到法院对纠纷事实进行调查、再到当事人举证、质证乃至法院审查认证并作出裁判,均须遵守一系列的步骤和程式。第三,民事诉讼以国家强制力为后盾,因此其解纷方案具有强制执行力。

综上可知,我国现行的民事纠纷解决机制主要包括和解、调解、仲裁和诉讼。这些解纷方式各具特色,因此很难笼统地说某种方式是解决民事纠纷的最佳、最适宜途径。事实上,民事纠纷作为社会纠纷的一种,具有显著的多样性、发展性和繁杂性,要想有效地化解日益频发的各种民事纠纷,必须针对其各自的特性,配以相适应的纠纷解决机制,以实现民事纠纷与解纷方式的相适应性。质言之,在现代社会生活中,只有构建多元化的民事纠纷解决机制体系并使之形成协调发展的有机系统,才能满足社会不断变动的客观现实需求。

三、民事诉讼的概念和特点

(一) 民事诉讼的概念

民事诉讼,是指法院在所有诉讼参与人的参加下,按照法律规定的程序,审理和解决民事案件的活动以及在此过程中所产生的各种法律关系的总和,也即人民法院根据当事人的请求,保护当事人正当权利和合法权益的审判程序制度。民事诉讼活动,既包括法院的审判活动,如受理案件、调查取证、作出裁判等,又包括诉讼参与人的活动,如原告起诉、被告提出答辩或反诉、证人出庭作证等。民事诉讼活动能够引发诉讼上的法律后果并推动民事诉讼的发展,但需要注意的是,并非法院的所有活动都属于诉讼活动,例如审判委员会讨论案件等法院内部的活动,就不是民事诉讼活动,而由法院组织法予以调整。换言之,民事诉讼活动必须是法院和诉讼参与人在诉讼过程中所进行的能够发生诉讼关系的活动,例如法院受理了原告的起诉后,在法定期限内将起诉状副本送达被告等活动。

与诉讼活动密切相关的是诉讼关系。民事诉讼法律关系,是指法院、当事人及其他诉讼参与人相互间,在诉讼过程中所形成的民事诉讼权利义务关系,其中法院与当事人之间的法律关系占据着核心地位。例如原告起诉后,法院经审查认为符合法定的起诉条件,遂裁定予以受理并在法定期限内将原告的起诉状副本送达被告,这就使得法院分别与原告和被告发生了民事诉讼关系。诉讼主体之间的权利义务关系样态,决定着诉讼活动将如何进行。由此可见,民事诉讼由民事诉讼活动和民事诉讼关系两方面所共同构成。民事诉讼活动能够产生、变更或消灭诉讼关系,而诉讼关系又通过诉讼活动表现出来;同时,这些诉讼活动和诉讼关系均由民事诉讼法所规定。换言之,都是依法进行的诉讼活动和依法产生的诉讼关系。

(二) 民事诉讼的特点

相较于其他民事纠纷解决方式,民事诉讼具有以下几项特征:

(1) 民事诉讼的主体是法院和诉讼参与人。其中法院和当事人是基本的民事诉讼主体,二者缺一不可,否则将无法构成民事诉讼。法院作为民事纠纷的裁判者,代表国家以客观中立的角色参加民事诉讼;诉讼当事人作为民事纠纷的主体,是案件的利害关系人;其他诉讼参与人则旨在协助法院或诉讼当事人进行诉讼,促进案件事实的查明和诉讼程序的顺利进行;而检察院作为法律监督机关,其参加诉讼是为了更好地监督法院的审判活动,保证诉讼活动的依法进行。

(2) 民事诉讼以民事纠纷作为解决对象,以法院和诉讼参与人所进行的活动以及在此过程中产生的法律关系为基本内容。如前所述,民事纠纷是平等主体之间因财产关系和人身关系所发生的争议,这些争议关涉当事人可以依法予以处分的权利或利益。非民事权利义务的争议不能纳入民事诉讼程序加以解决,伦理上的冲突、政治上的争议、宗教上的争议等也不能成为民事诉讼的对象。民事纠纷的该种特性,使得民事诉讼有别于刑事诉讼和行政诉讼。

(3) 民事诉讼的整个过程由若干个诉讼阶段组成,具有显著的阶段性和严格的程序性。诉讼阶段由一定的诉讼制度和程序所共同构成,诉讼制度决定诉讼程序,诉讼程序服务于诉讼制度;没有诉讼制度,诉讼程序将失去存在的实际意义,而没有诉讼程序,诉讼制度就无法得以体现和落实。一方面,各个诉讼阶段都具有相对独立性并承载着各自的相应任务;另一方面,各诉讼阶段相互间紧密联系、前后相继,前一阶段的完成是后一阶段得以继续的前提,民事诉讼整体任务的完成,有赖于诉讼各阶段的共同作用。

(4) 民事诉讼依靠国家强制力来解决民事纠纷。其一,当原告向法院提起诉讼后,被告就负有应诉的义务,其无权拒绝法院的审判。被告不到庭的,法院可以强制其到庭,不需要强制到庭的,法院可以缺席判决。其二,法院作出的判决、裁定和决定,当事人必须服从并履行裁判所确定的义务。若其不自觉主动地履行判决或裁定,法院可以依据当事人的申请进行强制执行。

四、民事诉讼法律关系

(一) 民事诉讼法律关系的概念和特点

民事诉讼法律关系,是民事诉讼法律、法规所调整的法院与当事人及其他诉讼参与人之间、当事人之间以及当事人与其他诉讼参与人之间存在的,以诉讼权利和诉讼义务为内容的具体的社会关系。民事诉讼法律规范的存在,是特定的社会关系转变为民事诉讼法律关系的前提;民事诉讼法律关系,是民事诉讼法律规范在现实生活中的体现。相较于其他类型的法律关系,民事诉讼法律关系具有以下几项特点:

(1) 民事诉讼法律关系是由审判法律关系和争讼法律关系所构成的特殊社会关系。所谓审判法律关系,是指在法院与当事人、其他诉讼参与人之间形成的,由民事诉讼法律规范所调整的具体的社会关系。首先,审判法律关系表现为法院和当事人之间的关系,当事人通过行使诉权为法院行使审判权提供了契机和条件。其次,审判法律关系还表现为法院同其他诉讼参与人之间发生诉讼关系。在诉讼过程中,法院为了能够顺利地作出裁判,还将与其他诉讼参与人发生诉讼关系,例如与证人、鉴定人等发生的诉讼关系。在审判法律关系中,法院始终是一方主体,审判权是这一法律关系得以存在的重要条件之一。所谓争讼法律关系,是指在当事人之间以及当事人与其他诉讼参与人之间形成的由民事诉讼法律规范所调整的社会关系。首先,争讼法律关系表现为当事人之间在诉讼过程中形成的诉讼关系。当事人为了获得有利于己的裁判,在诉讼过程中必然要求相互抗辩,实施攻击防御的诉讼行为。其次,争讼法律关系还表现为当事人与其他诉讼参与人之间的诉讼关系。例如:当事人委托代理人代为实施诉讼行为;当事人对证人证言进行质证;翻译人员为当事人进行翻译;等等。争讼法律关系的存在以当事人和其他诉讼参与人的诉讼权利和诉讼义务为基础。

(2) 民事诉讼法律关系体现了法院审判权与当事人诉讼权利的有机结合,二者有机地结合在民事诉讼法律关系中,恰当地区分了法院和当事人各自在民事诉讼中的地位及作用,从而矫正了原先将民事诉讼视为法院包办、审判权"一支独大"等偏误理念。

(3) 民事诉讼法律关系是一种既分立又统一的法律关系。民事诉讼法律关系由审判法律关系和争讼法律关系所共同构成,在审判法律关系中,人民法院分别与当事人及其他诉讼参与人发生法律关系;在争讼法律关系中,当事人之间、当事人与其他诉讼参与人之间也分别发生诉讼法律关系。因此,从形式上看,各民事诉讼法律关系相互独立,并且各种民事诉讼法律关系在不同的诉讼程序和不同的诉讼阶段中有不同的内容。但与此同时,民事诉讼法律关系又是统一的,即各种民事诉讼法律关系相互协调,统一于有效解决当事人之间的实体权利义务争议这一基础上。概言之,民事诉讼法律关系的分立是该关系的表现形式,民事诉讼法律关系的统一才是该关系存在的实质。

(二) 民事诉讼法律关系的构成要素

民事诉讼法律关系的要素是指构成民事诉讼法律关系的基本元素,也即民事诉讼法律关系由哪些元素组成。与其他法律关系一样,民事诉讼法律关系也是由主体、内容、客体三大要素所构成的。

1. 民事诉讼法律关系的主体

民事诉讼法律关系的主体,是指在民事诉讼程序中依法享有诉讼权利并承担诉讼义务的国家机关、公民、法人和其他组织。在我国,人民法院、人民检察院、诉讼参加人、其他诉讼参与人都是民事诉讼法律关系的主体。

在我国的民事诉讼理论中，还有一个与民事诉讼法律关系密切相连的概念，即诉讼主体，该概念与诉讼法律关系主体的概念既有区别又有联系。在许多情况下，诉讼法律关系的主体同时也是诉讼主体，换言之，所有的诉讼主体都是诉讼法律关系主体，但诉讼主体又具有一些不同于诉讼法律关系的特征。诉讼主体是诉讼活动的主要行为人，他们的诉讼行为，对诉讼程序的发生、进行乃至终结起着决定性或重要的作用；没有诉讼主体的参加，诉讼将无法进行或失去实际意义。据此，在民事诉讼中居于诉讼主体地位同时又是诉讼法律关系主体的有：人民法院、当事人、共同诉讼人、诉讼代表人、诉讼中第三人、人民检察院。区别诉讼主体与诉讼法律关系主体这两个概念的主要目的，在于强调诉讼主体在诉讼中的重要作用，说明诉讼主体在诉讼中的地位较诉讼法律关系主体更为重要。与此同时，了解二者的诉讼行为在诉讼上的不同作用和意义，具有重要的理论研究意义和审判实践意义。

（1）人民法院。人民法院是国家的审判机关，在民事诉讼中代表国家依法行使审判权并履行相应的职责。作为案件的审判者，人民法院在民事诉讼中既是诉讼的参加者，也是诉讼的组织者和指挥者，法律赋予人民法院审判权，使其可以依照法律规定的程序和方式进行活动，依法行使诉讼权利和履行诉讼义务。所以，人民法院是民事诉讼法律关系的主体。

（2）人民检察院。人民检察院是国家的法律监督机关，依据《民事诉讼法》的规定，人民检察院有权对民事诉讼和民事执行活动实行法律监督。司法实践中，人民检察院在一般情况下并不参加民事诉讼，只是在一定条件下，以检察建议和抗诉的形式实施法律监督职能，对法院已经发生法律效力的裁判提出抗诉时，才派员参加诉讼，与人民法院发生诉讼上的法律关系。在这种情况下，人民检察院依法享有诉讼权利，承担诉讼义务，而成为民事诉讼法律关系的主体。

（3）诉讼参加人。诉讼参加人，是指当事人以及与当事人具有相似的诉讼地位的人，具体包括原告、被告、共同诉讼人、诉讼代表人、第三人和诉讼代理人。上述人员除诉讼代理人外，都是因为与案件有一定的利益关系，为了维护自己的利益而参加到诉讼中去的，因此在诉讼中居于十分重要的地位。他们在诉讼中的行为对整个诉讼的发展进程有着较大的影响，在某些情况下甚至起决定作用。民事诉讼法赋予了他们十分广泛的诉讼权利，同时也要求他们承担相应的诉讼义务。诉讼代理人则是根据诉讼代理权而参加诉讼，为了被代理的当事人的利益而在法律规定、法院指定或当事人授权的范围内进行诉讼行为，依法享有诉讼权利、承担诉讼义务。所以，各种诉讼参加人都是民事诉讼法律关系的主体。

（4）其他诉讼参与人。根据《民事诉讼法》的相关规定，可以从两种意义上来理解诉讼参与人的含义：一是泛指除人民法院以外的所有参加诉讼的人，既包括诉讼参加人，又包括证人、鉴定人、勘验人员和翻译人员；二是仅指证人、鉴定人、勘验人员和翻译人员。依循学理通说并结合体系解释，《民事诉讼法》是在第二种意义上使用诉讼参与人这一概念的。其他诉讼参与人同诉讼结果不具有法律上的利害关系,他们基于不同的原因参加诉讼,分别与人民法院产生审判法律关系,与当事人产生争讼法律关系,以协助人民法院和当事人查明案件事实。尽管在这一过程中其他诉讼参与人也依法享有诉讼权利和承担诉讼义务,但是他们实施的诉讼行为不能引起民事诉讼程序的发生、变更或消灭,因而,他们虽然是民事诉讼法律关系主体,但不是民事诉讼主体。

2. 民事诉讼法律关系的内容

民事诉讼法律关系的内容,是指民事诉讼法律关系主体根据民事诉讼法律规范所享有的诉讼权利和承担的诉讼义务。民事诉讼法律关系主体在诉讼中的地位不同,决定了他们在民事诉讼中有不同的诉讼权利和诉讼义务。

(1) 人民法院的民事诉讼权利和诉讼义务。人民法院的诉讼权利和诉讼义务与审判权的行使和审判职责的履行密切相关。人民法院有权对民事案件进行审理并作出裁判,这既是其所享有的诉讼权利,也是其作为国家公权力机关之一,对国家和当事人所应当承担的诉讼职责。因此,人民法院行使诉讼权利和履行诉讼义务,是国家赋予人民法院的审判职责在民事诉讼中的具体表现。

(2) 人民检察院的诉讼权利和诉讼义务。人民检察院是基于法律监督权而参加民事诉讼的,其在民事诉讼中居于监督者的地位,他们在诉讼中的诉讼权利和诉讼义务,都是基于其监督权而产生的,并服务于其监督职能。法律赋予人民检察院的诉讼权利主要是对民事诉讼活动进行监督,具体表现为人民检察院在法定情形下有权向人民法院提出检察建议或对人民法院作出的已经发生法律效力的裁判提出抗诉,并派员参加相关的诉讼。对民事诉讼依法进行监督,既是人民检察院的权力,同时也是其应尽的法定职责。法律赋予人民检察院诉讼权利并要求其承担诉讼义务,主要目的在于保证人民法院裁判的正确性和审判活动的公正性,其主要功能在于促使案件获得依法公正的审判,维护国家法律的统一正确适用。

(3) 当事人的诉讼权利和诉讼义务。当事人是民事诉讼必不可缺的主体之一,除了与人民法院发生审判法律关系外,还与其他参加诉讼的主体发生争讼法律关系。当事人的诉讼权利和义务与其实现其实体上的权利有密切的关系,法律通过赋予当事人诉讼权利,为其提供维护自己合法权益的手段。从当事人所享有的诉讼权利的内容来看,各个当事人所享有的权利是相同或相对应的,由此也反映出当事人之间平等的诉讼地位的平等性;法律要求当事人承担诉讼义务,是为了规范当事人的行为,保障诉讼程序的顺利进行和法院裁判的严肃性。

(4) 其他诉讼参与人的诉讼权利和诉讼义务。其他诉讼参与人参加诉讼的依据各不相同,因此具体目的亦有差异。具体来说,诉讼代理人所享有的代理当事人进行诉讼的诉讼权利与承担的应在代理权限范围内进行诉讼活动的诉讼义务,主要是服务于实现诉讼代理的目的;证人所享有知晓证人的权利与义务的诉讼权利与承担的应当如实作证的诉讼义务,是服务于客观真实地证明案件事实的目的;鉴定人有权知晓鉴定对象有关事项的诉讼权利与应当如实鉴定的义务,是为了保证鉴定的客观公正;等等。

总之，各种民事诉讼法律关系主体在诉讼中都享有一定的诉讼权利并承担相应的义务，不同的主体因其诉讼地位的不同，享有的诉讼权利和承担的诉讼义务也随之不同，但他们行使权利和履行义务的根据是相同的，即均须依法律来行使权利和履行义务。

3. 民事诉讼法律关系的客体

民事诉讼法律关系的客体，是指民事诉讼法律关系主体的诉讼权利和诉讼义务所指向的对象。民事诉讼法律关系主体之间存在着多种民事诉讼法律关系，各个主体所享有的诉讼权利和承担的诉讼义务不尽相同，因此客体也有所区别。

人民法院与当事人之间的诉讼权利义务所指向的对象，是案件的事实和实体权利请求。当事人要求人民法院查明案件事实，通过依法作出裁判的方式来保护其合法权益；同时，当事人负有提供证据的义务，通过依法及时提供相关证据来证明案件事实，进而支持其实体权利请求。而人民法院的主要职责就是查明案件事实，对当事人的诉讼请求作出裁判。

人民法院与人民检察院之间的诉讼权利义务所指向的对象，是发生法律效力的裁判所认定的事实和适用法律的行为。人民法院与人民检察院之间在诉讼上的权利义务关系，主要是人民检察院对人民法院的审判行为予以监督，而其主要表现是人民检察院在法定情形下对已生效的裁判提出抗诉，在这一诉讼活动过程中，人民法院与人民检察院的诉讼权利和诉讼义务所指向的对象，就是人民法院生效裁判所认定的事实和适用法律的行为。除了抗诉这种传统的监督机制外，2012年全面修订后的《民事诉讼法》在第208条至第210条增设了检察建议制度，并在2015年《民诉解释》中进行了细化规定。相较于抗诉，这一监督机制所指向的对象还包括审判监督程序以外的其他审判程序中审判人员的违法行为。

人民法院与其他诉讼参与人之间的诉讼权利和诉讼义务所指向的对象是案件的事实。证人、鉴定人和勘验人员行使诉讼权利和承担诉讼义务，是为了揭示案件的事实真相；人民法院要求证人出庭作证，要求鉴定人就某些专门技术性的问题进行鉴定、提供鉴定结论，要求勘验人员提供勘验笔录，是为了协助查明案件的事实；要求翻译人员如实提供译文，也是为了反映案件的真相。

当事人之间的诉讼权利义务所指向的对象是诉讼理由和诉讼请求。为了获得对自己有利的裁判，当事人双方将围绕着案件事实、法律依据和诉讼请求展开对抗，行使诉讼权利并承担诉讼义务。当事人与其他诉讼参与人之间的诉讼权利义务所指向的对象是案件的事实。而诉讼代理人的诉讼权利义务所指向的对象与被代理的当事人的诉讼权利义务所指向的对象相同。

总而言之，在民事诉讼法律关系中，各个法律关系的客体既有所差别又密切联系：一方面，人民法院与当事人之间法律关系的客体，内容最为广泛，其所包含的案件事实，与其他法律关系客体中所涉及的案件事实关系密切，后者往往就是前者的一部分；另一方面，围绕着揭示案件事实这一核心事项，各个民事诉讼法律关系客体相互补充，均服务于实现民事诉讼的共同目的。

(三) 民事诉讼上的法律事实

民事诉讼法律关系的发生、变更和消灭,源于具备了民事诉讼法律规范所规定的法律事实。凡是能够引起民事诉讼法律关系发生、变更和消灭的事实,就属于民事诉讼上的法律事实。民事诉讼上的法律事实分为两类:一类是诉讼事件,另一类是诉讼行为。

1. 诉讼事件

诉讼事件,是指在诉讼过程中发生的,不以人的意志为转移的一切客观情况。此处的"客观情况",主要是指不可抗力的事实,这些事实在法律规定的情况下,能够引起民事诉讼法律关系的发生、变更和消灭。

在民事诉讼中,可能发生各种不同的法律事件,这些种类不同的事件所产生的法律后果是不同的。比如,一方当事人丧失诉讼行为能力,尚未确定法定代理人,这一诉讼事件能引起民事诉讼法律关系的中止;又如,在离婚诉讼中,当事人一方死亡,这一诉讼事件能够引起民事诉讼法律关系的消灭。

2. 诉讼行为

诉讼行为,是指民事诉讼法律关系主体在诉讼过程中依法所进行的各种诉讼活动。在大多数情况下,民事诉讼法律关系的发生、变更和消灭是基于诉讼行为,因此,诉讼行为是诉讼上的主要法律事实。

诉讼行为必须具备下列三个条件,才能引起民事诉讼法律关系的发生、变更和消灭:第一,必须是由民事诉讼法律关系主体实施的。第二,必须是法律规定由民事诉讼法律关系主体实施的行为。换言之,并非民事诉讼法律关系主体实施的任何诉行为都能够引起民事诉讼法律关系的发生、变更和消灭,而仅限于法律规定的行为。第三,必须是法院和一切诉讼参与人的诉讼行为结合起来,才能导致民事诉讼法律关系发生、变更和消灭的结果。例如,原告起诉与法院受理,二者的诉讼行为相结合,才能导致原告和法院之间民事诉讼法律关系的发生。

诉讼行为可以分为积极的作为和消极的不作为。就当事人在法定期限内是否行使上诉权这一诉讼行为来看,上诉期内提出上诉的行为是积极的作为,上诉期内不提出上诉的行为则是消极的不作为。无论是积极的作为抑或消极的不作为,一般都属于合法的行为,即符合民事诉讼法规定的行为。民事诉讼法律关系的发生、变更和消灭,一般是由合法行为引起的,但诉讼行为不仅包含合法行为,也包含着违法行为,即违反民事诉讼法的行为,该类行为有两种:一是实施了法律所禁止的行为,如妨害民事诉讼的行为;二是不实施法律所要求的行为,如必须到庭的被告,经两次传票传唤,无正当理由拒不到庭。这类行为只有在法律规定的情况下,才可能引起民事诉讼法律关系的发生、变更和消灭。例如,原告经传票传唤,无正当理由拒不到庭的,按撤诉处理,原告这一违反民事诉讼法的行为会导致民事诉讼法律关系的终结。

民事诉讼行为是由民事诉讼法律关系主体所实施的行为,主体不同,诉讼行为也有所差别:(1)人民法院实施的诉讼行为主要是审理行为和裁判行为,其实施这些诉讼行为是由国家赋予的审判职能所决定的。(2)人民检察院实施的诉讼行为,主要是通过抗诉和检察建议对法院行使审判权及执行权的行为进行法律监督,这种行为能够引起人民法院再审程序的启动等后果。人民检察院实施的相关监督行为是由国家赋予的法律监督职能所决定的。(3) 诉讼当事人与案件具有直接的利害关系,作为实体权利义务的担当者,当事人基于诉权参加诉讼,并以维护自身的合法权益为参诉目的。为了有效解决当事人之间的民事纠纷,法律赋予了诉讼当事人一系列的诉讼权利,因此当事人的诉讼行为具有任意性、可撤销性和期限性等特征。当事人的起诉权、撤诉权等诉讼行为,对诉讼进程具有重要影响,对相关诉讼法律关系的发生、变更和消灭发挥着决定作用。(4) 第三人、诉讼代理人的诉讼行为也具备任意性、可撤销性和期限性三项特征。但需要特别说明的是,诉讼代理人是根据法律规定、人民法院指定或者被代理人的委托而参加诉讼的,他们的诉讼行为必须在代理权限内以被代理人的名义实施,其后果由被代理人承担,因此他们的诉讼行为是实施被代理人的诉讼权利和诉讼义务。(5) 证人、鉴定人和翻译人员是为了协助人民法院和当事人查明案件事实而参加诉讼的,他们的诉讼行为不具有任意性和可撤销性,但具有期限性。证人的诉讼行为还具有不可代替性的特点,即证人不能更换、不适用回避制度,但鉴定人、翻译人员在必要时是可以更换的。

第二节 民事诉讼法

一、民事诉讼法的概念

民事诉讼法,是国家制定的、规定民事审判程序制度,以规范诉讼法律关系主体的活动并调整他们之间法律关系的法律规范的总和。民事诉讼法有狭义和广义之分。狭义的民事诉讼法又称形式意义上的民事诉讼法,是指国家颁布的关于民事诉讼的专门性法律即民事诉讼法典,例如《民事诉讼法》。广义的民事诉讼法又称实质意义上的民事诉讼法,其不仅包括狭义的民事诉讼法,还包括宪法、法律和法规中有关民事诉讼的内容,以及国家最高审判机关作出的有关民事诉讼的规范性文件,包括有关民事诉讼问题的实施意见、批复、解答等,例如2015年2月4日起正式施行的《民诉解释》。这些法律、法规和有关规定,虽然未以民事诉讼法典的形式出现,但对民事诉讼具有拘束作用。

二、民事诉讼法的性质

结合民事诉讼法的自身特性,可以从多个方面来剖析民事诉讼法的性质。

1. 民事诉讼法是公法

不同于以规范平等主体之间的权利义务关系为功能定位的私法,民事诉讼法作为规范国家(人民法院)对国民行使审判权的程序的法律,在性质上属于公法。民事诉讼程序的基本矛盾是作为诉权载体的当事人与作为审判权载体的法院之间的矛盾,而非平等主体之间的矛盾。虽然在民事诉讼法中不乏有关私法的规定,例如代理、管辖协议、赔偿因错误申请保全或先予执行所造成的损失等,但这类规定仅仅是民事诉讼法中的附随事项,不妨碍其公法本质。

2. 民事诉讼法是部门法

从民事诉讼法所调整的对象来看,其具有自己独立的调整对象即民事诉讼法律关系,它所调整的该种特定的法律关系,是其他法律部门无法独立调整的,这恰恰佐证了民事诉讼法是一个独立的法律部门。依此,民事诉讼法除了必须以宪法为依据外,不附属于任何其他法律部门。

3. 民事诉讼法是基本法

从民事诉讼法在国家法律体系中发挥的作用来看,民事诉讼法保障民法、经济法等重要的实体法在社会生活中得以贯彻实施,其他民事程序法的订立和实施,都不得违背民事诉讼法的基本精神,否则无效。因此,民事诉讼法在法律体系中居于基本法的地位,是我国社会主义法律体系中一个重要的法律部门。

4. 民事诉讼法是程序法

从民事诉讼法所规定的内容来看,其以民事审判程序制度作为基本内容,旨在规定诉讼过程中诉讼主体的权利和义务,并保障这些权利的行使及义务的履行,因此,民事诉讼法属于程序法,而不同于以实体权利义务为规定内容的实体法。民事诉讼法是民事程序法的主要组成部分,在民事程序法中占据着主导地位。

三、民事诉讼法的任务

民事诉讼法的任务,是国家制定民事诉讼法的出发点和归宿。《民事诉讼法》第2条规定:"中华人民共和国民事诉讼法的任务,是保护当事人行使诉讼权利,保证人民法院查明案件事实,分清是非,正确适用法律,及时审理民事案件,确认民事权利义务关系,制裁民事违法行为,保护当事人的合法权益,教育公民自觉遵守法律,维护社会秩序、经济秩序,保障社会主义建设事业顺利进行。"依此,可以将我国民事诉讼法的任务归纳为以下几项:

(1) 保护当事人行使诉讼权利。当事人的诉讼权利是民事诉讼法赋予当事人用以维护自己民事权益的重要手段。当事人是诉讼主体,是诉讼权利义务的直接享有者和承担者,只有平等、有效地保护当事人切实行使诉讼权利,才能达到保护当事人实体权益的目的,从而保证案件的正确处理。民事诉讼法将保护当事人行使诉讼权利规定为首要任务,反映了国家对当事人诉讼权益保障的重视,契合了社会主义市场经济优化发展的需要。民事诉讼法对当事人行使诉讼权利的具体规定,不仅可以扭转司法实践中当事人难以切实有效地行使法定诉讼权利等问题,还能够预防并规制审判人员恣意剥夺和限制当事人诉讼权利的行为。

(2) 保证人民法院正确、合法、及时地审理民事案件。所谓正确,是指人民法院应在查明案件事实的基础上,对当事人的分歧作出切合实际的判断;所谓合法,是指人民法院作出民事裁判时,必须以实体法、程序法的规定为准则,正确适用法律;而所谓及时,则是指在正确、合法的前提下,人民法院应当按照民事诉讼法规定的相关期限,尽快审结案件,避免案件久拖不决。法院在审理审判权的过程中,须统一兼顾正确、合法、及时这三项目标,不可偏倚某一项。

(3) 确认民事权利义务关系,制裁民事违法行为,保护当事人的合法权益。民事案件的核心问题是当事人有关权利义务的争议,这就要求人民法院在正确、合法、及时审理案件的基础上,应当依据民事实体法对当事人之间的民事权利义务关系予以确认,具体包括:确认当事人之间系争的权利义务是否存在以及处于何种法律状态;根据当事人的请求确认存有争议的法律关系是否需要变更或如何变更;依据当事人的请求确认权利的归属或义务的承担。确认民事权利义务关系的主要功能,是从法律上消灭了当事人之间的法律关系争议,但从实体法层面的功能来看,则是对当事人实体权利义务的评价,即肯定了当事人的合法民事行为、否定了当事人的违法行为,从而完成了制裁民事违法行为、保护当事人合法权益的任务。

(4) 教育公民自觉遵守法律。民事诉讼法在保证人民法院解决民事纠纷的同时,还担负着教育当事人和广大群众的任务。作为国家的基本法和程序法,民事诉讼法主要是通过民事审判活动和审判结果向公民进行法制宣传教育。一方面,借助民事诉讼的运行过程,告知公民在何种情形下可以向国家请求司法保护,以及国家如何保护公民的合法权益;另一方面,借助民事诉讼的审判结果,表明国家法律对相关民事行为的态度,使公民能够认识和辨别合法行为与违法行为,从而发挥预防纠纷、减少纠纷并教育公民自觉守法的功能。

上述四项任务密切相连,其中保护当事人行使诉讼权利和保障法院正确、及时行使审判权,是民事诉讼法的直接任务,二者相辅相成。其中确认当事人之间的权利义务关系,须以查明案件事实、分清是非为基础;制裁民事违法行为、保护当事人合法权益,是法院查明案件事实、正确适用法律的必然结果。而教育公民自觉守法的任务,则在完成上述任务的过程中得到了自然的实现,并反过来促进了前三项任务的完成。简言之,完成上述四项任务是为了实现一个共同的目的,即维护社会秩序、经济秩序、保障社会主义建设事业顺利进行。

四、民事诉讼法的效力

民事诉讼法的效力,是指民事诉讼法的适用和效力范围,即民事诉讼法对何事、何人、在什么时间和多大空间内发生作用。正确理解民事诉讼法的效力,是实现民事诉讼法的任务的前提。

(一) 民事诉讼法的对事效力

民事诉讼法对事的效力,是指法院依照民事诉讼法审理民事案件的范围,即哪些案件应当依照民事诉讼法规定进行审理,其决定着民事诉讼的主管。根据《民事诉讼法》第3条的规定,人民法院受理公民之间、法人之间、其他组织之间以及他们相互之间因财产关系和人身关系提起的民事诉讼。此外,依据法典对审判程序的相关规定,某些特殊类型的案件也适用《民事诉讼法》进行审理,主要包括:因民法、婚姻法、继承法等实体法律调整的平等民事主体的财产关系和人身关系所发生的民事纠纷案件;因经济法、劳动法等实体法调整的法律关系所发生的,法律、法规规定属于人民法院适用《民事诉讼法》审理的经济案件和劳动案件;《民事诉讼法》规定适用特别程序审理的六种案件;按照督促程序审理的债权债务纠纷案件;按照公示催告程序审理的案件。

(二)民事诉讼法的对人效力

民事诉讼法对人的效力,是指民事诉讼法对哪些人有拘束力,即哪些人进行民事诉讼时须受民事诉讼法的约束。《民事诉讼法》第 4 条规定,凡在中华人民共和国领域内进行民事诉讼,必须遵守本法。这一规定意味着,无论是中国公民、法人、非法人团体,还是外国人、无国籍人、外国企业、组织、团体,只要是在中华人民共和国领域内进行诉讼,就必须适用我国《民事诉讼法》,即除享有民事司法豁免权之外的任何人均受《民事诉讼法》的约束。

(三)民事诉讼法的空间效力

民事诉讼法的空间效力,是指民事诉讼法适用的空间范围,即民事司法在多大领域内发生效力。根据《民事诉讼法》的相关规定,凡是在中华人民共和国领域内进行民事诉讼,一律适用我国的《民事诉讼法》。中华人民共和国的领域包括中华人民共和国的领土、领海和领空,以及领土的自然延伸部分。

(四)民事诉讼法的时间效力

民事诉讼法的时间效力,是指民事诉讼法发生法律约束力的期间,即民事诉讼法从开始生效到终止效力的时间范围。我国第一部《民事诉讼法》,于 1982 年 3 月 8 日在第五届全国人大常委会第二十二次会议上通过,自 1982 年 10 月 1 日起试行,到 1991 年 4 月 9 日,国家主席公布现行的《民事诉讼法》施行,宣布试行法废止。我国现行的《民事诉讼法》自 1991 年 4 月 9 日开始生效。2007 年 10 月 28 日第十届全国人大常委会第三十次会议通过了《关于修改〈中华人民共和国民事诉讼法〉的决定》,修正了 1991 年《民事诉讼法》的部分内容,原相关内容从即日起失效,而适用新的有关规定。2012 年 8 月 31 日第十一届全国人民代表大会常务委员会第二十八次会议通过了《关于修改〈中华人民共和国民事诉讼法〉的决定》,对 2007 年《民事诉讼法》进行了全面修订,从 2013 年 1 月 1 日起生效施行。

从程序法的层面来看,新法通常无溯及既往的效力,但就具体案件而言,如果在某个案件的审理过程中发生了新法与旧法的更替,则应当遵循从新原则和有利于当事人权益保护的原则。2012 年 12 月 28 日,最高人民法院发布了《关于修改后的民事诉讼法实施时未结案件适用法律若干问题的规定》(法释[2012]23 号),该司法解释自 2013 年 1 月 1 日起施行。其中明确了民事诉讼法新旧衔接适用的一般性规定,并且明晰了其他一些较为具体的适用问题:(1)对于修改后的民事诉讼法施行前已经受理、受理时尚未审结和执结的案件,应当适用修改后的民事诉讼法。(2)在 2013 年 1 月 1 日未结案件中,2013 年 1 月 1 日前人民法院依照修改前的民事诉讼法和有关司法解释的规定已经完成的程序事项,仍然有效。(3)在 2013 年 1 月 1 日未结案件中,人民法院对 2013 年 1 月 1 日前发生的妨害民事诉讼行为尚未处理的,以适用修改前的民事诉讼法为原则。(4)对2013年1月1日前人民法院对案件已经完成的管辖和送达等事项的效力、诉前保全措施规定的新旧衔接适用、申请不予执行仲裁裁决案件规定的新旧衔接适用等问题作出了规定。

第三节　民事诉讼法学

一、民事诉讼法学的概念及其研究范围

(一) 民事诉讼法学的概念

民事诉讼法学,是研究民事诉讼程序制度的法律规范和民事诉讼审判实践发展规律的科学,是法学的一个分支学科。作为法学中的基础学科,民事诉讼法学主要研究民事诉讼程序制度的一般原理及其发展规律与趋势,阐释民事诉讼程序制度的基本内容。这些研究为相关民事程序制度的研究奠定了基础,同时,对相关学科的一些基本理论的研究也有重大影响。

作为一门应用性学科,民事诉讼法学研究民事诉讼审判实践的运行规律,研究民事诉讼的立法政策、司法政策,研究具体的民事诉讼活动和诉讼行为,探讨它们的合理性和规律性,发现诉讼实践中有悖于法律制度的问题,以便向立法机关提出行之有效的立法建议,进而保证民事诉讼活动依循其客观规律向前发展。因此,民事诉讼法学的发展,对国家民事诉讼程序制度的发展有着积极的影响。

(二) 民事诉讼法学的研究范围

民事诉讼法学的研究范围具有特定性和广泛性,凡是对民事诉讼程序制度发展有直接影响的事物,均应属于民事诉讼法学研究的范围。具体来说,可以将民事诉讼法学的研究范围分解为以下几项:

(1) 本国现行的民事诉讼法律制度。这是民事诉讼法学最主要、最基本的研究内容,主要包括:第一,阐释本国现行民事诉讼法律制度的基本内容,即说明本国的现行民事诉讼法律制度都包括了哪些内容,其基本精神和含义是什么,在社会生活中能发挥什么样的作用。第二,探讨本国现行民事诉讼法律制度的立法依据,即探讨本国在现阶段为什么要设立这样的民事诉讼法律制度,建立该种法律制度的根据是什么。第三,分析现行民事诉讼法律制度的社会适应性,即科学评价现行民事诉讼法律制度的利弊得失和客观回应性。

(2) 民事诉讼司法实践。理论来源于实践,实践是理论的源泉。民事诉讼司法实践也是民事诉讼法学研究的重要内容,其主要包括:第一,对民事诉讼司法实践中贯彻和执行国家民事诉讼法律制度之实际情况的研究,即研究司法实践是否执行落实了现行法律制度,掌握司法实践偏离甚至违背现行法律的情况。第二,对民事诉讼司法实践新情况、新动向的研究,即指对民事诉讼司法实践中涉及而国家民事诉讼法律制度未曾规定的民事诉讼实践情况的研究。

(3) 民事诉讼法与相邻法律部门的关系。该方面的研究主要关注民事诉讼法与相邻

法律部门之间的联系和区别。对联系之处的研究,旨在了解民事诉讼法与有关法律部门是如何相互协调发展、共同发挥社会作用的,进而探寻民事诉讼法律制度与相关法律制度发展的共通性规律。对差异之处的研究,旨在了解民事诉讼法在社会生活中的独特作用,以进一步探索民事诉讼法律制度发展的自身规律。

(4) 民事诉讼法律制度的历史发展情况。该领域的研究,有助于从历史的角度来探讨民事诉讼法律制度发展的规律。通过对不同历史时期民事诉讼法律制度的分析研究,梳理和总结出不同历史时期民事诉讼法律制度的特点,勾画出民事诉讼法律制度历史沿革的轨迹,从中发现民事诉讼法律制度发展变化的一般规律。

(5) 外国民事诉讼法律制度和外国民事诉讼法学。该领域研究的主要目的,是在坚持法的阶级性的前提下,探析民事诉讼法律制度发展的客观性。对外国民事诉讼法学的研究,一是要了解他们对民事诉讼法律制度有关内容的观点,二是要了解他们研究民事诉讼法学的方法和手段。对域外成功的研究成果,应当借鉴和吸收;对其不符合客观实际或基本规律的观点,可以进行批判,从而在有针对性地予以借鉴和批判的基础上,来实现更好地探索民事诉讼法律制度的目的。

民事诉讼法学研究的范围十分广泛,但其最基本的内容,应当是本国现行的民事诉讼法律制度和民事诉讼司法实践。

二、民事诉讼法学的研究方法

民事诉讼法学方法论是研究民事诉讼理论和制度的出发点,能否准确把握每种研究方法的本质属性及核心功能、能否针对不同的研究对象选择相适宜的研究方法,将直接影响研究方案的科学性和研究成果的实质价值。民事诉讼法学的基本研究方法包括以下四种:

(一) 理论与实践相结合的方法

理论与实践相结合是法学领域的共通性研究方法。民事诉讼法学以人民法院的审判活动和当事人的诉讼活动为主要研究对象,通过对经验事实的剖析来发现问题、揭示成因、提炼规律并总结经验教训,进而在完善和发展理论的同时,为实践状况的优化提供核心支持。具体来说,通过运用理论与实践相结合的研究方法,一方面能够深入揭示我国民事诉讼法产生的历史背景和社会条件,系统把握民事诉讼实践的客观样态、最新趋势和主要问题;另一方面,能够在总结实践经验的基础上,修正和发展民事诉讼法学的相关理论,进而促进理论与实践之间的良性互动。

(二) 共性与个性相结合的方法

以民事诉讼法学的基本原理和一般规律为指引,民事诉讼法典的编、章、节、条、款、项之间具有不同程度的关联性,同时又保有各自的特有属性。各种规范的个性,反映了规范条文与具体问题之间的对应性;各种规范的联系性和共性,则反映出了民事程序法律体系内部的逻辑脉络。在对民事诉讼法学进行研究的过程中,既要运用区别分析的方法,去准确把握每一具体程序和制度的本质属性和核心功能,又要运用共性分析和系统论的方法,去深入剖析程序与程序之间、制度与制度之间、程序与制度之间的相互关系,以保障民事诉讼法律规范相互间的科学分工和良性协作。

(三) 程序法与实体法相联系的方法

民事诉讼法与民事实体法密切相连,一方面,民事实体法之预设功能的实际发挥依赖于民事程序法的保障,没有相配套的程序制度和规则,民事实体法所设定的权利义务关系及相应的救济路径,将无法真正实现;另一方面,程序法之预设价值目标的实现,以民事实体法的存在为基本前提,在实体性规范缺位的情况下,程序性规范将失去作用场域。此外,在实体法中常常含有程序性的规范,例如关于诉讼时效、举证责任的规定。因此,充分运用实体法与程序法相联系的方法,既能够保障研究的可行性,又能够提升研究的质量和深度。通过对实体性规范、程序性规范及其相互关系的系统研究,有助于提升实体法与程序法之间的互动关系和协调性。

(四) 历史分析与比较分析的方法

历史分析方法,是指通过与我国民事诉讼法的历史发展阶段进行比较,能够探寻其相互间的联系性和差异性,进而在掌握理论和制度的发展脉络及总体趋势的同时,提炼出具有普适性的原理和规律。比较分析的方法,是指通过与域外发达国家有关民事诉讼的理论和制度进行比较研究,能够为中国问题的明晰和成因探寻提供一些原理性和规律性的启示。

除了上述四种较为基本的研究方法外,在研究民事诉讼法的各类问题时,还应当综合运用历史学的研究方法、经济学的研究方法、系统工程学的研究方法等。换言之,其他社会科学的研究方法同样适用于民事诉讼法学领域,通过运用交叉学科的分析方法,能够为民事诉讼法学的研究提供新的视角、注入新的活力。

第二章 民事诉讼法的基本原则

第一节 民事诉讼法的基本原则概述

一、民事诉讼法基本原则的概念、特征和意义

(一) 民事诉讼法基本原则的概念

民事诉讼法的基本原则,是指在民事诉讼的整个过程中,或者在重要的程序阶段发挥指导作用或主导作用的基本准则。民事诉讼法的基本原则体现了民事诉讼法的精神实质,反映了民事诉讼法的基本原理、内在规律和特有价值,是制定、适用、解释民事诉讼法的基本依据,并指导着民事诉讼的立法和实践。从《民事诉讼法》的相关内容来看,其中所规定的基本原则并非均能贯穿于民事程序的全过程并对诉讼各个阶段发挥普遍指导作用。例如,支持起诉原则仅适用于起诉受理阶段,辩论原则和法院调解原则仅适用于审判程序,而不适用于执行程序等。

(二) 民事诉讼法基本原则的特征

(1) 基础性。民事诉讼法的基本原则是制定各项程序和制度的基础,民事诉讼程序制度是基本原则的具体化,体现着基本原则的要求,而不得与基本原则相抵触。

(2) 抽象概括性。民事诉讼法的基本原则体现了民事诉讼的基本精神,立法上对其所确定的内容予以高度的概括,而不同于具体规定诉讼主体如何实施某一诉讼行为的操作性规范。我国《民事诉讼法》在第一章对基本原则进行了规定,从法条文本来看,其具有高度的概括性,这也恰与基本原则的本质属性相契合。

(3) 宏观指导性。民事诉讼法的基本原则能够从宏观上对民事诉讼的全过程发挥指导作用,为法院的审判活动和诉讼参与人的诉讼活动指明方向,使之符合法律的基本要求。民事诉讼法基本原则的普遍指导和宏观统帅作用,与其高度概括性和抽象性等特征密切相关。

(三) 民事诉讼法基本原则的意义

学习和掌握民事诉讼法的基本原则有着重要的理论和实践意义,主要表现在以下几个方面:

(1) 有助于系统地学习和掌握民事诉讼法学的基本理论。民事诉讼法的基本原则与民事诉讼法学的基本理论和具体程序制度密切相连,因此,了解民事诉讼法的基本原则,有助于系统地学习和掌握民事诉讼法学的各种理论。

(2) 有助于对民事诉讼法的具体程序和制度的正确理解及科学适用。民事诉讼法中的各项具体制度,都是民事诉讼法基本原则在民事诉讼中的具体表现,是对基本原则的贯

彻与落实,因此,对民事诉讼法基本原则的理解和领会,有助于对具体程序和制度作出最符合立法原意的解读,进而回应理论研究和司法实践中的分歧或困惑。

(3) 有助于适应民事诉讼中的各种复杂情况,正确、灵活地处理法律尚未作出明确规定的新情况和新问题。无论如何对民事诉讼法进行完善,都不可能把诉讼过程中遇到的所有问题囊括无遗地全部加以规定,更何况诉讼过程中的情况常常处于不断变化之中。基本原则具有概括性强、适应性强的特点,在一定程度上可以弥补立法的不足,当民事诉讼法对某些具体问题没有明确规定时,便可以按照基本原则的精神去处理。

(4) 有助于民事诉讼法各具体程序和制度的指定及其相互间的关系协调。民事诉讼法的基本原则对民事诉讼各项程序和制度的制定发挥着指导作用,民事诉讼中各项程序和制度的设立均须依循民事诉讼法的基本原则,不能背离基本原则的精神和要求。民事诉讼法的各项制度之所以能够相互协调并共同致力于同一目标的实现,正是基于基本原则这一统一的基础。

(5) 有助于协调民事诉讼法与其他法律部门的关系。民事诉讼法与相关的法律部门在共同服务于调整相关法律关系的过程中,应当协调一致才能取得整体效益的最大化,这就要求各法律部门在确定相联系的法律制度时不能相互矛盾。而民事诉讼法的基本原则作为该部门法之基本精神的载体,为其他相关法律部门在制定与民事诉讼法有关的内容时提供了依据,对于防止法律部门之间的冲突、协调法律部门之间的关系发挥着积极作用。

二、我国民事诉讼法基本原则的种类

《民事诉讼法》在第一章的第6条至第16条对基本原则进行了规定,具体包括:同等原则和对等原则;民事审判权由人民法院行使原则;人民法院对民事案件独立进行审判原则;以事实为依据、以法律为准绳原则;当事人平等原则;自愿、合法调解原则;使用本民族语言、文字进行诉讼原则;辩论原则;处分原则;民事诉讼诚实信用原则;民事检察监督原则;支持起诉原则;民族自治地方制定变通或者补充规定原则。

对上述各项基本原则,理论界存在着多种分类标准,其中较为传统的分类方法,是以基本原则是否属于民事诉讼法所独有作为分类标准,将民事诉讼法的基本原则划分为特有原则和共有原则两大类。由宪法、人民法院组织法或者民事诉讼法、行政诉讼法、刑事诉讼法共同规定的基本原则,称为共有原则,而仅为民事诉讼法所确立的原则,称为民事诉讼的特有原则。该种分类方法能够体现出民事诉讼法与相关法律部门的关系,并揭示民事诉讼的一些特点。依据此种分类方法,现行《民事诉讼法》中所规定的基本原则大多属于共同原则,包括:民事案件的审判权由人民法院行使原则、人民法院依照法律规定对民事案件独立进行审判原则、以事实为根据以法律为准绳原则、当事人适用法律一律平等原则、当事人诉讼权利平等原则、使用本民族语言文字进行诉讼的原则、辩论原则、检察监督原则等;而属于特别原则的基本原则相对较少,主要包括同等和对等原则、处分原则、法院调解原则、民事诉讼诚实信用原则和支持起诉原则等。

目前的主流理论认为,不应将共有原则纳入民事诉讼法的基本原则体系。鉴于此,本章只对具有相当特点并在民事诉讼中发挥较具体作用的基本原则进行详细探讨,这些基本原则包括:当事人诉讼权利平等原则、辩论原则、处分原则、诚实信用原则、法院调解原则、民事检察监督原则、支持起诉原则。

第二节 当事人诉讼权利平等原则

一、当事人诉讼权利平等原则的内涵和要求

当事人诉讼权利平等原则,是指在民事诉讼中,当事人平等地享有和行使民事诉讼权利,平等地履行其诉讼义务。《民事诉讼法》第8条规定了民事诉讼当事人有平等的诉讼权利。人民法院审理民事案件,应当保障和便利当事人行使诉讼权利,对当事人在适用法律上一律平等。上述条文是当事人诉讼权利平等原则的法律依据,该基本原则主要包括以下几方面的内容:

(一)当事人的诉讼地位平等

民事诉讼当事人在诉讼中的地位平等,不受民族、种族、职业、政治面貌、社会地位、经济状况、宗教信仰、居住地点等因素的影响。

民事诉讼中的原告、被告、共同诉讼人、诉讼第三人等主体的诉讼地位平等。民事诉讼中的当事人,无论其在实体上享有多少民事权利、承担何种义务、是否有过失、是否需要承担民事责任,在诉讼中的诉讼地位一律平等。

(二)当事人享有同等的诉讼权利、承担对等的诉讼义务

一方面,民事诉讼的各方当事人享有一些相同的诉讼权利、承担一些相同的诉讼义务。例如均有权提出自己的主张、委托诉讼代理人、申请回避、参加庭审、提供证据、进行辩论、提起上诉等等,均承担正当行使诉讼权利、遵守诉讼秩序等义务。

另一方面,民事诉讼的各方当事人都享有一些不同但相对的诉讼权利,当事人若不履行义务,须承担相应的法律后果。例如:原告有权起诉、提出请求,被告有权反诉、反驳诉讼请求;在应当出庭的情况下,原告不出庭或中途退庭的,法院可按撤诉处理或作出缺席判决,而被告不出庭,法院则可以对其进行拘传或缺席判决。

(三)法院应当保障和便利当事人平等地行使民事诉讼权利

首先,法院在诉讼中应当告知当事人其所享有的诉讼权利,保证当事人知晓其具体享有哪些手段来维护自身的合法权益。其次,法院在诉讼中应当为当事人行使诉讼权利提供便利的条件和机会,包括在时间、场合、方式等方面为当事人正当行使诉讼权利提供保障。最后,法院在诉讼中应当平等对待各方当事人,一视同仁,不得剥夺或限制一方当事人行使诉讼权利,也不得给予某一方当事人法外特权。

(四)对当事人在适用法律上一律平等

从广义上来说,"对当事人在适用法律上一律平等"既包括在程序法的适用上对当事

人一律平等,也包括在实体法的适用上对当事人一律平等。而对当事人在适用程序法上一律平等,主要表现为人民法院应当平等地保障和便利当事人充分地行使其诉讼权利。因此,此处主要是指法院在对双方当事人适用实体法时应当一律平等对待,应当公平地对案件作出裁判,而不能给予某一方当事人某种特权。

二、当事人诉讼权利平等原则的正当性基础

(一) 根本法基础:宪法中平等原则的具体体现

我国《宪法》规定,公民在法律面前一律平等,这就要求在民事诉讼中,当事人应当平等地享有诉讼权利,平等地履行诉讼义务,法院应当平等地对待当事人。

(二) 客观基础:民事争议之本质属性的必然要求

民事争议的性质决定了在民事诉讼中应当贯彻当事人平等原则。在民事法律关系中,所有的民事主体在法律地位上都是平等的,当民事主体的民事权利受到了侵犯或者与他人发生争执时,就必然要求各方当事人站在平等的地位上进行诉讼,而诉讼地位的平等又必然要求当事人各方享有平等的诉讼权利。

(三) 价值基础:程序公正的必然要求

程序公正是现代民事诉讼的一个基本特征,而程序公正最重要的含义就在于:在诉讼过程中,当事人各方应当平等地享有诉讼权利、履行诉讼义务,法院应当平等地对待当事人。

第三节 辩 论 原 则

一、辩论原则的含义和内容

辩论原则,是指在人民法院的主持下,当事人有权就争议的案件事实和法律问题,各自陈述自己的主张、意见和根据,互相进行反驳和答辩,以维护自己的合法权益。《民事诉讼法》第 12 条是辩论原则的法律依据,该条规定了人民法院审理民事案件时,当事人有权进行辩论。

辩论原则是诉讼程序民主化的重要表征,也是审判公正性与合理性的内在要求。该项原则的主要内容包括:

(1) 当事人在诉讼过程中享有辩论权。

通过行使辩论权,双方当事人可以积极地参加到诉讼程序中,彼此之间进行有意义的对话,并向法院充分说明自己的主张和理由,反驳对方当事人提出的不真实的事实、不合法的主张,以澄清案件事实,明确双方的民事权利义务关系。同时,辩论原则还要求法院应当在充分听取当事人的辩论后才能对有争议的事实和权利义务关系作出认定,只有通过辩论核实的事实才能作为裁判的依据。

(2) 辩论权的行使方式和表现形式具有多样性、灵活性。

当事人既可以自己行使辩论权,也可以委托诉讼代理人行使辩论权;既可以采用口头形式行使辩论权,也可以通过书面方式行使辩论权。在法庭辩论阶段,当事人主要采用口头形式进行辩论,而原告的起诉状、被告的答辩状等则属于书面形式的辩论。

(3) 辩论的具体内容丰富、广泛。

当事人辩论的内容,既可以是程序方面的问题,也可以是实体方面的问题。前者如当事人是否适格、诉讼代理人是否有代理权、受诉法院有无管辖权、是否属于在法定期间内不能起诉的案件等。后者是指对案件的实体权利义务问题进行辩论,如民事法律关系是否成立及是否有效、民事权利是否受到侵害、是否存在免责事由等。实体方面的问题往往是辩论的焦点。从另一角度看,辩论的内容,既可以是案件的事实问题,也可以是法律问题。前者是指就当事人主张的事实是否真实、是否清楚,所提出的证据是否具有证据能力和证据价值以及是否确实、充分等方面进行辩论。后者是指对如何适用法律进行辩论,例如应当适用哪个实体法、哪项条款等。

(4) 辩论原则贯穿于民事诉讼的全过程。

在第一审程序、第二审程序和再审程序中,当事人均有权进行辩论。从起诉时起,当事人对于自己的诉讼请求有权收集、提供证据,陈述事实,说明理由,论证自己提出的请求的正当性,同时反驳对方请求。开庭审理过程中的质证和法庭辩论阶段,则是体现辩论原则最明显的阶段,集中反映了辩论原则的主要精神。需要特别说明的是,法庭辩论阶段只是当事人集中行使其辩论权的阶段,是贯彻辩论原则的重要场合之一,但当事人之间的辩论并不仅仅局限于这一阶段。在诉讼的各个阶段和过程中,当事人双方均可通过法定的形式展开辩论。

我国的辩论原则与大陆法系的辩论主义存在差别。大陆法系辩论主义可以被归纳为下列三项内容:其一,直接决定法律效果发生的主要事实必须在当事人的辩论中出现,法院不能以当事人没有主张的事实作为判决的基础。其二,对于双方当事人都没有争议的事实,法院应当作为判决的基础。其三,法院对证据的调查,原则上仅限于当事人提出的证据,而不允许法院依职权主动调查证据。不难看出,辩论主义更强调的是当事人的事实主张和证据提供对法院的拘束,因而又被称为"约束性辩论原则"。我国《民事诉讼法》和司法解释都尚无直接反映约束性辩论原则的条文,因而我国的辩论原则又被称为"非约束性辩论原则"。

二、辩论原则的适用

(一) 法院应当保障各方当事人充分、平等地行使辩论权

辩论原则若想实现有效维护当事人合法权益的预设功能,离不开法院对当事人行使辩论权的切实保障。因此,在诉讼过程中,审判人员应当充分尊重当事人的辩论权,为其行使辩论权提供各种便利条件。同时,审判人员要善于发挥主持、指挥和引导作用,使当事人的辩论紧紧围绕案件的争议焦点进行。在当事人的辩论内容不当或不充分时,应及

时地行使阐明权予以指导。

(二) 民事诉讼中的辩论原则不同于刑事诉讼中的辩护原则

首先,二者的适用主体不同。民事诉讼中辩论原则的适用主体是双方当事人;而刑事诉讼中辩护原则的适用主体仅限于犯罪嫌疑人、被告人。其次,二者的理论基础不同。再次,二者的内容和适用范围不同。在民事诉讼中,辩论的内容和范围十分广泛,既包括案件的实体问题,又包括诉讼程序问题;而在刑事诉讼中,犯罪嫌疑人、被告人主要是就自己是否犯罪和罪行轻重进行辩护。此外,民事诉讼中双方当事人进行辩论时,被告可以对原告提起反诉,而刑事诉讼中的被告人则不能对公诉人提出反诉。

第四节 处 分 原 则

一、处分原则的含义和依据

民事诉讼中的处分原则,是指当事人有权在法律规定的范围内,自由支配和处置自己的民事实体权利和诉讼权利,即有权决定是否行使以及如何行使自己的实体权利和诉讼权利。《民事诉讼法》第13条第2款规定,当事人有权在法律规定的范围内处分自己的民事权利和诉讼权利。该条文是处分原则的法律依据。

处分原则是最能够反映民事诉讼制度特点的原则之一,只有在民事诉讼领域才实行处分原则,当事人才可以自由地支配和处置自己所享有的民事权利和诉讼权利。而在刑事诉讼和行政诉讼中,则没有处分原则的规定。

处分原则在民事诉讼领域的贯彻和施行,是由民事权利的本质特性和民事纠纷的自身特点所决定的。民事权利属于"私权",具有可处分性,即民事主体有权根据自己的意愿依法支配和处分其民事权利。在大多数情况下,国家并不干预民事主体对其民事权利的处分。民事权利的这一特性反映到民事诉讼中,便是应当允许当事人对自己的民事权利和诉讼权利享有自由的处分权。

二、处分原则的主要内容

(一) 当事人在民事诉讼中享有处分权

处分原则是当事人可以自由支配和处置其民事权利和诉讼权利的原则,因而享有处分权的主体仅限于当事人,其他诉讼参与人不享有处分权。诉讼代理人也不享有处分权,但在特定条件下可以代理当事人实施处分行为。

(二) 当事人处分权的行使对象既包括民事实体权利,也包括民事诉讼权利

民事诉讼当事人对自己实体权利的支配,主要表现为在民事诉讼中是否对实体权利提出主张、变更、放弃或承认对方的实体权利,等等。民事诉讼当事人对自己诉讼权利的支配,通常表现为对法律赋予自己的诉讼权利,决定是否行使或如何行使。需要注意的是,在诉讼过程中当事人对民事实体权利的处分往往是通过处分诉讼权利来实现的。例

如,当事人在诉讼中作出让步,放弃一定的实体权利以便同对方达成调解协议,一般是通过对请求调解这一诉讼权利的处分来实现的。但并不是说处分诉讼权利就一定要同时处分实体权利。例如,原告撤回诉讼并不意味着他放弃了自己的民事权利;当事人放弃了委托诉讼代理人的权利,则仅仅是对诉讼权利的处分,不涉及实体权利问题。

（三）处分原则贯穿于民事诉讼的全过程

在第一审程序、第二审程序、再审程序乃至于执行程序中,当事人都可以依法处分其民事权利和诉讼权利。这主要表现为：当事人因自己的权利受到侵犯或因自己的权益与他人发生的纠纷,是否向法院起诉,由当事人自己决定;向法院起诉后,提出什么诉讼请求,提出请求后,是否变更或放弃,被告是否反驳或承认诉讼请求,由当事人自己决定;在诉讼中是否行使委托诉讼代理人的权利,是否申请回避,是否请求调解,由当事人自己决定;一审法院作出判决后,在上诉期间内是否提起上诉,由当事人自己决定;对已经发生法律效力的判决、裁定是否申请强制执行,一般情况下也由当事人自己决定。

（四）当事人行使处分权须以依法处分、诚信处分为前提

处分原则的行使是受法律限制的,民事诉讼中当事人的处分权并非绝对。我国法律在赋予当事人处分权的同时,要求当事人在行使处分权时不得违反法律规定,不得损害国家、社会、集体和他人的合法权益,并同时满足诚信原则的要求。因此,如果当事人的处分行为违反了法律的规定或背离了诚信处分的要求,人民法院就应当依法加以干预,即通过司法审判确认当事人相应的不当处分行为无效。

三、处分权与审判权的关系

与当事人处分权相对应的,是法院的审判权。民事诉讼活动就是在当事人处分权与法院审判权的相互作用下展开并逐步发展的。诉权与审判权作为民事诉讼程序的两大支柱,构成了民事诉讼的核心关系轴。因此,若想在民事诉讼中正确地贯彻落实处分原则,应当正确地认识和处理处分权与审判权的关系。

（一）处分权对审判权构成了合理制约

处分权对审判权具有合理的制约：从处分原则的内容来看,审判权的启动取决于原告是否提起诉讼,即不告不理;审判权的作用范围通常受当事人诉讼请求和争议事实的制约;审判权往往还因为当事人提出撤诉申请而停止行使。

处分权对审判权的制约存在着程度上的差异。某些处分权具有绝对性,法院必须接受当事人行使处分权的结果,例如当事人对是否起诉、是否上诉、是否请求或接受调解等事项的处分、上诉与否、请求或接受调解与否的处分。另一些处分行为虽然对审判权的运作也具有制约效力,但并不具有绝对性,其或者需要经过法院批准后方能产生预期的法律效果,如申请撤诉;或者虽然在通常情况下能够决定审判权运作的范围,但在必要时法院可以超出当事人处分行为所设定的范围,例如,若当事人主张的法律关系的性质或者民事行为的效力与人民法院根据案件事实作出的认定不一致,人民法院应当告知当事人可以变更诉讼请求。

（二）审判权应当指导、监督处分权的行使

本着保障和便利当事人行使诉讼权利的原则，人民法院应当帮助当事人了解如何行使处分权及行使处分权的法律后果。同时，为了确保当事人的处分行为不超越法律规定的范围，法院对当事人的处分行为应给予必要的监督。发现当事人的处分行为违反法律规定，损害国家利益、社会公共利益或他人合法权益时，应阻止其处分行为发生法律效力。例如2015年《民诉解释》第92条第2款规定，对于涉及国家利益、社会公共利益的事项，不适用自认的规定。

（三）审判权应当保障处分权的实现

当事人的处分权能否在诉讼中得以实现，在很大程度上取决于法官能否正确对待当事人的处分行为。如果审判权过分扩张，不当介入当事人自由处分的领域，当事人的处分权就会受到侵害甚至化为乌有。诉讼实践中存在一些侵害当事人处分权的现象，例如：对于某些案件，有的法院以种种借口拒绝受理当事人符合法定条件的起诉；有的法官为提高结案率而动员当事人撤诉；有些法官违反自愿原则进行调解，强迫或变相强迫当事人接受其提出的调解方案等。因此，应当充分重视处分原则的重要性，促使法官尊重当事人的处分行为，保障处分权的顺利实现。

第五节　民事诉讼诚实信用原则

一、民事诉讼诚实信用原则的确立及其内涵

《民事诉讼法》第13条第1款规定："民事诉讼应当遵循诚实信用原则。"这一新增规定，是诚实信用原则的法律根据，也是对我国司法实践中日益频发的恶意诉讼等问题的立法性回应。

诚实信用原则又称诚信原则，最早属于私法上规制市场经济活动的道德规则，其一般是指民事主体在从事民事活动的过程中，应当恪守诺言、严守信用、诚实无欺，在不损害他人合法权益和社会公共利益的前提下追求自身的利益。① 自19世纪末以来，该项起源于私法的原则逐渐被适用于公法、程序法等不同的法律领域，奥地利、匈牙利、德国等国家在其民事诉讼法中对与诚实信用原则相关的当事人之真实义务进行了规定。② 我国在2012年全面修订《民事诉讼法》时才将诚实信用原则正式确定为法定的基本原则，在此之前并不存在法典化和概念化的表述，仅在《证据规定》第7条中使用了"诚实信用"这一概念。③ 在民事诉讼法领域，诚实信用原则是指法院、当事人及其他诉讼参与人在审理民事案件和

---

① 参见梁慧星：《民法解释学》，中国政法大学出版社1995年版，第301页。
② 参见刘荣军：《程序保障的理论视角》，法律出版社1999年版，第208页；江伟主编：《民事诉讼法专论》，中国人民大学出版社2005年版，第104页。
③ 《证据规定》第7条规定：在法律没有具体规定，依本规定及其他司法解释无法确定举证责任承担时，人民法院可以根据公平原则和诚实信用原则，综合当事人举证能力等因素确定举证责任的承担。这是我国第一个使用诚实信用原则概念的司法解释。

进行民事诉讼活动时,应当公正、善意、诚实、严守诚信。

二、民事诉讼诚实信用原则的适用主体及其表现形式

关于民事诉讼诚实信用原则的适用对象问题,存有一定的争议。从文义解释和学理通说的角度来看,民事诉讼诚信原则贯穿于民事诉讼的全过程,因此其不仅适用于当事人之间,也适用于当事人与法院之间,同时还是规范和约束其他诉讼参与人诉讼行为的原则。简言之,民事诉讼诚实信用原则应当适用于所有参加民事诉讼活动的主体。

首先,诚实信用原则对当事人的诉讼行为具有规范作用,要求当事人在实施诉讼行为时必须诚实和善意。具体表现在以下几方面:(1) 不得以不正当的手段形成有利于自己的诉讼状态。例如,以不正当的方法骗取审判管辖;以不正当理由获得财产保全。(2) 不得滥用诉讼权利,故意拖延诉讼。例如,滥用回避请求权、反诉权,干扰诉讼的顺利进行。(3) 不得在民事诉讼中作虚假陈述,影响法院对案件事实的正确判断。(4) 不得使用不正当的手段让证人作假证。(5) 不得故意作相互矛盾的诉讼行为和陈述。(6) 当事人在承认对方陈述的事实时,应当实事求是,不得作虚假承认。

其次,诚实信用原则要求法院在审理和裁判民事案件时应当公正、合理。主要表现为:(1) 法官在对实体问题和程序问题进行自由裁量时,应当本着诚实善意的心态忠实地行使裁量权,而不得滥用司法裁量权。(2) 在判断证据时,应当坚持实事求是,不得对当事人提出的证据任意加以取舍和否定。(3) 应当充分尊重当事人的程序权,为当事人提供陈述主张和事实的机会,不得实施突袭性裁判。所谓突袭性裁判,是指诉讼审理过程中,裁判者没有给予或充分地给予当事人攻击或防御的机会或条件,便作出对案件的裁判。

此外,对于其他诉讼参与人,诚实信用原则要求其在实施诉讼行为时也应当本着诚实善意的心态来进行。例如,诉讼代理人不得在诉讼中滥用和超越代理权;证人不得提供虚假证言;鉴定人不得作与事实不符的鉴定结论;翻译人员不得故意作与诉讼主体的意思不符的翻译;等等。

值得关注的是,《民诉解释》在相当程度上体现了民事诉讼诚实信用原则的精神和要求,其中的一些具体制度有助于该项基本原则的切实贯彻。例如:《民诉解释》第111条和第119条分别规定了当事人接受询问时签署保证书的义务、证人作证前签署保证书的义务;第229条和第342条分别规定了当事人在审前程序中和二审程序中的的诉讼行为对后续程序依然具有约束力。

总而言之,民事诉讼诚实信用原则作为我国民事诉讼基本原则体系中的新增内容,具有相当的重要性和独立性。一方面,民事诉讼诚信原则与民事诉讼公正价值一脉相承,是诉讼公正目标的具体化;另一方面,诚实信用原则是对处分原则、辩论原则的补充,其为当事人自治权和自主权的行使划定了正当性界限,有益于促进民事诉讼基本原则体系的完整化、协调化和系统化发展。

第六节 法院调解原则

一、法院调解原则的含义和内容

《民事诉讼法》第9条规定,人民法院审理民事案件,应当根据自愿和合法的原则进行调解;调解不成的,应当及时判决。这是诉讼调解原则的法律根据。该项基本原则主要包含以下几方面内容:

(1) 法院审理民事案件时,应当根据案件的具体情况对当事人进行调解。

当事人对自身的民事权利和诉讼权利享有处分权,在诉讼中可以作出某种妥协或让步,这就决定了在民事诉讼中,法院可以根据案件的具体情况对当事人进行调解,从而弱化双方的矛盾、消弭双方的分歧,促使双方在互谅互让的基础上达成调解协议。从民事诉讼法的相关规定来看,调解既是法院处理民事诉讼的一种方法,也是一种结案方式。

在司法实践中,大多数民事案件都具有可调解性,但也有一些案件在性质上不适宜调解。例如2015年《民诉解释》第143条规定,适用特别程序、督促程序、公示催告程序的案件,婚姻等身份关系确认案件以及其他根据案件性质不能进行调解的案件,不得调解。

(2) 法院的调解活动应当遵循自愿和合法原则。

法院进行调解时,应当遵循自愿和合法原则。自愿是指是否进行调解以及是否达成调解协议,应当完全取决于当事人的意愿。合法包括程序上合法与实体上合法,即不仅调解的程序必须合法,而且调解协议的内容不得违反法律的规定。

(3) 调解原则贯穿于民事审判程序的各个阶段。

调解作为民事诉讼法的一项基本原则,贯穿于审判程序的各个阶段。无论是第一审程序、第二审程序还是再审程序,无论是按普通程序审理,还是按简易程序审理,凡是能够调解的,法院都可以进行调解。此外,2012年全面修订《民事诉讼法》时,还在第122条新增了起诉后、法院立案受理前的诉前调解,依据该条的规定,当事人起诉到法院的民事纠纷,适宜调解的,先行调解,但当事人拒绝调解的除外。

(4) 调解不成的,应当及时判决。

调解和判决都是解决民事案件的方式,在调解不成的情况下,人民法院应依法及时采用裁判的方式解决纠纷,不得久调不决,更不得变相强迫调解。

二、法院调解原则的适用

(一) 法院调解并非民事诉讼案件的必经程序

法院调解虽然贯穿于民事审判程序的各个阶段,但法院调解并不是处理每一例民事案件的必经程序。是否适用调解,不仅要看特定案件的性质和具体内容是否适宜采用调解的方式,还要看当事人是否愿意调解。

(二) 需理性对待调解与判决的关系

调解和判决,都是法院处理民事案件的方式,它们之间不存在孰优孰劣的问题。因此,法院在审理民事案件时,不能一味地偏重调解,而应当根据具体情况和当事人的意愿,选择最为适宜的处理方式。当选择调解方式时,不能久调不决,调解不成的,应当及时判决。

(三) 审判人员在调解过程中应当多进行说服教育和思想疏导

当事人之所以发生民事纠纷,往往是因为对法律所规定的权利义务不了解、不熟悉,因此法院在进行调解时,应当依法多做说服教育和思想疏导工作,促使当事人分清是非责任,以便取得良好的调解效果。尤其是对婚姻、家庭和遗产继承等类型的案件,做好当事人的思想疏导工作尤为重要。

第七节 民事检察监督原则

一、民事检察监督原则的含义

《民事诉讼法》第14条规定,人民检察院有权对民事诉讼实行法律监督。这是民事检察监督原则的法律依据。该项原则的正当性基础,是宪法赋予检察机关的法律监督职能和保证民事案件公正审判的预设目标。

二、民事检察监督原则的内容和实现方式

依据《民事诉讼法》和《民诉解释》的相关规定,人民检察院有权对人民法院的民事审判活动和执行活动实行法律监督,人民法院在民事审判和执行活动中须接受人民检察院的法律监督。

人民检察院对人民法院民事审判活动的监督主要表现在三个方面:一是对审判人员在民事审判过程中,是否有贪赃枉法、徇私舞弊等违法行为进行监督;二是对人民法院作出的已经生效的判决、裁定,发现有《民事诉讼法》第200条规定情形之一的,或者发现调解书损害国家利益、社会公共利益的,依审判监督程序提出抗诉或提出再审检察建议;三是对法院行使民事执行权的合法性进行监督。

值得关注的是,2012年全面修订《民事诉讼法》时,从多个方面扩充了民事检察监督原则的效力:首先,将检察监督的范围从民事审判扩展到了民事执行;其次,将检察机关行使民事检察监督权的手段从抗诉一元化的模式,发展为抗诉与检察建议相结合的多元化模式;最后,为检察机关行使检察监督权配备了保障手段,例如《民事诉讼法》第210条规定,人民检察院因履行法律监督职责提出检察建议或者抗诉的需要,可以向当事人或者案外人调查核实有关情况。

第八节 支持起诉原则

一、支持起诉原则的内涵

支持起诉原则,是指在受害人不敢或不能起诉时,机关、团体、企业事业单位可以支持受害人向法院提起诉讼。该项原则的确立,旨在通过利用社会力量,扶助弱小,扶正祛邪,以弘扬社会主义法制,发扬社会主义道德风尚。《民事诉讼法》第15条规定,机关、社会团体、企业事业单位对损害国家、集体或者个人民事权益的行为,可以支持受损害的单位或者个人向人民法院起诉。这是支持起诉原则的法律依据。

需要注意的是,支持起诉人与委托代理人是两个不同的概念。通常情况下,委托诉讼代理人是诉讼参加人,在诉讼中可以依据当事人的授权进行诉讼活动,而支持起诉人并非诉讼参加人,其权限仅是支持起诉,而不得在诉讼中代理当事人进行诉讼活动。

二、支持起诉原则的要求和方式

根据《民事诉讼法》的相关规定和立法理念,支持起诉应当符合以下几方面要求:第一,加害人的行为必须是侵权行为,该行为侵犯了国家、社会或者公民的民事权益。第二,受害人没有向人民法院起诉,即受害人限于自己的能力或出于某种顾虑,没有向人民法院请求司法保护。第三,支持起诉的人,应当是机关、团体、企业事业单位,公民个人不享有支持起诉的资格和权能。

支持起诉的方式,主要是道义上的支持和物质上的援助,以及法律知识上的帮助。如借助于舆论宣传来声援受害者,赠予钱物援助受害者,向受害者进行法律知识的宣传,鼓励其向人民法院请求司法保护。例如2015年《最高人民法院关于审理环境民事公益诉讼案件适用法律若干问题的解释》第11条规定,检察机关、负有环境保护监督管理职责的部门及其他机关、社会组织、企业事业单位依据《民事诉讼法》第15条的规定,可以通过提供法律咨询、提交书面意见、协助调查取证等方式支持社会组织依法提起环境民事公益诉讼。

第三章 民事诉讼法的基本制度

第一节 合议制度

一、合议制的概念及其功能

合议制度,是指法院审判民事案件实行审理和评议的审判制度,即由三人以上的审判人员组成审判庭,对民事案件进行审理和裁判的制度。我国《民事诉讼法》第39条规定,人民法院审理第一审民事案件,由审判员、陪审员共同组成合议庭或者由审判员组成合议庭。合议庭的成员人数,必须是单数。适用简易程序审理的民事案件,由审判员一人独任审理。依此,除了简易程序案件以及个别法定类型的案件采用独任制审理外,普通的民事案件均适用合议制审理。

相较于独任制,合议制的审判组织形式主要具有以下功能:

第一,可以发挥合议庭成员的集体智慧。对于一些疑难问题,通过合议制的形式来审理,可以充分发挥合议庭每个成员的智慧,从而尽可能地避免错误的发生,达到公正、合理的审判效果。

第二,防止法官个人擅断。法律创设合议制的预设功能之一,就是通过合议庭成员相互间的制约,尽可能地避免法官个人擅断等违法裁判的情形。

第三,防止法官的个人价值观对案件的审理产生不当影响,体现民主集中制。合议庭的审判组织形式,可以在相当程度上防止法官个人的主观片面性对审理案件造成不良影响,在合议的过程中,价值取向和观点不同的法官之间互相渗透,从而在价值观念层面实现平衡。

二、合议庭的构成及其内部关系

(一) 合议庭的构成

合议庭的构成是指合议庭由哪些人员组成。我国《民事诉讼法》第39条第1款规定,人民法院审理第一审民事案件,由审判员、陪审员共同组成合议庭或者由审判员组成合议庭。合议庭的成员人数,必须是单数。据此,一审民事案件的合议庭既可以由审判员组成,也可以由审判员与人民陪审员共同组成,即一审民事案件的审判组织形式既可以是单一式合议制,也可以是混合式合议制。合议庭的组庭人数应当是三个以上的单数,法律对此并无最高人数限制,但在司法实践中以三名审判人员组成合议庭为主。陪审员在执行陪审职务时,与审判员具有同等的权利义务。

《民事诉讼法》第40条第1款规定,人民法院审理第二审民事案件,由审判员组成合议庭。合议庭的成员人数,必须是单数。依此,第二审民事案件只能由审判员组成合议庭进行审理,人民陪审员不得参与第二审案件的审理。此外,二审案件只能适用合议制,而不得采用独任制进行审理。立法的主要理由在于:第一,二审裁判为终审裁定,为保护终审裁判的质量,应当采用合议制的审判组织形式。第二,虽然我国的二审程序既是事实审、又是法律审,但从审级功能的配置角度来看,二审法院更多地侧重于对案件法律适用问题的审理,这也是各国上诉审法院的一个共同特征。由于二审以法律审为核心,因此由职业法官进行审理更为适宜。由于人民陪审员通常未经过法律职业训练,在法律适用问题上,对于疑难的法律纠纷,往往难以辨别是非。故此,对于上诉审案件,法律规定应当由审判员组成的合议庭进行审理。

《民事诉讼法》第40条第2款规定,发回重审的案件,原审人民法院应当按照第一审程序另行组成合议庭。依此,法院审理二审发回重审的案件时,人们应当注意:首先,发回重审的案件合议制的审判组织形式,而不得适用独任制;其次,原审合议庭的成员不得参与重审案件的审理。该立法条文的正当性基础在于:原审审判人员如果已经对案件形成了一定的成见,再由他们参与案件的重审,难以保证客观公正,故此,他们不得再次参与案件的审理。

而对于再审案件,再审的法院和适用的程序类型不同,其合议庭的组成方式也有所不同。依据《民事诉讼法》第40条第3款的规定,原来是第一审的再审案件,按照第一审程序另行组成合议庭;原来是第二审的或者是上级法院提审的再审案件,按照第二审程序另行组成合议庭。由此可见,第一,法院审理再审案件时须采用合议制的形式,而不得适用独任制,即再审案件一律不得适用独任制。第二,如果原生效裁判是由一审法院作出的,并且也是由一审法院依法进行再审的,则按照一审程序另行组成合议庭,人民陪审员可以参与再审案件的审理,但原审合议庭的组成人员,不得参与再审案件的审理。第三,如果原生效裁判是由二审法院作出的,则只能由二审法院按照第二审程序对案件进行再审;再审的合议庭只能由审判人员组成,且原参与案件审理的审判人员不得参与再审合议庭。第四,原生效裁判虽然是由一审法院作出,但二审法院决定对该案提起再审的,该再审案件应由二审法院审理,且只能采用单一式合议制,而不允许陪审员参与组庭。

(二) 合议庭的内部关系

合议庭是人民法院的审判组织,在诉讼过程中,对外代表人民法院行使审判权。合议庭的组成人员在审判过程中,享有同等的权利和义务。合议庭实行少数服从多数的原则,对案件的审理和裁判应由合议庭集体作出,但少数人意见应记入合议笔录。合议庭成员确定后,由院长或庭长指定其中一名审判人员担任审判长,但人民陪审员不得担任审判长。院长或庭长如参与审判的,由院长或庭长担任审判长。审判长在诉讼过程中,具体行使诉讼指挥权,指挥和控制庭审的进行。

三、合议庭与院长、庭长及审判委员会的关系

(一)合议庭与院长、庭长的关系

院长、庭长与合议庭之间是指导、监督的关系。2002年《最高人民法院关于人民法院合议庭工作的若干规定》,对院长、庭长如何指导、监督合议庭等问题进行了一些新的规定:其一,院长、庭长可以对合议庭的评议意见和制作的裁判文书进行审核,但是不得改变合议庭的评议结论。其二,院长、庭长在审核合议庭的评议意见和裁判文书的过程中,对评议结论有异议的,可以建议合议庭复议,同时应当对要求复议的问题和理由提出书面意见。合议庭复议后,庭长仍有异议的,可以将案件提请院长审核,院长可以提交审判委员会讨论决定。

(二)合议庭与审判委员会的关系

审判委员会是对人民法院的审判工作实行集体领导的内部组织,其对合议庭的审判工作享有指导和监督的权能。2002年《最高人民法院关于人民法院合议庭工作的若干规定》对审委会如何指导、监督合议庭等问题进行了细化规定。首先,合议庭对下列案件应当提请院长提交审判委员会讨论决定:疑难、复杂、重大或者新类型的案件,合议庭认为有必要提交审判委员会讨论决定的;合议庭在适用法律方面有重大意见分歧的;合议庭认为需要提请审判委员会讨论决定的其他案件,或者本院审判委员会确定的应当由审判委员会讨论决定的案件。其次,合议庭若对审判委员会的决定有异议,可以提请院长决定提交审判委员会复议一次。

四、陪审制度

(一)陪审制的概念和功能

依据是否允许人民陪审员参加合议庭的组庭,可以将合议制分为仅允许审判员参与组庭的单一式合议制与允许陪审员参与组庭的混合式合议制。以上通过对各类民事审判程序的审判组织形式进行梳理,可以从中提炼出有关陪审制的制度规律和内容要求。

陪审制度是指审判机关吸收法官以外的社会公众参与案件审判的制度,吸收社会公众参与案件审判是各法治国家通行的一项重要审判制度。在英美法系国家,有陪审团参与审理的案件中,陪审团与法官之间有着明确的职责分工。陪审团的职责在于审理和认定案件的事实问题;而法官的职责是在陪审团认定的案件事实的基础上,对案件如何适用法律作出决定。在大陆法系国家,陪审员与法官共同组成合议庭,陪审员既参与案件事实的审理和认定过程,也参与案件的法律适用过程。这种形态的陪审制度,又被称为参审制。虽然两大法系陪审制度的具体形态存在诸多不同,但其吸收社会普通公众参与司法审判过程的理念是共同的。

(二)我国陪审制度的内容

依据《民事诉讼法》中第三章的规定,可以将我国陪审制的适用范围划定为适用第一审普通程序审理的诉讼案件。首先,陪审制仅适用于一审案件,二审案件一律不得采用陪

审制。其次,不仅第一审民事案件可以适用陪审制,二审中发回重审的案件、适用一审程序进行再审的案件,也可以适用陪审制。最后,只有符合法定条件的民事诉讼案件可以适用陪审制,非讼案件一律不允许陪审员参与组庭。

从陪审制的适用条件和法律效果来看,一方面,民事案件可否实行陪审,由法院享有决定权,当事人无权自主决定;对于法院未明确规定可否适用陪审制的案件,由法院自行决定。在适用混合式合议制审理民事案件时,审判员与陪审员的人数比例并无限制性规定。另一方面,陪审员在执行审判职务时,与审判员享有同等的权利和义务,其不仅有权参与案件事实的审理,也有权参与案件法律适用的判断,但陪审员不得担任审判长。

第二节 回避制度

一、回避制度的概念及其适用人员范围

在民事诉讼法中,回避是指审判人员以及其他有关人员如果与案件存在一定的利害关系,则应当退出案件审理的制度。回避制度的预设功能在于保证案件得到公正审理,该制度起源于"任何人不能作为自己的法官"这一古老的法谚。如果审判人员或其他有关人员与案件存在一定的利害关系,而自己又参与案件的审理,无异于自己充任自己的法官,导致当事人以及社会公众对案件审理的公正性产生怀疑。

回避制度适用于案件的审判人员以及法律规定的其他人员。依据《民事诉讼法》及《民诉解释》第48、49条的规定,回避制度适用于下列人员:参与本案审理的法院院长、副院长、审判委员会委员、庭长、副庭长、审判员、助理审判员和人民陪审员,以及书记员、翻译人员、鉴定人、勘验人、执行员。对于依法参与民事诉讼的检察人员是否适用回避制度,《民事诉讼法》中没有明确规定,但2013年《人民检察院民事诉讼监督规则(试行)》的第三章对检察人员的回避制度进行了专章规定,体现了对检察权公正行使、维护司法公正等理念。此外需要注意的是,证人不适用回避制度,这主要是源于证人的不可替代性。

二、回避的方式及其法定事由

依据《民事诉讼法》第四章和《民诉解释》第43条至第46条的规定,我国民事诉讼的回避方式共有三种,即自行回避、依申请回避和决定回避。

自行回避,是指当有关人员具备法定回避情形时,当事人虽未提出回避申请,有关人员也应主动依法定程序自行提出回避的意见,是否回避由法院按法定程序办理。依据《民诉解释》第43条的规定,适用自行回避的法定情形有:第一,审判人员或相关人员是本案当事人或者当事人近亲属的;第二,本人或其近亲属与本案有利害关系的;第三,担任过本案的证人、鉴定人、辩护人、诉讼代理人和翻译人员的;第四,是本案诉讼代理人近亲属的;第五,本人或其近亲属持有本案非上市公司当事人的股份或股权的;第六,与本案当事人或者诉讼代理人有其他利害关系,可能影响公正审理的。对于上述情形,如果审判员或其

他人员没有依法自行回避的,当事人有权申请其回避。

申请回避,是指当有关人员具备法定回避情形时,由当事人提出回避的申请,法院依法决定是否责令有关人员回避。依据《民诉解释》第44条的规定,适用依当事人申请回避的法定情形有:第一,接受本案当事人及其受托人宴请,或者参加由其支付费用的活动的;第二,索取、接受本案当事人及其受托人财物或者其他利益的;第三,违反规定会见本案当事人、诉讼代理人的;第四,为本案当事人推荐、介绍诉讼代理人,或者为律师、其他人员介绍代理本案的;第五,向本案当事人及其受托人借用款物的;第六,有其他不正当行为,可能影响公正审理的。

如果审判人员存在应当回避的情形,但没有自行回避,当事人也没有申请其回避的,由院长或者审判委员会决定其回避。此外,在一个审判程序中参与过本案审判工作的审判人员,不得再参与该案其他程序的审判,但发回重审的案件,在一审法院作出裁判后又进入第二审程序的,原第二审程序中合议庭组成人员不受此限制。

三、回避的程序和决定权主体

依据《民事诉讼法》第45条的规定,当事人提出回避申请时应当说明理由,并在案件开始审理时提出;回避事由在案件开始审理后知道的,也可以在法庭辩论终结前提出。被申请回避的人员在人民法院作出是否回避的决定前,应当暂停参与本案的工作,但案件需要采取紧急措施的除外。

回避申请被提出后,应当按照以下程序进行审查并作出决定:院长担任审判长时的回避,由审判委员会决定;审判人员的回避,由院长决定;其他人员的回避,由审判长决定。法院对当事人提出的回避申请,应当在申请提出的3日内以口头或书面形式作出决定。从当事人提出回避申请到法院作出决定之前,除非案件需要采取紧急措施,被申请回避的人员应当暂停参与本案的有关职务活动。申请人对决定不服的,可以在接到决定时申请复议一次;复议期间,被申请回避的人员,不停止参与本案的工作。法院对复议申请,应当在3日内作出复议决定,并通知复议申请人。

第三节 公开审判制度

一、公开审判制度的内容

公开审判制度,是人民法院依法对民事案件实行公开审理和公开宣判的制度。

作为司法公开、司法透明及司法社会监督的实现路径之一,公开审判制度主要包括以下内容:第一,公开审判包括审判过程的公开和审判结果的公开。第二,审判应当向社会公众公开,向媒体公开,法院应当在开庭之前将审理案件的日期予以公告。对于公开审理的案件,社会公众可以径行旁听,有关媒体可以自由报道和评判。但媒体不应故意误导公众,左右法院的审判。第三,法院应当在裁判文书中,将裁判的事实依据和法律依据予以公开,也即法官心证的公开。

二、公开审判的例外规定

公开审判作为我国民事诉讼的基本制度之一,决定了我国以公开审判为原则、以不公开审判为例外的制度模式。我国公开审理的例外情形可以分为法定不公开审理与依申请不公开审理两大类。

根据《民事诉讼法》第134条第1款的规定,对于下列案件不得公开审理:(1)涉及国家机密的案件。国家机密包括政府的机密、军队的机密和党的机密等,具体由国家有关保密的法律、法规规定。(2)涉及个人隐私的案件不得公开审理。个人隐私是指个人私生活中特定的不愿意公诸于众的资料、信息等。隐私包括个人身体状态、个人性生活等各个方面的内容。随着人们权利意识的提升,隐私权保护的范围也在不断地扩大。(3)法律另有规定不得公开审理的案件,法院不得公开审理。此处的"法律"应作严格的解释,即指由全国人大及其常委会制定的法律。

根据《民事诉讼法》第134条第2款的规定,对于下列民事案件,法院根据当事人的申请,可以不公开审理。当事人未申请不公开的,法院仍应公开审理:(1)离婚案件。离婚案件往往涉及个人的隐私或其他当事人不愿意公之于众的事实,从保护当事人隐私以及尽可能地维护婚姻家庭的角度,法律规定,对于此类案件当事人可以申请法院不公开审理。对于当事人提出的此类情形,法院除非有其他合法理由,否则,都应当准许。(2)涉及商业秘密的案件。依照2015年《民诉解释》第220条,商业秘密是指"生产工艺、配方、贸易联系、购销渠道等当事人不愿公开的技术秘密、商业情报及信息"。对于涉及商业秘密的案件,当事人申请不公开的,法院一般也不得公开审理,以保护正常的商业秩序。

需要注意的是,无论是否公开审理,对案件的宣判一律公开,换言之,对于不公开审理的案件,法院仍应公开宣告判决。此外,不公开审理不等于不开庭审理。

三、公开审判与裁判文书说理、公众的裁判文书查阅权

公开审判基本制度的具体实现方式之一,是强化裁判文书的说理,依据《民事诉讼法》第152条第1款和第154条第3款的规定,判决书应当写明判决结果和作出该判决的理由,裁定书应当写明裁定结果和作出该裁定的理由。

公开审判的另一具体实现路径,是2012年全面修订《民事诉讼法》时新增加的公众的裁判文书查阅权。依据《民事诉讼法》第156条的规定,公众可以查阅发生法律效力的判决书、裁定书,但涉及国家秘密、商业秘密和个人隐私的内容除外。在此基础上,2015年《民诉解释》第254、255条,对公众查阅裁判文书的条件、程序和法院的处理方式进行了细化规定,为审判公开基本制度的有效贯彻提供了保障。

第四节 两审终审制度

一、两审终审制的概念

两审终审制,是指一个案件经过两级法院审判后即告终结的制度。我国《民事诉讼法》第10条规定,人民法院审理民事案件,依照法律规定实行两审终审制度。

审级制度不仅体现了一国司法对当事人程序救济的保障力度,也是确保诉讼程序终局性、严肃性和高效性的重要手段之一。我国采行四级两审终审制模式的主要原因在于:第一,审级过多易于被一些不良之徒所利用,缠讼不休,不利于及时解决民事纠纷。第二,我国地域辽阔,交通不便,审级过多,浪费人力物力。第三,审级过多,不利于法院及时处理民事案件,形成案件积压。第四,在我国诉讼法上,除了正常的审级以外,还设置有审判监督程序,对于确有错误的案件,可以通过审判监督程序予以纠正。

二、两审终审制的内容

两审终审制主要包括以下几方面的内容:

首先,民事诉讼案件的一审裁判作出后,当事人不服提出上诉的,只要上诉符合法定的程序要件,上诉审法院都应受理。一审法院以及上诉审法院不得借助各种理由限制甚至剥夺当事人的上诉权。

其次,案件经过两级法院审理后,在正常情况下,诉讼程序即告终结,但并非所有的民事案件均实行两审终审,《民事诉讼法》规定了一些例外情形。适用一审终审制的主要情形包括:最高人民法院审理案件所作出的判决、裁定;适应特别程序、督促程序、公示催告程序的案件;确认婚姻效力的案件;一审以诉讼调解方式结案的案件;大多数的裁定;小额诉讼程序案件。

最后,两个审级的法院,应当分别独立对案件进行审判。上诉审法院在案件未被上诉前,不得对一审法院的审判工作进行干涉。上诉审提起后,一审法院也不得干涉上诉审法院对案件的审理。如果不同审级法院之间不能相互独立审判,上诉审法院在案件被依法上诉到本院之前,就直接"指导"案件的审理,甚至"决定"案件的审判结果,就会影响审级制度功能的正常发挥,使法律规定的两审终审制流于形式,变成事实上的一审终审制。

此外,两个审级的法院皆应有权对案件涉及的事实和法律问题进行审理。有些国家的上诉审法院仅对上诉案件的法律适用问题进行审理,不对案件事实进行审理,此种上诉审被称为法律审。依照《民事诉讼法》的相关规定,上诉审法院不仅要审理案件的法律适用问题,还应对案件所涉及的事实问题进行审理,即我国上诉审法院既进行事实审,也进行法律审。

第二编 诉讼主体

第四章 诉权与审判权

民事诉讼的过程,可以被视为法院和当事人分别行使诉权和审判权,解决民事纠纷的活动的集合。人民法院和当事人及其代理人,也就构成我国民事诉讼最重要的诉讼主体。从诉讼主体的角度出发,可以更好地理解民事诉讼的本质及其运行过程。

第一节 诉

一、诉的概念

民事诉讼中所指的"诉",是一个较为抽象的概念。目前中国民事诉讼法学界的通说认为,诉是指当事人向人民法院提出的,要求法院对相关争议事项作出裁判以保护当事人实体权益的一种请求。

作为一种请求的诉,包含下面几个方面的特征:第一,诉的提出主体是当事人。民事诉讼中的各方当事人都可能提出诉,例如原告可以提出本诉,被告可能提出反诉,第三人可能提出参加之诉。第二,诉的内容是当事人之间的民事纠纷,此种民事纠纷是平等的当事人之间的人身权和财产权方面的争议。第三,诉是向人民法院提出的,是一种希望国家公权力机关适用法律来解决私人之间民事争议的请求。

诉是一种向法院提出的保护民事实体权益的请求,因而兼具实体性和程序性,也包含了民事实体法(私法)和民事诉讼法(公法)的内在价值。诉的概念及其相关理论,是民事诉讼法学重要的基石。

二、诉的要素

诉的要素,是指构成一个诉应具备的基本因素。诉的要素,使诉具体化、特定化,它决定着诉讼在谁与谁之间进行、诉讼是否开始,诉讼的对象和范围等等。中国民事诉讼法学界通说认为,诉的要素有三个:一是诉讼当事人,二是诉讼标的,三是诉讼理由。

(一) 诉讼当事人

诉讼当事人是民事诉讼的重要主体,也是诉的提出者。没有诉讼当事人,也就没有诉的提出,所谓的请求也就没有依托的对象,诉自然也就无法构成。因此诉讼当事人是诉的要素之一。关于诉讼当事人的具体论述,请参见本书第六章的介绍。

(二) 诉讼标的

诉讼标的,实际上就是审判的对象。关于诉讼标的有不同的理论学说,我国通说采取实体法说,认为诉讼标的是当事人向人民法院提出的,需要法院依据审判权确认或支持的民事实体法律关系或实体权利。诉讼标的作为民事诉讼的客体,是诉的核心,也是任何一起民事案件不可或缺的内容,诉讼标的的理论对司法实践具有很强的指导意义。

诉讼标的在民事诉讼中具有非常重要的意义,主要体现在以下几个方面:(1) 诉讼标的是整个民事诉讼的核心。在民事诉讼中,双方当事人的诉讼行为是以诉讼标的为基础并以其为中心而展开的。(2) 诉讼标的是法院审理和裁判的对象。(3) 诉讼标的是法院判定应否合并、分离、追加或变更诉的主要根据。(4) 诉讼标的是法院用以判定是否允许当事人另行起诉的标准。(5) 诉讼标的是确定既判力客观范围的根据。① (6) 诉讼标的理论是民事诉讼法学的基础理论。在大陆法系国家,诉讼标的往往与民法中的请求权竞合问题联系在一起。本书限于篇幅,不对该理论的发展做详细展开。

在我国,由于通说采取实体法说,因而诉讼标的在本质上就是原告向法院主张的实体法律关系(实体权利)。在识别一个诉的诉讼标的时,必须根据原告的意思表示,厘清该诉讼中争议的实体法律关系,并根据原告主张的实体法律(请求权基础),来准确判断其提出的诉讼标的。

(三) 诉讼理由

诉讼理由,又称诉的理由,是支持原告提出的诉的事实上和法律上的根据。诉讼理由包括两类:一是事实上的理由,二是法律上的理由。前者是指诉方当事人提出诉讼请求所依据的案件事实;后者是指诉方当事人提出诉讼请求所依据的法律规定。由于我国在诉讼标的理论上采取实体法说,因此诉讼标的的内容已经包含了法律上的诉讼理由,故诉讼理由一般多指事实上的理由。

三、诉的种类

依当事人诉讼请求的目的和内容的不同,可以把诉分为确认之诉、给付之诉和变更之诉三种。识别不同的诉的种类,有利于明晰诉讼标的,提高审判效率和质量,保证判决的效力。

(一) 确认之诉

确认之诉,是指原告请求法院确认他与被告之间存在或不存在某种法律关系的诉讼。确认之诉的目的在于消除当事人有关某种法律关系存在或不存在的争议。按其具体目的的不同,又可将其分为积极的确认之诉和消极的确认之诉。前者是指原告请求法院确认其与对方当事人之间存在某种民事法律关系的诉,如请求确认存在合同关系。后者是指

---

① 参见张卫平:《程序公正实现中的冲突与衡平》,成都出版社1993年版,第81页。

原告请求法院确认其与对方当事人之间不存在某种民事法律关系的诉,如请求确认双方婚姻关系无效。确认之诉的特点,是当事人并不要求法院判令被告为某种给付,而只要求确认当事人之间发生争议的法律关系存在的状态,因此确认之诉不具有给付要求,法院对确认之诉作出的判决不具有强制执行力。

确认之诉的对象,必须是法律关系或民事权利,单纯的事实不能作为确认之诉的对象。在确认法律关系时,应当以现存的法律关系为确认之诉的标的,而不能以过去存在或将来可能存在的法律关系为确认对象。

(二) 给付之诉

给付之诉,是指原告请求法院判令被告履行一定义务的诉讼。例如,请求给付货款、赔偿金、租金或者请求对方拆除违章建筑,停止侵权行为等等,是实践中最常见的一种诉讼。给付之诉的特点,是当事人不仅要求人民法院确认当事人之间存在一定的民事法律关系,而且要求法院判令被告履行一定的义务。因此,给付之诉的胜诉判决将具有执行力。根据请求给付的时间不同,可以将给付之诉分为现在给付之诉和将来给付之诉。根据给付的内容不同,则可以将给付之诉分为特定物给付之诉、种类物给付之诉和行为给付之诉。

确认之诉与给付之诉两者有密切的联系,这主要表现为,确认之诉对给付之诉有预决的意义。因此,在给付之诉中,往往还包含着确认之诉。例如,在原告请求对方根据合同给付货款的诉讼中,首先要确认双方是否存在生效的合同法律关系。但是为了审理的方便,理论上一般认为,此时给付之诉吸收了确认之诉,而不将其理解为两个诉的合并。

(三) 变更之诉

变更之诉,又称形成之诉,是指原告行使法定的形成权,要求法院变更或消灭其与被告之间一定的法律关系的诉讼。例如离婚之诉、撤销合同之诉。变更之诉的特点有二:第一,当事人之间对现存的民事法律关系没有争议,而只是请求法院予以变更,并且在判决生效之前,原来的法律关系仍维持现状。第二,并非所有行使形成权的诉讼都是变更之诉,而只有法律规定必须通过诉讼方式行使的形成权方能成为变更之诉的诉讼标的。例如《合同法》第54条规定的撤销权。而对于当事人可以通过意思表示直接行使的形成权,即便发生争议提起诉讼,也只属于对该形成权行使后是否发生法律效果的确认之诉。例如当事人根据《合同法》第94条行使法定解除权后,对方当事人不认可解除权条件成就,双方均可到法院请求法院确认解除的效力,但该诉讼并非变更之诉,判决不发生变更效力。

四、诉的合并、分离与变更

诉是兼具实体性和程序性的一种请求。前述诉的要素和诉的种类,都是从实体层面静态地描述诉。但在司法实践中,随着程序的运行,诉也可能发生合并、分离、变更等变化。

(一) 诉的合并

诉的合并,是指人民法院将几个独立但有一定关联的诉,合并在一个案件中审理和裁判。诉的合并,有狭义和广义之分:狭义的诉的合并,专指诉的客体的合并;广义的诉的合并,除包括诉的客体的合并外,还包括诉的主体的合并,及多个当事人提起的诉。

1. 狭义的诉的合并

诉的(客体)合并,是指将同一原告对同一被告提起的两个以上的诉,或者反诉与本诉合并到同一诉讼程序中审理。

诉的合并,需要满足以下条件:

(1) 管辖条件:受理法院对各个诉具有管辖权。但为了提高效率,法院的管辖权可以通过牵连管辖或应诉管辖取得,也即是说,即便根据法律受诉法院对其中的某一个诉并不享有管辖权,但只要当事人没有提出异议,且不违背专属管辖、级别管辖的规定,那么受诉法院因为对其他诉的管辖权和诉的合并机制,也就可以对该诉予以管辖。

(2) 时间条件:诉的合并原则上应当发生在一审程序中,一般来说,当事人应当在审前准备的庭前会议之前提出合并申请,法院也应当在审前准备前作出是否合并审理的决定,以便开庭审理的集中性。但为了切实保障当事人的权利,根据司法解释,在法庭辩论结束前,当事人提出的诉的合并的申请,法院经过审查,如果认为符合合并的其他条件的,都应当合并审理。

(3) 审判程序条件:对若干个合并的诉,人民法院应当适用同一审判程序进行合并审理。

(4) 主观条件:当事人希望合并审理,人民法院也同意合并审理。

(5) 牵连性条件:需要合并的两个诉应当具有牵连关系。此种牵连性,既可以表现为法律上的牵连,即两个诉的诉讼标的都基于同一民事法律关系,例如原告基于同一合同关系,提出的继续履行合同和赔偿迟延履行损失的两个诉;也可以表现为事实上的牵连,即两个诉是基于同一事实发生的纠纷,例如基于同一爆炸事件,原告提出的人身损害赔偿和财产损害赔偿两个诉;还可以表现为因果关系上的牵连,即两个诉的诉讼请求之间具有因果关系,例如原告基于买卖合同要求被告支付货款,被告基于借款合同主张抵销权。

诉的合并的种类,是指理论上对诉的合并的具体划分。大陆法系传统理论将诉的客体合并划分为单纯合并、预备合并、选择合并和竞合合并等类型。(1) 单纯合并,这是指原告合并提出的数个诉彼此间无任何联系或者虽然有联系,但只是并列关系。例如,原告合并提起要求被告归还借款的诉和返还租赁物的诉;后者是指原告合并提起要求被告支付租金和返还租赁物的诉。显然,在单纯合并中,各个诉是相互独立的,法院只是将其置于同一程序中合并审理从而提高审判的效率,各诉分别审理也完全可以。因此,法院在合并审理时,并无法定的先后顺序,法院可以根据证据情况、难易程度,自行决定审理的顺序。(2) 预备合并。预备合并又称顺序性合并,指原告同时提出两个诉,其中一个是先位之诉(主位之诉),另一个是预备之诉(备位之诉)。只有当主位之诉败诉后,法院方才需要审理备位之诉;如果主位之诉胜诉,则备位之诉就没有审理的必要。因此,对预备合并的诉,法院在审理时有先后的顺序。例如,原告提起的主位之诉是要求被告履行合同按约定交付标的物,但原告担心合同可能存在无法履行的情况,因此又提出了一个备位之诉,即当被告无法交付时,按照约定的违约金条款支付违约金。(3) 选择合并。选择合并,是指原告合并提出了数个诉,由法院选择其中的一个作出判决即可。选择合并的实体法基础是选择之债,此时原告原本享有形成权,本应当通过行使形成权来明确究竟选择哪个请求权提起诉讼。但实践中原告可能在起诉时尚未确定究竟选择哪个请求权,故而将所有的诉都向法院提出,待诉讼中再由当事人行使选择权,因而亦构成选择合并。(4) 竞合合并,又称重叠合并,是指原告基于数个请求权提出了若干个诉,但诉的声明(即诉讼请求)仅有一个。例如,原告基于租赁合同中的返还租赁物的约定和物上请求权,都提出返还原物的请求,可见,竞合合并与请求权竞合有直接的联系。随着实践的发展,以上学理分类还面临着很多的变化,但通过对具体合并类型的划分,可以有助于确定审判顺序,提高诉讼的效率。

2. 广义的诉的合并

广义的诉的合并,包括两种情况:(1) 诉的主体合并,这是指多个当事人因为同一个诉讼标的发生诉讼,也即诉的客体同一,仅仅因为主体多元而发生的合并,这实际上是必要共同诉讼的情形,请参见第六章第三节的介绍。(2) 多个主体提起的多个诉的合并。在这种合并中,诉的客体和诉的主体都呈现出多元化的局面,因而是主体和客体的共同合并。如果法律规定满足某些条件,必须合并,则构成诉的强制合并;相反,如果合并是基于当事人的选择,则构成诉的选择合并。具体制度情形包括反诉、普通共同诉讼、有独立请求权的第三人提起的诉讼、追加了被告型无独立请求权第三人提起的诉讼。

(二) 反诉

反诉,是指在已经进行的诉讼过程中,被告以本诉的原告作为被告,向本诉的受诉法院提出的与本诉的诉讼标的有一定联系的独立的诉。反诉,是广义的诉的合并的特殊形态。《民事诉讼法》规定反诉制度,既是为了全面地维护双方当事人的合法权益,也是为了通过反诉与本诉的合并审理,提高诉讼效率。

反诉具有以下特征:(1) 反诉对象的特定性。反诉只能由本诉被告针对本诉原告提起,即本诉与反诉的双方当事人不增加、不减少,当事人的人数完全相同,只是原告和被告的诉讼地位进行了调换。(2) 反诉请求的独立性。反诉虽然以本诉的存在为前提,没有本诉也就不存在反诉,但反诉请求也具有独立性,这种独立性体现在:反诉具有独立之诉的要素;被告向原告提出反诉,应按起诉的程序和方式向法院提出;反诉一经成立,就不因本诉的撤回而终结,也不因原告放弃诉讼请求而失效。(3) 反诉目的的对抗性。被告之所以提出反诉,其目的就是为了对抗本诉原告的诉讼请求,这种对抗包括动摇、抵销或并吞原告的诉讼请求,使原告的请求全部失去作用,甚至迫使本诉的原告向自己履行一定的义务。

反诉作为诉的合并的特殊形态,除了要满足诉的合并的一般条件外,其最特殊之处在于主体条件上的特殊性,也即须由本诉的被告向本诉的原告提出,反诉与本诉当事人同一性的特征决定了只有本诉的被告才能够向本诉的原告提出反诉。如果不是本诉的被告，如无独立请求权的第三人，则无权提出反诉。

反诉具体的条件和审理程序，与诉讼的启动有密切关系，因而本书第十四章第二节将对此具体说明。

(三) 诉的分离

诉的分离，是指法院将原先合并审理的几个诉，分开来进行审理。有时候，将几个诉合并在一起审理，会增加审理的难度，造成诉讼复杂化和诉讼迟延，此时法院就应当将诉分开来进行审理。诉先合并后分离时，当事人和法院在分离前已实施的诉讼行为，在分离后的审理中依然有效。

(四) 诉的变更

诉的变更，是指原告于起诉后，又以另外的诉取代原诉的行为。例如，原告基于买卖合同诉请被告支付购房价款，后由于被告缺乏履行能力，又将该诉变更为基于房屋所有权而要求其腾退返还房屋。在诉的三要素中，任何一个要素的变化，都可能导致诉的变更。但对法院的审判来说，当事人的变更和诉讼标的的变更具有最直接的影响，而当事人的变更有专门的追加当事人等制度解决，因而狭义上诉的变更，仅指诉讼标的的变更。根据司法解释，为了确保开庭审理的集中和高效，原告可以在审前准备阶段前，基于同一基础事实提出诉的变更的申请。

第二节 诉 权

一、诉权的概念

诉权，是法律赋予当事人进行诉讼的基本权能，是当事人进行诉讼活动的基础。国家法律保护民事法律关系主体的合法权益不受侵犯，保障当事人的正当权利的行使。因此，当民事法律关系主体因自己的合法权益受侵犯或正当权利与他人发生争议时，就有权请求司法保护。国家法律赋予当事人请求司法保护、进行诉讼活动的基本权能，就是诉权。

诉权有以下几层含义：

(1) 诉权是国家法律制度赋予当事人的一种权利。这种权利根源于宪法和民事诉讼法的规定。宪法规定了国家的司法机关有义务以诉讼的方式为公民、法人和其他组织提供司法保护。而民事诉讼法则规定当事人在什么条件下才可以进行诉讼。因此，从本质上看，诉权是一种宪法意义上的基本权利。

(2) 诉权是双方当事人都享有的一种权利。国家法律平等地保护民事法律关系主体的合法权益和正当权利。因此，当他们之间因民事法律关系发生争议时，无论是原告抑或被告，国家法律都赋予他们诉权，其均可依法进行诉讼，维护自身的合法权益。我们说原、被告都享有诉权，并不意味着他们在实体法和程序法上的权利都是一样的，而是指他们都平等地享有诉权。在通常情况下，原告具有实体上的诉权，但这并不排除被告也享有实体上的诉权。因为在实体上常常是双方都享有权利。而在诉讼中,基于双方当事人实体法律关系的平等性,双方的诉权也是平等的,只不过在诉讼中的表现形式有所不同而已。

(3) 诉权作为当事人进行诉讼的一种基本权能,其内容是特定的,这主要包括:当事人依法提出诉讼主张的权利;陈述案件、证明事实、获得司法保护的权利;要求法院作出公正裁判的权利。

(4) 诉权贯穿于诉讼的全过程。双方当事人依法定程序和方式来进行诉讼,这是诉讼法对当事人的基本要求,即当事人依法行事是诉讼程序制度的运行准则。而诉讼程序则正是建立在当事人如何能够更好地行使诉讼权利的基础上的。换句话说,诉讼程序制度的建立,应当体现出国家对当事人诉权行使的保护。基于这样的认识,诉权应当是也当然是贯穿于诉讼整个过程的。诉权在各阶段都有充分的体现,始终存在于诉讼的全过程中。

二、诉权与诉讼权利的关系

诉权是国家法律赋予当事人进行诉讼的基本权利,诉讼权利则是国家法律赋予当事人及其他诉讼参与人实施诉讼行为的手段。诉权与诉讼权利之间存在着密切的联系,这主要表现为:诉权是当事人的诉讼权利的基础,当事人的诉讼权利则是诉权在诉讼过程中的具体表现。当事人是否享有诉权决定了该当事人是否符合当事人资格,能否进行诉讼,从而也就决定了该当事人能否行使诉讼权利。而诉权要在诉讼实践中得以实施,则须通过当事人在不同诉讼阶段所享有的不同的诉讼权利的行使来完成。

诉权与诉讼权利又是两个不同的概念,两者的不同之处表现为:一是诉权不仅是程序法规定的权利,还是宪法直接赋予的权利,而诉讼权利只是程序法规定的权利;二是诉权只是当事人享有,其他诉讼参与人不具有,而诉讼权利则是当事人和其他诉讼参与人都享有的。因此,不能简单地说,诉权是诉讼权利的抽象,是所有诉讼权利之和。

三、诉权的功能

诉权的功能,是指诉权在诉讼过程中所能发挥的作用。诉权的功能主要包括以下几个方面:

第一,维护当事人的合法权益。当事人参加诉讼的目的是为了维护自己的合法权益。为了实现这一目的,他们必须借助一定的诉讼手段,这就是法律赋予他们的诉讼权利,而诉讼权利产生的基础,则是当事人的诉权。正因为当事人享有诉权,他们才可以在诉讼中提出诉讼请求,提供证据证明案件事实,或反驳诉讼请求;有权请求司法保护;有权请求法院作出公正裁判,纠正有错误的裁判,以此达到维护其合法权益的目的。

第二,实现双方当事人的对抗。诉权是法律赋予双方当事人进行诉讼的权能,当事人在诉讼中平等地享有诉权,这就决定了双方当事人在诉讼地位上平等。只不过不同诉讼地位的人在诉讼中所享有的诉权的表现形式不同而已。例如,民事权益受到侵害的一方或因自己民事法律关系与他人发生争议的一方享有诉权,可以提起诉讼,而被认为侵害了他人民事权益的一方或与他人民事法律关系发生争议的一方享有诉权,可以反驳诉讼请求或提出反请求。在整个诉讼过程中,双方当事人基于自己的诉权,都可以采取一定的诉讼手段,而且这些诉讼手段往往是相同的或相对应的。这表明诉权对平衡双方当事人的对抗起着决定性的作用,而从根源上说,它反映了国家法律平等地保护民事权利主体的正当权利和合法权益的法治精神。

第三,制约法院审判权的滥用。诉讼法律关系中占主导地位的人民法院和占重要地位的当事人,其参加诉讼的根据分别是审判权和诉权。前者因享有审判权而可以实施审判行为,后者因享有诉权而可以进行诉讼行为。审判行为和诉讼行为的进行,推动了诉讼程序的发展,服务于诉讼目的的实现。在诉权与审判权两者的行使过程中,除了需相互配合、相互协调外,两者还相互制约,这主要表现为诉权的行使与审判权的行使都须遵循法定的程序和方式。法律制度中关于诉权内容的确定,就是反映为一定的诉讼权利依法定程序和方式来行使,而审判权的行使也以相应的法定程序和方式作为行为准则,前者形成了民事诉讼中的诉讼制度和诉讼程序,后者则构成了民事诉讼中的审判制度和审判程序,诉讼制度与审判制度相结合,构成了完整的民事诉讼制度。由此,我们可以看出,诉权对审判权的行使有制约作用,这种制约旨在约束审判权超越法律制度的界限,即约束审判权的滥用,监督审判权的依法行使。

四、诉权的保护

诉权是当事人进行诉讼的基本权能,应当予以保护。就现实情况来看,对诉权进行保护需要解决两个问题:一是认识问题,二是方法问题。

从传统观念上看,我们在思想上对当事人的诉权的认识是不够深入的。通常均认为民事诉讼法是保障人民法院审判民事案件的法律,其所确定的内容,主要是审判权的贯彻实施;而很少认识到在民事诉讼法中应当注意保障诉权的实施。该种认识理念,导致了立法上对诉权保护的欠缺,即民事诉讼法中有关保障当事人诉权得以有效行使的内容很不完善。因此,提倡对诉权的保护,首先要解决的问题是认识问题:民事诉讼制度,不仅仅是保障审判权得以实施的制度,同时还是保障当事人的诉权得以贯彻实施的制度。

保护诉权的方法可以概括为三个方面:一是法律规定的方法,即要求完善涉及当事人诉权的法律规范和司法解释,以保证诉权的行使有法律根据;二是严格执法的方法,即要求司法部门在执法过程中,严格按照法律规定办事。要认识到,在司法中对当事人诉权的保护,不仅仅是对当事人合法权益的保护,而且是在贯彻实施国家法律制度,对当事人诉权的侵犯,就是对国家法制的破坏;三是提高当事人诉权意识的方法。即让当事人认识到诉权是国家法律赋予自己进行诉讼的权能,正当行使诉权是自己的法律权利,是对国家法律制度的贯彻。当自己的合法权益受侵害时,就可以依法行使诉权,请求司法保护。

第三节 民事审判权

一、民事审判权概述

（一）民事审判权的概念和特征

审判权，是司法机关对案件进行审理裁判的权利。民事审判权，即是人民法院对民事案件进行审理并通过审理对案件作出裁判的权力。民事诉讼的基本目的，就是通过国家的司法审判活动，对当事人之间争议的民事权利义务关系予以确认，以明确当事人的权利义务关系，维护当事人的合法权益。为了实现这一基本目的，国家宪法、民事诉讼法、人民法院组织法赋予人民法院享有审判权，代表国家进行司法审判活动。

民事审判权具有以下几方面的法律特征：

第一，主体的唯一性。基于国家审判权统一行使原则，国家宪法和其他法律只赋予人民法院享有审判权，其他任何机关、团体或个人均不享有此项权利，因此，享有审判权的唯一主体是人民法院。

第二，对象的特定性。国家审判权包括民事、刑事和行政审判权三部分，各类审判权的基本职能的不同，决定了其解决问题的对象不同。民事审判权的对象，是民事纠纷案件和法律规定由人民法院行使审判权予以解决的特殊类型的案件，除上述案件外，人民法院不得通过行使民事审判权来予以解决。

第三，行使的独立性。根据宪法和法律的规定，民事审判权由人民法院独立行使，其他任何行政机关、社会团体和个人不得予以非法干涉。民事审判权的独立行使，是保证民事案件得到公正审判的基本保证。

民事审判权对双方当事人作用的中立性。对双方当事人而言，法院行使民事审判权应当居于中立的地位，这不仅仅是基于审判公正的要求，而且还是现代审判格局对民事审判外在模式的要求。法院不仅在实质上不能代表任何一方当事人的利益，而且在形式上也应当是中立的。

第四，运行的程序性。审判机制的特殊性要求民事审判权在运行时必须严格遵守程序刚性，权力的运行需要符合法定程序。在案件实体问题的处理上，法院对案件事实作出判断，需要一个了解事实和分析案情的过程，这就需要一定的程序；要向社会表明法院处理案件是公正的，就应当将法院对案件审理的过程向社会进行公开和展示，这同样需要一定的程序。民事审判权运行的程序性这一特征，是在处理司法公正与诉讼效率的关系时需特别予以考虑的。

第五，过程的亲历性。民事审判权的行使者对民事案件作出裁判应当以自己亲自经历了案件的审判过程为基础。法官亲历审判，是现代民事诉讼辩论主义对审判的基本要求，也是审判公正的基本保障。

第六，结果的权威性。民事裁判是法院行使民事审判权的结果，体现的是国家的意志,因此,生效的民事裁判具有权威性,对人民法院、当事人和社会都具有约束力,非经法定的程序不得变更或撤销。当事人不得再就同一权利提起诉讼,任何机关和个人都无权再对这一民事纠纷运用其他的方式予以解决,人民法院应当保障裁判在实践中得以实现。从形式上看,裁判的权威性以国家强制力作为后盾,而从实质上来说,裁判是人民法院依据国家法律通过行使审判权而作出的,是运用国家法律的具体结果,因而裁判的权威性是建立在裁判体现的是国家意志这一基础之上的。裁判是人民法院行使国家审判权的重要标志,它使国家法律的一般规定具体化,生动地体现了国家法律的尊严和权威,以及国家法律实施的统一性。

(二) 民事审判权的功能

民事审判权的功能是指民事审判权的确立及其行使在社会生活中发挥的作用。民事审判权的功能主要有以下几个方面:

第一,保障民事诉讼活动的有效进行。人民法院是民事诉讼法律关系的主体,在民事诉讼中居主导地位,法院在民事诉讼活动中的行为对民事诉讼的进行起着至关重要的作用。案件是否受理、诉讼如何推进、诉讼过程中出现有关情况时如何处理、对案件事实如何认定……上述问题的解决,均需要依靠人民法院行使审判权来依法解决。人民法院享有并依法行使审判权,实施一系列的审判行为,以实现民事审判权,保障民事诉讼有效进行。

第二,保障当事人的正当权利和合法权益。民事主体在民事活动过程中,产生各种民事法律关系。国家法律对民事主体的正当权利的行使和合法权益提供保护,它要求民事主体应依法进行民事活动,但是,如果民事主体在实施具体民事行为的过程中出现了非法或违法的行为,损害了其他民事主体的合法权益,或民事主体之间因民事权益发生了争议,就可以通过民事诉讼的渠道来制止侵权行为或解决民事争议。人民法院通过民事审判权的行使,对具体的民事案件进行审理,对民事主体的民事行为进行审查,维持合法的民事行为,否定违法的民事行为,并制裁民事违法行为,以保障民事主体的合法权益;或是通过对民事主体间的权利义务关系予以确认,明确当事人的权利或义务,以保障当事人的正当权利得以实现。

第三,保障国家的有关法律制度的贯彻执行。国家法律要求公民、组织普遍遵守,法律对合法行为予以肯定和保护,对违法行为予以否定和制裁。国家法律的贯彻执行,通常依靠公民、组织的自觉遵守,但在现实生活中难免会存在个别公民或组织不遵守国家法律的情况,像民事活动过程中的侵权行为、违约行为都属于这种情况。人民法院在民事诉讼活动中应当依法对这种情况予以纠正并责令违法者承担相应的民事责任。人民法院依法作出的处理,实际上就是人民法院行使审判权的必然结果,在此方面,民事审判权发挥了其保障国家法律贯彻执行的功能。

二、民事审判权的权能

民事审判权的权能,即是民事审判权的内容,它由宪法和法律予以确定,民事审判权的权能在民事审判中表现为一系列的审判权力。

(一) 民事案件受理权

民事案件受理权,是指法院对当事人的民事起诉进行审查并决定是否受理的权力。其具体内容包括:

(1) 对起诉的审查权。法院对起诉的审查,主要是对起诉人起诉是否符合法律条件进行审查,包括审查起诉是否符合起诉的实质要件和起诉是否符合起诉的形式要件。

(2) 决定是否立案权。法院对于不符合受理条件的,如果是实质条件不符合,通知起诉人法院不受理其起诉;如果是形式条件不符合,通知起诉人予以补正。起诉人按要求补正了的,法院对起诉予以受理,起诉人未按要求补正的,法院不予受理。

(二) 调查证据权

调查证据权,是指法院依法对案件的有关证据进行调查的权力。法院的调查权主要表现为法院有权根据当事人的申请或依职权对证据进行调查,接受调查的单位和个人应当予以配合。

(三) 诉讼指挥权

诉讼指挥权,是指法院对民事诉讼活动的指导和控制的权力,具体包括以下几方面的内容:

(1) 确定有关诉讼参加人参加诉讼,保证应该参加诉讼的人参加到诉讼中去,以便于诉讼的顺利进行和案件的彻底解决。这方面职权的行使,在诉讼中主要表现为:通知被告应诉和在法定期限内提供答辩状;确定诉讼中的第三人并通知其参加诉讼;与案件的利害关系人商定诉讼代表人并最后确定诉讼代表人参加诉讼;追加和更换当事人;等等。

(2) 指挥整个诉讼按法定程序和法定方式进行,以保障民事诉讼的运行符合国家的法律规定,并体现审判的公正性与民主性。这方面的职权在诉讼中主要表现为:决定案件是否公开审理;确定开庭的时间、地点,并按法定期限通知当事人和进行公告;决定在开庭过程中的休庭和继续开庭,组织法庭调查和法庭辩论;等等。

(3) 指挥诉讼参加人和其他诉讼参与人依法行使诉讼权利、履行诉讼义务,以保证诉讼参加人和其他诉讼参与人之诉讼权利的充分行使和诉讼活动的有序进行。这方面职权的行使,在诉讼中主要表现为:告知当事人和其他诉讼参与人所享有的诉讼权利;依法对当事人行使诉讼权利提供保障;向当事人和其他诉讼参与人送达诉讼文书;指定当事人有关诉讼活动的日期;正确引导当事人行使诉讼权利,制止当事人滥用诉讼权利;等等。

(四) 特定事项处分权

特定事项的处分权,是指法院对在民事诉讼中的某些特定的事项作出处分的权力。就特定事项的处分,在民事诉讼中具体涉及这样的一些内容:

(1) 为了保证审判公正和法院判决的正确性而对有关事项作出处分。比如,对当事人提出的回避申请,法院要依法作出是否接受当事人申请的决定。

(2) 为了保证当事人的诉讼权得到充分的行使,保证诉讼能顺利的进行而对有关事项所作出的处分。比如,对当事人提出的要求顺延耽误诉讼期间的申请的决定,对妨害民事诉讼秩序的行为人采取强制措施的决定,等等。

(3) 为了保证权利人的权利得以实现或实现法律文书而作出的处分。比如,向督促程序中的债务人发出支付令,向有关人员发出扣押令、搜查令,等等。

(五) 释明权

释明权,是指在诉讼过程中,当事人的主张或陈述有不明了之处、相互矛盾之处、不完整之处时,法官通过提问和必要的说明,促使当事人叙明上述不足之处的职权。当事人的主张或陈述有不明了之处,包括当事人诉讼请求、陈述、抗辩或者反诉不明了,比如诉讼请求不大明确、陈述的事实模糊、在抗辩中是反驳还是反诉不明确,等等;当事人的主张或陈述相互矛盾之处,包括诉讼请求的提出前后矛盾或不一致、陈述的事实或对证据的质证前后矛盾等等;当事人的主张或陈述不完整之处,包括当事人主张的诉讼请求不完整和陈述的事实不完整。在上述情况下,法院通过释明权的行使,促使当事人对相关问题进一步的说明。

我国法律关于释明权的明确规定较为有限,现有的规则主要集中在司法解释中。例如,《民诉解释》第198条规定,诉讼标的物是房屋、土地、林木、车辆、船舶、文物等特定物或者知识产权,起诉时价值难以确定的,人民法院应当向原告释明主张过高或者过低的诉讼风险,以原告主张的价值确定诉讼标的金额。《最高人民法院关于审理买卖合同纠纷案件适用法律问题的解释》第27条规定,买卖合同当事人一方以对方违约为由主张支付违约金,对方以合同不成立、合同未生效、合同无效或者不构成违约等为由进行免责抗辩而未主张调整过高的违约金的,人民法院应当就法院若不支持免责抗辩,当事人是否需要主张调整违约金进行释明。一审法院认为免责抗辩成立且未予释明,二审法院认为应当判决支付违约金的,可以直接释明并改判。除了上述条文外,相关法律、司法解释和司法解释性质的文件中还有一些对于法院应当告知、说明、解释的规则,其实都是对法院释明权的规定。

(六) 民事裁判权

民事裁判权,是民事审判权中最基本和最核心的内容,它是指法院在民事诉讼中,就案件的程序问题和实体问题作出处分的权力。民事裁判权在民事诉讼中有具体表现为法院对案件程序问题的裁定权和法院对案件实体问题的判决权。

1. 民事裁定权

裁定权是法院为在民事诉讼中处理程序性问题而所享有的权力,换句话说,裁定权的行使,是为解决诉讼过程中出现的程序性问题,其行使的具体表现形式是法院作出的裁定:口头裁定和书面裁定。在民事诉讼中以裁定的方式解决的事项主要有:驳回起诉、不予受理、管辖权异议、财产保全、行为保全、先予执行、诉讼中止、诉讼终结,等等。

2. 民事判决权

判决权是法院为解决民事纠纷的实体问题而享有的权力,判决权的行使,是对案件所涉及的实体上的权利义务关系的最终处分,其行使的具体表现形式是法院作出的判决。在民事诉讼中以判决的方式解决的事项是当事人之间的实体法律关系。从广义上讲,民事判决权的行使,还包括法院进行的如下行为:审查证据、案件评议、判决书的制作、宣告判决,等等。

三、民事审判权与诉权的关系

当事人的诉权和法院的民事审判权是推进民事诉讼进程的两股重要力量。只有合理地处理民事审判权与当事人诉权之间的关系,适当地分配民事审判权与当事人诉权在诉讼事项上的权限范围,才能确保民事诉讼公正、高效、协调的进行。我们认为,民事审判权与当事人诉权的具体关系如下:

第一,当事人合理行使诉权,应当受到民事审判权的保障。这种保障有两层含义:其一,对于当事人在法律规定的范围内行使诉权的行为,人民法院不应干涉。诉权是当事人对自己民事实体权利和民事诉讼权利的一种支配,只要行使合法,就应当得到包括人民法院在内的一切主体的尊重。如果民事审判权过于扩张,不当侵入了那些本应由当事人自由处分的界域,当事人的诉权将很难实现。其二,在民事诉讼中,在当事人合理行使诉权有困难时,人民法院应当运用民事审判权,协助其完成处分行为。由于当事人在物质基础、法律知识等方面的欠缺,其在行使诉权的过程中有可能面临各种障碍。此时,人民法院应当根据法律的规定,合法、合理的运用民事审判权,协助其排除障碍,从而保障诉权的实现。

第二,当事人诉权应当对民事审判权的行使形成有效制约。民事审判权作为一种国家公权力,如果在诉讼过程中权威性过强、权能过大、干涉事项过多,就可能导致国家权力对平等主体之间的民事纠纷和民事法律关系构成不当干预。因此,一方面要求民事审判权必须尊重诉权,尊重当事人的意思自治,对那些直接或间接影响到实体权利的诉讼权利,法院必须尊重当事人的合法处置。另一方面还要求审判权的运作在某些方面必须以诉权的行使为条件,审判权的运作范围应当受到诉权的控制。例如,审判权不能自行启动,而必须基于当事人的起诉;审判权的对象与范围由当事人确定,只能局限于当事人的请求事项和争议事实。

第三,民事审判权应当监督当事人诉权的行使。诉权的行使直接关系到当事人的民事权利,正确、妥当地行使诉权有利于促进当事人民事权利的实现,反之,则会对当事人的民事权利产生负面影响。因此,当事人的处分行为只能在法律规定的限度内实施,一旦超出法律规定的范围,就构成不当处分,属于违法行为,应当受到民事审判权的限制和干预。民事审判权干预的方式,既包括撤销废除当事人处分行为的效力,也包括对当事人采取训诫、拘传等强制措施,从而指导、督促当事人正确地行使诉权。

合理处理审判权与诉权的关系,关键是划定两者在具体民事活动中的范围界限。我国过去的诉讼模式属于超职权主义,赋予了法院较多的职权事项,使民事审判权对民事诉讼全过程具有掌控的力量。司法改革最主要的导向就是提升当事人在民事诉讼中的诉权,增强诉权对民事审判权的制约。我们认为,这项改革还应当继续深化下去,以法律的形式吸收改革中的有益成果,明确在各种诉讼制度中民事审判权与当事人诉权的作用空间和具体程序,从而确保我国民事诉讼能够公正高效、协同合一地进行。

第五章 主管与管辖

第一节 民事案件的主管

一、主管的概念

主管,是指国家机关、社会团体依法律规定,行使职权和履行职责的范围和权限。主管的主要作用是,一方面,明确有关机关和团体在管理社会事务方面的职权与职责,另一方面,使得有关当事人明晓找何机关解决所发生的问题,从而保证社会问题能及时得到处理。

民事诉讼中的主管,指人民法院与其他国家机关、社会团体在解决民事纠纷方面的分工和权限,即确定哪些民事纠纷由人民法院负责处理,哪些民事纠纷应由其他国家机关和社会团体负责处理。民事诉讼主管制度的确立主要有两方面的意义:一是有利于人民法院正确行使审判权,及时、有效地处理民事纠纷。民事纠纷种类繁多,解决纠纷的机构和方式也多种多样。只有从法律上明确了主管问题,人民法院才能够正确的处理纠纷,防止在解决纠纷时出现争抢和推诿。二是有利于民事纠纷的当事人寻求正确的救济途径。当事人只有明确了人民法院民事诉讼的主管范围,才能够在纠纷发生时,知道应不应当去人民法院诉讼,还是寻求其他办法。

事实上,民事案件的主管范围,与民事诉讼法的对事的效力范围、当事人行使诉权的范围以及法院受理案件的范围,是大致相同的。它们是从不同维度对同一个问题进行的分析和归纳。

二、法院主管民事案件的范围

确定民事案件主管的依据,主要是案件的性质,只要是平等主体间发生的人身关系纠纷、财产关系纠纷,均可以诉至人民法院,通过民事诉讼实现最终解决。至于其他性质的案件,例如抢劫、杀人案件,或者国家赔偿纠纷案件等,因为不属于平等主体之间的民事纠纷,所以不属于人民法院的民事案件主管范围。需要注意的是,虽然所有的民事纠纷最终都可以由人民法院管辖,但这种管辖有时候受到一定的限制,如劳动争议案件,必须经过仲裁前置的程序,只有对仲裁结果不服的,方可去人民法院诉讼。另外,普通的商事案件,若当事人之间有仲裁协议,则有效的仲裁协议排除了人民法院的管辖。具体而言,可以由人民法院行使民事审判权进行处理的案件,即人民法院主管的民事案件的范围,包括以下几种:

(1)由民商法调整的平等主体之间财产关系和人身关系的案件。主要包括:合同纠纷、侵权纠纷、股权纠纷、票据纠纷、知识产权纠纷、海事纠纷等。

(2) 由婚姻家庭法调整的婚姻家庭关系发生的纠纷。主要包括离婚纠纷、收养纠纷、赡养纠纷、抚养纠纷、扶养纠纷、继承纠纷等。此类纠纷与前述平等主体之间的财产关系和人身关系纠纷相比，由于纠纷主体之间的亲属关系，因而具有一定的特殊性。在部分国家，有专门的家事法院或家事裁判所来审理此类案件，并适用专门的家事裁判程序。而在我国，此类家事纠纷依然由人民法院来主管。

(3) 由劳动法调整的部分劳动关系发生的劳动争议案件。劳动法属于经济法，一般认为用人单位和劳动者之间的关系，并非完全的平等主体之间的关系。但在我国，劳动争议案件主要是通过劳动争议仲裁委员会解决的。当事人对仲裁裁决不服的，可以在法定期间内向人民法院提起诉讼。也就是说，劳动争议仲裁是劳动争议诉讼的必经阶段和前置程序。根据有关司法解释的规定，由人民法院主管的劳动争议案件主要包括：① 劳动者与用人单位在履行劳动合同过程中发生的纠纷；② 劳动者与用人单位之间没有订立书面劳动合同，但已形成劳动关系后发生的纠纷；③ 劳动者退休后，与尚未参加社会保险统筹的原用人单位因追索养老金、医疗费、工伤保险待遇和其他社会保险费而发生的纠纷。

(4)《民事诉讼法》和其他法律规定的某些特殊类型的案件。主要包括：一是特别程序中除了选民资格案件以外的其他民事非讼案件；二是申请支付令案件、公示催告案件、破产案件等。这些案件虽然不属于普通的民事纠纷，但因为涉及对某种法律事实或状态的认定，对利害关系人的影响较大，所以，由人民法院进行主管比较适宜。

三、法院主管民事案件与其他机构解决民事纠纷的关系

民事纠纷的解决有很多渠道，许多国家机关和社会团体都有进行处理的权力和职责。其中，人民法院是解决民事纠纷的一个重要机构，我们应当明确人民法院与其他国家机关、社会团体在民事纠纷主管问题上的关系，即需要搞清楚民事纠纷发生以后，当事人是否需要先到其他有关机构去解决之后才可以到人民法院起诉；或者，在人民法院之外的有关机构对民事纠纷进行了处理之后，当事人是否还可以到人民法院去起诉等问题。需要重点强调的关系有：

(一) 法院主管与人民调解委员会解决民事纠纷的关系

人民调解委员会有权对各类民事纠纷进行调解，但是人民调解并非民事诉讼的必经阶段，是否经过人民调解由当事人自行决定。人民调解委员会调解不成或者当事人对经人民调解委员会主持达成的调解协议不服时，仍然可以向人民法院提起民事诉讼。经过人民调解达成的调解协议，双方当事人可以向人民法院申请司法确认，经过司法确认的人民调解协议的内容，具有强制执行效力，若一方当事人拒不履行调解协议所确立的义务，则对方当事人可以向人民法院申请强制执行；没有经过司法确认的人民调解协议，本质上是一种和解合同，当事人如果不履行，对方当事人可以通过起诉等方式来解决这一民事纠纷。

(二) 人民法院主管与劳动争议仲裁委员会解决劳动争议的关系

根据我国现行法律的规定,我国处理劳动争议的程序为协商、调解、仲裁、诉讼四个阶段,其中协商和调解不是劳动争议解决的必经程序,而劳动争议仲裁是必经程序,是劳动争议诉讼的前置程序。即因劳动关系发生纠纷,协商、调解不成的,当事人可以向劳动争议仲裁委员会申请仲裁;当事人也不可以不经过协商、调解程序直接提起劳动争议仲裁;对仲裁裁决不服的,当事人可以依照法律规定向人民法院起诉。若不经仲裁直接起诉,则人民法院不予受理。

(三) 人民法院主管与民商事仲裁机构解决民事纠纷的关系

民事诉讼与民商事仲裁是一种或裁或审的关系。即纠纷发生之后,是提交仲裁机构仲裁还是提交人民法院审判,由当事人自己选择其一。若当事人选择仲裁,只要有有效的仲裁协议的存在,当事人不得就同一纠纷再提起诉讼;同样,若选择诉讼,也就不可再进行仲裁。目前,我国各类不涉及人身关系的民事纠纷的解决都属于该种情况。

当事人达成仲裁协议后,当事人就不享有诉权,不应当通过民事诉讼来解决纠纷。但若当事人起诉,人民法院又应当如何处理呢?首先,如果当事人起诉后,人民法院经审查后发现有合法有效的仲裁协议,应认定本案不属于法院主管,裁定不予受理;其次,若人民法院受理后方才发现有合法有效的仲裁协议,或者被告在首次开庭审理前提交仲裁协议的,人民法院应当认定本案不属于法院主管,裁定驳回起诉,但是仲裁协议无效的除外;最后,如果人民法院没有发现有仲裁协议,被告在首次开庭前也未对人民法院受理该案提出异议的,视为放弃仲裁协议,人民法院取得主管权,应当继续审理。

四、法院主管民事案件与其他案件之间的关系

(一) 法院主管民事案件与行政案件之间的关系

某些案件兼具民事争议和行政争议的内容,当事人既可以起诉行政机关,对行政行为的合法性进行异议,从而间接地确定自己的民事权利;也可以起诉合同相对方或加害人,从而直接保护自己的民事权利。虽然《民事诉讼法》第124条第1项明确将行政案件排除在民事主管的范围之外,但对于一些复合性的争议,却并没有十分明确的审查标准,导致各地法院作出的裁判未必统一,当事人在提起民事诉讼后,往往会被法院以本案涉及行政争议为由,不予受理或者中止诉讼。

有一种观点认为,应当区分纠纷中的民事性质争议和行政性质争议,如果行政争议的解决是处理民事争议的前提,则应当先通过行政诉讼解决行政性质争议,再解决民事纠纷,以保障行政行为的公定力。另一种观点则认为,应当坚持民事审判的自主性,民事诉讼涉及相关行政行为的效力,法院可以把行政行为作为初步证据,予以不同强度的审查,除非相关主体已经提起了专门的行政诉讼或行政复议,否则民事纠纷无须诉讼中止。[①]

我们赞成第二种观点,因为民事审判权的主要功能是适用法律和认定事实,具体的行

---

① 参见何海波:《行政行为对民事审判的拘束力》,载《中国法学》2008年第2期。

政行为在民事诉讼中并不属于法律的范畴,因而只是对事实认定会发生作用。因此民事诉讼中关于行政行为的合法性或者正当性的判断,也仅仅是为了认定事实所进行的证据审查,并不会直接导致行政行为效力的撤销或者变更。如果以行政行为必须先行解决为由,要求当事人预先提起行政诉讼,就将极大地加大当事人的负担,并降低诉讼的效率。

(二) 法院主管民事案件与刑事案件之间的关系

在社会生活中,当事人的某一行为可能既触犯了国家刑律,又侵害了相对方的民事权利。这就会导致法院主管民事案件与刑事案件之间出现了交集。对此,我国法律作出了如下安排:

(1) 刑事附带民事诉讼

当公诉机关对被告提起刑事诉讼时,民事案件的受害人可以通过刑事附带民事诉讼的方式解决民事争议。刑事判决为无罪或不处以刑事处罚,不影响附带民事诉讼的权利保护。

(2) 刑事诉讼与民事诉讼分别进行

受害方当事人也可以不选择附带民事诉讼,而是通过自行提起民事诉讼的方式,寻求法院的救济。但刑事诉讼和民事诉讼之间的关系却不甚清楚。根据《民事诉讼法》第150条第1款第5项的规定,人民法院在两个诉讼之间存在联系时,往往中止对民事诉讼的审理,等待刑事诉讼定案后,方依据刑事诉讼裁判认定的事实,来审理民事纠纷。但是,"先刑后民"从来都不是我国法律明确规定的司法规则,因此在民事诉讼已经提起的情况下,即便被告的行为可能涉嫌犯罪,但只要该犯罪行为不影响民事权利的认定,就无须中止民事诉讼的审理。[①]

第二节 民事诉讼管辖概述

一、管辖的概念

民事诉讼管辖,是指确定上下级人民法院之间和同级人民法院之间受理第一审民事案件的分工和权限。管辖制度在法院主管的基础上,对民事审判权在人民法院内部如何分配进行了进一步的规定,即确定某一具体的民事案件应当由哪一级人民法院,以及同级的哪一个人民法院行使审判权。

民事诉讼法确定诉讼管辖制度的意义,首先,在于方便人民法院行使审判权。管辖明确,各级人民法院就能在自己的职权和职责范围内及时行使审判职权和履行审判职责,从而能有效地避免法院之间对民事案件处理地相互推诿和互相争执,防止负责解决纠纷的机构,在纠纷未解决之前先因管辖而起争端。其次,管辖制度的设立,也便于当事人请求司法保护。管辖制度的明确规定,使得当事人在民事权益受到侵害或者发生争执后,不仅

---

① 参见《吴国军诉陈晓富、王克祥及德清县中建房地产开发有限公司民间借贷、担保合同纠纷案》,载《最高人民法院公报》2011年第11期。

知道可以起诉,还知道应该到哪个人民法院起诉或者应诉,以便及时、有效地保护自己的合法权益。最后,管辖制度有利于维护国家主权。明确我国人民法院对涉外案件的管辖权,例如,涉外管辖中有牵连管辖、应诉管辖等,通过此类规定,能切实有效地维护中国企业和中国公民的合法权益,维护我国司法权威以及国家利益。

二、确定管辖的原则及标准

(一)确定管辖的原则

为了使管辖制度的设立具有客观性和科学性,民事诉讼管辖制度的设立,需要遵循一系列的原则:

(1)便于当事人进行诉讼的原则。尊重与保障当事人的权利,是民事诉讼法的重要任务,管辖制度也不例外。管辖制度的设立应当尽量为当事人提供诉讼上的便利,方便其起诉、应诉,以及判决的最终执行。我国《民事诉讼法》规定的大多数第一审民事案件由基层人民法院管辖以及允许当事人以协议方式选择合同案件管辖的人民法院,都是这一原则的具体体现。

(2)方便人民法院审判的原则。保障人民法院正确、及时审理案件,为审判权的正当行使提供方便,也是我国《民事诉讼法》的重要任务。管辖制度的设立,应当考虑如何方便人民法院行使审判权,包括方便人民法院对案件的审理和对案件裁判的执行。我国《民事诉讼法》关于地域管辖的规定,即一般民事案件大多数由被告所在地人民法院管辖就体现了方便人民法院审判的原则。

(3)保证案件公正审判的原则。公正是司法的灵魂,民事诉讼中的各项制度均应体现公正的要求,管辖制度的设立也不例外。我国民事诉讼管辖制度中关于专属管辖、协议管辖和管辖异议等规定,在防止地方保护主义,实现司法公正等方面,起到了重要的作用。

(4)均衡各个人民法院的工作负担的原则。均衡各个人民法院的分工,一方面要考虑到不同等级的人民法院的分工,以便实现不同等级人民法院的职能和任务。中级以上的各级人民法院除受理第一审民事案件外,还负有审理上诉案件以及指导、监督下级人民法院审判工作的任务。因此,民事诉讼法规定将大多数的第一审民事案件交由基层人民法院管辖,逐渐减少中级以上人民法院受理第一审民事案件的数量,以保证各级人民法院分工上的均衡。另一方面,要考虑到同级人民法院之间的分工,使各个人民法院负担的审判工作与其负担能力基本上协调,以发挥他们的积极性,保证案件能得到及时处理。

(5)维护国家主权原则。管辖制度的确定,直接涉及审判权的行使,涉及国家的司法权,而司法权是国家主权的重要组成部分。在规定涉外民事诉讼的管辖时,应尽可能在合理范围内拓宽我国人民法院的管辖权,以保护中国民事主体的合法权益,维护国家的主权。对涉及中国国家利益或中国民事主体重大利益的民事法律关系的民事纠纷要予以特殊保护,排除外国法院的管辖权。我国《民事诉讼法》关于涉外民事诉讼中的牵连管辖、专属管辖等的规定,都体现了这一原则。

(6)原则性和灵活性相结合的原则。管辖制度的设立在通常情况下应当具体、明确,以便当事人行使诉讼权利,人民法院行使审判权。但是某些特殊情况下,管辖的规定应当具有一定的灵活性,以适应复杂的诉讼实践。所以,我国《民事诉讼法》不仅规定有法定管辖,还有裁定管辖,如移送管辖、指定管辖和管辖权转移等,以解决管辖权错误,管辖权出现争议等各种问题。

(二) 确定管辖的具体标准

在上述六个原则的指导下,确定管辖的具体标准,主要有以下几个方面:第一,法院辖区与当事人的住所地、居所地之间的联系。这是确定一般地域管辖时的最重要的标准。当事人的住所地,即公民的户籍所在地,法人或者其他组织的主要办事机构所在地。当事人的居所地是指当事人的经常居住地。第二,案件的性质、影响范围的大小,以及诉讼标的额的大小。这是确定级别管辖时的重要依据。既然四级法院都有权管辖一审民事案件,那么如何分工成为级别管辖最大的问题。我国《民事诉讼法》以案件的性质等作为决定的标准。案件性质,主要指案件的类别及有无涉外因素。如重大涉外案件,应当由中级人民法院管辖;案件的影响范围,指案件本身涉及面的大小,及案件处理社会影响的大小;诉讼标的额,即当事人争执的财产金额,金额越大,管辖法院的级别应当越高。第三,诉讼标的中的法律事实发生地。即对双方争议法律关系的产生、变更或消灭有影响的法律事实的发生地。例如,侵权行为地,合同签订地、履行地等。法律事实发生地是确定特殊地域管辖的重要标准,也更方便查明当事人之间的争议事实。第四,争执的财产所在地。以此作为确立标准的主要目的,在于诉讼有关制度,例如诉讼保全,或者执行等的实施。第五,当事人的协议。此标准在合同纠纷案件的管辖上有重要意义,当事人可以依据法律规定,自行约定案件管辖法院,这样可以活跃民事法律关系,促进经济发展。

三、管辖的分类

(一) 管辖在制定法上的分类

依据《民事诉讼法》的规定,通常可以将管辖分为级别管辖、地域管辖、移送管辖、指定管辖四大类。其中,级别管辖包括基层、中级、高级,以及最高人民法院的管辖;地域管辖也可进一步分为:一般地域管辖、特殊地域管辖、协议管辖、专属管辖、共同管辖和选择管辖等。移送管辖解决的是管辖权出现错误时的处理,而指定管辖往往用以处理管辖权争议。

(二) 管辖在理论上的分类

1. 法定管辖和裁定管辖

以法律规定和法院裁定为标准,可以将管辖分为法定管辖和裁定管辖。法定管辖,是指由法律明文规定案件的管辖法院。法定管辖是管辖制度的基本制度,是整个管辖制度的主要组成部分。我国《民事诉讼法》规定的级别管辖、地域管辖都属于法定管辖。裁定管辖,是指以法院的裁定、决定的方式来确定管辖法院。裁定管辖在管辖制度中用来解决某些特殊情况,是法定管辖的补充。我国《民事诉讼法》规定的指定管辖,管辖权的转移等都属于裁定管辖。

2. 专属管辖和协议管辖

以法律强制规定还是任意规定为标准可以将管辖分为专属管辖和协议管辖。专属管辖,是指法律强制规定某些种类的案件,只属于特定的人民法院管辖,其他人民法院无管辖权,当事人也不得以协议方式变更管辖权。协议管辖,是指根据当事人的约定来确定管辖法院,又称约定管辖、合意管辖,体现了民事诉讼法对当事人意思得尊重。但是,协议管辖不得违背级别管辖和专属管辖的规定。国内民事诉讼中的合同纠纷,以及涉外民事诉讼中的财产纠纷,民事诉讼法明确当事人可以协议选择管辖法院。

四、专门法院的管辖

我国除设立地方法院外,还设有军事法院、海事法院、铁路运输法院等专门法院。这些专门法院根据法律和司法解释的规定,专门受理一定范围的民事纠纷。

(一) 军事法院

军事法院是国家设立在军队中的审判机关,属于国家审判体系的专门人民法院。我国的军事法院分三级设置。中国人民解放军军事法院是军事法院的最高审级,大军区级单位的军事法院为第二级,包括各大军区军事法院、海军军事法院、空军军事法院、解放军总直属队军事法院、解放军总直属队第二军事法院等,这是中级层次的军事法院。兵团和军级单位的军事法院为第三级,属于基层军事法院,包括陆军军级单位军事法院、各省军区军事法院、海军舰队军事法院、大军区空军军事法院、在京直属部队军事法院等。

军事法院过去主要管辖涉军刑事案件,但随着社会经济生活的发展,涉军民事案件也逐渐增多,2012年最高人民法院制定颁行《关于军事法院管辖民事案件若干问题的规定》,确定下列民事纠纷也应当由军事法院管辖:(1) 双方当事人均为军人或者军队单位的案件,但法律另有规定的除外;(2) 涉及机密级以上军事秘密的案件;(3) 军队设立选举委员会的选民资格案件;(4) 认定营区内无主财产案件。此外,对于当事人一方是军人或军队单位的案件,地方当事人可以向军事法院起诉的,军事法院应当受理。在诸如级别管辖、地域管辖等具体的管辖规则上,参照民事诉讼法的一般规则适用。

(二) 海事法院

海事法院是为行使海事司法管辖权而设立的专门审判一审海事、海商案件的专门人民法院。我国现有十个海事法院,专门受理当事人因海事侵权纠纷、海商合同纠纷(包括海上运输合同、海船租用合同、海上保赔合同、海船船员劳务合同等)及法律规定的其他海商海事纠纷提起的诉讼和相关联的海事执行案件。

(三) 铁路运输法院

铁路运输法院具有鲜明的时代特色。在20世纪80年代开始设立,直属铁道部管理。2009年,根据中央关于铁路公检法管理体制改革的文件,铁路公检法整体纳入国家司法体系,铁路法院整体移交驻在地省(直辖市、自治区)党委、高级人民法院管理。2012年最高人民法院作为铁路运输法院的主管机构,公布了《关于铁路运输法院案件管辖范围的若干规定》,我国铁路运输法院管辖的民事案件范围主要包括:(1) 铁路运输合同纠纷和代办托运等铁路运输延伸服务合同、铁路运输保险合同纠纷;(2) 与铁路建设有关的各类合同纠纷;(3) 对铁路运输企业财产权属发生争议的纠纷;(4) 因铁路运输造成的各类人身、财产、环境侵权纠纷以及对铁路造成损害的侵权纠纷。

由于铁路运输法院刚刚纳入国家司法体系不久,在可预见的未来,针对铁路运输法院必然还会有较为重大的改革。

(四) 知识产权法院

进入 21 世纪后,随着我国知识产权案件数量的增加和知识产权案件自身的专业化,部分专业人士建议借鉴日本、俄罗斯等国的经验,成立专门负责知识产权审判工作的知识产权法院,统一主管与知识产权有关的刑事、民事和行政案件。2013 年 11 月,《中共中央关于全面深化改革若干重大问题的决定》明确提出加强知识产权运用和保护,健全技术创新激励机制,探索建立知识产权法院。2014 年 8 月 31 日,全国人大常委会通过了《关于在北京、上海、广州设立知识产权法院的决定》。2014 年 11 月 6 日,北京知识产权法院挂牌成立。同年 12 月 16 日、12 月 28 日,广州、上海紧随其后,相继成立知识产权法院。2014 年 10 月 27 日,最高人民法院发布了《关于北京、上海、广州知识产权法院案件管辖的规定》。上述规范性文件对知识产权法院的地位、主管案件类型、人事决定权等都作出了明确的规范。

根据上述文件,我国知识产权法院并不按照行政区划设置,而是根据需求,在知识产权案件较多的城市设立,管辖有关专利、植物新品种、集成电路布图设计、技术秘密、计算机软件、驰名商标认定等专业技术性较强的第一审知识产权民事和行政案件。由于知识产权法院刚刚建立,时间还很短暂,对于其具体的运行情况和主管范围,还有待进一步的观察和研究。

五、管辖恒定

管辖恒定,是指管辖权的确定,以法院受理原告起诉时为准,此后无论案件情况有何变化,案件始终由受诉人民法院管辖。此项制度设立的主要目的在于保证案件的及时审理,避免诉讼的延误。管辖恒定制度具体表现为:

(1) 原告起诉时,某法院依照法律规定对该案件享有管辖权,在案件审理过程中,该案件始终由该人民法院管辖,而不随案件有关情况的变化发生管辖权的转移,有人称之为"地域管辖恒定"。司法解释规定,案件受理后,受诉人民法院的管辖权不受当事人住所地、经常居住地变更的影响;有管辖权的人民法院受理案件后,不得以行政区域变更为由,将案件移送给变更后有管辖权的人民法院。判决后的上诉案件和依审判监督程序提审的案件,由原审人民法院的上级人民法院进行审判;上级人民法院指令再审、发回重审的案件,由原审人民法院再审或者重审。

(2) 当事人在诉讼中增加诉讼请求从而加大诉讼标的金额,致使诉讼标的金额超过受诉法院级别管辖权限的,一般不再变动,即"级别管辖恒定"。但原告恶意规避管辖规则的除外。

（3）原告起诉时，依法律规定受诉法院无管辖权，但该受诉法院并未发现，被告应诉答辩的，即视为该受诉法院取得管辖权，此后不得再变更管辖法院。这又被称为"应诉管辖"，但违反专属管辖和级别管辖的案件例外。人民法院发回重审或者按第一审程序再审的案件，当事人提出管辖异议的，人民法院不予审查。

第三节 级别管辖

一、级别管辖的概念

级别管辖，是指人民法院系统内划分上下级人民法院之间受理第一审民事案件的分工和权限。我国实行四级两审制，即法院系统分为四级：最高人民法院、高级人民法院、中级人民法院和基层人民法院。每一级人民法院都受理第一审民事案件，因此如何确定各级法院受理第一审民事案件上的分工与权限，是级别管辖制度的重要任务。

二、确定级别管辖的标准

我国确定级别管辖的标准主要有以下几点：

第一，案件的性质。案件的性质不同，导致审理的难易程度有所差别，对审理法院的要求也就不同。海事、海商案件，专利、著作权、商标等案件，由于其性质特殊，取证、认证等的审理难度较大，法律规定由中级人民法院管辖。而重大涉外案件在审理的难度上大于一般的涉外案件，有时候涉及国家之间关系等，也需要级别较高的法院审理。

第二，案件的繁简程度。例如，简单民事案件，由基层人民法院及其派出法庭适用简易程序进行审理。

第三，案件影响的大小。案件影响的大小主要体现为以下因素：一是案件本身涉及的人或事；二是案件处理后有可能造成的社会影响；三是案件所涉及的诉讼标的额的大小。我国虽然在法律上没有明文规定按诉讼标的额的大小来划分级别管辖，但是在司法解释或者诉讼实践中，诉讼标的额的大小是作为案件影响大小的一个重要因素来考量的。总之，影响越大的案件，其处理结果对社会的反响也越强，对案件审理质量的要求就越高，因此需要级别较高的法院来审理，同时，用较高级别法院来处理影响较大的案件，从程序上体现与保障司法的公正。

三、各级人民法院管辖的第一审民事案件

根据《民事诉讼法》第17条至第20条的规定以及相关司法解释，我国各级人民法院管辖的第一审民事案件的具体分工如下：

（一）基层人民法院管辖的第一审民事案件

《民事诉讼法》第17条规定："基层人民法院管辖第一审民事案件，但本法另有规定的除外。"这意味着除法律规定由中级人民法院、高级人民法院和最高人民法院管辖的第

一审民事案件外,其余的第一审民事案件都由基层人民法院管辖。由于中级人民法院、高级人民法院和最高人民法院管辖的第一审民事案件较少,而基层法院数量最多,分布最广,与当事人也最接近,所以在司法实务中,绝大多数的第一审民事案件都是由基层人民法院管辖的。此外,简易程序审理的案件,只能由基层人民法院及其派出法庭负责。另外,适用特别程序、督促程序、公示催告程序等审理的非讼案件,一律由基层人民法院负责。

(二) 中级人民法院管辖的第一审民事案件

中级人民法院管辖的第一审民事案件的范围是级别管辖的重点内容。根据《民事诉讼法》第18条的规定,中级人民法院管辖下列第一审民事案件:

1. 重大涉外案件

在涉外案件中,只有重大的涉外案件才能由中级人民法院作为第一审法院审理。根据司法解释的规定,重大涉外案件的判断标准是:(1) 争议标的额大;(2) 案情复杂;(3) 一方当事人人数众多。满足上述三者之一即可。对于非重大的涉外案件,仍然由相关基层人民法院管辖。

2. 在本辖区有重大影响的案件

这是指案件的影响力已经超过了基层人民法院的辖区而在中级人民法院的辖区范围内有重大影响。我国确定重大影响的标准,一般由案件的诉讼标的金额决定,各地具体的数额由《最高人民法院关于调整高级人民法院和中级人民法院管辖第一审民商事案件标准的通知》等司法文件规范。

3. 最高人民法院确定由中级人民法院管辖的案件

这是指最高人民法院根据审判工作的需要,将某些案件确定由中级人民法院作为第一审法院。目前主要有:(1) 海事、海商案件。该类案件由海事法院管辖。海事法院均为中级人民法院。(2) 知识产权纠纷案件。知识产权纠纷案件,由于具有较强的技术性,因此一般由中级以上人民法院(包括知识产权法院)管辖,但是各高级人民法院根据本辖区的实际情况,可以确定若干基层人民法院管辖第一审著作权民事纠纷案件。简言之,并非所有的知识产权纠纷民事案件均由中级人民法院管辖,部分基层人民法院也有管辖权。(3) 重大的涉港、澳、台民事案件。该类案件在管辖上比照涉外案件处理。(4) 诉讼标的金额大或者诉讼单位隶属省、自治区、直辖市以上的纠纷。最高人民法院和各省高院会以规范性文件的方式,确定本辖区内确定级别管辖的金额标准。(5) 证券虚假陈述民事赔偿案件。该类案件由省、自治区、直辖市人民政府所在地的市、计划单列市和经济特区中级人民法院管辖。(6) 网络域名侵权纠纷。由侵权行为地或者被告住所地的中级人民法院管辖。(7) 当事人对仲裁协议的效力有异议请求法院作出裁决的案件。当事人协议选择仲裁机构后,一方当事人对仲裁协议的效力有异议请求人民法院作出裁定的,由该仲裁委员会所在的中级人民法院管辖。当事人对仲裁委员会没有约定或者约定不明的,由被告所在地的中级人民法院管辖。

(三) 高级人民法院管辖的第一审民事案件

《民事诉讼法》第19条规定，高级人民法院管辖在本辖区有重大影响的第一审民事案件。这里所说的在本辖区有重大影响的案件，是指在全省、全自治区和全直辖市有重大影响的案件。这类案件在诉讼中是相当少的，主要是考虑到高级人民法院的主要任务：一是监督和指导下级人民法院的审判工作；二是审理不服中级人民法院第一审判决或裁定的上诉案件，所以法律上不应确定更多的案件由高级人民法院作为一审法院。需要强调的是，高级人民法院并无权力管辖其认为应当由自己管辖的案件。

(四) 最高人民法院管辖的第一审民事案件

根据《民事诉讼法》第20条的规定，最高人民法院管辖的第一审民事案件有两类：即在全国有重大影响的案件，以及其认为应当由本院审理的案件。法律这样规定主要考虑到最高人民法院的主要职责：监督和指导地方各级人民法院的审判工作，对审判中适用法律遇到的疑难问题作出司法解释，审理不服高级人民法院一审裁判而上诉的民事案件等等，所以最高人民法院管辖的第一审民事案件只能是极少数特别重大的案件。在审判实务中，最高人民法院这一权力基本上是备而不用的，至今尚未对第一审民事案件行使过管辖权。

第四节 地域管辖

一、地域管辖的概念

地域管辖，是指确定同级人民法院在各自辖区内受理第一审民事案件的分工和权限。确定地域管辖，往往是根据人民法院与案件之间某方面的联系，如上文提到的当事人住所地与法院辖区的关系，是确定一般地域管辖的标准；诉讼标的所涉及的法律事实的发生地，是确定特殊地域管辖的重要依据。

管辖制度从总体而言，可以分为地域管辖和级别管辖，二者结合，共同确定了某一案件的具体管辖法院。同时，二者之间也有着密切的联系。从管辖权限划分上讲，级别管辖是从纵向对法院系统内部各级人民法院受理第一审民事案件的权限进行确定；地域管辖是从横向对法院管辖第一审民事案件进行分工。即民事诉讼法首先通过级别管辖将第一审民事案件的受理权限在四级人民法院之间进行了划分，但是除最高人民法院外，同一级中仍有多个不同地域的法院，所以具体某个案件由哪个人民法院受理仍不确定，需要进一步通过地域管辖在同级人民法院之间确定第一审民事案件到底由哪一地区的人民法院管辖。因此，可以说，级别管辖是地域管辖的前提，而地域管辖是级别管辖的具体落实。

二、一般地域管辖

一般地域管辖，是指按照当事人所在地与人民法院辖区的隶属关系所确定的管辖。该类管辖一般遵循"原告就被告"的原则，即原告起诉应到被告所在地的人民法院进行。

"原告就被告"的地域管辖原则,也是世界各国确定地域管辖的通例,理由在于:一方面可以防止原告滥用诉权而使被告遭受讼累;另一方面也有利于对被告进行传唤,有利于对案件的审理和对案件判决的执行。但考虑到实际情况的复杂性和案件审理的方便,民事诉讼法规定了一系列原告住所地管辖的例外情况。

(一) 一般原则:被告所在地法院管辖

根据《民事诉讼法》第21条的规定,对公民提起的民事诉讼,由被告住所地人民法院管辖;被告住所地与经常居住地不一致的,由经常居住地人民法院管辖。公民的住所地是指公民的户籍所在地;公民的经常居住地是指公民离开住所地至起诉时已连续居住1年以上的地方,但公民住院就医的地方除外。根据《民诉解释》的有关规定,当事人的户籍迁出后尚未落户,有经常居住地的,由经常居住地人民法院管辖。没有经常居住地,户籍迁出不足1年的,由其原户籍所在地人民法院管辖;超过1年的,由其居住地人民法院管辖。需要注意,经常居住地是指到起诉时连续居住满1年的地方,也就是说,即使曾经居住满1年,但起诉时已不再居住的地方不能视为经常居住地。

若被告为法人或者其他组织,其住所地的确定,根据《民事诉讼法》,应当以指法人或其他组织的主要办事机构所在地作为法人或其他组织的住所地。对没有办事机构的公民合伙或合伙联营体提起的诉讼,由被告登记注册地人民法院管辖;没有注册登记,几个被告又不在同一辖区的,由被告住所地人民法院管辖。

(二) 例外规定:原告所在地法院管辖

在一般地域管辖中,由被告所在地人民法院管辖是原则。但是考虑到案件的实际情况,根据管辖设定的原则性与灵活性相结合的原则,从方便当事人诉讼和方便人民法院审理案件的需要出发,民事诉讼法规定,某些情况下诉讼由原告所在地的人民法院管辖,这是一般地域管辖的例外。

根据《民事诉讼法》第22条,由原告所在地法院管辖的例外情形有如下几种:(1) 对不在中华人民共和国领域内居住的人提起的有关身份关系的诉讼;(2) 对下落不明或者宣告失踪的人提起的有关身份关系的诉讼;(3) 对被采取强制性教育措施的人提起的诉讼;(4) 对被监禁的人提起的诉讼。其中前两类案件都是指涉及身份关系的诉讼,身份关系是指与人的身份相关的各种关系,如婚姻关系、亲子关系、收养关系等;如果是财产诉讼,则仍然要依据地域管辖的一般原则,由被告所在地的人民法院管辖。后两类案件则只要是被告被监禁或强制性教育措施,对其提起无论身份关系诉讼还是财产诉讼,都应由原告所在地人民法院管辖。

同时,最高人民法院的《民诉解释》中还规定了其他几种例外情形:第一,被告被注销户籍的,由原告住所地法院管辖;原告住所地与经常居住地不一致的,由原告经常居住地法院管辖。第二,追索赡养费案件的几个被告的住所地不在同一辖区的,可以由原告住所地法院管辖。注意此类案件是为了方便原告诉讼而规定原告住所地人民法院也可以管辖,并不排斥被告住所地人民法院的管辖,即追索赡养费抚养费等案件,原告和被告所在地法院都有管辖权。第三,夫妻一方离开住所地超过1年,另一方起诉离婚的案件,由原告住所地法院管辖;夫妻双方离开住所地超过1年,被告无经常居住地的,由原告起诉时居住地的法院管辖。

另外,对于涉外离婚案件的管辖法院,相对比较复杂。根据《民诉解释》的规定,涉外离婚案件的法院管辖包括以下几种情形:(1)在国内结婚并定居国外的华侨,如定居国法院以离婚诉讼须由婚姻缔结地法院管辖为由不予受理,当事人向人民法院提出离婚诉讼的,由婚姻缔结地或一方在国内的最后居住地人民法院管辖。(2)在国外结婚并定居国外的华侨,如定居国法院以离婚诉讼须由国籍所属国法院管辖为由不予受理,当事人向人民法院提出离婚诉讼的,由一方原住所地或在国内的最后居住地人民法院管辖。(3)中国公民一方居住在国外,一方居住在国内,不论哪一方向人民法院提起离婚诉讼,国内一方住所地的人民法院都有权管辖。如国外一方在居住国法院起诉,国内一方向人民法院起诉的,受诉人民法院有权管辖。(4)中国公民双方在国外但未定居,一方向人民法院起诉离婚的,应由原告或者被告原住所地的人民法院管辖。(5)已经离婚的中国公民,双方均定居国外,仅就国内财产分割提起诉讼的,由主要财产所在地人民法院管辖。涉外离婚案件的五种情形的管辖法院有所区别,应注意区分。

三、特殊地域管辖

特殊地域管辖,是指依据诉讼标的所涉及的法律事实的所在地、争执的标的物所在地、被告住所地与人民法院辖区之间的关系所确定的管辖。根据《民事诉讼法》和司法解释的规定,特殊地域管辖有以下几种:

(一)合同纠纷案件的管辖

1. 一般合同诉讼管辖确定的原则

《民事诉讼法》第23条规定,因合同纠纷提起的诉讼,由被告住所地或者合同履行地人民法院管辖。此乃对合同纠纷案件管辖的基本规定。合同履行地,是指合同规定的履行义务的地点,主要是指合同标的物的交付地。当事人可以在合同中约定履行地。但如果当事人对履行地点没有约定或者约定不明确,确定合同履行地在实践中是个相当复杂的问题,为了便于当事人诉讼和人民法院审判,减少案件管辖权争议,最高人民法院对合同履行地的确定作了具体的规定。以下分别介绍:

(1)一般的合同。

绝大多数合同,根据争议的标的来确定合同履行地:

首先,如果争议的合同标的为给付货币的,以接收货币一方所在地为合同履行地;其次,如果争议的标的是交付不动产的,以不动产所在地为合同履行地;再次,如果争议的标的是货币和不动产以外的其他标的,以履行义务一方所在地为合同履行地。最后,即时结清的合同,交易行为地为合同履行地。

(2)财产租赁合同、融资租赁合同。

以租赁物使用地为合同履行地,但合同中对履行地有约定的除外。

(3) 电子商务合同。

以信息网络方式订立的买卖合同属于电子商务合同，首先以合同约定为准，如果合同未约定或约定不明的，其合同履行地要根据履行方式不同，分别确定：如果是通过信息网络交付标的的，例如，购买电子点卡、虚拟货币、网络账号等的交易，以买受人住所地为合同履行地；如果是通过其他方式交付标的的，收货地为合同履行地。

(4) 合同未履行的特殊规则。

根据《民诉解释》的规定，如果合同没有实际履行，当事人双方住所地又都不在合同约定的履行地的，应由被告住所地人民法院管辖。

2. 保险合同和运输合同纠纷诉讼管辖的特殊规则

除了一般合同外，对保险合同和运输合同的诉讼管辖，由于其特殊性，《民事诉讼法》做了专门的规定。

对于保险合同纠纷，《民事诉讼法》第24条规定，因保险合同纠纷提起的诉讼，由被告住所地或者保险标的物所在地人民法院管辖。如果保险标的物是运输工具或者运输中的货物，由被告住所地或者运输工具登记注册地、运输目的地、保险事故发生地的人民法院管辖。如果是人身保险合同纠纷，可以以被保险人住所地作为保险标的所在地，由该地人民法院管辖。

对于运输合同纠纷，《民事诉讼法》第27条规定，因铁路、公路、水上、航空运输和联合运输合同纠纷提起的诉讼，由运输始发地、目的地或者被告住所地人民法院管辖。需要注意的是，因海上运输合同纠纷提起的诉讼，除依照《民事诉讼法》第27条的规定以外，还可以由转运港所在地海事法院管辖。铁路运输合同纠纷，由铁路运输法院管辖。

(二) 侵权纠纷案件的管辖

《民事诉讼法》第28条规定，因侵权行为提起的诉讼，由侵权行为地或者被告住所地人民法院管辖。对因海事侵权行为提起的诉讼，还可以由船籍港所在地海事法院管辖。这里的侵权行为地既包括侵权行为实施地，也包括侵权行为结果发生地。

(1) 因产品质量不合格造成他人财产、人身损害提起的诉讼，产品制造地、产品销售地、服务提供地、侵权行为地和被告住所地人民法院都有管辖权。

(2) 因侵犯专利权行为提起的诉讼，由侵权行为地或者被告住所地人民法院管辖。同样，侵权行为地还包括侵权行为的结果发生地。原告仅对侵权产品制造者提起诉讼，未起诉销售者，侵权产品制造地与销售地不一致的，制造地人民法院有管辖权；以制造者与销售者为共同被告起诉的，销售地人民法院有管辖权。销售者是制造者分支机构，原告在销售地起诉侵权产品制造者制造、销售行为的，销售地人民法院有管辖权。

(3) 因侵犯注册商标专用权行为提起的民事诉讼，由《商标法》第13条、第52条所规定侵权行为的实施地、侵权商品的储藏地或者查封扣押地、被告住所地人民法院管辖。侵权商品的储藏地，是指大量或者经常性储存、隐匿侵权商品所在地；查封扣押地，是指海关、工商等行政机关依法查封、扣押侵权商品所在地。

(4) 因侵犯著作权行为提起的民事诉讼，由《著作权法》第46条、第47条所规定侵权行为的实施地、侵权复制品储藏地或者查封扣押地、被告住所地人民法院管辖。侵权复制品储藏地,是指大量或者经营性储存、隐匿侵权复制品所在地;查封扣押地,是指海关、版权、工商等行政机关依法查封、扣押侵权复制品所在地。

(5) 网络著作权侵权纠纷案件由侵权行为地或者被告住所地人民法院管辖。侵权行为地包括实施被诉侵权行为的网络服务器、计算机终端等设备所在地。对难以确定侵权行为地和被告住所地的,原告发现侵权内容的计算机终端等设备所在地可以视为侵权行为地。

(6) 涉及域名的侵权纠纷案件,由侵权行为地或者被告住所地的中级人民法院管辖。对难以确定侵权行为地和被告住所地的,原告发现该域名的计算机终端等设备所在地可以视为侵权行为地。

(7) 交通事故的侵权案件,由事故发生地或者车辆、船舶最先到达地、航空器最先降落地或者被告住所地人民法院管辖。

(8) 信息网络侵权案件,由被告住所地、实施被诉侵权行为的计算机等信息设备所在地、被侵权人住所地的人民法院管辖。

(9) 因为诉讼保全产生的侵权案件:第一,当事人申请诉前保全后没有在法定期间起诉或者申请仲裁,给被申请人、利害关系人造成损失引起的诉讼,由采取保全措施的人民法院管辖;第二,当事人申请诉前保全后在法定期间内起诉或者申请仲裁,被申请人、利害关系人因保全受到损失提起的诉讼,由受理起诉的人民法院或者采取保全措施的人民法院管辖。

(三) 公司纠纷案件的管辖

因公司设立、确认股东资格、分配利润、公司解散、股东名册记载、请求变更公司登记、股东知情权、公司决议、公司合并、公司分立、公司减资、公司增资等公司纠纷提起的诉讼,由公司住所地人民法院管辖。公司的住所地是指公司的主要办事机构所在地。法律上确定由公司住所地法院管辖该类公司纠纷,主要是以利于查明案件事实和及时解决纠纷为目的。对公司诉讼的特殊管辖规则,体现了对公司诉讼案件之特殊性的立法回应。

(四) 票据纠纷案件的管辖

《民事诉讼法》第25条规定,因票据纠纷提起的诉讼,由票据支付地或者被告住所地人民法院管辖。票据支付地,是指票据上载明的付款地。票据未载明付款地的,票据付款人(包括代理付款人)的住所地或主营业所所在地为票据付款地。

(五) 海事案件的管辖

根据《民事诉讼法》第30—32条的规定,因船舶碰撞或者其他海事损害事故请求损害赔偿提起的诉讼,由碰撞发生地、碰撞船舶最先到达地、加害船舶被扣留地或者被告住所地人民法院管辖;因海难救助费用提起的诉讼,由救助地或者被救助船舶最先到达地人民法院管辖;因共同海损提起的诉讼,由船舶最先到达地、共同海损理算地或者航程终止地的人民法院管辖。

总之,特殊地域管辖是民事诉讼管辖制度中较为复杂的一块,但其虽然杂乱,却并非无章可循。特殊地域管辖往往是根据法律事实发生地、诉讼标的所在地等与法院辖区的关系而确定,这些因素往往是与案件有密切联系,并能够方便当事人的诉讼和人民法院的审判。另外,除公司纠纷案件、海难救助与共同海损案件无被告住所地法院管辖外,其他特殊地域管辖中,被告住所地法院均有管辖权。

四、专属管辖

专属管辖,是指法律明确规定某些特殊类型的案件只能由特定的人民法院管辖,其他法院均无管辖权,当事人也不得协议变更的管辖制度。专属管辖具有很强的强制性和排他性,主要表现在:(1)属于专属管辖的案件只能由法律明确规定的法院管辖,其他法院均无权管辖;(2)属于专属管辖的案件,当事人不可以通过协议变更管辖法院;(3)属于专属管辖的案件,排除一般地域管辖和特殊地域管辖的适用。

根据《民事诉讼法》的规定,适用专属管辖的案件有以下三种:

(1)因不动产纠纷提起的诉讼,由不动产所在地人民法院管辖。需要注意的是,法律上规定的不动产纠纷应当是指因不动产的权利确认、分割、相邻关系等引起的物权纠纷,而不应当扩大解释为与不动产有任何联系的纠纷。比如,关于不动产的物业管理合同纠纷,不属于专属管辖意义上的不动产纠纷,仍然使用一般地域管辖或特殊地域管辖。但根据司法解释,农村土地承包经营合同纠纷、房屋租赁合同纠纷、建设工程施工合同纠纷、政策性房屋买卖合同纠纷,按照不动产纠纷确定管辖。

不动产所在地的确认,需要根据不动产是否登记来分别确定:不动产已登记的,以不动产登记簿记载的所在地为不动产所在地;不动产未登记的,以不动产实际所在地为不动产所在地。

(2)因港口作业中发生纠纷提起的诉讼,由港口所在地人民法院管辖。港口作业中发生的纠纷主要有两类:一是在港口进行货物装卸、驳运、保管等作业中发生的纠纷;二是船舶在港口作业中,由于违章操作造成他人人身或财产损害的纠纷。需要注意的是,如果是沿海港口作业纠纷,应由该港口所在地的海事法院管辖,而非普通法院管辖。

(3)因继承遗产纠纷提起的诉讼,由被继承人死亡时住所地或者主要遗产所在地人民法院管辖。因继承遗产而发生的纠纷主要有两类:一是对当事人有无继承权而发生的纠纷;二是当事人因分割遗产而发生的纠纷。由被继承人死亡时住所地或者主要遗产所在地人民法院管辖,便于人民法院查明被继承人、继承人和遗产的有关情况,正确处理案件,解决民事纠纷。

另外,我国《海事诉讼特别程序法》对海事诉讼的专属管辖作了规定,根据该法第7条的规定,由海事法院专属管辖的案件有:(1)因沿海港口作业纠纷提起的诉讼,由港口所在地海事法院管辖;(2)因船舶排放、泄漏、倾倒油类或者其他有害物质,海上生产、作业或者拆船、修船作业造成海域污染损害提起的诉讼,由污染发生地、损害结果地或者采取预防污染措施地海事法院管辖;(3)因在中华人民共和国领域和有管辖权的海域履行的海洋勘探开发合同纠纷提起的诉讼,由合同履行地海事法院管辖。

五、协议管辖

协议管辖,是指根据双方当事人的约定而确定的管辖,又称合意管辖或约定管辖。法律上设立协议管辖制度,主要目的在于尊重当事人的处分权,同时促进社会经济的活跃。我国《民事诉讼法》第34条对协议管辖进行了明确规定:合同或其他财产权益纠纷的当事人可以书面协议选择被告住所地、合同履行地、合同签订地、原告住所地、标的物所在地等与争议有实际联系的地点的人民法院管辖,但不得违反本法对级别管辖和专属管辖的规定。

(一) 协议管辖的条件

根据上述规定,协议管辖应当符合下列条件:

第一,协议管辖适用于因合同或其他财产权益纠纷引起的诉讼;其他民事纠纷不能适用协议管辖。但是,当事人因同居或者在解除婚姻、收养关系后发生财产争议,可以适用协议管辖制度。

第二,协议管辖所确定的管辖法院,应当是被告住所地、合同履行地、合同签订地、原告住所地、标的物所在地等与争议有实际联系的地点的人民法院。由于我国立法采取了较为开放的态度,所以只要约定的地点与纠纷有实际联系,如侵权纠纷中的侵权行为地等,都可以作为协议管辖的法院。管辖协议约定由一方当事人住所地人民法院管辖,协议签订后当事人住所地变更的,由签订管辖协议时的住所地人民法院管辖,但当事人另有约定的除外。

第三,协议必须采用书面的形式,口头协议无效。书面协议包括合同中的条款、独立的协议书及信函、电报、传真、电子邮件等其他书面形式。协议管辖的条款具有独立性,即便主合同本身被解除或确认无效,都不影响管辖协议本身的效力。书面协议,包括书面合同中的协议管辖条款或者诉讼前以书面形式达成的选择管辖的协议。

第四,当事人的协议,不可违背民事诉讼法关于专属管辖和级别管辖的规定。当事人的管辖协议只能约定第一审的管辖,不能对第二审法院进行协议。

作为合同,协议管辖的约定内容应当明确。但是明确是否等于只能约定一个管辖法院?理论界和实务界都存在一定的争议。过去的司法解释要求必须约定一个明确的法院,否则协议无效。但根据2015年的《民诉解释》,管辖协议约定两个以上与争议有实际联系的地点的人民法院管辖,原告可以向其中一个人民法院起诉。这说明,管辖协议是当事人对纠纷解决地点的选择性协议,只要满足合同生效的法定条件,即可发生效力。《民事诉讼法》并未将唯一性作为管辖协议生效的条件,因此司法解释也不再将这一条件作为管辖协议的生效要件。当事人在约定多个管辖法院后,可以通过选择起诉的方式来最终确定对该案有管辖权的法院。但如果在起诉时不能够根据管辖协议确定管辖法院的,不再使用管辖协议,应当依照《民事诉讼法》的相关规定确定管辖。

协议管辖的其他条件,应当类推适用《合同法》和民法的相关规则。

(二) 协议管辖的效力

符合条件的管辖协议产生法定效力，即案件的管辖产生确定力，当事人只应根据管辖协议将案件提交到约定的法院进行审理，受诉法院也凭借管辖协议对案件行使管辖权。

但是，管辖协议具有相对性，只有签署协议的当事人及其权利义务的承受者方才受管辖协议效力的约束。如果是合同转让发生权利义务承受时的，若受让人不知道有管辖协议，或者转让协议另有约定且原合同相对人同意的，管辖协议也不对受让人生效。此外，为了保护消费者，《民诉解释》规定，经营者使用格式条款与消费者订立管辖协议，未采取合理方式提请消费者注意，消费者主张管辖协议无效的，人民法院应予支持，不再根据管辖协议确定管辖。

(三) 默示协议管辖

根据《民事诉讼法》第127条第2款的规定，当事人未提出管辖异议，并应诉答辩的，视为受诉人民法院有管辖权，但违反级别管辖和专属管辖规定的除外。这一规则被称为"应诉管辖"，也被称为"默示协议管辖"。即被告通过应诉的行为，接受了原告选择的管辖法院。被告的反诉或其他陈述行为，都视为应诉答辩。

如果当事人在提交答辩状期间提出管辖异议，又应诉答辩的，不得认为存在默示管辖协议，而应当对管辖权异议进行审查。

如果当事人未应诉答辩，人民法院不得以此认定存在默示的管辖协议。如果受诉法院认为自己没有管辖权的，应当通过移送管辖等方式处理。

第五节 裁定管辖

一、移送管辖

移送管辖，是指人民法院在受理民事案件后，发现自己对案件并无管辖权，依法将案件移送给有管辖权的人民法院审理。移送管辖制度是在人民法院受理案件错误之后，所采取的一种补救性措施。因此，其目的主要是为了纠正人民法院在行使管辖权上的错误。移送管辖通常发生在同级人民法院之间，用以纠正地域管辖的错误，但是有时也发生在上下级人民法院之间，以纠正级别管辖的错误。

《民事诉讼法》第36条规定，人民法院发现受理的案件不属于本院管辖的，应当移送有管辖权的人民法院，受移送的人民法院应当受理。受移送的人民法院认为受移送的案件依照规定不属于本院管辖的，应当报请上级人民法院指定管辖，不得再自行移送。此规定表明，移送管辖需要符合的条件是：(1) 人民法院已经受理案件；(2) 移送的人民法院对案件没有管辖权；(3) 受移送的人民法院对案件有管辖权。需要强调的是，受诉法院没有管辖权，既可能是根据法律，该法院根本不享有管辖权，也可能是虽然依法该法院具有管辖权，但其他法院已经先行立案，因而丧失了管辖权。

由此可见，移送管辖移送的只是案件，而并不是管辖权，因为移送法院本身对案件并无管辖权。同时,为了保证案件及时审理,防止案件在人民法院之间反复移送拖延时间,移送管辖只能进行一次。受移送的人民法院认为受移送的案件依照规定不属于本院管辖的,不得将该案退回原移送的人民法院,也不得再自行移送,而应当报请上级人民法院指定管辖。

根据《民事诉讼法》和有关司法解释的规定,下列情形不得移送:

(1)受移送的人民法院认为受移送的案件依照规定不属于本院管辖的,由于移送的次数只限于一次,因此不得再自行移送。

(2)有管辖权的人民法院受理案件后,根据管辖恒定原则,其管辖权不受行政区域变更、当事人住所地或居所地变更的影响,人民法院不得以此为理由移送管辖。

(3)两个以上人民法院都有管辖权的诉讼,先立案的人民法院不得将案件移送给另一个有管辖权的人民法院。

移送管辖是否有截止时间?这一问题存在一定的争议。根据《民诉解释》第35条,当事人在答辩期间届满后未应诉答辩,人民法院在一审开庭前,发现案件不属于本院管辖的,应当裁定移送有管辖权的人民法院。可以推定,最高人民法院认为,移送管辖的截止时间原则上应当是一审开庭前。[①] 我们认为这一观点符合诉讼法理。因为一旦法院开庭后,就对案件进入了实质审理,此时管辖等程序问题可以让位于实体问题,当事人如果对案件审理的事实认定或法律适用等实质结果不满意,可以通过上诉、再审等方式寻求救济,而不必纠结于管辖这一程序事项,从而有利于提高诉讼的效率,节约国家的司法资源。

二、指定管辖

指定管辖,是指上级人民法院在法律规定的情况下,对某一具体的民事案件,指定其辖区内的某个下级人民法院行使管辖权。根据《民事诉讼法》第36条、第37条的规定,指定管辖适用于以下情形:

(1)在移送管辖中,受移送的人民法院认为受移送的案件依照规定不属于本院管辖的,应当报请上级人民法院指定管辖。

(2)有管辖权的人民法院由于特殊原因,不能行使管辖权的,由上级人民法院指定管辖。所谓特殊原因,一为法律上的原因,如需要管辖法院的全体法官实行回避的情形;二为事实上的原因,如管辖法院因不可抗力无法行使管辖权的。

(3)人民法院之间因管辖权发生争议,协商解决不了的,报请它们的共同上级人民法院指定管辖。依据《民诉解释》的规定,发生管辖权争议的两个人民法院因协商不成报请它们的共同上级人民法院指定管辖时,双方为同属一个地、市辖区的基层人民法院的,由该地、市的中级人民法院及时指定管辖;同属一个省、自治区、直辖市的两个人民法院的,由该省、自治区、直辖市的高级人民法院及时指定管辖;双方为跨省、自治区、直辖市的人

---

① 例外的情形是人民法院受理案件违反专属管辖时,即便在二审中,依然可以撤销原判,移送管辖,参见《民诉解释》第331条。

民法院,高级人民法院协商不成的,由最高人民法院及时指定管辖。报请上级人民法院指定管辖时,应当逐级进行。

在审判中,若不同人民法院之间对某一案件的地域管辖发生争议,根据司法解释,相关的人民法院应立即中止对案件进行实体审理。在争议未解决前,任何一方法院均不得对案件作出判决。若抢先作出判决,上级人民法院应当以违反程序为由撤销其判决,并将案件移送或者指定其他人民法院审理,或者由自己提审。

三、管辖权转移

管辖权转移,是指经上级人民法院的决定或同意,将案件的管辖权由上级人民法院转移给下级人民法院,或者由下级人民法院转移给上级人民法院。管辖权转移是对级别管辖的变通和调节。根据《民事诉讼法》第38条的规定,管辖权转移的情形有:

(1) 管辖权的上收,即案件的管辖权从下级人民法院移至上级人民法院。包括两种情形:第一,上级人民法院对下级人民法院管辖的案件,认为由自己审理为宜,而决定由自己审理,从而使案件的管辖权由下级人民法院转移至上级人民法院;第二,下级人民法院对自己管辖的案件,认为需要由上级人民法院审理,报请上级人民法院同意后,管辖权由下级人民法院转移至上级人民法院。管辖权的上收,都是由原来具有管辖权的法院的上级法院作出管辖权转移的裁定后,方发生管辖权的上收。

(2) 管辖权的下放,即案件的管辖权由上级人民法院转移到下级人民法院。上级人民法院对自己管辖的案件,认为由其下级人民法院审理为宜,而决定送交下级人民法院审理,管辖权因此由上级人民法院转移至下级人民法院。管辖权的下放,不能由具有管辖权的法院直接决定,而依然须由具有管辖权的法院的上级法院批准后,方才能作出管辖权转移的裁定。例如,中级人民法院受理案件后,如果认为应当将该案的管辖权下放给基层人民法院,必须报请高级人民法院批准后,方才能作出管辖权转移的裁定。将批准权保留在上级法院手中,是为了避免地方保护主义,确保管辖的公平。根据《民诉解释》,只有下列第一审民事案件,人民法院才可以在开庭前交下级人民法院审理:① 破产程序中有关债务人的诉讼案件;② 当事人人数众多且不方便诉讼的案件;③ 最高人民法院确定的其他类型案件。

《级别管辖异议规定》第5条规定,对于应当由上级人民法院管辖的第一审民事案件,下级人民法院不得报请上级人民法院交其审理。

需要注意的是,民事诉讼和刑事诉讼中管辖权转移有所区别:民事诉讼中的管辖权既可以上收又可以下放,而刑事诉讼中,为保障被告人的权利,管辖权只能上收,而不能下放。具体而言,在民事诉讼中,上级人民法院有权审理下级人民法院管辖的第一审民事案件,也可以把本院管辖的第一审民事案件交下级人民法院审理;而在刑事诉讼中,依法应当由上级人民法院管辖的第一审刑事案件,不得交由下级人民法院管辖。

由上可见,管辖权转移的主要作用,在于调节级别管辖,平衡民事案件在上下级法院间的分配,以适应案件审理的客观需要。此点将管辖权转移与移送管辖制度区别开来:移送管辖主要是为了纠正地域管辖的错误而设置的。另外,管辖权转移的内容,是某个案件具体的管辖权,而移送管辖中,移送的是案件,而非管辖权;管辖权转移与移送管辖的第三点区别是程序上的不同。管辖权转移通常发生在有隶属关系的上下级人民法院之间,需要上级人民法院的裁定或者批准;而移送管辖通常发生在同级人民法院之间,乃移送法院的单方行为,无需经过受移送人民法院的同意。

第六节 管辖权异议

一、管辖权异议的概念

管辖权异议,是指当事人向受诉法院提出的该法院对所受理案件无管辖权的意见和主张。根据当事人诉讼权利平等原则,原告提起诉讼,其享有选择管辖法院的权利,应诉的被告也应享有相应的管辖权的异议权。所以,管辖权异议的设立有利于保障双方当事人平等行使诉讼权利,同时保证法院管辖权行使的正当性,防止管辖错误的出现。

二、管辖权异议的条件

当事人提出管辖权异议,应当满足下列条件:

第一,主体条件。管辖权异议的主体应当是案件的当事人,通常情况下,管辖权异议由被告提出。原告和有独立请求权的第三人由于具有原告的地位,可以通过选择起诉地的方式来确定管辖,因而无须提出管辖权异议的权利。辅助型无独立请求权的第三人由于并不是本诉真正的适格当事人,因此也无权就本诉提出管辖权异议。对于被告型无独立请求权的第三人,本应享有提出管辖权异议的权利,但由于司法解释明确规定无独立请求权的第三人无权提出管辖权异议,因此司法实务中一般严格按照司法解释进行。我们认为,该司法解释有悖于民事诉讼的基本原理,侵害了被告型第三人基本的诉讼权利。

第二,对象条件。管辖权异议的对象应当是人民法院的第一审管辖权,既可以是针对级别管辖,也可以针对地域管辖。而根据民事诉讼中的上诉制度,第二审管辖法院由第一审管辖法院所决定,所以当事人对二审管辖无权提出异议。

第三,时间条件。管辖权异议的时间是提交答辩状期间,即收到起诉状后的15日内,这一规定的主要目的在于督促被告尽快行使权利,保证诉讼的效率。但根据司法解释,如果原告在答辩期满后变更诉讼请求,被告可以就变更后的诉的管辖问题提出管辖权异议,此时不受答辩期的时间限制。此外,在发回重审的案件中,当事人不得以适用第一审程序审理为由再提管辖权异议,如果提出的,法院不予审查。

三、管辖权异议的处理程序

当事人提出管辖权异议后,人民法院应当进行审查。管辖权异议成立的,受诉人民法院应当裁定将案件移送有管辖权的人民法院;管辖权异议不成立的,受诉人民法院裁定驳回异议。当事人对该驳回管辖权异议的裁定不服的,可以在接到裁定书10日之内,向受诉人民法院的上一级人民法院提起上诉。二审法院依法作出终审裁定,该裁定所确定的管辖法院即为该案的管辖法院。

在管辖权异议的审理和上诉期间,由于本案的管辖问题尚未解决,法院不得对案件的实体问题进行审理。

第六章 当事人

第一节 当事人概述

一、当事人的概念

民事诉讼当事人,是指因与他人发生民事纠纷,而以自己的名义参加诉讼,并受法院裁判约束的利害关系人。作为诉讼主体的当事人,具有以下三项基本特征:

第一,当事人与案件有着直接的法律上的利害关系。诉讼最直接的目的是要解决权利义务争议,因此,诉讼中的当事人应当也必定是与所争议的权利义务关系有直接的法律上的利害关系的人,换言之,他们是诉称的权利的享有者或义务承担者。说其为"诉称"的权利的享有者或义务承担者,是因为当事人究竟是否真正的享有权利或应承担义务,有赖于诉讼的最终结果,因而在此之前完全是根据当事人的诉称而设定如此。如果与案件无法律上的直接利害关系,并非为保护自己的合法权益仅基于道义而支持他人起诉,则不能成为民事诉讼当事人。

第二,当事人以自己的名义参加诉讼。当事人参加诉讼是为维护自己的利益,所以必然以自己的名义参加诉讼,并由自己承担诉讼结果。而以他人的名义进行诉讼的人则不是当事人,如诉讼代理人以被代理人的名义进行诉讼,诉讼行为的后果及诉讼结果均由被代理人承担。

第三,当事人受人民法院裁判的拘束。裁判的内容是确定存在争议的权利义务关系,作为争议主体的当事人必须服从裁判,依照裁判文书所确定的权利义务关系,来行使自己的权利、履行相应的义务。这里所说的裁判,包括人民法院作出的判决、裁定,以及人民法院认可制作的调解书。那些以自己的名义参加诉讼但却并不受裁判拘束的人,例如证人、鉴定人等,不是民事诉讼的当事人。

二、当事人的称谓

当事人的称谓,是指当事人的名称。在不同的程序中,当事人有不同的称谓。诉讼程序中的当事人在第一审中称作原告、被告、第三人;在第二审中称作上诉人、被上诉人,在审判监督程序中称作申请人、被申请人;特别程序中的当事人,称为起诉人、申请人或被申请人;执行程序中的当事人,称为申请执行人、被执行人。

当事人的称谓,不仅是表面上的称呼问题,其能够直接反映出当事人在诉讼中所处的地位和角色,进而决定着他们所享有的诉讼权利和应承担的诉讼义务。例如原告、上诉人享有撤回起诉或上诉的权利,负有提交诉状的义务;申请执行人享有撤回执行申请的权利,负有提交执行文书的义务;被告、被上诉人、被执行人被申请执行人享有答辩、反诉或反驳对方请求的权利,同时也承担应诉等义务。由此可见,当事人称谓的不同,决定了其诉讼权利和诉讼义务的不同。

三、诉讼权利能力和诉讼行为能力

（一）当事人的诉讼权利能力

当事人的诉讼权利能力是指可以作为当事人进行诉讼的资格,即能以自己的名义参加诉讼,享有诉讼权利,承担诉讼义务的资格。具有诉讼权利能力,则意味着自己的民事权益受到侵害或与他人发生争执时,有权提起诉讼,成为原告,或有义务应诉,作为被告。

诉讼权利能力与民事权利能力紧密相联,是一对配套的、具有内在联系的概念。因为民事诉讼的功能在于保护民事主体的合法权益,因此,具有民事权利能力的人,同时也必定具有诉讼权利能力,以便在其民事权益受到侵犯或与他人发生纠纷时,可以运用诉讼手段来予以解决。我国民法规定的享有民事权利能力的自然人和法人,当然也应享有民事诉讼权利能力。

然而,民事权利能力和诉讼权利能力虽关系密切,但毕竟不完全一致。在实际经济生活中,有许多组织并不具备法人资格,不享有民事权利能力,但在其实际活动过程中却的确可能与他人发生争执,如果不赋予他们诉讼权利能力,则意味着他们不能够作为当事人进行诉讼,这不利于维护这些组织及与其有关的各方主体的合法权益,有悖于民事诉讼的宗旨。因此,法律特别赋予这些不具备法人资格的主体以诉讼权利能力,允许他们作为当事人进行诉讼。

根据《民事诉讼法》第48条第1款规定,公民、法人和其他组织可以作为民事诉讼的当事人。因此,我国享有诉讼权利能力的主体是自然人、法人和其他组织。

1. 自然人

自然人是重要的民事主体,在其与他人的民事诉讼中,可以直接作为当事人起诉应诉,自然人的诉讼权利能力始于出生,终于死亡。根据《民法通则》,我国的个体工商户、农业承包经营户和个人合伙,虽然具有一定程度上的民事组织的特点,但并不是独立的民事主体,其参加诉讼,应当以业主和全体合伙人作为当事人。

关于自然人的诉讼权利能力,值得研究的问题还有二:第一,胎儿。为了保护未来出生的胎儿利益,绝大多数国家都采用有限地承认其人格的立法形式。但由于我国民法并不承认胎儿的主体资格,当其权益受到损害时,只能由其母亲作为当事人提起诉讼。第二,死者。死者不具有民事权利能力,不享有民事权利。但是现代民法理论认为,自然人生命终止以后,继续存在着某些与该自然人作为民事主体存续期间已取得和享有的与其人身权利相联系的利益。在我国,死者的著作人格权(作者的署名权、修改权、保护作品完整权)和名誉,均不因为死者的去世而失去获得司法保护的机会。但是,在民事诉讼中,不能以死者的名义提起诉讼,因而只能由死者的继承人或近亲属作为当事人,提起诉讼。

2. 法人

法人也是重要的民事主体,因而法人也当然享有民事诉讼权利能力。法人的诉讼权利能力于成立之时产生,于终止之时消灭,如破产、合并、解散等。

关于法人的诉讼权利能力,以下问题值得探讨:第一,在法人权利能力受限制的情况下,法人的诉讼权利能力是否应受到限制?例如,法人的章程约定了法人的营业范围,在超出营业范围与他人发生民事诉讼时,法人能否具有完整的诉讼权利能力。本书认为,为了保护交易相对人的安全和交易的秩序,应当赋予法人在诉由民事诉讼中完整的诉讼权力能力,避免法人利用越权逃避履行判决确定的义务。第二,法人解散撤销时,如何确定当事人。从法理上看,企业法人解散的,依法清算并注销前,以该企业法人为当事人;未依法清算即被注销的,应当以该企业法人的股东、发起人或者出资人为当事人。第三,法人非依法设立的分支机构,或者虽依法设立,但没有领取营业执照的分支机构在发生诉讼时,应以谁为当事人?本书认为,由于此类分支机构没有合法身份,因而应当以设立该分支机构的法人为当事人。

3. 其他组织

其他组织是第三类民事诉讼主体。根据司法解释,其他组织是指合法成立、有一定的组织机构和财产,但又不具备法人资格的组织。具体包括:(1)依法登记领取营业执照的个人独资企业;(2)依法登记领取营业执照的合伙企业;(3)依法登记领取我国营业执照的中外合作经营企业、外资企业;(4)依法成立的社会团体的分支机构、代表机构;(5)依法设立并领取营业执照的法人的分支机构;(6)依法设立并领取营业执照的商业银行、政策性银行和非银行金融机构的分支机构;(7)经依法登记领取营业执照的乡镇企业、街道企业;(8)居民委员会、村民委员会以及有独立财产的村民小组。与法人一样,其他组织的诉讼权利能力也是于成立之时产生,于终止之时消灭。

其他组织虽然可以以自己的名义参加诉讼,但由于其本身并非民事主体,不能独立承担民事责任,因此其最终的实体权利义务依然要归属于相应的自然人或法人。《民事诉讼法》赋予其他组织诉讼权利能力的原因,只是为了诉讼的方便和效率。

(二) 当事人的诉讼行为能力

当事人的诉讼行为能力,指的是当事人亲自进行诉讼的能力,即能够亲自以自己的行为行使诉讼权利、履行诉讼义务的能力,也称作诉讼能力。如果没有诉讼能力,就不能亲自实施诉讼行为,只能由法定代理人代为进行诉讼。

诉讼行为能力与民事行为能力都是指当事人亲自进行某些活动的实际能力,因此,公民的诉讼行为能力与其民事行为能力一样,取决于公民的年龄和精神状况。所不同的是,诉讼行为能力的要求和标准更高一些,表现在具有完全民事行为能力的人,同时具有诉讼行为能力,而限制民事行为能力人和无民事行为能力人,均无诉讼行为能力。具体地讲就是要具有诉讼行为能力,必须同时满足两个条件:(1)已成年(18周岁以上,或16周岁以上不满18周岁而以自己的劳动收入为主要生活来源的人)。(2)精神健全,没有任何精神疾病。相对应地,未成年人和患有精神疾病的成年人均没有诉讼行为能力,他们一旦涉讼,由其法定代理人代为诉讼。

法人、其他组织的诉讼行为能力完全与其诉讼权利能力一致,有诉讼权利能力就有诉讼行为能力。但作为团体的法人和其他组织,其诉讼行为能力必然需要由具体的人来实现。根据我国法律规定,法人和其他组织的诉讼行为能力,由法定代表人或主要负责人具体实现。法人和其他组织一旦涉讼,这些人便顺理成章地成为实现这些团体诉讼行为能力的诉讼代表人。这种诉讼代表权,是基于其特定的职务而获得的,其诉讼行为属于职务行为。因此,他们的诉讼行为就是法人和其他组织的诉讼行为,由这些团体承担一切的诉讼后果。关于法定代表人的确定,是采取登记主义,以工商行政机关的登记册为准,还是采取意思主义,以股东会决议为准,甚至采取要件主义,以公章归属为准,是司法实践中的一个常见问题。因为谁能够以法定代表人的身份代表法人参加诉讼,不仅涉及当事人地位的确定,也与实体争议息息相关。为此,2015年《民诉解释》结合实践经验,对此问题作出了总结:(1) 法人的法定代表人以依法登记的为准,但法律另有规定的除外。(2) 依法不需要办理登记的法人,以其正职负责人为法定代表人;没有正职负责人的,以其主持工作的副职负责人为法定代表人。(3) 法定代表人已经变更,但未完成登记,变更后的法定代表人要求代表法人参加诉讼的,人民法院可以准许。

四、当事人适格

(一) 当事人适格概述

从上面的论述,我们可以得出这样的结论:只有具备诉讼权利能力,才具有当事人的资格,只有具备诉讼行为能力,才可以亲自进行诉讼。因此,同时具备两者的人,可以成为亲自进行诉讼的当事人,只有诉讼权利能力而无诉讼行为能力的人可以成为当事人,但必须由法定代理人代为进行诉讼。但是,具备诉讼权利能力和诉讼行为能力,仅仅是具备了当事人的资格,而要成为一个具体案件的当事人,还需要满足特定的条件,从而成为适格当事人。

当事人适格,是指当事人就特定的诉讼,有资格以自己的名义成为原告或被告,因而受本案判决拘束的当事人。当事人的资格与当事人的适格存在明显区别,前者是一种概括性的抽象权利,指成为诉讼当事人的一种潜在的可能性。后者是指在特定的某一具体案件中是否与该特定案件有法律上的利害关系,即是否是所争议的实体法律关系的一方。具有诉讼权利能力,仅仅具备成为当事人的可能性,而就其某一特定案件而言是否适格,还要看其是否是该案件诉讼标的主体。

(二) 当事人适格的判断

当事人适格的判断标准,原则上是看其是否为所争议的民事法律关系的主体。根据这一标准,只要是民事法律关系或民事权利的主体,以该民事法律关系或民事权利为由进行诉讼,一般就是适格的当事人。

但在特殊情况下,非民事法律关系或民事权利的主体也可以作为适格的当事人,具体可分为:

(1) 根据当事人的意思或法律的规定,依法对他人的民事法律关系或民事权利享有管理权的人,例如,遗产管理人、遗嘱执行人,就其管理的财产所发生的民事争议,可以以自己的名义起诉或应诉;死者的近亲属为保护死者的遗体、遗骨、姓名、肖像、名誉、荣誉、隐私等行为提起诉讼时,也可以自己的名义提起诉讼。前述为保护胎儿或死者权益提起诉讼的近亲属也属此类。

(2) 确认之诉中,对诉讼标的有确认利益的人。在确认之诉中,对适格当事人的判断,应以该当事人对该争议的法律关系的解决是否具有法律上的利益关系为标准。尤其是消极确认之诉,例如请求确认双方不存在某种法律关系,则适格当事人的判断标准,不能以是否是争议法律关系的主体来断定,因为法律关系实际可能并不存在,所以,只要对诉讼标的享有确认利益,即可成为正当当事人。

(3) 公益诉讼的起诉主体。根据《民事诉讼法》第55条提起公益诉讼的起诉主体,并不是争议民事实体法律关系的主体,但为了维护社会公共利益,相关实体法和《民事诉讼法》赋予其相应的当事人地位。

五、当事人的确定

当事人的确定,一般是根据诉状上的记载来确定当事人。但在司法实务中,却可能由于社会经济生活的复杂性,无法准确确定。为此,最高人民法院作出了相应的司法解释,专门对如何确定正当当事人作了规定:

(1) 职务行为侵权诉讼的当事人地位。例如,法人或者其他组织的工作人员执行工作任务造成他人损害的,该法人或者其他组织为当事人;提供劳务一方因劳务造成他人损害,受害人提起诉讼的,也应以接受劳务一方为被告;在劳务派遣期间,被派遣的工作人员因执行工作任务造成他人损害的,以接受劳务派遣的用工单位为当事人。

(2) 个体工商户的诉讼地位。在诉讼中,个体工商户以营业执照上登记的业主为当事人;有字号的,以营业执照上登记的字号为当事人,但应同时注明该字号经营者的基本信息。

(3) 不服前置纠纷解决结果诉讼的当事人地位。当事人之间的纠纷经仲裁机构仲裁或经人民调解委员会调解,当事人不服仲裁或调解向人民法院起诉的,应以对方当事人为被告。

(4) 冒用法人、其他组织诉讼的当事人地位。对于下列情形,以直接行为人为当事人:第一,法人或者其他组织应登记而未登记,行为人即以该法人或者其他组织名义进行民事活动的;第二,行为人没有代理权、超越代理权或者代理权终止后以被代理人名义进行民事活动的,但相对人有理由相信行为人有代理权的除外;第三,法人或者其他组织依法终止后,行为人仍以其名义进行民事活动的。

六、当事人的更换

当事人的更换,是指在诉讼中基于法律的规定或当事人的意思,将原来的当事人变更为新的当事人。可见，当事人的更换分为法定更换和任意更换。

(一) 当事人的法定更换

当事人的法定更换，是指出现了下列法定情形，需要更换当事人：

(1) 一方当事人死亡。当事人死亡时，需要等待继承人表明是否参加诉讼，如果其继承人愿意承担相应的诉讼权利义务，由其成为新的当事人参加诉讼。但是，如果诉讼涉及的实体权利义务是专属于死亡一方当事人的人身性权利义务，则不发生当事人的更换。

(2) 法人的合并与分立。作为一方当事人的法人与他人合并，由合并后的法人承担原法人的诉讼权利义务，如果发生分立，则由分立后的若干新法人共同承担原法人的诉讼权利义务；如果被上级主管机关撤销，则由主管机关承担。

由于法定更换的情况在任何时候都可能发生，因此，法定更换有可能发生在诉讼的任何阶段。不论发生在何时，诉讼都并非从头开始而是继续进行。因此，原当事人的一切诉讼行为均对更换后的当事人具有约束力。

(二) 当事人的任意更换

当事人的任意更换，是指将不适格的当事人更换为适格的当事人。所谓不适格的当事人，是指与本案诉讼标的无关，不是争议法律关系的主体。具体来说，就是起诉者不是民事权益受到侵害或与他人发生争执的主体，或被诉者并非侵犯原告民事权益或与原告发生争议的主体。

当事人的任意更换可以分为原告的更换和被告的更换两类：

(1) 原告的更换。法院发现原告不适格时，应令其退出诉讼，并通知正当的原告参加诉讼。如果不正当的原告拒绝退出诉讼，那么应裁定驳回其起诉。如果正当的原告经通知后不愿意参加诉讼，人民法院应终结审理。因为起诉权是当事人寻求司法保护的诉讼权利，是否行使应由当事人自己决定，即不告不理，法院自然不得违背当事人的意愿强行审理。

(2) 被告的更换。法院发现被告不正当时，应通知原告更换被告，如果原告拒绝更换，则应驳回其起诉。

当事人的任意更换，一般是在审查起诉时发现并加以解决。但有时也会在审理过程中才发现并更换。不论何时进行任意更换，诉讼都重新开始，原来不正当的当事人所实施的一切诉讼行为，对更换后的正当当事人均不发生法律效力。

七、当事人的诉讼权利和诉讼义务

当事人的诉讼权利和诉讼义务的内容具有法定性，不可任意确立，它一方面要体现民事诉讼法的基本原则，如当事人双方诉讼权利平等原则、辩论原则、当事人处分原则等等；另一方面，要符合诉讼机制的客观规律，每项诉讼权利和诉讼义务都需要服务于诉讼的公正、合理、高效运行这一目标。

法院应当切实有效地保障当事人的诉讼权利能够充分、顺利的行使，其不得擅自剥夺或限制当事人的诉讼权利，否则将构成严重违反诉讼程序的行为。

(一) 当事人的诉讼权利

当事人的诉讼权利内容广泛,贯穿于诉讼的各个阶段。当事人在诉讼中的行为不外乎两种,一种是处分自己实体利益的行为,另一种是处分自己有关诉讼本身的权利义务的行为。不论是对哪一种权利的处分,都是通过行使诉讼权利来具体实现的,也就是说,即使是对实体利益进行处分,也需要通过处分诉讼权利来予以实现。

据此,可以把当事人的诉讼权利分为两大类:

1. 处分实体权利的诉讼权利

(1) 起诉权、反诉权。这是当事人最基本的权利。符合起诉条件的当事人,只要主观上希望通过诉讼获得司法保护,均可行使起诉权、反诉权。

(2) 变更或承认诉讼请求。原告可以改变诉讼请求的数额、范围等,被告可以承认对方的诉讼请求,这样便免去了原告的举证责任。

(3) 请求和接受调解权。无论是哪方当事人,也无论在哪种诉讼的哪一阶段,都可以请求法院进行调解,以达成调解协议的方式结束诉讼。

(4) 和解权。当事人有权在诉讼中,自行达成和解协议,了结诉讼。

(5) 上诉权。当事人如果认为一审判决有错误,可以在法定上诉期间提起上诉,请求上一级法院对案件继续进行审理。

(6) 请求执行权。义务人拒不履行法院裁判或调解书中规定的义务时,权利人有权请求法院以司法强制的手段迫使义务人履行义务。

(7) 撤回起诉、上诉权。当事人有权决定是否请求国家的司法保护,这不仅表现在当事人有起诉权和反诉权,还表现在诉讼过程中当事人的想法有所改变时,有权申请撤回已提起的诉讼。

上述这些权利的共同特点在于,每种权利的行使,都直接关系到当事人实体权益的存在状态,或反映了当事人请求司法保护的程度、范围等。

2. 处分诉讼权利的诉讼权利

(1) 委托诉讼代理人的权利。这是保障当事人有效且正确地进行诉讼活动的一种权利。当事人不能亲自进行诉讼,或虽能亲自进行诉讼但需要别人给予法律上的帮助时,都有权委托诉讼代理人。

(2) 申请回避权。只要存在法律规定的情形,当事人就有权向法院申请有关审判人员或其他有关人员退出诉讼,以保证案件得到公正地审理。

(3) 提供证据权。各方当事人都有权提出相应的证据,来支持和证明自己的事实主张和诉讼请求,或者反驳对方的请求。

(4) 辩论权。当事人可以通过提交诉状、法庭口头辩论等方式,充分发表自己的意见,从事实上和法律上论证自己请求的正确性或反驳对方请求的不正当性。

(5) 查阅庭审材料。当事人无论在诉讼中还是诉讼结束后,都有权在经法院许可后,阅读或复制本案的庭审材料。但涉及国家机密、个人隐私的资料以及法庭的合议笔录除外。

(6) 使用本民族语言文字进行诉讼。

上述这些诉讼权利的共同特点是:行使这些诉讼权利,不止涉及实体权益的处分,尽管其最终目的在于维护实体利益。

(二) 当事人的诉讼义务

权利与义务相适应,是任何法律制度得以真正实施的保障。在诉讼中,各方当事人在享有诉讼权利的同时,必须履行相应的诉讼义务,这样才能保证自己和他人的诉讼权利不受损害,诉讼程序得以顺利进行。

当事人的诉讼义务主要包括:

(1) 依法正确行使诉讼权利,不得滥用权利。当事人必须按照诉讼法规定的方式、时间、程序等要求来行使自己的诉讼权利。

(2) 遵守法庭纪律,服从法庭指挥,尊重对方当事人和其他诉讼参与人的诉讼权利。

(3) 自觉履行发生法律效力的判决、裁定、调解书中所确定的义务。

当事人如果不履行自己的诉讼义务,将承担由此而产生的法律后果。如经两次传票传唤仍拒不到庭参加诉讼的,对原告视为撤回起诉,对被告可缺席判决或拘传到庭。又如不遵守法庭纪律,扰乱法庭秩序,人民法院可对其实施责令退出法庭、训诫、罚款以及拘留等相应的强制措施。

第二节 原告与被告

原告与被告是民事诉讼最基本的当事人。任何诉讼都必须有原告和被告,如果因为一方死亡、破产、解散且没有权利义务的继受人,或者双方发生人格混同,导致诉讼只剩下原告或被告一方,则诉讼必须终结。

一、原告的概念与特征

民事诉讼中的原告,是指因民事权利义务发生纠纷,以自己的名义请求法院保护其合法权益,并能引起诉讼程序发生的人。其特征如下:

(1) 原告是引起民事诉讼程序发生的人。由司法的被动性所决定,人民法院实行"不告不理",即原告的起诉是人民法院能够立案、决定开始诉讼程序的前提。没有原告的起诉,就没有民事诉讼程序的发生。

(2) 原告是主动维护自己民事权益的人。这是与被告相对应而言,原告通过起诉积极维护自己的民事权益,而被告则是被动应诉。

(3) 原告对于民事诉讼程序的结束以及诉讼的审判结果具有重大的影响。原告对实体权利和诉讼权利的处分,例如,放弃部分诉讼请求,或者申请撤诉等,会对诉讼进程及结果产生不可忽视的作用。

二、被告的概念与特征

民事诉讼中的被告,是指被原告诉称为民事权利义务关系纠纷的相对人,并经人民法院通知应诉的,与原告利益相对立的另一方当事人。被告具有以下特征:

(1) 被告是被人民法院传唤对原告的起诉进行应诉的人。

(2) 从形式上看,被告是被动参加诉讼,消极地维护自己民事权益的人。

(3) 被告的行为对于民事诉讼程序的发生、变化和消灭同样发生重要的影响。例如,被告对原告诉讼请求的承认,可能导致诉讼结果的重大变化;被告的死亡,有可能导致诉讼的中止甚至终结。

原告和被告是民事诉讼中最基本的当事人。诉讼的本质乃"对簿公堂",原、被告双方当事人的对立,是民事诉讼构造的重要组成部分,也是民事诉讼得以存在和继续的前提。

第三节 共同诉讼人

一、共同诉讼概述

共同诉讼是与单独诉讼相对应的概念。所谓单独诉讼,就是各方当事人均为一人的诉讼。所谓共同诉讼,是指当事人一方或者双方为二人以上的诉讼。

共同诉讼的意义在于,一方面,便于当事人进行诉讼,节省当事人和人民法院的时间、人力和费用,简化诉讼程序,符合诉讼经济原则;另一方面,也避免法院对同一事件作出矛盾的裁判,保证国家法律的严肃性和实施的统一性。

在共同诉讼中,共同起诉或共同应诉的人就叫做共同诉讼人。原告为两人或两人以上的称为共同原告,被告为两人或两人以上的称为共同被告。可见,共同诉讼人就其实质而言,并非一种独立于原、被告之外的当事人,其或者为原告,或者为被告,只是人数增多而已。由于人数的非单一性,所以共同诉讼人除了与对方当事人之间的关系外,其内部也有一定的联系存在,需要法律来规范其内部关系,这是共同诉讼人区别于单一原、被告的特殊之处。

根据共同诉讼形成的原因不同,可以将共同诉讼分为必要共同诉讼和普通共同诉讼,相应地,共同诉讼人也可分为必要共同诉讼人和普通共同诉讼人,下文将对二者的具体诉讼制度以及区别等,作详细介绍。

二、必要共同诉讼人

(一) 必要共同诉讼与必要共同诉讼人的概念

必要共同诉讼是指当事人一方或双方为二人或二人以上,且该多方当事人具有共同的诉讼标的,人民法院必须合并审理的诉讼。必要共同诉讼中的共同诉讼人就是必要的共同诉讼人。必要共同诉讼的特征有：

（1）当事人一方或双方为二人或二人以上。

（2）诉讼标的必须是共同的。即该若干个共同诉讼人在与对方当事人发生争议的实体法律关系中，存在着共同的利害关系，或者是共同的权利人，或者是共同义务人。这种权利义务的共同性和不可分割性，使得必要共同诉讼成为必然。

（3）人民法院必须合并审理。必要共同诉讼是不可分之诉，为了查清事实以及一次性解决纠纷，法院必须合并审理、合一裁判。

（二）共同诉讼人的特殊情形

由于社会生活以及民事纠纷的复杂性，在司法实践中有时非常难以确定必要共同诉讼人，为此，最高人民法院有关司法解释对一些构成共同诉讼人的情形作了以下一些规定：

（1）以挂靠形式从事民事活动，当事人请求由挂靠人和被挂靠人依法承担民事责任的，该挂靠人和被挂靠人为共同诉讼人。

（2）在劳务派遣期间，被派遣的工作人员因执行工作任务造成他人损害的，如果当事人主张劳务派遣单位承担责任的，该劳务派遣单位和用人单位为共同被告。

（3）营业执照上登记的业主与实际经营者不一致的，以业主和实际经营者为共同诉讼人。

（4）在诉讼中，未依法登记领取营业执照的个人合伙的全体合伙人为共同诉讼人。个人合伙有依法核准登记的字号的，应在法律文书中注明登记的字号。全体合伙人可以推选代表人；被推选的代表人，应由全体合伙人出具推选书。

（5）借用业务介绍信、合同专用章、盖章的空白合同书或者银行账户的，出借单位和借用人为共同诉讼人。

（6）被代理人和代理人承担连带责任的，为共同诉讼人。

（7）因保证合同纠纷提起的诉讼，债权人向保证人和被保证人一并主张权利的，人民法院应当将保证人和被保证人列为共同被告。保证合同约定为一般保证，债权人仅起诉保证人的，人民法院应当通知被保证人作为共同被告参加诉讼；债权人仅起诉被保证人的，可以只列被保证人为被告。企业法人的分支机构为他人提供保证的，人民法院在审理保证纠纷案件中可以将该企业法人作为共同被告参加诉讼。但是商业银行、保险公司的分支机构提供保证的除外。债权人向人民法院请求行使担保物权时，债务人和担保人应当作为共同被告参加诉讼。同一债权既有保证又有物的担保，当事人发生纠纷提起诉讼的，债务人与保证人、抵押人或者出质人可以作为共同被告参加诉讼。

（8）无民事行为能力人、限制民事行为能力人造成他人损害的，无民事行为能力人、限制民事行为能力人和其监护人为共同被告。

（9）劳动争议案件中，原用人单位以新的用人单位和劳动者共同侵权为由向人民法院起诉的，新的用人单位和劳动者列为共同被告。

需要说明的是，如果从同一诉讼标的标准看，上述规则并不构成必要共同诉讼。例如，在连带保证中，债权人对债务人和保证人的债权来自于不同的法律关系，因而即便债权人一并主张权利的，债务人和保证人也不应当构成必要共同被告。因而，上述规则与其说是确定了特殊的必要共同诉讼的类型，毋宁说是对诉的合并的强制规定，也即是说，虽然此时有多个诉讼标的，原告可以分别的对几个被告提起诉讼，但由于上诉规则的存在，原告必须同时对几个被告提出请求。

(三) 必要共同诉讼中共同诉讼人的内部关系

在必要共同诉讼中，存在着两个方面的法律关系，一是共同诉讼人与对方当事人之间的对抗关系，二是共同诉讼人内部之间的关系。其内部关系，主要是指共同诉讼人一人的诉讼行为对其他共同诉讼人有何影响。

《民事诉讼法》第52条第2款规定，共同诉讼的一方当事人对诉讼标的有共同权利义务的，其中一人的诉讼行为经其他共同诉讼人承认，对其他共同诉讼人发生效力。这其实规定的就是必要共同诉讼中共同诉讼人的内部关系。由此可见，必要共同诉讼人一人的诉讼行为若对其他共同诉讼人产生法律效力，必须有其他共同诉讼人的明示表示，否则该行为仅对其本人生效，视为该当事人一人的诉讼行为，而非共同诉讼人一方的诉讼行为。有些诉讼行为，一人提出即可发生法律效力，例如申请回避，申请法院调查收集证据；但有些诉讼行为则必须由一方诉讼主体共同进行方能发生法律效力，例如申请撤诉，此时，某一共同诉讼人一人的撤诉行为不可能发生撤诉的法律后果。

(四) 必要共同诉讼的审判

1. 必要共同诉讼人的追加

由于必要共同诉讼是一种不可分之诉，当事人必须一同起诉、应诉，所以若只有部分共同诉讼人起诉应诉，应当将其他未参加诉讼的主体纳入诉讼程序，赋予其当事人地位，以确保诉讼的正常运行和裁判的合法有效。

(1) 追加的方式。当事人可以向人民法院申请追加其他未进入诉讼的民事主体成为当事人，人民法院对当事人提出的申请，应当进行审查，申请无理的，裁定驳回；申请有理的，书面通知被追加的当事人参加诉讼。人民法院也可以依职权通知其作为共同诉讼人参加诉讼，但在追加时，应通知其他当事人。这是民事诉讼中较为罕见的人民法院可以主动地直接将民事主体纳入诉讼程序，赋予其当事人地位的情形。

(2) 追加的后果。应当追加的被告，不愿意参加诉讼的，并不影响其取得共同被告的诉讼地位，人民法院对其一般应当缺席判决，必要时可以依法拘传强制其到庭参加开庭审理。应当追加的原告，不愿意参加诉讼且已明确表示放弃实体权利的，可不予追加；既不愿意参加诉讼，又不放弃实体权利的，仍追加为共同原告，其不参加诉讼，不影响人民法院对案件的审理和依法作出判决，该判决对该不愿意参加诉讼的当事人而言，是缺席判决。

2. 必要共同诉讼的审理和裁判

必要共同诉讼案件的审理，也应当在所有的共同诉讼人都参加的情况下进行。若共同诉讼人中一人具有延期审理或诉讼中止的情形，案件就应当延期审理或中止审理。案件审理终结，人民法院应当对案件作出统一的判决，该判决对所有共同诉讼人都具有同一的法律效力。任一必要共同诉讼人不服与对方当事人之间的权利义务分配,或者是对必要共同诉讼人内部的权利义务分配表示不服,均可以提出上诉。

三、普通共同诉讼人

(一) 普通共同诉讼与普通共同诉讼人的概念

普通共同诉讼,是指当事人一方或双方为两人或两人以上,诉讼标的为同一种类,人民法院认为可以合并审理并经当事人同意而进行合并审理的诉讼。其实质是为了实现诉讼经济,人民法院将几个独立的但诉讼标的又属于同一种类的诉,进行合并审理。普通共同诉讼中的共同诉讼人就是普通的共同诉讼人。普通共同诉讼具有以下特征:

(1) 普通共同诉讼的诉讼标的属于同一种类,但并非同一,各共同诉讼人之间没有共同的权利义务。由于普通共同诉讼是几个诉的合并审理,所以在一个普通共同诉讼中,会存在几个诉讼标的,这几个诉讼标的是同一种类的,例如都是给付之诉等。

(2) 普通共同诉讼中共同诉讼人一方与对方当事人之间存在不止一个的诉讼请求。由于诉讼标的的不止一个,根据诉讼标的而提出的诉讼请求,自然也不止一个。

(3) 普通共同诉讼是一种可分之诉。既然普通共同诉讼由几个诉合并而成,在当事人不同意合并审理,或者人民法院认为合并审理达不到诉讼经济的效果时,也可以分开来,单独进行诉讼。

(4) 法院对普通共同诉讼的诉讼请求不是合一确定,而是分别确定,并分别作出判决。

(二) 普通共同诉讼的构成要件

(1) 当事人一方或双方为二人以上,有两个以上属同一种类的诉讼标的;当事人的多个并不一定形成普通共同诉讼,而必须要有两个以上的诉讼标的,并且诉讼标的属于同一种类。

(2) 人民法院认为可以合并审理,并且当事人同意合并审理。

(3) 属同一诉讼程序,归同一人民法院管辖;若不属于同一法院管辖,合并审理就不容易实现,达不到普通共同诉讼的诉讼经济的目的。若非同一审理程序,也无法实现诉的合并。

(4) 必须符合合并审理的目的,即有利于实现诉讼经济,节约司法资源。是否符合该目的,应当由法院来审查判断。所以,人民法院对于普通共同诉讼的构成,具有审查权。

(5) 当事人同意合并。由于普通共同诉讼的合并的目的是节约司法资源,所以还需要尊重当事人的意见。

(三) 普通共同诉讼人的内部关系

根据《民事诉讼法》的规定,普通共同诉讼中各共同诉讼人对诉讼标的并无共同权利义务,其中一人的诉讼行为对其他共同诉讼人不发生效力。由此可见,普通共同诉讼人在诉讼中的地位仍然是各自独立的,他们在诉讼中独立地使用自己的诉讼权利、履行自己的诉讼义务。

但是,各个普通共同诉讼人的行为之间仍然有一定的联系,例如,其中一人在诉讼中的作为或不作为,在法院认定其他共同诉讼人的请求或答辩时,具有证明作用。

四、普通共同诉讼与必要共同诉讼的区别

虽然普通共同诉讼与必要共同诉讼中,当事人一方或双方为两人或两人以上,但二者之间的区别更多:

(1) 诉讼标的的数量不同。普通共同诉讼的诉讼标的是同一种类,至少两个以上;必要共同诉讼人诉讼标的是同一的,因而只有一个诉讼标的。

(2) 共同诉讼人与诉讼标的的关系不同。普通共同诉讼人各自分别与对方有一个独立的诉讼标的存在,在实体上没有共同的权利和义务;必要共同诉讼人对诉讼标的有共同的权利和义务关系。

(3) 共同诉讼人之间的关系不同。在普通共同诉讼中,每个共同诉讼人都处于独立的地位,其诉讼行为对其他共同诉讼人不发生效力,而只对自己负责;在必要共同诉讼中,视全体共同诉讼人为一个整体,其中一人的诉讼行为经其他共同诉讼人同意,方对其他共同诉讼人发生效力。

(4) 是否必须合并审理不同。普通共同诉讼是一种可分之诉,因此法院既可以合并审理,也可以分开审理。合并审理时应经共同诉讼人同意。必要共同诉讼是一种不可分之诉,因此法院必须合并审理。

(5) 裁判的作出不同。普通共同诉讼应分别作出判决,对各个共同诉讼人的裁判分别对各个共同诉讼人发生法律效力。必要共同诉讼法院必须合并审理并作出合一判决,裁判对所有的共同诉讼人有同一的法律效力。

第四节 代表人诉讼与民事公益诉讼

一、代表人诉讼概述

(一) 代表人诉讼的概念和性质

代表人诉讼,是指当事人一方或者双方人数众多,由该群体中的一人或者数人代表群体起诉或者应诉,法院所作判决对该群体所有成员均有约束力的诉讼。代表群体起诉应诉的人,称为诉讼代表人。所谓的人数众多,根据司法解释,一般是指10人以上。

我国代表人诉讼是一种独特的群体性诉讼,它主要借鉴了日本选定当事人制度,也参考了美国的集团诉讼的立法经验,同时又具有自己的特点。1991年《民事诉讼法》建立该项制度,是希望为解决日渐增多的群体性纠纷提供一个经济的诉讼形式。代表人诉讼是我国通过民事诉讼解决群体性纠纷的重要手段。

代表人诉讼制度是共同诉讼制度与诉讼代理制度相融合的产物,兼具共同诉讼制度和诉讼代理制度的属性。一方面,代表人诉讼制度具有利用同一诉讼程序解决多数人诉讼的功能,诉讼代表人必须是从共同诉讼中的当事人中推选。这体现了它与共同诉讼制度的共性。另一方面,代表人诉讼制度具有通过他人行使诉讼权利、履行诉讼义务的功能,这又体现了它与诉讼代理制度的共性。

(二) 代表人诉讼的功能

代表人诉讼制度的建立,主要有以下功能和意义:

第一,诉讼效益显著。由于诉讼空间的容量有限,不可能让群体性纠纷的众多当事人同时到法庭进行诉讼,且所有当事人都亲自参诉应诉,必然耗时耗力耗财。代表人诉讼使得若干项纠纷在同一次诉讼中解决,既扩展了审判的空间,使得被代表方的大多数人不必亲自诉讼,但又能得到诉讼的好处,同时也使相对方免去多重诉讼之苦。因此,该诉讼形式具有高效、合理解纷的功能。

第二,保证法律适用的统一。代表人诉讼把若干相同的纠纷合于一案审理,从理论上讲,对相同的事实理应作出同样的认定和裁判,但由于认识过程和主观条件的差异,实然层面极难做到这点,因此难免出现对相同纠纷作出不同甚至相差较大的裁判的情况。代表人诉讼避免了因多重诉讼而引起的判决上的不一致性,确保对相同事实的认定和裁判具有同一性。

第三,完善和发展了诉讼主体制度和诉讼程序。代表人诉讼制度尽管条文内容不多,但为我国解决群体性纠纷提供了重要的制度基础,从而丰富发展了我国的诉讼主体制度,也为未来集团诉讼程序的发展提供了契机。

二、诉讼代表人

(一) 诉讼代表人的条件

担任诉讼代表人,需要满足下列基本条件:第一,是本案的共同诉讼人。第二,具有诉讼行为能力。第三,具有一定的专业知识和技能,能够完成诉讼中的陈述、举证、辩论等诉讼行为,从而履行好代表人职责。第四,善意谨慎地履行代表人义务,为全体当事人信赖。

(二) 诉讼代表人的人数

在一场代表人诉讼中,代表人的人数一般为2—5名。每位代表人还可以委托1—2名代理人,进行相应的诉讼活动。

(三) 诉讼代表人的权能

诉讼代表人的权能,是指诉讼代表人的权利内容的范围。它关系到代表人与所代表方当事人之间的关系。其核心问题在于究竟是全权行使当事人的一切权利,还是只能行使限定的权利?根据《民事诉讼法》和相关司法解释,代表人的权能应当具有完整性,在诉讼中享有当事人的诉讼权利,承担相应的诉讼义务。代表人的诉讼行为的后果及于全体当事人,但撤诉、变更诉讼请求、与对方和解,则需要征得全体当事人的同意。此类限制的目的是为了防止代表人滥用诉讼权利,保护被代表的当事人的权益。

(四) 诉讼代表人的更换

代表人在出现特殊情况,无法履行职责时,可以更换代表人。法院应当裁定中止诉讼,召集全体被代表人,以推选、协商等方式重新确定诉讼代表人。新的代表人产生后,诉讼恢复,但原诉讼代表人实施的诉讼行为,对更换后的诉讼代表人有拘束效力。

三、代表人诉讼的种类

我国的代表人诉讼,可以分为两类:一类为人数确定的代表人诉讼;另一类为人数不确定的代表人诉讼。

(一) 人数确定的代表人诉讼

这是指当事人一方为一批利益相同、成员确定的人,由于人数众多,不适宜让所有的人均参加诉讼,于是由该方当事人从中推选一人或数人代表该方当事人进行诉讼,诉讼的后果及于该方的全体当事人。

当事人人数确定的代表人诉讼形成的诉讼集团,一般情况下不会过于庞大,因而应当由所有当事人共同推选产生代表人。推选不出代表人的当事人,在必要共同诉讼中可以自行参加诉讼,在普通共同诉讼中可以另行起诉,不再进行诉的合并。

(二) 人数不确定的代表人诉讼

这是指有一大批利益完全相同的当事人,但诉讼开始时尚难以确定其人数,此时由其中的某些人代表该批利益相同的人进行诉讼,诉讼后果及于全体代表人与被代表人,不论其是否已经登记为本案当事人。

这种代表人诉讼与前一种的核心差异点在于:起诉时难以确定拥有相同利益的这批当事人到底有多少。这一差别使得两种代表人诉讼在程序以及判决效力等方面均有所不同。

(三) 两种代表人诉讼的区别

(1) 起诉时当事人人数是否确定不同。当事人人数确定的代表人诉讼突出的特征是在诉讼开始的时候,作为人数众多的一方当事人的人数已经确定。而当事人人数不确定的代表人诉讼自然是在诉讼开始的时候,作为人数众多的一方当事人的人数尚未确定。

(2) 共同诉讼的类型不同。当事人人数确定的代表人诉讼可能是必要共同诉讼,也可能是普通共同诉讼,而当事人人数不确定的代表人诉讼只可能是普通共同诉讼。

(3) 诉讼代表人的产生方式不同。当事人人数确定的代表人诉讼,其代表人由该方当事人推选产生。而当事人人数不确定的代表人诉讼,其代表人由向人民法院登记权利的当事人推选,当事人推选不出的,可以由人民法院提出人选与当事人协商,协商不成的,也可以由人民法院在起诉的当事人中指定。

(4) 是否需要发布公告通知权利人参加诉讼不同。当事人人数不确定的代表人诉讼,在受理后应当发布公告,说明案件情况和诉讼请求,通知认为自己也对该案享有权利的人在一定期间向受诉的人民法院登记。公告期由法院根据具体案件的情况确定,最少不得少于 30 日。公告的目的,在于催促权利人向人民法院登记,从而完成诉的合并,产生代表人。登记时,应证明其与对方当事人的法律关系和所受到的损害。证明不了的,不予登记,但这只是表明该权利人不能作为本次诉讼的当事人,对其实体权利并不会产生不利的影响,未准予登记的权利人可以另行起诉。当事人人数确定的代表人诉讼,由于当事人在起诉时已经基本确定,所以无需该环节。

(5) 人民法院的判决和裁定是否有扩展性不同。当事人人数不确定的代表人诉讼,法院作出的判决、裁定,除对参加登记的全体权利人发生效力外,还具有扩展性效力,即对未参加登记的权利人在诉讼时效期间内提起诉讼时,人民法院裁定直接适用该判决、裁定。而当事人人数确定的代表人诉讼的裁判没有这种效力。然而,由于法律和司法解释对扩展性效力的范围并未更明确的规范,导致了司法实践中人民法院不敢使用该制度来解决群体性纠纷,因此现实中适用代表人诉讼,尤其是人数不确定的代表人诉讼的案件并不多见。

四、民事公益诉讼

近年来,随着社会主义市场经济发展水平的不断提升,法治建设进程随之加快,在社会转型这一特殊时代背景下,民事领域开始呈现出主体多元化、利益多样化、纠纷新型化等特征。在此情形下,加之诸多有关公害、消费者权益保护等问题的典型案例的出现,使得理论界与实务界对公益诉讼给予了越来越多的关注。依据适用领域的不同,可以将公益诉讼分为行政公益诉讼和民事公益诉讼两大类,《民事诉讼法》第55条已经为民事公益诉讼提供了最基础的法律依据。

(一) 民事公益诉讼的概念

公益诉讼起源于古罗马,是相对于私益诉讼而言的。在古罗马法中,私益诉讼是为保护个人所有权而设定的诉讼,仅特定人才可提起;公益诉讼乃是保护社会公共利益的诉讼,除法律有特别规定者外,凡罗马市民均可提起。虽在古罗马时期就已经存在,但直到20世纪,公益诉讼才开始引起广泛的关注。随着科学技术水平的飞速发展,人们的生产和生活日益社会化,公害、社会福利、消费者权益侵害等问题日益凸显。为了维护国家利益和社会公共利益,公益诉讼被诸多国家所重视,我国在2012年全面修订《民事诉讼法》时增设了公益诉讼制度,依据该法第55条的规定,民事公益诉讼是指在民事、经济活动中,特定的机关或有关社会团体,根据法律的授权,对违反法律法规损害社会公共利益的行为,向法院提起诉讼,由法院通过审判来追究违法者的法律责任并进而维护社会公共利益的诉讼活动。在实践中,公益诉讼主要是针对环境污染、侵犯众多消费者合法权益等公共性违法行为而设置的诉讼救济机制。

(二) 民事公益诉讼的特征

相较于普通的民事诉讼,民事公益诉讼具有以下特征:

(1) 诉讼目的方面的特殊性。民事公益诉讼的目的是维护社会公共利益,不同于普通民事诉讼仅牵涉私人民事纷争,公益诉讼具有重大的社会价值。

(2) 起诉主体的法定性、特殊性与广泛性。所谓法定性,是指有权提起民事公益诉讼的主体只能是法律规定的机关或者有关社会团体,但有些国家允许公民个人提起公益诉讼。所谓特殊性和广泛性,是指民事公益诉讼的原告并不限于遭受违法行为侵害的直接利害关系人,与案件没有实体利益关系的机关或者社会团体,在公共利益受到侵害时,可以根据法律的规定提起民事公益诉讼。而在传统民事诉讼领域,原告必须是与案件有直接利害关系的当事人。

(3)当事人双方地位的不均衡性。民事公益诉讼中双方当事人的社会地位通常存在较大差异,民事公益诉讼的原告多为普通民众个人,而被告一方通常是财力雄厚、资源丰富的大型经营实体或特权部门,这就使得原告常常处于弱势地位。

(4)民事公益诉讼的提起并不以存在实际损害为前提条件,可以针对那些给社会公众或不特定多数人造成潜在危害的不法行为提起民事公益诉讼。

(三)民事公益诉讼的功能

民事公益诉讼的功能与设立该项制度的正当性和必要性密切相关,民事公益诉讼主要包括以下积极功能:

(1)民事公益诉讼有利于保障公众权利的实现。如前所述,民事公益诉讼的原告具有多样性,其赋予特定的机关和社会团体以诉权,即使并非违法行为的直接利害关系人,也可以在公共利益受损的情形下依法提起公益诉讼。这填补了普通民事诉讼无法对公共利益进行有效救济的缺陷,能够更好地保护公共财产利益。

(2)民事公益诉讼是社会主义民主法治的具体体现。我国《宪法》在第2条规定了公民参与国家各项事业管理的权利,公益诉讼这一制度设计,使法定的机关和社会团体相关权利的行使获得了操作依据和司法保障,是社会主义民主在诉讼领域的制度化、法律化表现。

(3)民事公益诉讼有益于提升司法的纠纷解决能力,有效回应新型纠纷的诉讼需求。随着法治建设进程的不断推进,社会公众的法律意识随之提升,纠纷的类型也呈现出多样化、新颖化、复杂化的趋势。通过设置民事公益诉讼这一法律制度,可以使更多的主体通过诉讼程序将违反法律法规而损害社会公共利益的行为诉诸法院,这不仅有助于司法功能的充分发挥,也能够促进社会公共事务的管理能力。

(4)民事公益诉讼能够监督法律的有效实施,并发挥预防功能。通过赋予特定机关和社会团体以原告资格,使得民事公益诉讼具有了社会监督的功能,能够最大限度地发现和规制危害公共利益的行为。此外,民事公益诉讼不以发生实际损害为提起要件,可以针对那些潜在的危害公共利益的行为提起诉讼,这无疑有助于发挥其事前预防和遏制的功能。

(5)民事公益诉讼具有公共政策引导功能。目前,环境污染、消费者权益保护、劳动者权益保护是公益诉讼的主要适用领域。不同于普通民事诉讼,法官对公益诉讼案件所进行的审理与裁判,在一定程度上可以超越案件的具体情况,而对社会公认的价值作出评判。这就使得公益诉讼的裁判结果能够对公共政策的形成或修正产生一定的影响或压力,使得社会公众和相关机关或团体都在这一社会公共政策的引导下行事。

(四)我国民事公益诉讼的具体程序设置

2012年《民事诉讼法》确定了民事公益诉讼的法律地位后,最高人民法院于2015年1

月6号公布的《最高人民法院关于审理环境民事公益诉讼案件适用法律若干问题的解释》以及之后的司法解释中规定了起诉资格以及其他相关的程序事项。由于条文较少,目前尚缺乏具有可操作性的系统化的程序实施性规则,有待日后予以完善。根据现行法律和司法解释,目前较为确定的程序内容有:

1. 适用范围

对民事公益诉讼适用范围的界定,需要合理平衡公共利益保护与法院负担之间的关系。我国现行立法采用了不完全列举的方式,将公益诉讼的适用范围限定为"污染环境、侵害众多消费者的合法权益等损害社会公共利益的行为"。该种规定方式较为合理,采用不完全列举的方法来划定公益诉讼的适用范围,既满足了社会与司法实践的显示需求,又为今后公益诉讼机能的发展提供了空间。

2. 起诉主体资格

关于民事公益诉讼提起主体的范围问题,一直是理论界和实务界关注的重点,我国目前的相关立法也在逐步完善中。《民事诉讼法》将公益诉讼的起诉主体资格限定为法律规定的机关和有关组织,而并未赋予公民个人以起诉资格和权能。结合2014年修订的《环境保护法》第58条的规定,对污染环境、破坏生态,损害社会公共利益的行为,依法在设区的市级以上人民政府民政部门登记的专门从事环境保护公益活动连续5年以上且无违法记录的社会组织可以向人民法院提起公益诉讼。最高人民法院《关于审理环境民事公益诉讼案件适用法律若干问题的解释》第2条规定,依照法律、法规的规定,在设区的市级以上人民政府民政部门登记的社会团体、民办非企业单位以及基金会等,可以认定为《环境保护法》第58条规定的社会组织。除此之外,还对社会组织的宗旨、业务范围以及其他标准作了规定。其他种类的公益诉讼主体还要根据2015年的《民诉解释》第284条的规定,结合相关的实体法等法律规定确定起诉主体。比如2013年修订的《消费者权益保护法》第47条,对侵害众多消费者合法权益的行为,中国消费者协会以及在省、自治区、直辖市设立的消费者协会,可以向人民法院提起诉讼。由此可见,我国的民事公益诉讼的起诉主体门槛较高。

人民检察院能否成为公益诉讼的主体,存在一定的争议。目前我国并无任何一部法律赋予检察院提起公益诉讼的职权。但最高人民检察院于2015年发布了《检察机关提起公益诉讼试点方案》,明确提出在污染环境、食品药品安全领域侵害众多消费者合法权益等损害社会公共利益的案件中,试点地区的人民检察院可以以公益诉讼人的身份提起诉讼。这一试点工作成效如何,还有待进一步的观察。

3. 起诉条件

民事公益诉讼的起诉,需要符合《民事诉讼法》第119条和第124条的一般条件。此外,鉴于其特殊性,司法解释对起诉的相关条件做了进一步的规范和明晰:

首先,起诉提交的材料。除了起诉状必须列明明确的被告和具体的请求和理由外,起诉主体还必须提供有社会公共利益受到损害的初步证据。

其次,管辖法院。公益诉讼都涉及侵害公共利益,因而主要是侵权诉讼,故而其管辖法院应当是参照侵权案件的规则,由侵权行为地或者被告住所地法院管辖。又由于公益诉讼的复杂性,因而原则上应当由中级人民法院管辖。当然,法律、司法解释另有规定的除外。例如,因污染海洋环境提起的公益诉讼,就应由污染发生地、损害结果地或者采取预防污染措施地海事法院管辖。对同一侵权行为分别向两个以上人民法院提起公益诉讼的,由最先立案的人民法院管辖,必要时由它们的共同上级人民法院指定管辖。

最后,一事不再理的认定。由于公益诉讼无法用传统的民法理论来确定其诉讼标的,而根据司法解释,公益诉讼案件的裁判发生法律效力后,其他依法具有原告资格的机关和有关组织就同一侵权行为另行提起公益诉讼的,人民法院裁定不予受理,但法律、司法解释另有规定的除外。因此,对于公益诉讼,应当以是否是同一侵权行为来辨析其是否构成同一诉讼标的。此外,司法解释专门规定,公益诉讼的提起和受理,不影响相关受害人就其民事权益自行提起私益诉讼。

4. 审理程序

民事公益诉讼在审理程序上也有自己的独立性,有别于通常的民事诉讼:

首先,司法告知义务。人民法院受理公益诉讼案件后,应当在10日内书面告知相关行政主管部门。

其次,合并审理。人民法院受理公益诉讼案件后,依法可以提起诉讼的其他机关和有关组织,可以在开庭前向人民法院申请参加诉讼。人民法院准许参加诉讼的,列为共同原告。

再次,和解调解。对公益诉讼案件,当事人可以和解,人民法院可以调解。但当事人达成和解或者调解协议后,人民法院应当将和解或者调解协议进行公告。公告期间不得少于30日。公告期满后,人民法院经审查,和解或者调解协议不违反社会公共利益的,应当出具调解书;和解或者调解协议违反社会公共利益的,不予出具调解书,继续对案件进行审理并依法作出裁判。

最后,撤诉限制。公益诉讼案件的原告不得在法庭辩论终结后申请撤诉。

虽然司法解释已经对上述程序事项作出了规定,但民事公益诉讼在举证责任、裁判效力等方面仍然有待确立更为明确的规则,以便这一新兴诉讼程序的适用。

第五节 第 三 人

民事诉讼中的第三人,是指对他人争议的诉讼标的物有独立的请求权,或虽无独立的请求权,但案件的处理结果与其有法律上的利害关系,而参加到原告、被告已经开始的诉讼中进行诉讼的人。我国《民事诉讼法》规定第三人包括两种,即有独立请求权的第三人和无独立请求权的第三人。两种第三人制度的设立目的、程序架构都大相径庭,因而必须分别介绍之。

一、有独立请求权的第三人

（一）有独立请求权的第三人的诉讼地位

有独立请求权的第三人，是指对原、被告之间争议的诉讼标的物认为有独立的请求权，从而通过起诉的方式，参加到已经开始的诉讼中的人。有独立请求权的第三人在诉讼中相当于原告的地位，即以本诉中的原告和被告作为共同被告。他为了维护自己的民事权益，以独立的实体权利人资格，向人民法院提起一个新的诉讼，与本诉相对应，我们称之为参与之诉。

由于有独立请求权的第三人在参加之诉中居于原告地位，因此其无权提出管辖权异议，因为其非本诉当事人，自然无权提出；若其对参加之诉的管辖有异议，可以直接向其认为有管辖权的法院起诉即可。另外，若有独立请求权的第三人参加诉讼后，本诉的原告申请撤诉，人民法院在准许原告撤诉后，本诉终结，但参加之诉并不会因此终结：有独立请求权的第三人将作为另案原告，原案原告、被告作为另案被告，诉讼另行进行。

具体的诉讼结构如下图所示：

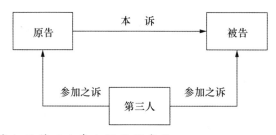

（二）有独立请求权的第三人参加诉讼的条件

有独立请求权的第三人参加诉讼，应符合以下条件：

（1）对本诉中的原告和被告所争议的诉讼标的物主张独立的请求权。这种请求权，既可以是对诉讼标的物的全部主张，也可以对诉讼标的物的一部分主张，但其主张既不同于原告，也不同于被告。

（2）其所参加的诉讼，即本诉正在进行之中。有独立请求权的第三人一般应当在一审法庭辩论结束前。若本诉的一审程序已经结束，则有独立请求权第三人的起诉失去了合并的载体，只能作为独立的诉讼来单独进行审理。《民诉解释》第81条第2款规定，第一审程序中未参加诉讼的第三人，申请参加第二审程序的，人民法院可以准许。如果单纯从这一款看，似乎有独立请求权第三人也可以在二审中提起参加之诉，并与本诉合并。但是，《民诉解释》第327条还规定，有独立请求权的第三人，在第一审程序中未参加诉讼，第二审人民法院可以根据当事人自愿的原则予以调解；调解不成的，发回重审。由此可见，前述第81条第2款的规定，只是为了将有独立请求权三人纳入到调解程序的一种妥协之举，而不能认为其可以在二审程序中提出新的诉讼。

（3）以起诉的方式参加到诉讼之中。因此，其起诉也应当符合《民事诉讼法》关于起诉条件、预交受理费、撤诉等相关规定。

(三)有独立请求权的第三人的制度功能

有独立的请求权的第三人,本质上是一种诉的合并,是将原被告双方之间的本诉,与第三人提出的参加之诉合并审理。通过将本诉和参加之诉合并审理,能够节约司法资源,提高诉讼效率,同时也有助于防止法院作出错误裁判,更好地维护当事人的相关权益。

二、无独立请求权的第三人

(一)无独立请求权的第三人的含义

无独立请求权的第三人,指对他人争议的诉讼标的虽无独立的请求权,但案件的处理结果与其有法律上的利害关系,而参加到原告、被告已经开始的诉讼中进行诉讼的人。我国民事诉讼法规定,对当事人双方的诉讼标的,第三人虽然没有独立请求权,但案件处理结果同他有法律上的利害关系的,可以申请参加诉讼,或者由人民法院通知他参加诉讼。人民法院判决承担民事责任的第三人,有当事人的诉讼权利义务。无独立请求权的第三人与有独立请求权的第三人的区别在于:

(1)参加诉讼的根据不同。无独立请求权的第三人参加诉讼,根据是因为本诉当事人之间争议的处理结果与其有法律上的利害关系;而有独立请求权的第三人参加诉讼,根据是对本诉中的原告和被告所争议的诉讼标的主张全部或部分的独立请求权。

(2)诉讼地位不同。无独立请求权的第三人的诉讼地位会根据不同的类型,扮演被告或辅助人的角色;而有独立请求权的第三人相当于原告的诉讼地位。

(3)享有的权利不同。无独立请求权的第三人通常不享有与处分实体权利有关联的诉讼权利,如在一审中无权对案件的管辖权提出异议,无权放弃、变更诉讼请求或者申请撤诉;而有独立请求权的第三人享有原告所应享有的所有权利。

(4)参加诉讼的方式不同。无独立请求权的第三人参加诉讼的方式,是申请或者由人民法院通知参加诉讼;而有独立请求权的第三人是以起诉的方式参加诉讼。

(二)无独立请求权的第三人的类型

在我国的司法实践中,无独立请求权的第三人主要有两种类型:

1. 被告型第三人

被告型第三人,是指因自己与本诉的被告存在一定的法律关系,当本诉被告败诉时,可能面临被告追偿,从而向原告承担民事责任的人。被告型第三人,在本质上,依然是诉的合并,因此会存在本诉与参加之诉两个诉。

在被告型第三人与本诉被告之间的参加之诉中,本诉被告是参加之诉的原告,无独立请求的第三人是参加之诉的被告。此时,被告型第三人享有被告的相关诉讼权利,如果一审判决其承担民事责任,他可以对一审判决提起上诉。但根据我国《民事诉讼法》的规定,被告型第三人不享有反诉和管辖权异议的权利。

不真正连带责任中的终局责任人,是被告型第三人的典型形态。例如,消费者购买的产品因为质量问题对其造成损害后,消费者起诉销售商要求赔偿损失,此时销售商可以申请将生产商作为无独立请求权的第三人追加到诉讼中来,由生产商对消费者承担终局的

责任。其具体的程序构造如下图所示:

2. 辅助型第三人

无独立请求权的第三人的另一种形态是辅助型第三人,此时第三人并没有向原被告双方提出独立的请求,原被告双方也没有直接对第三人提出请求,第三人参加诉讼的目的,是辅助其中一方当事人进行攻击防御。

辅助型第三人不是完全独立的诉讼当事人,不具有与本诉的原告和被告相同的诉讼地位,因为其在诉讼中不是向原告和被告提出独立的诉讼请求,而是辅助本诉的一方当事人对抗另一方当事人。因此,他在诉讼中能够行使的诉讼权利受到一定的限制,如在一审中无权对案件的管辖权提出异议,无权放弃、变更诉讼请求或者申请撤诉。由于当事人没有对其提出诉讼请求,一审法院也不会判决其承担权利义务,因此他对一审判决也无上诉权。但对于当事人享有的一般性的诉讼权利,如提供证据、委托诉讼代理人、参与庭审、进行辩论等权利,辅助型第三人均可以独立行使。

辅助型第三人参加诉讼的目的,是为了维护自己的合法权益。因为如果其辅助的一方当事人在本诉中败诉,虽然本诉判决并不对其本人有直接的拘束力,但却可能带来法律上的消极影响。例如,当债权人向次债务人提起了代位权诉讼后,债务人就可以作为辅助型第三人加入诉讼,帮助一方当事人进行攻击防御。其具体诉讼构造如下:

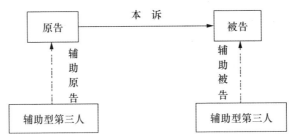

(三)无独立请求权的第三人参加诉讼的条件

(1)无独立请求权的第三人参加诉讼,是因为本诉当事人之间争议的处理结果与其有法律上的利害关系。所谓"法律上的利害关系",是指无独立请求权的第三人的权利义务将受原告与被告间诉讼结果的影响。这种利害关系是由于无独立请求权的第三人与原告和被告在实体法上的牵连决定的。

(2)参加诉讼的方式,是由自己申请参加诉讼或者由人民法院通知参加诉讼。针对被告型第三人,应当由本诉被告向法院提出申请后,法院方能通知第三人参加诉讼,不宜直接依职权将第三人纳入诉讼程序,否则将违反不告不理原则。而对于辅助型第三人,由于其参加诉讼只是增加本诉原被告的攻击防御,并不会对第三人本身的实体权利义务直接造成影响,因而既可以由其自己申请参加诉讼,也可以由法院通知其参加诉讼。

(3) 所参加的本诉讼正在进行。无独立请求权的第三人一般应当在诉讼开始后、一审开庭审理结束前参加诉讼。与有独立请求权的第三人相同,若本诉讼已经终结,该无独立请求权第三人已经无诉可参加,不能达到合并审理的目的,但其也可以在二审中参加,以便调解。

另外,为防止审判实务中出现滥定、错定无独立请求权的第三人,从而损害第三人利益的情况,最高人民法院《关于在经济审判工作中严格执行〈中华人民共和国民事诉讼法〉的若干规定》中,对无独立请求权的第三人的范围作了限制性的规定:

(1) 受诉人民法院对与原被告双方争议的诉讼标的无直接牵连和不负有返还或者赔偿等义务的人,以及与原告或被告约定仲裁或有约定管辖的案外人,或者专属管辖案件的一方当事人,均不得作为无独立请求权的第三人通知其参加诉讼。

(2) 人民法院在审理产品质量纠纷案件中,对原被告之间法律关系以外的人,证据已证明其已经提供了合同约定或者符合法律规定的产品的,或者案件中的当事人未在规定的质量异议期内提出异议的,或者作为收货方已经认可该产品质量的,不得作为无独立请求权的第三人通知其参加诉讼。

(3) 人民法院对已经履行了义务,或者依法取得了一方当事人的财产,并支付了相应对价的原被告之间法律关系以外的人,不得作为无独立请求权的第三人通知其参加诉讼。

三、第三人撤销之诉

(一) 第三人撤销之诉的概念

为了规制恶意诉讼,保护自然人和法人的合法权利,2012年修改的《民事诉讼法》新增了第三人撤销之诉制度,赋予没有参加诉讼的第三人通过提起诉讼的方式,撤销原生效法律文书。根据立法原意,我国的第三人撤销之诉,是指当第三人因不可归责于己的事由而未参加原案审理,但原案的生效判决、裁定、调解书使其民事权益受到损害,可以请求法院撤销或改变原案生效判决、裁定、调解书中对其不利部分的诉讼程序。

(二) 第三人撤销之诉的特征

我国的第三人撤销之诉有以下几个特征:

(1) 属于一种事后救济机制。第三人撤销之诉不同于前述参加之诉,是在原案已经生成具备法律效力的判决、裁定、调解书之后,对非因自身原因而未能参加到原案诉讼程序中的第三人所提供的事后救济机制,以扭转其合法民事权益受损的局面。

(2) 属于一种特殊性、非通常的救济机制。其特殊性主要在于对原裁判之既判力的冲击和挑战。就我国目前的立法来看,在增设第三人撤销之诉制度前,对生效裁判的既判力产生冲击的程序制度只有审判监督程序。鉴于此,在适用第三人撤销之诉的过程中,需有效平衡保护第三人民事权益与维护司法权威和秩序之间的关系,通过适当的程序配置来避免该救济路径被滥用,并进而最大程度地发挥该制度的预设功能。

(3) 属于一种以保护第三人的民事实体权益为主要目的的诉讼程序。第三人未能获得充分的事前程序保障并非启动撤销之诉的唯一或核心事由，若第三人的民事权益并未受到原案判决、裁定、调解书的损害，则其无权提起第三人撤销之诉。

(4) 第三人撤销之诉的提起主体具有法定性与特定性。法定性是指有权提起第三人撤销之诉的适格主体由《民事诉讼法》明确规定；而特定性则是指有权提起撤销之诉的只能是前诉当事人以外的第三人（即原本应具有有独立请求权的第三人和无独立请求权的第三人地位的民事主体），并且该当事人还必须满足一定的条件，即非因可归责于本人的事由而未能参加诉讼、与本诉有法律上的利害关系。

(三) 第三人撤销之诉的程序设置

由于第三人撤销之诉系 2012 年修改的《民事诉讼法》的新增内容，根据诉讼原理和《民诉解释》一些具体的规定，对第三人撤销之诉的内容概括如下：

1. 诉讼主体

有权提起第三人撤销之诉的必须是当事人以外的第三人，但并非一切案外人均有权启动该程序，其须对原案的诉讼标的享有独立的请求权或者与原案的裁判结果有法律上的利害关系。

提起撤销之诉的第三人，需要满足以下两个条件：

第一是实质条件，即民事权益受到了原案判决、裁定、调解书的损害。即便第三人与原审有各种法律上的联系，但只要原审裁判或调解书没有直接损害其权益，就不构成撤销。例如，代表人诉讼中未参加登记的权利人对代表人诉讼案件的生效裁判，以及公益诉讼中具体的私益受害人对公益诉讼案件的生效裁判，都不能要求撤销，盖因其并不受裁判效力的约束，因而不会直接受到损害。此外，这种损害，应当仅指相关法律文书的主文对其权益造成了损害，而不能扩展到裁判理由或事实认定。

第二是程序条件，即其未能参加原案的诉讼程序是因不能归责于己的事由。因不能归责于本人的事由未参加诉讼，是指没有被列为生效判决、裁定、调解书当事人，且无过错或者无明显过错的情形。包括：(1) 不知道诉讼而未参加的；(2) 申请参加未获准许的；(3) 知道诉讼，但因客观原因无法参加的；(4) 因其他不能归责于本人的事由未参加诉讼的。

根据司法解释，第三人提起撤销之诉，人民法院应当将该第三人列为原告，生效判决、裁定、调解书的当事人列为被告，生效判决、裁定、调解书中没有承担责任的无独立请求权的第三人可以列为第三人。

2. 诉讼客体

依据我国现行法律的规定，第三人撤销之诉的客体为损害了第三人民事权益的发生法律效力的判决、裁定、调解书。这些判决、裁定的主文，调解书中处理当事人民事权利义务的结果损害了第三人的民事权益。

但是，以下情形下的裁判文书，由于并不符合第三人撤销之诉的前提条件，因而不属于撤销的对象：(1) 适用特别程序、督促程序、公示催告程序、破产程序等非讼程序处理的案件；(2) 婚姻无效、撤销或者解除婚姻关系等判决、裁定、调解书中涉及身份关系的内容。

3. 起诉条件

依据《民事诉讼法》第 56 条第 3 款的规定，第三人可以自知道或应当知道其民事权益受到损害之日起 6 个月内，向作出该判决、裁定、调解书的人民法院提起诉讼。第三人提起第三人撤销之诉，应当提供存在下列情形的证据材料：(1) 因不能归责于本人的事由未参加诉讼；(2) 发生法律效力的判决、裁定、调解书的全部或者部分内容错误；(3) 发生法律效力的判决、裁定、调解书内容错误损害其民事权益。

人民法院应当在收到起诉状和证据材料之日起 5 日内送交对方当事人，对方当事人可以自收到起诉状之日起 10 日内提出书面意见。人民法院应当对第三人提交的起诉状、证据材料以及对方当事人的书面意见进行审查。必要时，可以询问双方当事人。经审查，符合起诉条件的，人民法院应当在收到起诉状之日起 30 日内立案。不符合起诉条件的，应当在收到起诉状之日起 30 日内裁定不予受理。

4. 审判程序与裁判结果

人民法院对第三人撤销之诉案件，应当组成合议庭开庭审理。

受理第三人撤销之诉案件后，原告提供相应担保，请求中止执行的，人民法院可以准许。

对第三人撤销或者部分撤销发生法律效力的判决、裁定、调解书内容的请求，人民法院经审理，按下列情形分别处理：

(1) 请求成立且确认其民事权利的主张全部或部分成立的，改变原判决、裁定、调解书内容的错误部分。

(2) 请求成立，但确认其全部或部分民事权利的主张不成立，或者未提出确认其民事权利请求的，撤销原判决、裁定、调解书内容的错误部分。

(3) 请求不成立的，驳回诉讼请求。对法院裁判不服的，当事人可以上诉。原判决、裁定、调解书的内容未改变或者未撤销的部分继续有效。

第七章 诉讼代理人

第一节 诉讼代理人概述

一、诉讼代理人的概念

从一般意义上讲,在民事诉讼中,为了维护当事人的合法权益,当事人可以自己亲自进行诉讼。但是,没有诉讼行为能力的当事人,由于自身能力的限制,在法律上无法亲自进行诉讼行为;即使是有诉讼行为能力的当事人,也有可能因缺少法律知识或时间的约束乃至诉讼技巧的缺乏,而无法由自己亲自来进行有关的诉讼行为。因此,为了切实保护当事人的合法权益,为当事人进行诉讼提供法律上的帮助和诉讼上的方便,法律上设立了诉讼代理人制度。可以说,诉讼代理人制度的设立,最主要的是为了维护当事人的合法权益以及保证诉讼的顺利进行。

诉讼代理人,是指根据法律规定或当事人等人的授权,为维护当事人等人的利益进行诉讼活动的人。诉讼代理人进行诉讼活动的权限,称为诉讼代理权;诉讼代理人依据诉讼代理权所进行的诉讼行为,称为诉讼代理行为。

二、诉讼代理人的特点

从当事人的含义中,我们可以归结出其以下几个特点:第一,诉讼代理人是为了被代理的当事人等人的利益而进行诉讼的,所以,在诉讼中,其所进行的诉讼行为,无论是代为实施诉讼行为,还是代为接受诉讼行为,都是代理当事人等人进行的,在法律上视为被代理人的诉讼行为。第二,诉讼代理人的代理权是基于法律规定或当事人等人的授权而产生,因此,其进行诉讼活动,应当在法律规定或当事人等人授权的范围内进行。诉讼代理人在诉讼中超出代理权限的代理行为,其效力原则上不及于被代理人,由于超越代理权而给被代理人造成损失的,代理人要负赔偿责任;第三,诉讼代理人在法律规定或当事人等人的授权范围内进行的代理活动所产生的法律后果由被代理人承担。

鉴于诉讼代理人是代理当事人进行诉讼行为,是为了维护被代理的当事人的利益而参加诉讼活动,因此,对诉讼代理人还有以下要求:第一,诉讼代理人应当具有诉讼行为能力。诉讼代理人是代理当事人等人进行诉讼行为,而要亲自实施诉讼行为,一个基本的条件是行为人需要有诉讼行为能力,因此,代理他人进行诉讼行为的诉讼代理人必须要有诉讼行为能力。第二,诉讼代理人不得在一个诉讼中同时代理双方当事人。这是基于诉讼代理人应当切实维护其被代理人的合法权益的要求。在诉讼中,双方当事人的利益是相冲突的,因此,代理人不可以同时代理双方当事人。第三,诉讼代理人必须在代理权限范围内进行诉讼活动。诉讼代理人的行为受到代理权限的限制,只能在代理权限范围内实施诉讼行为,超越代理权限范围,代理行为就成为无效的行为,不能产生诉讼上的法律效果。

民事诉讼代理与民事代理有某些共同之处,如代理人均需以代理权为依据,都必须遵循"显名主义"原则,代理的后果均归属于被代理人等等。但二者毕竟是两种不同性质的代理,其间也存在着诸多差别,主要表现在:第一,民事诉讼代理活动的内容是民事诉讼活动,以民事诉讼法为法律依据,产生的后果也主要是民事诉讼法律意义上的后果;而民事代理活动的内容是民事法律行为,以民事实体法为法律依据,直接产生民事实体权利义务方面的后果。第二,民事诉讼代理的被代理人是案件的当事人,因而其目的在于维护当事人的诉讼利益;民事代理的对象是民事主体,其目的在于协助民事主体实现民事权利和履行民事义务。

三、诉讼代理人的分类

诉讼代理人因其诉讼代理权发生的原因不同——有的是根据法律的规定而行使代理权,有的则是根据当事人的授权而行使代理权,可以划分为不同的类别。在1982年《民事诉讼法(试行)》中,诉讼代理权分别产生于法律规定、法院指定和当事人的授权,因此,可以将诉讼代理人分成三类:法定代理人、指定代理人和委托代理人。1991年的《民事诉讼法》对诉讼代理人制度作了修改,只将民事诉讼代理人分为法定代理人和委托代理人两种。

第二节　法定代理人

一、法定代理人的概念

法定代理人,是指根据法律的规定,代理无诉讼行为能力的当事人进行诉讼的人。

民事诉讼的法定代理制度是为无诉讼行为能力的当事人进行诉讼而设立的代理制度。无诉讼行为能力的当事人由于其受年龄或身体原因的限制,法律上认为其不能正确地认知自己行为的法律后果,因此规定其不能亲自进行诉讼行为。为了维护无诉讼行为能力的当事人的合法权益,《民事诉讼法》第57条规定:"无诉讼行为能力人由他的监护人作为法定代理人代为诉讼。法定代理人之间互相推诿代理责任的,由人民法院指定其中一人代为诉讼。"最高人民法院的有关司法解释指出,诉讼时没有确定监护人的,可以由有监护资格的人协商确定;协商不成的,由人民法院在他们之中指定诉讼中的法定代理人。当事人没有《民法通则》第16条第1款、第2款或者第17条第1款规定的监护人的,可以指定该法第16条第4款或者第17条第3款规定的有关组织担任诉讼中的法定代理人。

法定代理人具有以下特点:

(1) 法定代理人的代理权源于法律的直接规定。法定诉讼代理权因法律直接的规定而当然产生,不存在当事人授权的问题,不受被代理人意志的制约。即便是法院从若干监护人中指定一名作为法定代理人,也是因为其基于监护身份取得了法定代理的资格,法院的指定行为仅仅是确定其在具体案件中的诉讼地位,代理权限的取得依然是基于法律授权。

(2) 法定诉讼代理人代理的对象仅为无诉讼行为能力人。法定诉讼代理制度设立的目的在于专门为无诉讼行为能力人提供法律救济,对有诉讼行为能力的当事人来说,他可以依自己的意志亲自参加诉讼或委托诉讼代理人代为诉讼,而无需法定代理人代为诉讼。

(3) 法定诉讼代理人的范围限于对当事人享有监护权的人。监护人的范围,参照《民法通则》和相关司法解释的具体规定,超出法律规定范围以外的人一般不能担任法定诉讼代理人。

(4) 法定诉讼代理人的代理权既是一项权利,又是一项义务。在无诉讼行为能力人涉讼时,监护人有权依法以法定诉讼代理人的身份参加诉讼,而为了维护当事人的合法权益,法律也要求监护人必须代为诉讼。

二、法定代理人的代理权限和诉讼地位

法定代理人可以代理当事人实施所有的诉讼行为,在诉讼中处分各种诉讼权利和实体权利。因为法定代理人是代理无诉讼行为能力的当事人进行诉讼活动,由于无诉讼行为能力的当事人在诉讼中无能力进行任何的诉讼行为。这就决定了法定诉讼代理是对被代理人权利的全面代理,即法定代理人可以代为实施当事人的一切诉讼行为,他的诉讼行为,视为当事人的诉讼行为,他有权依法处分当事人的实体权利和诉讼权利,人民法院和对方当事人也只能对法定代理人为诉讼行为。这也就决定了法定代理人虽然在诉讼中是居于代理人的地位但因其享有十分广泛的代理权而使其在诉讼地位上与当事人类似。

但法定代理人的诉讼地位依然是代理人,而不是当事人。他不是争议的诉讼标的所涉及的实体法律关系的主体,因此法定代理人在诉讼中死亡,如果当事人还有其他法定代理人,则诉讼继续进行,如果没有其他法定代理人,在等待新的法定代理人代理诉讼时,则中止诉讼而不是终结诉讼,而诉讼当事人死亡,则有的情况导致诉讼中止,有的情况则导致诉讼终结。

三、法定代理权的取得与消灭

(一) 法定代理权的取得

法定代理权是基于监护权而产生。而监护权的形成则有下列几种情形:

第一,基于对无行为能力人的亲权而产生。亲权的形成又有这样几种情况:一是因自然血亲形成的父母与亲生子女的关系;二是基于拟制血亲而形成的养父母与养子女之间的关系;三是基于婚姻关系和抚养与被抚养的事实而形成的继父母与继子女之间的关系。上述关系中的父母对未成年的子女都有监护权,可以作为他们的监护人而享有法定代理权。

第二,基于与被监护人的密切关系和愿意承担监护责任的意愿而产生。所谓与被监护人有密切的关系,是指与被监护人有亲戚关系或朋友关系,如果有这样关系的人愿意承担监护责任,就可以作为无行为能力的人的监护人而享有法定代理权。

第三,属于法律规定确定的有关部门。根据《民法通则》的规定,被监护人在没有亲人或朋友担任监护人或其监护人无法行使监护权时,被监护人所在地的居民委员会、村民委员会或当地民政部门对被监护人享有监护权。这些单位作为监护人时,原则上由单位的负责人行使具体的监护权,也可以由该单位指派单位的有关人员行使监护权。

在具体诉讼过程中,法定诉讼代理人在代理诉讼时,须向法院提交有关身份及监护关系证明,以便法院对其代理权予以审查、确认。

(二) 法定代理权的消灭

法定代理权是在特定情况下产生的,当这些情况发生了变化或消灭时,法定代理权有可能发生变化或消灭。具体说来,在下列情况下法定代理权归于消灭:

第一,被代理人取得或恢复了诉讼行为能力。法定代理,代理的无诉讼行为能力人的行为,如果无诉讼行为能力的人取得或恢复了行为能力,比如,未成年人在诉讼过程中成年或精神病患者在诉讼期间精神恢复了正常,当事人已经有了行为能力,其诉讼行为依法应当由其自己进行,此时,法定代理已经失去了前提,法定代理权自然归于消灭。如果案件当事人仍然希望原法定代理人代理诉讼,应当依法授权给原法定代理人代理诉讼,但此时代理权的性质已经发生了变化:由法定代理变为委托代理。

第二,法定代理人丧失了诉讼行为能力。诉讼行为的实施,法律要求行为人要有诉讼行为能力,如果法定代理人在诉讼过程中丧失了诉讼行为能力,比如,在诉讼中法定代理人患上精神病而正确无法认知自己的行为的法律后果,该法定代理人的代理权归于消灭。

第三,代理人或被代理人死亡。法定代理权是基于代理人与被代理人的监护与被监护关系而产生,代理人或被代理人死亡,他们之间的监护与被监护的关系归于消灭,基于监护权产生的法定代理权也就归于消灭。

第四,因婚姻关系和事实上的抚养与被抚养关系或收养关系产生的法定代理权,随着婚姻关系或收养关系的解除而消灭。

第五,诉讼结束。诉讼上的法定代理权在诉讼中才有意义,诉讼结束,诉讼意义上的法定代理权因其存在没有什么实际意义也就归于消灭。

第三节 委托代理人

一、委托代理人的概念和特点

委托代理人,是指受当事人、法定代表人、法定代理人、诉讼代表人、诉讼中第三人等的委托而代为诉讼行为的人。

委托诉讼代理制度,是为当事人提供法律上的帮助和诉讼上的方便而设立的诉讼代理制度。民事诉讼活动的进行,当事人需要运用相当多的法律知识和花费相当多的时间和精力。如果当事人不具备一定的法律知识,其进行民事诉讼就存在一定的障碍,合法权益的保护受到一定的影响;当事人如果因工作或其他原因没有较多的时间和精力投入到诉讼中,对诉讼的顺利进行以及当事人诉讼权利的充分行使都有负面的影响。因此,法律上为了充分保护当事人的合法权益,为当事人提供诉讼上的方便,提高诉讼效力,设立了委托诉讼代理制度委托代理。当事人在诉讼上如果有必要,就可以委托他人代为进行诉讼,更好地维护自己的合法权益。

委托诉讼代理制度有以下特点:

第一,代理权的发生,是基于当事人等人的授权。但需要注意的是,委托关系的成立,除了当事人等人的授权外,还需要被委托人同意接受委托,如果没有被委托人的接受委托,委托关系仍然无法成立,所谓的委托代理权也就无人行使。

第二,委托事项和代理权限的范围,一般由委托人决定,代理人在授权范围内进行诉讼代理活动,但离婚诉讼,法律要求在离与不离的问题上,应由当事人向法院亲自表述。

第三,当事人等人委托他人代理诉讼,必须向法院提交授权委托书。

二、委托代理人的范围

委托代理人的范围,是指哪些人可以作为委托代理人进行诉讼。有的国家法律规定,在诉讼中,只有律师可以作为委托诉讼代理人。比如,英国、美国、日本等国家均实行的就是这样的制度。由专业律师代理诉讼的好处相当明显:律师有比较全面的法律知识、有丰富的诉讼实践经验和掌握有相当的诉讼技巧,这对于有效维护当事人的合法权益和提高诉讼效率是十分有益的。但是,由律师代理诉讼的消极之处也十分明显,即聘请律师要支出比较高的费用,从而加大了诉讼成本,也加重了当事人的经济负担。而另外的一些国家则没有强制要求委托诉讼代理人要由律师担任,比如我国。不强制要求委托代理人要律师担任的制度,益处与害处与强制要求由律师担任委托代理人的制度正好相反。

根据《民事诉讼法》第58条规定,下列人员可以作为委托代理人:

第一,律师或基层法律服务工作者。律师是取得律师资格和执业证书,并专业从事法律服务的执业人员。我国律师队伍已经十分壮大,在发达的城市和地区成为法律服务的主力军。基层法律服务工作者,是指并未取得律师执业资格,但专业从事法律服务的工作人员,在经济欠发达的地区,他们接受当事人的委托参与诉讼,填补律师不足的缺口。

第二,当事人的近亲属或者工作人员。由于当事人的近亲属与当事人之间有密切的利害关系,而且当事人的近亲属往往与当事人生活在一起,对当事人的脾气秉性以及诉讼上的要求都比较了解,当事人对自己的近亲属也比较信赖,因此,由当事人的近亲属担任当事人的委托诉讼代理人,对切实维护当事人的合法权益是十分有利的。具体来说,可以担任委托代理人的近亲属是指,与当事人有夫妻、直系血亲、三代以内旁系血亲、近姻亲关系以及其他有抚养、赡养关系的亲属。同理,但法人或其他组织作为当事人时,也可以委托与其有合法劳动人事关系的职工作为其工作人员,进行诉讼代理活动。

第三,当事人所在社区、单位或者有关社会团体推荐的人。社区、单位与当事人关系紧密,在当事人涉诉时,可以在征得当事人同意后,为其推荐能够胜任诉讼的人出任代理人,以保护当事人的利益。社会团体,主要是指代表一定社会群体利益的社会团体,比如,妇联、工会、保护消费者协会等,这些团体的成员在发生有关民事纠纷时,往往会到这些团体去寻求解决或提供帮助,因此,当这些纠纷得不到解决而进一步引发了诉讼时,由这些社会团体推荐的人担任该团体的成员的诉讼代理人,容易获得当事人的信任。但是,有关社会团体推荐公民担任诉讼代理人的,应当符合一定的条件:(1) 社会团体应当是依法登记设立或者依法免予登记设立的非营利性法人组织;(2) 被代理人属于该社会团体的成员,或者当事人一方住所地位于该社会团体的活动地域;(3) 代理事务属于该社会团体章程载明的业务范围;(4) 被推荐的公民是该社会团体的负责人或者与该社会团体有合法劳动人事关系的工作人员。此外,在专利案件中,专利代理人经中华全国专利代理人协会推荐,可以在专利纠纷案件中担任诉讼代理人。

按照《民事诉讼法》的规定,当事人在一个诉讼中,可以委托一至两名委托代理人进行诉讼。

三、委托代理权的取得、变更和消灭

(一) 委托代理权的取得

代理人取得委托代理权,应当基于委托人的授权。但是,如果仅仅只有委托人和受托人的委托协议,则委托授权只发生在民事领域,并不产生诉讼法意义上的委托代理权。因此,受托人要想以代理人的身份加入到民事诉讼中来,除了前述民事行为上委托授权外,还必须由委托人向人民法院提交书面的材料,经过人民法院的确认,方能使受托人取得民事诉讼法意义上的代理人资格,加入到诉讼中来。

《民事诉讼法》第59条规定,委托人必须向人民法院提交由委托人签名或者盖章的授权委托书。授权委托书应当记明委托事项和权限。侨居在国外的中华人民共和国公民从国外寄交或者托交的授权委托书,必须经中华人民共和国驻该国的使领馆证明;没有使领馆的,由与中华人民共和国有外交关系的第三国驻该国的使领馆证明,再转由中华人民共和国驻该第三国使领馆证明,或者由当地的爱国华侨团体证明。

此外,根据《民诉解释》,为了证明代理人的身份,为了取得代理权限,当事人或代理人还应当根据代理人的不同类型,分别向人民法院提交下列材料:(1) 律师应当提交律师执业证、律师事务所证明材料;(2) 基层法律服务工作者应当提交法律服务工作者执业证、基层法律服务所出具的介绍信以及当事人一方位于本辖区内的证明材料;(3) 当事人的近亲属应当提交身份证件和与委托人有近亲属关系的证明材料;(4) 当事人的工作人员应当提交身份证件和与当事人有合法劳动人事关系的证明材料;(5) 当事人所在社区、单位推荐的公民应当提交身份证件、推荐材料和当事人属于该社区、单位的证明材料;(6) 有关社会团体推荐的公民应当提交身份证件和符合《民诉解释》第87条规定条件的证明材料。

简易程序具有程序的简便性,因此如果双方当事人同时到庭并径行开庭审理的,可以当场口头委托诉讼代理人,由人民法院记入笔录,不需要再专门提交书面的授权委托材料。

(二) 委托代理权的变更和消灭

诉讼过程中,委托代理关系可能发生变化。由于委托授权来自于当事人,因此,委托代理人的权限变更也必然来自于当事人的意思表示。当事人应当书面告知人民法院相关的变更情形,并由人民法院通知对方当事人。

委托代理权因下列原因消灭:

第一,诉讼结束。诉讼上的委托代理权只在诉讼中有意义,诉讼结束,委托代理权也就消灭了。诉讼结束限于一次诉讼程序。如当事人委托代理人代理某案件,一审判决送达后,双方的委托代理关系即告结束,如果案件进入二审,当事人需要另行授权委托。

第二,委托代理人丧失诉讼行为能力或死亡。诉讼行为的实施,法律要求行为人要有诉讼行为能力,如果委托代理人在诉讼过程中丧失了诉讼行为能力或死亡,委托代理权因无法实施而归于消灭。

第三,委托人解除委托或代理人辞却委托。这是基于委托代理权是基于当事人等人与代理人之间的委托代理协议而产生的,如果该法律关系解除了,委托代理权在法律上也就消灭了。

除了上述情形外,被代理人的死亡是否会导致代理关系的消灭,存在着争议。从司法实践看,为了维护当事人的利益,便于诉讼的有效运行,一般不将被代理人的死亡作为诉讼代理关系消灭的原因。这也反映了诉讼代理与民事代理存在着明显差异。

四、委托代理人的代理权限与诉讼地位

(一) 代理权限

由于委托代理人的代理权来自当事人等人的授权,因此,委托代理人的代理权限通常由委托人决定,即当事人等人授权其行使什么权利,他才可以行使什么权利。

当事人的委托授权分为一般授权和特别授权。一般授权是指授权代理人代为进行一般诉讼权利,如出庭、一般辩论、提交诉讼文书和接受诉讼文书等;特别授权则包括授权代理人处分一定的实体上的权利,如承认、放弃、变更诉讼请求,进行和解,提起反诉或上诉等。一般授权与特别授权的主要区别,是一般授权的代理人只能代为处分诉讼权利;而特别授权的代理人可以在诉讼中对实体性权利予以处分。

一般授权和特别授权的识别依据是当事人的授权委托书。依法律规定,当事人等人授权他人代理诉讼,应当向人民法院提交由委托人签名或盖章的授权委托书,委托事项和代理权限范围应当在授权委托书中记明。当事人对代理人特别授权的,应在授权委托书中具体写明授权事项及权限。根据最高人民法院的有关司法解释,授权委托书仅写"全权代理"而无具体授权的,委托代理人无权代为承认、放弃、变更诉讼请求,进行和解,提起反诉,上诉,即只产生一般授权的法律后果。

当事人授权两个代理人行使代理权的,应当在授权委托书中写明两个代理人的代理权限,代理人在各自的代理权限内进行代理活动。如果代理人的代理权限相同,要求代理人在代理中意思表示要一致。在代理过程中两个代理人同一委托事项作出了不同的意思表示的,以在诉讼中以后发表意见的诉讼代理人的意见为准。因为,在当事人就统一事项作出不同的意思表示时,把以后一种意思表示作为当事人的意思表示,诉讼代理人的意思表示也可参考这一标准。

(二) 诉讼地位

委托代理人在诉讼中具有独立的诉讼地位,在当事人的授权范围内可以按照自己的意志作出意思表示。诉讼代理人在授权范围内所实施的行为,对当事人具有法律上的约束力,所产生的法律后果由当事人承担。当当事人与诉讼代理人在同一事项上的意思表示不一致的时候,应当以当事人的意思表示为准,但前提是当事人与委托代理人在实施这一行为时是在同一个诉讼阶段的同一个场合。如果当事人是在委托诉讼代理人进行完诉讼代理行为,而诉讼已经进入了下一个阶段才对代理人的行为予以否定的,则不可产生否定代理人代理行为的法律后果,否则将不利于对对方当事人合法利益的有效保护。

第三编 诉讼制度

第八章 民事证据制度

第一节 民事诉讼证据概述

一、民事诉讼证据的概念

民事诉讼证据制度是民事诉讼制度中的核心制度。法院审判活动可以分为查明事实和适用法律两个基本方面,而前者又是后者的基础。因此,查明案件事实在整个民事诉讼活动中具有基础性的地位。而查明案件事实必须依靠证据。在民事诉讼中,从当事人起诉到人民法院对案件作出裁判,几乎所有的诉讼活动都是围绕着证据的提供、收集、审查和判断而展开的。可以说,离开了民事诉讼证据,就没有民事诉讼。由此决定了民事诉讼证据制度在民事诉讼法中的特殊重要性。

民事诉讼证据是能够证明民事案件真实情况的客观事实,这是实质意义上的证据概念。在形态表现方面,证据是人民法院用以查明案件真实情况的事实材料,如书面文字、图形符号、印痕迹象、音像数据、言词实物等;在作用方面,证据是人民法院认定案件事实的根据。

与证据相关的一个概念是证据材料,也称为证明材料,是指当事人提供或法院依当事人申请调查收集的、用以证明民事案件真实情况的各种资料。这两个概念的区别在于:证据材料未经当事人质证和法院审核认定,能否成为证明民事案件真实情况的客观事实,即能否成为诉讼证据,尚不能确定;而诉讼证据能够证明民事案件的真实情况,是法院认定案件事实的根据。

目前,民事诉讼法中并未严格区分证据与证据材料这两个概念的使用,因此,在有些表述为"证据"的场合,其实际上指的是"证据材料"。一般来讲,民事诉讼中在证据的提供、收集、审查阶段,主要是在"证据材料"的意义上使用"证据"一词;而在证据判断阶段或者说定案阶段,则主要是在实质意义上使用"证据"一词。

二、民事诉讼证据的特征

实质意义上的民事诉讼证据具有三个特征:证据的客观性、证据的关联性和证据的合法性。

(一) 客观性

证据的客观性是指证据必须是客观或真实存在的事实。在民事诉讼证明中,如果作为证明推理前提的证据是不真实的,那么整个推理也就是不成立的,证明就是无效的。所以,作为证据,其必须是不以人的主观意志为转移的客观存在的事实。任何主观的猜想、推测都不具有客观真实性,由此也决定了它们不可以作为民事诉讼中的证据。

(二) 关联性

证据的关联性是指证据必须与待证的案件事实有着内在的联系。这种内在联系既包括事实材料与证明对象的直接的联系,如合同文书可以直接证明合同法律关系的存在,也包括事实材料与证明对象间接的联系,如工作计划书中有一方当事人与对方当事人签订合同的计划,并不能直接证明当事人之间存在合同关系,但可以证明当事人中的一方有计划与对方当事人签订合同,从而为证明当事人之间的合同关系是否存在提供线索,这样的事实材料同样应被认为有关联。

关联性是在客观性基础上进一步揭示民事诉讼证据本质的又一重要特征,它表明,不是所有客观存在的事实都可以成为民事诉讼证据,与民事案件事实没有内在联系的客观情况,对于证明案件事实没有任何意义,不能成为民事诉讼证据。

(三) 合法性

民事诉讼证据与生活中理解、使用的一般证据有性质上的区别,主要就是因为它具有法律属性,或者说包含有法律上的要求。具体而言,民事诉讼证据须具有合法性。

合法性包括两方面的要求,第一个方面的要求是:证据应当按法定方式和法定程序取得,以非法的手段或未依法定的程序取得的事实材料不可以作为民事诉讼证据。其意思是指:首先,只有依法定的程序与方法调查、收集、提交的证据材料才能成为诉讼证据。以严重侵害他人合法权益或者违反法律禁止性规定、严重违背公序良俗的方法取得的证据材料、未依法律规定的程序提交的证据材料,因不符合诉讼证据的合法性基本特征,不能成为诉讼证据。例如,当事人以胁迫或贿赂证人的方式取得的证人证言,或者因故意或重大过失超过举证期限提交且非证明案件基本事实的证据材料,都不能成为诉讼证据。其次,证据材料转化为诉讼证据的程序须符合法律规定。当事人、代理人、法院调查收集的证据材料要转为诉讼证据,必须经过法律规定的质证程序,未经质证,任何证据材料都不能成为法院认定事实的根据。

合法性第二个方面的要求是,如果实体法要求某些法律行为必须采用法定形式,作为证明这些法律行为的事实材料就应当具备这些法定形式。例如,我国《合同法》规定,租赁期限超过6个月的租赁合同应当采用书面形式,未采用书面形式的,视为不定期租赁。因此,只有书面形式的租赁合同才能成为证明存在期限超过6个月的定期租赁关系的诉讼证据;又例如,我国《继承法》规定,代书遗嘱应当有两个以上见证人在场见证,由其中一人代书,注明年、月、日,并由代书人、其他见证人和遗嘱人签名。因此,代书遗嘱若要成为证明遗嘱事实存在的合法证据,必须具有两个以上见证人在场见证并签名的形式要件。

客观性、关联性、合法性既是民事诉讼证据的基本特征,也是民事诉讼证据的构成要件。也就是说,证据材料必须同时具备客观性、关联性、合法性三个方面的条件,才能成为民事诉讼证据。这也是分析民事诉讼证据基本特征的实践意义所在。在各方当事人围绕证据材料进行质证的过程中,相关证据材料是否满足客观性、关联性、合法性三个方面的条件,将是各方争议及人民法院审查的核心内容。

三、证据能力与证明力

证据能力与证明力是证据制度中经常使用的两个重要概念,一项证据的证据能力和证明力如何,将对于该证据在法院认定事实的过程中起到何种作用具有决定性的影响。

（一）证据能力

证据能力,又称为证据资格或证据的适格性,是指在法律上可作为证据的资格。而由于客观性、关联性、合法性是诉讼证据的基本特征和构成要件,不具有这三方面条件的证据材料就不能作为证据使用,不能作为法院认定案件事实的根据,因此,也就不具有证据能力。例如,《民事诉讼法》第72条第2款规定,不能正确表达意思的人,不能作证。这就意味着,不能正确表达意思的人所出具的"证言"不具有证据能力,不能被法院作为认定案件事实的根据。

如前所述,在证据的客观性、关联性、合法性这三大特征中,合法性是诉讼证据与生活中理解、使用的一般证据有本质区别的关键,因此,在司法实践中,就某项证据材料是否具有证据能力的争议,通常表现为该证据材料是否具有合法性的争议,即该项证据材料是否按法定方式和法定程序取得、或者是否具备某些法定形式。达不到这些要求的证据材料,将因其不具备合法性特征而被认定为没有证据能力。

（二）证明力

证明力,又称证据价值、证据力,是指证据对案件事实认定的影响力,即其证明作用的大小或强弱。只要某证据具有客观性和关联性的特征,其对证明案件事实就会具有一定的作用,也就是具有一定的证明力。但是,不同的证据,其证明力的大小会存在区别,这种证明力的差异是客观存在的。而判断不同证据的证明力的大小,在法官衡量证据提供的充分性、审查判断互相矛盾的证据主张时发挥着十分关键的作用。

根据《民事诉讼法》的规定以及证据制度的司法实践,某一证据有无证明力以及证明力的大小,应当由审理案件的审判人员依法独立进行判断。但我国最高人民法院根据审判实践中总结出的经验,对证据证明力的确定也作了一些具体规定,从而为法官准确认定证据的证明力提供必要的指导。这些内容将在本章"证据的审查与判断"一节中详细阐述。

2012之前,我国民事诉讼证据制度的适用性规定集中体现在2002年起施行的《最高人民法院关于民事诉讼证据的若干规定》中。《民事诉讼法第二修正案》对证据制度的规定作了进一步的确定和完善,《民诉解释》亦大量地沿用、修改和完善了《证据规定》的相关内容。本章后续部分将详细介绍其中重要的内容,而《证据规定》中与《民诉解释》不一致的条款将不再适用。

第二节　民事诉讼证据的分类

现象之间的联系是普遍而复杂多样的,证据和案件事实之间的联系同样也是如此。这就决定了用以证明案件情况的有关事实材料在外在的表现形式上具有多样性和复杂性。为了揭示这些外在表现形式不一的证据的不同特点,以便在理论上更好地把握,在司法实践中更好地利用,立法者和学者们都对证据进行了分类。立法者对证据的分类体现于《民事诉讼法》规定的"证据种类"中,因此,习惯上也称之为"证据的种类";而学者们在理论上对证据的分类被称为"证据的分类",这将在本节阐述。

一、本证与反证

在学理上,根据诉讼证据与证明责任的关系,可将诉讼证据分为本证与反证两种。本证就是能够证明负证明责任的一方当事人主张的事实的证据;反证则是能够否定负有证明责任的一方当事人主张的事实的证据。

证明责任是证据制度中最重要的概念之一,其具体意义将在本章第五节详细阐述。简单来讲,就是当事人对自己提出的诉讼请求所依据的事实或者反驳对方诉讼请求所依据的事实有责任提供证据加以证明。当事人为证明自己有责任加以证明的事实而提供的证据就是本证,本证的目的在于建立和加强该事实的证明力并使其达到足以使法官确认该事实的程度。而与其针锋相对,对方当事人对于提供本证一方当事人所要证明的事实可能予以否认,为了更有效地否认该事实,对方当事人亦可以提供一定的证据,这些证据就是反证,反证的目的与作用在于削弱、动摇本证的证明力。

例如,在一个返还借款诉讼中,原告主张被告应返还逾期借款,他就该借款关系的存在负证明责任,就该借款事实,他向法院提交了一份被告书写的借条,该借条即为本证;而如果被告出示了原告与被告共同签署的一份备忘录,该备忘录的内容是说明上述借条只具有形式上的意义,事实上双方当事人并未发生借用关系,该备忘录的作用是反驳原告关于借款关系存在之主张的,因此是反证。而如果被告并不否认双方之间存在借款关系,而是在借款关系成立的前提下,主张其已经还款,则被告应对其返还借款的事实承担证明责任,这时,被告出示一张由原告书写的还款凭证,内容是表明被告已返还借款,并说明因借条已丢失而无法退还被告,则该还款凭证就是一个证明被告已经返还原告借款的事实的本证,而不是被告用以否定原告借款给被告这一事实的反证。

由上述实例可以看出,一项证据是本证还是反证并不取决于是原告还是被告提出,而是取决于该证据所要证明的案件事实是由原告负证明责任还是由被告负证明责任。因此,本证和反证的区分与当事人在诉讼中的诉讼地位无关。由于原告和被告在诉讼中都有可能就某一事实承担证明责任,因此原告和被告都可能提出本证,也都可能提出反证。关于诉讼中哪些事实应由原告承担证明责任、哪些事实应由被告承担证明责任亦将在本章第五节详细阐述。

区分本证与反证的实践意义在于,第一,明确提供与调查证据的顺序。一般来说,在诉讼中,应先由负证明责任的一方当事人提供本证,当本证足以确认时,才由不负证明责任的一方当事人提供反证。如果本证的证明力很弱,无法达到足以使法官确认该事实的程度,对方就没有必要提供反证。同样,在证据调查时,法官应当先调查本证,如果本证的证明力很弱,也就无需再对反证进行调查。第二,区分不同证据的证明力要求。负证明责任的当事人为了使自己主张的事实得到法官确认,必须提供足以证明该事实存在的本证,如果本证无法使法官形成该事实存在的内心确信,法官就不能认定该事实存在;但是,不负证明责任的当事人提供反证,只要能动摇法官对待证事实的确信,能使待证事实处于真伪不明的状态,不必使法官形成内心确信,就可达到目的。可见,对本证的证明力要求要比对反证的证明力要求高。第三,方便法院作出裁判。法官运用证据对系争事实作出裁判时,可以根据本证与反证的不同证明力要求方便地作出裁判:本证不能达到内心确信程度,或者本证的证明力被反证推翻或削弱,就应当认定本证及其待证事实不成立,作出对负证明责任的一方当事人不利的裁判;本证成立后,反证不能动摇法官的内心确信的,就应当认定本证及其待证事实,作出对负证明责任的一方当事人有利的裁判。

二、原始证据与派生证据

按照证据的来源,可以将证据分为原始证据和派生证据。原始证据,是指直接来源于案件事实的证据,即所谓的第一手资料。如合同原件、发票原件、遗嘱原件、证人提供的其亲自看到的案件现场的情况等。派生证据是指从原始证据中派生出来的证据,又称传来证据。如合同的复印件,文件的抄本等。

原始证据因其直接来源于案件事实而具有较强的可靠性,相对而言也就具有较强的证明力。而派生证据的形成经过一定的中间环节,在这些中间环节可能因为各种因素而出现信息失真,所以可靠性较差,相对而言证明力较弱。因此,《民事诉讼法》规定,书证、物证应当提交原件或原物,提交原件或者原物确有困难的,可以提交复制品、照片、副本、节录本。《证据规定》规定,"原始证据的证明力一般大于传来证据","无法与原件、原物核对的复印件、复制品,不能单独作为认定案件事实的依据"。

当然,原始证据尽管证明力较大,但有时难以收集,这时派生证据往往能够成为发现原始证据的重要线索;另外在某些情况下,派生证据还能够作为审查、印证原始证据的重要手段,加强原始证据的证明力。

三、直接证据与间接证据

按照单个证据与待证事实之间的证明关系,可以把证据分为直接证据和间接证据。直接证据是指能够单独地、直接地证明待证事实的证据。如原告出示结婚证来证明他与被告之间存在夫妻关系,该结婚证即为直接证据,因为它能单独地、直接地证明原告与被告之间存在夫妻关系。间接证据是指单个证据无法直接证明待证事实,而需要结合其他证据才能证明待证事实的证据。例如,在一起房屋确权诉讼案件中,原告为证明涉讼房屋是其出资购买,出示了一张载明交款人是甲某的购房发票,而甲某出庭作证说,该购房款是原告交给甲某并委托他去交纳的,当时原告为了保密,开发票时直接将甲某写为交款人。在该案中,原告提供的购房发票即为间接证据,因为它必须与甲某的证言结合在一起才能证明待证事实。

直接证据因其能单独、直接地证明待证事实,具有很强的证明力,因此,在实践中应受到充分的重视。间接证据因其单独无法直接证明待证事实,相对而言,证明力较弱,但其仍具有重要作用:可以为寻找直接证据提供线索;鉴别、印证直接证据;并且,在无法收集到直接证据时,综合各个间接证据,也可以证明待证事实。

需要注意的是,在没有直接证据的情况下,运用一系列间接证据证明待证事实时,应当遵循以下证明要求:(1) 各个间接证据都必须真实可靠,并且与待证事实具有相关性;(2) 间接证据之间、间接证据与待证事实之间必须相互印证、协调一致,没有矛盾;(3) 间接证据必须具备一定的充分性,环环相扣,构成一个完整的证据链条,从而能严密地推断出待证事实存在或不存在的结论。

第三节 民事诉讼证据的种类

证据的种类,是指立法上根据证据的外在表现形式和所起的证明作用而对证据所作的类别划分。根据《民事诉讼法》第63条规定,证据分为八种:当事人陈述、书证、物证、视听资料、电子数据、证人证言、鉴定意见和勘验笔录。

一、当事人陈述

当事人陈述,是指当事人就案件事实向人民法院所作的叙述。当事人的陈述往往具有两面性,一是可信性,因为当事人是案件的经历者,因此,他们对案件情况了解得最全面、真切,陈述具有可信的一面;另一面是虚假性,这是因为当事人是案件的利害关系人,案件的处理结果关系到他的直接利益,基于趋利避害的心理,其在陈述中对有利于自己的地方,可能夸大甚至虚构,对不利于自己的情况,则有可能隐瞒,从而使其陈述掺有虚假的成分。鉴于此,《民事诉讼法》规定,人民法院对当事人的陈述,应当结合本案的其他证据,审查确定能否作为认定事实的根据。《民诉解释》也规定,人民法院认为有必要的,可以要求当事人本人到庭,就案件有关事实接受询问。在询问当事人之前,可以要求其签署保证书。负有证明责任的当事人拒绝到庭、拒绝接受询问或者拒绝签署保证书,待证事实又欠缺其他证据证明的,人民法院对其主张的事实不予认定。

二、书证

书证,是指以文字、符号、图形等形式所表示的思想内容来证明案件待证事实的书面材料。书证的一个基本特征,就是书证是以其所记载的思想内容而不是以其外在特征来证明案件的有关事实。这一点是书证与物证的区别所在。

书证在民事诉讼证据制度中占有很重要的地位,一是由于书证是在民事诉讼中经常被使用的一种证据,常见的书证就有合同书、遗嘱文书、银行存单、票据、来往信函、电文、图纸等;二是由于书证往往具有较强、较直接的证明力,这是因为书证多数是在当事人之间的纠纷形成之前就形成了的,具有较强的客观真实性,而且书证记载的思想内容往往能够直接表明当事人之间的关系。

根据《民事诉讼法》的规定,当事人向人民法院提交书证,应提交原件,提交原件确有困难的,可以提交复印件、照片、副本、节录本等;提交外文书证的,必须附有中文译本。此外,尽管书证是以其思想内容来证明案件事实,但有时法律也会要求书证必须具备特定的形式,如《继承法》对遗嘱形式的规定,这种情况下提供的书证必须符合法定要求,否则不能作为证据使用。

根据一定的标准或方式,可以对书证作进一步的分类:根据书证内容的表达方式,可以将书证划分为文字书证、图形书证和符号书证;根据书证反映的内容及其法律后果,可以将书证划分为处分性书证和报道性书证;根据书证的制作者,可以将书证划分为公文书证和私文书证;根据书证的制作方式,可以将书证划分为原本与复制本、正本与副本、全文本与节录本等等。在这些分类中,公文书证和私文书证的区分在判断证据的证明力时具有很重要的实践意义。

公文书证一般是指国家机关及其公务人员在其职权范围内制作的文书,除此之外,在我国,其他具有社会管理职能的单位在其职权范围内制作的文书也属于公文书证,例如医院出具的死亡证明,高等学校出具的学位证明等。而其他制作主体出具的书证则为私文书证。另外,经公证机构公证的私文书证,由于其具有公证机构的证明,效力得以加强,故视为公文书证。

《证据规定》中明确规定,国家机关、社会团体依职权制作的公文书证的证明力一般大于其他书证。根据《民诉解释》的规定,国家机关或者其他依法具有社会管理职能的组织,在其职权范围内制作的文书所记载的事项推定为真实,但有相反证据足以推翻的除外。另外,公文书证的制作者根据公文书原件作出的载有部分或者全部内容的副本,具有与正本相同的证明力。在国家机关存档的文件,其影印本经原本制作者或者档案部门证明其内容与原本一致的,该影印本具有与原本相同的证明力,等等。人民法院如果对公文书证的真实性有怀疑,可以要求制作文书的机关或者组织对文书的真实性予以说明。

三、物证

物证,是指以物品的存在、外形、特征、质量、性能等来证明案件待证事实的证据。物证同样是一种重要的民事诉讼证据,在民事诉讼中经常被使用,常见的物证有:损害赔偿案件中所涉及的被损害物、产品质量纠纷案件中发生质量争议的产品、确权诉讼案件中的标的物等。与书证不同,物证是以其客观存在的物理状态来证明案件的待证事实的,其本身不具有任何的思想内容。从这个意义上讲,物证受人的主观意识的影响较小,具有较强的客观真实性,物证的证明力的优势也就是在这一方面。

与当事人向人民法院提交书证应提交原件相同,当事人向人民法院提交物证的,也应提交原物;提交原物确有困难,如原物不宜搬移或者不宜保存的,可以提交复制品、照片或者其他替代品。人民法院可以通过鉴定或者勘验等方法,审查判断物证的真实性和证明力。

四、视听资料

视听资料,是指以声音、图像及其他视听信息来证明案件待证事实的证据,一般包括录音资料和录像资料。现代社会被称为信息社会,随着现代科学技术的发展,以录像、录音等技术手段来记载法律行为和法律事件的做法已经很常见,视听资料已成为一种独立而日渐重要的诉讼证据在民事诉讼中使用,特别是在一些新型诉讼案件中,如知识产权纠纷。视听资料的特点是信息量大、形象或声音逼真、反映一定的法律行为或法律事件往往具有直观性,因而在反映事实情况上具有较强的准确性。但是,由于视听资料是运用一定的科学技术来制作的,具有较强的可复制性和可编辑性,因而容易被掌握相关技术的人员所变造或伪造,而且不留肉眼可视的痕迹,不易被发现。因此,《民事诉讼法》要求,人民法院对视听资料应当辨别真伪,并结合本案的其他证据,审查确定能否作为认定事实的根据。

与当事人向人民法院提交书证、物证应提交原件相同,当事人以视听资料作为证据的,也应当提供原件。具体表现为,人民法院在调查收集视听资料时,应当要求被调查人提供原始载体。提供原始载体确有困难的,可以提供复制件。提供复制件的,人民法院应当在调查笔录中说明其来源和制作经过。

五、电子数据

电子数据是指以电子邮件、电子数据交换、网上聊天记录、博客、微博客、微信、手机短信、电子签名、域名等形成或者存储在电子介质中的信息来证明案件待证事实的证据。另外,存储在电子计算机等电子介质中的录音资料和影像资料,也应当适用电子数据的规定。

电子数据是2012年《民事诉讼法》修改时新增加的证据种类,在此之前,部分电子数据作为证据的问题是通过将视听资料作扩大化解释而被涵盖在视听资料之中的。与视听资料的发展方式一样,电子数据也是随着电子技术特别是计算机网络技术的发展,而逐渐从传统的证据形式中演变而来的。传统的证据均可能存在或可能制作出电子形式,从这个意义上来讲,对传统形式的证据进行认证的基本要求同样适用于与其相应的电子形式之上;但是,由于电子数据的技术媒介与传统技术相比具有特殊性,电子数据作为证据在形成、存储、显示、传输、保管等环节的技术要求方面亦与传统证据相比具有独特性,因此,《民事诉讼法第二修正案》赋予电子数据证据以独立性,为今后探索和明确电子数据在调查收集、质证、认证等方面的特殊规则提供法律基础,这将有利于满足现代信息社会的要求,推动电子技术的发展,适应电子数据广泛运用为证据的趋势,更有利于促进电子商务、电子政务的进一步普及,公正及时地审理涉及计算机和网络的侵权案件,有效解决各类涉及电子数据的纠纷。

目前,电子数据的特殊证据规则尚未在司法解释中明确规定。在司法实践中,当事人以电子数据作为证据的,也应当提供原件或原始载体。但是,由于电子数据技术媒介的特殊性,电子数据的原件有不同于传统证据的表现形式。例如,电子数据的制作者制作的与原件具有同等效力的副本,直接来源于电子数据的打印或者其他可以显示、识别的输出介质等,亦应视为电子数据的原件。

在对电子数据的质证、认证方面,下列因素有助于综合判断电子数据的真实性:电子数据的生成、存储、传输所依赖的计算机系统的硬件、软件环境是否完整、可靠;电子数据的生成、存储、传输所依赖的计算机系统的硬件、软件环境是否处于正常运行状态,或者不处于正常运行状态时对电子数据的生成、存储、传输是否有影响;电子数据的生成、存储、传输所依赖的计算机系统的硬件、软件环境是否具备有效的防止出错的监测、核查手段;电子数据是否被完整地保存、传输,保存、传输的方法是否可靠;鉴别电子数据发件人的方法是否可靠;电子数据是否是在正常的往来活动中形成和存储的;保存电子数据的主体等等。这些因素都可能影响电子数据的完整性和可靠性。

六、证人证言

证人证言,是指当事人之外了解案件有关情况的人就自己知道的案件事实向人民法院所作的口头或书面陈述。《民事诉讼法》第72条第1款规定,凡是知道案件情况的单位和个人,都有义务出庭作证。有关单位的负责人应当支持证人作证。因此,作证是知道案件有关情况的单位和公民对国家应尽的义务。

根据《民事诉讼法》《民诉解释》和《证据规定》,关于证人证言应当注意以下几点:

(1)不能正确表达意思的人,不能作证。但是待证事实与其年龄、智力状况或者精神健康状况相适应的无民事行为能力人和限制民事行为能力人,可以作为证人。与案件的一方当事人有利害关系的人也可以作证,但是其证言的证明力要小于其他证人证言。

(2)证人角色是专一的,本案中的诉讼代理人以及审判人员(包括人民陪审员)、书记员、鉴定人、翻译人员和参与民事诉讼的检察人员不能同时作为本案证人。

(3)证人应当出庭作证,接受当事人的质询,因为所有证据均须经过质证才能作为定案根据。证人在人民法院组织双方当事人交换证据时出席陈述证言的,可视为出庭作证。证人确有困难不能出庭作证的,经人民法院许可,可以通过书面证言、视听传输技术或者视听资料等方式作证。《民事诉讼法》第73条明确了证人可以不出庭作证的下列特殊情形,即:因健康原因不能出庭的;因路途遥远,交通不便不能出庭的;因自然灾害等不可抗力不能出庭的;其他有正当理由不能出庭的。

(4)人民法院在证人出庭作证前应当告知其如实作证的义务以及作伪证的法律后果,并责令其签署保证书,但无民事行为能力人和限制民事行为能力人除外。证人拒绝签署保证书的,不得作证,并自行承担相关费用。

（5）出庭作证的证人应当客观陈述其亲身感知的事实。证人为聋哑人的,可以其他表达方式作证。证人作证时,不得使用猜测、推断或者评论性的语言。这是证据客观性的要求。

（6）审判人员和当事人可以对证人进行询问。为防止证人受干扰,影响作证的客观性,证人不得旁听法庭审理;询问证人时,其他证人不得在场。但人民法院认为有必要的,可以让证人进行对质。

（7）证人因履行出庭作证义务而支出的交通、住宿、就餐等必要费用以及误工损失,由败诉一方当事人负担。当事人申请证人作证的,由该当事人先行垫付;当事人没有申请,人民法院通知证人作证的,由人民法院先行垫付。

七、鉴定意见

鉴定意见,是指鉴定人运用自己的专业知识对案件中有关的专门性问题进行鉴别、分析所作出的结论性意见。常见的鉴定意见有文书鉴定、印章鉴定、笔迹鉴定、医学鉴定、工程造价鉴定等等。鉴定意见的一个基本特点,是鉴定意见的作出,是有关专家运用自己所掌握的知识对案件问题所作出的分析意见,是人对事物的一种主观上的认识,在这一点上,它与证人证言中证人对自己所见所闻的案件事实所作的客观描述是不一样的。

根据《民事诉讼法》《民诉解释》及《证据规定》,一般情况下,人民法院不主动对案件有关的事实问题进行鉴定,而需要由负有证明责任的当事人就查明事实的专门性问题向人民法院提出鉴定申请。当事人申请鉴定,应当在举证期限届满前提出。申请鉴定的事项与待证事实无关联,或者对证明待证事实无意义的,人民法院不予准许。人民法院准许当事人鉴定申请的,应当组织双方当事人协商确定具备相应资格的鉴定人。当事人协商不成的,由人民法院指定。

当事人未申请鉴定,人民法院对专门性问题认为需要鉴定的,应当委托具备资格的鉴定人进行鉴定。符合依职权调查收集证据条件的,人民法院应当依职权委托鉴定,在询问当事人的意见后,指定具备相应资格的鉴定人。

鉴定应当以案件材料为基础,鉴定意见所涉及的问题应当是案件的有关事实而不应当涉及案件的法律问题。在鉴定的过程中,鉴定人有权了解进行鉴定所需要的案件材料,必要时可以询问当事人、证人。鉴定人应当提出书面鉴定意见,在鉴定书上签名或者盖章。

鉴定意见作为证据同样要经过当事人质证。因此,当事人对鉴定意见有异议或者人民法院认为鉴定人有必要出庭的,鉴定人应当出庭作证。经人民法院通知,鉴定人拒不出庭作证的,鉴定意见不得作为认定事实的根据;支付鉴定费用的当事人可以要求返还鉴定费用。

鉴定意见作出后,在特定情况下当事人可以申请重新鉴定。根据《证据规定》,经质证,当事人对人民法院委托的鉴定部门作出的鉴定意见有异议申请重新鉴定,提出证据证明存在下列情形之一的,人民法院应予准许:(1) 鉴定机构或者鉴定人员不具备相关的鉴定资格的;(2) 鉴定程序严重违法的;(3) 鉴定结论明显依据不足的;(4) 经过质证认定不能作为证据使用的其他情形。但是,对有缺陷的鉴定结论,可以通过补充鉴定、重新质证或者补充质证等方法解决的,不予重新鉴定。另外,当事人一方自行委托有关部门鉴定的,其意见也可以作为证据提出,但是另一方当事人有证据足以反驳并申请重新鉴定的,人民法院应予准许。

另外,在鉴定问题上我们需要注意,不能混淆鉴定人和专家辅助人。我国民事诉讼中所谓专家辅助人,是指当事人聘请的在法庭上就案件的专门性问题进行说明的具有专门知识的人员。《民事诉讼法》第79条规定,当事人可以申请人民法院通知有专门知识的人出庭,就鉴定人作出的鉴定意见或者专业问题提出意见。《民诉解释》也规定,当事人可以在举证期限届满前申请一至二名具有专门知识的人出庭,代表当事人对鉴定意见进行质证,或者对案件事实所涉及的专业问题提出意见。人民法院准许当事人申请的,相关费用由提出申请的当事人负担。人民法院可以对出庭的具有专门知识的人进行询问;经法庭准许,当事人也可以对其进行询问,当事人各自申请的具有专门知识的人可以就案件中的有关问题进行对质。这体现的就是专家辅助人的制度。

由此可见,鉴定人和专家辅助人的主要区别是:(1) 鉴定人一般是由双方当事人协商确定或由法院指定的,而专家辅助人是由当事人各自聘请的;(2) 鉴定人的作用在于就专业问题提供结论性的意见,其鉴定意见属于法定的证据种类,而专家辅助人的作用在于帮助当事人对专门性问题进行解释或者协助当事人进行质证,其意见属于当事人主张的一部分,不是独立的法定证据种类。因此,《民诉解释》规定,具有专门知识的人在法庭上就专业问题提出的意见,视为当事人的陈述。

八、勘验笔录

勘验笔录,是指勘验人员对与案件争议有关的现场或物品进行勘查检验所作的客观记录。在民事诉讼中,有些物证因搬动不便或搬动之后对其形式或品质有大的影响,案件的有关现场也无法搬至法庭,在这些情况下,就有必要对有关物证和现场进行勘察、检验并作出记录,以便将这些证据资料在法庭上出示。因此,勘验笔录既是一种独立的证据,也是一种固定和保全证据的方法。

在司法实践中,像房地产纠纷、自然资源权属纠纷等常常需要对现场进行勘验。勘验人员进行勘验,必须出示人民法院的证件,并邀请当地基层组织或当事人所在单位派人参加。当事人或当事人的成年家属应当到场,拒不到场的,不影响勘验的进行。有关单位和个人根据人民法院的通知,有义务保护现场,协助勘验工作。勘验时应当保护他人的隐私和尊严。

人民法院可以要求鉴定人参与勘验。必要时,可以要求鉴定人在勘验中进行鉴定。勘验人应当将勘验结果制作笔录,由勘验人、当事人和被邀请参加人签名或盖章。

第四节 证明对象

合法有效、充分确实的证据是法官认定案件事实,正确作出裁判的基础,而整个民事诉讼证据制度的主要目的就在于指导和规范当事人及人民法院在运用证据进行诉讼证明的各个环节中所承担的角色和遵循的程序。所谓诉讼证明,就是法定主体依照法定的程序和方法,运用证据确认案件事实真伪的活动。

在民事诉讼中,诉讼证明的过程可以概括为以下几个步骤或环节:第一步:确定证明对象,即确定为作出本案裁判而必须被加以证明和认可的事实;第二步:分配证明责任,即就前一步确定的每一项待证事实,确定各由当事人中的哪一方负责证明;第三步:提供证据,即根据分配明确的证明责任,各方当事人就自己负有证明责任的待证事实积极收集证据,或者申请人民法院调查取证,并在举证时限内将证据提交人民法院或者在人民法院的主持下与对方当事人进行证据交换;第四步:质证和认证,即各方当事人在法官的主持下,在庭审中通过质证的方式对证据提出不同意见,法官通过质证程序审查并判断证据,基于证据认定案件事实;第五步:运用证明标准,即法官基于认证的结果和综合、独立的判断,就待证事实是否被证明到法律规定的充分程度而形成内心确信,如果法官认为证明待证事实的证据已经达到了证明标准,就应当认定该事实为真或假,并以此为基础作出裁判,反之则应当认定该事实真伪不明,从而由负有证明责任的当事人承担相应的不利后果。

在本章后续内容中,将对这些证明步骤作出具体的阐述,其中本节所要阐述的是诉讼证明的第一步,确定证明对象。

一、证明对象的概念和构成要件

证明对象,也称待证事实,是指证明主体运用证据予以证明的与案件有关的事实。证明对象的确定,是诉讼证明的起点,只有确定了证明对象,诉讼证明活动才有目标与方向,民事诉讼才能正确、有效地进行。同时,只有作为证明对象的事实被依法证明,法院才能以该事实为依据作出裁判;当事人无法证明、法院也无法查明作为证明对象的事实的,对该事实负证明责任的当事人就应当承担不利的后果。因此,证明对象在民事诉讼中具有十分重要的意义。

二、证明对象的范围

在民事诉讼中,当事人的实体请求不同,主张的事实不同,提供的证明材料不同,其证明对象也就不一样。一般来说,民事诉讼中的证明对象包括以下几个方面:

(一) 民事实体法事实

民事诉讼的主要目的在于解决当事人之间的民事权利义务关系争议。解决争议必须确定当事人之间权利义务关系的真实情况,即确定当事人之间有无民事权利义务关系,权利义务关系的内容到底如何。因此,实体法事实是民事案件证明对象的主要构成部分。

主要有:(1) 当事人之间产生权利义务关系的法律事实,如结婚登记、合同签订的事实等;(2) 当事人之间变更权利义务关系的法律事实,如合同变更的事实;(3) 当事人之间消灭权利义务关系的法律事实,如合同解除、离婚登记、收养关系解除的事实等;(4) 妨碍当事人权利行使、义务履行的法律事实,如超过诉讼时效、发生不可抗力的事实等;(5) 当事人之间权利义务发生纠纷的法律事实,如当事人就是否构成侵权发生争执的事实、双方关于是否履行合同发生争执的事实等。

(二) 程序法事实

程序法事实,是指由民事诉讼法规定的,能够引起民事诉讼法律关系发生、变更或者消灭的事实。程序法事实对于民事诉讼程序的开始、进行、中止和终止具有重要意义,也是民事案件的证明对象之一。如原告与被告是否为正当的当事人的事实;案件是否归法院主管和管辖的事实;审判人员是否应该回避的事实;合议庭的组成与独任审判员是否合法的事实等。这些具有程序法意义的事实,虽然不直接涉及当事人的实体权利,但直接关系到诉讼的进行,并因此可能影响到案件实体问题的处理。

(三) 证据事实

用来证明民事案件事实的证据材料,自身也存在是否真实的问题。当事人因证据材料的真实性发生争议的,该证据材料也就成为证明对象。《民事诉讼法》规定的"证据必须查证属实,才能成为认定事实的根据",正是体现了证据材料属于证明对象的范围。例如,当事人提出疑问的事实、相互抵触的事实、事实之间不一致的事实等等。

(四) 外国法和地方性法规、习惯

外国法律规范、地方性法规以及习惯,法官不可能全部了解,当事人主张适用外国法、地方性规范或习惯的,在法官难以确切获知的情况下,需要提出证据材料证明该外国法、地方性法规或习惯的存在。此时,外国法、地方性法规及习惯,成为民事案件的证明对象。对于该证明对象,除了主张该外国法、地方性法规及习惯存在的当事人负责提供证据加以证明外,人民法院也可以依职权主动调查。

三、免证事实

在民事诉讼中,有些事实尽管对于正确处理诉讼具有法律意义,但该事实本身的特征决定了诉讼主体没有必要提供证据加以证明。这种事实,称为免予证明的事实,也称无须证明的事实。在我国,根据《民诉解释》第 92 条及第 93 条,免予证明的事实包括以下几类:

(一) 自然规律及定理、定律

自然规律和定理、定律是指已为科学研究所证明并得到普遍接受的原理和原则。例如,万有引力定律、勾股定理等。由于其客观性和真实性已被反复验证,具有众所周知性,因此不必再举出证据加以证明。

(二) 众所周知的事实

众所周知的事实,就是在一定地域范围内公众普遍了解的事实。既然在一定地域范围内的公众普遍了解这一事实,法官作为该地域范围内公众的一员,自然也应当知晓。众所周知的事实是有一定地域范围的,判断该事实是否免予证明,需要考察该事实与审理案件的法院的关系,即该法院是否属于该地域范围。例如,2010年夏天甲市发生严重城市内涝,该灾害在甲市范围内属于众所周知的事实,在乙市范围内则不一定是众所周知的事实;而2013年美国斯诺登事件在全世界范围内都应属于众所周知的事实。

(三) 推定的事实

推定的事实,是指根据法律规定或者已知事实和日常生活经验法则,能够推定出的另一事实。根据推定的基础不同,推定可分为法律推定和事实推定两种。前者是指根据法律的直接规定能够推定出的另一事实,如婚姻关系存续期间所生子女为婚生子女,原告经两次传票传唤无正当理由拒不到庭的按撤诉处理等等;后者是指根据已知的事实和日常生活经验法则能够推定出的另一事实,例如,某人于2013年3月死亡,便可推定该人在2013年2月是活着的,等等。

(四) 预决的事实

预决的事实是指已为法院或仲裁机构发生法律效力的裁判或裁决所确认的事实。法院作出的裁判一旦发生法律效力,当事人之间的实体权利义务关系就此确定,后续法院不得作出与该裁判相矛盾的权利认定,而该裁判确认的作为权利认定基础的事实,自然对后续法院具有预决的效力。仲裁机构作出的仲裁裁决,与法院裁判一样具有拘束力,其他仲裁机构或法院均不得作出与仲裁裁决已经确认的事实相矛盾的事实判断。这种预决效力的意义在于,防止法院在不同的案件裁决中对同一事实作出前后矛盾的认定,并且可以免除当事人对这样的事实重复进行证明,从而节约诉讼成本,提高诉讼效率。因此,已经为法院裁判或仲裁机构仲裁裁决确认的事实,无须再以证据证明。

(五) 已为有效公证文书证明的事实

经法定程序由公证机构证明的法律事实和文书具有很强的证据效力。已为有效公证文书证明的事实,法院可以直接将其作为认定案件事实的根据,当事人无须再提出证据加以证明。

但是,需要注意的是,上述无须证明的事实不等于都是确凿无疑的事实。根据《民诉解释》,除自然规律和定理、定律外,对众所周知的事实、推定的事实,当事人有相反证据足以反驳的;已为人民法院发生法律效力的裁判所确认的事实、已为仲裁机构的生效裁决所确认的事实和已为有效公证文书所证明的事实,当事人有相反证据足以推翻的,主张该类事实的当事人仍然需要举出进一步的证据加以证明。

(六) 自认的事实

在民事诉讼过程中,一方当事人承认对方当事人主张的对自己不利的事实,称为自认,又称为当事人认可或者当事人的承认。从证据意义上,这种承认也是当事人陈述的一种。由于诉讼是解决争议的,当事人的承认,意味着双方当事人对当事人承认的事实不存在争议。所以,世界上大多数国家的法律都规定,一方当事人的自认,可以免除另一方当事人对该事实的证明责任。《民诉解释》和《证据规定》对当事人自认作了比较完整的规定。对其内容分析如下：

（1）一方当事人在法庭审理中，或者在起诉状、答辩状、代理词等书面材料中，对于己不利的事实明确表示承认的，另一方当事人无需举证证明。但是，对于涉及身份关系、国家利益、社会公共利益等应当由人民法院依职权调查的事实除外。自认的事实与查明的事实不符的，人民法院不予确认。此规定意味着，自认必须是当事人在诉讼过程中作出的；如果是在诉讼过程之外，一方当事人即使向对方作出过事实上的承认，也不构成法律上的自认，不能免除对方当事人向法院举证的责任。此外，对于应由人民法院依职权调查的事实，由于其不仅仅影响诉讼的当事人，因此必须如实查明事实，当事人对该类事实的自认不构成另一方当事人举证责任和法院查明责任的免除。

（2）自认包括明示和默示。所谓默示的自认是指，对一方当事人陈述的事实，另一方当事人既未表示承认也未否认，经审判人员充分说明并询问后，其仍不明确表示肯定或者否定的，视为对该项事实的承认。

（3）自认可以由委托代理人作出。当事人委托代理人参加诉讼的，代理人的承认视为当事人的承认，但未经特别授权的代理人对事实的承认直接导致承认对方诉讼请求的除外。当事人在场但对其代理人的承认不作否认表示的，视为当事人的承认。这种情况也属于默示的自认。

（4）自认作出后，在两种情况下可以撤回，即：① 当事人在法庭辩论终结前撤回承认并经对方当事人同意，或者② 有充分证据证明其承认行为是在受胁迫或者重大误解情况下作出且与事实不符。在这两种情况下，作出自认的当事人可以撤回自认。人民法院准许当事人撤回自认的，则由对该事实承担举证责任的当事人继续提供证据进行证明。

另外，《民诉解释》第107条规定，在诉讼中，当事人为达成调解协议或者和解协议作出妥协而认可的事实，不得在后续的诉讼中作为对其不利的根据，但法律另有规定或者当事人均同意的除外。由此可以看出，在诉讼调解或者诉讼外和解的过程中，一方当事人为和解或者达成调解协议的目的，对另一方当事人主张的对自己不利的事实予以承认的，在其后的诉讼中不视为自认。这样的规定一是符合"自认必须是在诉讼过程中作出"这一要求，因为调解程序及和解都不属于诉讼过程的内在环节；二是解除了当事人因担心后续诉讼中的不利后果而不愿或不敢在调解与和解中让步的顾虑，从而有利于通过和解或调解解决纠纷，提升纠纷解决的效率和效果。

第五节 证明责任

一、证明责任的概念

证明责任，也称举证责任，是指作为裁判基础的法律要件事实在诉讼中处于真伪不明状态时，负有证实该法律要件事实责任的一方当事人承受不利的裁判后果的风险。《民事诉讼法》第64条第1款规定，当事人对自己提出的主张，有责任提供证据。《民诉解释》

第 90 条规定,当事人对自己提出的诉讼请求所依据的事实或者反驳对方诉讼请求所依据的事实,应当提供证据加以证明,但法律另有规定的除外。在作出判决前,当事人未能提供证据或者证据不足以证明其事实主张的,由负有举证证明责任的当事人承担不利的后果。这些规定所体现的就是证据制度中的证明责任问题。

从上述规定中可以看出,证明责任具有以下几层基本含义:第一,当事人对自己提出的主张应当提出证据,这一层意义上的当事人责任又可以称为向法院提供证据的责任;第二,当事人应当运用自己提供的证据,使其足够证明其主张;第三,若当事人对自己的主张不能提供证据或提供证据不足以证明自己的主张,可能导致诉讼结果对其不利。值得一提的是,《民诉解释》使用了"举证证明责任"这一概念,用以说明既有行为意义上的提供证据责任,也有结果意义上的不利后果负担。但这一概念与我国理论界和实务界已经通用的"证明责任"概念并不一致,因此本书依然坚持通说概念。

通常情况下,无论是哪一方当事人,对于能够取得或能够向法院申请取得的有利于己方的证据,都会尽其所能地向法院提出,因此,向法院提供证据的责任在施行方面不会产生很大的问题。但是,在司法实践中不可避免的会出现这样的情况,即尽管双方当事人努力地向法院提供证据并积极证明其主张,但现有证据仍不足以达到使法官建立对待证事实的内心确信的程度,这就是事实真伪不明的状态。而当事实真伪不明时,法院不能以此为由拒绝裁判,这就需要法官寻找一条解决在此种状态下确定权利义务关系的出路,即判定对该事实负有证明责任的一方当事人由于对该事实证明不力,从而承担对其不利的法律后果。由此可见,在前述证明责任的三层含义中,第三层含义才是证明责任在证据制度中的重要作用所在,换句话说,证明责任只有在法律要件事实真伪不明时才真正发挥作用。因此,证明责任其实是在作为裁判基础的法律要件事实真伪不明时的一种裁判依据,其实质意义在于当事人举证不力时的风险负担。

既然证明责任的主要功能在于引导法官对事实真伪不明的民事案件作出裁判,那么应当注意的就是,对于同一个法律要件事实,虽然双方当事人都会提供证据证明有利于己方的陈述或看法,从而就该要件事实作出不同的解说,但对该要件事实证明不力、从而导致不利裁判后果的风险只可能由一方当事人承担。因此,就特定法律要件事实的证明责任只能由一方当事人负担,不可能由双方当事人同时负担。那么,究竟由哪一方当事人负担该要件事实的证明责任,就涉及了证明责任的分配问题。

二、证明责任的分配

证明责任的分配是指对案件中的法律要件事实由谁负责予以举证证明,并在有关案件事实得不到证明时应由谁来承担相应不利的法律后果——即诉讼风险的负担。如前所述,尽管民事诉讼中,人民法院在法定情况下负有调查、收集证据的职责,而其他一些诉讼参与人也负有协助人民法院查明案件事实的义务,但由于人民法院和其他诉讼参与人显然都不会涉及诉讼风险的负担,只有当事人才负担诉讼风险,因此,证明责任只可能由当事人负担,并且只能由一方当事人承担。

那么，证明责任具体由哪一方当事人负担，即证明责任的分配，就成为证据制度中非常核心的问题。这一问题在学理上有不同的主张，而《民诉解释》根据其中的通说即法律要件分类说，对证明责任分配的一般原则进行了明确。根据《民诉解释》第91条的规定，人民法院应当依照下列原则确定举证证明责任的承担，但法律另有规定的除外：

（1）主张法律关系存在的当事人，应当对产生该法律关系的基本事实承担举证证明责任；

（2）主张法律关系变更、消灭或者权利受到妨害的当事人，应当对该法律关系变更、消灭或者权利受到妨害的基本事实承担举证证明责任。

在《民诉解释》发布之前，我国民事诉讼的司法实践中，上述原则就已经在一定程度上为证明责任分配提供了指导。而《证据规定》中虽然没有对这一原则加以明确概括，但对审判实践中较常见的合同纠纷案件、劳动纠纷案件和若干较特殊的侵权纠纷案件的证明责任分配也做出了规定，其基本符合上述法律要件分类说的涵义。因此，上述分配原则可以结合具体纠纷作如下理解：

（1）在合同纠纷案件中，主张合同关系成立并生效的一方当事人对合同订立和生效的事实承担证明责任；主张合同关系变更、解除、终止、撤销的一方当事人对引起合同关系变动的事实承担证明责任。对合同是否履行发生争议的，由负有履行义务的当事人承担证明责任，但如果履行的是不作为义务的，应当由对方当事人承担证明责任。对代理权是否存在发生争议的，由主张有代理权一方当事人承担证明责任。

（2）在侵权纠纷案件中，一般侵权案件应由受害人就侵权法律关系产生的事实，即其损害赔偿请求权产生的要件事实承担证明责任（即要证明加害人的行为违法，有侵害结果，有主观过错，并且侵害结果与违法行为之间存在因果关系），而由加害人就其免责事由承担证明责任。

（3）在劳动争议案件中，因用人单位作出开除、除名、辞退、解除劳动合同、减少劳动报酬、计算劳动者工作年限等决定而发生劳动争议的，由用人单位负证明责任。

三、证明责任的特殊分配

当证明责任分配原则确定后，通常情况下都要按照该原则进行证明责任的分配。但是，在一些特殊类型的案件中，如果按照一般规则分配证明责任，可能造成当事人之间权利义务关系的失衡，违背程序公正和诉讼效率的初衷，不能实现实体法的立法目的。因此，就有必要考虑例外做法，对证明责任分配的一般规则作出补充、变通与矫正，将按照一般规则应当由主张方负担的证明责任，分配给对方当事人负担。这就是证明责任分配的特殊规则，也称为证明责任的倒置。所谓证明责任倒置，也就是将按照一般证明责任分配原则应当由己方承担证明责任的事项，转由对方承担证明责任。

证明责任特殊分配的出发点是考虑证明责任分配的公平性与合理性，是利益考量的结果。这些利益考量包括，当事人举证证明的难易程度，与证据距离的远近，盖然性的高低，诚实信用原则，以及谁承担证明责任更符合法律的目的或者对权利的保护等。由于证明责任倒置属于对一般证明责任分配原则的例外,因此,需要法律作出明确规定。否则,"例外"的范围便无法确定,因而也就容易滥用"例外",进而严重损害一般原则的效力。我国《侵权责任法》中的相关条款已经对某些特殊侵权类型中的证明责任承担作出了特殊规定,《证据规定》第4条亦列举了与之相符的一些要求,其中,对前述一般侵权案件证明责任分配的一般原则有所改变的内容例如:

(1)因新产品制造方法发明专利引起的专利侵权诉讼,由制造同样产品的单位或者个人对其产品制造方法不同于专利方法承担证明责任。在这种情况下,被特殊分配的要件事实是行为的违法性要件,其证明责任由主张加害人行为违法的受害人倒置给加害人,即由加害人对其行为不具有违法性承担证明责任。

(2)因环境污染引起的损害赔偿诉讼,由加害人就法律规定的免责事由及其行为与损害结果之间不存在因果关系承担证明责任。在这种情况下,被特殊分配的要件事实是因果关系要件,其证明责任由主张加害人行为与损害结果之间有因果关系的受害人倒置给加害人,即由加害人对其行为与损害结果之间不存在因果关系承担证明责任。而加害人就法律规定的免责事由承担证明责任的规定,属于证明责任分配的一般原则,不属于证明责任的倒置。

(3)因建筑物或者其他设施以及建筑物上的搁置物、悬挂物发生倒塌、脱落、坠落致人损害的侵权诉讼,由所有人或者管理人对其无过错承担举证责任。在这种情况下,被特殊分配的要件事实是过错要件,其证明责任由主张加害人有过错的受害人倒置给加害人,即由加害人对其无过错承担证明责任。

(4)因共同危险行为致人损害的侵权诉讼,由实施危险行为的人就其行为与损害结果之间不存在因果关系承担证明责任。在这种情况下,被特殊分配的要件事实是因果关系要件,其证明责任由主张加害人行为与损害结果之间有因果关系的受害人倒置给加害人,即由加害人对其行为与损害结果之间不存在因果关系承担证明责任。

(5)因医疗行为引起的侵权诉讼,由医疗机构就医疗行为与损害结果之间不存在因果关系承担证明责任。《证据规定》该条款原本还规定了过错的证明责任也由医疗机构承担,但《侵权责任法》改变了这一做法,将过错的证明责任依然分配给患者方。

除上述五项证明责任特殊分配的情况外,《证据规定》第4条还有三项特殊侵权纠纷案件的证明责任分配的规定。可以看出,其余这三项规定均符合一般证明责任分配原则,不属于证明责任倒置。具体分析如下:

(1)高度危险作业致人损害的侵权诉讼,由加害人就受害人故意造成损害的事实承担证明责任。受害人故意造成损害的事实属于加害人的免责事由,而对免责事由的证明属于对权利妨碍要件事实的证明,本就应由加害人承担证明责任,不存在证明责任倒置的问题。

(2)饲养动物致人损害的侵权诉讼,由动物饲养人或者管理人就受害人有过错或者第三人有过错承担证明责任。受害人有过错或者第三人有过错属于加害人的免责事由,而如前所述,对免责事由的证明本就应由加害人承担证明责任,不存在证明责任倒置的问题。

(3) 因缺陷产品致人损害的侵权诉讼,由产品的生产者就法律规定的免责事由承担证明责任。可见,就这一免责事由的证明,亦不存在证明责任倒置问题。

最后再次强调的是,证明责任的特殊分配情况必须以法律或司法解释的明确规定为依据,即法律或司法解释没有明确规定的,不得适用证明责任分配的特殊规则。

第六节　证据的收集、提供与保全

一、证据的收集

证据收集,是指有关人员和机构对证据材料进行调查、提取以及将证据材料集合于案件的审判庭的活动,从广义上讲包括当事人收集证据和人民法院的审判人员收集证据,狭义上讲仅是指人民法院对证据的收集。当事人收集证据是为了对自己主张的事实承担举证责任,人民法院收集证据则是为了正确地查明案件的客观事实。当事人收集证据与人民法院收集证据的关系,集中表现在《民事诉讼法》第 64 条的规定上。《民事诉讼法》第 64 条第 1 款规定,当事人对自己提出的主张,有责任提供证据。第 2 款规定,当事人及其诉讼代理人因客观原因不能自行收集的证据,或者人民法院认为审理案件需要的证据,人民法院应当调查收集。上述规定说明,在民事诉讼中,收集证据原则上应当由当事人负责,人民法院依职权收集证据是有条件的。

为了规范人民法院收集证据的权限,确保法院审判的中立性和公正性,《民诉解释》明确规定了人民法院调查收集证据的条件,并将人民法院收集证据的情况区分为依职权主动进行和依当事人申请进行两种:

人民法院依职权主动收集证据限于以下情况:(1) 涉及可能损害国家利益、社会公共利益的;(2) 涉及身份关系的;(3) 涉及公益诉讼的;(4) 当事人有恶意串通损害他人合法权益可能的;(5) 涉及依职权追加当事人、中止诉讼、终结诉讼、回避等程序性事项的。

除上述几种情况之外,人民法院调查收集证据应当依当事人的申请进行。当事人及其诉讼代理人申请人民法院调查收集证据,应当符合以下情况:(1) 证据由国家有关部门保存,当事人及其诉讼代理人无权查阅调取的;(2) 涉及国家秘密、商业秘密、或者个人隐私的;(3) 当事人及其诉讼代理人因客观原因不能自行收集的其他证据。

当事人及其诉讼代理人申请人民法院调查收集证据,应当提交书面申请。申请书应当载明被调查人的姓名或者单位名称、住所地等基本情况、所要调查收集的证据的内容、需要由人民法院调查收集证据的原因及其要证明的事实。当事人及其诉讼代理人申请人民法院调查收集证据,不得迟于举证期限届满前 7 日。当事人申请调查收集的证据,与待证事实无关联、对证明待证事实无意义或者其他无调查收集必要的,人民法院不予准许。人民法院对当事人及其诉讼代理人的申请不予准许的,应当向当事人或其诉讼代理人送达通知书。

二、证据的提供

证据的提供就是当事人将所收集的证据提交给受诉法院的活动,也称举证。当事人及其诉讼代理人收集的证据,必须通过一定的方式和程序进入诉讼领域,使其能够被法官及对方当事人所认识,这种方式与程序就是证据的提供。

《证据规定》第3条规定,人民法院应当向当事人说明举证的要求及法律后果,促使当事人在合理期限内积极、全面、正确、诚实地完成举证。在这些要求之中,当事人应当在何时提供证据,是关系到能否确保诉讼公正、提高诉讼效率的重要问题。该问题也就是举证期限的问题。

(一) 举证期限的确定和延长

《民事诉讼法》要求,当事人对自己提出的主张应当及时提供证据。当事人应当提供证据的时间,即被称为举证期限。人民法院应根据当事人的主张和案件审理情况,确定当事人提供证据的期限,并要求当事人在此期限内举证。这就是举证时限制度,也称证据适时提出制度。

根据《民诉解释》,人民法院应当在审理前的准备阶段确定当事人的举证期限。举证期限可以由当事人协商,并经人民法院准许。人民法院确定举证期限,第一审普通程序案件不得少于15日,当事人提供新的证据的第二审案件不得少于10日。举证期限届满后,当事人对已经提供的证据,申请提供反驳证据或者对证据来源、形式等方面的瑕疵进行补正的,人民法院可以酌情再次确定举证期限。

举证期限可以延长。根据《民诉解释》的规定,当事人申请延长举证期限的,应当在举证期限届满前向人民法院提出书面申请。申请理由成立的,人民法院应当准许,适当延长举证期限,并通知其他当事人。延长的举证期限适用于其他当事人。申请理由不成立的,人民法院不予准许,并通知申请人。

(二) 逾期举证的后果

对于当事人逾期举证的后果,《民事诉讼法》第65条第2款规定,当事人逾期提供证据的,人民法院应当责令其说明理由;拒不说明理由或者理由不成立的,人民法院根据不同情形可以不予采纳该证据,或者采纳该证据但予以训诫、罚款。

根据《民诉解释》的规定,当事人逾期提供证据的,不同情形下应当有不同的处理后果。在决定适用何种后果之前,人民法院应当责令逾期举证的当事人说明理由,即首先应当组织双方当事人对逾期提供证据的理由进行说明、质疑和辩论,必要时可以要求当事人提供相应的证据。对于当事人因客观原因未能在举证期限内提供证据,或者虽逾期提供但对方当事人未提出异议的,视为提供证据未逾期。

而在当事人因故意或者重大过失逾期提供证据的情形下,人民法院对逾期证据应不予采纳。但是,即使是在这种情形下,如果当事人逾期提供的证据与案件基本事实有关的,人民法院也可以组织质证,但应依照《民事诉讼法》的相关规定予以训诫、罚款。

与上述情况相对应,如果当事人只是基于一般过失或者轻微过失逾期提供证据的,人民法院不应当绝对拒绝采纳该证据,而是应当对当事人逾期提供的证据组织质证,并根据质证的情况决定该证据能否作为认定案件事实的依据。但是,即使采纳该证据,人民法院也应当对于有过失的当事人施以一定程度的强制措施,以促使其改正自己的行为,遵守举证期限的要求。因此,《民诉解释》规定,当事人非因故意或者重大过失逾期提供的证据,人民法院应当采纳,并对当事人予以训诫。

另外,人民法院对当事人逾期提供的证据组织质证时,如果对方当事人要求赔偿因逾期提供证据致使其增加的交通、住宿、就餐、误工、证人出庭作证等必要费用的,人民法院可予支持。

(三) 证据交换

证据交换制度,是指开庭审理之前,双方当事人在法院审判人员的主持下,彼此交换己方所持有的证据的制度。对于复杂的案件,即使当事人在举证期限内积极提交了证据,也可能会因为证据过于繁杂、头绪过于纷乱,而导致在开庭时需要花费大量时间整理案件线索,或者使得一方当事人没有时间对对方当事人提出的某些证据进行反驳性证据和理由的准备,从而造成证据突袭,不利于诉讼的公正和庭审的顺利进行。因此,《证据规定》认可了庭审前的证据交换制度,使得双方当事人在庭审前有机会全面了解彼此所持有的证据,从而能更有效地进行争议焦点的整理和证据的质证,提高诉讼的效率。

根据《证据规定》,证据交换有两种启动的情形:一是经当事人申请,法院可以组织当事人在开庭审理前交换证据;二是对于证据较多或者复杂疑难的案件,法院应当依职权组织当事人在答辩期届满后、开庭审理前交换证据。

证据交换期间不能长于举证时限期间。人民法院组织当事人交换证据的,交换证据之日举证期限届满。当事人申请延期举证经人民法院准许的,证据交换日相应顺延。

证据交换应当在审判人员的主持下进行。在证据交换的过程中,审判人员对当事人无异议的事实、证据应当记录在卷;对有异议的证据,按照需要证明的事实分类记录在卷,并记载异议的理由。通过证据交换,确定双方当事人争议的主要问题。

当事人收到对方交换的证据后提出反驳并提出新证据的,人民法院应当通知当事人在指定的时间再次进行交换。证据交换一般不超过两次。但重大、疑难和案情特别复杂的案件,人民法院认为确有必要再次进行证据交换的除外。

三、证据保全

(一) 证据保全的概念

证据保全,是指在证据有可能毁损、灭失,或以后难以取得的情况下,人民法院根据当事人、利害关系人的申请或依职权采取措施,对证据进行固定和保护,以保存其证明力的制度。证据保全的意义,在于保存证据的证明力,使与案件有关的事实材料不因有关情形的发生而无法取得或丧失证明作用,以此来满足当事人证明案件事实和法院查明案件事实的需要。

证据保全的时间一般是在诉讼过程中进行。但因情况紧急，在证据可能灭失或者以后难以取得的情况下，利害关系人也可以在提起诉讼或者申请仲裁前向证据所在地、被申请人住所地或者对案件有管辖权的人民法院申请保全证据。这意味着当事人在诉讼还未启动前，即可申请法院对重要的可能灭失的证据采取保全措施，从而更好地维护自己的权益。

(二) 证据保全的条件

证据保全需符合以下条件：第一，待保全的事实材料应当与案件事实有关，即应当是能够证明案件有关事实的材料。第二，待保全的事实材料存在毁损、灭失或以后难以取得的可能性。所谓毁损，是指证据材料的品质、外形或数量等发生了变化，丧失了证据材料的原貌，比如，作为物证资料的是容易腐烂的水果，如果不及时对这些水果采取保全措施，到证据调查时，这些水果很可能因腐烂而失去证明力；所谓灭失，是指证据材料丢失、消失而不复存在，比如，提供证言的证人年事已高或患重病，如果不及时提取其证言，在将来的证据调查时，就可能因证人的死亡而无法取得；所谓以后难以取得，是指因有关情形的存在，有可能使证据材料在将来难以收集到，比如，知晓案件有关情况的人将要出国，或物证、书证等即将被转移而去向不明等。第三，证据保全应当在人民法院对有关证据进行调查收集之前，即在需要进行证据保全的时候，待保全的证据还未到可被提交到法院的时候。证据保全一般是在诉讼开始后进行，但也有可能是在诉讼开始前。

(三) 证据保全的程序

证据保全的提出，通常情况下是由当事人申请，但在有的情况下人民法院也可以依职权决定。根据《民诉解释》的规定，当事人申请证据保全的，可以在举证期限届满前书面提出。证据保全可能对他人造成损失的，人民法院应当责令申请人提供相应的担保。当事人申请证据保全，应当提出书面申请，说明证据保全的理由、保全的对象及待保全证据所在之处等。对当事人提出的申请，人民法院应当予以审查，并尽快决定是否同意申请。人民法院决定采取保全措施，应当作出裁定，并及时采取相关的保全措施。人民法院进行证据保全，可以要求当事人或者诉讼代理人到场。

(四) 证据保全的措施

人民法院进行证据保全，可以根据具体情况，采取查封、扣押、拍照、录音、录像、复制、鉴定、勘验、制作笔录等方法。一般来讲，对证人证言，可以录音或制作询问笔录；对于物证，可以进行勘验或封存原物；对书证、视听资料、电子数据，尽量提取原件，提取原件有困难的，可采取复制的方法；对需要鉴定的有关事项，要及时地进行鉴定。证据保全措施的采用，以保存证据的证明力为目的，在该目的下，采取保全的措施可以灵活多样，甚至可以对一种证据采取两种或两种以上的保全措施。需要强调的是，在符合证据保全目的的情况下，人民法院应当选择对证据持有人利益影响最小的方法。

第七节 证据的审查与判断

《民事诉讼法》规定,所有证据须经查证属实,才能作为定案的根据。因此,诉讼证据必然要经过审查和判断两个阶段。证据须经审查后被判断为真实、合法并与待证案件事实具有关联性,才具有证明力,才能作为认定案件事实的根据。证据审查与证据判断具有密切联系,证据的审查是证据判断的前提,证据的判断应该建立在证据审查的基础上。

一、证据审查的概念及对象

证据审查,是指人民法院在诉讼参与人的参加下,对所取得的证据材料,予以核实、鉴别,辨明其真伪的活动。证据审查的意义,从客观上说,是为了辨明证据的真伪,为法院是否采用相关材料作为裁判根据奠定基础;从法律上说,证据只有经过审查程序,才可以作为定案的根据。

证据审查的对象是人民法院所获取的所有与案件事实相关联的各种客观材料,包括当事人提供的和人民法院收集到的证据材料。从证据类别上讲,包括书证、物证、视听资料、电子数据、证人证言、当事人陈述、鉴定意见和勘验笔录等各类证据。从证据取得的时间上讲,包括在开庭之前取得的证据材料和当事人在开庭时当庭提出的证据材料。总之,各种证据材料都是证据审查的对象。未经过审查的证据,不可作为裁判的根据。

二、证据审查的方式

证据审查是人民法院在诉讼参与人参加下对证据的真伪进行辨别的活动,其意义除了为法院裁判奠定基础外,在程序上还要表现出法院对案件审理的公正性。因此,证据的审查,从形式上讲,是以开庭审理的方式进行的。具体的程序为:在开庭审理的法庭调查阶段,在审判人员的主持下,将各种证据在法庭上一一出示,由双方当事人及其诉讼代理人进行鉴别,相互质证,在司法实践中,这个过程通常表现为以当事人对案件事实的陈述为基本线索来展示各种证据;在法庭辩论阶段,双方当事人可以就各种证据发表自己的看法或对对方的看法进行反驳。

在证据审查中,应尤其强调质证的作用。质证是指在法官的主持下,双方当事人就证据材料的客观性、关联性、合法性及其证明力的有无与大小进行质疑、说明、对质与辩驳的诉讼活动。质证是证据审查与判断的基本方式,是民事诉讼程序中不可或缺的重要环节,未经质证的证据材料,不能作为认定案件事实的依据。《民事诉讼法》第68条规定,证据应当在法庭上出示,并由当事人互相质证。《民诉解释》第103条第1款规定,证据应当在法庭上出示,由当事人互相质证。未经当事人质证的证据,不得作为认定案件事实的根据。

除了在法庭上出示证据之外,当事人在证据交换过程中认可并记录在卷的证据,经审判人员在庭审中说明后,也可以作为认定案件事实的依据。这其实是将质证提前到了证据交换和审前准备程序阶段进行。另外,质证应当公开进行。但是涉及国家秘密、商业秘密和个人隐私或者法律规定的其他应当保密的证据,不得在开庭时公开质证。

除了对当事人提供的证据需要进行质证之外,人民法院依照当事人申请调查收集的证据,应作为提出申请的一方当事人提供的证据进行质证。而人民法院依照职权调查收集的证据则应当在庭审时出示,听取当事人意见,并可就调查收集该证据的情况予以说明。

证据审查的方式,除了要符合法定程序外,还因证据审查的具体对象的不同而有不同的要求。例如,对当事人陈述的审查,一般采取询问、质疑的方式进行审查;书证、物证的审查一般要求出示原本或原件,并要求提供者对证明的内容予以说明;视听资料和电子数据的审查,一般要求在法庭上将视听资料或电子数据当庭播放或当庭展示,视听资料或电子数据的提供者一般应当对证据的来源和形成过程予以说明;证人证言的审查,一般要求证人亲自出庭,并告知其权利义务,要求其如实陈述,当事人对证人证言有疑问的,可以经法庭许可后对证人发问,证人亲自出庭确有困难的,可以提交书面证言,并由法院的审判人员在法庭上予以宣读,若干个证人作证的,各个证人应当分别提供证言,证人之间就同一事实所提出的证言内容相互有矛盾的,可以在所有的证人都提供了证言之后要求证言内容有矛盾的证人到场当面对质;审查鉴定意见和勘验笔录,当事人可以对鉴定人和勘验人员进行询问,如果对鉴定意见、勘验笔录有异议的,可要求重新鉴定或勘验,是否准许,由法院决定,等等。

三、证据判断的概念及对象

证据的判断,又称为认证,是指人民法院在审查证据的基础上,对证据进行综合分析,决定证据的取舍,并最终确定证据证明力的活动。证据判断的意义,在于为法院认定案件事实提供事实上的根据,并为法院适用法律、依法对案件作出裁判奠定基础。

证据判断的对象是那些经过法定程序进行了审查的证据,未经过审查的证据,不应作为证据判断的对象。

四、证据判断的标准

证据的判断,由法院的审判人员依职权进行,当事人与其他诉讼参与人不是证据判断的主体。

证据判断的关键性问题是判断证据所要遵循的标准。在证据制度的发展史上,曾有过"神示证据制度""法定证据制度",即分别以神的意志和法律的明文规定作为判断证据的标准。目前,大多数国家实行"自由心证"的证据制度,以法官的经验和良心作为判断证据的标准,即某种证据是否具有证明力,由法官根据自己的经验、良心,并结合案件的审理情况进行独立判断。从我国司法实践运作的情况看,我国证据制度中证据证明力的确定,实际上也是法官根据自己的经验与案件的审理情况,使其主观认识符合客观实际的过程,即遵循实事求是的原则,综合各方面的因素,对每一项证据进行客观的分析,分析其是否客观真实、是否能证明案件事实的全部或一部,在此基础上,综合全部证据,以断定各个证据与案件事实之间的关系,作出哪些证据具有证明力,法院予以采信,哪些证据不具证明力,法院不予采信的判断。《民诉解释》第105条规定,人民法院应当按照法定程序,全面、客观地审核证据,依照法律规定,运用逻辑推理和日常生活经验法则,对证据有无证明力和证明力大小进行判断,并公开判断的理由和结果。因此,可以说我国民事诉讼法对证据判断亦确立了以自由心证为主,法定证据为辅的判断标准。

在证据判断的问题上,我国最高人民法院根据审判实践中总结出的经验,对证据证明力的确定作了部分指导性、辅助性的规定,它集中体现于《民诉解释》与《证据规定》中。主要内容有:

(1) 在诉讼中,当事人为达成调解协议或者和解协议作出妥协而认可的事实,不得在后续的诉讼中作为对其不利的根据,但法律另有规定或者当事人均同意的除外。

(2) 下列证据不能单独作为认定案件事实的依据:未成年人所作的与其年龄和智力状况不相当的证言;与一方当事人或者其代理人有利害关系的证人出具的证言;存有疑点的视听资料;无法与原件、原物核对的复印件、复制品;无正当理由未出庭作证的证人证言。

(3) 一方当事人提出的下列证据,对方当事人提出异议但没有足以反驳的相反证据的,人民法院应当确认其证明力:书证原件或者与书证原件核对无误的复印件、照片、副本、节录本;物证原物或者与物证原物核对无误的复制件、照片、录像资料等;有其他证据佐证并以合法手段取得的、无疑点的视听资料或者与视听资料核对无误的复制件;一方当事人申请人民法院依照法定程序制作的对物证或者现场的勘验笔录。

(4) 一方当事人提出的证据,另一方当事人认可或者提出的相反证据不足以反驳的,人民法院可以确认其证明力。一方当事人提出的证据,另一方当事人有异议并提出反驳证据,对方当事人对反驳证据认可的,可以确认反驳证据的证明力。

(5) 有证据证明一方当事人持有证据无正当理由拒不提供,如果对方当事人主张该证据的内容不利于证据持有人,可以推定该主张成立。书证在对方当事人控制之下的,承担证明责任的当事人可以在举证期限届满前书面申请人民法院责令对方当事人提交。对方当事人无正当理由拒不提交的,人民法院可以认定申请人所主张的书证内容为真实。

(6) 人民法院就数个证据对同一事实的证明力,可以依照下列原则认定:国家机关、社会团体依职权制作的公文书证的证明力一般大于其他书证;物证、档案、鉴定结论、勘验笔录或者经过公证、登记的书证,其证明力一般大于其他书证、视听资料和证人证言;原始证据的证明力一般大于传来证据;直接证据的证明力一般大于间接证据;证人提供的对与其有亲属或者其他密切关系的当事人有利的证言,其证明力一般小于其他证人证言。

第八节 证明标准

一、证明标准的概念

证明标准,是指在诉讼中负证明责任的主体对案件事实加以证明所要达到的程度。负证明责任的主体提供证据对案件事实的证明达到该程度以后,待证事实就算得到证明,该当事人不再因该待证事实的证明问题而承受诉讼的不利后果;相反,如果负证明责任的主体提供证据对案件事实的证明没有达到该程度,表明该待证事实仍处于真伪不明状态,该当事人则应当承受诉讼的不利后果。

由此可见,证明标准以证明责任的存在为基础,是落实证明责任的重要准则。有争议的法律要件事实的证明责任在确定由一方当事人负担后,随之而来的问题就是当事人对该事实的证明要达到何种程度,事实真伪不明的状态才算打破,该当事人才可免于承受不利的裁判后果,败诉的风险才不至于从可能转化为现实。这一问题的解决,取决于证明标准的确定。可见,没有证明责任制度就没有证明标准制度,没有证明标准,证明责任制度也就无法落实。

二、确定证明标准的意义

在诉讼中,无论是对当事人还是对法院来说,确定证明标准都具有十分重要的意义。

首先,证明标准是当事人提供证据的调节阀。明确了证明标准,有利于当事人对法官可能认定的事实作出正确估计,及时提供证据证明自己的主张,或者反驳对方的主张。凭借证明标准,当事人就知道何时应当提供证据,何时可以暂停举证,对方当事人也就知道何时应当提供相反的证据进行反驳,何时可以停止反驳性举证,等待负证明责任的对方当事人继续提供证据。通过证明标准的调节作用,当事人恰当地进行举证,既有利于查明案件事实,又有利于提高诉讼效率。

其次,证明标准是法官认定事实的行为规范。明确了证明标准,法官就能准确地认定案件事实,并以此为基础对当事人之间争议的实体法律关系作出裁判。对于当事人提供的证据,如果法官认为这些证据所包含和体现的证明力达到了证明标准,就应当认定该事实为真或假,并以此为基础作出裁判;反之,如果法官认为这些证据所包含和体现的证明力未能满足证明标准,则应当认定该事实真伪不明,并根据证明责任作出裁判。可见,证明标准是法官认定事实和作出裁判的行为规范。

三、民事诉讼的证明标准

我国传统的证据学理论以及三大诉讼立法,都没有明确不同的诉讼应当确立不同的证明标准,以致实践中民事诉讼、刑事诉讼、行政诉讼实行的证明标准都是一样的,即都应当达到事实清楚,证据确实、充分。具体来说,它要求:(1) 据以定案的各种证据已经查证属实;(2) 案件事实均有必要的证据加以证明;(3) 证据之间、证据与案件事实之间的矛盾已经得到合理排除;(4) 根据证据能够得出唯一的结论,排除了其他可能性。

民事诉讼法学理论界对无差别证明标准提出了质疑,主张根据民事案件特殊的性质,在民事诉讼中应实行自己的证明标准,该标准一般情况下应当低于刑事诉讼的证明标准。这是因为,尽管发现真实是诉讼的共同目的,但由于案件性质的不同,不同诉讼对发现真实的程度要求也存在差异。民事诉讼的主要目的是解决纠纷,而不是达到绝对的案情客观真实。当事人之间的利害关系随时在变化,即使完全达到客观真实,纠纷也不见得都能得到解决。如果纠纷解决者无限制地查明事实真相,其结果可能会适得其反,即被挖掘出来的事项,将会激化而非吸收当事人之间的根本分歧。所以,民事诉讼的证明任务应当是"法律真实",其证明标准应当充分考虑民事案件处理的是民事权利义务争议、民事诉讼的证明责任由当事人负担这两个基本特点,以高度可能性作为民事诉讼的证明标准。所谓高度可能性证明标准,是指从当事人提供或法院调查收集的证据中,法官无法形成事实确实如此的确信,但形成了事实更可能如此或非常可能如此的判断,就应当作出认定该事实如此的判断。这其实体现的是一种可能性的对比,即存在这种事实的可能性比不存在这种事实的可能性更大或更小。

《证据规定》第73条基本体现了民事诉讼中的高度可能性证明标准,而《民诉解释》又将证明标准问题予以进一步的明确,这样,通过最高人民法院的司法解释,多元化证明标准得以在实践中实行。《民诉解释》第108条第1款规定,对负有举证证明责任的当事人提供的证据,人民法院经审查并结合相关事实,确信待证事实的存在具有高度可能性的,应当认定该事实存在。根据此条款,法院认定待证事实存在、即判定负有证明责任的当事人已经完成证明责任、提交的本证已经达到足够的充分程度的条件,也就是符合本节所讲的"证明标准"这一条件。《民诉解释》对此的表述是"高度可能性",这一规定体现的就是民事诉讼独特的证明标准。

从"事实清楚,证据确实、充分"的标准调整到以"高度可能性"作为民事诉讼的证明标准,不但体现了民事案件特殊的性质,而且与民事诉讼"法律真实"的证明任务相协调;其对负有证明责任的一方当事人完成证明责任的难度予以适当降低,有利于提高诉讼效率和减少法官依赖于证明责任作出裁判的比例。

但是,值得提出的是,即使都是在民事诉讼中,对于对待证事实负不同责任的当事人,证明标准是有差别的。高度可能性的标准应当适用于当事人对其负有证明责任的待证事实提供本证进行证明的程度之上,而对待证事实不承担证明责任的当事人为反驳负有证明责任的当事人所主张的事实而提供反证时,仅需要达到使审理案件的审判人员认为该待证事实真伪不明的标准。《民诉解释》第108条第2款规定,对一方当事人为反驳负有举证证明责任的当事人所主张事实而提供的证据,人民法院经审查并结合相关事实,认为待证事实真伪不明的,应当认定该事实不存在。

而根据《民诉解释》第 109 条的规定,如果待证事实是当事人欺诈、胁迫、恶意串通的事实,或者是口头遗嘱或赠与事实时,对其的证明应当达到更高一些的标准,即应当使审理案件的审判人员确信该待证事实存在的可能性"能够排除合理怀疑",这是由不同待证事实对实体权利义务的重要程度、对社会和他人的影响程度、对诉讼结果的关联程度不同而决定的。

第九章 期间和送达

第一节 期　　间

一、期间的概念

期间,是指人民法院、诉讼参与人进行或完成某种诉讼行为应遵守的时间,是人民法院和诉讼参与人在诉讼过程中所要遵循的时间上的要求。当事人在期间内没有进行或完成应当进行或完成的行为,则构成期间的耽误,在通常情况下意味着丧失了进行有关行为的资格。

狭义的期间指的是期限,广义的期间则包括期限和期日。

期限,是指人民法院或诉讼参与人单独完成或进行某种诉讼行为应该遵守的时间。期限是为了保证诉讼能够有效率地进行,因此,期限的设定既要保证有关主体有合理的时间顺利地进行或完成该行为,又要避免期限确定不当而拖延诉讼。例如,《民事诉讼法》规定,当事人不服地方人民法院第一审判决的,有权在判决书送达之日起15日内向上一级人民法院提起上诉。这个15日就是当事人提起上诉所应该遵守的期限。

期日,是指人民法院与当事人、其他诉讼参与人会合在一起进行一定诉讼活动的日期。例如,开庭审理的日期、宣判的日期等等,在这一日期,人民法院将与相关诉讼参与人共同完成庭审或者宣判等诉讼活动。

由此可见,期限与期日的区别主要体现在:期限是指从某一期日起到另一期日止所经过的时间段,表示的是时间之"线";而期日表示的是时间之"点"。期限是诉讼参与人或法院单独为某种诉讼行为的时间段;期日则是诉讼参与人和法院会合在一起为诉讼行为的时间。

二、期间的种类

根据《民事诉讼法》的规定,狭义的期间,即期限,包括法定期间和人民法院指定的期间。

法定期间,是指由法律明文规定的期间。行为主体只有在法定期间内依法进行或完成的诉讼行为才具有法律效力,而如果不遵守该期间的规定,即使进行或完成了该行为,也不会产生相应的法律效果。例如前述15日上诉期间的规定当事人必须遵守,如果当事人在15日内没有按要求提起上诉的,则失去了上诉权,一审判决发生法律效力。

法定期间包括绝对不可变期间和相对不可变期间。绝对不可变期间,是指该期间由法律确定,任何机构和人员都不得改变,如当事人申请再审的期间为6个月,这6个月即为绝对不变期间,无论什么原因,该期间都不发生中止、中断,也不可改变。而相对不可变期间,虽然在法律确定后通常情况下不可改变,但遇有法定事由时,可由法院依法予以适当变更,例如,一审案件的审理期间是 6 个月,但同时法律规定,有特殊情况需要延长审理期间的,由本院院长批准,可以延长 6 个月;还需要延长的,报请上级人民法院批准。

指定期间,是指人民法院根据案件审理时遇到的具体情况和案件审理的需要,依职权决定当事人及其他诉讼参与人进行或完成某种诉讼行为的期间。例如,限定当事人提供证据的举证期限,可以由法院指定,由人民法院指定举证期限的,第一审普通程序案件不得少于 15 日,当事人提供新的证据的第二审案件不得少于 10 日。当事人应当在举证期限内向人民法院提交证据材料。

三、期间的计算

根据《民事诉讼法》的规定,期间按照下列方法计算:

1. 期间以时、日、月、年作为表示单位。例如,人民法院接受保全申请后,对情况紧急的,必须在 48 小时内作出裁定;人民法院收到起诉状或者口头起诉,经审查认为符合起诉条件的,应当在 7 日内立案;人民法院适用简易程序审理案件,应当在立案之日起 3 个月内审结;公民下落不明满 2 年,利害关系人可以向人民法院申请宣告其失踪。

2. 期间开始的时和日不计算在期间内。民事诉讼中以小时和日计算的各种期间均从下一个小时或者次日起算。例如,《民事诉讼法》规定的普通程序立案期限,因起诉状内容欠缺令原告补正的,从补正后交人民法院的次日起算;由上级人民法院转交下级人民法院立案的案件,从受诉人民法院收到起诉状的次日起算,等等。

3. 法定期间或指定期间届满的最后一日是节假日的,以节假日后的第一个工作日为期间届满的日期。这里的节假日是指国家法定的公众节假日,如元旦、春节、五一劳动节、国庆节以及星期六、星期日等,而不包括非公众的节假日,比如儿童节、教师节、学校的寒暑假等。例如,某当事人于某年 5 月 15 日收到判决书,他可以在 15 日内提起上诉,而上诉期满的最后一天 5 月 30 日正好是星期六,则应以节假日后的第一日即 6 月 1 日为其上诉期间届满的日期。应当注意,如果节假日是在期间中间而不是在期间届满的最后一日,则不应从期间中扣除。

4. 诉讼文书的在途期间不包括在期间内。诉讼文书在期满前交邮的,即使人民法院收到时已经超过了期间届满日,也不算过期。交邮日期的确定以邮局在该文书邮件上所盖的邮戳日期为准。

四、期间的耽误和顺延

期间的耽误,是指当事人在法定期间或者指定期间内,没有进行或完成应当进行或完成的行为。通常情况下,当事人耽误了期间,即使进行或完成了该行为,也不会产生相应的法律效果。但是,如果当事人耽误期间的原因是法律规定的"不可抗拒的事由或者其他正当理由",则法律允许当事人申请顺延有关期间。

《民事诉讼法》第 83 条规定,当事人因不可抗拒的事由或者其他正当理由耽误期限的,在障碍消除后的 10 日内,可以申请顺延期限,是否准许,由人民法院决定。这里的"不可抗拒的事由",通常是指当事人不能预见、不能避免并不能克服的客观情况,如突然发生的地震、水灾等等;"其他正当理由",通常是指除不可抗拒的事由以外不应归责于当事人的客观情况,如当事人突然身患重病等。而这 10 日则为不可变期间,逾期则丧失申请顺延的权利。

对当事人适时提出的申请,法院应认真予以审查。经审查如果认为确实存在法律规定的正当理由的,应准许顺延期限;如果不存在正当理由的,则应裁定驳回当事人的申请。法院经审查准许顺延期限的,具体顺延期限的长短,因法定期间与指定期间而有所不同。对法定期间的顺延,一般是将实际耽误的期间补足。如果被耽误的是指定期间,其顺延期限的长短,由法院根据具体情况决定。

第二节 送　　达

一、送达的概念和特征

民事诉讼中的送达,是指人民法院依照法律规定的程序和方式,将诉讼文书送交当事人或者其他诉讼参与人的行为。送达为人民法院向当事人送交诉讼文书设定了所要遵循的行为规范。送达制度的目的在于保障诉讼能够正常、准时地进行,保证当事人及其他诉讼参与人充分行使其诉讼权利。

送达作为一种规范性的、强制性的诉讼行为,具有以下特征:

(1) 送达的主体是人民法院。当事人或者其他诉讼参与人向人民法院递交诉讼文书的行为不能称为送达。

(2) 送达的对象是当事人或者其他诉讼参与人。当事人和其他诉讼参与人之间、法院之间相互递送材料以及法院对其他单位或者个人发送材料,都不是送达。

(3) 送达的内容是各种诉讼文书。如起诉状副本、开庭通知书、判决书、裁定书等。

(4) 送达必须按法定的程序和方式进行。未按法定的程序和方式进行送达,不产生送达的法律效力。

二、送达方式

根据《民事诉讼法》的规定,人民法院进行非涉外诉讼送达所采用的具体方式有以下七种:

(一) 直接送达

直接送达,是指由人民法院的送达人员将需送达的诉讼文书直接交付给受送达人签收的送达方式。直接送达是最基本的送达方式。根据《民事诉讼法》及《民诉解释》的规定,以下情况视为直接送达:

(1) 受送达人是公民的,应当由本人签收;本人不在的,交他的同住成年家属签收。人民法院可以在当事人住所地以外向当事人直接送达诉讼文书。

(2) 受送达人是法人或者其他组织的,应当由法人的法定代表人、该组织的主要负责人或者办公室、收发室、值班室等负责收件的人签收或者盖章。

(3) 受送达人有诉讼代理人的,可以送交其代理人签收。

(4) 受送达人已向人民法院指定代收人的,送交代收人签收。

(5) 人民法院直接送达诉讼文书的,可以通知当事人到人民法院领取。当事人到达人民法院,拒绝签署送达回证的,视为送达。审判人员、书记员应当在送达回证上注明送达情况并签名。

采用直接送达方式必须注意:(1) 直接送达应由法院指派本院的工作人员进行,而不得委托他人代为送达;(2) 直接送达应以直接送交受送达人为原则;(3) 离婚诉讼的诉讼文书的送达有特殊性,如果受送达的一方当事人不在时,不宜交由对方当事人或在该纠纷中与受送达人处于对立关系的同住成年家属签收;(4) 调解书应当直接送达当事人本人,不宜由别人签收,但当事人本人因故不能签收的,可以由其指定的代收人签收。

直接送达时,受送达人、受送达人的同住成年家属、法人或者其他组织的负责收件的人、诉讼代理人或者代收人在送达回证上签收的日期为送达日期。

(二) 留置送达

留置送达,是指受送达人或有资格接受送达的人拒收送达的诉讼文书时,送达人依法把诉讼文书留在受送达人住处的送达方式。在诉讼实践中,有些受送达人或其同住成年家属往往借故拒绝签收诉讼文书,从而使诉讼程序无法正常进行。针对这种情况,《民事诉讼法》专门规定了留置送达这种强制性的送达方式。留置送达与直接送达具有同等的法律效力。

根据《民事诉讼法》的规定,受送达人或者他的同住成年家属拒绝接收诉讼文书的,送达人应当邀请有关基层组织或者所在单位的代表到场,说明情况,在送达回证上记明拒收事由和日期,由送达人、见证人签名或者盖章,把诉讼文书留在受送达人的住所,即视为送达;也可以把诉讼文书留在受送达人的住所,并采用拍照、录像等方式记录送达过程,即视为送达。

适用留置送达应当注意以下问题:

(1) 向法人或者其他组织送达诉讼文书,法人的法定代表人、该组织的主要负责人或者办公室、收发室、值班室等负责收件的人拒绝签收或者盖章的,适用留置送达。

(2) 人民法院在当事人住所地以外向当事人直接送达诉讼文书,当事人拒绝签署送达回证的,可适用留置送达,即采用拍照、录像等方式记录送达过程,审判人员、书记员应当在送达回证上注明送达情况并签名。

(3) 受送达人有诉讼代理人的,人民法院既可以向受送达人送达,也可以向其诉讼代理人送达。受送达人指定诉讼代理人为代收人的,法院向诉讼代理人送达时,适用留置送达。

(4) 调解书应当直接送达当事人本人,当事人本人因故不能签收的,可以由其指定的代收人签收。对于送达后才生效的调解书,受送达人在被送达时拒绝签收的,不适用留置送达。因为当事人拒绝签收调解书,说明调解书送达前当事人反悔,所以按照调解的自愿原则,调解书不发生法律效力。

另外,审判实践中,对留置送达时应到场的基层组织代表如何确定争论较大,不利于送达的实行。因此,《民诉解释》对基层组织代表进行了更清晰的界定。根据《民诉解释》第130条第2款,有关基层组织和所在单位的代表,可以是受送达人住所地的居民委员会、村民委员会的工作人员以及受送达人所在单位的工作人员。

(三) 传真、电邮送达

该送达方式是2012年《民事诉讼法》修改后增加的内容。《民事诉讼法》第87条规定,经受送达人同意,人民法院可以采用传真、电子邮件等能够确认其收悉的方式送达诉讼文书,但判决书、裁定书、调解书除外。采用前款方式送达的,以传真、电子邮件等到达受送达人特定系统的日期为送达日期。此规定涉及三方面的内容:

一是传真、电子邮件等简易送达方式以受送达人的同意为适用前提。与传统的直接送达相比,简易送达涉及的一些技术操作问题可能会制造程序"漏洞",如他人代替回复、代替接收传真、发送系统故障等等,因此会对送达的安全性保障构成威胁。为了保障受送达人的程序利益,这种送达方式的适用就应当坚持自愿原则。《民诉解释》第136条规定,受送达人同意采用电子方式送达的,应当在送达地址确认书中予以确认。

二是传真、电子邮件等简易送达方式适用范围有限,排除判决书、裁定书、调解书的适用。这是因为上述几类诉讼文书在送达的文书中最为重要,对当事人实体利益和程序利益的影响最为关键。

三是传真、电子邮件等简易送达方式的送达日期是传真、电子邮件等到达受送达人特定系统的日期。根据实践,除了人为因素,简易电子送达一般都是即时到达,准确率非常可靠,因此,此种送达方式存在"单方性"特点,故可以将人民法院对应系统显示的发送成功的日期,视为相关文书到达受送达人特定系统的日期。但是,如果受送达人证明到达其特定系统的日期与人民法院对应系统显示发送成功的日期不一致的,以受送达人证明到达其特定系统的日期为准。

(四) 委托送达

委托送达,是指受诉人民法院直接送达诉讼文书有困难时,委托受送达人所在地人民法院代为送达的方式。需要注意的是,受委托的只能是其他人民法院,而不可以委托其他机构或组织。委托其他人民法院代为送达的,委托法院应当出具委托函,并附需要送达的诉讼文书和送达回证,以受送达人在送达回证上签收的日期为送达日期。委托送达的,受委托人民法院应当自收到委托函及相关诉讼文书之日起10日内代为送达。

(五) 邮寄送达

邮寄送达,是指人民法院直接送达有困难时,将诉讼文书交邮局用挂号信寄给受送达人的送达方法。邮寄送达的,以回执上注明的收件日期为送达日期。

(六) 转交送达

转交送达,是指在特定情况下,不宜或者不便直接送达时,法院将诉讼文书通过受送达人所在单位转交的送达方式。

根据《民事诉讼法》的规定,转交送达是在受送达人身份特殊的情况下适用的,具体包括:

(1) 受送达人是军人的,通过其所在部队团以上单位的政治机关转交;

(2) 受送达人被监禁的,通过其所在监所转交;

(3) 受送达人被采取强制性教育措施的,通过其所在强制性教育机构转交。

代为转交的机关、单位收到诉讼文书后,必须立即交受送达人签收,以受送达人在送达回证上注明的签收日期为送达日期。

(七) 公告送达

公告送达,是指人民法院以公告的方式,将需要送达的诉讼文书的主要内容予以公告,公告经过一定期限即产生送达后果的送达方式。这是在受送达人下落不明或用其他送达方式均无法送达的情况下,法院为保障诉讼程序的顺利进行,不得已而采用的送达方式。公告送达实际上是一种推定送达。

公告送达有如下要求:

(1) 适用条件:公告送达是在受送达人下落不明,或者用其他方式无法送达的情况下,才能适用的一种送达方式。适用简易程序的案件,不适用公告送达。

(2) 公告期限:公告的法定期限是60日。自公告之日起,经过60日,即视为送达。

(3) 公告的方式:可以在法院的公告栏和受送达人住所地张贴公告,也可以在报纸、信息网络等媒体上刊登公告,发出公告日期以最后张贴或者刊登的日期为准。对公告送达方式有特殊要求的,应当按要求的方式进行。公告期满,即视为送达。人民法院在受送达人住所地张贴公告的,应当采取拍照、录像等方式记录张贴过程。

(4) 公告的内容:公告送达应当说明公告送达的原因;公告送达起诉状或者上诉状副本的,应当说明起诉或者上诉要点,受送达人答辩期限及逾期不答辩的法律后果;公告送达传票,应当说明出庭的时间和地点及逾期不出庭的法律后果;公告送达判决书、裁定书的,应当说明裁判主要内容,当事人有权上诉的,还应当说明上诉权利、上诉期限和上诉的人民法院。

(5) 公告送达,应当在案卷中记明原因和经过。

另外,人民法院在定期宣判时,当事人拒不签收判决书、裁定书的,应视为送达,并在宣判笔录中记明。

三、送达回证

送达回证,是人民法院按照法定格式制作的,用以证明完成送达行为的书面凭证。送达诉讼文书,除公告送达外,必须有送达回证,由受送达人在送达回证上记明收到日期,签名或者盖章。受送达人在送达回证上的签收日期为送达日期。

送达回证的内容包括：实施送达的法院，受送达人的姓名、职务、住所或者居住地，应当送达文书的名称和案件编号；送达方式；送达人、受送达人或者见证人签名、盖章、签收日期等。

送达回证的作用主要表现为对法院送达情况的证明，既证明法院依法进行了送达行为，又证明受送达人接受了送达；同时还可作为有关诉讼期间计算的根据，如送达回证记载受送达人接到一审判决的时间，那么就可从该时间的次日起算 15 天的上诉期间。而且，在受送达人拒绝接受送达的情况下，送达回证能够说明法院对有关事项的处理情况，以确定有关法律后果的出现是否合法。

四、送达的效力

送达的效力，是指诉讼文书送达后所产生的法律后果。送达的效力因所送达的诉讼文书内容不同而有不同的体现：

（1）送达使某些诉讼文书发生法律效力。例如二审判决书送达后，开始发生法律效力；调解书的受送达人拒绝签收的，调解书不发生法律效力，等等。

（2）受送达人实施诉讼行为、行使诉讼权利和履行诉讼义务的起始时间得以确定，即有关的诉讼期限开始计算。如从受送达人接到一审判决的次日起，开始起算 15 天的上诉期间，受送达人只有在这 15 天的上诉期间里，才能行使其上诉权。

（3）受送达人如果没有按照所送达的诉讼文书的期限要求实施相关的诉讼行为，就会承担相应的法律后果。如具有给付内容的调解书送达后，义务人即应在规定的期限内履行义务，逾期不履行义务的，权利人可依调解书的内容申请强制执行。

（4）标志着有关诉讼法律关系的产生或消灭。如，人民法院向证人送达出庭通知书，标志着人民法院与该证人之间产生了诉讼上的法律关系；法院向当事人送达了二审判决，标志着人民法院与当事人诉讼上的法律关系消灭。

第十章 法院调解

第一节 法院调解概述

一、法院调解的概念与性质

法院调解,又称诉讼中调解,是指在民事诉讼中,双方当事人在法院审判人员的主持和协调下,就民事争议自愿协商,达成协议,从而解决纠纷的活动。法院调解包括两层含义,一层含义是指调解活动,即当事人协商进行的诉讼活动以及法院以协调为内容的审判活动;另一层含义是指以调解的方式结案,即通过调解达成协议是人民法院终结案件的方式之一。这两层含义任意一种都是调解原则的体现。因此,只要在诉讼中进行了调解活动,无论是否达成调解协议,都是贯彻了法院调解的原则。

从性质上讲,法院调解具有两面性。法院调解是人民法院审理民事案件、行使审判权的一种重要方式,也是当事人行使诉讼上的处分权的一种方式,体现了当事人行使处分权和法院行使审判权二者的有机结合。这使得法院调解与诉讼外调解、诉讼中和解有所区别,在学习中应予以注意。

二、法院调解与诉讼外调解的区别

法院调解与诉讼外调解具有以下区别:

(1) 性质不同。法院调解是在人民法院审判人员的主持下进行的,是人民法院行使审判权的一种体现,具有司法性质。而诉讼外调解的主持者是仲裁机构的仲裁员、行政机关的官员或者人民调解委员会的委员等,所进行的调解活动不具有司法性质。同样,当事人在法院调解中所进行的行为属诉讼行为,当事人在诉讼外调解中的行为无诉讼上的意义。

(2) 法律依据和程序要求不同。法院调解以民事诉讼法为依据,诉讼外调解以仲裁法、行政法规、人民调解法规等为依据。同时两者在程序上要求不完全一样,诉讼外调解比较灵活,不像法院调解那样规范、严格。

(3) 效力不同。经过法院调解达成协议,调解书由当事人签收后即与生效判决具有同等的法律效力,可以向法院申请强制执行。同时,当事人签收调解书,或者在记入笔录的调解协议上签名或者盖章后,诉讼即告结束。诉讼外调解,除仲裁机构制作的调解书外,其他机构主持下达成的调解协议所形成的调解书没有强制执行力。当事人希望调解协议具有强制执行力的,应当根据《民事诉讼法第二修正案》新规定的"司法确认调解协议程序",共同申请法院确认调解协议的效力。未经司法确认的调解协议仅具有类似合同的效力,当事人反悔或者不履行调解协议的,可以向人民法院重新起诉,而不能申请法院强制执行调解协议。

三、法院调解与诉讼中和解的区别

诉讼中和解是指民事诉讼当事人在诉讼过程中,通过自行协商,就双方争议的问题达成协议,并共同向法院陈述协议的内容,要求终结诉讼程序的制度。诉讼中和解与法院调解都发生在民事诉讼过程中,都以达成协议的方式解决纠纷,并在一定的情况下,诉讼中和解可以转化为法院调解。例如,当事人通过自行协商达成协议后,为保证和解协议得到顺利履行,共同请求法院以调解书的形式确认他们的和解协议,法院经审查后,认为协议内容不违反法律的,可以将和解协议的内容制作成调解书,当事人签收调解书后诉讼结束。但是,诉讼中和解与法院调解也存在以下的不同点:

(1) 性质不同。法院调解是人民法院行使审判权,审理民事案件的一种方式,调解活动本身就是法院对案件的一种审理活动。而诉讼中和解是当事人对自己的实体权利和诉讼权利的自行处分。

(2) 参加的主体不同。参加法院调解的主体包括双方当事人和人民法院的审判人员,而且要由审判人员主持,而参加诉讼中和解的主体只有双方当事人。

(3) 效力不同。法院调解是人民法院审理民事案件的一种方式,所达成的调解协议具有与判决书同等的法律效力,有给付内容的调解书具有执行力。诉讼中和解却不能作为法院的结案方式,不能直接终结诉讼程序,通常都是由原告方申请撤诉或者转换为法院调解来终结诉讼程序。同时,诉讼中和解达成的协议只能依靠当事人自愿履行,不具有强制执行力。

四、我国调解制度的发展及作用

法院调解在制度上具有很多优势,例如,它有利于纠纷的迅速解决,能够提高办案效率;另外,与判决相比,调解协议是当事人自愿达成的,因此较易履行,有利于当事人之间权利义务的实现;同时,由于在调解中双方对抗程度较弱,因此有利于促进双方当事人的团结。

基于这些优点,法院调解在新中国的民事审判中占有十分重要的地位,在民事审判实务中是主导性的运作方式之一。但是,这种侧重也导致了一些片面追求调解结案率的心态,导致一些违反调解原则的现象和做法。针对这样的问题,立法和司法部门一直在对法院调解制度进行着不断的改革和完善。

1991年《民事诉讼法》确立了在合法、自愿的基础上进行调解的原则;2004年《最高人民法院关于人民法院民事调解工作若干问题的规定》(以下简称《调解规定》)将调解制度进一步完善,使得法院调解更加灵活,更加符合现实的需要;2007年《最高人民法院关于进一步发挥诉讼调解在构建社会主义和谐社会中积极作用的若干意见》和2010年《关于进一步贯彻"调解优先、调判结合"工作原则的若干意见》进一步强调了要发挥诉讼调解的重要作用。2012年《民事诉讼法第二修正案》及2015年《民诉解释》亦对于法院调解在诉讼中的作用进行了完善。

第二节 法院调解的原则和程序

一、法院调解的原则

(一) 当事人自愿原则

自愿原则,是指进行调解工作和达成调解协议都必须以双方当事人自愿为前提,不能强迫。人民法院审理民事案件,应当充分保障当事人诉讼权利,引导当事人在充分认识自身权利义务的基础上,平等自愿地通过协商解决纠纷。在调解问题上,应当尊重当事人选择调解或者裁判方式解决纠纷的权利。当事人一方或双方坚持不愿调解的,人民法院应当及时裁判。这项原则的具体要求包括:

(1) 在程序上的自愿。即是否以调解的方式解决纠纷,须当事人自愿决定,当事人任何一方拒绝调解的,法院不应强迫当事人进行调解,应当尊重当事人对自己诉讼权利的处分权。

(2) 在实体上的自愿。即调解协议的内容应当是当事人真实的意思表示,是当事人对自己实体权利以及诉讼权利行使处分权的正当结果,法院不应当强迫或者变相强迫当事人接受调解协议。司法实践中个别法院"以判迫调""以拖迫调"的做法是违法的。

(二) 合法原则

合法原则,是指人民法院主持的调解活动的程序和双方当事人达成调解协议的内容,必须符合法律的规定。人民法院调解民事案件,应当依法审查确认调解协议效力,确保调解协议内容不违反法律、法规的禁止性规定,不损害国家利益、社会公共利益、第三人利益以及社会公序良俗。这项原则的具体要求包括:

(1) 人民法院进行调解活动程序上要合法。例如,法院调解可由当事人提出申请而开始,也可由法院在征得当事人同意后主动依职权调解而开始;当事人一方或双方坚持不愿调解的,人民法院应当及时判决;调解过程不公开,但当事人同意公开的除外;调解协议内容不公开,但为保护国家利益、社会公共利益、他人合法权益,人民法院认为确有必要公开的除外;调解时当事人可以自行提出调解方案,主持调解的人员也可以提出调解方案供当事人协商时参考;等等。

(2) 调解协议的内容应当不违反国家的法律规定。调解协议的达成基于双方当事人的让步和妥协,其内容不可能完全符合法律对于双方实体权利的规定。因此,这里的合法原则不是要完全符合国家的法律,而是不违反法律的规定即可,这是调解协议与判决的一个主要区别。

(3) 调解制度不应当被用于侵害他人合法权益。人民法院审理民事案件,发现当事人之间恶意串通,企图通过和解、调解方式侵害他人合法权益的,应当依照《民事诉讼法》相关规定驳回其请求,并根据情节轻重予以罚款、拘留;构成犯罪的,依法追究刑事责任。

此外,有些教材还把查明事实、分清是非,也作为法院调解的原则之一。查明事实与分清是非,是指法院调解应当在事实已经基本清楚、当事人之间的权利义务关系已经基本明了的基础上进行。

二、法院调解的适用范围

法院调解在民事审判实务中是主导性的运作方式之一,其适用具有比较广泛的范围。这首先体现在法院调解适用的程序阶段方面,即法院调解贯穿在案件审理的整个过程中;其次还体现在法院调解适用的案件类型方面,即对于某些类型的案件,法律尤其强调应当发挥法院调解的作用。

在法院调解适用的程序阶段方面,可以从以下几个方面进行理解:

(1) 在立案阶段,法院可以"先行调解"。《民事诉讼法》第 122 条规定,当事人起诉到人民法院的民事纠纷,适宜调解的,先行调解,但当事人拒绝调解的除外。这里的先行调解,主要指向的就是法院立案前或者立案后不久的调解。立案阶段的调解适用的条件是:人民法院认为适宜调解,并且当事人不拒绝。

(2) 受理后的调解。《民诉解释》第 142 条规定,人民法院受理案件后,经审查,认为法律关系明确、事实清楚,在征得当事人双方同意后,可以径行调解。

(3) 庭审前的先行调解。2003 年《简易程序规定》第 14 条规定,下列民事案件,人民法院在开庭审理时应当先行调解:① 婚姻家庭纠纷和继承纠纷;② 劳务合同纠纷;③ 交通事故和工伤事故引起的权利义务关系较为明确的损害赔偿纠纷;④ 宅基地和相邻关系纠纷;⑤ 合伙协议纠纷;⑥ 诉讼标的额较小的纠纷。但是根据案件的性质和当事人的实际情况不能调解或者显然没有调解必要的除外。这里的"先行调解"属于开庭审理中的前置程序,调解不成的才能转入案件审理和判决。

(4) 上述规定强调了部分情况下的法院调解适用,而除此之外,在其他诉讼阶段,法院认为有必要并征得当事人同意,或者当事人申请调解的,亦可以将诉讼程序中的案件采取调解方式及时解决。例如,《民事诉讼法》第 133 条第 2 款规定,开庭前可以调解的,采取调解方式及时解决纠纷;第 142 条规定,判决前能够调解的,还可以进行调解,等等。但是,注意的是,法院调解仅贯穿在案件审理的过程中,人民法院在执行过程中不进行调解。

在法院调解适用的案件类型方面,可以从以下几个方面进行理解:

(1) 如前所述,对于六类简易程序中的特定案件,司法解释尤其强调应当发挥法院调解的作用,即强调在庭审前先行调解。

(2) 人民法院审理离婚案件,应当进行调解。

(3) 除了强调进行调解的案件类型外,《民诉解释》还对不适宜调解的案件类型作出规定:即适用特别程序、督促程序、公示催告程序的案件,婚姻等身份关系确认案件以及其他根据案件性质不能进行调解的案件,不得调解。

这里需注意的是,离婚案件和确认婚姻关系是否有效案件在是否适用法院调解上是有本质区别的。婚姻关系有效无效是一个法律效力的问题,不能由当事人来进行协商决定,只能由法院进行审理并作出裁判,因而不适用调解。

三、法院调解的程序

如前所述,法院调解贯穿在案件审理的整个过程中,并不是一个独立的诉讼阶段。根据《民事诉讼法》《民诉解释》以及《调解规定》,对调解的基本程序介绍如下:

(一) 调解的开始

法院调解在诉讼的各阶段、各审级中均可进行。法院调解的开始有两种方式:一是由当事人提出申请而开始;二是法院在征得当事人同意后主动依职权调解而开始。审判人员依职权调解时应当征求双方当事人是否愿意调解的意见,告知有关的诉讼权利和义务,用简便的方式通知当事人和证人到庭,为调解的进行做好准备。而如果当事人一方或双方坚持不愿调解的,人民法院应当及时判决。人民法院审理离婚案件,应当进行调解,但不应久调不决。

根据《调解规定》,人民法院对受理的第一审、第二审和再审民事案件,可以在答辩期满后裁判作出前进行调解。在征得当事人各方同意后,人民法院可以在答辩期满前进行调解。对于有可能通过调解解决的民事案件,人民法院应当调解。

(二) 调解的进行

法院调解在审判人员的主持下进行。调解工作既可以由合议庭共同主持,也可以由合议庭中的一个审判员主持,适用简易程序审理的案件可以由独任审判员主持。调解尽可能就地进行,可以在法庭上进行,也可以到当事人所在地进行。人民法院进行调解,可以用简便方式通知当事人、证人到庭。

法院进行调解,可以邀请与当事人有特定关系或者与案件有一定联系的企业事业单位、社会团体或者其他组织,和具有专门知识、特定社会经验、与当事人有特定关系并有利于促成调解的个人协助调解工作。被邀请的单位和个人,应当协助人民法院进行调解。另外,经各方当事人同意,人民法院也可以委托前述单位或者个人对案件进行调解,达成调解协议后,人民法院应当依法予以确认。

人民法院应当在调解前告知当事人主持调解人员和书记员的姓名以及是否申请回避等有关诉讼权利和诉讼义务。在答辩期满前人民法院对案件进行调解,适用普通程序的案件在当事人同意调解之日起 15 天内,适用简易程序的案件在当事人同意调解之日起 7 天内未达成调解协议的,经各方当事人同意,可以继续调解。延长的调解期间不计入审限。

调解时当事人各方应当同时在场,根据需要也可以对当事人分别做调解工作。调解协议通常是在调解方案的基础上形成的。当事人可以自行提出调解方案,主持调解的人员也可以提出调解方案供当事人协商时参考。调解过程不公开,但当事人同意公开的除外。调解协议内容不公开,但为保护国家利益、社会公共利益、他人合法权益,人民法院认为确有必要公开的除外。主持调解以及参与调解的人员,对调解过程以及调解过程中获悉的国家秘密、商业秘密、个人隐私和其他不宜公开的信息,应当保守秘密,但为保护国家利益、社会公共利益、他人合法权益的除外。

人民法院调解案件时，当事人不能出庭的，经其特别授权，可由其委托代理人参加调解，达成的调解协议，可由委托代理人签名。离婚案件当事人确因特殊情况无法出庭参加调解的，除本人不能表达意志的以外，应当出具书面意见。无民事行为能力人的离婚案件，由其法定代理人进行诉讼。法定代理人与对方达成协议要求发给判决书的，可根据协议内容制作判决书。

当事人在诉讼过程中自行达成和解协议的，人民法院可以根据当事人的申请依法确认和解协议并制作调解书。双方当事人申请庭外和解的期间，不计入审限。当事人自行和解或者经调解达成协议后，请求人民法院按照和解协议或者调解协议的内容制作判决书的，人民法院不予准许。

另外，在第八章第四节有关自认的部分中提到，《民诉解释》第107条规定，在诉讼中，当事人为达成调解协议或者和解协议作出妥协而认可的事实，不得在后续的诉讼中作为对其不利的根据，但法律另有规定或者当事人均同意的除外。这一规定是旨在避免因调解不成或者未能最终实现和解而对其后的诉讼产生不良影响，同时，也是为了防止当事人以调解或和解为名而采用欺诈手段实现非法目的。更重要的是，这一规定有助于当事人本着诚实信用原则，更为积极地采用调解或和解的手段解决争议，即鼓励当事人通过调解或者和解来化解纠纷以达到息诉的目的。

（三）调解的结束

调解的结束包括两种情况：一是因当事人达成调解协议而结束；一是因调解不成，未达成调解协议而结束。当事人拒绝继续调解而导致调解协议不能达成的，或者调解书送达前一方反悔的，人民法院应当对案件继续审理并及时作出判决。

第三节　调解协议与调解书

一、调解协议的成立

调解协议是指在人民法院的主持和调解下，民事争议双方的当事人就他们之间的争议及权利义务所达成的、并经人民法院确认的协议。

调解协议内容超出诉讼请求的，人民法院可以准许。人民法院对于调解协议约定一方不履行协议应当承担民事责任的，也应予准许。但是，如果调解协议约定一方不履行协议，另一方可以请求人民法院对案件作出裁判的条款，人民法院不予准许。

另外，调解协议约定一方提供担保或者案外人同意为当事人提供担保的，人民法院应当准许。案外人提供担保的，人民法院制作调解书应当列明担保人，并将调解书送交担保人。担保人不签收调解书的，不影响调解书的生效。

当事人达成的调解协议应当经过人民法院的确认。调解协议具有下列情形之一的，人民法院不予确认：(1) 侵害国家利益、社会公共利益的；(2) 侵害案外人利益的；(3) 违背当事人真实意思的;(4) 违反法律、行政法规禁止性规定的。

二、调解书

调解书是由人民法院制作的,以调解协议为主要内容的法律文书。《民事诉讼法》规定,调解达成协议,人民法院应当制作调解书。调解书应当写明诉讼请求、案件的事实和调解结果。调解书由审判人员、书记员署名,加盖人民法院印章,送达双方当事人。

根据《民事诉讼法》的规定,法院调解书的内容包括以下三项:一是诉讼请求。即原告向被告提出的实体权利请求。如果被告向原告提出反诉的,调解书中也应当列明。有第三人参加诉讼的,还应当写明第三人的主张和理由。二是案件事实。即当事人之间有关民事权利义务争议发生、发展的全过程和双方争执的问题。三是调解结果。即当事人在审判人员的主持下达成的调解协议的内容,其中包括诉讼费用的负担。

法院制作调解书时,需要对调解协议加以整理规范。因此,调解书的内容与调解协议并不完全一致。当事人以民事调解书与调解协议的原意不一致为由提出异议,人民法院审查后认为异议成立的,应当根据调解协议裁定补正民事调解书的相关内容。另外,调解书中的诉讼费用负担并不必然是调解协议的内容。当事人不能对诉讼费用如何承担达成协议的,不影响调解协议的效力。人民法院可以直接决定当事人承担诉讼费用的比例,并将决定记入调解书。

当事人就部分诉讼请求达成调解协议的,人民法院可以就此先行确认并制作调解书。当事人就主要诉讼请求达成调解协议,请求人民法院对未达成协议的诉讼请求提出处理意见并表示接受该处理结果的,人民法院的处理意见是调解协议的一部分内容,制作调解书的记入调解书。

三、不需要制作调解书的案件

《民事诉讼法》规定,当事人通过法院调解达成调解协议的,人民法院应当制作调解书。但是,下列案件调解达成协议,人民法院可以不制作调解书:(1) 调解和好的离婚案件;(2) 调解维持收养关系的案件;(3) 能够即时履行的案件;(4) 其他不需要制作调解书的案件。对不需要制作调解书的协议,应当记入笔录,由双方当事人、审判人员、书记员签名或者盖章后,即具有法律效力。

其中,上述第(4)项"其他不需要制作调解书的案件",给了法院自由裁量的余地。对于这样的案件,调解协议自当事人各方同意在调解协议上签名或者盖章后生效。经人民法院审查确认后,应当记入笔录或者将协议附卷,并由当事人、审判人员、书记员签名或者盖章后即具有法律效力。当事人在调解协议生效后仍请求制作调解书的,人民法院应当制作调解书送交当事人,此时当事人拒收调解书的,不影响调解协议的效力。一方不履行调解协议的,另一方可以持调解书向人民法院申请执行。

应该注意的是:对于不需要制作调解书的案件,如果当事人要求制作调解书的,法院仍然应当制作调解书。

四、调解书的送达和效力

如前所述,对不需要制作调解书的案件,调解协议记入笔录,由双方当事人、审判人员、书记员签名或者盖章后,即具有法律效力。而对于需要制作调解书的案件,则只有在调解书经双方当事人签收后,才具有法律效力。

法律规定调解书需要经双方当事人签收后才具有法律效力的,应当以最后收到调解书的当事人签收的日期为调解书生效日期。调解书应当直接送达当事人本人,当事人本人因故不能签收的,可以由其指定的代收人签收。调解书不适用留置送达,受送达人拒绝签收调解书的,说明调解书送达前当事人反悔,调解书不发生法律效力,人民法院要及时通知对方当事人。之后,人民法院应对案件继续进行审理。

无独立请求权的第三人参加诉讼的案件,人民法院调解时需要确定无独立请求权的第三人承担责任的,应经第三人的同意,调解书应当同时送达第三人。第三人在调解书送达前反悔的,调解书不生效,人民法院应当及时裁判。

对调解书的内容既不享有权利又不承担义务的当事人不签收调解书的,不影响调解书的效力。

五、调解的法律效力

法院调解的效力,是指在审判人员的主持下,双方当事人平等协商达成调解协议,经人民法院依法定程序接受调解协议后所产生的法律后果。如前所述,对不需要制作调解书的调解协议,记入笔录并由双方当事人、审判人员、书记员签名或者盖章后,即具有法律效力。而需要制作调解书的案件,调解书须经双方当事人签收后才具有法律效力。法律效力具体体现在:

第一,结束诉讼程序。

第二,当事人之间的实体权利义务关系依调解协议的内容予以确定。

第三,当事人不得以同一诉讼标的、同一的事实和理由再行起诉。

第四,一审的调解生效后,当事人不得对调解协议或调解书提出上诉。

第五,具有给付内容的调解书具有强制执行力。当负有履行义务的一方当事人未按照调解书履行义务时,权利人可以根据调解书向人民法院申请强制执行。人民法院应当依申请执行调解书,包括遵循调解书确定的担保条款条件或者承担民事责任的条件。在执行过程中,调解书约定给付特定标的物的,调解协议达成前该物上已经存在的第三人的物权和优先权不受影响。第三人在执行过程中对执行标的物提出异议的,应当按照《民事诉讼法》规定的执行异议制度处理。

第十一章 保全制度

第一节 财产保全

诉讼有个过程,在此过程中,由于一些主客观原因,有可能使将来的判决得不到实现或难以实现;或者当事人在此过程中有生活或者生产经营的急需,若等到判决作出后才实现其权利,将使其遭受无法挽回的损失。因此,为了保护利害关系人或当事人的合法权益,维护法院判决的权威性,《民事诉讼法》设立了保全制度和先予执行制度,赋予人民法院在判决之前先采取临时性救济措施、对债务人的财产或其他权利进行暂时处置的权力。

但是,需要强调的是,保全与先予执行的救济措施是由于紧急情况而在判决之前作出的,其对当事人权利的确认和处置无法达到通过完整的民事审判程序最终判决情况下的正确程度,有产生错误并与将来的判决不一致的可能,因此,这种临时性措施在考虑到对申请人的权益予以救济的同时,也必须尽可能地不给被申请人造成不必要的影响,也就是说,制度设置应当关注保障申请人利益和维护被申请人利益的平衡,在采取临时性救济措施之前,充分考量保全的必要性、申请人胜诉的可能性、申请人需保全的可能损失与被申请人因保全可能遭受损失的大小、申请人或被申请人是否提供担保等因素,并在采取救济措施错误时对被申请人及时给予补救和赔偿。

一、财产保全的概念与意义

财产保全,是指人民法院在利害关系人起诉前或者当事人起诉后,为保障将来的生效判决能够得到执行或者避免财产遭受损失,对当事人的财产或者争议的标的物,在特定情形下采取限制当事人处分的措施的制度。

财产保全制度的设置是为了保护利害关系人或当事人的合法权益,其意义在于,可以保证将来生效判决能够得以顺利地执行,并以此维护人民法院生效判决的权威性和严肃性,切实实现胜诉一方当事人的合法权益。实践中,诉讼从起诉时起到判决的作出并最终生效,往往需要相当长的时间。在此期间,负有义务的一方当事人为了逃避判决生效后面临的强制执行,可能会转移或隐匿争讼的标的物或其他财产,也可能将其财产挥霍一空,从而造成将来生效的判决难以执行或无法执行。甚至在某些时候,义务人在权利人向法院提起诉讼之前即企图转移、隐藏或变卖财产以便逃避义务的履行。因此,设置财产保全制度十分必要。事实上,如果没有财产保全程序的保障作用,法院的生效判决便有可能在相当多的情况下成为无法执行的一纸空文,当事人因胜诉而赢得的利益也就根本无法得到实现。

二、财产保全的种类及其适用条件

(一) 诉中财产保全

诉中财产保全,是指人民法院在受理案件之后、作出判决之前,对当事人的有关财产采取保护措施,以保证人民法院判决的顺利执行。

诉中财产保全的适用条件是:

(1) 必须存在因为当事人一方的行为或者其他原因,使将来的生效判决不能执行或者难以执行的情况。"当事人一方的行为"通常是指一方当事人出于恶意而变卖、藏匿、挥霍、损毁处于其控制之下的财产;"其他原因",通常指除上述原因之外的可能导致将来判决无法执行或难以执行的因素,例如属于季节性商品、鲜活、易腐烂变质和其他不宜长期保存的物品等等。

(2) 诉中财产保全发生在民事案件受理后、法院尚未作出生效判决前。但是,下列两种情况一般也被看作是诉讼中财产保全:一是在一审作出判决后当事人提出上诉,但在第二审人民法院接到报送的案件之前发生的财产保全;二是原告在起诉的同时或者在起诉后申请财产保全,但人民法院尚未受理该案件的情况。

(3) 诉中财产保全一般应当由当事人提出书面申请。但是在一定情况下,人民法院也可以依职权采取保全措施。

(二) 诉前财产保全

诉前财产保全,是指在紧急情况下,人民法院根据利害关系人的申请,在诉讼发生之前对争议标的物或被申请人的有关财产采取强制性保护措施的制度。

根据《民事诉讼法》的规定,诉前财产保全的适用条件是:

(1) 必须情况紧急,如不立即采取相应的保全措施,可能使申请人的合法权益受到难以弥补的损失。

(2) 必须由利害关系人向被保全财产所在地、被申请人住所地或者对案件有管辖权的人民法院提出申请。人民法院不能依职权采取诉前财产保全措施。利害关系人,即与被申请人发生争议,或者认为其权利受到被申请人侵犯的人。

(3) 诉前财产保全的申请人必须提供担保。申请人如不提供担保,人民法院应驳回申请人在起诉前提出的财产保全申请。这是由于与诉讼中的财产保全相比,利害关系人的申请是在起诉前提出的,法院对是否存在保全的必要性和会不会因申请不当而给被申请人造成损失更加难以把握,因此就有必要把申请人提供担保作为诉前保全的必要条件。

(三) 两种财产保全的区别

诉前财产保全与诉中财产保全的区别是:

(1) 申请的主体不同。诉中财产保全应当由当事人提出申请,必要时人民法院可以依职权采取保全措施。诉前财产保全系由利害关系人提出申请,人民法院不得依职权采取保全措施。

(2) 申请财产保全的时间不同。诉中财产保全应当在案件受理后、判决生效前提出申请;诉前财产保全必须在起诉前向相关人民法院提出申请。

(3) 对申请人是否提供担保的要求不同。诉中财产保全,人民法院责令提供担保的,申请人必须提供担保,不提供担保的,驳回申请;没有责令申请人提供担保的,申请人可以不提供担保,人民法院依职权采取保全措施的,有关的利害关系人也可以不提供担保。诉前财产保全,申请人必须提供担保,不提供担保的,驳回申请。

(4) 作出裁定的时间不同。诉前财产保全人民法院接受申请后,必须在48小时内作出裁定;诉中财产保全的,人民法院接受申请后,只有对情况紧急的,才必须在48小时内作出裁定。

(5) 管辖法院不同。诉前财产保全申请必须由利害关系人向被保全财产所在地、被申请人住所地或者对案件有管辖权的人民法院提出。对于诉中财产保全,在一审诉讼中,由第一审法院裁定保全;对当事人不服一审判决提出上诉的案件,在第二审人民法院接到报送的案件之前须采取财产保全措施的,由第一审人民法院依当事人申请或依职权采取。

(四) 执行前财产保全

除前述诉前财产保全与诉讼中财产保全之外,为进一步加强民事执行工作,确保执行程序的顺利进行,《民诉解释》第163条增加了对执行前财产保全的规定,即法律文书生效后,进入执行程序前,债权人因对方当事人转移财产等紧急情况,不申请保全将可能导致生效法律文书不能执行或者难以执行的,可以向执行法院申请采取保全措施。债权人在法律文书指定的履行期间届满后5日内不申请执行的,人民法院应当解除保全。

三、财产保全的范围和措施

(一) 财产保全的范围和对象

《民事诉讼法》规定,财产保全限于请求的范围,或者与本案有关的财物。"限于请求的范围",是指被请求保全的财产的价值,应当与诉讼请求的金额大体相当,所以,财产保全的范围,不能超过申请人请求的范围,或者不能超过争议财产的价额。"与本案有关的财物",是指利害关系人之间争议的即将起诉的标的物,或者当事人之间争议的标的物等等。对案外人的财产不得采取保全措施,对案外人善意取得的与案件有关的财产,一般也不得采取财产保全措施。当被申请人提供相应数额并有可供执行的财产作担保的,人民法院还应当及时解除财产保全。

债权可以作为被保全的对象。在债务人的财产不能满足保全请求,但对案外人有到期债权的情况下,人民法院可以依债权人的申请裁定该案外人不得对债务人清偿。该案外人对其到期债务没有异议并要求偿付的,由人民法院提存财物或价款。但是,如上所述,人民法院不应对该案外人的财产采取保全措施。

抵押物、质押物、留置物也可以作为被保全的对象。人民法院对抵押物、质押物、留置物可以采取财产保全措施,但不影响抵押权人、质权人、留置权人的优先受偿权。

(二) 财产保全的措施

根据《民事诉讼法》的规定,财产保全可以采取查封、扣押、冻结或者法律规定的其他方法。

1. 查封

查封,是指人民法院将需要保全的财物清点后,加贴封条、就地封存,以防止任何单位和个人处分的一种财产保全措施。扣押,是指人民法院将需要保全的财物移置到一定的场所予以扣留,防止任何单位和个人处分的一种财产保全措施。

人民法院在财产保全中采取查封、扣押财产措施时,应当妥善保管被查封、扣押的财产。不宜由人民法院保管的,人民法院可以指定被保全人负责保管;不宜由被保全人保管的,可以委托他人或者申请保全人保管。由人民法院指定被保全人保管的财产,如果继续使用对该财产的价值无重大影响,可以允许被保全人继续使用;由人民法院保管或者委托他人、申请保全人保管的财产,人民法院和其他保管人不得使用。人民法院对不动产和特定的动产(如车辆、船舶等)进行财产保全,可以采用扣押有关财产权证照并通知有关产权登记部门不予办理该项财产的转移手续的财产保全措施;必要时,也可以查封或扣押该项财产。

2. 冻结

冻结,是指人民法院依法通知有关金融单位,不准被申请人提取或者转移其存款的一种财产保全措施。人民法院依法冻结的款项,任何单位和个人都不准动用。财产已经被查封、冻结的,不得重复查封、冻结。人民法院冻结财产后,应当立即通知被冻结财产的人。

人民法院对有偿还能力的企业法人,一般不得采取查封、冻结的保全措施。已采取查封、冻结保全措施的,如该企业法人提供了可供执行的财产担保,或者可以采取其他方式保全的,应当及时予以解封、解冻。

3. 法律准许的其他方法

主要包括:

(1) 人民法院对债务人到期应得的收益,可以采取财产保全措施,限制其支取,通知有关单位协助执行。债务人的财产不能满足保全请求,但对他人有到期债权的,人民法院可以依债权人的申请裁定该他人不得对本案债务人清偿。该他人要求偿付的,由人民法院提存财物或价款。

(2) 人民法院对季节性商品,鲜活、易腐烂变质和其他不宜长期保存的物品采取保全措施时,可以责令当事人及时处理,由人民法院保存价款;必要时,由人民法院予以变卖,保存价款。

(3) 人民法院需要对专利权、注册商标权进行财产保全的,应当向国务院专利行政部门、国家工商行政管理局商标局发出协助执行通知书。对专利权、注册商标权保全的期限一次不得超过6个月,自国务院专利行政部门、国家工商行政管理局商标局收到协助执行通知书之日起计算。如果仍然需要对该专利权、注册商标权继续采取保全措施的,人民法院应当在保全期限届满前向协助执行单位另行送达继续保全的协助执行通知书。保全期限届满前未送达的,视为自动解除对该专利权、注册商标权的财产保全。

《民事诉讼法》关于执行措施的规定以及最高人民法院有关执行工作的司法解释对上述执行方法有十分明确具体的规定,人民法院采取财产保全的方法和措施,依照执行程序的相关规定办理。

四、财产保全的程序

(一) 财产保全的申请及担保

诉讼中财产保全应当由当事人提出申请,人民法院进行审查后作出财产保全的裁定;另外,人民法院也可以根据案件的实际情况,依职权主动作出财产保全裁定,采取财产保全措施。但是,诉讼中财产保全一般应当由当事人提交符合法定条件的申请。只有在诉讼争议的财产有毁损、灭失等危险,或者有证据表明被申请人可能采取隐匿、转移、出卖其财产的,人民法院方可依职权裁定采取财产保全措施。

在诉讼中,人民法院依申请或者依职权采取保全措施的,应当根据案件的具体情况,决定当事人是否应当提供担保以及担保的数额。

诉前财产保全,一概由利害关系人提出申请,并应当提供担保。申请诉前财产保全应当提供的担保相当于请求保全的数额;情况特殊的,人民法院可以酌情处理。申请人不提供担保的,驳回申请。担保的条件,依法律规定;法律未作规定的,由人民法院审查决定。

另外,在仲裁程序中,如果一方当事人因另一方当事人的行为或者其他原因,可能使裁决不能执行或者难以执行的,可以向仲裁委员会申请财产保全,仲裁委员会应当将当事人的申请依照《民事诉讼法》的有关规定提交人民法院。一般案件的财产保全申请由被申请人住所地或者财产所在地的基层人民法院作出裁定;属涉外仲裁案件的,则由被申请人住所地或者财产所在地的中级人民法院作出裁定。

(二) 财产保全的裁定及措施的采取

人民法院接到诉讼中财产保全的申请后,对情况紧急的,必须在48小时内作出裁定,并开始执行。人民法院对诉前财产保全申请,必须在接受申请后的48小时内作出裁定,并立即开始执行。

财产保全裁定一旦作出立即生效,当事人或者利害关系人可以申请复议一次。复议期间,人民法院不停止财产保全裁定的执行。

对当事人不服一审判决提出上诉的案件,在第二审人民法院接到报送的案件之前,当事人有转移、隐匿、出卖或者毁损财产等行为,必须采取财产保全措施的,由第一审人民法院依当事人申请或依职权采取。第一审人民法院制作的财产保全的裁定,应及时报送第二审人民法院。

第二审人民法院裁定对第一审人民法院采取的保全措施予以续保或者采取新的保全措施的,可以自行实施,也可以委托第一审人民法院实施。再审人民法院裁定对原保全措施予以续保或者采取新的保全措施的,可以自行实施,也可以委托原审人民法院或者执行法院实施。

(三) 财产保全措施的解除

人民法院裁定采取保全措施后,除作出保全裁定的人民法院自行解除或者其上级人民法院决定解除外,在保全期限内,任何单位不得解除保全措施。但在诉讼过程中,因为下列情况需要解除保全措施的,人民法院应及时作出裁定,解除保全措施:

(1) 被申请人向人民法院提供担保;

(2) 诉前财产保全的利害关系人在人民法院采取保全措施后30日内不起诉;

(3) 保全错误;

(4) 申请人撤回保全申请;

(5) 申请人的起诉或者诉讼请求被生效裁判驳回;

(6) 人民法院确认被申请人申请复议的意见有理,作出新裁定,撤销原财产保全裁定。对当事人不服财产保全裁定提出的复议申请,人民法院应当在收到复议申请后十日内审查。裁定正确的,驳回当事人的申请;裁定不当的,变更或者撤销原裁定。

(7) 保全的原因已经不存在。如被申请人依法履行了人民法院判决的义务,财产保全没有存在意义的。

(8) 在司法实践中,对被申请人的银行存款予以冻结,一次冻结的有效期为6个月,如果6个月期满当事人没有继续要求财产保全并由法院裁定继续采取保全措施,原冻结措施解除。

(9) 对专利权、注册商标权保全的期限一次不得超过6个月,到期后如果当事人没有继续要求财产保全并由法院裁定继续采取保全措施,视为自动解除对该专利权、注册商标权的财产保全。

(四) 财产保全错误时的补救

无论是法院依据申请实施财产保全,还是法院依职权主动采取保全,均有发生错误的可能性,并可能因此而使相对方蒙受损失。在此条件下,就有必要对受损害者进行赔偿。《民事诉讼法》第105条规定,申请有错误的,申请人应当赔偿被申请人因保全所遭受的损失。也就是说,人民法院根据利害关系人或者当事人的申请而采取财产保全措施的,如果由于申请人的错误而导致被申请人因财产保全而遭受损失的,应当由申请人负责赔偿。另外,因人民法院依职权采取保全措施错误造成损失的,应当由人民法院依法予以赔偿。

除了因申请保全措施错误的情况以外,如果申请人申请诉前财产保全后未在法定期间内提起诉讼、申请仲裁或者采取其他纠纷解决措施而解除保全措施,使得被申请人或者利害关系人因此受到损害的,也可以向申请人主张损害赔偿。

第二节 行为保全

一、行为保全的概念和意义

行为保全,是指为了保证法院将来的判决能够得以执行或者为了使当事人、利害关系人的权益在判决前免受进一步的损害,人民法院根据当事人或利害关系人的申请,裁定被申请人为一定行为或者不为一定行为的保全措施。

与财产保全的原因类似,在诉讼判决作出并最终生效之前的期间里,负有义务的一方当事人可能会一直实施侵害行为,或者其行为将给权利人造成无法挽回的损失等等,从而使判决的目的落空或者被大大妨碍,因此,针对这样的行为设置行为保全制度十分必要。例如,在家庭暴力、侵犯自然人的名誉权隐私权等案件中,有时需要责令加害人立即停止侵权行为;在离婚案件中,为争夺子女抚养权,一方转移、藏匿子女的,需要立即停止该行为;在相邻纠纷案件中,有时需要强制一方当事人立即拆除危险建筑或者立即停止建设尚未完工的危险建筑;在环境污染侵权纠纷中,有时需要立即停止实施污染环境的行为等等。

行为保全制度是《民事诉讼法第二修正案》中正式明确的制度,而在此之前,《民事诉讼法》中只规定了财产保全制度,并通过对先予执行制度进行了一定的扩大性司法解释而容纳了一部分行为保全的内容。1999年颁布的《海事诉讼特别程序法》对海事诉讼中的行为保全(即海事强制令)作了规定,后来先后修订的《专利法》《商标法》《著作权法》则对诉前停止侵害知识产权行为作了规定,直到根据《民事诉讼法第二修正案》,在《民事诉讼法》第100条原财产保全制度的条件和内容之外添加了人民法院可以责令被申请人"作出一定行为或者禁止其作出一定行为"的规定,从而正式确立了我国民事诉讼中的行为保全制度。

确立行为保全制度的意义在于,通过裁定禁止被申请人为一定行为或命令其不为一定行为,可以防止申请人的权益受到损害,或减少其所受到的损害,以便使将来判决能够得以顺利执行,弥补了财产保全和先予执行制度的不足。财产保全的对象仅限于有关财产,对行为给付之诉则无法发挥其作用,而且,对于很多侵权行为,即使对财产进行保全,可能也无法达到充分保护当事人或利害关系人的合法权益以及保全未来判决之强制执行的目的。先予执行的对象尽管涵括了被申请人的行为,但该制度仅能在诉讼中适用而不可能在诉前适用,而且其适用的条件与需要进行行为保全的条件也不同。故先予执行制度也无法替代行为保全制度的重要功能。

二、行为保全的条件与措施

在适用条件方面,与财产保全制度类似,人民法院在衡量是否应当采取行为保全措施时,应当考虑以下一些因素,即申请人和被申请人之间是否存在真实的民事争议;被申请人一方的行为或者其他原因是否可能使将来的判决不能执行或者难以执行,或者将会使申请人的合法权益受到难以弥补的损害;申请人是否可能在与被申请人的诉讼中胜诉;申请人是否提供合法有效的担保;采取行为保全措施对被申请人的损害与不采取行为保全措施给申请人带来的损害孰大孰小;采取行为保全措施是否损害社会公共利益,等等。

与财产保全制度一样,行为保全制度也包括诉前行为保全和诉讼中的行为保全。其启动方式、申请保全的时间、是否需要申请人提供担保等方面的要求亦与财产保全基本相同。而行为保全和财产保全的不同之处在于以下几点：

（1）提出保全案件的类型不同。提出财产保全的案件必须是给付之诉，而提出行为保全的案件不限于给付之诉，在确认之诉和形成之诉中也可以。

（2）申请目的不同。申请财产保全的目的主要在于保证将来的生效判决能够得以执行；申请行为保全的目的主要在于避免债权人遭受不可弥补的损害。

（3）执行内容不同。财产保全的核心是防止债务人处分财产，最常见的执行措施是查封、扣押、冻结等；行为保全的核心是限制债务人的行为，因此执行措施应是裁定债务人必须为或不为一定行为，债务人一旦违反裁定设定的义务，应当承担相应的法律责任，如罚款、拘留直至承担刑事责任。

由此可见，行为保全措施的采取，适用执行程序中对行为的执行措施的规定。人民法院裁定行为保全的，可根据案件具体情况采取指定监管、禁止被申请人一定行为、强制被申请人实施一定行为等措施；可制作指定监管令、禁止令和强制令等法律文书。

三、行为保全的程序

行为保全的程序亦与财产保全的程序基本相同。除了前述的保全措施有所不同之外，《民事诉讼法》及相关司法解释对行为保全的申请、申请人提供担保、行为保全裁定的作出与行为保全的解除、行为保全错误时的补救等方面的具体规定都是与财产保全一并作出的。

需要注意的是，在被申请人提供担保的效力方面，行为保全具有一定的特殊性。《民事诉讼法》第104条规定，财产纠纷案件，被申请人提供担保的，人民法院应当裁定解除保全。这里的财产纠纷案件，主要是指原告提出的诉讼请求涉及财产归属、要求被告承担金钱或者可以以金钱计算的给付义务的案件。可以看出，除了适用财产保全的案件之外，一部分适用行为保全的案件，例如要求被申请人交付或停止处置一定财产的行为的案件，亦属于财产纠纷案件。对于这样的适用财产保全和行为保全的财产纠纷案件，被申请人提供担保的，人民法院应当裁定解除保全。与之相对，则必须认识到，并不是所有的行为保全案件都可以因为被申请人提供担保而裁定解除保全。在非财产纠纷案件中，即使被申请人提供了担保，也不能裁定解除保全。例如，在家庭暴力案件中，即使侵害人提供了担保，也不能解除责令其停止实施家庭暴力行为的保全措施。

由此可见，行为保全与财产保全相比，具有一定的特殊之处，且由于行为保全适用的诉讼类型更为广泛，行为保全对被申请人的影响甚巨，因此其应当比财产保全具有更细致和完善的程序保障。目前对于行为保全的详细规则还在探索和制定之中，这些特殊之处尚需要最高人民法院今后制定司法解释加以进一步明确和完善。

第三节 先予执行

一、先予执行的概念和意义

先予执行,是指在案件受理后,终局判决以前,为了解决当事人一方生活或者生产经营的急需,法院根据其申请,依法裁定对方当事人向其给付一定数额的金钱或者财物,实施或者停止某种行为的措施。

先予执行是相对于终审判决生效之后的强制执行而言的。一般情况下,执行须以生效的判决作为依据,在判决生效以后加以履行或者强制执行。但是,案件的审判往往需要相当长的时间,而有些当事人(主要是原告)的权利请求又具有十分的急迫性,在此情况下,如不加区别地一概要求等到判决生效后才能执行,那么对于这些当事人来说,就会因此而给他们的生活或者生产经营造成无法克服的严重影响。因此,对于某些特殊案件,为了使当事人在诉讼期间能够维护最起码的生活,或使其生产经营活动不至于完全陷于停顿状态,就有必要打破常规,确立一种应急措施。先予执行制度正是为了保护此种情况下的当事人之合法权益而设立的一种制度。

因此,先予执行的意义在于,它可以解决申请人在生活、生产经营上的燃眉之急,保障诉讼的顺利进行,为特定情况下的权利人预先实现权利提供保障,使其合法权益在判决生效前就能够实现或部分地得以实现。

二、先予执行的适用范围

先予执行是法院对已经受理但是尚未作出判决的案件,责令其当事人预先履行义务,由于先予执行的裁定不是人民法院对该案的最终判决,所以,在某些情况下,会发生先予执行裁定的内容与将来的判决结果不一致的情况,有可能损害义务人的利益。所以,它只适用于特定的案件。根据《民事诉讼法》的规定,下列案件,可根据当事人的申请,裁定先予执行:

(1)追索赡养费、扶养费、抚育费、抚恤金、医疗费用的案件;
(2)追索劳动报酬的案件;
(3)因情况紧急需要先予执行的案件。

根据《民诉解释》,其中第三种情况主要适用于:第一,需要立即停止侵害、排除妨碍的;第二,需要立即制止某项行为的;第三,追索恢复生产、经营急需的保险理赔费的;第四,需要立即返还社会保险金、社会救助资金的;第五,不立即返还款项,将严重影响权利人生活和生产经营的。

在先予执行的数额方面,亦应遵循尽量不给被申请人造成不必要影响的考量标准,将先予执行的数额限于当事人诉讼请求的范围,并以当事人的生产经营、生活的急需为限。

三、先予执行的条件

根据《民事诉讼法》第107条的规定及司法实践,人民法院裁定先予执行的,应当符合下列条件:

(1) 当事人提出书面申请,且不超出诉讼请求范围。先予执行仅能根据当事人的书面申请进行,法院不能主动依职权裁定先予执行。

(2) 案件的基本事实清楚,当事人之间的权利义务关系明确。

(3) 被申请人负有给付、返还或者赔偿义务,并且被申请人有履行能力。

(4) 先予执行的财产为申请人生产、生活所急需,不先予执行会造成更大损失,严重影响申请人的生活或者生产经营;而与之相比,先予执行给被申请人造成的损害较小或易回复原状。

(5) 当事人提出申请是在受理案件后终审判决作出前。

另外,若要适用先予执行,案件的诉讼请求需属于给付之诉。因为案件如不具有给付性质,不存在先予执行的问题。如原告要求被告给付抚育费、赡养费等诉讼,可以要求先予执行;而请求解除收养关系等诉讼,则不能请求先予执行。

四、先予执行的程序

(一) 先予执行的申请

人民法院先予执行的裁定,应当由当事人提出书面申请。人民法院审查先予执行的申请时,可以责令申请人提供担保,申请人不提供担保的,驳回申请。申请人败诉的,应当赔偿被申请人因先予执行遭受的财产损失。

(二) 先予执行的裁定与执行

人民法院对当事人申请先予执行的案件,只有在案件的基本事实清楚,当事人间的权利义务关系明确,被申请人负有给付、返还或者赔偿义务,先予执行的财产为申请人生产、生活所急需,不先予执行会造成更大损失的情况下,才能采取先予执行的措施。

先予执行,人民法院应当在受理案件后终审判决作出前采取。先予执行应当限于当事人诉讼请求的范围,并以当事人的生活、生产经营的急需为限。

当事人对先予执行裁定不服的,可以自收到裁定书之日起5日内向作出裁定的人民法院申请复议。人民法院应当在收到复议申请后10日内审查。裁定正确的,驳回当事人的申请;裁定不当的,变更或者撤销原裁定。复议期间不停止裁定的执行。

(三) 先予执行错误时的补救

人民法院裁定先予执行后,经过法庭审理,申请人败诉,依发生法律效力的判决,申请人应当返还因先予执行所取得的利益的,适用《民事诉讼法》关于执行回转的规定。而且对被申请人因先予执行所遭受的经济损失,申请人也要予以赔偿。

第十二章 对妨害民事诉讼的强制措施

第一节 对妨害民事诉讼的强制措施概述

一、对妨害民事诉讼的强制措施的概念

对妨害民事诉讼的强制措施,是指在民事诉讼中,对有妨害民事诉讼秩序行为的行为人采用的排除其妨害行为的一种强制措施。

对妨害民事诉讼的强制措施的特征有:(1)采取强制措施的目的是为了排除妨害,保障民事诉讼活动的正常进行;(2)强制措施是人民法院根据法律规定依职权采取的强制性手段,不需要任何人的申请;(3)强制措施适用于整个民事诉讼过程,既可以适用于审判阶段,又可以适用于执行阶段;(4)采取强制措施的对象不限于当事人和诉讼参与人,对案外人妨害民事诉讼的行为亦可采取强制措施。

二、对妨害民事诉讼的强制措施的性质和意义

设立对妨害民事诉讼的强制措施,目的是为了保障民事诉讼活动的正常进行。它不是用来解决民事纠纷的严格意义上的诉讼制度,而是一项保障民事诉讼正常进行的辅助性制度。从性质上讲,它是一种排除妨害的强制性手段,是一种以教育为主要目的的手段,而不是惩罚手段。因此,在执行强制措施的过程中,如果教育的目的达到了,行为人保证不再进行妨害行为,人民法院可以即时改变原来的决定或减轻对行为人的处罚。这使得对妨害民事诉讼的强制措施不同于刑事制裁、民事制裁和行政制裁方法,也不同于刑事诉讼中的强制措施。

对妨害民事诉讼的强制措施,有利于保障当事人充分行使诉讼权利,保证法院顺利完成审判和执行工作,从而维护正常的诉讼程序和法院的权威。

第二节 妨害民事诉讼行为的构成和种类

一、妨害民事诉讼行为的构成

妨害民事诉讼的行为,是指在民事诉讼过程中,行为主体故意破坏和扰乱正常的诉讼秩序,妨碍民事诉讼活动正常进行的行为。妨害民事诉讼行为构成的要件有:

(1)妨害民事诉讼的行为主体,既可以是案件的当事人,也可以是其他诉讼参与人,还可以是案外人。

(2)行为人实施了妨害民事诉讼的行为,包括作为与不作为:前者如冲击法庭,侮辱、

诽谤、威胁、殴打审判人员等，后者如拒不履行人民法院已经发生法律效力的判决、裁定等。

（3）行为人实施妨害民事诉讼的行为主观上是故意的，即希望或放任妨害民事诉讼结果的发生；过失的行为不构成妨害民事诉讼的行为，不能对其采取强制措施。

（4）行为人实施妨害民事诉讼的行为一般发生在诉讼过程中。不仅包括在审判过程中，也包括在执行过程中。但是，根据最高人民法院有关的司法解释，在个别特殊情况下，在诉讼外实施的妨害行为，也属于妨害民事诉讼的行为，如在人民法院执行完毕后，被执行人或者其他人对已执行的标的有妨害行为的，人民法院应当采取措施，排除妨害，并可以依照《民事诉讼法》规定的对妨害民事诉讼的强制措施来处理。另外，在诉前财产保全、诉前行为保全或诉前证据保全中遇有妨害行为时，人民法院也应依法对行为人采取强制措施，排除妨害。

（5）行为人所实施的行为足以妨害民事诉讼进行，但尚未构成犯罪。如果已经构成犯罪，则应当依法追究其刑事责任，而不仅是适用民事诉讼中的强制措施。

二、妨害民事诉讼行为的种类

根据《民事诉讼法》和相关司法解释的有关规定，妨害民事诉讼的行为主要表现为下列几种：

（一）必须到庭的被告，经两次传票传唤，无正当理由拒不到庭

根据《民诉解释》，必须到庭的被告，是指负有赡养、抚育、扶养义务和不到庭就无法查清案情的被告。另外，对必须到庭才能查清案件基本事实的原告，经两次传票传唤，无正当理由拒不到庭的，也可以视其为妨害民事诉讼的行为。

（二）违反法庭规则、扰乱法庭秩序

这类行为包括未经准许进行录音、录像、摄影的；未经准许以移动通信等方式现场传播审判活动的；其他扰乱法庭秩序，妨害审判活动进行的，如哄闹、冲击法庭；侮辱、诽谤、威胁、殴打审判人员等扰乱法庭秩序，妨害审判活动进行的行为。

（三）妨害诉讼证据的收集、调查和阻拦、干扰诉讼的正常进行

根据《民事诉讼法》的规定，这类行为主要包括：

（1）伪造、毁灭重要证据，妨碍人民法院审理案件。

（2）以暴力、威胁、贿买方法阻止证人作证或者指使、贿买、胁迫他人作伪证。

（3）隐藏、转移、变卖、毁损已被查封、扣押的财产，或者已被清点并责令其保管的财产，转移已被冻结的财产。

（4）对司法工作人员、诉讼参加人、证人、翻译人员、鉴定人、勘验人、协助执行的人，进行侮辱、诽谤、诬陷、殴打或者打击报复。

（5）以暴力、威胁或者其他方法阻碍司法工作人员执行职务。根据《民诉解释》，这类行为包括：① 在人民法院哄闹、滞留，不听从司法工作人员劝阻的；② 故意毁损、抢夺人民法院法律文书、查封标志的；③ 哄闹、冲击执行公务现场，围困、扣押执行或者协助执行

公务人员的;④ 毁损、抢夺、扣留案件材料、执行公务车辆、其他执行公务器械、执行公务人员服装和执行公务证件的;⑤ 以暴力、威胁或者其他方法阻碍司法工作人员查询、查封、扣押、冻结、划拨、拍卖、变卖财产的;⑥ 以暴力、威胁或者其他方法阻碍司法工作人员执行职务的其他行为。

(6) 拒不履行人民法院已经发生法律效力的判决、裁定。根据《民诉解释》,这类行为包括:① 在法律文书发生法律效力后隐藏、转移、变卖、毁损财产或者无偿转让财产、以明显不合理的价格交易财产、放弃到期债权、无偿为他人提供担保等,致使人民法院无法执行;② 隐藏、转移、毁损或者未经人民法院允许处分已向人民法院提供担保的财产;③ 违反人民法院限制高消费令进行消费;④ 有履行能力而拒不按照人民法院执行通知履行生效法律文书确定的义务;⑤ 有义务协助执行的个人接到人民法院协助执行通知书后,拒不协助执行。

另外,根据《民诉解释》,诉讼参与人或者其他人的下列行为也属于此类妨害证据收集、干扰诉讼进行的行为:(1) 冒充他人提起诉讼或者参加诉讼的;(2) 证人签署保证书后作虚假证言,妨碍人民法院审理案件的;(3) 伪造、隐藏、毁灭或者拒绝交出有关被执行人履行能力的重要证据,妨碍人民法院查明被执行人财产状况的;(4) 擅自解冻已被人民法院冻结的财产的;(5) 接到人民法院协助执行通知书后,给当事人通风报信,协助其转移、隐匿财产的。

(四) 有义务协助调查、执行的单位或组织拒不履行协助义务

这类行为包括:

(1) 有关单位拒绝或者妨碍人民法院调查取证;

(2) 有关单位接到人民法院协助执行通知书后,拒不协助查询、扣押、冻结、划拨、变价财产;

(3) 有关单位接到人民法院协助执行通知书后,拒不协助扣留被执行人的收入、办理有关财产权证照转移手续、转交有关票证、证照或者其他财产;

(4) 其他拒绝协助执行的行为。例如,根据《民诉解释》,有关单位违反协助执行义务的行为还包括:① 接到人民法院协助执行通知书后,仍允许被执行人高消费;② 接到人民法院协助执行通知书后,仍允许被执行人出境;③ 接到人民法院协助执行通知书后,拒不停止办理有关财产权证照转移手续、权属变更登记、规划审批等手续;④ 接到人民法院协助执行通知书后,以需要内部请示、内部审批、有内部规定等为由拖延办理,等等。

(五) 通过虚假诉讼等方式侵害他人合法权益或逃避执行义务

此类行为包括:

(1) 当事人之间恶意串通,企图通过诉讼、调解等方式侵害他人合法权益;

(2) 被执行人与他人恶意串通,通过诉讼、仲裁、调解等方式逃避履行法律文书确定的义务。

这两项内容是根据《民事诉讼法第二修正案》新增加的条文,针对滥用诉权进行虚假诉讼、恶意串通逃避执行义务等违反民事诉讼法诚信原则的行为进行规制,有利于维护和

增强司法机关的公信力,提升社会诚信理念。

第三节　强制措施的种类及其适用

一、对妨害民事诉讼强制措施的种类

根据《民事诉讼法》的规定,民事诉讼强制措施有以下 5 种:拘传、训诫、责令退出法庭、罚款、拘留。

(一) 拘传

拘传是对于必须到庭的被告和原告,法院经过两次传票传唤,无正当理由拒绝出庭的,人民法院派出司法警察,强制被传唤人到庭参加诉讼活动的一种措施。

(二) 训诫

训诫是人民法院对妨害民事诉讼秩序行为较轻的人,以口头方式予以严肃地批评教育,并指出其行为的违法性和危害性,令其以后不得再犯的一种强制措施。

(三) 责令退出法庭

责令退出法庭是指人民法院对于违反法庭规则的人,强制其离开法庭的措施。

(四) 罚款

罚款是人民法院对实施妨害民事诉讼行为情节比较严重的人,责令其在规定的时间内,交纳一定数额的金钱的措施。依照《民事诉讼法》的规定,对个人的罚款金额,为人民币 10 万元以下。对单位的罚款金额,为人民币 5 万元以上 100 万元以下。

(五) 拘留

拘留是人民法院对实施妨害民事诉讼行为情节严重的人,将其留置在特定的场所,在一定期限内限制其人身自由的强制措施。拘留期限为 15 日以下。

除上述强制措施外,《民事诉讼法》还规定,妨害民事诉讼行为情节特别严重、构成犯罪的,依法追究其刑事责任。

二、对妨害民事诉讼强制措施的适用

(一) 拘传的适用

在前述几类妨害民事诉讼行为中,拘传措施仅适用于第一类行为,即必须到庭的被告,经两次传票传唤,无正当理由拒不到庭的行为。采取拘传措施应具备的条件是:(1) 拘传的对象是前述必须到庭的被告或者被告的法定代表人或负责人,另外,对必须接受调查询问的被执行人、被执行人的法定代表人、负责人或者实际控制人,也可以适用拘传;(2) 必须经过两次传票传唤,但是,对必须到人民法院接受调查询问的被执行人、被执行人的法定代表人或负责人,经一次传唤即可以拘传其到场;(3) 前述当事人或当事人的法定代理人等无正当理由拒不到庭。

以上三个条件必须同时具备。而且,即使在具备上述条件的情况下,法律也只是规定

人民法院"可以"采取拘传措施,而并非"必然"采取拘传措施。

拘传必须用拘传票,并直接送达被拘传人;在拘传前,应当向被拘传人说明拒不到庭的后果,经批评教育仍拒不到庭的,可以拘传其到庭。

根据《民诉解释》,对必须到人民法院接受询问的被执行人或被执行人的法定代表人、负责人或实际控制人进行拘传时,人民法院应及时对被拘传人进行调查询问,调查询问的时间不得超过 8 小时;情况复杂,依法可能采取拘留措施的,调查询问的时间不得超过 24 小时。人民法院在本辖区以外采取拘传措施时,可以将被拘传人拘传到当地人民法院,当地人民法院应予以协助。

(二)训诫的适用

人民法院对违反法庭规则的人,可以予以训诫。训诫在所有的强制措施中,强制力最弱。

适用训诫措施,由合议庭或者独任制审判员决定,以口头方式指出行为人的错误事实、性质及危害后果,并当庭责令妨害者立即改正。训诫的内容应当记入庭审笔录。

另外,对诉讼参与人或者其他人未经准许在开庭时进行录音、录像、摄影、未经准许以移动通信等方式现场传播审判活动的,人民法院可以暂扣诉讼参与人或者其他人进行录音、录像、摄影、传播审判活动的器材,并责令其删除有关内容;拒不删除的,人民法院可以采取必要手段强制删除。

(三)责令退出法庭的适用

人民法院对违反法庭规则的人,也可以责令退出法庭。责令退出法庭的强度大于训诫。

适用责令退出法庭,由合议庭或者独任审判员决定,由审判长或者独任审判员口头宣布,责令行为人退出法庭。作出责令退出法庭的决定后,行为人应当主动退出法庭,否则,司法警察可以强制其退出法庭。被责令退出法庭者的违法事实应当记入庭审笔录。

(四)罚款和拘留适用的具体情况

人民法院可以适用罚款措施的情况具体包括:

(1)违反法庭规则的;哄闹、冲击法庭、侮辱、诽谤、威胁、殴打审判人员,扰乱法庭秩序,情节较轻的;即前述妨害民事诉讼行为种类中第二种行为之一的,人民法院可以罚款。

(2)妨害诉讼证据的收集、调查和阻拦、干扰诉讼的进行,妨害判决的执行等行为,即前述妨害民事诉讼行为种类中第三种行为之一的,人民法院可以予以罚款;另外,实施该行为的主体是单位的,可以对其主要负责人或者直接责任人员予以罚款。

(3)有义务协助调查、执行的单位拒不履行协助义务,即前述妨害民事诉讼行为种类中第四种行为之一的,人民法院除责令其履行协助义务外,并可以予以罚款;人民法院对有该行为之一的单位,可以对其主要负责人或者直接责任人员予以罚款;还可以向监察机关或者有关机关提出予以纪律处分的司法建议。

(4)对前述妨害民事诉讼行为种类中第五种行为之一的,即当事人之间恶意串通以虚假诉讼、调解等方式侵害他人合法权益,或者被执行人与他人恶意串通,通过诉讼、仲裁、调解等方式逃避执行义务的,人民法院可以予以罚款。

(5) 任何单位和个人采取非法拘禁他人或者非法私自扣押他人财产追索债务的,人民法院可以予以罚款。这是因为采取对妨害民事诉讼的强制措施必须由人民法院决定,任何单位和个人无权实施。

(6) 海事诉讼程序中,海事强制令的被请求人拒不执行海事强制令的,海事法院可以处以罚款。

人民法院可以适用拘留措施的情况包括:

(1) 与罚款的情况相似,即对前述妨害民事诉讼行为种类中第二种行为之一的,人民法院可以予以拘留。

(2) 与罚款的情况相似,即对前述妨害民事诉讼行为种类中第三种行为之一的,人民法院可以予以拘留;另外,实施该行为的主体是单位的,可以对其主要负责人或者直接责任人员予以拘留。

(3) 与罚款的情况相似,即对前述妨害民事诉讼行为种类中第五种行为之一的,人民法院可以予以拘留。

(4) 与罚款的情况相似,任何单位和个人采取非法拘禁他人或者非法私自扣押他人财产追索债务的,人民法院可以予以拘留。

(5) 亦与罚款的情况相似,海事诉讼程序中,海事强制令的被请求人拒不执行海事强制令的,海事法院可以处以拘留。

这里须注意的是,罚款和拘留的适用情况类似,只是情节轻重有所不同,但是,前述妨害民事诉讼行为种类中第四种行为之一的,对相关人员不适用拘留。

(五) 罚款和拘留适用的程序

罚款和拘留是比较严厉的强制措施,直接涉及行为人的经济利益和人身自由,因而法律规定了较为严格的适用程序:

(1) 罚款和拘留由合议庭或者独任审判员提出处理意见,报请院长批准后执行。人民法院决定罚款和拘留,应当制作决定书,并将此决定书正式通知或者出示给行为人。

(2) 被罚款的个人、单位和被拘留的个人不服罚款、拘留决定的,可以申请复议,但是复议期间不停止决定的执行。具体程序是被罚款、拘留的人应当自收到决定书之日起3日内提出复议申请。上级人民法院应当在收到复议申请后5日内作出决定,并将复议结果通知下级人民法院和当事人。上级人民法院复议时认为强制措施不当的,应当制作决定书,撤销或者变更下级人民法院作出的拘留、罚款决定。情况紧急的,可以在口头通知后3日内发出决定书。

(3) 被拘留的人,由司法警察送交当地公安机关看管,并应当在24小时内通知其家属;确实无法按时通知或通知不到的,应当记录在案。被拘留人在拘留期间认错悔改的,可以责令其具结悔过,提前解除拘留。提前解除拘留,应报经院长批准,并作出提前解除拘留决定书,交负责看管的公安机关执行。因哄闹、冲击法庭,用暴力、威胁等方法抗拒执行公务等紧急情况,必须立即采取拘留措施的,可在拘留后,立即报告院长补办批准手续。

院长认为拘留不当的,应当解除拘留。

被拘留人不在本辖区的,作出拘留决定的人民法院可以派员到被拘留人所在地的人民法院,请该人民法院协助执行,受委托的人民法院应及时派员协助执行。被拘留人申请复议或者在拘留期间承认并改正错误,需要提前解除拘留的,受委托人民法院应向委托人民法院转达或者提出建议,由委托人民法院审查决定。

(4) 人民法院对个人或者单位采取罚款措施时,应当根据其实施妨害民事诉讼行为的性质、情节、后果,当地的经济发展水平,以及诉讼标的额等因素,在《民事诉讼法》相关规定的限额内确定相应的罚款金额。

(5) 罚款决定书应当写明罚款的事实、理由和法律依据,申请复议的期间和复议的法院,并加盖人民法院印章。拘留、提前解除拘留和解除拘留决定书应当写明作出决定的事实、理由和法律依据,并加盖人民法院印章,还应写明申请复议的期间和复议的法院。

(6) 罚款和拘留可以单独适用,也可以合并适用。对同一妨害民事诉讼行为的罚款、拘留不得连续适用。但发生了新的妨害民事诉讼的行为,人民法院可以重新予以罚款、拘留。

三、追究刑事责任

根据《民事诉讼法》的规定,妨害民事诉讼行为情节严重构成犯罪的,应依法追究刑事责任,具体包括以下行为:

(1) 人民法院对哄闹、冲击法庭,侮辱、诽谤、威胁、殴打审判人员,严重扰乱法庭秩序的,即前述妨害民事诉讼行为种类中第二种行为中构成犯罪的,依法追究刑事责任。

(2) 人民法院对妨害诉讼证据的收集、调查和阻拦、干扰诉讼正常进行的行为,即前述妨害民事诉讼行为种类中第三种行为中构成犯罪的,依法追究刑事责任;对有此类行为之一的单位,可以对其主要负责人或者直接责任人员予以罚款、拘留;构成犯罪的,依法追究刑事责任。

(3) 人民法院对通过虚假诉讼等方式侵害他人合法权益或逃避执行义务的,即前述妨害民事诉讼行为种类中第五种行为中构成犯罪的,依法追究刑事责任。

(4) 任何单位和个人采取非法拘禁他人或者非法私自扣押他人财产追索债务的,依法追究刑事责任。这是因为采取对妨害民事诉讼的强制措施必须由人民法院决定,禁止任何单位和个人非法拘禁和以其他方法非法剥夺或者限制公民的人身自由,以及非法扣押财产。

对于上述行为,应当追究有关人员刑事责任时,人民法院应依照《刑事诉讼法》的规定,将涉案材料移送有关机关处理。

第十三章 诉讼费用

第一节 诉讼费用概述

一、诉讼费用的概念

在我国,民事诉讼费用,是指当事人进行民事诉讼依法应当向人民法院交纳和支付的费用。诉讼费用包括案件受理费、申请费和其他诉讼费用。其中,案件受理费和申请费属于当事人应依法交纳的费用;其他诉讼费用,例如鉴定、公告、勘验费用等,则属于当事人因法院实际支出而补偿法院的费用。

值得一提的是,由于我国的民事诉讼没有采取律师强制代理,因此诉讼费用不包括当事人为进行诉讼聘请律师所支出的费用。

二、诉讼费用的性质

诉讼费用的性质问题,一直存在学术争议。但普遍认为,案件受理费、申请费和其他诉讼费用的性质应有不同。对于其他诉讼费用,一般认为应按照实际支出的数额支付,因此具有补偿性。而对于案件受理费和申请费的性质,根据"国家规费说",是"表明手续或程序的开始,并显示主体对实施该行为的慎重,同时是当事人分担司法机构和解决民事纠纷所需的物质耗费而必须作出的支付"。[1] 这种说法相比较而言更具有合理性,一方面,通过要求当事人预付一定的前期成本,促使当事人认真衡量进行诉讼的价值,筛选掉某些没有诉讼利益的纠纷;另一方面,法院的司法服务属于一种公共服务,利用者为该服务支出一定的费用,符合基本的公平原理,也有利于公共资源的有效配置。

还有观点认为,诉讼费用同时具有制裁性,因为诉讼费用在原则上由案件的败诉方承担,体现了对违反民事实体法或程序法的当事人的制裁。另外,还有观点认为,诉讼费用中的案件受理费是当事人针对法院的裁判性活动或服务而向法院支付的报酬,并具有税金的性质,等等。

三、诉讼费用制度的功能

诉讼费用制度是保障国家司法有效运作的前提。上文已分析,诉讼费用更多的是一种国家规费,遵循受益者负担原则,收取诉讼费用,可减少国家不必要的开支,减轻财政负担,否则就意味着由所有的纳税人来负担为少数人的利益所支出的诉讼费用;收取诉讼费

---

[1] 肖建国:《民事诉讼程序价值论》,中国人民大学出版社2000年版,第303页。

用,还可以促使民事主体在提起民事诉讼时比较慎重,防止滥诉、缠讼等现象的发生,减少一部分不必要的诉讼浪费,同时提高公民的自我约束及自我解决纠纷的能力;另外,在我国进行民事诉讼的外国人也应当交纳和支付诉讼费用,这有利于维护国家主权和经济利益。

2006年12月国务院公布的、从2007年4月1日起施行的《诉讼费用交纳办法》(以下简称《交纳办法》)对于民事诉讼和行政诉讼中的诉讼费用交纳问题作出了具体的规定,是目前关于诉讼费用问题的主要法规。《交纳办法》确立了在诉讼过程中不得违法向当事人收取费用、对交纳诉讼费用确有困难的当事人提供司法救助、对外国人在人民法院进行诉讼适用国民待遇原则和对等原则等基本原则,并具体明确了人民法院诉讼收费范围、收费标准及诉讼费用的负担与管理等内容,下面将择其重点做出介绍。另外,《民诉解释》亦对诉讼费用问题作了相应的补充。

第二节 诉讼费用的种类

根据法律规定的不同标准,人民法院收取不同性质的诉讼费用。如前所述,诉讼费用的种类,主要可以分为案件的受理费,或案件的申请费,以及处理案件所需要的其他诉讼费用。诉讼费用之所以分为案件受理费及申请费,是根据当事人的请求及其后的司法程序的性质及烦琐程度不同而确定的。而案件受理费与其他诉讼费用的区分,主要考虑的是二者的目的及计算方式不同。案件受理费的征收有固定的标准,而其他诉讼费用是当事人对人民法院处理案件所花费的相关费用的一个补偿,由于不同的案件可能实际支出的差别非常大,所以该笔费用无法通过法律明文规定其征收标准,而只能按照实际支出来交纳。根据《交纳办法》的规定,各类诉讼费用及其征收办法有下列要求:

一、案件受理费

案件受理费,是指人民法院决定受理当事人的起诉时,按规定向当事人征收的费用。除法律另有规定外,原则上民事案件都要征收案件受理费。因案件情况不同,案件受理费的征收标准和办法也有所不同。依照《交纳办法》,案件分为财产案件和非财产案件,两种不同性质的案件征收案件受理费的办法有所差别。

(一)财产案件的受理费

根据《交纳办法》的有关规定,对财产案件的受理费,是以诉讼标的额的大小,分段按一定的比例分别计算,然后将各段的数额相加,所得总数为该案件的受理费总额。具体的计算标准是:

(1)不超过1万元的,每件交纳50元;

(2)超过1万元至10万元的部分,按照2.5%交纳;

(3)超过10万元至20万元的部分,按照2%交纳;

(4)超过20万元至50万元的部分,按照1.5%交纳;

(5) 超过 50 万元至 100 万元的部分,按照 1% 交纳;
(6) 超过 100 万元至 200 万元的部分,按照 0.9% 交纳;
(7) 超过 200 万元至 500 万元的部分,按照 0.8% 交纳;
(8) 超过 500 万元至 1000 万元的部分,按照 0.7% 交纳;
(9) 超过 1000 万元至 2000 万元的部分,按照 0.6% 交纳;
(10) 超过 2000 万元的部分,按照 0.5% 交纳。

举例来说,如果诉讼标的额为 580 万元,则根据上述计算标准及方法,计算公式为:
$50 + (100000 - 10000) \times 2.5\% + (200000 - 100000) \times 2\% + (500000 - 200000) \times 1.5\% + (1000000 - 500000) \times 1\% + (2000000 - 1000000) \times 0.9\% + (5000000 - 2000000) \times 0.8\% + (5800000 - 5000000) \times 0.7\% = 52400(元)$

计算财产案件的受理费,关键是认定具体的诉讼标的额。在司法实践中,一般按照当事人起诉时的请求数额征收,请求数额与实际的诉讼标的额不符的,案件受理费按人民法院核定的实际争议数额计算收取。

(二) 非财产案件的受理费

非财产案件的受理费原则上按件计征。在非财产案件中涉及财产争议的部分,其受理费依不同情况分别计收。根据《交纳办法》,下列非财产案件的收费标准如下:

(1) 离婚案件每件交纳 50 元至 300 元。涉及财产分割,财产总额不超过 20 万元的,不另行交纳;超过 20 万元的部分,按照 0.5% 交纳。

(2) 侵害姓名权、名称权、肖像权、名誉权、荣誉权以及其他人格权的案件,每件交纳 100 元至 500 元。涉及损害赔偿,赔偿金额不超过 5 万元的,不另行交纳;超过 5 万元至 10 万元的部分,按照 1% 交纳;超过 10 万元的部分,按照 0.5% 交纳。

(3) 其他非财产案件每件交纳 50 元至 100 元。

知识产权民事案件,没有争议金额或者价额的,每件交纳 500 元至 1000 元;有争议金额或者价额的,按照财产案件的标准交纳。

劳动争议案件每件交纳 10 元。当事人提出案件管辖权异议,异议不成立的,每件交纳 50 元至 100 元。

省、自治区、直辖市人民政府可以结合本地实际情况在上述规定的幅度内制定具体的交纳标准。

另外,根据《民诉解释》,既有财产性诉讼请求,又有非财产性诉讼请求的,按照财产性诉讼请求的标准交纳诉讼费。有多个财产性诉讼请求的,合并计算交纳诉讼费;诉讼请求中有多个非财产性诉讼请求的,按一件交纳诉讼费。

(三) 受理费的特殊收取标准

无论是财产案件还是非财产案件,在特定情况下,其案件受理费应在适用前述标准的基础上减半收取。根据《交纳办法》的规定,这些情况主要有:

(1) 以调解方式结案或者当事人申请撤诉的,减半交纳案件受理费;
(2) 适用简易程序审理的案件减半交纳案件受理费;

（3）被告提起反诉、有独立请求权的第三人提出与本案有关的诉讼请求,人民法院决定合并审理的,分别减半交纳案件受理费。

根据《民诉解释》,人民法院决定减半收取案件受理费的,只能减半一次。

另外,对财产案件提起上诉的,按照不服一审判决部分的上诉请求数额交纳案件受理费;对需要交纳案件受理费的再审案件,按照不服原判决部分的再审请求数额交纳案件受理费。

（四）不交纳案件受理费的情况

根据《交纳办法》的规定,有几种情况不需交纳案件受理费,即依照《民事诉讼法》规定的特别程序审理的案件;裁定不予受理、驳回起诉、驳回上诉的案件;以及对不予受理、驳回起诉和管辖权异议裁定不服,提起上诉的案件。

另外,根据审判监督程序审理的案件,在多数情况下当事人不需交纳案件受理费。但是,下列两种情形下当事人需要交纳受理费:当事人有新的证据,足以推翻原判决、裁定,向人民法院申请再审,人民法院经审查决定再审的案件;以及当事人对人民法院第一审判决或者裁定未提出上诉,第一审判决、裁定或者调解书发生法律效力后又申请再审,人民法院经审查决定再审的案件。

二、申请费

根据《交纳办法》的有关规定,下列几种情况需要征收申请费:

（1）依法向人民法院申请执行人民法院发生法律效力的判决、裁定、调解书,仲裁机构依法作出的裁决和调解书,公证机关依法赋予强制执行效力的债权文书,申请承认和执行外国法院判决、裁定以及国外仲裁机构裁决的,按照下列标准交纳:

第一,没有执行金额或者价额的,每件交纳 50 元至 500 元。

第二,执行金额或者价额不超过 1 万元的,每件交纳 50 元;超过 1 万元至 50 万元的部分,按照 1.5% 交纳;超过 50 万元至 500 万元的部分,按照 1% 交纳;超过 500 万元至 1000 万元的部分,按照 0.5% 交纳;超过 1000 万元的部分,按照 0.1% 交纳。

第三,符合《民事诉讼法》规定的当事人人数不确定的代表人诉讼的情况,未参加登记的权利人向人民法院提起诉讼的,按照此部分标准交纳申请费,不再交纳案件受理费。

（2）申请保全措施的,如果保全的财产数额不超过 1000 元或者不涉及财产数额的,每件交纳 30 元;超过 1000 元至 10 万元的部分,按照 1% 交纳;超过 10 万元的部分,按照 0.5% 交纳。但是,当事人申请保全措施交纳的费用最多不超过 5000 元。

（3）依法申请支付令的,比照财产案件受理费标准的 1/3 交纳。

（4）依法申请公示催告的,每件交纳 100 元。

（5）申请撤销仲裁裁决或者认定仲裁协议效力的,每件交纳 400 元。

（6）破产案件依据破产财产总额计算,按照财产案件受理费标准减半交纳,但是,最高不超过 30 万元。

（7）海事案件的申请费按照下列标准交纳:

① 申请设立海事赔偿责任限制基金的,每件交纳 1000 元至 1 万元;
② 申请海事强制令的,每件交纳 1000 元至 5000 元;
③ 申请船舶优先权催告的,每件交纳 1000 元至 5000 元;
④ 申请海事债权登记的,每件交纳 1000 元;
⑤ 申请共同海损理算的,每件交纳 1000 元。

三、其他诉讼费用

当事人除了需要交纳案件受理费或申请费之外,还要交纳在诉讼中实际支出的其他各种费用。对此,《交纳办法》作出如下具体规定:

(1) 证人、鉴定人、翻译人员、理算人员在人民法院指定日期出庭发生的交通费、住宿费、生活费和误工补贴,由人民法院按照国家规定标准代为收取。

(2) 当事人复制案件卷宗材料和法律文书应当按实际成本向人民法院交纳工本费。

(3) 诉讼过程中因鉴定、公告、勘验、翻译、评估、拍卖、变卖、仓储、保管、运输、船舶监管等发生的依法应当由当事人负担的费用,人民法院根据谁主张、谁负担的原则,决定由当事人直接支付给有关机构或者单位,人民法院不得代收代付。

(4) 人民法院依照《民事诉讼法》第 11 条第 3 款规定提供当地民族通用语言、文字翻译的,不收取费用。

第三节 诉讼费用的负担

一、诉讼费用的负担原则

诉讼费用的负担,是指在诉讼终结时诉讼费用,包括前述案件受理费和其他诉讼费用,由哪方当事人承担。《交纳办法》规定,诉讼费用由败诉方负担,胜诉方自愿承担的除外,这一规定体现了败诉人承担诉讼费用的原则。

败诉人承担诉讼费用是世界上多数国家确定诉讼费用负担所遵循的一般原则,因为通常是败诉人一方的过错行为才导致了纠纷的产生和诉讼的进行。但是,在实际的纠纷中,当事人各方的过错程度并非完全与诉讼的胜负结果一致;并且,由于案件性质的复杂性、多样性,诉讼可能并没有完全胜诉或败诉的一方,例如双方都有过错的情形;另外,在以诸如达成调解协议、撤诉等方式结案的情况下,诉讼可以说是未形成确定的胜负结果。在这样的诉讼案件中,最终诉讼费用的负担就应当有特殊的原则与之对应。因此,除败诉人承担诉讼费用外,《交纳办法》中规定的诉讼费用的负担方式还可以分为一方当事人负担、双方当事人按比例分担、双方当事人协商分担,以及由人民法院决定的负担等情形。

二、诉讼费用的负担情形

(一) 一审案件诉讼费用的负担

根据案件的不同情况,一审案件的诉讼费用有以下几种负担情形:

(1) 败诉人负担。即当事人一方败诉的,由败诉的一方负担案件受理费,但胜诉方自愿承担的除外。

(2) 协商负担。经人民法院调解达成协议的案件以及离婚案件,其诉讼费用的负担,由双方协商解决;协商不成的,由人民法院决定。这是因为调解结案并非法院严格依法判断当事人各方对错的结果,所以也就无法按败诉方负担原则来确定诉讼费用的负担;而离婚案件涉及双方感情问题,败诉的不一定就是造成纠纷的责任人,胜诉的一方也不一定对离婚没有责任,同时诉讼费用作为一种平衡机制还有可能在案件处理中发挥积极的作用,因而也不适宜由败诉方负担诉讼费用。

(3) 人民法院依职权决定诉讼费用的负担。《交纳办法》第 29 条规定,部分胜诉、部分败诉的,人民法院根据案件的具体情况决定当事人各自负担的诉讼费用数额。共同诉讼当事人败诉的,人民法院根据其对诉讼标的的利害关系,决定当事人各自负担的诉讼费用数额。而经人民法院调解达成协议的案件以及离婚案件,在双方当事人对诉讼费用的负担协商不成时,亦由人民法院决定诉讼费用的负担。

另外,对于诉讼费用中的其他诉讼费用,也由人民法院根据具体情况,决定当事人双方应负担的金额,而非一律由败诉人负担。

(4) 诉讼行为的发起人负担。民事案件的原告或者上诉人申请撤诉,人民法院裁定准许的,案件受理费由原告或者上诉人负担。当事人在法庭调查终结后提出减少诉讼请求数额的,减少请求数额部分的案件受理费由变更诉讼请求的当事人负担。当事人因自身原因未能在举证期限内举证,在二审或者再审期间提出新的证据致使诉讼费用增加的,增加的诉讼费用由该当事人负担。

(5) 为不正当行为的当事人负担。所谓不正当行为,是指严重影响诉讼程序正常进行,并给其他诉讼参与人造成经济损失的行为。由于当事人不正当的诉讼行为所支出的费用,由该当事人负担。如当事人故意逃匿,造成法院为辗转送达而额外发生的费用应由逃匿的当事人负担,等等。这一原则对于促使当事人在诉讼过程中慎重地实施自己的行为具有重要意义。

(二) 二审案件诉讼费用的负担

第二审人民法院审理上诉案件,应当按照第一审案件收取诉讼费用的范围和标准,要求当事人负担上诉案件的诉讼费用。第二审人民法院改变第一审人民法院作出的判决、裁定的,除了应当确定当事人对第二审诉讼费用的负担外,还应当相应变更第一审人民法院对诉讼费用负担的决定。

第二审人民法院驳回上诉的案件,上诉的案件受理费由上诉人负担,双方都提出上诉的,由双方分担。二审审理中,上诉人撤回上诉并经人民法院允许的,案件受理费由上诉人负担。第二审人民法院决定将案件发回重审的,应当退还上诉人已交纳的第二审案件受理费。

第二审人民法院审理上诉案件,经调解达成协议的,第一审和第二审全部诉讼费用的负担,由双方协商解决;协商不成的,由第二审人民法院决定。

另外,如前所述,由当事人因自身原因未能在举证期限内举证,在二审或者再审期间提出新的证据致使诉讼费用增加的,增加的诉讼费用由该当事人负担。

(三) 再审案件诉讼费用的负担

亦如前所述,依照审判监督程序提审、再审的案件,除以下两种情况外,免交案件受理费:

(1) 当事人因为有新的证据,足以推翻原判决、裁定而向人民法院申请再审的案件;

(2) 当事人对人民法院第一审判决或裁定未提出上诉,一审判决、裁定或调解书已发生法律效力后,当事人又提出申请再审的案件。

上述两类案件,诉讼费用由申请再审的当事人负担。双方当事人都申请再审的,诉讼费用由败诉方承担,但胜诉方自愿承担的除外。与二审相同,在再审程序中,再审法院对一审或二审的判决、裁定、调解书作了变更的,应当在裁判中重新确定原诉讼费用的负担。原审诉讼费用的负担由人民法院根据诉讼费用负担原则重新确定。

(四) 非讼程序和执行程序有关费用的负担

督促程序中,债务人对督促程序未提出异议的,申请费由债务人负担。债务人对督促程序提出异议致使督促程序终结的,申请费由申请人负担;申请人另行起诉的,可以将申请费列入诉讼请求。另外,根据《民诉解释》,支付令失效后转入诉讼程序的,债权人应当按照《交纳办法》补交案件受理费。

公示催告程序的申请费由申请人负担。依照特别程序审理案件的公告费,由起诉人或者申请人负担。依法向人民法院申请破产的,诉讼费用依照有关法律规定从破产财产中拨付。

实现担保物权案件中,人民法院裁定拍卖、变卖担保财产的,申请费由债务人、担保人负担;人民法院裁定驳回申请的,申请费由申请人负担。申请人另行起诉的,其已经交纳的申请费可以从案件受理费中扣除。拍卖、变卖担保财产的裁定作出后,人民法院强制执行的,按照执行金额收取执行申请费。

在执行程序中,申请执行生效判决、裁定、公证文书等,申请费由被执行人负担。执行中当事人达成和解协议的,申请费的负担由双方当事人协商解决;协商不成的,由人民法院决定。

值得注意的是,根据《交纳办法》第43条规定,当事人不得单独对人民法院关于诉讼费用的决定提起上诉。若当事人单独对人民法院关于诉讼费用的决定有异议的,可以向作出决定的人民法院院长申请复核。复核决定应当自收到当事人申请之日起15日内作出。如果当事人只是对人民法院决定诉讼费用的计算有异议的,可以向作出决定的人民法院请求复核。计算确有错误的,作出决定的人民法院应当用裁定予以更正。

第四节 诉讼费用的预交与退还

我国实行诉讼费用征收预交制度,由当事人一方预先垫付诉讼费用,预交者不一定是诉讼费用的最后承担者,因为预交诉讼费用时案件胜败尚未确定。根据《交纳办法》的规定,案件受理费由原告、有独立请求权的第三人、上诉人预交。被告提起反诉且需要交纳案件受理费的,由被告预交。追索劳动报酬的案件可以不预交案件受理费。申请费由申请人预交。

一、诉讼费用的预交

(一)预交的具体要求

根据《交纳办法》的规定,原告自接到人民法院交纳诉讼费用通知次日起7日内交纳案件受理费;反诉案件由提起反诉的当事人自提起反诉次日起7日内交纳案件受理费。预交确有困难的,可在预交期内向人民法院申请司法救助。

上诉案件的案件受理费由上诉人向人民法院提交上诉状时预交。双方当事人都提起上诉的,由上诉的双方当事人分别预交。上诉人在上诉期内未预交诉讼费用的,人民法院应当通知其在7日内预交。

申请费由申请人在提出申请时或者在人民法院指定的期限内预交。

当事人逾期不交纳诉讼费用又未提出司法救助申请,或者申请司法救助未获批准,在人民法院指定期限内仍未交纳诉讼费用的,由人民法院依照有关规定处理。而《民诉解释》第213条规定,原告应当预交而未预交案件受理费,人民法院应当通知其预交,通知后仍不预交或者申请减、缓、免未获人民法院批准而仍不预交的,裁定按自动撤诉处理。

(二)诉讼费用预交的例外

根据《交纳办法》的规定,下列情况下当事人可以不预交案件受理费:

(1)追索劳动报酬的案件可以不预交案件受理费。

(2)申请执行人民法院发生法律效力的判决、裁定、调解书,仲裁机构依法作出的裁决和调解书,公证机构依法赋予强制执行效力的债权文书时,执行申请费不由申请人预交,而是在执行后交纳。

(3)向人民法院申请破产清算的,破产申请费不预交,而是在清算后交纳。

(4)在诉讼中实际支出的其他各种费用,待费用实际发生后交纳。

另外,根据《民诉解释》第194条规定,起诉时人数尚未确定的代表人诉讼案件不预交案件受理费,结案后按照诉讼标的额由败诉方交纳。

依照《民事诉讼法》有关移送管辖和指定管辖的相关规定而移送、移交的案件,原受理人民法院应将预收的诉讼费用随案移交接收案件的人民法院。

二、诉讼费用的退还

根据《交纳办法》的规定,在当事人预交案件受理费后,发生以下情况时,人民法院应将受理费予以退还:

(1) 第一审人民法院裁定不予受理或者驳回起诉的,应当退还当事人已交纳的案件受理费;当事人对第一审人民法院不予受理、驳回起诉的裁定提起上诉,第二审人民法院维持第一审人民法院作出的裁定的,第一审人民法院应当退还当事人已交纳的案件受理费。

(2) 第二审人民法院决定将案件发回重审的,应当退还上诉人已交纳的第二审案件受理费。

(3) 人民法院审理民事案件过程中发现涉嫌刑事犯罪并将案件移送有关部门处理的,当事人交纳的案件受理费予以退还;但是,如果移送后民事案件需要继续审理的,当事人已交纳的案件受理费不予退还。

除上述不予退还的情况外,《交纳办法》规定的不予退还当事人预交的案件受理费的情况还有:

(1) 中止诉讼、中止执行的案件,已交纳的案件受理费、申请费不予退还。中止诉讼、中止执行的原因消除,恢复诉讼、执行的,不再交纳案件受理费、申请费。

(2) 依照《民事诉讼法》有关诉讼终结的相关规定而终结诉讼的案件,已交纳的案件受理费不予退还。

另外,根据《民诉解释》,判决生效后,胜诉方预交但不应负担的诉讼费用,人民法院应当退还,由败诉方向人民法院交纳,但胜诉方自愿承担或者同意败诉方直接向其支付的除外。当事人拒不交纳诉讼费用的,人民法院可以强制执行。

第五节 诉讼费用的缓、减、免

一、诉讼费用的缓交、减交和免交

当事人确因经济困难不能按时足额交纳诉讼费用的,可以向人民法院申请缓交、减交或免交,这就是司法救助制度。司法救助,即是指人民法院对于民事、行政案件中有充分理由证明自己合法权益受到侵害但经济确有困难的当事人,实行诉讼费用的缓交、减交、免交。是否缓、减、免,由人民法院审查决定。

需要注意的是,诉讼费用的免交只适用于自然人。另外,本节所述的司法救助含义下的诉讼费用的免交,是在一般的案件中,针对有经济困难的当事人作出的特殊决定。而本章第二节中所述的"不交纳案件受理费的情况",是对于某些法律规定的特定类型的案件,其当事人无论贫富等情况,一律免交案件受理费。在学习中要注意分清这两种规定的差别。

(一) 诉讼费用的缓交

根据《交纳办法》第47条,当事人申请司法救助,符合下列情形之一的,人民法院应当准予缓交诉讼费用:追索社会保险金、经济补偿金的;海上事故、交通事故、医疗事故、工伤事故、产品质量事故或者其他人身伤害事故的受害人请求赔偿的;正在接受有关部门法律援助的;确实需要缓交的其他情形。

当事人申请缓交诉讼费用经审查符合上述规定的,人民法院应当在决定立案之前作出准予缓交的决定。

(二) 诉讼费用的减交

《交纳办法》第46条规定,当事人申请司法救助,符合下列情形之一的,人民法院应当准予减交诉讼费用:因自然灾害等不可抗力造成生活困难,正在接受社会救济,或者家庭生产经营难以为继的;属于国家规定的优抚、安置对象的;社会福利机构和救助管理站;确实需要减交的其他情形。

人民法院准予减交诉讼费用的,减交比例不得低于30%。

(三) 诉讼费用的免交

《交纳办法》第45条规定,当事人申请司法救助,符合下列情形之一的,人民法院应当准予免交诉讼费用:残疾人无固定生活来源的;追索赡养费、扶养费、抚育费、抚恤金的;最低生活保障对象、农村特困定期救济对象、农村五保供养对象或者领取失业保险金人员,无其他收入的;因见义勇为或者为保护社会公共利益致使自身合法权益受到损害,本人或者其近亲属请求赔偿或者补偿的;确实需要免交的其他情形。

二、申请司法救助的程序

当事人申请司法救助,应当在起诉或者上诉时提交书面申请、足以证明其确有经济困难的证明材料以及其他相关证明材料。因生活困难或者追索基本生活费用申请免交、减交诉讼费用的,还应当提供本人及其家庭经济状况符合当地民政、劳动保障等部门规定的公民经济困难标准的证明。

人民法院审查同意当事人缓交诉讼费后,应当按照法定诉讼程序开始对案件进行审理。原告起诉或上诉人上诉,如果在接到人民法院预交诉讼费用通知的次日起7日内未预交但提出缓交申请的,只要人民法院同意当事人缓交,案件应立即开始审理。原告或上诉人在人民法院规定的缓交诉讼费期间内仍未交纳诉讼费用的,除经人民法院决定减交或者免交的外,应按自动撤回起诉或上诉处理。

人民法院对当事人的司法救助申请不予批准的,应当向当事人书面说明理由。准予当事人减交、免交诉讼费用的,应当在法律文书中载明。

人民法院对一方当事人提供司法救助,对方当事人败诉的,诉讼费用由对方当事人负担;对方当事人胜诉的,可以视申请司法救助的当事人的经济状况决定其减交、免交诉讼费用。

第四编 诉讼程序

第十四章 普通程序

第一节 普通程序概述

一、概念

普通程序是人民法院审理第一审民事诉讼案件时通常所适用的程序。普通程序是民事诉讼的基础程序，完整地体现了民事诉讼审判程序的全貌，是民事诉讼审判程序中最完整、最系统的程序，具有广泛的适用性。它由各自独立又紧密联系的诸多程序和制度构成。普通程序在审判程序中处于十分重要的地位。

二、特点

普通程序具有如下特点：

(1) 普通程序具有普遍的适用性。第一，普通程序对各类的民事纠纷都适用，合同纠纷、侵权纠纷、婚姻家庭纠纷、继承纠纷等各类有关人身权利、财产权利的民事纠纷，都可以适用普通程序来审理。第二，普通程序对各级人民法院都适用，从基层人民法院到最高人民法院都可以适用普通程序审理第一审民事诉讼案件。

(2) 普通程序过程完整、规定全面。第一，普通程序过程完整，包括了从当事人起诉、法院受理、庭前准备、开庭审理到法院作出裁判的所有程序过程。第二，诉讼程序中所涉及的各种诉讼制度均在普通程序中作了全面规定。比如，起诉制度、受理制度、庭审制度、裁判制度、撤诉与缺席判决制度等都作了具体的详细规定。

(3) 普通程序具有基础性，有类似审判程序通则的功能。简易程序、二审程序、审判监督程序的程序过程和诉讼制度的设立是以普通程序的相关规定为基础的。普通程序体系完整、内容全面，相比之下，简易程序、二审程序、审判监督程序等都只是根据本程序的特点对程序中的某些环节、某些事项作了规定，因此在这些程序中遇到规则缺失的情况时，可以参考适用普通程序的有关规定。

第二节 程序的开启

一、起诉

(一) 起诉的概念

民事诉讼中的起诉,是指公民、法人及其他民事主体因自己的民事权益受到侵害或者与他人发生争议,向人民法院提出诉讼请求,要求人民法院予以司法保护,依法作出裁判的诉讼行为。

民事审判权的行使具有被动性,遵循不告不理的原则,不能够在无当事人起诉的情况下依职权主动启动民事诉讼普通程序。只有通过当事人的起诉,人民法院才有可能对民事案件进行审判。

民事主体起诉的前提是当事人认为其民事权益受到侵害或发生争议。需要注意的是,这种受侵害状态只是起诉方自己的一种认识,而其权益实际是否受到了侵害,受到多大侵害,是否应由人民法院予以司法保护,都必须通过诉讼审理才能得到确认。

(二) 起诉的条件

当事人的起诉是其单方的行为,要经过法院审查受理之后,才能够进入诉讼审理程序。因此,法律明确规定了起诉必须具备的条件。

根据《民事诉讼法》第119条的规定,起诉必须符合下列条件:

(1) 原告是与本案有直接利害关系的公民、法人或其他组织。

原告是指提起诉讼并受人民法院裁判约束的人。该项规定是对原告适格性的要求,目前通说是以直接利害关系作为判断原告是否适格的标准。所谓有直接利害关系,是指原告应当是争议的法律关系的一方或者按法律的规定与争议的法律关系有法律上的联系,例如,是争议的民事法律关系的主体或者是对争议的民事法律关系中所涉及的权利或权益有管理权或支配权等等。

(2) 有明确的被告。

"明确的被告"要求原告在起诉时使被告具体化、特定化。当被告是自然人时,其姓名、性别、工作单位、住所等信息应当是明确的;当被告是法人或者其他组织时,其名称、住所应当是明确的。只有有了明确的被告,才能确定诉讼的主体,即诉讼是在谁与谁之间进行,从而使诉讼具体化、特定化。起诉状列写被告信息不足以认定明确的被告的,人民法院可以告知原告补正。原告补正后仍不能确定明确的被告的,人民法院裁定不予受理。

值得注意的是,在诉讼中争议的民事权利义务转移的,不影响当事人的诉讼主体资格和诉讼地位,权利义务的受让人仍然分别享有原告、被告的地位。人民法院作出的发生法律效力的判决、裁定对受让人具有拘束力。

(3) 有具体的诉讼请求和事实、理由。

诉讼请求是指原告通过人民法院对被告提出的诉讼上的权利主张。诉讼请求,对原告来讲,是表明他对被告有什么样的权利主张,而对法院来讲,则是法院审理的对象,意味着法院需要通过审判来断定原告的这些主张是否应该得到支持。按照诉讼标的的类型不同,诉讼请求可能是要求人民法院确认某种法律关系,也可能是要求法院判令被告履行一定义务,或者是要求变更或消灭原告与被告之间一定的法律关系等。但无论是哪类的诉讼请求,原告根据诉讼标的提出的请求在内容和范围上都必须明确、具体。例如,原告可以买卖合同违约,提出要求被告赔偿或者返还原物的诉讼请求。

在提出具体诉讼请求的同时,原告还必须提出支持其诉讼请求所依据的事实和理由。"事实"包括两个方面:一个是双方当事人之间法律关系发生、变更、消灭的事实,它是当事人请求法院确认权利义务状态的根据;另一个是民事权益受到侵犯或者权利义务关系发生争执的事实,它是当事人请求法院给予司法保护的基础。"理由"分为三个层次:一是证据方面的理由,即原告就其所提出的事实,应提供相应的证据材料,以证明这种事实的客观存在;二是事实上的理由,即原告应当就其所提出的权利主张,提供相应的要件事实予以支持;三是法律上的理由,它应能表明原告所提出的权利主张是法律所支持和保护的,即原告据以提出诉讼请求的实体法律依据。

需要注意的是,在当事人起诉时,法律只是从形式上要求提供一定的事实、理由。至于这些事实、理由的真实性如何,是否足以支持原告提出的诉讼请求,则需要在法院审理过程中予以审查确认。法院不应以诉讼请求没有充分事实、法律依据支持等为理由不接受当事人的起诉。

根据《证据规定》,原告起诉,应当附有支持其事实主张的相应的证据材料。

(4) 属于人民法院主管范围和受诉人民法院管辖。

这一条件是民事诉讼主管和管辖制度对当事人起诉的必然要求。

首先,法律对人民法院行使民事审判权的案件范围有明确的规定。原告起诉的案件只有属于人民法院受理的民事案件的范围,人民法院才能对其行使民事审判权。

其次,对于属于人民法院主管范围内的具体的民事案件,原告必须向对该案件具有管辖权的人民法院提出。原告起诉的案件只有属于某一具体的受诉人民法院管辖,该人民法院对该案才能受理。

(三) 起诉的方式和起诉状

1. 起诉的方式

起诉的方式是指原告提起诉讼应该采取什么样的一种形式。《民事诉讼法》第120条规定:"起诉应当向人民法院递交起诉状,并按照被告人数提出副本。书写起诉状确有困难的,可以口头起诉,由人民法院记入笔录,并告知对方当事人。"根据该规定,在普通程序中,起诉有书面起诉和口头起诉两种方式,其中,以书面起诉为原则,口头起诉为例外。

2. 起诉状

起诉状是原告向法院提起诉讼而向法院提交的表述其诉讼请求和事实根据的诉讼文书。《民事诉讼法》第121条规定,起诉状应记明以下事项:

(1) 原告的基本情况。

原告的基本情况是指原告的自然情况。原告是自然人的,应当写明原告的姓名、性别、年龄、民族、职业、工作单位、住所、联系方式等信息。原告如有法定代理人或委托代理人代为进行诉讼的,也应写明他们的基本情况。诉讼代理人是律师的,只要写明其所属律师事务所的名称,而不需要写明律师的基本情况。

原告是法人或其他组织的,应写明其名称、住所和法定代表人或者主要负责人的姓名、职务、联系方式等信息。

写明原告的基本情况,有助于法院审核原告的主体资格,也便于法院与原告进行联络。

(2) 被告的基本情况。

在诉状中,写明了原告的基本情况之后,应当按顺序写明被告的基本情况。法律规定所要求的被告基本情况与原告的相类似,区别在于更为简练。被告是自然人的,应当写明被告的姓名、性别、工作单位、住所等信息;被告是法人或其他组织的,应写明其名称、住所等信息等。之所以如此,首先是因为在起诉时,原告对被告的情况可能并不熟悉,无法提供更多的详细信息。其次,起诉时被告只要满足"明确"的要求即可,至于是否适格,应当由法院在受理之后进行审查判断。

(3) 诉讼请求和所根据的事实与理由。

诉讼请求和所根据的事实与理由是起诉的条件之一,也是法院确定是否受理起诉的重要根据,因此,要求在起诉状中写明。写明上述内容有助于法院了解原告诉讼有何请求,请求的根据是什么,为法院审理案件和作出裁判奠定基础。

(4) 证据和证据来源,证人姓名和住所。

在起诉状中,应列明支持自己主张的证据和证据来源。如果案件的事实需要证人提供证言,起诉状中要写明其姓名、住址、工作单位以及联系方式等,以便于法院通知证人出庭作证。

此外,起诉状尾部还应写明受诉人民法院的名称、起诉的时间(年、月、日),由起诉人签名或盖章。

当事人向法院提交起诉状时,还应当按被告的人数一并提出起诉状副本,以便法院送达被告。在司法实践中,有的中级或中级以上的人民法院,除了法定要求外,还要求起诉人按案件合议庭的人数提交起诉状副本。

二、先行调解

(一) 概念和意义

先行调解是指法院在收到当事人的起诉之后,正式立案之前,对于适宜调解的案件,应当积极引导当事人选择人民调解、行政调解、行业调解等非诉纠纷解决方式解决纠纷,实现矛盾的尽早化解。

先行调解,是最高人民法院所提倡的调解优先工作原则在普通程序开启阶段的具体体现。调解有利于及时化解纠纷,有利于当事人接受纠纷解决的结果,也有利于修复当事人之间的关系,实现案结事了;因此,民事诉讼的全过程和所有环节都应当贯彻调解优先的工作原则,立案作为普通程序的开启环节,自然也要适用调解制度,首先尝试通过运用调解方式解决纠纷。

(二) 适用范围和调解方式

先行调解必须适用于适宜调解的案件,根据法律和司法解释的相关规定,可以分为如下几类:第一,事实清楚、权利义务关系明确、争议不大的简单民事案件;第二,可能影响社会和谐稳定的群体性案件、集团诉讼案件,敏感性强、社会广泛关注的案件。对上述两类案件可以在立案之前尽可能尝试调解。

依照法律、司法解释的相关规定,有些类型的案件不适宜于在立案之前进行调解,这主要有如下几类:第一类,对当事人拒绝调解的;第二类,无法及时与当事人及其委托代理人取得联系的;第三类,案情复杂、争议较大的案件;第四类,适用特别程序、督促程序、公示催告程序、破产还债程序的案件,婚姻关系、身份关系确认案件以及其他依案件性质不能进行调解的民事案件;第五类,对在调解过程中发现案件涉及国家利益、社会公共利益和第三人利益的,案件需要审计、评估、鉴定的,或者需要人民法院调查取证的。对于上述案件,应当及时进行审查,尽快决定是否予以立案。

先行调解主要依赖人民调解组织、行政调解组织以及其他调解组织的协调与配合,有条件的基层法院特别是人民法庭应当设立诉前调解工作室或者"人民调解窗口",充分发挥诉前调解的案件分流作用。

(三) 效力

当事人选择非诉讼调解的,应当暂缓立案;当事人不同意选择非诉讼调解的,或者经非诉讼调解未达成协议,坚持起诉的,经审查符合相关诉讼法规定的受理条件的,应当及时立案。

对先行调解的效力进行上述规定,是为了保障调解自愿的原则,在坚持调解优先原则的同时,也要注意调判结合,不能以调压判,侵犯当事人的诉权。

三、受理

(一) 受理的概念

受理是指人民法院对起诉人的起诉进行审查后,认为符合法律规定的起诉条件,决定立案审理的行为。

起诉与受理是两种性质不同但联系十分密切的行为。起诉是当事人根据自己的诉权而实施的一种诉讼行为,受理则是法院根据审判权而实施的一种职权行为。在民事诉讼中,诉讼程序的开始是基于这两个行为的有效结合,没有起诉人的起诉,诉讼程序当然无法开始,但仅有起诉,而没有法院的受理,诉讼程序实质上也没有开始。由此可见,受理是一项很重要的法律行为,它关系到当事人的合法利益是否能得到应有的保护:应该受理的起诉没有受理,当事人的合法利益就可能失去了本来应该得到的司法保护。它还关系到法院的审判权是否是依法行使;对不该受理的起诉受理了,审判权就可能被滥用。因此,对当事人的起诉是否受理,人民法院依法要进行审查,以保证当事人诉权和法院审判权的正当行使。

(二) 审查起诉和登记立案

1. 审查起诉

对起诉的审查是人民法院决定是否对起诉予以受理的必要前提。人民法院审查起诉主要从以下几个方面进行:

第一,审查起诉是否符合《民事诉讼法》第119条规定的条件,此外还需要审查是否符合法律、司法解释所规定的其他一些特别要求。

第二,对起诉状的内容和相应的起诉手续进行审查。主要是审查起诉状的内容是否符合《民事诉讼法》第121条的规定,是否明确、完整;审查起诉的手续是否完备。

第三,对是否属于重复诉讼的审查。重复诉讼违反了一事不再理原则。重复诉讼分为两种:一种是时间上的重复诉讼,一种是空间上的重复诉讼。前者是指起诉人就已经作出生效裁判的案件再行起诉,后者指对于人民法院正在审理中的案件,当事人又以同一诉讼标的、同一事实和理由向本院或者其他法院另行起诉。对前者,应告知起诉人按审判监督程序处理,对后者,法院应当不予受理。值得注意的是,根据《民诉解释》第247条,判断是否属于重复诉讼,主要应当从如下几个方面考察:首先,看两诉的当事人是否相同;其次,看两诉的诉讼标的是否相同;最后,看两诉的诉讼请求是否相同,或者后诉的诉讼请求是否实质上否定前诉裁判结果。

2. 登记立案

立案以前实行审查制,人民法院对当事人的起诉进行审查后,根据审查的情况,决定对起诉是否予以受理。这提高了起诉的门槛,在实践中也确实存在人民法院对于属于民事诉讼受理范围案件不受理的情况。为了规范立案程序,保障当事人的诉权,新法律及司法解释规定,立案采取登记制,对依法应该受理的案件必须受理,做到有案必立、有诉必理。值得注意的是,登记立案并不意味着起诉或者反诉完全没有任何条件,法院也不再对立案进行任何审查。在实行登记立案后,法院仍然要对起诉材料是否符合起诉条件的情况进行审查。登记立案制度的优势在于,首先,通过要求法院登记起诉,避免了法院以前口头不予立案的做法,留下了起诉人提起诉讼的证据,有利于起诉人对不予受理的行为提起救济。其次,有利于立案数量的准确统计,避免人为的漏登、少登数字。最后,减少了以前法院当场作出不予受理情形,使得法院能够对起诉材料进行充分的审查,避免粗疏,保障当事人的诉权。具体而言,法院登记立案分为如下几种情况:

(1) 登记后予以立案。

按照《民事诉讼法》第123条及《民诉解释》第208条的规定,人民法院对当事人的起诉进行审查后,应当根据审查的情况,作出立案或不予立案的决定。对于符合起诉条件、起诉状内容符合要求、起诉手续完备的,且没有法定的不予受理情形的,应当在接到起诉状后的7日内决定受理,登记立案,并通知当事人。对当场不能判定是否符合起诉条件的,也应当先接收起诉材料,并出具注明收到日期的书面凭证。

如果起诉状的内容有欠缺或者起诉手续不完备,则应当通知起诉人补正起诉状或者进一步完备起诉手续,当事人按要求补正了起诉状或完备了起诉手续的,人民法院应当在7日内决定是否立案。

(2) 登记后不予立案。

对不符合起诉条件的,应当在7日内裁定不予受理,并说明不予受理的理由。原告对裁定不服的,可以提起上诉。如果人民法院在立案后才发现起诉不符合法定条件的,或者有法定的不予受理情形的,应用裁定驳回起诉,原告对裁定不服的,也可以提起上诉。之所以给予起诉人上诉的权利,是因为是否受理直接关系到当事人诉权的行使,应当审慎对待,给予当事人相应的救济机会。

按照《关于人民法院登记立案若干问题的规定》第9条,人民法院对起诉、自诉不予受理或者不予立案的,应当出具书面裁定或者决定,并载明理由。不予受理的裁定书由负责审查立案的审判员、书记员署名;驳回起诉的裁定书由负责审理该案的审判员、书记员署名。

(3) 不予登记立案。

并不是所有的起诉都可以予以登记。如果起诉有损害国家利益或者不属于法院主管的情况,应当不予立案。《关于人民法院登记立案若干问题的规定》第10条规定,人民法院对下列起诉、自诉不予登记立案:违法起诉或者不符合法律规定的;涉及危害国家主权和领土完整的;危害国家安全的;破坏国家统一和民族团结的;破坏国家宗教政策的;所诉事项不属于人民法院主管的。

(三) 不予受理的情况

如前所述,如果起诉不满足《民事诉讼法》第119条规定的法定条件,则法院不予受理,此外依照《民事诉讼法》第124条的规定,也有几种情况属于人民法院应当不予受理的。综上,不予受理的情况可以归纳如下:

1. 不属于法院主管和管辖的范围

(1) 依照《行政诉讼法》的规定,属于行政诉讼受案范围的,告知原告提起行政诉讼。

(2) 依照法律规定,双方当事人达成书面仲裁协议申请仲裁而不得向人民法院起诉的,告知原告向仲裁机构申请仲裁。在人民法院首次开庭前,被告以有书面仲裁协议为由对受理民事案件提出异议的,人民法院应当进行审查。如果确认仲裁机构或者人民法院已经确认仲裁协议有效的,或者当事人没有在仲裁庭首次开庭前对仲裁协议效力提出异议的,或者仲裁协议符合法定形式及没有无效情形的,法院应当裁定驳回原告起诉。

(3) 依照法律规定,应当由其他机关处理的争议,告知原告向有关机关申请解决;虽然司法救济是最终的权利救济手段,但在我国并不是一切纠纷都可提交司法解决的。根据有关法律、法规的规定,有些争议应由其他机关而不是由法院处理,如果当事人因这类争议而提起民事诉讼,对此,应告知原告向有关机关申请解决,人民法院不予受理。

(4) 不属于本院管辖的案件,告知原告到有管辖权的人民法院起诉。

上述情况属于明确不满足起诉的法定条件,法院不应当予以受理,并要采取相应的处理措施。

2. 属于重复诉讼的

对判决、裁定、调解书已经发生法律效力的案件,当事人又起诉的,告知原告申请再审。《民诉解释》第247条规定,当事人就已经提起诉讼的事项在诉讼过程中或者裁判生效后再次起诉,同时符合下列条件的,构成重复起诉:(1)后诉与前诉的当事人相同;(2)后诉与前诉的诉讼标的相同;(3)后诉与前诉的诉讼请求相同,或者后诉的诉讼请求实质上否定前诉裁判结果。当事人重复起诉的,裁定不予受理;已经受理的,裁定驳回起诉,但法律、司法解释另有规定的除外。

3. 其他不予受理的特殊规定

依照法律规定,在一定期限内不得起诉的案件,在不得起诉的期限内起诉的,不予受理。这主要涉及离婚案件、收养纠纷案件。

(1)《婚姻法》第34条规定:"女方在怀孕期间、分娩后1年内或中止妊娠后6个月内,男方不得提出离婚……"这是为保妇女、儿童利益而规定的。因此,男方如在上述法律规定的期间内提出离婚的,人民法院不予受理。

此外,根据最高人民法院《民诉解释》第214条第2款的规定,原告撤诉或按撤诉处理的离婚案件,没有新情况、新理由,6个月内又起诉的,比照《民事诉讼法》第124条第7项的规定,不予受理。

(2)判决不准离婚和调解和好的离婚案件,判决、调解维持收养关系的案件,没有新情况、新理由,原告在6个月内又起诉的,不予受理。

(四)应予受理的几种特殊情况

在民事诉讼中,案件的受理是一项很重要而且相当复杂的工作。虽然《民事诉讼法》对此作了不少规定,但在司法实践中,案件受理工作仍然存在不少问题。实践中当事人起诉难现象的存在就与此有很大的关系。为此,最高人民法院针对司法实践中存在的问题作出了一些司法解释,明确规定对一些原来在是否受理的认识上不是很清楚的纠纷,人民法院应当受理。这些情形主要有:

1. 原诉未经实体审理

这主要包括两种情况:第一,对法院准许撤诉或按撤诉处理的裁定,由于撤诉只是从程序上结束了对案件的审理,当事人之间实体民事权益纠纷并未得到解决,因此,当事人可以再行起诉。第二,裁定不予受理或裁定驳回起诉的案件,当事人更正或补充原起诉的欠缺,可依法再次起诉。对于上述情况,符合起诉条件,且没有法定不予受理情形的,法院应予受理。

在上诉情况中,原诉并未经过实体审理,因此当事人仍享有诉诸法院救济的权利。

2. 一事不再理的例外

这主要是一些涉及离婚、收养、生活费争议的案件,有如下几类:

第一,判决不准离婚和调解和好的离婚案件和判决、调解维持收养关系的案件,如果案件当事人的婚姻状况或养父母养子女关系出现了新情况,或者原告提出了新的诉讼理由的,则可以提起新的诉讼,并且不受 6 个月期限的限制。

第二,追索赡养费、抚养费、抚育费案件的判决生效,因新情况、新理由,一方当事人再次起诉要求增加或减少费用的,人民法院应作为新案件受理。

上述情况之所以成为例外,是由身份关系案件的特殊性决定的。因为只要婚姻关系、收养关系还存在,就有产生纠纷的可能。在出现新情况、新理由时,诉讼标的实际上发生了变化。因此允许当事人在一定的条件下再行起诉。

3. 其他应予受理的特殊规定

(1) 涉及婚姻家庭纠纷的案件。

第一,《婚姻法》第 34 条虽然禁止男方在一定时期内提出离婚诉讼,但这一原则也不是绝对的,该条同时规定:"……女方提出离婚的,或人民法院认为确有必要受理男方离婚请求的,不在此限。"

第二,判决不准离婚和调解和好的离婚案件和判决、调解维持收养关系的案件,在判决或调解 6 个月之后,原告可以起诉,符合起诉条件,法院应当受理。这是因为已经超过了法定的"禁诉期",产生新情况、新理由的可能性越来越大。

第三,夫妻一方下落不明,另一方诉至人民法院,只要求离婚,不申请宣告下落不明人失踪或者死亡的案件,人民法院应当受理,对下落不明人用公告送达诉讼文书。[①]

(2) 超过时效起诉的。

当事人超过诉讼时效期间起诉的,人民法院应予受理。受理后对方当事人提出诉讼时效抗辩,人民法院经审理认为抗辩事由成立的,判决驳回原告的诉讼请求。

(3) 持有债权凭证的当事人提起民间借贷诉讼。

依据《关于审理民间借贷案件适用法律若干问题的规定》第 2 条第 2 款的规定,当事人持有的借据、收据、欠条等债权凭证没有载明债权人,持有债权凭证的当事人提起民间借贷诉讼的,人民法院应予受理。这是因为民间借贷关系中,书面性的文件一般不多,当事人能够持有并提供债权凭证已经构成己方是债权人的表面证明,因此法院应予受理。但是,对方当事人有相反证据足以推翻该事实的,法院应当裁定驳回起诉。

(4) 其他一些需要注意的案由。

第一,企业经营者为请求兑现承包经营合同规定的收入而向人民法院起诉的,属于合同纠纷,人民法院应予受理。[②]

第二,财政、扶贫办等非金融行政机构根据国家有关规定,为扶持企业和农民发展生产,通过签订借款合同,发放支农款、扶贫金等,实行有偿使用,定期归还。合同约定如发生纠纷可以到人民法院起诉的,发生纠纷后,一方当事人直接向人民法院起诉的,人民法

---

① 参见《民诉解释》第 217 条。
② 参见 1991 年 8 月 13 日《最高人民法院关于企业经营者依企业承包经营合同要求保护其合法权益的起诉人民法院应否受理的批复》。

院依法应予受理。①

(五) 受理的法律效力

人民法院受理案件之后,产生如下法律后果:

第一,受诉人民法院取得对具体案件的审判权,并承担起审判职责。具体表现为有权力同时也有责任对该案依法进行审理和作出裁判,非经法定程序,不得中止和终结此案,也不得任意注销案件。

第二,排斥其他人民法院对该案的管辖权。当事人不得就该案向其他人民法院起诉,其他人民法院也不得受理这样的起诉。

第三,双方当事人取得相应的诉讼地位。即提起诉讼的一方当事人取得原告的诉讼地位,依法享有原告的诉讼权利和承担原告的诉讼义务;被提起诉讼的一方享有被告的诉讼权利和承担被告的诉讼义务。

第四,诉讼时效中断。人民法院受理案件后,诉讼时效中断。从司法实践情况来看,中断诉讼时效自当事人提起符合法律规定条件的诉讼时就开始计算。因为,此时已经表明当事人一方已经向另一方提出了权利请求。

四、反诉的提出条件与审理程序

反诉是指在已经进行的诉讼过程中,被告以本诉的原告作为被告,向本诉的受诉法院提出的与本诉的诉讼标的有直接联系的独立的诉讼请求。《民事诉讼法》规定,被告具有提起反诉的权利。法律上规定反诉制度,目的是为了全面地维护双方当事人的合法权益,并通过反诉与本诉的合并审理,提高诉讼效率。

反诉与反驳诉讼请求不同。反诉是本诉的被告对本诉的原告提出的独立的诉讼请求,目的是抵消或吞并本诉,而反驳诉讼请求则是对原告诉讼请求的否认。反诉虽然以本诉的存在为前提,但反诉中的诉讼请求,并不因为本诉的撤回而丧失其存在的意义,即在被告提出了反诉之后,原告撤回了本诉,如果被告仍然坚持自己反诉中所提出的诉讼请求,法院应当对此作出裁判;而反驳诉讼请求则以诉讼请求的存在为前提,如果原告撤回了自己的诉讼请求,反驳诉讼请求则丧失了其存在的意义。

(一) 反诉的条件

提起反诉,应当符合一定的条件:

第一,反诉只能由本诉的被告向本诉的原告提起。反诉的提起者是本诉的被告,对象是本诉的原告,反诉中的当事人与本诉中的当事人人员相同,只是在诉讼地位上被告与原告的诉讼地位正好相反。

第二,反诉应当在本诉提起之后辩论终结之前提出。反诉以本诉的存在为前提,如果本诉没有提起或者本诉已经审理终结,反诉就无法成立。

---

① 参见1993年8月28日《最高人民法院关于人民法院应否受理财政、扶贫办等非金融行政机构借款合同纠纷的批复》。

第三,反诉应当向本诉的受理法院提出。因为反诉需要与本诉一起审理,才有可能实现反诉的目的,提高诉讼效率,所以反诉应该向本诉的受诉法院提出。

第四,反诉与本诉之间具有牵连关系。这种牵连关系可以是在诉讼标的上的牵连,也可以是争议事项所涉及的法律事实上的牵连。按照《民诉解释》的规定,这种牵连关系包括反诉与本诉的诉讼请求基于相同法律关系、诉讼请求之间具有因果关系,或者反诉与本诉的诉讼请求是基于相同的事实。

如果反诉应由其他人民法院专属管辖,或者与本诉的诉讼标的及诉讼请求所依据的事实、理由毫无关联,法院应当裁定不予受理,告知另行起诉。

(二)反诉的受理与审理

当事人提出反诉之后,人民法院应当进行审查,反诉除了应当符合一般的起诉条件之外,还应当符合反诉所需要符合的条件。人民法院根据对当事人提起的反诉是否符合条件决定是否受理反诉。

人民法院受理反诉之后,应当与本诉合并审理。由于反诉的诉讼请求是独立的,因此,法院在审理过程中应当分别对本诉所涉及的相关事实和反诉所涉及的事实进行审查。案件审理后,人民法院原则上应当对本诉与反诉一同作出判决。

如果本诉的原告在反诉被受理之后撤回本诉的,只要被告不撤回反诉,人民法院应当对反诉继续进行审理并作出裁判。

第三节　程序的进行

一、概述

当事人的起诉经过法院审查,予以立案之后,纠纷就正式进入到审理阶段。审理阶段分为审前阶段和庭审阶段。

二、审前准备

审理前的准备是指人民法院在受理案件之后,至开庭审理之前,为开庭审理的顺利进行和案件的正确、及时处理所进行的一系列必要的活动。审理前的准备是人民法院适用普通程序审理案件所必经的程序,它对保证审判工作的顺利进行,正确、及时地解决民事纠纷,具有十分重要的意义。

根据我国《民事诉讼法》及《民诉解释》的规定,审理前阶段的准备工作主要有以下几个方面:

(一)告知各方当事人案件受理情况及其权利义务,要求被告方及时履行义务、行使权利

1. 发送受理案件通知书、应诉通知书和举证通知书,告知当事人权利义务和合议庭组成人员。人民法院应在决定受理案件的同时将受理案件通知书发送给原告,应诉通知

书发送给被告,同时在通知书中告知当事人有关的诉讼权利和诉讼义务及合议庭组成人员。根据法律规定,告知当事人诉讼权利和诉讼义务也可以口头的形式,在司法实践中大多采取书面告知的形式。

向原告发送受理案件通知书和向被告发送应诉通知书,目的是让原告和被告知晓他们之间的有关争议已经由人民法院通过行使审判权来处理;告知当事人诉讼权利和诉讼义务,目的是为了便于当事人行使诉讼权利和履行诉讼义务。告知当事人合议庭组成人员,目的有两个,一是便于当事人在案件的审理过程中与审判人员联系;二是有利于当事人申请回避。根据有关司法解释,在告知当事人合议庭组成人员之后,合议庭组成人员有变化的,应当在发生变化后的3日之内再行告知当事人。在开庭前3日内调整了合议庭组成人员的,原定的开庭日期应当顺延。

根据《证据规定》,人民法院向当事人送达的举证通知书应当载明的内容包括:举证责任的分配原则与要求、当事人可以向人民法院申请调查取证的情形、人民法院根据案件情况指定的举证期限以及逾期举证的法律后果,等等。

开庭3日前依法用传票或通知的方式告知双方当事人和诉讼参与人参加开庭的有关事项,包括开庭的日期、时间、地点,公开审理的,应当向社会公告。

2. 向被告送达起诉书副本,要求被告按期提出答辩状

人民法院应当在立案之日起5日内将起诉状副本送达被告,原告口头起诉的,法院应当以书面或者口头的方式,将原告起诉的请求、事实、理由等内容告知被告。被告应在收到之日起15日内提出答辩状。《民事诉讼法》还对答辩状的记载事项作了要求,规定被告是自然人的,提交答辩状应当记明被告的姓名、性别、年龄、民族、职业、工作单位、住所、联系方式;被告是法人或者其他组织的,提交答辩状应当记明被告的名称、住所和法定代表人或者主要负责人的姓名、职务、联系方式。要求被告在答辩状中提供上述信息,有利于法院及时与被告方取得联系,并尽早判断被告的适格性。

被告提出答辩状的,人民法院应当在收到之日起5日内将答辩状副本送达原告。被告不提出答辩状的,不影响人民法院对案件的审理,也不影响民事诉讼程序下一阶段的进行。从实践情况上看,被告不在限期内提交答辩状,增加了法庭的工作量,拖延了诉讼时间,降低了庭审的效率。为了改变这一状况,《证据规定》和《民事诉讼法》要求,被告应当在答辩期间提出答辩状。

3. 处理管辖权异议纠纷

《民事诉讼法》第127条规定,人民法院受理案件后,当事人对管辖权有异议的,应当在提交答辩状期间提出。这一条件的规定,其目的主要在于促使当事人及时行使该权利,以保证诉讼的效率。对确有正当理由未能在答辩期间提出管辖权异议的,人民法院是否应当对逾期提出的管辖权异议进行审查?我们认为,对此人民法院应当适用《民事诉讼法》第83条关于期间的规定,允许当事人在障碍消除后的10日内申请顺延期间,以保障当事人提出管辖权异议的权利。此外,对人民法院于答辩期过后追加的共同被告,也不宜以答辩期已过为由取消其提出管辖权异议的权利,人民法院在通知他们参加诉讼时,应当

指定一个合理的期限,允许他们在这一期限内提出管辖权异议。

提出管辖权异议是当事人享有的一项重要的诉讼权利。当事人提出管辖异议后,受诉人民法院应当认真进行审查。经审查,异议成立的,应作出裁定,将案件移送有管辖权的人民法院。当案件属于共同管辖时,人民法院在移送前应征求原告的意见,否则会剥夺原告选择管辖法院的权利。异议不成立的,裁定驳回,驳回裁定应当送达双方当事人,当事人对裁定不服的,可以在10日内向上一级人民法院提出上诉。当事人在第二审法院确定该案的管辖权后,即应按法院的通知参加诉讼。

《民事诉讼法》第127条及《民诉解释》第223条对默认管辖作出了新的规定,即如果当事人在答辩期内未提出管辖异议,并应诉答辩,就案件实体内容进行答辩、陈述或者反诉的,视为受诉人民法院有管辖权。这属于法律上的一种推定,之所以这么规定,是因为不按时行使异议权就应当视为放弃了该权利,与对方取得了管辖权方面的合意。此外,如果允许当事人在之后的程序阶段随意提出管辖权异议的话,也容易导致庭审程序的中断,不利于审判效率的提高,并且容易对对方当事人造成突然袭击,违背诚实信用的原则。不过默认管辖也有例外,即违反级别管辖和专属管辖规定的除外。因为这属于法定的管辖规则,不能由当事人之间达成违背法律规定的协议。

如果当事人既在提交答辩状期间提出管辖异议,又针对起诉状的内容进行答辩,按照《民诉解释》第223条第1款的规定,法院应当对管辖权异议进行审查。

(二)审核诉讼材料,明确原告的诉讼请求和被告的答辩意见

《民诉解释》规定,人民法院可以在答辩期届满后,通过组织证据交换、召集庭前会议等方式,作好审理前的准备。召开庭前会议后,首先就需要审核诉讼材料,对当事人双方提交的起诉状、答辩状和有关的证据材料进行初步的审查和核实。进行此项工作的目的,是为了对明确各方当事人的主张,以便于庭前审判人员决定证明对象,收集、调查证据的方向以及排除不适格证据等。

在这一阶段,人民法院对诉讼材料的审查和对有关证据的审核,主要是形式上的,而不是实质上的。对案件事实的了解是初步的,而不是结论性的。此项工作的目的是为了保证案件在开庭审理时能更顺利、有效,而不是代替开庭审理。

(三)处理反诉及增加诉讼请求

1. 被告提出反诉

按照《民诉解释》的相关规定,在案件受理后,法庭辩论结束前,被告提出反诉的,法院应当予以审查,并分别作出处理。

2. 原告及第三人增加诉讼请求

按照《民诉解释》的相关规定,在案件受理后,法庭辩论结束前,原告增加诉讼请求,第三人提出与本案有关的诉讼请求,如果可以合并审理的,那么人民法院应当合并审理。

(四)当事人变更、追加和通知参加

1. 当事人变更

人民法院准许受让人替代当事人承担诉讼的,裁定变更当事人。变更当事人后,诉讼

程序以受让人为当事人继续进行,原当事人应当退出诉讼。原当事人已经完成的诉讼行为对受让人具有拘束力。

由于当事人变更很可能会阻碍庭审的顺利进行,因此应当尽可能地在庭前程序中解决这一问题,以促进庭审的集中进行,充分发挥庭前程序的意义。

2. 当事人追加

追加当事人是指对某些没有提起诉讼或者没有被提起诉讼的公民、法人和其他组织,如果不与已提起诉讼或者已被提起诉讼的公民、法人或其他组织一起成为民事诉讼中的当事人,民事纠纷就不能得到彻底的解决,依照法律规定追加其参加诉讼的行为。

根据有关司法解释,追加当事人应遵守下列条件和程序:

第一,追加当事人只发生于必要共同诉讼中。

第二,追加当事人有两种方式:法院依职权追加和当事人向人民法院申请追加。对当事人申请追加当事人的,人民法院要进行审查,当事人申请不符合条件的,人民法院裁定驳回。

第三,人民法院决定追加当事人时,应通知其他当事人。

第四,应当追加的原告,其已明确表示放弃实体权利的,可不予追加;既不愿意参加诉讼,又不放弃实体权利的,仍追加为共同原告。

第五,被追加的被告拒不参加诉讼的,不影响人民法院对案件的审理,人民法院在开庭审理时,可以依法对其进行拘传或缺席判决。

3. 准许或通知当事人参加诉讼

受让人申请以无独立请求权的第三人身份参加诉讼的,人民法院可予准许。

受让人申请替代当事人承担诉讼的,人民法院可以根据案件的具体情况决定是否准许,不予准许的,可以通知其作为无独立请求权的第三人参加诉讼。

(五) 处理与证据有关的事项

1. 依职权调查收集必要的证据

民事诉讼中举证责任由当事人承担,人民法院原则上不主动的去收集和调查证据。因此,法律规定,只有当事人及其诉讼代理人因客观原因不能自行收集的证据,或者人民法院认为必要时,人民法院才依职权调查取证。

根据《民事诉讼法》及相关司法解释的规定,审理前准备工作中的调查,分为直接调查和委托调查两种:

(1) 直接调查,是指案件承办人员根据案件的具体需要,直接对被调查人所进行的调查。调查依法应当有两人以上共同进行。调查人员进行调查时,应当向被调查人出示证件,以证明自己的身份。调查应当制作调查笔录,调查笔录经被调查人校阅后,由被调查人、调查人签名或盖章。直接调查可以将被调查人通知和传唤到法庭所在地进行,也可以由调查人员直接到案件发生地、当事人所在地、证人所在地和有关单位进行。

(2) 委托调查,是指基于某种必要,受诉人民法院依法委托其他人民法院对案件的某些事项进行调查的制度。委托调查,主要是基于提高调查的效率和减少诉讼成本。

对于委托调查,要注意以下几点:

第一,受委托的对象必须是人民法院,任何其他国家机关、社会团体或个人都不能成为被委托人。

第二,受诉的人民法院委托其他人民法院调查应当是在有委托的必要的情况。"必要的情况"主要指被调查人不在受诉法院管辖区域内居住。

第三,委托人民法院必须向被委托的人民法院提交委托调查书以及明确委托项目和要求,受托的人民法院可以根据案件的情况和自己在调查中发现的情况主动补充调查。

第四,被委托的人民法院必须在30日内完成调查。因故不能完成的,应在30日内函告委托人民法院。

2. 实施其他证据收集行为

按照《民诉解释》的规定,法院在审前会议中,还可以委托鉴定,进行勘验,进行证据保全。这样可以尽可能地将与诉讼请求有关的证据收集齐备,以利于庭审的开展。

3. 确定举证期限,组织证据交换

举证期限是当事人向法院提交及申请调取证据的期限。人民法院应当指导当事人对举证期限进行协商。当事人经协商不能达成一致的,由人民法院指定举证期限。当事人均不要求举证期限的,人民法院可以直接组织证据交换、归纳争议焦点。

证据交换是指双方当事人在人民法院的主持下,在开庭审理之前将自己所掌握的证据提供给对方当事人的制度。证据交换的目的,是为了防止在开庭审理时因一方或双方当事人提出对方所不了解的证据而影响质证,导致诉讼的拖延。

根据《证据规定》,经当事人申请,人民法院可以组织当事人在开庭审理前交换证据。人民法院对于证据较多或者复杂疑难的案件,应当组织当事人在答辩期届满后、开庭审理前交换证据。

交换证据的时间可以由当事人协商一致并经人民法院认可,也可以由人民法院指定。人民法院组织当事人交换证据的,证据交换日原则上为举证期限届满之日。

证据交换应当在审判人员的主持下进行。在证据交换的过程中,审判人员对当事人无异议的事实、证据应当记录在卷;对有异议的证据,按照需要证明的事实记录在卷,并记载异议的理由。通过证据交换,确定双方当事人争议的主要问题。

当事人收到对方交换的证据提出反驳并提出新证据的,人民法院应当通知当事人在指定的时间进行交换。证据交换一般不超过两次。但重大、疑难和案情特别复杂的案件,人民法院认为确有必要再次进行交换证据的除外。

4. 裁断证据的适格性

我们认为,可以在审前准备阶段对证据的适格性进行审查。例如,根据当事人的申请,由审前准备阶段的法官负责审查判断证据是否是以侵害他人合法权益或者违反法律禁止性规定的方法的,以决定该证据是否能够在开庭审理时提出。这样既能够发挥审前程序的功能,促进庭审集中、连续地进行,又能够很好地避免庭审法官接触不适格的证据,较好达成证据排除的效果。

(六) 程序分流

按照《民事诉讼法》第133条的规定,在审前准备阶段,法院对于已经受理的各类案件,应当进行分流,按照各自不同的情形,分别予以相应的处理。这样可以使能够由其他程序审理以及适宜由调解解决的案件转入相应的程序,而只留下确需进入开庭审理的案件,以便及时确定其应当适用的审理程序,明确争议焦点,完成证据交换。通过程序分流,可以充分发挥庭前程序的功能,保障开庭审理的顺利进行。按照法律规定,审前阶段的程序分流包括如下几个方面:

1. 对当事人没有争议,符合督促程序规定的条件的,可以转入督促程序

督促程序是一种协助债权人督促债务人偿还债务的简捷程序。督促程序的适用范围是债权人请求给付金钱和有价证券的案件;适用条件主要有债务已到履行期、债权人与债务人没有其他债务纠纷、支付令能够送达债务人。有些债权人可能因为各种原因没有选择督促程序提出申请,而是选择一般诉讼程序提出起诉,在审前准备阶段,如果法院发现此类案件适用于督促程序解决,那么应当可以告知当事人直接转入督促程序来审理。这样可以很好地使得普通程序与特别程序相衔接,最大限度地发挥两类程序各自的优势。

2. 开庭前可以调解的,采取调解方式及时解决纠纷

如前所述,民事诉讼的全过程和所有环节都应当贯彻调解优先的工作原则,调解应当被视为处理民事案件的首选结案方式和基本工作方法。在立案之后的审前准备阶段,也应当注意对适宜调解的案件尽量尝试运用调解的方式解决。要进一步加强庭前调解组织建设,优化审判资源的配置。有条件的人民法院可以探索建立专门的庭前调解组织,探索试行法官助理等审判辅助人员开展庭前调解工作,以提高调解工作效率,减轻审判人员的工作负担。

在案件移送审判业务庭、开庭审理之前,当事人同意调解的,要及时进行调解。按照相关司法解释的要求,在审前阶段特别要注意以下案件的调解:(1)事关民生和群体利益、需要政府和相关部门配合的案件;(2)可能影响社会和谐稳定的群体性案件、集团诉讼案件、破产案件;(3)民间债务、婚姻家庭继承等民事纠纷案件;(4)案情复杂、难以形成证据优势的案件;(5)当事人之间情绪严重对立的案件;(6)相关法律法规没有规定或者规定不明确、适用法律有一定困难的案件;(7)判决后难以执行的案件;(8)社会普遍关注的敏感性案件;(9)当事人情绪激烈、矛盾激化的再审案件、信访案件。值得注意的是,前述的几类不适用先行调解的案件,同样也不适宜于在审前阶段进行调解。

调解达成协议的,制作调解书发给双方当事人。调解未达成协议,但双方当事人对案件事实并无争议而只是在责任承担上有不同意见的,合议庭应当将此记录在卷,开庭审理时可以直接进行法庭辩论。

3. 根据案件情况,确定适用简易程序或者普通程序

根据《民事诉讼法》以及适用简易程序相关的司法解释,除了法定特殊种类的案件以外,简易程序可以适用于多类案件。不过,与普通程序相比,简易程序在审判组织和程序上有多种简化之处,更利于迅速解决纠纷,但是程序保障有所削弱。两种程序在程序公正

和程序效率方面各有侧重。虽然法院可以依职权决定本案适用何种程序审理，但是当事人对适用何种程序的问题，也可以发表自己的意见，经法院审查适当的，可以采纳。

上述异议的提出以及法院的审查需要耗费一定的时间和人力，因此，法院应当在庭前阶段就应当听取当事人的意见，审查决定本案应当适用的程序类型，以促成开庭审理的集中、连续进行。

对于按照普通程序审理的案件，如果当事人各方自愿选择适用简易程序，经人民法院审查同意，可以适用简易程序进行审理。这是基于当事人自愿的考虑，如果当事人都同意选择效率更高的简易程序，那么法院在不违背法律其他规定的情况下，应当尊重其意愿。当事人也可以就适用简易程序提出异议，法院如果认为异议成立，就应当将案件转入普通程序审理。

4. 需要开庭审理的，通过要求当事人交换证据等方式，明确争议焦点

所谓争议焦点是纠纷冲突的核心部分，包括证据、事实依据、法律依据、诉讼主张等层面的争议。明确争议焦点，有利于明确开庭审理时法官的审理对象，也有利于当事人准备攻击防御方法，促进庭审的高效进行，不脱离主题。

目前法律尚无整理争议焦点具体操作方法的规定。我们认为，原则上人民法院应当根据当事人的诉讼请求、答辩意见以及证据交换的情况，归纳争议焦点。人民法院应当将归纳的争议焦点告知当事人，征求当事人的意见，可以根据当事人的意见对争议焦点进行补充、修正，并将结果告知当事人。

三、开庭审理

(一) 概述

开庭审理又称法庭审理，是指在审判人员主持下，在当事人及其他诉讼参与人的参加下，依照法定程序和形式对案件进行实体审理的诉讼活动。

开庭审理的主要任务是通过法庭调查和法庭辩论，查明案件事实，分清是非责任，并据此对案件作出裁判。因此，开庭审理有严格的法庭纪律和法定程序。作为民事诉讼的一个中心环节，开庭审理还具有特殊的意义：除法律另有规定外，人民法院必须经开庭审理方能对案件作出裁判，换句话说，未经开庭审理的案件，人民法院不得对案件的实体问题作出裁判。开庭审理的意义主要在于能有效地保障当事人充分行使诉讼权利；有利于对证据和案件事实进行全面审查、核实；有利于审判人员严格依法办案，保证办案质量；并能有效进行法制宣传教育，扩大办案效果。因此正确认识开庭审理，是十分必要的。

开庭审理应具有法定形式：

第一，开庭审理应当在法庭上进行。所谓法庭，有两层含义：一是指案件的审理场所，即设置于人民法院里的用于审理各类案件的法庭，以及在巡回审理案件时，临时用来审理案件的场所。法庭的设置有一定的形式，比如，审判人员的位置居什么地方，原告及其代理人的位置居什么地方，被告及其代理人的位置居什么地方，以及旁听席在什么地方，都是确定的。二是指审理案件的审判组织，在普通程序中指的就是合议庭。

第二,开庭审理原则上要采取公开审理的方式。不公开审理只是一种例外。

开庭审理与公开审判是两个既有联系又有区别的两个制度。开庭审理主要是指法院的审判组织在法庭上对案件进行审理的过程,公开审判则主要是指将案件的审理的有关情况向社会予以展示的方式。在普通程序中,开庭审理是需要作出判决的案件审理的必经程序,换句话说,未经开庭审理,不得对案件作出判决,否则,该判决就是违法的。因此,可以说,无论案件是否公开审理,只要对案件作出判决,就必须经过开庭审理。而公开审判则包括案件审理的公开和案件裁判的公开,案件审理的公开,需要开庭审理这一形式来表现,这也就是我们所说的公开审,而裁判的公开则与案件是否公开审理无关,即无论是否公开审理的案件,裁判都必须向社会公开。

第三,开庭审理应当以言词审理的形式进行。所谓言词审理,是指在开庭审理时,审判人员和一切诉讼参与人在表达自己的意思时要以口头的方式。言词审理,对恢复案件的真实情况,保证案件审理的连续性,以及便于旁听者更直观地了解案件的审理情况,都有积极的意义。

(二) 开庭审理的程序

开庭审理有严格的程序。根据《民事诉讼法》的规定,我国民事诉讼的开庭审理分为几个既相互独立又相互联系的阶段:

1. 开庭预备

预备阶段是开庭审理的最初阶段,在这阶段所进行的工作,是为法庭调查和法庭辩论作准备,内容包括:查明当事人和其他诉讼参与人是否到庭,宣布法庭纪律;核对当事人,宣布案由及审判人员、书记员名单;口头告知当事人有关的诉讼权利和义务,询问当事人是否提出回避申请。

查明当事人和诉讼参与人是否到庭,以及核对当事人的身份,一是为了保证应当参加诉讼的诉讼参与人参加诉讼,以保证案件审理的公正性;二是为了确保参加案件的当事人是真正的案件当事人,以保证人民法院对案件作出的裁判的有效性。

宣布法庭纪律,告知当事人诉讼权利和义务,宣布审判人员名单,询问当事人是否申请回避等等,是为了保证诉讼当事人充分行使自己的诉讼权利和履行诉讼义务,保证案件审理有秩序地、顺利地进行。

必须到庭的当事人或诉讼参与人没有到庭,审判人员可根据情况,作出延期审理或采取拘传措施的决定;不是必须到庭的人员没有到庭的,开庭审理继续进行。

2. 法庭调查和法庭辩论

(1) 法庭调查。

法庭调查,是指人民法院依法定程序,在当事人和其他诉讼参与人的参与下,审查核实各种证据,全面调查案情的活动。法庭调查是对案件进行实体审理的主要阶段,是开庭审理的重要环节。根据《民事诉讼法》的规定,法庭调查按下列顺序进行:

第一,当事人陈述。当事人是案件的亲历者,通常情况下,其对案件了解是比较清楚的。因此,对当事人陈述的调查是十分重要的。在法庭调查过程中,当事人陈述按原告、被告、诉讼中第三人的顺序进行。在司法实践中,原告陈述通常是宣读起诉状或对起诉的请求和理由作简要的说明;被告陈述主要是宣读答辩状或对原告所陈述的有关事实提出自己的看法并陈述自己看法所根据的事实;第三人陈述则或是对自己的请求所根据的案件事实作陈述,或是对自己所了解的不同于原告或被告所作的陈述的案件事实作陈述。由于当事人的陈述往往涉及案件的各个方面,因此,当事人陈述往往成为法院进行法庭调查的一个核心内容,或者说,法庭对其他证据的调查,常常是围绕当事人的陈述而展开的。

第二,告知证人的权利义务,证人作证,宣读未到庭的证人证言。证人出庭作证,审判人员应当核对证人的身份,告知证人其所享有的权利和义务,特别需要向证人说明作伪证应承担的法律责任。证人提供证言,原则上应当在法庭上以口头的形式作陈述。在证人陈述过程中,不得随意打断。证人陈述完毕,审判人员可以就案件的有关问题对证人进行询问,案件当事人及其诉讼代理人经法庭许可,也可以向证人发问。案件的证人有若干个的,应当分别出庭提供证言;证人证言之间有矛盾的,可以当庭质证。证人出庭确实有困难的,可以提交书面证言,书面证言应当当庭宣读;并且经法院许可,可以通过视听传输技术或者视听资料等方式作证。根据《民事诉讼法》第73条,证人确有困难不能出庭的情形是指:① 因健康原因不能出庭的;② 因路途遥远,交通不便不能出庭的;③ 因自然灾害等不可抗力不能出庭的;④ 其他有正当理由不能出庭的。当事人对证言有疑问的,可以质询。

第三,出示书证、物证、视听资料和电子数据。无论是当事人提供的书证,还是法院收集的证据,都应该在法庭上出示。出示书证,一般以宣读书证的有关内容来完成,必要时可以责令提供书证的当事人或其他有关人员对书证的有关内容进行说明;物证出示原则上要出示原件,不能出示原件的,应当出示物证的照片或复制品;视听资料以在法庭上播放的形式予以出示,必要时可以要求录制人员对有关的内容予以说明,录制人员对法庭的提问应当如实回答。一般而言,电子数据指电子邮件、电子数据交换、网上聊天记录、博客、微博客、微信、手机短信、电子签名、域名等形成或者存储在电子介质中的电子信息。人民法院调查收集视听资料、电子数据的,应当要求被调查人提供原始载体。提供原始载体确有困难的,可以提供复制件。提供复制件的,人民法院应当在调查笔录中说明其来源和制作经过。

第四,宣读鉴定意见。《民事诉讼法》将以往的"鉴定结论"改为"鉴定意见",这体现不再将鉴定结果视为一种"结论",可以当然地作为定案根据,而只是代表鉴定人根据专业知识提出的一种看法,经过质询、辩论才能成为为法庭采纳。鉴定意见应该在法庭上宣读,当事人对鉴定意见有异议或者人民法院认为鉴定人有必要出庭的,鉴定人应当出庭作证。经人民法院通知,鉴定人拒不出庭作证的,鉴定意见不得作为认定事实的根据。审判人员可以就作出鉴定意见的方法、过程和根据对鉴定人进行询问,当事人、诉讼代理人经法庭许可,也可对鉴定人进行询问,如果认为鉴定意见不实,可以要求重新鉴定,但是否准许,由法庭决定。如果对同一问题有若干份鉴定意见的,应逐一进行宣读,不同的鉴定意见有矛盾的,法院可以要求重新鉴定或另行鉴定。

第五，宣读勘验笔录。勘验笔录是法院或审判人员指定的人员依法对现场进行勘验所作的笔录。作为证据之一的勘验笔录应当在法庭上宣读，拍摄的照片或绘制的图纸应该在法庭上出示。法庭应当询问当事人对勘验笔录的意见。经法庭许可，当事人及其诉讼代理人可以对勘验人员进行询问，认为勘验笔录有问题的，可以请求重新勘验，是否准许，由人民法院决定。

第六，法庭调查结束之前，审判人员还应分别询问当事人及其诉讼代理人是否还有意见，当事人及其诉讼代理人可作最后陈述。法庭在听取了当事人及其代理人的最后陈述之后，认为案件证据均已在法庭上出示，案件事实基本已经清楚，即可宣布法庭调查结束，进入法庭辩论阶段。

（2）法庭辩论。

法庭辩论，是指在审判人员主持下，双方当事人及诉讼代理人为支持己方的主张，在法庭上就案件有争议的事实、证据和法律问题进行辩驳和论证的活动。法庭辩论是民事诉讼辩论原则在开庭审理阶段的重要体现，它是在法庭调查的基础上进行的，因此，辩论的内容应围绕法庭调查中提出的问题。通过辩论，各方当事人及诉讼代理人充分阐述自己的主张，证明自己的主张及反驳对方的主张，使案件的是非曲直更加明朗化，为法庭作出正确裁判打下基础。在辩论过程中，审判人员应当注意引导当事人就案件的焦点问题进行辩论，为当事人充分进行辩论提供机会，对当事人与案件争议无关的发言则应当予以制止。必要时，法庭可以根据案件的具体情况，限定当事人及其诉讼代理人每次发言的时间。

根据《民事诉讼法》第141条的规定，法庭辩论的顺序依次是：

第一，原告及其诉讼代理人发言。原告及其诉讼代理人发言的内容，主要是针对被告在法庭调查中提出主张的事实和理由，作出自己的回答和辩解，以证明自己的主张正确、成立。

第二，被告及其诉讼代理人答辩。被告及其诉讼代理人的答辩，是针对原告的主张进行的，内容主要是驳斥原告及其诉讼代理人主张的事实和理由，以论证自己的主张正确、成立。

第三，第三人及其诉讼代理人发言或答辩。第三人包括有独立请求权的第三人和无独立请求权的第三人。有独立请求权的第三人发言，其内容与原告的内容相似，所不同的是，他发言针对的对象是本诉讼的原告和被告，他的主张与本诉讼的原告和被告的主张针锋相对。无独立请求权的第三人的答辩，则主要是针对诉讼当事人一方或双方针对他的主张所作出的回应，形式上无论是否同意其中一方当事人的主张，实质上都是为了表明自己的主张，维护自己的利益。

第四，各方当事人相互辩论。相互辩论往往是针对案件中的某一具体事实或法律问题，在就案件的主要问题进行了系统辩论的基础上而展开的。辩论的顺序原则上还是原告及其诉讼代理人、被告及其诉讼代理人、诉讼中第三人及其诉讼代理人。

第五，辩论终结之前，审判长应按原告、被告、第三人的顺序，征询他们各自的最后意见。在各方当事人陈述了最后意见后,法庭辩论终结。根据《民事诉讼法》的规定,辩论终结后,法庭作出裁判前,对于能够调解的,法院应依法进行调解。调解不成的,应当及时判决。应当注意的是,调解不是一个法定的开庭的阶段。

(3) 法庭调查和辩论中值得注意的几个问题。

第一,法庭审理应当围绕当事人争议的事实、证据和法律适用等焦点问题进行,以避免庭审失去中心,拖延不决。

第二,根据《民事诉讼法》第230条的规定,人民法院根据案件具体情况并征得当事人同意,可以将法庭调查和法庭辩论合并进行。这是因为根据以往的审判实践经验,在一方当事人提出主张、逐一出示证据时,对方当事人往往会当即提出辩论意见,以形成争点上的交锋,从而使两个庭审阶段混合在一起。只要这样做有利于案件事实的查明和法律适用,那么合并两个庭审阶段就是可行的。

第三,当事人在庭审中对其在审理前的准备阶段认可的事实和证据提出不同意见的,人民法院应当责令其说明理由。必要时,可以责令其提供相应证据。人民法院应当结合当事人的诉讼能力、证据和案件的具体情况进行审查。理由成立的,可以列入争议焦点进行审理。这是诚实信用原则对于当事人庭审中行为提出的要求,禁止无理由的反悔。

第四,当事人在法庭审理中,还可以提出新的证据或者要求人民法院重新调查新证据。根据《证据规定》,开庭审理时当事人提出的新的证据,应当是当事人在一审举证期限届满后新发现的证据或者当事人确因客观原因无法在举证期限内提供,经人民法院准许,在延长的期限内仍无法提供的证据。根据《民诉解释》第231条的规定,当事人逾期提供证据的,人民法院应当责令其说明理由;拒不说明理由或者理由不成立的,人民法院根据不同情形可以不予采纳该证据,或者采纳该证据但予以训诫、罚款。

当事人在一审举证期限届满前申请人民法院调查取证未获准许的,在法庭调查和辩论阶段可以提出重新调查证据的要求。是否准许,由法院决定。

3. 评议和宣判

评议和宣判是开庭审理的最后阶段,是人民法院认定案件事实、正确适用法律、宣告审理结果的阶段。

(1) 合议庭评议。

法庭辩论结束后,当事人不愿进行调解或调解不成的,审判长宣布休庭,合议庭全体成员退庭对案件进行评议。评议主要是根据查明的案件事实和证据,分清是非,适用法律,明确责任,对当事人的争议作出裁判,并根据诉讼费用承担的原则,确定诉讼费用的负担。

(2) 宣判。

所谓宣判,是指人民法院向社会宣告对案件的裁判结果。根据审判公开原则,无论是否公开审理的案件,宣判都应该是公开的。宣判的基本形式是宣读裁定书或判决书,另外还可以通过公告的形式将判决的主要内容向社会宣告。根据《民事诉讼法》规定,公开审理的案件,可以当庭宣判,也可以定期宣判。当庭宣判,一般先由合议庭作出裁判,待合议庭成员重新入庭后,由审判长在法庭上宣布,并在 10 日内送达判决书或裁定书。不公开审理的案件,应定期公开宣判。定期宣判,由审判长当庭告知当事人定期宣判的时间和地点,根据情况,也可另行通知定期宣判的时间和地点。定期宣判,应当在宣判后立即发给判决书或裁定书。

无论是当庭宣判还是定期宣判,人民法院都应向当事人说明上诉权和上诉期限。宣告离婚判决时,还必须告知当事人在判决书发生法律效力之前,不得另行结婚。宣判的意义主要是告知当事人和社会人民法院对案件的审理结果,同时表明案件的审理在本法院已经结束。

(三) 开庭审理笔录

开庭审理笔录又称法庭笔录,是书记员对开庭审理过程的全部审理活动和诉讼活动所作的真实记录。

法庭笔录是一种重要的诉讼材料。首先,法庭笔录是法院按照法定的形式对案件的审理情况和诉讼情况所作的记录,案件是否经过开庭审理,有关证据是否在法庭上出示和经过质证,法庭审理案件程序是否合法,都可以通过法庭笔录反映出来;其次,法庭笔录真实地反映了法院审判人员组织开庭审理的情况,因此,它也是体现法院的审判水平和审判质量的十分具体和直观的重要材料;最后,法庭笔录还是上诉法院和再审法院审理上诉案件和再审案件的基础性材料,是对法院的审判工作实行法律监督的重要材料。

由于法庭笔录是一种重要的诉讼材料,因此,法庭笔录应当制作得全面、正确,应当如实地反映案件开庭审理的真实情况。还由于法庭笔录涉及当事人诉讼活动的情况,因此,法庭笔录应当庭宣读,也可以告知当事人和其他诉讼参与人当庭或在 5 日内阅读。当事人和其他诉讼参与人认为对自己的陈述记录有遗漏或者有差错的,有权申请补正,如果法庭不予补正,应当将当事人申请内容和法庭不同意补正的理由在笔录中说明。

法庭笔录由审判人员和书记员签名,由当事人和其他诉讼参与人签名或者盖章。当事人和其他诉讼参与人拒绝签名盖章的,由书记员记明情况附卷。

(四) 审理期限

审理期限,是指受诉人民法院从立案到对案件作出裁判的法定审理期间。根据《民事诉讼法》的规定,适用普通程序审理的案件,案件的审理期限是 6 个月。有特殊情况需要延长的,经院长批准,可以延长期限,但延长的期限最长不超过 6 个月。在上述期限内仍未能审结,还需要延长的,报请上级法院批准。在司法实践中,根据有关的司法解释,公告期间、管辖权异议的处理期间、管辖权争议处理期间、鉴定期间等,不计算在审理期间之内。

法律上规定审理期间,主要目的是为了提高审判的效率,减轻当事人的讼累,有效地保护当事人的合法权益。

第四节 审理中的特殊情况

一、撤诉和缺席判决

(一) 撤诉

1. 撤诉的概念

撤诉是在法院受理案件之后作出裁判之前,原告向法院表示撤回起诉,要求法院对案件停止审理的行为。撤诉是与起诉相对应的诉讼制度。

当事人撤诉是基于当事人所享有的撤诉权,撤诉权是当事人所享有的一种诉讼权利,受当事人自己的支配。依处分原则,当事人在法律允许的范围内,可以行使撤诉权。与当事人起诉权的行使相对应,撤诉权的行使也应符合法律的规定。人民法院对当事人依法行使撤诉权,应当予以保护:对合法的撤诉予以准许,对不符合法律规定的撤诉则不予准许。按照《民诉解释》的规定,人民法院可以不准许撤诉或者不按撤诉处理的情形主要有:当事人有违反法律的行为需要依法处理的;法庭辩论终结后原告申请撤诉,被告不同意的。

2. 撤诉的种类

撤诉有申请撤诉和按撤诉处理两种。

(1) 申请撤诉。

申请撤诉,是指当事人在案件受理后、法院作出裁判之前,以书面的方式明确向法院提出撤回起诉的行为。

申请撤诉是当事人对诉讼权利的处分,必须是自愿的行为。人民法院不得强迫当事人撤诉或变相强迫当事人撤诉,也不得动员当事人撤诉。同时,尽管当事人有权处分自己的诉讼权利,但这种处分必须合法,即不得有规避法律的行为,不得有损于国家、集体或他人的利益。所以,当事人申请撤诉,是否准许,由人民法院审查决定。无论准许还是不准许撤诉,法院都须以裁定方式告知当事人。

(2) 按撤诉处理。

按撤诉处理,是指当事人没有明确地向人民法院提出撤诉的意思表示,但因其在诉讼中的一些行为被法院推定为撤诉,而产生撤诉的法律效果。

按照我国《民事诉讼法》的有关规定,以下情况法院可按撤诉处理:

第一,原告未按期交纳案件受理费的。按照法律或法规的规定,案件的受理费先由原告预交,法院通知立案后,原告应当按期交纳案件受理费,如果未按期交纳,视为自动撤诉,即按撤诉处理。

第二,原告、有独立请求权的第三人、原告的法定代理人经传票传唤,无正当理由拒不到庭的。这些人不到庭,意味着在开庭时没有人提出诉讼主张,法院也就无法对案件进行审理。因此,法律规定,上述人员经法院的合法传唤,无正当理由不到庭,按撤诉处理。

第三,原告、有独立请求权的第三人、原告的法定代理人未经法庭许可中途退庭的。这种情形与上一种情形相类似,所不同的是,案件的开庭审理已经进行了一定的阶段,也应按撤诉处理。

按撤诉处理,只是依法可以作出的裁定。因此,在遇有可以按撤诉处理的情形时,是否按撤诉处理,由法院根据实际情况确定。如果案件需要继续审理的,即使当事人等进行了可以按撤诉处理的行为,人民法院仍可以不按撤诉处理,而对案件继续进行审理,以体现国家对当事人非法处分行为的干预。

3. 撤诉的法律后果

撤诉的法律后果是指撤诉之后产生的法律意义。这里的撤诉包括撤诉与按撤诉处理的情况。

(1) 诉讼终结。这里所说的诉讼终结,是指原告提起的诉讼归于结束。如果原告提起诉讼之后,被告对原告提起了反诉,被告的反诉不因原告的撤诉而归于结束,应当继续进行。有独立请求权的第三人对原告、被告的诉讼也不因原告的撤诉而结束,但第三人的参加诉讼因原告的撤诉在性质上发生了改变,由原来的参加之诉转换为以原第三人为另案原告,原案原告、被告为另案被告的一般诉讼。

(2) 诉讼费用由原告负担。根据诉讼费用的负担原则,当事人撤诉的,诉讼费用由其负担。在司法实践中,当事人撤诉的,人民法院一般只征收一半的诉讼费用。

(3) 撤诉当事人仍有依照法律规定起诉的权利。撤诉只是当事人对自己的诉讼权利的处分,并没有对实体权利进行处分。因此,撤诉之后,当事人就该争议又提起诉讼的,人民法院应该受理。

(4) 诉讼时效继续计算。理由是撤诉之后被视为自始未起诉,诉讼时效从起诉时继续计算。

(二) 缺席判决

1. 缺席判决的概念

缺席判决是对席判决的对称,是指在一方当事人无正当理由拒不到庭或未经法庭许可中途退庭的情况下,法院依法对案件进行审理并作出判决的制度。

为了保证诉讼的公正性,案件的开庭审理通常情况下必须在双方当事人的参加下进行,法院对案件作出的判决,原则上也应当是在当事人双方参加了开庭审理,对证据进行了质证的基础上才可以作出。但是,在有些情况下,当事人无正当理由拒不到庭或到庭之后未经法庭的许可中途退庭,这势必影响到人民法院对案件的正常审理和人民法院的权威以及法律的严肃性。因此,为了维持法庭秩序,保证开庭审理正常进行,顺利实现民事诉讼目的,维护当事人合法权益,民事诉讼法设立了缺席判决制度。

2. 缺席判决的适用

缺席判决实际上是在一方当事人没有参加或未完全参加案件的开庭审理而作出的判决,它关系到当事人重要的诉讼权利是否得到保障以及法院判决是否公正、有效的问题,因此,对缺席判决的适用,《民事诉讼法》作了严格的规定。根据《民事诉讼法》的有关规定,缺席判决的适用对象,包括被告、原告、有独立请求权第三人、无独立请求权第三人等,具体来讲,缺席判决主要适用于以下情况:

(1) 被告经传票传唤,无正当理由拒不到庭的,或者未经法庭许可中途退庭的,人民法院应当按期开庭或者继续开庭审理,对到庭的当事人诉讼请求、双方的诉辩理由以及已经提交的证据及其他诉讼材料进行审理后,可以依法缺席判决。

(2) 被告反诉,本诉的原告即反诉的被告,经传票传唤,无正当理由拒不到庭的,或者未经法庭许可中途退庭的,人民法院对反诉可以缺席判决;

(3) 原告申请撤诉,法院裁定不准许撤诉的,原告经传票传唤,无正当理由拒不到庭或未经法庭许可中途退庭的;有独立请求权的第三人具有与原告上述两种类似情形的,可以缺席判决;

(4) 无诉讼行为能力的被告的法定代理人,经传票传唤,无正当理由拒不到庭的;

(5) 无独立请求权的第三人经传票传唤,无正当理由拒不到庭,或未经法庭许可中途退庭的,不影响法庭对案件的审理。

依法作出的缺席判决与对席判决有相同的法律效力。

二、延期审理、诉讼中止和诉讼终结

(一) 延期审理

1. 延期审理的概念

延期审理是指在人民法院已确定开庭审理的日期,或者在开庭审理过程中,由于出现某种法定情形,使案件在原定的庭审日期无法进行或案件的庭审无法继续进行,从而推延开庭审理日期的制度。

延期审理是一项应急性的保障制度,它在确定了案件的开庭日期之后或者在开庭审理中,遇有某些特殊情况时,通过推延案件的开庭审理期日来保证庭审工作能够最终完成。

2. 延期审理的适用

延期审理是由人民法院按照法律的规定以决定的形式来适用的。《民事诉讼法》第146条规定了可以延期审理的四种情形:

(1) 必须到庭的当事人和其他诉讼参与人有正当理由没有到庭。

当事人和其他诉讼参与人必须到庭的情况,是指其不到庭人民法院就无法查清案件事实从而影响案件审理的情形。比如,离婚诉讼案件的当事人就属于必须到庭的当事人,因为离婚案件在离与不离的问题上,取决于双方当事人的感情如何,这只有当事人自己能说得清楚。有正当理由没有到庭,是指其未到庭有正当的理由而不是故意的拒绝到庭,比如,人民法院没有依法传唤或通知他们参加诉讼。

(2) 当事人临时提出回避申请。

如果当事人在开庭审理确定之后或开庭审理正在进行时临时提出回避申请,而人民法院当时无法决定是否接受当事人的申请或接受申请后无法确定新的合议庭组成人员、更换书记员、鉴定人员、翻译人员等,而使开庭审理不能如期进行或正在进行的庭审工作无法继续进行,案件只能延期审理。

(3) 需要通知新的证人到庭,调取新的证据,重新鉴定、勘验,或者需要补充调查。

"需要"有两种情况,一种是当事人认为不完成上述工作可能会影响案件的正确处理而向法庭提出上述要求,得到法庭同意;一种是人民法院发现需要进行上述工作。任何一种情况的出现影响到开庭审理进行的,都可以延期审理。

(4) 其他应当延期的情形。

这是一弹性条款,由人民法院根据实际情况决定是否延期审理,以适应司法实践中复杂多变的实际情况的需要。

延期审理在一定程度上势必影响案件的及时解决,因此,人民法院对此必须慎重对待,要严格地按照法律规定执行,不得任意扩大延期审理的适用范围。在司法实践中,延期审理所耽误的时间,不计算在案件的审理期限内,但人民法院不得以延期审理为由而任意延长案件的审理期限。

延期审理不同于开庭审理中的休庭。休庭是庭审过程中程序的暂停,无需法定理由,它通常情况下是在案件的审理需要暂时停顿的情况下适用。

(二) 诉讼中止

1. 诉讼中止的概念

诉讼中止,是指人民法院在审理案件的过程中,由于出现某些法定情形使诉讼无法继续进行,而暂时停止诉讼的制度。

诉讼中止与延期审理虽然都是诉讼程序的暂时停止,但二者是不同的制度,存在很多的不同,主要的区别是:第一,导致诉讼暂时停止的事由在性质上是不同的,可以裁定诉讼中止的事由无法通过人民法院的客观努力而消除,延期审理则相反;第二,诉讼中止可以发生于诉讼程序开始之后,案件终审判决作出之前的任何阶段,而延期审理则只能适用于开庭审理阶段;第三,诉讼中止后,案件的一切审理活动都告停止,而延期审理只是推迟了庭审日期或暂停正在进行的庭审活动,其他的诉讼活动并未停止。

2. 诉讼中止的适用范围

根据《民事诉讼法》第150条第1款规定,有以下情形之一的,中止诉讼。

(1) 一方当事人死亡,需要等待继承人表明是否参加诉讼的。

在人民法院查明死亡当事人有无继承人或继承人是否参加诉讼期间,诉讼因缺少一方当事人而暂时中止。

(2) 一方当事人丧失诉讼行为能力,尚未确定法定代理人的。

在确定法定代理人期间,诉讼不可能继续进行,应当中止诉讼。

(3) 作为一方当事人的法人或者其他组织终止,尚未确定权利义务承受人的。

在确定其权利义务承受人期间,诉讼应当中止。

(4) 一方当事人因不可抗拒的事由,不能参加诉讼的。

当事人因不可抗拒的事由不能参加诉讼属于有正当的理由,为保护该当事人诉讼权利的行使,应当中止诉讼。

(5) 本案必须以另一案的审理结果为依据,而另一案尚未审结的。

这种情况下,如不中止诉讼,就有可能因无法正确认定案件事实而作出错误的裁判,损害当事人的合法权益;或导致人民法院裁判的相互抵触,影响人民法院裁判的权威性,所以应当中止诉讼。需要中止诉讼程序等待另一案件的审判结果,这另一案,可以是民事案件,也可以是刑事案件。

(6) 其他应当中止诉讼的情形。

这是一弹性条款,由人民法院根据实际情况灵活掌握,以使诉讼中止制度与复杂多变的客观情况相适应。

中止诉讼由人民法院裁定。裁定一经宣布,立即生效,并产生诉讼程序暂时停止的后果。对该裁定,当事人不得提起上诉,也不得申请复议。中止诉讼的原因消除后,当事人可以申请恢复诉讼程序,也可由法院依职权恢复诉讼。恢复诉讼程序时,不必撤销原裁定,从人民法院通知或准许当事人双方继续进行诉讼时起,中止诉讼的裁定即失去效力。诉讼程序的恢复不是诉讼程序重新开始,而是原来程序的继续,所以,诉讼中止前的诉讼行为仍然有效。

(三) 诉讼终结

1. 诉讼终结的概念

诉讼终结,是指因出现法定事由,使诉讼无法进行下去或没有必要继续进行下去,而由法院裁定结束诉讼程序的制度。

诉讼终结与诉讼中止虽然都停止诉讼活动,但二者的性质是不同的,二者的主要区别在于:诉讼终结是最终停止诉讼程序,此后不再恢复诉讼程序;诉讼中止是暂时停止诉讼程序,在通常情况下,待妨碍诉讼进行的障碍消除后,人民法院将继续对案件进行审理。

诉讼终结是非正常地结束诉讼,它与撤诉、裁判、调解结束诉讼的一个最大的区别,在于前者是因案件的一些客观原因而导致诉讼结束,而后者是基于当事人和人民法院的行为。

2. 诉讼终结的适用范围

《民事诉讼法》第151条规定,有下列情形之一的,终结诉讼:

(1) 原告死亡,没有继承人,或者继承人放弃诉讼权利的。

在这种情况下,诉讼就没有了原告,原来的诉讼也就失去了继续进行下去的可能,所以应当终结诉讼。

(2) 被告死亡,没有遗产,也没有应当承担义务的人的。

出现这种情况,原告的诉讼请求无法实现,诉讼继续下去无实际意义,所以应当终结诉讼。

(3) 离婚案件一方当事人死亡的。

离婚诉讼中,一方当事人死亡,婚姻关系即自行消灭,离婚诉讼无必要继续进行下去,所以应终结诉讼。

(4) 追索赡养费、扶养费、抚育费以及解除收养关系案件的一方当事人死亡的。

这几类案件,当事人提出诉讼请求都是基于其与对方当事人之间存在的特定身份关系,换句话说,当事人诉讼请求的实现需要以双方当事人存在这一特定的身份关系为前提,双方当事人之间的实体上的权利义务关系具有不可转让性和不可继承性,由此也就决定了这几类案件的诉讼具有不可继承性,如果在诉讼中出现了一方当事人死亡的情况,当事人之间的实体上的权利义务关系消灭,原告的诉讼请求无须实现或无法实现,诉讼无法继续进行或无必要继续进行,因此,应当终结诉讼。

诉讼终结是诉讼的非正常终止。人民法院作出的诉讼终结裁定一经宣布,诉讼程序即告结束。对于诉讼终结的裁定,当事人不得上诉,也不得申请复议。

第五节 民事裁判

一、判决

(一) 民事判决的概念及特点

民事判决是指人民法院通过对民事案件的审理,在对案件的事实依法定程序进行了全面审查的基础上,依据法律、法规的规定,对双方当事人之间的实体问题所作的结论性的判定。

民事判决具有以下几个特点:

(1) 民事判决是人民法院行使民事审判权的结果。民事判决是人民法院通过行使民事审判权对当事人合法的民事权益进行保护的一种形式,民事判决应当针对属于人民法院主管的事项作出。

(2) 民事判决是当事人进行民事诉讼的结果。民事判决是针对当事人的诉讼请求,对当事人民事争议予以解决,以实现当事人进行民事诉讼的目的。

(3) 民事判决由审判组织代表人民法院作出。民事判决应当由代表人民法院行使审判权对案件进行了审理的审判组织作出,未参加案件审理的审判人员无权对案件作出判决。同时,作出判决的审判组织必须合法:一是参加案件审理的人员必须具有审判资格;二是审判组织的人员不存在需要回避的事由。

(4) 民事判决应当在诉讼已经达到可以作出判决时的程度作出。所谓诉讼已经达到可以作出判决时是指:第一,案件已经依法定的程序进行了审理,比如,已经经过完整的开庭审理;第二,作为判决的基础的有关事实已被最大限度地查明,相应的法律责任已经达到可以确定的程度。

(5) 民事判决是人民法院结案的方式之一,具有权威性。民事判决一经确定,案件的审理归于终结。生效的民事判决具有权威性,对人民法院、当事人和社会都具有约束力,非经法定的程序不得变更或撤销。

(二) 民事判决的种类

根据不同的标准,可以将民事判决作不同的分类:

1. 给付判决、确认判决和变更判决

这是根据民事判决所解决的诉的性质不同而划分的。

2. 全部判决与部分判决

这是根据判决解决的是争议的全部还是一部分而划分的。

全部判决是在案件全部审理结束,针对当事人之间所有的争议依法作出的判决。全部判决是司法实践中最为常见的一种判决。部分判决是指对案件一部分争议作出的判决。

3. 对席判决与缺席判决

这是以双方当事人是否出庭参加诉讼为划分依据的。

4. 一审判决、二审判决和再审判决

这是根据案件审理所适用的审判程序来划分的。

一审判决是各级人民法院对第一审民事案件审理终结后所作的判决。二审判决是由中级以上人民法院审理上诉案件所作的判决。我国实行二审终审制,所以一审判决中除最高人民法院作出的判决外,其他人民法院对诉讼案件所作出的一审判决在上诉期内都是未生效的判决。二审判决则为终审判决,也是生效判决。至于适用特别程序审理的案件,因为实行一审终审,该类一审判决为生效判决。再审判决是各级人民法院根据审判监督程序,对案件再次审理后所作的判决。再审判决因再审案件所适用的审判程序的不同而有可能或是一审判决或是二审判决。

5. 生效判决与未生效判决

这是以判决是否发生法律效力为依据来划分的。

生效判决,又称确定判决,是指发生法律效力的判决。在我国,生效判决包括地方各级人民法院作为一审法院作出的依法不得上诉的判决,或者可以上诉但双方当事人在上诉期内未上诉的判决,最高人民法院的一审判决以及第二审人民法院的终审判决等。

未生效判决,是指没有发生法律效力的判决,即适用通常的诉讼程序由一审法院所作出的依法可以上诉的判决。在我国,地方各级人民法院作为一审法院作出的依法可以上诉的判决,在上诉期内为未生效判决。

(三)民事判决的内容

根据法律的规定,民事判决应当以书面的形式表示。由法院制作记载判决内容的法律文书称为判决书。因此,从通常意义上讲,判决的内容也就是判决书的内容。

1. 判决书的组成

根据《民事诉讼法》的规定,诉讼案件一审判决书包括以下四个部分:

(1) 案由、诉讼请求、争议的事实和理由。

案由是案件内容和性质的概括,案由应简明确定,如离婚、合同、赡养、侵权等。诉讼请求应记明当事人的诉讼主张,当事人有几项主张,判决书中就应当记明几项。事实和理由应记明双方发生争议的经过、双方争执点、各方所持理由等。

(2) 判决认定的事实、理由和适用的法律依据。

这一部分是判决的正文部分,是判决主要内容,也是判决最重要的部分。

判决认定的事实是法院经过审理已查明的事实。认定的事实应能客观全面地揭示案情。

理由是法院在查明的事实的基础上,分清是非,说明当事人提出的哪些事实可以确定或相反,提出的主张哪些应予支持,哪些不能支持。在司法实践中,判决书的这一部分大多显得简略了些,主要表现为对法院认定的事实说理不够,或是说明过于原则、概括甚至含糊,或是逻辑性不够强,等等。针对这种弱点,《民事诉讼法》第152条明确要求写明"判决认定的事实和理由、适用的法律和理由",强化了判决书的充分说理性。其中,事实是指支持诉讼主张的各类实体法事实、程序法事实以及证据排除事实;而其理由是指支持事实成立的各类证据以及如何从证据中推导出事实的过程,判决书中必须充分说明各项证据的客观性、关联性和合法性是如何认定的,以及对证据的证明力是如何评价的。适用的法律依据是指人民法院作出判决的具体法律根据,既包括实体法依据,也包括程序法依据,法律依据应当明确具体,必要时需要对法律条款进行详尽的法理解释。

(3) 判决结果和诉讼费用的负担。

判决结果即确认当事人谁享有什么权利,谁负有什么义务,责令义务人如何履行义务等。判决的结果,应当针对诉讼的请求作出,要求回应当事人提出的请求,即当事人提出了请求的,人民法院应当在判决中表明自己的态度,不能遗漏;判决结果的具体内容要求明确、肯定、完整、具体,不能模糊、笼统。

诉讼费用的负担即法院依法决定谁负担诉讼费用以及如何负担、具体数额等。诉讼费用负担本身不是判决结果,但与判决结果密切相关。当事人不得单独就诉讼费用的负担提起上诉。

(4) 上诉期间和上诉法院。

这一部分应记明:如不服本判决,自收到判决书之日起15日内,向本院提出上诉状,上诉于某某人民法院。上诉审人民法院是一审法院的上一级人民法院。

根据《民事诉讼法》的规定,判决书除写明上述四项内容外,应在首部写明人民法院的全称、案件年号和编号。在判决书正文的开始部分写明案件当事人的基本情况、审判组织和案件的审理方式。在尾部应有审判人员、书记员的署名,加盖人民法院印章,写明年、月、日。

上诉案件的判决书的组成与上述内容不尽相同,其中最主要的差别是在上诉案件的判决书中需要写明判决是终审判决。

2. 与判决内容有关的几个问题

(1) 补充判决。

在案件的审理中,有时因人民法院工作中的疏忽,对当事人的一些诉讼请求没有作出判决,人民法院可以根据当事人的请求或依职权再作出判决书,以弥补原判决遗漏的内容。这种判决就是补充判决。当事人对一审法院的补充判决可以上诉。

(2) 判决书内容失误的补正。

判决书内容有时会出现失误的情况。如法律文字误写、误算,诉讼费用漏写、误算和其他笔误,正本与原本个别地方不同,判决书的表述明显与法院判决原意不相符合,判决书用语不当而影响判决原意等等,都属于判决书内容失误。对这些情况,人民法院应当依当事人申请或依职权用裁定的方式予以补正。

(四) 民事判决的法律效力

判决的法律效力是针对生效判决而言的,是指生效判决在法律上的效力。

法院的生效判决在法律上具有拘束力、既判力,有给付内容的判决还具有执行力。

1. 拘束力

判决的拘束力即判决的支配力,是指判决对某一主体应当为一定行为或不应当为一定行为的效力。这种拘束力表现在对当事人、人民法院和社会三方面的影响上。判决生效即有普遍约束力,当事人必须遵守,应当按判决行使权利和履行义务,人民法院未经法定程序不能随意变更或撤销判决,全社会必须尊重人民法院的判决,任何单位和个人不得变更判决的内容,有义务协助执行判决的单位和个人还应当协助人民法院执行判决。

2. 既判力

判决的既判力是指判决在法律上的确定力,它具有实质上的确定力和形式上的确定力双重意义。前者是指判决一经生效,当事人必须遵守依判决确定的实体权利义务关系,不得再有争议,或者要求改变。同时,如果其他诉讼涉及生效判决确认的民事权利义务关系,当事人不得提出与生效判决内容相反的主张,法院也不可作出与生效判决内容相反的判决。后者是指判决一经生效,当事人就不得对判决确认的法律关系以同一诉讼标的、以相同的理由提起诉讼或者再行上诉。

3. 执行力

判决的执行力是指以判决为执行根据,通过法院司法执行权予以强制执行的效力。判决发生法律效力后,义务人不履行义务的,权利人可以判决为根据,向法院申请强制执行,法院依照强制执行程序,以国家强制力保证判决的内容付诸实现。没有给付内容的判决,不具有执行力。

(五) 判决书的公开

《民事诉讼法》第156条规定,公众可以查阅发生法律效力的判决书、裁定书,但涉及国家秘密、商业秘密和个人隐私的内容除外。按照新《民诉解释》第220条的规定,商业秘密指生产工艺、配方、贸易联系、购销渠道等当事人不愿公开的技术秘密、商业情报及信息。上述规定体现了审判公开原则,有利于增加审判的透明度,强化裁判文书的说理性,提高审判质量,使当事人更加认可审理结果。

《民诉解释》对谁可以申请查阅、向谁申请查阅以及如何申请查阅等问题作出了具体规定:第一,所有公民、法人和其他组织均可申请查阅,向作出生效裁判的人民法院提出申请,申请应当以书面形式提出,并提供具体的案号或者当事人姓名、名称。第二,申请公开的文书对象限于判决书、裁定书,而不包括决定书。第三,人民法院应对公开申请根据下列情形分别处理:(1)判决书、裁定书未通过信息网络向社会公开,且申请符合要求的,应当及时提供便捷的查阅服务。(2)申请查阅的内容涉及国家秘密、商业秘密、个人隐私的,不予准许并告知申请人;判决书、裁定书尚未发生法律效力,或者已失去法律效力的,不提供查阅并告知申请人。(3)判决书、裁定书已经通过信息网络向社会公开的,应当引导申请人自行查阅;发生法律效力的判决书、裁定书不是本院作出的,应当告知申请人向作出生效裁判的人民法院申请查阅。

二、裁定

（一）民事裁定的概念和特征

民事裁定,是人民法院在审理案件过程中,对一些程序上应解决的事项所作的判定。这些判定,有的是为了解决纯程序性的问题,比如对管辖权异议的申请所作出的裁定,有的则涉及实体问题,但并未对实体问题作出最终的决定,比如,财产保全的裁定、先予执行的裁定等。

民事裁定与民事判决相比,有其自身的特点,比较两者,主要有以下几点不同:

(1)解决的问题不同。裁定解决的主要是诉讼过程中的程序性问题,目的是使人民法院有效地指挥诉讼,清除诉讼中的障碍,保证诉讼的顺利进行。判决解决的是当事人双方争执的实体权利义务问题,目的是解决民事权益纠纷。

(2)适用的阶段不同。裁定在诉讼过程的任何阶段都可能作出,只要是遇到需要解决的程序性问题,就可以适用裁定,而判决通常在诉讼的最后阶段作出,判决是一种结案的方式。

(3)作出的依据不同。裁定根据的事实是程序性事实,依据的法律是民事诉讼法,判决根据的事实是人民法院认定的民事法律关系发生、变更和消灭的事实,依据的法律是民事法律,是实体法。

(4)表现形式不同。判决必须以书面形式作出,而裁定可以是口头形式,也可以是书面形式。

(5)是否允许上诉以及上诉期间不同。地方各级人民法院对诉讼案件所作出的一审判决,都允许上诉;而一审的裁定允许上诉的只有不予受理、管辖权异议和驳回起诉三种裁定。裁定的上诉期限是10日,而判决的上诉期限是15日。

(6)拘束力的范围不同。大多数裁定一般只对当事人和其他诉讼参与人有拘束力,而判决不仅对当事人有拘束力,对法院和社会亦有拘束力。

（二）民事裁定的适用范围

根据《民事诉讼法》的规定,在诉讼中遇到以下程序上的问题适用裁定方式解决:

(1)不予受理。不予受理的裁定,是在人民法院认为当事人的起诉不符合起诉的条件或起诉时处在一定期限内不得起诉的阶段,法院通知不予受理后当事人仍然坚持起诉的情况下作出的。

(2)管辖权异议。管辖权异议的裁定,是人民法院对当事人在答辩期间提出的管辖权异议的申请作出的。

(3) 驳回起诉。驳回起诉的裁定是人民法院通过对案件的审理,认为原告没有程序意义上的诉权,或者其起诉不符合条件而作出的。

(4) 保全和先予执行。由于《民事诉讼法》规定了证据保全制度,因此裁定适用的范围也就扩展到证据保全,而不限于财产保全。证据保全、财产保全和先予执行的裁定是人民法院根据当事人的申请或依职权,认为需要采取证据保全、财产保全或先予执行措施时作出的。

(5) 准许或者不准许撤诉。当事人申请撤诉,是否准许,要由人民法院依法审查之后决定,法院对此所作出的决定就表现为准许或者不准许撤诉的裁定。按撤诉处理的情况人民法院也以裁定的形式解决。

(6) 中止或者终结诉讼。在诉讼中遇有诉讼中止或诉讼终结的情形,法院均以裁定的形式作出。

(7) 补正判决书中的失误。判决书中的失误,是指法院制作判决书时因疏忽大意而使作出的判决书未能正确地表达法院判决的内容,比如误写、误算或笔误等,补正此等判决书的失误,以裁定的形式作出。

(8) 中止或者终结执行。在执行中遇有执行中止或执行终结的情形,法院以裁定的形式作出。

(9) 撤销或者不予执行仲裁裁决。在仲裁裁决具有不予执行的有关情形时,法院以裁定的形式作出不予执行仲裁裁决。《民事诉讼法》将"撤销仲裁裁决"新增为裁定适用的范围。按照原《民事诉讼法》的规定,申请不予执行仲裁裁决的审查对象既包括仲裁程序的合法性,也包括认定事实和适用法律等实体合法性方面的审查。申请撤销仲裁裁决的审查对象主要限于仲裁程序的合法性。2012年的《民事诉讼法第二修正案》修改了不予执行仲裁裁决的条件,使其与撤销仲裁裁决的条件一致。两者都是当事人在认为仲裁裁决有问题时,向法院寻求司法救济的措施。鉴于两者的共同性,《民事诉讼法》将它们统一作为裁定适用的范围。

(10) 不予执行公证机关赋予强制执行效力的债权文书。法院在受理了执行申请之后,确认据以执行的债权文书确有错误,裁定不予执行。

(11) 其他需要裁定解决的事项。这是一条弹性条款,是为适应审判实践的需要而作的相应规定。其他需要裁定解决的事项主要有:简易程序审理的案件改用普通程序审理;二审法院撤销一审法院的裁定;案件按审判监督程序决定再审,中止原判决的执行;督促程序驳回申请人申请;公示催告程序中,利害关系人申报权利,终结公示催告程序;承认和执行外国判决、裁决等。

对不予受理、管辖权异议、驳回起诉的裁定,当事人可以上诉。对财产保全、先予执行的裁定,当事人不服的,可以向作出裁定的人民法院提出复议。

(三) 民事裁定的内容

裁定的内容是由裁定所需要解决的问题所决定的,各类裁定因解决的问题不一样,裁定的具体内容也就有所差别。但从总体上讲,裁定的内容主要包括裁定的理由和结果两个部分。《民事诉讼法》第154条增加了对裁定书说理性的要求,规定"裁定书应当写明裁定结果和作出该裁定的理由"。

裁定书的理由是据以作出断定的法律、事实及证据上的依据。事实是指案件实体上出现的事实,如原告申请撤诉、离婚案件的一方当事人死亡等,以及在程序上发生的或者证据排除所依据的事实。证据上的依据是指支持事实成立的各类证据以及如何从证据中推导出事实的过程,判决书中必须充分说明各项证据的客观性、关联性和合法性是如何认定的,以及对证据的证明力是如何评价的。适用的法律上的依据是指人民法院作出判决的具体法律根据,既包括实体法依据,也包括程序法依据,如当事人申请撤诉,是否合法就是人民法院准许撤诉或不准许撤诉的依据。法律依据应当明确具体,必要时需要对法律条款进行详尽的法理解释,要对裁量选择该法律规范作出详尽说明。

结果是裁定的结论性部分,是人民法院依照事实和法律而作出的,比如,准许或不准许撤诉。

裁定的内容有的是以书面的形式来表现的,这也就是我们通常所说的裁定书。裁定书除了要反映上述裁定的内容之外,还应有裁定书标题、编号,以及当事人的基本情况,审判人员、书记员的署名,并加盖人民法院印章。按照审判监督程序决定再审的裁定,由院长署名。

另外,如果是法律规定可以上诉的裁定,在裁定书尾部应当记明上诉期间及上诉审法院。如果是不得上诉的裁定,应记明"本裁定不得上诉"。如果是终审裁定,应记明"本裁定为终审裁定"。

裁定也可以采用口头形式,口头裁定的内容必须记入笔录。

(四) 民事裁定的效力

裁定的效力是相对生效裁定而言的。

(1) 拘束力

由于裁定解决的是诉讼过程中发生的程序问题,所以大多数裁定通常只对当事人及其他诉讼参与人有拘束力。少数情况下,裁定如果涉及当事人以外的其他社会成员和单位的,裁定对所涉及的社会成员和单位有拘束力。如财产保全的裁定,需冻结当事人银行存款,此裁定即对银行有拘束力。裁定对人民法院的拘束力也是相对的,对于人民法院可以依职权作出,也可依职权撤销的裁定,对人民法院则无拘束力。

(2) 执行力

裁定的执行力是非常有限的,只有具有给付内容或者法律特别规定的裁定,才具有执行力,如财产保全和先予执行的裁定。

裁定解决的是程序问题,所以一般在诉讼期间有效,随着诉讼的结束或者裁定解决的问题的完结,裁定的效力自行消失。但有的裁定不具有独立性,不因诉讼的结束而失效,如补正判决书中失误的裁定,属于判决书的附件,其效力随判决书的效力而存在。

（五）裁定书的公开

《民事诉讼法》第156条所规定的裁判文书公开制度也适用于裁定书。裁定书公开的有关规定与判决书公开类似。

三、决定

（一）民事决定的概念

民事决定是人民法院为保证诉讼的顺利进行，就诉讼上某些特殊事项或者与诉讼有关的问题，依法作出的断定。所谓诉讼上某些特殊事项是指这些事项是在诉讼中需要解决，但又不适宜用判决或裁定来解决，比如，诉的合并与分离、延期审理等。所谓与诉讼有关的问题，是指这些问题本身并不是用来解决民事纠纷的，但它们又与诉讼有关，在诉讼中必须予以解决，比如，对妨碍民事诉讼秩序行为的排除、诉讼费用的减免等。

（二）民事决定的适用范围

民事决定的适用范围是指哪些事项用民事决定解决。根据《民事诉讼法》的规定和民事审判实践，民事决定适用的事项主要有：

（1）审判人员或有关人员是否回避。无论是当事人申请审判人员或有关人员回避，还是审判人员或有关人员自己提出回避，都需要由人民法院作出决定。如果是对当事人提出回避申请的决定，应当在申请提出的3日内作出，决定告知当事人之后立即生效，申请人对决定不服的，可以申请复议，但复议期间不停止决定的执行。对审判人员自己提出回避的要求，人民法院的决定作出后立即生效。

（2）是否准许顺延期限。当事人因不可抗力或有正当理由耽误期限而申请顺延期限的，是否准许，由人民法院以决定的形式作出。

（3）延期审理。在人民法院确定了开庭日期以后，出现了致使开庭审理无法按原确定的开庭日期进行的情况，需要往后推延开庭审理的日期，对此，由人民法院作出决定。

（4）对妨害民事诉讼的行为采取强制措施。妨害民事诉讼的行为破坏了民事诉讼的正常秩序，应当在诉讼中排除。对行为人采取什么样的强制措施，由人民法院以决定的形式依法确定。

（5）诉讼费用的减、缓、免。当事人交纳诉讼费用确实有困难的，可以向人民法院申请减交、缓交或免交，是否准许，由人民法院决定。

（三）民事决定的内容

民事决定通常以书面的形式作出，个别的也可以采取口头形式。以书面的形式表达决定内容的法律文书称为决定书。决定书的内容一般要包括事实、理由和结论等三部分。决定书除应记明事实、理由和结论内容外，还应有首部和尾部。首部应写明作出决定的法院全称、决定书年号和编号、案由、当事人的基本情况；尾部应有作出决定的组织、人员署名，记明是否准许申请复议、作出决定的年、月、日，并加盖人民法院的印章。口头决定应由书记员记入笔录。

(四) 民事决定的效力

人民法院的民事决定是对诉讼中的特殊问题所作的断定。决定所解决的问题,一般都具有一定的紧迫性,为了及时解决问题,保证诉讼顺利进行,在通常情况下,决定一经作出,即发生法律效力。决定是因当事人的行为而引起的,在决定内容告知当事人时生效。决定是由人民法院依职权作出且决定内容主要是涉及法院内部关系的,该决定作出时即生效。

根据《民事诉讼法》的规定,有的决定可以申请复议一次,比如,对当事人申请回避的决定,当事人不服可以向作出决定的人民法院申请复议。但复议期间,不停止决定的执行。各种决定都不允许上诉。

决定在法律上的效力,主要表现为强制性。由于决定所解决的问题的迫切性,因此改变决定效力的程序具有快捷性,决定不正确的,作出决定的人民法院即有权撤销、变更。

第十五章 简易程序

第一节 简易程序概述

一、概念

简易程序是指基层人民法院及其派出法庭审理第一审简单的民事案件所适用的审判程序。在我国,简易程序是一个独立的审判程序,它既不是普通程序的前置程序,也不是普通程序的附属程序,而是与普通程序并立的一种独立的审判程序。

简易程序是相对于普通程序而言的,是一种简便易行的诉讼程序,它与普通程序之间有密切的联系又有区别。两者的联系表现在两个方面:第一,简易程序与普通程序都是审理民事案件所适用的审判程序,因此,它们在许多程序制度上是相同的,因此,《民事诉讼法》规定,人民法院用简易程序审理案件时,法律未规定的,适用普通程序的有关规定。第二,用简易程序审理案件时,如果发现案件不是简单的诉讼案件,而是一般或重大、疑难的案件,应当改为适用普通程序审理。两者的区别是显而易见的:第一,就操作规范而言,简易程序比普通程序更为简便、易行。第二,就适用范围而言,简易程序只适用于审理简单的民事案件,而普通程序适用于一般或重大、疑难的民事案件。第三,就适用的法院而言,简易程序只适用于基层人民法院及其派出法庭,而普通程序适用于任何级别的人民法院。第四,就诉讼效益而言,简易程序比普通程序快速、经济。

作为一个独立的审判程序,简易程序审结的案件,如果当事人不服,依法提起上诉,案件将适用上诉程序审理,而不是适用普通程序再次审理。因此,简易程序与上诉程序之间的关系,是一审程序与二审程序之间的关系。同样的道理,如果适用简易程序审结的案件,当事人未上诉,裁判生效之后,如果发现案件有需要再审情形,适用再审程序对案件再次审理,而不是改用普通程序审理。

二、设立简易程序的意义

简易程序的设立,具有十分重要的意义。

第一,简易程序的设立,是我国司法工作优良传统和成功经验的体现。早在新民主主义革命时期,党领导的革命根据地的司法工作就十分强调诉讼手续的简单方便。抗日战争时期,简便易行的被称为"马锡五审判方式"的审判模式就是这种思想的体现。简易程序正是科学地总结了人民司法工作的传统经验,并将这种经验上升和提炼而成的。

第二,简易程序的设立,符合我国国情。我国地域辽阔,经济相对不发达,交通不大便利。而在诉讼案件中,简单的诉讼案件占不小的比例。如果这些案件都适用普通程序审理,客观上有困难,也不经济。简易程序的设立,部分解决了当事人诉讼难的问题,也实现了诉讼经济的目的。

第三,简易程序的设立,是合理的诉讼机制的需要。合理的诉讼机制,要求审判程序的审理要有针对性,不同性质的案件,在一定的条件下要适用不同的审判程序解决,这样,才有可能在既保证案件的审判的质量的前提下,又能提高诉讼的效率。简易程序的设立,就充分考虑到这一点,将简单的诉讼案件与一般、复杂、疑难的案件的审理程序相区别,使我国的审判程序机制更趋于科学。

第四,简易程序,方便了人民法院办案,有利于人民法院提高办案效率,同时,也保证了人民法院能利用更多的力量去处理重大、复杂的民事案件,有利于提高人民法院的办案质量,提高人民法院的威信。

第二节 简易程序的适用范围

简易程序的适用,是指简易程序在诉讼实践中如何适用,包括简易程序对哪些案件适用和在哪些法院中适用问题。

一、适用简易程序审理的案件

(一) 适用简易程序的案件范围

具体的审判程序是为解决具体的案件而设立的,不同的审判程序审理不同的案件。根据程序与案件的适应性要求,《民事诉讼法》规定简易程序只适用于审理简单的民事案件。

简单的民事案件是指事实清楚、权利义务关系明确、争议不大的案件。《民诉解释》对三个条件作出了具体规定:"事实清楚",是指当事人双方对争议的事实陈述基本一致,并能提供相应的证据,无须人民法院大量地调查收集证据即可判明事实;"权利义务关系明确",是指在争议的法律关系中,能够明确区分谁是责任的承担者,谁是权利的享有者;"争议不大"对案件的是非、责任承担以及诉讼标的争执无原则分歧。

(二) 适用简易程序的特殊规定

《民事诉讼法》《民诉解释》以及《简易程序规定》对简易程序的适用范围,作出如下重要补充规定:

一是《民诉解释》第257条明确规定了具有以下情形的案件不适用简易程序:(1) 起诉时被告下落不明的;(2) 发回重审的;(3) 共同诉讼中一方或者双方人数众多的;(4) 适用审判监督程序的;(5) 涉及国家利益、社会公共利益的;(6) 第三人起诉请求改变或者撤销生效判决、裁定、调解书的;(7) 其他不宜适用简易程序的案件,例如,已经按照普通程序审理的案件,在开庭后不得转为简易程序审理。

二是《民事诉讼法》第163条设立了简易程序向普通程序转化的规定,明确要求人民法院在审理过程中,发现案件不宜适用简易程序的,裁定转为普通程序。案件究竟是简单还是复杂,是否真正符合法律规定的简易程序适用条件,随着审理过程的进行,也许会出现不同于案件受理时的判断。案件可能是复杂的,并且即使是当事人约定同意适用简易程序,也有可能发现依法不能适用简易程序继续审理。如果此时仍坚持适用简易程序,可能不利于案件事实的查清和法律的正确适用。因此,有必要规定程序转换制度。

《简易程序规定》第3条及《民诉解释》第269条规定,针对不适宜运用简易程序审理的情况,当事人可以提出异议,经法院审查认为异议成立的,应当将案件转入普通程序审理,此外将合议庭的组成人员及相关事项以书面形式通知双方当事人;转入普通程序审理的民事案件的审理期限自人民法院立案的次日起开始计算。如果当事人的异议不成立,法院应口头告知双方当事人,并将上述内容记入笔录。转为普通程序前,双方当事人已确认的事实,可以不再进行举证、质证。

此外,法院也可以依职权转换程序。《民诉解释》第258条第2款、第3款规定,人民法院发现案情复杂,需要转为普通程序审理的,应当在审理期限届满前作出裁定并将合议庭组成人员及相关事项书面通知双方当事人。案件转为普通程序审理的,审理期限自人民法院立案之日计算。

三是《民事诉讼法》第157条第2款吸纳了《简易程序规定》第2条的内容,首次规定当事人享有简易程序的选择权。这一规定是对当事人诉讼权利的重要补充和发展。程序选择权,是当事人在民事诉讼中就程序性事项达成合议后共同处分自己诉讼权利的一种权能。它以双方当事人形成的诉讼契约为基础,以处分自己依法享有的诉讼权利为内容。按此规定,普通程序中的当事人于开庭审理之前,在一致自愿的基础上可以选择适用简易程序。这不仅充分体现了当事人在民事诉讼中的处分原则和意思自治原则,而且对促进当事人和人民法院的相互配合,和谐推进诉讼程序,实现诉讼民主,具有非常重要的意义。

二、适用简易程序的人民法院

根据《民事诉讼法》的规定,适用简易程序的人民法院,仅限于基层人民法院和它派出的法庭。这里所说的派出法庭,既包括固定的人民法庭,也包括人民法院审理具体案件时临时派出的审判组织。派出法庭是基层人民法院的派出机构,它所进行的审判活动,与基层人民法院进行的审判活动具有同等的法律效力。

中级人民法院、高级人民法院、最高人民法院一般审理较大的复杂的第一审民事案件或不服一审裁判而提起上诉的上诉案件,所以不能适用简易程序,而应适用普通程序或上诉程序。

与案件的性质、不同级别的人民法院的职能相适应,根据以上的分析,我们还可以进一步得出如下结论,简易程序只在一审中适用于简单的诉讼案件的审理,二审程序、再审程序、案件的重审等都不可以适用简易程序。

第三节 简易程序的具体规定

在我国民事审判程序中,普通程序是基本的审判程序,是各种审判程序的基础。所以,在立法上,《民事诉讼法》只对普通程序作了全面、系统的规定,而对其他审判程序多是针对该程序的特点做些具体的规定。《民事诉讼法》和司法解释对简易程序的规定也表现出了这一特点,即《民事诉讼法》和司法解释中对简易程序所规定的内容,都是针对简易程序的特点来规定的,在简易程序中没有规定的内容,在案件审理过程中适用普通程序的有关规定。

关于简易程序规定的具体内容如下:

一、起诉与受理

(一) 起诉

《民事诉讼法》规定,对简单民事案件,原告可以口头起诉,但未明确规定附有条件和限制。随着我国经济文化以及社会发展的全面进步,口头起诉呈逐年下降趋势,《简易程序规定》第4条明确规定,写诉状确有困难,才可以口头起诉,而非对口头起诉不加限制。

为解决送达难,《简易程序规定》第5条以及《民诉解释》根据诚实信用原则,规定了在起诉和答辩时,应当提供自己准确送达地址并签名或捺手印确认的制度,人民法院应当将当事人的姓名、性别、工作单位、住所、联系方式等基本信息准确记入笔录,由原告核对无误后签名或者捺印。这有利于加快民事诉讼的进程,更好地保护当事人的诉讼权利和实体权利。

原告口头起诉的,人民法院应将原告的口头起诉的诉讼请求,事实及理由等内容记入笔录,由原告核对无误后签名或者捺印。并以口头或书面方式将原告起诉的内容通知被告。对当事人提交的证据材料,应当出具收据。

(二) 受理

在案件受理方面,简易程序简化了人民法院对起诉进行审查、决定是否受理的程序。当事人起诉时,审判人员经过对起诉的审查,认为符合条件的,则可当即通知原告,对起诉予以受理;认为不符合条件的,则可当即通知原告不予受理,并说明理由。简易程序的受理没有普通程序中法律明确规定的审查起诉、决定是否受理的期限即7天的限制。如果适用简易程序审理的案件的双方当事人是一起到人民法院来要求解决纠纷的,人民法院当即受理案件后,可以对案件当即进行审理。

在简易程序中,人民法院可以用简便方式传唤当事人和通知其他诉讼参与人,送达裁判文书以外的诉讼文书。传唤和通知的方式简便,即是指可根据实际情况,灵活采取不同的简便的方式进行传唤,比如口信、电话、短信、传真、电子邮件等能够确认其收悉的简便方式。传唤的灵活性,是指简易程序中,传唤当事人和通知其他诉讼参与人不受须在开庭3日前进行的限制,只要需要而且当事人和其他参与人表示接受,就可以进行。但是应当注意,简便方式传唤仍应当考虑当事人提出的关于书面答辩、给予时间委托代理人的要求,而不是不理会这些要求而随时开庭。

由于简便传唤未采取传票方式,如果没有被传唤人的承认或有相关证明,不能让当事人承担传票方式传唤的法律后果。为了统一和规范简便传唤的后果,《简易程序规定》第18条为简便传唤的后果作了明确规定,简便传唤形式"发出的开庭通知,未经当事人确认或者没有其他证据足以证明当事人已经收到的,不得作为原告撤诉和人民法院缺席判决的根据"。《民诉解释》第261条第2款也作出了相似的规定。上述规定也能够防止简便传唤的滥用。

二、审理前的准备

按照《民诉解释》的相关规定,适用简易程序审理案件,可以简便方式进行审理前的准备。

(一) 保障当事人的举证及答辩的权利

《简易程序规定》第12条明确了当事人在简易程序中享有申请人民法院调查收集证据的权利,但其提出申请的期限不受《证据规定》的有关规定的限制。

适用简易程序案件的举证期限由人民法院确定,也可以由当事人协商一致并经人民法院准许,但不得超过15日。被告要求书面答辩的,人民法院可在征得其同意的基础上,合理确定答辩期间。

当事人双方均表示不需要举证期限、答辩期间的,人民法院可以立即开庭审理或者确定开庭日期。

(二) 告知当事人有关的程序性权利

人民法院应当将举证期限和开庭日期告知双方当事人,并向当事人说明逾期举证以及拒不到庭的法律后果,由双方当事人在笔录和开庭传票的送达回证上签名或者捺印。

三、开庭审理

(一) 关于审判组织及法官义务的特殊规定

1. 独任审判

简易程序的审判组织由审判员一人独任审判,无需陪审员参加,无需采取合议制。独任制与简易程序所审理的简单民事案件是相适应的,这符合民事诉讼机制合理性要求。

2. 法官的释明义务

我国民事诉讼中没有实行律师强制代理制度,这就使得部分涉讼的当事人因缺少诉讼知识而不懂得或者未能及时行使自己的诉讼权利而导致丧失实体权利。因此,《简易程序规定》第20条及《民诉解释》第268条对审判人员在民事简易程序中的释明义务作了较为全面的规定。首先,对没有委托律师代理诉讼的当事人,审判人员应当对回避、自认、举证责任等内容向当事人作必要的解释和说明。其次,审判人员还应当在庭审过程中适当提示当事人正确行使自己的诉讼权利,履行自己的诉讼义务,指导当事人进行正常的诉讼活动。

(二) 开庭审理的特殊规定

1. 不受普通程序审理阶段的限制

普通程序中对案件的审理有明显的阶段性,起诉、受理、开庭前准备、开庭审理等,各阶段之间有明显分界,不可跨越,任务清楚,前一阶段工作未完成不可能进行下一个阶段。而简易程序中,不必非经开庭前准备这一阶段,比如,如果当事人双方同时到基层人民法院或者其派出法庭请求解决纠纷,基层人民法院或者派出法庭可以即时对原告起诉进行审查,也可以即时受理,被告也可以即时答辩,人民法院可以即时开庭,从而就可以省略通知、公告等准备程序。由于双方的争议不大、案件事实简单、清楚,适用简易程序开庭审理时,对法庭调查、法庭辩论两个步骤不必严格划分,可以结合进行,调查中有辩论,辩论中又穿插调查。这两个步骤的内部顺序也可以灵活掌握,不必一定依法定的调查顺序和当事人发言的顺序。由此可见,在适用简易程序时,整个案件的审理过程阶段性不像普通程序那样明显。

2. 庭审形式的灵活性

按照《民诉解释》的规定,当事人双方可就开庭方式向人民法院提出申请,由人民法院决定是否准许。经当事人双方同意,可以采用视听传输技术等方式开庭。

3. 一次开庭和当庭宣判

《简易程序规定》第23条、第27条将一次开庭和当庭宣判确立为适用简易程序审理民事案件的一般原则。首先,以一次开庭为原则,可以大大降低当事人的诉讼成本,促使当事人提高庭审过程中举证、质证的主动性,同时也可以加强审判人员的责任意识,提高庭审的质量。其次,以当庭宣判为原则,将会减少诉讼外因素对审判活动的干扰,增加法庭审理的透明度,加速法官职业化的进程。

按照《民诉解释》的相关规定,当庭宣判的案件,除当事人当庭要求邮寄发送裁判文书的外,人民法院应当告知当事人或者诉讼代理人领取裁判文书的时间和地点以及逾期不领取的法律后果。上述情况,应当记入笔录。

4. 裁判文书的简化

按照《民诉解释》的相关规定,适用简易程序审理的案件,有下列情形之一的,人民法院在制作判决书、裁定书、调解书时,对认定事实或者裁判理由部分可以适当简化:(1) 当事人达成调解协议并需要制作民事调解书的;(2) 一方当事人明确表示承认对方全部或者部分诉讼请求的;(3) 涉及商业秘密、个人隐私的案件,当事人一方要求简化裁判文书中的相关内容,人民法院认为理由正当的;(4) 当事人双方同意简化的。

(三) 法庭笔录

《简易程序规定》第24条和《民诉解释》第261条第3款对法庭笔录的事项作出了详细规定,在适用简易程序审理民事案件过程中,程序可简,文书可简,法庭笔录不可简。这是因为,第一,民事简易程序中涉及大量当事人处分自己民事权利的诉讼行为,这些行为均会产生相应的法律后果。第二,在民事简易程序中,人民法院有大量涉及当事人诉讼权利义务的事项需要当庭向当事人告知。因此,对法庭审理活动中一切涉及当事人诉讼权利义务的事项予以详细记载,既有利于上级法院对下级法院审判活动进行监督,又有利于当事人对人民法院审判活动进行监督。

(四)审限3个月,可适当延长

《民事诉讼法》规定简易程序的审限是3个月,相对于普通程序,时间缩短了一半。这既是简易程序在程序上简化的必然结果,也是简易程序在程序上简捷的客观要求,符合审理简单民事案件本身的特点。

根据《民诉解释》的相关规定,适用简易程序审理的案件,审理期限到期后,双方当事人同意继续适用简易程序的,由本院院长批准,可以延长审理期限。在审理过程中,发现案情复杂、需要转为普通程序审理的,可以转为普通程序,由合议庭进行审理。审理期限从立案之日起计算。

延长后的审理期限累计不得超过6个月。

第四节 小额诉讼程序

一、概念和意义

(一)概念

小额程序是指基层人民法院及其派出法庭审理第一审简单的小额财产、金钱给付案件所适用的审判程序。小额程序具有如下特征:第一,在适用主体方面,其只适用于基层法院及其派出法庭。第二,在适用案件类型上,其只适用于简单的小额财产、金钱给付案件,具体而言,其标的额必须为各省、自治区、直辖市上年度就业人员年平均工资30%以下。第三,小额程序可以依法院的职权主动适用,而不用依靠当事人提出申请。第四,它是一种最大限度地简化了的民事诉讼程序,在审理组织、程序流程、救济制度方面比简易程序更为简易、快捷、方便。第五,小额诉讼案件实行一审终审。

(二)意义

第一,小额程序的设立,符合我国目前社会、经济发展的现状。我国正处在经济转轨、社会转型的关键时期,由各种利益诉求引发的矛盾纠纷持续增加,人民群众以诉讼方式解决纠纷的需求不断增长。然而,不少地方法院"案多人少"的矛盾始终未得到根本缓解,难以满足这种不断增长的司法需求。小额程序的设立,有利于法院快速解决纠纷,提高办案效率,便利人民群众诉讼,最大限度地解决当事人诉讼难的问题。

第二,小额程序的设立,也是合理的诉讼机制的需要。在简单的诉讼案件与一般、复杂、疑难的案件的审理程序相区别的基础上,将其中标的额较小的金钱给付案件剥离出来,用更为简便、迅捷的程序予以审理,这有利于进一步合理配置审判资源,使我国的审判程序机制更趋于科学。

二、适用范围

(一) 适用小额程序审理的案件

1. 关于案件类型的规定

根据程序与案件的适应性要求,《民事诉讼法》规定小额程序只适用于审理简单的民事案件。简单的民事案件是指事实清楚、权利义务关系明确、争议不大的案件,这一点上与简易程序适用的案件范围相同。因为小额程序是以简易程序为基础的进一步简化,其适用案件必须首先符合简易程序的要求。

按照《民诉解释》的相关规定,下列金钱给付的案件,适用小额诉讼程序审理:(1) 买卖合同、借款合同、租赁合同纠纷;(2) 身份关系清楚,仅在给付的数额、时间、方式上存在争议的赡养费、抚育费、扶养费纠纷;(3) 责任明确,仅在给付的数额、时间、方式上存在争议的交通事故损害赔偿和其他人身损害赔偿纠纷;(4) 供用水、电、气、热力合同纠纷;(5) 银行卡纠纷;(6) 劳动关系清楚,仅在劳动报酬、工伤医疗费、经济补偿金或者赔偿金给付数额、时间、方式上存在争议的劳动合同纠纷;(7) 劳务关系清楚,仅在劳务报酬给付数额、时间、方式上存在争议的劳务合同纠纷;(8) 物业、电信等服务合同纠纷;(9) 其他金钱给付纠纷。

按照《民诉解释》的相关规定,下列案件,不适用小额诉讼程序审理:(1) 人身关系、财产确权纠纷;(2) 涉外民事纠纷;(3) 知识产权纠纷;(4) 需要评估、鉴定或者对诉前评估、鉴定结果有异议的纠纷;(5) 其他不宜适用一审终审的纠纷。

2. 关于案件标的额的规定

《民事诉讼法》规定,适用小额程序审理的案件标的额必须为各省、自治区、直辖市上年度就业人员年平均工资 30% 以下。从此条规定可以看出,一方面,适用小额程序审理的案件类型限于金钱给付类诉讼。另一方面,考虑到我国现阶段各地经济发展不均衡,不适宜用统一的绝对金额标准来为小额程序设线,而应当适用相对标准,以增强法律规定的灵活性。按照该标准受理,既符合我国社会经济发展的实际情况,能够充分发挥小额程序的功能,也可以避免标准过高,使得大部分金钱给付案件都可以适用小额程序,从而失去程序繁简分流的意义。

(二) 适用小额程序审理的法院

根据《民事诉讼法》的规定,适用小额程序的人民法院,仅限于基层人民法院和它派出的法庭。中级人民法院、高级人民法院、最高人民法院都不能适用小额程序。二审程序、案件的重审等都不可以适用小额程序。

三、具体规定

由于小额程序属于简易程序的一类,因此,审理小额诉讼案件时没有法律直接规定的,应当适用简易程序的其他规定。最高人民法院于 2011 年发布了《关于部分基层人民法院开展小额速裁试点工作的指导意见》(下称《小额速裁意见》),对小额程序的具体实

施进行了一些细化,《民诉解释》也对小额程序的进行作出了一些具体规定,可供参考:

(一) 起诉与受理

依照《民事诉讼法》的规定,法院依职权主动适用小额诉讼程序,排除当事人的程序选择权。按照《小额速裁意见》,法院经立案审查认为当事人的起诉符合适用小额速裁条件的,应当以书面方式将小额速裁的适用条件、审判组织、审理方式、审理期限、裁判方式、诉讼费用收取标准等相关程序性安排,告知当事人。《民诉解释》第276条吸纳了上述内容,作出了相似的规定。

(二) 审理前的准备

1. 处理管辖权异议

当事人对小额诉讼案件提出管辖异议的,人民法院应当作出裁定。裁定一经作出即生效。

2. 保障当事人举证和答辩的权利

小额诉讼案件的举证期限由人民法院确定,也可以由当事人协商一致并经人民法院准许,但一般不超过7日。被告要求书面答辩的,人民法院可以在征得其同意的基础上合理确定答辩期间,但最长不得超过15日。

当事人到庭后表示不需要举证期限和答辩期间的,人民法院可立即开庭审理。

3. 程序转换规定

《民诉解释》规定了在一定情况下,应将小额程序转为简易程序和普通程序。

第一,当事人对按照小额诉讼案件审理有异议的,应当在开庭前提出。人民法院经审查,异议成立的,适用简易程序的其他规定审理;异议不成立的,告知当事人,并记入笔录。

第二,因当事人申请增加或者变更诉讼请求、提出反诉、追加当事人等,致使案件不符合小额诉讼案件条件的,应当适用简易程序的其他规定审理。如果前款规定案件也不符合适用简易程序条件的,那么应当适用普通程序审理的,裁定转为普通程序。

适用简易程序的其他规定或者普通程序审理前,双方当事人已确认的事实,可以不再进行举证、质证。

4. 调解优先

适用小额速裁审理民事案件,应当贯彻调解优先原则,调解不成的,要及时作出裁判。在实务中,很多适用小额程序审理的案件都可以不安排审前准备程序,直接进入开庭审理程序。

(三) 开庭审理

1. 实行独任审理

法院适用小额程序审理民事案件,由审判员一人独任审理,无需陪审员参加,无需采取合议制。这符合民事诉讼机制合理性要求。

2. 不受普通程序审理阶段的限制

与简易程序类似,小额案件的审理过程阶段性不像普通程序那样明显。法院适用小额程序审理案件,可不区分法庭调查、法庭辩论阶段。

3. 一次开庭和当庭宣判

与提高诉讼效率的程序价值取向相适应,小额程序也以一次开庭为原则;按照《小额速裁意见》,适用该程序审理民事案件,可以当庭宣判。

4. 裁判文书的简化

按照《民诉解释》的相关规定,小额诉讼案件的裁判文书可以简化,主要记载当事人基本信息、诉讼请求、裁判主文等内容。

5. 审限1个月,不得延长

适用小额程序审理民事案件,应当在立案之日起1个月内审结,不得延长审限。1个月内未能审结的,应当转而适用普通程序继续审理。

(四)救济程序

依照《民事诉讼法》的规定,小额诉讼程序实行一审终审,不服小额程序判决结果的,当事人不能提出上诉。出于诉讼效率的考虑,如果赋予小额诉讼程序当事人以上诉权,会导致诉讼成本的攀升,最终可能违背小额程序的价值取向,因此作出了该项规定。

第十六章 第二审程序

第一节 第二审程序概述

一、第二审程序的概念

第二审程序是指当事人对一审人民法院所作的未发生法律效力的裁判不服,向上一级人民法院提起上诉,上一级人民法院据此对案件进行审理所适用的审判程序。第二审程序因当事人上诉而发生,也叫上诉审程序。我国实行两审终审制,第二审法院的裁判一经作出即发生法律效力,因此,第二审程序又是通常意义上的终审程序。

第二审程序是审判程序中的通常救济程序,但不是案件审理的必经程序,如果当事人在一审达成了调解协议或者在上诉期内未上诉的,一审法院的裁判即发生法律效力,第二审程序就不可能会发生。

第二审程序与其他审判程序一起共同构成了民事诉讼审判程序的框架,它是一种独立的民事诉讼程序。第二审程序是以当事人的上诉权和上级人民法院对下级人民法院的审判监督权为基础建立的审判程序,第二审程序同时具有审判与监督的双重职能。

我国民事诉讼实行两审终审,第二审程序的设置具有重要意义。对当事人来讲,给予了其继续诉讼的机会,他可以继续采取有关的诉讼手段维护自己的合法权益;对人民法院而言,上级人民法院可以通过第二审程序,实现对下级人民法院审判活动的监督,纠正案件审理的错误,保证法院裁判的公正性;而对诉讼而言,则可以通过二审程序,终结诉讼,在法律上对当事人之间的争议有个最终的了断。总之,第二审程序的设立,使人民法院裁判离客观上的真实和法律上的真实更为接近成为可能,不仅保护了当事人的合法权益,而且使上级法院对下级法院的监督权得以发挥。

二、第二审程序与第一审诉讼案件审判程序的联系和区别

在第一审程序中,有诉讼案件的审判程序和非讼案件以及其他特别类型案件的审判程序的差别。在我国,非讼案件以及其他特别类型案件的审理实行一审终审制,它们所适用的第一审程序与第二审程序之间没有什么必然的联系,因此,我们在此只是对第二审程序与第一审程序中审理诉讼案件的审判程序(以下简称"第一审程序")作一个比较。

第一审程序和第二审程序都是诉讼案件的审理程序,但两个程序又分别属于不同的审级,因此,两者之间既有联系又有区别。

(一) 第二审程序与第一审程序的联系

(1) 案件所涉及的诉讼标的相同。两种程序都是针对双方当事人之间的同一民事法

律关系,从事实上和法律上加以审理,分清是非,明确责任,并作出法律上的判定。不能因二审是当事人不服一审人民法院的裁判提起上诉而发生,而认为第二审是对一审裁判的审理而不是对案件所涉及的法律关系的审理。

(2) 第一审程序是第二审程序的前提和基础。只有发生了第一审程序,才有可能发生第二审程序。

(3) 第二审程序是第一审程序的继续和发展。第二审程序中,人民法院只是对上诉案件在上诉请求范围内继续进行审理,对一审法院的裁判在认定事实、适用法律、程序的合法性等方面是否正确进行审查,以纠正第一审程序中的错误,所以,第二审程序是第一审程序的继续和发展,而不是对案件重新审理。

(4) 第二审人民法院审理上诉案件,除依照《民事诉讼法》"第二审程序"的有关规定外,适用第一审普通程序的有关规定。这说明两者在程序的适用上有密切的联系。

(二) 第二审程序与第一审程序的区别

虽然第二审程序与第一审程序有上述联系,但在以下几个方面有区别:

(1) 程序发生的基础不同。第二审程序是基于当事人行使上诉权对一审裁判不服提起上诉而发生,第一审程序则是基于当事人行使起诉权实施了起诉行为而发生。

(2) 当事人提起诉讼程序的理由不同。起诉的理由是当事人的权利或权益受到侵害或者与他人发生争议;上诉的理由则是对一审法院的裁判不服。因此,第二审程序的审理的范围与第一审程序审理的范围也就有所差别,它不仅涉及对当事人之间争议的法律关系进行认定,而且涉及对原审法院裁判的评价。

(3) 两者的职能有差别。两种程序审理的范围不同,导致了两种程序在职能上的差别。在第一审程序中实现的人民法院的审判职能,主要为对案件审理活动的指挥和对案件事实的认定及法律的适用。而在第二审程序中,需要实现的职能,除了对案件的审判职能外,还包括上级人民法院对下级人民法院的审判活动实现监督的职能。

(4) 两者的审判组织不同。第一审审判程序的组织在形式上包括独任审判庭和合议庭两种;在合议庭人员的组成上,包括由审判员组成和由审判员与陪审员共同组成两种形式。而在第二审程序中,案件的审理由合议庭负责,而且合议庭的成员必须是审判员,陪审员不能参加。

(5) 案件的审理方式上有差别。在一审程序中,人民法院对一审案件的审理,需要对案件作出判决的,都必须以开庭的方式进行审理。而在第二审程序中,人民法院对案件的审理,可以通过与当事人谈话的形式了解案情,并根据案件事实是否已经清楚等实际情况,决定是开庭审理还是径行判决。

(6) 所作判决的法律效力不同。一审判决在上诉期间为未发生法律效力的判决,如果当事人在上诉期内提起上诉,一审的判决在第二审期间不发生法律效力;而第二审判决是发生法律效力的裁判。

第二节 程序的开启

一、上诉的提起

(一) 上诉的概念

上诉,是当事人对一审未生效的判决、裁定,在法定期限内明示不服,要求上一级人民法院对案件进行审理并撤销或变更原判决或裁定的诉讼行为。

上诉是当事人行使上诉权的结果,它是第二审程序发生的前提,没有上诉就没有第二审民事诉讼程序。由此可见,上诉是一项很重要的诉讼行为。因此,我国《民事诉讼法》对上诉规定了严格的法律条件,当事人进行上诉,应当符合法律规定的上诉条件,才会产生相应的法律后果。

(二) 当事人提起上诉的条件

《民事诉讼法》第164条至第166条,对上诉的条件作了规定。依此规定,上诉应当具备的条件是:

1. 必须有合格的上诉人和被上诉人

提起上诉,必须有合格的上诉人和被上诉人。上诉人就是指不服一审的裁判而要求上一级人民法院对案件继续进行审理的案件当事人,被上诉人是指被上诉人提起了上诉的对方当事人。不享有上诉权的人,或者不是依法可以代为提起上诉的人,都不能提起上诉。不是一审的当事人也不可以作为被上诉人。

(1) 上诉人。

根据《民事诉讼法》的规定,一审程序中的当事人享有上诉权,包括原告、被告、共同诉讼人、诉讼代表人、有独立请求权的第三人和判决承担实体义务的无独立请求权的第三人。

应特别注意上诉人与提起上诉的人不是同一概念。《民诉解释》第321条规定,无民事行为能力人、限制民事行为能力人的法定代理人,可以代理当事人提起上诉;经过特别授权的委托代理人也可以提起上诉。此时法定代理人与委托代理人是提起上诉的人,而不是上诉人,上诉人应是其代理的当事人。

(2) 被上诉人。

被上诉人是指与上诉人的上诉请求有直接利害关系的对方当事人。可以成为第二审被上诉人的人包括一审程序中的原告、被告、共同诉讼人、有独立请求权的第三人和无独立请求权的第三人等。

(3) 上诉人与被上诉人的确定。

一般情况下,上诉人和被上诉人比较容易确定:不服一审裁判而提起上诉的一审当事人就是上诉人,而被上诉人提起上诉的一审当事人就是被上诉人。但以下情况稍显复杂,应引起注意:

第一,双方当事人和第三人都提出上诉的,按《民诉解释》第317条解释,均列为上诉人。人民法院可以依职权确定第二审程序中当事人的诉讼地位。

第二,必要共同诉讼人中的一人或者一部分人提出上诉的,按《民诉解释》第319条的解释,应按案件的不同情况分别处理:

该上诉是对与对方当事人之间权利义务分担有意见,不涉及其他共同诉讼人利益的,对方当事人为被上诉人,未上诉的同一方当事人依原审诉讼地位列明;该上诉仅对共同诉讼人之间权利义务分担有意见,不涉及对方当事人利益的,未上诉的同一方当事人为被上诉人,对方当事人依原审诉讼地位列明;该上诉对双方当事人之间以及共同诉讼人之间权利义务承担都有意见的,未提出上诉的其他当事人均为被上诉人。

第三,在第二审程序中,作为当事人的法人或者其他组织分立的,人民法院可以直接将分立后的法人或者其他组织列为共同诉讼人;合并的,将合并后的法人或者其他组织列为当事人。

第四,普通共同诉讼人各自都可以独立行使上诉权,但其上诉行为只对自己有效,不及于其他共同诉讼人。对方当事人对普通共同诉讼人中一人或一部分人提起上诉的,被提起诉讼的当事人为被上诉人,其他共同诉讼人不再参加诉讼。

2. 必须是依法允许上诉的判决、裁定

根据《民事诉讼法》的规定,地方各级人民法院适用普通程序和简易程序审理后作出的一审判决、二审法院发回重审后的判决、按照一审程序对案件再审作出的判决,都是可以上诉的判决。而最高人民法院作出的判决不可上诉。法律规定允许提起上诉的一审裁定有:不予受理的裁定、对管辖权异议的裁定、驳回起诉的裁定等。

3. 必须符合法定的上诉期限

上诉期限,是当事人行使上诉权应当遵守的时间要求,超过法定上诉期限,当事人即丧失行使上诉权的机会。《民事诉讼法》第164条规定,当事人不服地方人民法院第一审判决的,有权在判决书送达之日起15日内向上一级人民法院提起上诉。当事人不服地方人民法院第一审裁定的,有权在裁定书送达之日起10日内向上一级人民法院提起上诉。上诉期限应从判决书、裁定书送达当事人的第二日起算。判决书、裁定书不能同时送达当事人的,上诉期限从各自收到判决书、裁定书之次日起算。

4. 只能向原审人民法院的上一级人民法院提出

根据《民事诉讼法》的规定,上诉只能向原审人民法院的上一级人民法院提出,而不可以越级上诉。

5. 必须递交上诉状

上诉状是当事人不服一审法院的裁判,请求第二审法院变更或撤销原审裁判的诉讼文书。上诉状既是当事人表明提起上诉的声明,也是第二审法院受理上诉案件的根据。《民诉解释》第320条规定,一审宣判时或判决书、裁定书送达时,当事人口头表示上诉的,人民法院应当告知其必须在法定期间内提出上诉状。未在法定期间内提出上诉状的,视为未提起上诉。由此可见,上诉必须递交上诉状。

当事人提交的上诉状应写明以下内容：

（1）当事人的姓名。当事人是法人或其他组织的，还应写明法人的名称及其法定代表人的姓名或者其他组织的名称及其主要负责人的姓名。

（2）原审人民法院名称、案件的编号和案由。

（3）上诉的请求和理由。这一部分是上诉状的核心，它决定了第二审法院对案件的审理范围。上诉的请求是上诉人希望通过上诉案件的审理所要达到的目的，而上诉理由则是上诉人提起上诉的根据，它需要说明一审法院的裁判在认定事实上、适用法律上、或者在案件审理的程序上有哪些错误或违法的之处。

（三）提起上诉的程序

按照《民事诉讼法》第166条规定，当事人提起上诉，上诉状应当通过原审人民法院提出，这样做既方便当事人提出上诉，又便于人民法院对上诉进行审查，及时通知当事人补正上诉状，及时向被上诉人送达上诉状副本、向上诉人送达答辩状副本等活动。为消除当事人的疑虑，该条同时规定，当事人可以直接向第二审人民法院上诉，第二审人民法院应当在收到上诉状5日内将上诉状移交原审人民法院。

当事人提出上诉时，应当按照对方当事人或者代表人的人数提出上诉状副本，对方当事人包括被上诉人和原审其他当事人。这样便于对方答辩，维护对方当事人的合法权益，同时也便于人民法院进行审判。

二、上诉的受理

上诉的受理，是指第二审人民法院依法对上诉进行审查，对符合法定条件的上诉表示接受，决定立案对案件继续审理的行为。

根据《民事诉讼法》第167条规定，原审人民法院收到上诉状，应当在5日内将上诉状副本送达对方当事人，对方当事人在收到之日起15日内提出答辩状。人民法院应当在收到答辩状之日起5日内将副本送达上诉人。对方当事人不提出答辩状的，不影响人民法院审理。原审人民法院收到上诉状、答辩状，应当在5日内连同全部案卷和证据，报送第二审人民法院。

对上诉的受理有一点应引起注意：即上诉案件的立案权属于第二审人民法院。《民事诉讼法》对此没有明确规定。严格说来，原审人民法院的判决一经作出并依法送达后，第一审程序终结，案件脱离原审人民法院。那么，对于前述原审人民法院在第二审程序中所做的工作，应理解为原审人民法院对第二审人民法院工作的协助，不能因此认为原审人民法院有权决定立案。

上诉受理具有如下法律后果：第一，阻断一审人民法院所作出的裁判的效力。当事人的上诉请求虽然不一定涉及原裁判的所有事项，但基于上诉审是对案件的继续审理的原因，上诉受理后阻断一审裁判的效力；第二，当事人与第一审人民法院的诉讼法律关系终结，当事人与第二审人民法院发生诉讼上的法律关系。

第三节 第二审审理

第二审人民法院审理上诉案件适用第二审程序。第二审程序没有规定的，适用一审普通程序的有关规定。本节论述的是第二审程序中审理上诉案件的有关规定。

一、第二审审理的进行

(一) 第二审人民法院对上诉案件的审理范围

第二审审理的范围，涉及上诉审的职能问题。在世界上不同的国家或地区，有关上诉案件的审理范围在法律上是有不同规定的。就上诉审的职能而言，有确定为复审的，也有确定为事后审的，还有确定为续审的。在我国，依据《民事诉讼法》的规定，第二审对上诉案件的审理，属于对案件的续审，第二审所要解决的是一审已经审理、但仍存在争议的问题。根据《民事诉讼法》的有关规定，第二审人民法院对上诉请求的有关事实和适用法律进行审查，即第二审以当事人的上诉请求为其审理范围。同时，第二审对上诉请求的审查既是事实审，又是法律审，即第二审法院审查与上诉请求有关的事实和法律问题。

第二审法院以上诉人的上诉请求为其审查范围，这仅是原则，同时又存在例外。即在某些情况下，第二审人民法院对上诉案件的审查范围不限于上诉人的上诉请求范围。根据《民诉解释》第 323 条的规定，在特定情况下，即使当事人没有提出上诉请求，第二审人民法院也有权对相关对象进行审理。

在什么情况下，第二审的审查范围可以不受上诉请求范围的限制，《民诉解释》第 323 条第 2 款对此作出了具体规定，即第一审判决违反法律禁止性规定，或者损害国家利益、社会公共利益、他人合法权益，在这些情况下，法院审理可以突破上诉请求的范围。

(二) 第二审案件审理的方式

第二审案件的审理方式主要是指第二审人民法院审理民事案件所采用的审判组织形式及审理案件所采用的具体形式等问题。

《民事诉讼法》第 169 条规定，第二审人民法院对上诉案件，应当组成合议庭，开庭审理。经过阅卷、调查和询问当事人，对没有提出新的事实、证据或者理由，合议庭认为不需要开庭审理的，可以不开庭审理。由此可见：

1. 第二审人民法院审理上诉案件，应当由审判员组成合议庭

第二审程序中不能采用独任制，因此，案件的审判组织应当以合议庭的形式。同时，合议庭组成也不能有人民陪审员参加。这主要是因为，第二审人民法院对上诉案件的审理，不仅担负着对案件继续审理的审判职能，而且还担负着上级法院对下级法院的审判活动进行监督的职能。要实现这些职能，独任制的适用与陪审员参加合议庭都是不适宜的。

2. 第二审法院审理上诉案件，以开庭审理为原则，不开庭审理为例外

(1) 第二审法院审理上诉案件，以开庭审理为原则。

第二审以第一审普通程序为基础，因此其程序阶段原则上要与第一审普通程序相一

致,在庭审阶段以开庭审理为主。由于我国的第二审既审理法律问题,也审理事实、证据问题,在第二审时进行开庭审理,有利于保障当事人的程序参与权、辩论权,也有利于事实问题的彻底查明,便于纠纷的解决。具体而言,需要对原证据重新审查或者当事人提出新证据、新事实、理由的,应当开庭审理。

按照《民诉解释》的相关规定,开庭审理的上诉案件,第二审人民法院可以通过要求当事人交换证据等方式,明确争议焦点,进行审理前的准备。

(2) 第二审法院审理上诉案件,以不开庭审理为例外。

"不开庭审理"又称为"径行判决、裁定",是指法院不传唤、通知当事人和其他诉讼参与人同时到庭参加法庭调查和辩论,只是法院经过阅卷和调查,个别询问当事人、证人之后,直接对案件进行裁判。《民诉解释》第333条规定,可以不开庭而径行裁判的案件有:① 不服不予受理、管辖权异议和驳回起诉裁定的案件;② 当事人提出的上诉请求明显不能成立的案件;③ 原判决、裁定认定事实清楚,但适用法律错误的案件;④ 原判决违反法定程序,需要发回重审的案件。其中,①、④项属于程序问题,②项属于当事人有明显错误的案件,上述事项可以不通过开庭审理,而经更简便的径行裁判就可以解决。

但是就第③项而言,是否能够核对清楚事实,这是一个需要当事人各方到庭,进行辩论、调查之后才能查明的问题,而简单的阅卷、调查和个别询问当事人、证人不利于事实的查明,也不利于当事人基本程序性权利的保障。此外,我国第二审实行续审制,认为第二审是第一审的继续和发展。在续审制下,对原审所依据的诉讼资料并不重新进行搜集,而是以其为基础采纳新的事实主张与证据,从而结合一审与二审的事实认定得出最终的结论。基于上述考虑,《民事诉讼法》将"事实核对清楚"的标准变为"没有提出新的事实、证据或者理由"的标准。只有在当事人提出新事实、证据或者理由时,才有必要开庭续行审理这些一审没有审理过的内容,以保障真相的查明和当事人的程序权利;否则适用更为简便的径行审理即可。

我们认为《民事诉讼法》第169条规定的"新的事实",是指:① 在一审庭审终结前虽已客观存在,但未被当事人知悉、掌握的事实;② 一审法院依据所查明的事实作出判决后,新发生的并对案件处理结果有实质性影响的重要事实;③ 一审程序中非因当事人原因未申请鉴定,第二审申请鉴定,经审查需鉴定的证据材料可能属于认定案件重要事实的。"新的证据",是指:① 一审法庭调查结束后新发现、新发生事实的相关证据;② 当事人在一审举证期限届满前申请人民法院调查取证未获准许,第二审法院经审查认为应当准许并依申请调取的证据;③ 当事人在一审举证期限届满后新发现,申请人民法院调查取证未获准许,第二审法院经审查认为应当准许并依申请调取的证据;④ 一审法院依申请调查取证未能取得,第二审法院依申请调取的证据。"新的理由",是指一审判决作出后,一审判决所依据的法律、法规和司法解释所发生的变更。

需要注意的是,不开庭审理有别于纯粹的书面审理方式。书面审理是指仅通过审核案卷的书面材料就对案件直接作出裁判,而不询问当事人、证人,或者进行调查。其审理方式比径行裁判更为简便,但是对于当事人权利的保障最弱。

(三) 第二审案件审理的地点

第二审人民法院审理上诉案件,可以在本院进行,也可以到案件发生地或者原审人民法院所在地进行。一审人民法院一般距当事人住所地或双方当事人争议的标的物或案件发生地较近,而第二审人民法院则较远。法律这样规定,是为了便利当事人诉讼、便利人民法院审判案件。

(四) 第二审的审理期限

人民法院审理对判决的上诉案件,应当在第二审立案之日起 3 个月内审结。这比普通程序缩短了一半。有特殊情况需要延长的,由本院院长批准。

人民法院审理对裁定的上诉案件,应当在第二审立案之日起 30 日内作出终审裁定。有特殊情况需要延长审限的,由本院院长批准。

(五) 第二审的宣判地点

第二审人民法院宣告判决可以自行宣判,也可以委托原审人民法院或者当事人所在地人民法院代行宣判。

(六) 第二审中的禁反言规则

按照《民事意见》的规定,当事人在第一审程序中实施的诉讼行为,在第二审程序中对该当事人仍具有拘束力。当事人推翻其在第一审程序中实施的诉讼行为时,人民法院应当责令其说明理由。理由不成立的,不予支持。这也是诚实信用原则对当事人行为提出的要求,以利于诉讼秩序的稳定和程序的公正进行。

二、第二审审理中的特殊情况

(一) 上诉及起诉的撤回

1. 上诉的撤回

上诉的撤回是指上诉人依法提起上诉后,第二审人民法院作出裁判前,要求撤回自己上诉的一项诉讼制度。

撤回上诉是基于当事人的处分权,也是当事人行使处分权的具体表现。撤回上诉与提起上诉是相对应的一对权利,当事人有权提起上诉,也就有权撤回上诉。上诉人撤回上诉,如果对方当事人没有提起上诉,则发生一审的裁判发生法律效力的法律后果,如果生效的是法院的判决,当事人之间的权利义务关系就依该判决确定。

根据《民事诉讼法》和《民诉解释》的规定,撤回上诉要符合的法律条件是:第一,须由当事人自愿提出。人民法院不得强迫或变相强迫或动员当事人撤回上诉;第二,撤回上诉的时间必须在第二审人民法院判决宣告前;第三,上诉人申请撤回上诉,是否准许,由第二审人民法院裁定。具体来讲,当事人申请撤回上诉,人民法院经审查认为一审判决确有错误,或者双方当事人串通损害国家和集体利益、社会公共利益及他人合法权益的,不应准许。

当事人虽递交上诉状,但未在指定的期限内交纳上诉费的,按自动撤回上诉处理。

在人民法院裁定准许撤回上诉,对方当事人逾期未上诉的情况下,第一审判决、裁定即发生法律效力。

2. 起诉的撤回

值得注意的是如果原审原告在第二审程序中申请撤回起诉的,应当如何处理。由于诉讼因原审原告的起诉而启动,原审原告如果要求撤回起诉,在没有反诉及第三人请求的情况下,二审继续进行下去就没有意义。同时,原审原告撤回起诉,也意味着其不接受一审裁判的结果。因此,《民诉解释》规定,在第二审程序中,原审原告申请撤回起诉,经其他当事人同意,且不损害国家利益、社会公共利益、他人合法权益的,人民法院可以准许。准许撤诉的,应当一并裁定撤销一审裁判。

此外,一审原告在第二审中撤回起诉后重复起诉的,人民法院不予受理。这是因为与一审中撤回起诉不同,案件已经经历过了实体审理,当事人诉权已经得到了保障。

(二) 当事人变更可能引起诉讼终结

按照《民诉解释》的规定,上诉案件的当事人死亡或者终止的,人民法院依法通知其权利义务承继者参加诉讼。如果没有承继人或者承继人不愿意参加而需要终结诉讼的,可以适用第一审程序中有关诉讼终结的规定。

第四节 第二审的裁判与调解

第二审法院对上诉案件进行审理,包括对一审人民法院认定案件事实进行审查,也包括对一审人民法院对案件适用法律的正确性进行审查,还包括对一审程序的合法性进行审查。针对案件审理的不同情况,第二审法院对上诉案件可以作出不同裁判,在一定的情况下,也可以对案件进行调解。

一、第二审案件的裁判

第二审法院对上诉案件进行审理之后,应当根据案件的不同情况,分别作出判决或裁定。

(一) 对第一审判决提起上诉的案件的裁判

1. 驳回上诉,维持原判

这又分两种情况。首先,第二审法院经过审理,认为原判决认定事实清楚,适用法律正确的,判决驳回上诉,维持原判决。其次,《民诉解释》第334条规定,原判决、裁定认定事实或者适用法律虽有瑕疵,但裁判结果正确的,第二审人民法院可以在判决、裁定中纠正瑕疵后,判决驳回上诉,维持原判决。

之所以以判决的形式而不是裁定的形式驳回上诉,是因为维持原判,意味着当事人之间的权利义务关系依一审的判决确定,这是对当事人之间的实体上的权利义务关系作了处理,因此应当用判决的形式作出。

2. 依法改判、撤销或者变更

(1) 依法改判、撤销或者变更的标准。

依法改判、撤销或者变更的标准主要包括法律适用错误和事实认定错误。

第一，法律适用错误。第二审法院经过审理，认为原判决认定事实清楚，适用法律错误的，依法改判、撤销或者变更。在这种情况下，涉及的是法律适用问题，第二审改判符合二审的职能。

第二，事实认定错误。2012年《民事诉讼法第二修正案》取消了"认定事实不清，证据不足"的标准，只规定"原判决认定事实错误的"，以判决、裁定方式依法改判、撤销或者变更。这是因为，虽然对于涉及案件事实问题，原则上要由原审人民法院负责审查和确认，以更好地发挥上诉法院在审判上的监督职能；但是原判决认定事实是否错误，是需要第二审法官对原审事实问题进行深入的调查、审理才能够查明的，这可能需要开庭审理才能够实现目的。既然第二审已经通过完善的程序查明了事实，那么就没有再将案件发回重审的必要，直接改判更为适宜，更能节省当事人和法院的时间、精力、费用等。就司法实践而言，这种情形一般只在少数情况下发生。

(2) 依法改判的具体形式。

《民事诉讼法第二修正案》在原来依法改判的基础上，增加了撤销、变更两种其他的裁判形式。在审判实务中，经常出现原判决、裁定虽然有事实、法律方面的错误，但是判决、裁定结论正确的情况，此时，如果简单地依法改判，那么改判后的裁判结论并不会发生变化，这与一般公众对改判的理解不符。在此情况下，《民事诉讼法》规定以撤销、变更的方式对判决理由部分进行纠正，从而实现事实、法律方面的完全正确，而不必采用改判的方式。

3. 撤销原判，发回重审

发回重审是上级法院对下级法院进行审判监督的一种形式，是加强上级法院对下级法院业务指导的重要保障，也是维护司法公正的重要途径。《民事诉讼法》规定，第二审在两种情况下可以发回重审，即发回重审的事实标准和程序标准。

(1) 发回重审的程序标准。《民事诉讼法》规定，发回重审的程序标准为"原判决遗漏当事人或者违法缺席判决等严重违反法定程序的"。根据《民诉解释》第325条的规定，违反法定程序，可能影响案件正确判决的情形主要有：审判组织的组成不合法的；应当回避的审判人员未回避的；无诉讼行为能力人未经法定代理人代为诉讼的；违法剥夺当事人辩论权利的。

此外，《民诉解释》还规定了几类可以归结为程序性违法的情形：第一，一审漏判的，即对当事人在一审中已经提出了的诉讼请求，原审法院未作审理、判决；第二，必须参加诉讼的当事人或者有独立请求权的第三人，在第一审程序中未参加诉讼；第三，一审认为应该判决不准离婚，而第二审认为应该判离的。上述三种情况，第二审人民法院可以主持调解，调解不成的，发回重审；在前述第三种情形中，如果双方当事人同意由第二审人民法院一并审理的，第二审人民法院还可以一并裁判。

（2）发回重审的事实标准。《民事诉讼法》规定，认定事实不清发回重审的标准是"认定基本事实不清"。所谓基本事实，是指对用以确定当事人主体资格、案件性质、具体权利义务等对原判决、裁定的结果有实质影响的事实。基本事实不清经过一般性的书面审查就可以发现，此外，由于一审担负着事实审理的主要职责，如果在基本事实认定方面出现不清的问题，那么容易导致当事人就其纠纷获得两级法院审理的审级利益受损。

应当指出，发回重审受到次数的限制，即只能发回重审一次，不得多次进行。根据最高人民法院《关于人民法院对民事案件发回重审和指令再审有关问题的规定》，第二审人民法院根据《民事诉讼法》规定将案件发回原审人民法院重审的，对同一案件，只能发回重审一次。第一审人民法院重审后，第二审人民法院认为原判决认定事实仍有错误，或者原判决认定事实不清、证据不足的，应当查清事实后依法改判。《民事诉讼法》肯定了该司法解释的精神，于第170条第2款明确规定"原审人民法院对发回重审的案件作出判决后，当事人提起上诉的，第二审人民法院不得再次发回重审"。

重审案件的法院应另组合议庭，按一审程序审理。当事人对重审案件的判决、裁定，可以上诉。

4. 裁定撤销原判，驳回起诉或者移送管辖

第二审法院在审理上诉案件过程中，发现一审法院主管错误的，可以由第二审人民法院直接裁定撤销原判，驳回起诉。

第二审法院在审理上诉案件过程中，认为第一审人民法院受理案件违反专属管辖规定的，应当裁定撤销原裁判并移送有管辖权的人民法院。

（二）对第一审裁定提起上诉的案件的裁判

第二审人民法院对不服第一审人民法院裁定的上诉案件的处理，一律使用裁定。当事人对一审就不予受理、驳回起诉、管辖权异议作出的裁定依法可以上诉。根据《民诉解释》，第二审人民法院查明第一审人民法院作出的不予受理裁定有错误的，应在撤销原裁定的同时，指令第一审人民法院立案受理；查明第一审人民法院作出的驳回起诉裁定有错误的，应在撤销原裁定的同时，指令第一审人民法院进行审理。

第二审裁判为终审裁判，一经送达当事人，即发生法律效力，当事人不得对裁判再行上诉；不得就同一诉讼标的，以同一事实和理由重新起诉；具有给付内容的裁判，如果义务人拒不履行义务的，该裁判具有强制执行力。

二、第二审案件的调解

调解作为一项民事诉讼的基本原则，在第二审中同样得到体现。根据法律规定，在二审中，人民法院可以组织双方当事人对案件进行调解，但是，第二审中进行调解，与一审所进行的调解有所不同，调解所涉及的范围也有一定的特殊性。

（一）一审程序的调解与二审程序的调解的不同

根据法律规定，不论一审还是二审，人民法院都可适用调解原则，对案件进行调解。但是一审与二审程序中的调解有所不同。第一，双方当事人调解达成协议的，在第二审程

序中一律要求制作调解书,而一审程序中有一些案件则不需要制作调解书,只需将协议内容记入笔录即可。第二,二审调解书送达后,原审人民法院的判决即视为撤销。这也是为什么第二审达成调解协议需要制作调解书的一个重要原因。因为,"视为撤销"与"撤销原判"是不同的。第二审中双方当事人达成调解协议是其行使处分权的结果,一审判决则是人民法院行使审判权的结果,因而以当事人的协议撤销原判从法理上说没有依据,但当事人达成调解协议后,需要按调解协议来确定双方当事人的权利义务关系,所以,二审调解书生效后,产生与撤销一审的判决书相同的法律后果,即"一审的判决视为撤销"。

(二) 第二审调解的范围

第二审案件的审理范围原则上是上诉人的上诉请求,那么,第二审中是否允许当事人就上诉请求未涉及的内容进行调解?根据《民诉解释》,答案是肯定的。

(1) 对当事人在一审中已经提出的诉讼请求,原审人民法院未作审理、判决的,第二审人民法院可以根据当事人自愿的原则进行调解,调解不成的,发回重审。

(2) 必须参加诉讼的当事人在一审中未参加诉讼,第二审人民法院可以根据当事人自愿的原则予以调解,调解不成的,发回重审。发回重审的裁定书不列应当追加的当事人。

(3) 在第二审程序中,原审原告增加独立的诉讼请求或原审被告提出反诉的,第二审人民法院可以根据当事人自愿的原则就新增加的诉讼请求或反诉进行调解,调解不成的,告知当事人另行起诉。双方当事人同意由第二审人民法院一并审理的,第二审人民法院可以一并裁判。

(4) 一审判决不准离婚的案件,上诉后,第二审人民法院认为应当判决离婚的,可以根据当事人自愿的原则,与子女抚养、财产问题一并调解,调解不成的,发回重审。双方当事人同意由第二审人民法院一并审理的,第二审人民法院可以一并裁判。

由此可见,在第二审的调解中,不受当事人请求范围的限制。

第二审以调解的方式结案,依法应当制作调解书,调解书送达后,一审判决视为撤销。

第十七章 再审程序

第一节 再审程序概述

一、再审程序的概念及性质

再审程序是指人民法院对判决、裁定已经发生法律效力但确有错误的案件,进行再次审理的程序。

在我国《民事诉讼法》中,有关再审程序的内容都在"审判监督程序"中规定。因此,人们经常将审判监督程序等同于再审程序。但从理论上讲,两者不完全是一回事,再审程序概念的外延较审判监督程序要宽广。审判监督程序是具有审判监督权的机关,对已经生效的判决、裁定,基于法定的事由认为确有错误,而以抗诉或决定的形式提出对相应的案件进行再审所适用的程序。而再审程序则是指在法院的判决、裁定生效之后,基于法定事由,法院对案件再次进行审理所适用的程序。适用再审程序所审理的案件,不仅包括基于法院和检察院的审判监督权提出的再审案件,还包括基于当事人的诉权提出的再审案件。

再审程序是一个独立的审判程序,但它不是每一案件必经的程序。"再审"按字面意思可理解为对已经终审审结的案件再次进行审理,但这只是再审的外在表现。再审程序的本质属性,是通过对案件的再次审理,对已经发生法律效力的裁判中存在的错误予以纠正,以保证案件审理的公正性和合法性。再审程序设立的目的,就是为了纠正案件在通常程序审理过程中或结果上存在的错误。因此,它不是案件审理的通常程序,而是一个非常程序,是一个具有事后补救性质的纠错程序。

二、再审程序的特点

再审程序是一个非常程序,一个补救性的程序,因此,与一审普通程序和二审程序相比,再审程序有其自身的特点。主要体现如下:

第一,从程序发生的原因看,再审程序的发生,是基于纠正被认为有错误的已经生效的法院裁判的目的。而一审程序的发生,是基于当事人解决纠纷的请求;二审程序的发生,是基于当事人不服一审未生效的裁判而提出的上诉。

第二,从启动程序的主体看,启动再审程序的主体可以是当事人,也可以是人民法院或人民检察院,而一审和二审程序的启动者都是与案件有直接利害关系的当事人。

第三,从提起程序的时间看,当事人申请再审应当在判决、裁定生效后的 6 个月内提出,人民检察院和人民法院提起审判监督程序不受时间限制。而当事人提起一审诉讼程序,如果希望获得胜诉,需在诉讼时效内提出;上诉要在上诉期内提出。

第四,从程序的审级看,再审不是一个独立的审级,适用再审程序审理案件,可能适用一审程序,也可能适用二审程序来审理,即便适用二审程序,在程序上也与二审程序有不同之处。因而它没有独立的审判程序,不是独立的审级。

第五,从案件的审理法院看,再审案件的审理,有可能是原审法院,还有可能是原审法院的上级法院(包括原审法院的上一级法院和更高级别的法院)。

第六,从所作裁判的效力看,再审程序所作的裁判,可能是非立即生效的一审裁判,也可能是立即生效的终审裁判;而一审判决均是非立即生效的判决,可以上诉的裁定也是非立即生效的裁定,二审裁判则都是立即生效的终审裁判。

三、再审程序的意义

如前所述,再审是一个纠错程序,因此,再审的意义主要在于对已经生效的判决、裁定中存在的错误予以纠正,从而保证法院判决和裁定的公正性和合法性,保护当事人的合法权益,维护国家法律的统一和尊严。从案件所涉及的法律关系上讲,再审程序的设立,使得当事人在判决生效之后,有可能再一次地进行诉讼,生效裁判所确定的民事权利义务关系有可能因案件的再一次审理而发生变化。

第二节　再审程序的提起

根据《民事诉讼法》,再审可以由人民法院、人民检察院和当事人依法提起。

一、人民法院依职权提起再审

人民法院依职权提起再审是基于人民法院的审判监督权。人民法院发现已经发生法律效力的判决、裁定确有错误,有权决定对案件再行审理,这就是人民法院依职权提起再审。审判监督权作为"权力",其行使必然是"自上而下"的,而绝不能是"自下而上"的。具体而言,上级人民法院可以对下级人民法院行使审判监督权,此外,原审人民法院也可以进行自我审判监督。

(一)原审人民法院决定再审

根据《民事诉讼法》的规定,各级人民法院对本院已经发生法律效力的判决、裁定、调解书,发现确有错误,认为需要再审的,应当提交审判委员会讨论决定。

这意味着,对案件作出生效裁判的原审人民法院有权决定再审,是依职权启动再审的主体。决定再审的条件包括两个方面:第一,判决书、裁定、调解书已经发生法律效力。第二,原判决、裁定、调解书确有错误。这与当事人申请再审和检察机关抗诉需要详细的再审事由不同,只要是法院认为原判决、裁定、调解书确有错误即可。

(二)最高人民法院和上级人民法院提审和指令再审

根据《民事诉讼法》的规定,最高人民法院对地方各级人民法院已经发生法律效力的判决、裁定,上级人民法院对下级人民法院已经发生法律效力的判决、裁定,发现确有错误的,有权提审或者指令下级人民法院再审。最高人民法院是国家的最高审判机关,因此而担负着对地方各级人民法院的审判工作进行监督的任务,从而也有权对它们的已经生效的判决、裁定所涉及的案件提出再审;上级人民法院对下级人民法院也享有审判监督权,所以也有权对下级人民法院的生效判决、裁定所涉及的案件提出再审。

最高人民法院和上级人民法院提出再审的方式包括提审和指令下级人民法院再审两种形式。

所谓提审,是指最高人民法院对地方各级人民法院已经发生法律效力的判决、裁定,上级人民法院对下级人民法院已经发生法律效力的判决、裁定,发现确有错误时,依法将案件提至本院进行审理的制度。提审制度的建立,一是基于审判权由人民法院统一行使的原则,二是基于上级法院对下级法院的审判活动拥有的审判监督权。在司法实践中,提审一般在遇有下列情况时适用:第一,原审人民法院对案件进行再审有困难或障碍的;第二,原一审法院与原二审法院对案件的裁判不一致,而最高人民法院或上级人民法院倾向于认为一审裁判的意见是正确的;第三,最高人民法院或上级人民法院认为由自己提审更有利于对案件作出公正裁判的。最高人民法院和上级人民法院提审的,应当通知原审人民法院,并作出裁定中止原裁判的执行,调取案卷进行再审。

所谓指令再审,是指最高人民法院对地方各级人民法院已经发生法律效力的判决、裁定,上级人民法院对下级人民法院已经发生法律效力的判决、裁定,发现确有错误时,依法指令地方人民法院或下级人民法院对案件进行再审的制度。最高人民法院指令地方人民法院对案件进行再审、上级人民法院指令下级人民法院对案件进行再审的,指令到达下级人民法院之日,为再审开始之日,地方人民法院或下级人民法院在接到指令之后,应当作出裁定,中止原裁判的执行,并开始对案件进行再审。由第二审人民法院判决、裁定的案件,最高人民法院和上级人民法院需要指令再审的,应当指令第二审人民法院再审。

无论法院依哪种方式提起再审,当事人均无需交纳诉讼费用。

二、当事人申请再审

当事人是民事诉讼的主体,是法院生效裁判的承担者,人民法院作出的裁判是否合法,与其有直接的法律上的利害关系。因此,为了保护当事人的合法权益,《民事诉讼法》授予了当事人再审申请权。

《民事诉讼法》第 199 条规定,当事人对已经发生法律效力的判决、裁定,认为有错误的,可以向上一级人民法院申请再审。这表明当事人申请再审并不必然引起再审程序。这是因为当事人是案件的利害关系人,其认识不一定正确;而且当事人也不像人民法院和人民检察院那样对人民法院的审判活动享有监督权。所以当事人申请也不停止原判决、裁定的执行。但当事人申请再审符合法定条件的,人民法院应当对案件进行再审。

(一) 当事人申请再审的条件与程序

当事人提出再审,必须符合如下的法定条件和程序:

1. 申请再审的主体应当是诉讼当事人

按法律规定,提出再审申请的人只能是诉讼当事人,包括原告、被告、有独立请求权的第三人、判令其承担义务的无独立请求权的第三人;针对二审提出再审申请的,应当是上诉人或被上诉人。当事人是无民事行为能力人、限制民事行为能力人的,其法定代理人可以代为提出再审申请。

值得注意的是当事人权利义务发生转移时,有权提出再审的主体的问题。当事人权利义务发生转移主要有两种情形,一是因当事人死亡或者终止而转移,此种情况下的权利义务承受为概括承受;二是因签订合同等民事行为发生转移,此种情况下的权利义务承受为特定承受。对于前者,按照《民诉解释》的相关规定,当事人死亡或者终止的,其权利义务承继者可以申请再审。《民诉解释》对于后者则规定,判决、调解书生效后,当事人将判决、调解书确认的债权转让,债权受让人对该判决、调解书不服申请再审的,人民法院不予受理。这主要是考虑到受让人所受让的是生效裁判确定的权利,从维持法律关系稳定性和对方当事人合法权益出发,不应允许受让人申请再审。

2. 申请再审的对象应当是已经作出生效的判决、裁定或调解书的案件

(1)当事人申请再审的对象应当是已经作出生效的判决、裁定或调解书。

其中,对已生效调解书,需要当事人提出证据证明调解违反自愿原则或者调解协议的内容是违反法律的,才可以申请再审;对已生效裁定,根据《民诉解释》第381条的规定,当事人只可以对发生法律效力的不予受理、驳回起诉的裁定申请再审,不包括管辖权异议的裁定。

(2)不得申请再审的生效法律文书。

依据《民事诉讼法》第202条以及《民诉解释》第380条的规定,当事人对下列案件判决、调解书不得申请再审:

第一,当事人对已经发生法律效力的解除婚姻关系的判决、调解书,不得申请再审。这是因为判决离婚的案件,当事人存在复婚或再婚的自由,进行再审没有必要或不合理。《民事诉讼法》将解除婚姻关系的调解书增入不得申请再审的范围,因为其与判决具有相同的效力。

第二,适用特别程序、督促程序、公示催告程序、破产程序等非讼程序审理的案件。特别程序与督促程序、公示催告程序、破产程序都属于非讼程序,法院奉行的是职权主义,裁判周期短,程序价值取向偏向于效率,其裁判也不在于争议解决,而是体现预防功能和实现合目的性裁判。对于这类案件的救济,有些可以由当事人选择诉讼,有些可以由法院自行依据新事实、新情况重新作出判决,而无需经过审判监督程序纠正。

3. 申请再审的法定事由

申请再审需要有法定事由。当事人申请再审,对判决、裁定申请再审所需的法定事实和理由与对调解书申请再审的理由有所不同。

(1)对判决书、裁定书申请再审的法定理由。

对于生效的判决、裁定书,《民事诉讼法》规定的当事人可以申请的法定事由,有如下

几种：

第一，有新的证据，足以推翻原判决、裁定的。按照《民诉解释》第387条，法定再审事由第1项中的"新的证据"是指能够证明原判决、裁定认定基本事实或者裁判结果错误的证据。并且人民法院应当责令再审申请人说明其逾期提供该证据的理由；拒不说明理由或者理由不成立的，法院根据不同情形可以不予采纳证据，或者采纳证据后对当事人予以训诫、罚款，或者责令向另一方当事人赔偿因逾期提供证据所造成的必要费用。

为保障当事人的提出再审的权利，《民诉解释》第388条较为细致地规定了"逾期提供证据的理由"成立的几种情形，包括：① 证据在原审庭审结束前已经存在，因客观原因于庭审结束后才发现的；② 证据在原审庭审结束前已经发现，但因客观原因无法取得或者在规定的期限内不能提供的；③ 证据在原审庭审结束后形成，无法据此另行提起诉讼的；④ 证据在原审中已经提交，原审人民法院未组织质证且未作为裁判根据的，但原审人民法院因为当事人在原审就逾期提交证据且无法合理说明而不予采纳的除外。

第二，原判决、裁定认定的基本事实缺乏证据证明的。

第三，原判决、裁定认定事实的主要证据是伪造的。

第四，原判决、裁定认定事实的主要证据未经质证的。《民诉解释》第389条规定了不属于"未经质证"的情形。这是指当事人对原判决、裁定认定事实的主要证据在原审中拒绝发表质证意见或者质证中未对证据发表质证意见的。如当事人对证据拒绝质证，应视为对质证权利的放弃，其在裁判生效后又以主要证据未经质证为由申请再审的，不应支持。

第五，对审理案件需要的主要证据，当事人因客观原因不能自行收集，书面申请人民法院调查收集，人民法院未调查收集的。《民事诉讼法》在"对审理案件需要的证据"前增加"主要"两字。主要证据是证明案件基本事实的证据，而基本事实是指对原判决、裁定的结果有实质影响、用以确定当事人主体资格、案件性质、具体权利义务等主要事项所依据的事实。这样修改便于与第二至四种中的"主要证据"和"基本事实"相对应，限定了证据的范围。

第六，原判决、裁定适用法律确有错误的。《民诉解释》第390条明确了"适用法律确有错误"的几种情形，包括：① 适用的法律与案件性质明显不符的；② 确定民事责任明显违背当事人约定或者法律规定的；③ 适用已经失效或者尚未施行的法律的；④ 违反法律溯及力规定的；⑤ 违反法律适用规则的；⑥ 明显违背立法原意的。

第七，审判组织的组成不合法或者依法应当回避的审判人员没有回避的。

第八，无诉讼行为能力人未经法定代理人代为诉讼或者应当参加诉讼的当事人，因不能归责于本人或者其诉讼代理人的事由，未参加诉讼的。

第九，违反法律规定，剥夺当事人辩论权利的。《民诉解释》第391条明确了原审"剥夺当事人辩论权利"的几种情形，包括：① 不允许当事人发表辩论意见的；② 应当开庭审理而未开庭审理的；③ 违反法律规定送达起诉状副本或者上诉状副本，致使当事人无法行使辩论权利的；④ 违法剥夺当事人辩论权利的其他情形。

第十,未经传票传唤,缺席判决的。

第十一,原判决、裁定遗漏或者超出诉讼请求的。《民诉解释》第392条明确了诉讼请求的范围,规定其包括一审诉讼请求、二审上诉请求。但当事人未对一审判决、裁定遗漏或者超出诉讼请求提起上诉的除外,因为这视为当事人在二审中放弃或者不当行使了救济权,再审也就不能再提供救济。

第十二,据以作出原判决、裁定的法律文书被撤销或者变更的。《民诉解释》第393条明确了法律文书的范围,规定其包括:① 发生法律效力的判决书、裁定书、调解书;② 发生法律效力的仲裁裁决书;③ 具有强制执行效力的公证债权文书。

第十三,审判人员审理该案件时有贪污受贿,徇私舞弊,枉法裁判行为的。值得注意的是,上述行为是已经由生效刑事法律文书或者纪律处分决定所确认的行为。

其中,第一至五种属于因为证据等问题,导致原裁判文书在认定事实上有错误。第六种属于原裁判文书在法律适用上有错误。第七至十一种属于人民法院违反法定程序,导致当事人合法的诉讼权利未能得到有效行使,可能导致裁判不公的情况;其中第十一种属于原裁判文书未对当事人的诉讼请求作出正确的回应,有超判和漏判行为。此外,第四种未保障当事人质证权既有可能影响事实认定,也属于程序违法。第十二种属于因为其他法律文书被撤销或变更,使被申请再审的裁判文书失去了合法性基础。第十三种强调因为审判人员的违法行为,导致裁判的真实性和公正性受到质疑的情形。

(2) 对调解书申请再审的法定理由。

对于生效的调解书,当事人必须提出证据证明调解违反自愿原则或者调解协议的内容违反法律,才可以申请再审。经人民法院审查属实的,应当再审。

4. 申请再审的法定期限

《民事诉讼法》将申请再审的期限规定为6个月。根据第205条规定,当事人申请再审,应当在判决、裁定发生法律效力后6个月内提出。

为了避免原裁判确实有错误的情况下,由于时效的超过而使当事人丧失纠正的权利,该条也规定有四类事由,如果在6个月的申请期间届满后,当事人仍可自知道或者应当知道之日起6个月内提出再审申请。这些事由包括:有新的证据,足以推翻原判决、裁定的;原判决、裁定认定事实的主要证据是伪造的;据以作出原判决、裁定的法律文书被撤销或者变更的;审判人员审理该案件时有贪污受贿,徇私舞弊,枉法裁判行为的。

根据《再审解释》相关条款的规定,该期限不适用中止、中断和延长的规定。且根据《民诉解释》第384条的规定,当事人对已经发生法律效力的调解书申请再审,同样应当在调解书发生法律效力后6个月内提出。

5. 申请再审的管辖法院

《民事诉讼法》第199条规定,当事人可以向原人民法院的上一级人民法院申请再审,但当事人一方人数众多或者当事人双方为公民的案件,也可以向原审人民法院申请再审。

将申请再审的管辖法院上提为原审法院的上级法院,是因为这有利于再审纠错的有效性和上级法院的监督。但是一概由上级法院管辖再审案件,也会使上级法院审判任务攀升,使很多社会矛盾无法在当地解决。因此,《民事诉讼法》也作出了一些例外规定:

例外情况之一就是当事人双方为公民的案件,这是指原告和被告均为公民的案件。这种案件由原审法院审查,可以降低当事人再审申请的成本,有利于做好息诉息访工作。之二就是当事人一方人数众多的案件,人数众多的当事人包括公民、法人和其他组织。这种案件由原审法院审查,有利于查明事实,与基层信访组织配合,将纠纷在当地解决,维护社会稳定。

6. 申请再审的方式

根据《民事诉讼法》第203条的规定,在申请再审时,当事人应当提交再审申请书等材料。按照《再审解释》第3、4条及《民诉解释》第377条、第378条的规定,当事人申请再审,应当向人民法院提交如下材料:

(1) 再审申请书。申请书应载明如下事项:再审申请人与被申请人及原审其他当事人的基本信息;原审人民法院的名称,原审裁判文书案号;具体的再审请求;申请再审的法定情形及具体事实、理由。再审申请书应当明确申请再审的人民法院,并由再审申请人签名、捺印或者盖章。还应按照对方当事人人数提出副本。

(2) 已经发生法律效力的判决书、裁定书、调解书。

(3) 身份证明。再审申请人是自然人的,应当提交身份证明;再审申请人是法人或者其他组织的,应当提交营业执照、组织机构代码证书、法定代表人或者主要负责人身份证明书。委托他人代为申请的,应当提交授权委托书和代理人身份证明;

(4) 反映案件基本事实的主要证据及其他材料。

前述第2、3、4项规定的材料可以是与原件核对无异的复印件。

7. 必要共同诉讼人和案外人申请再审的特别规定

根据《民诉解释》第422条的规定,必须共同进行诉讼的当事人因不能归责于本人或者其诉讼代理人的事由未参加诉讼的,可以自知道或者应当知道之日起6个月内申请再审。

根据《民事诉讼法》第227条以及《民诉解释》第423条的规定,案外人对驳回其执行异议的裁定不服,认为原判决、裁定、调解书内容错误损害其民事权益的,可以自执行异议裁定送达之日起6个月内,向作出原判决、裁定、调解书的人民法院申请再审。

(二) 法院对再审申请的审查和处理

由于再审属于非常救济程序,因此法律对于再审申请的要求很严格,相应的审查和处理的规定也比较多,主要内容如下:

1. 审查程序

(1) 受理登记和审查的期限。

人民法院应当自收到符合条件的再审申请书等材料后5日内完成向申请再审人发送受理通知书等受理登记手续,并向对方当事人发送受理通知书及再审申请书副本。对方当事人应当在15日内提交书面意见。如果对方当事人不提交意见,不影响法院进行审查。

人民法院应当自收到再审申请书之日起3个月内进行审查,如果有特殊情况需要延长,必须由本院院长批准。

(2) 审查的范围和方式。

人民法院对再审申请的审查,应当围绕再审事由是否成立进行,检验有关判决、裁定、调解书的再审事由是否符合法律的相关规定。人民法院认为仅审查再审申请书等材料难以作出裁定的,应当调阅原审卷宗予以审查。

人民法院可以根据案情需要决定是否询问当事人。以有新的证据足以推翻原判决、裁定为由申请再审的,应当询问当事人。

(3) 几种特殊情况的审查。

第一,按照《民诉解释》的相关规定,在审查再审申请过程中,被申请人及原审其他当事人依法提出再审申请的,人民法院应当将其列为再审申请人,对其再审事由一并审查,审查期限重新计算。

人民法院审查再审申请期间,人民检察院对该案提出抗诉的,人民法院应依照《民事诉讼法》第211条的规定裁定再审,申请再审人提出的具体再审请求应纳入审理范围。

第二,申请再审人在案件审查期间申请撤回再审申请的,是否准许,由人民法院裁定。申请再审人经传票传唤,无正当理由拒不接受询问,可以裁定按撤回再审申请处理。

第三,按照《民诉解释》的相关规定,审查再审申请期间,再审申请人申请人民法院委托鉴定、勘验的,人民法院不予准许。

第四,按照《民诉解释》的相关规定,当事人就离婚案件中的财产分割问题申请再审的,如涉及判决中已分割的财产,人民法院应依法进行审查,符合再审条件的,应立案审理;如涉及判决中未作处理的夫妻共同财产,应告知当事人另行起诉。

第五,有下列情形之一的,人民法院可以裁定终结审查:① 申请再审人死亡或者终止,无权利义务承受人或者权利义务承受人声明放弃再审申请的;② 在给付之诉中,负有给付义务的被申请人死亡或者终止,无可供执行的财产,也没有应当承担义务的人的;③ 当事人达成执行和解协议且已履行完毕的,但当事人在执行和解协议中声明不放弃申请再审权利的除外;④ 他人未经授权以当事人名义申请再审的;⑤ 原审或者上一级人民法院已经裁定再审的;⑥ 再审申请被驳回后再次提出申请的。

2. 审查后的处理

(1) 决定是否立案。

第一,予以立案。

经过审查,人民法院认为当事人主张的再审事由符合《民事诉讼法》规定的,应当裁定再审。

原审各方当事人都提出再审的,其中一方再审申请人主张的再审事由成立的,应当裁定再审。各再审申请人主张的再审事由均不成立的,一并裁定驳回再审申请。

第二,驳回申请。

经过审查，人民法院认为当事人主张的再审事由不成立，或者存在当事人申请再审超过法定申请期限、超出法定再审事由范围等情况的，应当裁定驳回申请。驳回再审申请的裁定一经送达，即发生法律效力。

第三，不予受理。

按照《民诉解释》第383条的规定，当事人申请再审，有下列情形之一的，人民法院不予受理：① 再审申请被驳回后再次提出申请的；② 对再审判决、裁定提出申请的；③ 在人民检察院对当事人的申请作出不予提出再审检察建议或者抗诉决定后又提出申请的。上述第1、2项规定情形，人民法院应当告知当事人可以向人民检察院申请再审检察建议或者抗诉，但因人民检察院提出再审检察建议或者抗诉而再审作出的判决、裁定除外。

人民法院准许撤回再审申请或者按撤回再审申请处理后，再审申请人再次申请再审的，不予受理。但有前述再审法定事由第1、3、12、13种规定情形的，自知道或者应当知道之日起6个月内提出的除外。这是由于在上述情况下，原审的错误是由人为因素导致，或者有新证据予以证实，或者支持原审裁判的基本事实被推翻，这些情况下都必须保障当事人救济权。

(2) 决定再审的审理法院。

上一级人民法院经审查认为申请再审事由成立的，一般由本院提审。

最高人民法院、高级人民法院也可以根据案件的影响程度以及案件参与人等情况，决定是否指定与原审人民法院同级的其他人民法院再审，或者是否指令原审人民法院再审。需要指定再审的，应当考虑便利当事人行使诉讼权利以及便利人民法院审理等因素。接受指定再审的人民法院，应当按照《民事诉讼法》第207条第1款规定的程序审理。

按照《再审解释》第29条规定的精神，有下列情形之一的，不得指令原审人民法院再审：① 原审人民法院对该案无管辖权的；② 审判人员在审理该案件时有贪污受贿，徇私舞弊，枉法裁判行为的；③ 原判决、裁定系经原审人民法院审判委员会讨论作出的；④ 其他不宜指令原审人民法院再审的。

3. 申请再审一般不需要交纳诉讼费用

当事人申请再审一般不用交纳诉讼费用。但根据《诉讼费用交纳办法》第9条的规定，下列情形除外：(1) 当事人有新的证据，足以推翻原判决、裁定，向人民法院申请再审，人民法院经审查决定再审的案件；(2) 当事人对人民法院第一审判决或者裁定未提出上诉，第一审判决、裁定或者调解书发生法律效力后又申请再审，人民法院经审查决定再审的案件。第一种情况是因为申请再审的一方当事人没有及时提出关键证据而启动再审，法院没有任何过错（根据《证据规定》第44条，此处"新的证据"仅指原庭审结束后新发现的证据，而不包括法院应当调查取证而未调查的情形），因而应当由再审申请人预交诉讼费用；第二种情况是针对实践当中屡屡发生的"绕过二审打再审"的不合理现象，为了抑制当事人逃避交纳上诉费的做法，提高常规程序的利用效率，因此规定在这种情况下再审申请人也需预交诉讼费用。

三、人民检察院抗诉及提出检察建议

按照《民事诉讼法》的规定,最高人民检察院对各级人民法院已经发生法律效力的判决、裁定,上级人民检察院对下级人民法院已经发生法律效力的判决、裁定,符合法定条件的,应当按照审判监督程序依职权提出抗诉或者依当事人申请提出抗诉。这意味着人民检察院可以通过抗诉的方式提起再审。人民检察院的抗诉权,实际上是《民事诉讼法》第14条规定的"人民检察院有权对民事诉讼实行法律监督"这一基本原则的具体体现。

(一)人民检察院依职权提出抗诉及检察建议

1. 人民检察院依职权提出抗诉

人民检察院提出抗诉,必须符合法定的条件和程序。

(1)提出抗诉的人民检察院。

根据《民事诉讼法》第208条的规定,最高人民检察院可以依法对各级人民法院的生效裁判提出抗诉;此外,上级人民检察院可以依法对下级人民法院的生效裁判提出抗诉。地方各级人民检察院对同级人民法院的已经生效的裁判,发现具有应当抗诉的情形的,应当提请上级人民检察院按照审判监督程序提出抗诉。换言之,人民检察院对同级人民法院已经发生法律效力的判决、裁定,发现有法律所规定的应当抗诉情形的,没有直接的抗诉权,只有提出检察建议的权力。简而言之,检察抗诉实行"上抗下"的体制。

(2)人民检察院抗诉的对象。

根据《民事诉讼法》第208条第1款及《民诉解释》第413条、第414条的规定,检察院抗诉的对象是已经发生法律效力的各类判决,不予受理、驳回起诉的裁定以及损害国家利益、社会公共利益的调解书。

但是,适用特别程序、督促程序、公示催告程序、破产程序以及解除婚姻关系的判决、裁定等不适用审判监督程序的判决、裁定除外。

(3)人民检察院抗诉的法定事由。

根据《民事诉讼法》第208条第1款的规定,检察院对各类判决、裁定提起的抗诉事由与当事人申请再审的法定事由一致。

对调解书提出抗诉的法定事由是其损害国家利益、社会公共利益。生效调解书违反自愿原则、内容违法以及损害第三人理由不属于法定的抗诉事由,而属于申请再审的事项。这是因为此种情况下检察院提出抗诉不以法院先再审为前提,作此规定是为了限制公权力对调解案件的过度干预,保障民事检察权的行使符合其本来目的。

(4)人民检察院提出抗诉的方式。

根据《民事诉讼法》第212条的规定,人民检察院决定对人民法院的判决、裁定、调解书提出抗诉的,应当制作抗诉书。即抗诉应当以书面的形式提出。按照相关司法解释的规定,检察院在决定抗诉之日起15日内将抗诉书连同案件卷宗移送同级人民法院,并制作决定抗诉的通知书,发送当事人。

(5) 法院对检察院抗诉的审查处理。

根据《民事诉讼法》第 211 条的规定，人民检察院提出抗诉的案件，人民法院应当再审，即人民检察院的抗诉必然引起再审程序的发生。并且，《民事诉讼法》规定，接受抗诉的人民法院应当在 30 日内再审。

人民检察院提出抗诉以及检察建议引发的再审案件，当事人无需交纳诉讼费用。申请复印、鉴定、审计、勘验等产生的费用由申请人直接支付给有关机构或者单位，人民检察院不得代收代付。

2. 依职权提出检察建议

(1) 提出检察建议的人民检察院。

《民事诉讼法》第 208 条第 2 款规定，地方各级人民检察院对同级人民法院已经发生法律效力的判决、裁定，发现有当事人申请再审的法定事由之一的，或者发现调解书损害国家利益、社会公共利益的，可以向同级人民法院提出检察建议，并报上级人民检察院备案。

各级人民检察院对审判监督程序以外的其他审判程序中审判人员的违法行为，有权向同级人民法院提出检察建议。

(2) 提出检察建议的对象。

根据《民事诉讼法》第 208 条的规定，检察建议的对象是已经发生法律效力的各类判决、裁定，损害国家利益、社会公共利益的调解书以及审判监督程序以外的其他审判程序中审判人员的违法行为。

(3) 提出检察建议的法定事由。

根据《民事诉讼法》第 208 条的规定，检察院对各类判决、裁定提起检察建议的事由与当事人申请再审的法定事由一致。相关司法解释进一步细化了提出检察建议的事由，规定除了原判决、裁定适用法律确有错误以及审判人员审理该案件时有贪污受贿，徇私舞弊，枉法裁判行为这两种情况下应当向上级检察机关申请抗诉外，对于其他 11 种当事人再审的法定事由都可以提出检察建议。因为法律错误以及审判人员违法的纠正和监督比较适合由更有权威的上级检察院作出。

而对调解书提出检察建议的法定事由是其损害国家利益、社会公共利益。这与对调解书主动抗诉的事由一致，意味着对损害国家利益、社会公共利益的调解书既可以提出抗诉也可以提出检察建议。

检察院对审判监督程序以外的其他审判程序中审判人员的行为提出检察建议的法定事由是其违法。

(4) 人民检察院提出检察建议的方式及程序。

第一，再审检察建议的提出。

按照根据相关司法解释的精神，地方各级人民检察院对符合再审法定事由的判决、裁定、调解，经检察委员会决定，可以向同级人民法院提出再审检察建议。之所以要经过检察委员会决定是为了提高再审检察建议的慎重性，避免随意性。

检察院应当制作再审检察建议书,在决定提出再审检察建议之日起15日内将再审检察建议书连同案件卷宗移送同级人民法院,并制作决定提出再审检察建议的通知书,发送当事人。

第二,一般检察建议的提出。

根据相关司法解释的规定,对于人民法院的审判活动有违反法律规定的情形,而不适用再审程序的,人民检察院应当向人民法院提出检察建议。

(5) 法院对检察建议的审查处理。

第一,法院对再审检察建议的审查处理。

依照《民诉解释》第419条的规定,人民法院收到再审检察建议后,应当组成合议庭,在3个月内进行审查,发现原判决、裁定、调解书确有错误,需要再审的,依照法院依职权启动再审的方式裁定再审,并通知当事人;经审查,决定不予再审的,应当书面回复人民检察院。

人民检察院认为人民法院不予再审的决定不当的,可以提请上级人民检察院提出抗诉。

第二,法院对一般检察建议的处理。

按照相关司法解释的精神,人民检察院提出检察建议的,人民法院应当在1个月内作出处理并将处理情况书面回复人民检察院。人民检察院对人民法院的回复意见有异议的,可以通过上一级人民检察院向上一级人民法院提出。上一级人民法院认为人民检察院的意见正确的,应当监督下级人民法院及时纠正。

(二) 当事人申请检察建议或者抗诉

1. 当事人申请检察建议或者抗诉的法定事由

按照《民事诉讼法》第209条第1款的规定,当事人申请检察建议或者抗诉的法定事由包括如下三类:

(1) 人民法院驳回再审申请的;

(2) 人民法院逾期未对再审申请作出裁定的;

(3) 再审判决、裁定有明显错误的。

由上述事由可以看出,当事人申请检察建议或者抗诉的前提是法院已经对其再审申请进行了相关处理,当事人在认为该处理仍有明显错误、延误时,才可以向检察院提出申请。也就是说法院审查在前,检察院监督在后。这样的再审模式搭配有利于协调好再审审理权和审判监督权的关系,充分发挥审判监督权的效力,也可以避免当事人多头提出再审,检、法多头审查,从而影响再审的有序和权威。

2. 抗诉或者检察建议的对象

依照《民诉解释》第418条的规定,法院驳回当事人再审申请的裁定并不是抗诉或者检察建议的对象,其对象仍然是原判决书、裁定书和调解书。

3. 检察院对当事人申请的审查和处理

(1) 审查。

按照《民事诉讼法》第209条第2款的规定,人民检察院对当事人的申请应当在3个月内进行审查。

按照《民事诉讼法》第210条的规定及相关司法解释的规定,检察院在提出再审检察建议或者抗诉时,可以组织听证,查阅人民法院的诉讼卷宗,并享有调查核实权,可以向当事人或者案外人调查核实有关情况。

听证应当围绕民事诉讼监督案件中的事实认定和法律适用等问题,按照下列顺序进行:① 申请人陈述申请监督请求、事实和理由;② 其他当事人发表意见;③ 申请人和其他当事人提交新证据的,应当出示并予以说明;④ 出示人民检察院调查取得的证据;⑤ 案件各方当事人陈述对听证中所出示证据的意见;⑥ 申请人和其他当事人发表最后意见。

为了避免检察机关调查核实权过大,造成当事人之间取证手段的不对等,进而影响当事人平等诉讼,有必要对检察机关的调查核实权进行限制。按照相关司法解释的精神,人民检察院对于已经发生法律效力的判决、裁定、调解,有下列情形之一的,可以向当事人或者案外人调查核实:第一,可能损害国家利益、社会公共利益的;第二,民事诉讼的当事人或者行政诉讼的原告、第三人在原审中因客观原因不能自行收集证据,书面申请人民法院调查收集,人民法院应当调查收集而未调查收集的;第三,民事审判、行政诉讼活动违反法定程序,可能影响案件正确判决、裁定的。

值得注意的是,人民检察院依职权调查收集的、包括有利于和不利于申诉人的证据,应当在再审审理时在法庭上予以出示,并对当事人提出的问题予以说明。只有经过质证,才能作为认定案件事实的依据。

(2) 处理。

按照相关司法解释的精神,人民检察院经过审查,可以作出如下处理:

第一,认为应当提出检察建议或者抗诉的,其程序和方式与依职权提出检察建议或者抗诉相同。

第二,人民检察院认为当事人的监督申请不符合提出再审检察建议条件的,应当作出不支持监督申请的决定,并在决定之日起15日内制作《不支持监督申请决定书》,发送当事人;认为当事人的监督申请不符合抗诉条件的,应当作出不支持监督申请的决定,并在决定之日起15日内制作不支持监督申请决定书,发送当事人。下级人民检察院提请抗诉的案件,上级人民检察院可以委托提请抗诉的人民检察院将不支持监督申请决定书发送当事人。

在检察机关决定提出或者不予提出检察建议或者抗诉之后,当事人不得再次向人民检察院申请检察建议或者抗诉。此时,当事人也不得再转向人民法院申请再审或申诉。也就是说,所有救济程序都已经终结。

4. 法院对抗诉或检察建议的审查和处理

（1）对抗诉的审查和处理。

人民法院对当事人申请的抗诉是否受理的审查和处理与前述对依职权抗诉的审查一致。有两个值得注意的问题：

第一，依照《民诉解释》第415条的规定，人民检察院依当事人申请对有明显错误的再审判决、裁定提出抗诉的，人民法院应予受理。这是由于再审判决、裁定错误比较明显，会影响到诉讼的公正，法院应当予以受理，不得推脱。这里的明显错误与当事人申请再审的法定事由并不相同，应当理解为更为严重的错误，因为这是对再审判决、裁定再次提出抗诉，所以应当特别慎重。

第二，依照《民诉解释》第417条的规定，人民检察院依当事人的申请对生效判决、裁定提出抗诉，符合下列条件的，人民法院应当在30日内裁定再审：① 抗诉书和原审当事人申请书及相关证据材料已经提交；② 抗诉对象为依照《民事诉讼法》和《民诉解释》可以进行再审的判决、裁定；③ 抗诉书列明该判决、裁定有当事人申请再审的法定事由之一的，或者调解书有损害国家利益、社会公共利益的；④ 当事人的再审申请被法院驳回或者逾期未作出裁定的。不符合前款规定的，人民法院可以建议人民检察院予以补正或者撤回；不予补正或者撤回的，人民法院可以裁定不予受理。

上述规定意味着，受理抗诉的法院应当对明显有错误的再审判决、裁定之外的其他情况下的抗诉是否符合形式条件进行审查，而不是完全不经审查就直接裁定再审，这有利于保障依申请的检察监督依法开展，按照《民事诉讼法》规定的程序和条件进行。

（2）对检察建议的审查和处理。

人民法院对依申请的检察建议是否受理的审查和处理与前述依职权提出的检察建议的审查和处理一致。不过，有两个值得注意的问题：

一是依照《民诉解释》第415条的规定，人民检察院依当事人申请对有明显错误的再审判决、裁定提出再审检察建议的，人民法院应予受理。原因与应当依申请提出抗诉的理由相同。

二是依照《民诉解释》第416条的规定，人民法院对地方各级人民检察院依当事人的申请对生效判决、裁定向同级人民法院提出的再审检察建议经过审查，认为符合下列条件的，应予受理：① 再审检察建议书和原审当事人申请书及相关证据材料已经提交；② 建议再审的对象为依照《民事诉讼法》和《民诉解释》规定可以进行再审的判决、裁定；③ 再审检察建议书列明该判决、裁定有当事人申请再审的法定事由之一的，或者调解书有损害国家利益、社会公共利益的；④ 当事人的再审申请被法院驳回或者逾期未作出裁定的；⑤ 再审检察建议经该人民检察院检察委员会讨论决定。不符合上述条件的，人民法院可以建议人民检察院予以补正或者撤回；不予补正或者撤回的，应当函告人民检察院不予受理。

之所以规定再审受理法院应当对有明显错误的再审判决、裁定之外的其他情况下的检察建议进行形式审查而不是直接裁定再审，是为了保障检察建议的依法进行。

第三节 再审案件的审理与裁判

一、再审案件的审理

再审审理是指在法院经过再审审查,裁定再审之后,对于原审判决、裁定、调解书进行的实体审理程序。再审审理与上述的再审审查是审判监督程序中各自独立的两个阶段,两者主要有如下的区别:第一,两者目的不同。审查程序是为了决定是否值得开启再审程序,而再审审理是为了决定原审裁判和调解书是否需要纠正的。第二,两者的审查标准存在着重大区别,审查程序注重于法定条件是否满足,而审理程序则注重申请人所主张的再审申请中的或者再审指令、抗诉、检察建议中提及的事实认定、法律适用以及程序运行中是否确实存在需要纠正的问题。第三,在顺序上,审查程序在前,审理程序在后。第四,再审审理程序可以适用民事一审、二审审理程序的相关规定,而再审审查程序无法准用一审、二审案件审查受理程序的规定,法律及司法解释之所以要特别规定再审案件的审查程序,就是为了严格限制非常救济开启,保障程序安定以及裁判的权威。第五,两者的结果不同,再审审理程序结束时,应当作出相应的判决、裁定及调解。而再审审查程序结束时,应当作出是否开启再审审理的裁判或者通知。

值得注意的是,依据《民诉解释》第420条,人民法院审理因人民检察院抗诉或者检察建议裁定再审的案件,不受此前已经作出的驳回当事人再审申请裁定的影响。驳回当事人再审申请的裁定只是经过再审申请审查程序作出的,而不是经过再审审理程序作出的,因此只意味着不开启再审程序,而不具有实质上的既判力,不应当产生禁止后诉作出与该裁定相矛盾的裁判的效力。在当事人转而申请检察院提起抗诉或者检察建议并被法院裁定再审之后,再审审理法院可以依据审理中查明的事实适用法律独立作出裁判,不应当受之前所作出驳回再审申请裁定的影响,即使该裁定是由上级法院作出的。

(一)再审审理的进行

1. 裁定中止原判决、裁定、调解书的执行

根据《民事诉讼法》的规定,按照审判监督程序决定再审的案件,原则上应当裁定中止原判决、裁定、调解书的执行,但也有例外。之所以要中止执行,是因为再审程序的启动,意味着案件需要等待法院重新给出处理结果,继续执行原裁判可能会直接影响再审裁判的实现,因此需要在程序上裁定中止原裁判的执行。但是,这一规则也可能在一定程度上被用作拖延执行或规避执行的方式,造成执行权人的权利迟迟无法实现。因此,《民事诉讼法》也设置了中止执行的例外,即追索赡养费、扶养费、抚育费、抚恤金、医疗费用、劳动报酬等案件,可以不中止执行。这是因为追索赡养费、扶养费、抚育费案件的执行权人一般是老弱妇幼等弱势群体;追索抚恤金、医疗费用、劳动报酬等案件,也涉及执行权人及其家属基本生活的保障。所以对这些案件可以由法院审查,权衡利弊,决定是否要中止执行。

对于需要中止执行的案件,法院应当在再审裁定中同时写明中止原判决、裁定、调解书的执行;情况紧急的,可以将中止执行裁定口头通知负责执行的人民法院,并在通知后10日内发出裁定书。

2. 再审审理的组织

(1) 再审审理的法院。

再审的审理法院由于开启再审的主体不同而有所不同:

第一,法院依职权启动的再审案件。

各级人民法院对本院案件依职权进行再审的,即由本院进行再审审理。

最高人民法院、高级人民法院、中级人民法院对下级法院的案件依职权进行再审的,可以指令该院、与该院同级的法院或其他合适的法院审理,或者由本院进行提审。

第二,因当事人申请裁定再审的案件。

按照《民事诉讼法》第204条第2款的规定,因当事人申请裁定再审的案件由中级人民法院以上的人民法院审理。这是由于,当事人申请再审是向上级法院提出的,基层法院的上级法院就是中级以上的人民法院,由中级以上法院审理也凸显了审判监督程序的监督效力。但是,因当事人一方人数众多或者当事人双方为公民的案件,在当事人选择向基层人民法院申请再审并裁定再审后,仍由该基层法院进行审理。

中级以上法院受理申请并决定再审之后,通常也是由本院进行再审审理,但是也有例外,那就是最高人民法院、高级人民法院裁定再审的案件,由本院再审或者交其他人民法院再审,也可以交原审人民法院再审。这主要是因为这两级法院案件审理任务重,主要负责法律适用监督的工作,对于数量众多的再审案件,尤其是侧重于事实错误的再审案件不必由本院再审。

第三,因检察院提出抗诉而再审的案件。

按照《民事诉讼法》第211条的规定,因检察院提出抗诉而再审的案件一般由接受抗诉的人民法院进行再审。

按照《民诉解释》第418条的规定,接受抗诉的人民法院对于符合《民事诉讼法》第200条第1项至第5项规定情形之一的,可以交由下一级人民法院再审,即:① 有新的证据,足以推翻原判决、裁定的;② 原判决、裁定认定事实的主要证据不足的;③ 原判决、裁定认定的基本事实缺乏证据证明的;④ 原判决、裁定认定事实的主要证据是伪造的;⑤ 原判决、裁定认定事实的主要证据未经质证的。这是因为这些事项都涉及证据问题,而不是涉及法律适用和审判主体的问题,因此可以由下级法院来审理。

本条也意味着,驳回当事人再审申请的裁定不是人民法院指令下级法院进行再审的法定障碍,不需要撤销该裁定之后,再指令其再审。

(2) 另行组成合议庭。

按照《民事诉讼法》的规定,人民法院按照再审程序审理案件,应当另行组成合议庭开庭审理。这意味着:第一,再审案件不能采用独任制,而应当组成合议庭进行开庭审理。之所以如此要求,是因为再审是一个纠错的程序,需要有一个相对更为严格的审判组织来组织审判工作和对案件作出裁判。第二,从原理上看,原审判人员一般不宜参加新组成的合议庭。这主要是为了防止审判人员因对案件有成见而先入为主,影响案件的公正审判。第三,再审案件应当开庭审理。但按照第二审程序审理的,有特殊情况或双方当事人已经通过其他方式充分表达意见,且书面同意不开庭审理的除外。

3. 再审审理的范围

依照《民诉解释》的相关规定,人民法院审理再审案件应当围绕再审请求进行。当事人的再审请求超出原审诉讼请求的,不予审理;符合另案诉讼条件的,告知当事人可以另行起诉。不过上述规定也有例外,那就是人民法院经再审,发现已经发生法律效力的判决、裁定损害国家利益、社会公共利益、他人合法权益的,应当一并审理。

被申请人及原审其他当事人在庭审辩论结束前提出的再审请求,符合《民事诉讼法》第 205 条规定的法定期限的,人民法院应当一并审理。

4. 再审审理的程序选择

(1) 按照第一审程序审理。

根据《民事诉讼法》第 207 条的规定,人民法院按照审判监督程序再审的案件,发生法律效力的判决、裁定是由第一审法院作出的,按照第一审程序审理,所作的判决、裁定,当事人可以上诉。

(2) 按照第二审程序审理。

发生法律效力的判决、裁定是由第二审法院作出的,按照第二审程序审理,所作的判决、裁定,是发生法律效力的判决、裁定。

上级人民法院按照审判监督程序提审的,无论原来是一审审结还是二审审结,均按照第二审程序审理,所作的判决、裁定是发生法律效力的判决、裁定。

依照《民诉解释》的相关规定,按第二审程序再审的人民法院在宣告判决可以自行宣判,也可以委托原人民法院或者当事人所在地人民法院代行宣判。

这些规定表明,不管启动再审程序的主体是谁,再审程序一旦启动,再审案件的审理即按一审或二审程序审理。但这并不意味着再审案件的审理等同于一审或二审程序案件的审理,再审案件的审理有其自身的特点。

5. 再审的开庭审理

由于再审的开启有法院依职权再审、当事人申请再审以及抗诉再审三种情况,人民法院开庭审理再审案件,也应当按照不同的再审类型分别进行,按照《民诉解释》的相关规定,主要内容如下:

(1) 因当事人申请再审的,先由再审申请人陈述再审请求及理由,人民法院应当要求当事人明确其再审请求;之后由被申请人答辩、其他原审当事人发表意见。

(2) 因抗诉再审的,法院应当在开庭 3 日前通知人民检察院、当事人和其他诉讼参与人。同级人民检察院或者提出抗诉的人民检察院应当派员出庭,以便检察院对再审进行有效的监督。根据相关司法解释的精神,检察人员出席再审法庭的任务是:第一,宣读抗诉书;第二,出示证据,并对当事人提出的问题予以说明。在抗诉机关宣读抗诉书之后,再由申请抗诉的当事人陈述,人民法院应当要求当事人明确其再审请求。然后由被申请人答辩、其他原审当事人发表意见。

人民检察院因履行法律监督职责向当事人或者案外人调查核实的情况,应当向法庭提交并予以说明,由双方当事人进行质证。

(3) 人民法院依职权再审,有申诉人的,先由申诉人陈述再审请求及理由,法院应当要求当事人明确其再审请求;之后后由被申诉人答辩、其他原审当事人发表意见。没有申诉人的,先由原审原告或者原审上诉人陈述,后由原审其他当事人发表意见。

6. 再审案件的审理期限

再审案件的审结期限与其适用的审理程序相适应,即适用一审程序审理的,遵循一审案件的审理期限,适用二审程序审理的,遵循二审案件的审理期限。

7. 小额诉讼再审的特别规定

对小额诉讼案件的判决、裁定,当事人以法定事由向原审人民法院申请再审的,人民法院应当受理。申请再审事由成立的,应当裁定再审,组成合议庭进行审理。作出的再审判决、裁定,当事人不得上诉。

当事人以不应按小额诉讼案件审理为由向原审人民法院申请再审的,人民法院应当受理。理由成立的,应当裁定再审,组成合议庭审理。作出的再审判决、裁定,当事人可以上诉。

(二) 再审案件审理的特殊情况

1. 撤回起诉

一审原告在再审审理程序中申请撤回起诉,经其他当事人同意,且不损害国家利益、社会公共利益、他人合法权益的,人民法院可以准许。裁定准许撤诉的,应当一并撤销原判决。由于诉讼因一审原告的起诉而启动,原审原告如果要求撤回起诉,再审继续进行下去就没有意义。同时,原审原告撤回起诉,也意味着其不接受一审裁判的结果,所以应一并撤销原判决。

2. 缺席判决

按照《民诉解释》第403条第2款的规定,再审符合缺席判决条件的,可以缺席判决。

3. 程序终结

按照《民诉解释》的相关规定,再审审理期间,有下列情形之一的,可以裁定终结再审程序:(1) 再审申请人在再审期间撤回再审请求,人民法院准许的;(2) 再审申请人经传票传唤,无正当理由拒不到庭的,或者未经法庭许可中途退庭的,按撤回再审请求处理的;(3) 人民检察院撤回抗诉的;(4) 有《民诉解释》第402条终结再审审查条件中第1项至第4项规定情形的。

因人民检察院提出抗诉裁定再审的案件,申请抗诉的当事人有上述规定的情形,且不损害国家利益、社会公共利益或者他人合法权益的,人民法院应当裁定终结再审程序。

再审程序终结后,人民法院裁定中止执行的原生效判决自动恢复执行。

二、再审案件的裁判和调解

根据《民事诉讼法》《民诉解释》以及相关司法解释规定的精神，再审法院对再审案件进行审理之后，应当根据案件的不同情况，分别作出处理。

(一) 再审案件的裁判

再审案件的裁判与二审案件的裁判有类似之处，都可以分为维持原判，改判、撤销或者变更原判，撤销原判发回重审，撤销原判驳回起诉等四种主要类型。但是也有重要区别：首先，按照一审程序审理的再审案件就无法发回重审；其次，再审改判的标准要严于二审改判，除了裁判确有事实、法律错误以外，还要求这种错误也导致裁判结果错误，才能改判，如果没有导致裁判结果错误就予以维持原裁判。这主要是出于维护程序安定性和裁判权威的考虑。

1. 一般规定

(1) 维持原判决、裁定。

第一，原判决认定事实清楚，适用法律正确的，再审法院应予维持。

第二，原判决、裁定在认定事实、适用法律、阐述理由方面虽有瑕疵，但裁判结果正确的，再审法院应在再审判决、裁定中纠正上述瑕疵后予以维持。

(2) 依法改判、撤销或者变更。

第一，原判决、裁定认定事实错误，导致裁判结果错误的，再审法院应当依法改判、撤销或者变更。

第二，原判决、裁定适用法律错误，导致裁判结果错误的，再审法院应当依法改判、撤销或者变更。

(3) 裁定撤销原判决，发回原审人民法院重审。

该种类型的再审裁判的适用条件与第二审程序中撤销原判发回重审的条件基本一致：

第一，原判决认定的基本事实不清，再审法院应当裁定撤销原判决，发回原审人民法院重审。

第二，原判决遗漏当事人或者违法缺席判决等严重违反法定程序的，审法院应当裁定撤销原判决，发回原审人民法院重审。对于严重违反法定程序的具体情形，《关于民事审判监督程序严格依法适用指令再审和发回重审若干问题的规定》列举如下：原判决遗漏必须参加诉讼的当事人的；无诉讼行为能力人未经法定代理人代为诉讼，或者应当参加诉讼的当事人，因不能归责于本人或者其诉讼代理人的事由，未参加诉讼的；未经合法传唤缺席判决，或者违反法律规定剥夺当事人辩论权利的；审判组织的组成不合法或者依法应当回避的审判人员没有回避的；原判决、裁定遗漏诉讼请求的。

(4) 裁定撤销原判，驳回起诉。

人民法院提审或按照第二审程序再审的案件，在审理中发现原一、二审判决不符合《民事诉讼法》规定的起诉条件，或者符合法定不予受理条件的，应当裁定撤销一、二审判决,驳回起诉。

2. 几类特殊情况的裁判

(1) 因新证据被改判或发回重审的特别规定。

根据《证据规定》《民诉解释》等相关司法解释的精神,由于当事人的原因未能在指定期限内举证,致使案件在再审期间因提出新的证据被人民法院发回重审或者改判的,原审裁判不属于错误裁判。

被申请人等当事人因申请再审人或者申请检察监督的当事人的过错未能在原审程序中及时举证,请求补偿其增加的差旅、误工等诉讼费用的,人民法院应当支持;请求赔偿其由此扩大的直接损失,可以另行提起诉讼解决。

(2) 必要共同诉讼人申请再审的裁判。

按照《民诉解释》第422条第2款的规定,人民法院因必要共同诉讼人申请而裁定再审,按照第一审程序再审的,应当追加其为当事人,作出新的判决、裁定;按照第二审程序再审,经调解不能达成协议的,应当撤销原判决、裁定,发回重审,重审时应追加其为当事人。

(3) 案外人申请再审的裁判。

按照《民诉解释》第424条的规定,人民法院因案外人申请而裁定再审后,确定案外人属于必要的共同诉讼当事人的,不论是按照第一审程序还是第二审程序再审,均适用上述有关必要共同诉讼人再审审理的规定。

如果案外人不是必要的共同诉讼当事人的,人民法院仅审理原判决、裁定、调解书对其民事权益造成损害的内容。经审理,再审请求成立的,撤销或者改变原判决、裁定、调解书;再审请求不成立的,维持原判决、裁定、调解书。

(4) 对调解书申请再审的裁判。

第一,当事人提出的调解违反自愿原则的事由不成立,且调解书的内容不违反法律强制性规定的,裁定驳回再审申请。

第二,人民检察院抗诉或者再审检察建议所主张的损害国家利益、社会公共利益的理由不成立的,裁定终结再审程序。

再审申请被驳回或者再审程序终结的,人民法院裁定中止执行的调解书需要继续执行的,自动恢复执行。

(二) 再审案件的调解

1. 一般规定

适用再审程序审理的案件,可以进行调解。调解时仍遵照第一、第二审程序有关调解的规定进行。当事人在再审审理中经调解达成协议的,人民法院应当制作调解书。调解书经各方当事人签收后,即具有法律效力,原判决、裁定视为被撤销。

2. 值得注意的特殊情况

(1) 人民法院发现原一、二审判决遗漏了应当参加的当事人的,可以根据当事人自愿的原则予以调解,调解不成的,裁定撤销一、二审判决,发回原审人民法院重审。

(2) 因案外人申请人民法院裁定再审的,人民法院经审理认为案外人应为必要的共同诉讼当事人,如果是按第二审程序再审,那么经调解不能达成协议的,应撤销原判,发回重审,重审时应追加案外人为当事人。

(3) 按照《民诉解释》第412条的规定,部分当事人到庭并达成调解协议,其他当事人未作出书面表示的,人民法院应当在判决中对该事实作出表述;调解协议内容不违反法律规定,且不损害其他当事人合法权益的,可以在判决主文中予以确认。

(三) 再审裁判的效力

根据最高人民法院相关司法解释的规定,上级人民法院对经终审法院的上一级人民法院依照审判监督程序审理后维持原判或者经两级人民法院依照审判监督程序复查均驳回的申请再审或申诉案件,一般不予受理。再审程序是事后的、特殊的救济程序,因而应当严格限制适用的范围和次数,针对同一案件不能反复多次进行再审。因此司法解释规定经再审维持原判的案件当事人不能再申请再审。

但是,相关司法解释也规定,再审申请人或申诉人提出新的理由,且符合《民事诉讼法》规定的法定再审事由的,可以再次申请再审。我们认为,根据《民事诉讼法》第209条设立"当事人申请检察建议或者抗诉"制度的精神,当事人对于法院再审结果不满,又有新理由的,应当向检察机关申请检察建议或者抗诉。检察机关如果提出检察建议或者抗诉,当事人还可以在再审裁判之后另获得一次救济;但是,如果检察机关驳回当事人申请的,那么在现行司法程序制度安排下,救济手段就已经用尽,当事人即使又有新理由、新证据,也不能无限制地提出再审。

三、第三人撤销之诉与再审程序的关系

与再审程序一样,第三人撤销之诉也是一种救济机制。为了理清第三人撤销之诉与案外人申请再审、原裁判所涉及的案件再审的关系,《民诉解释》作出了具体的规定:

第三人撤销之诉案件审理期间,人民法院对生效判决、裁定、调解书裁定再审的,受理第三人撤销之诉的人民法院应当裁定将第三人的诉讼请求并入再审程序。但有证据证明原审当事人之间恶意串通损害第三人合法权益的,人民法院应当先行审理第三人撤销之诉案件,裁定中止再审诉讼。

第三人诉讼请求并入再审程序审理后,应按照下列情形分别处理:(1) 按照第一审程序审理的,人民法院应当对第三人的诉讼请求一并审理,所作的判决可以上诉;(2) 按照第二审程序审理的,人民法院可以调解,调解达不成协议的,应当裁定撤销原判决、裁定、调解书,发回一审法院重审,重审时应当列明第三人。

《民诉解释》第303条规定,第三人提起撤销之诉后,未中止生效判决、裁定、调解书执行的,执行法院对第三人依照《民事诉讼法》第227条规定提出的执行异议,应予审查。第三人不服驳回执行异议裁定,申请对原判决、裁定、调解书再审的,人民法院不予受理。案外人对人民法院驳回其执行异议裁定不服,认为原判决、裁定、调解书内容错误损害其合法权益的,应当根据《民事诉讼法》第227条规定申请再审,提起第三人撤销之诉的,人民法院不予受理。

第十八章 涉外民事诉讼程序的特别规定

第一节 涉外民事诉讼程序概述

一、涉外民事诉讼和涉外民事诉讼程序

(一) 涉外民事诉讼的概念

涉外民事诉讼,是指含有涉外因素的民事诉讼,即人民法院在双方当事人和其他诉讼参与人的参加下,审理和解决涉外民事案件的活动以及由此产生的诉讼法律关系的总和。其中所指的"民事",系广义意义,也包括商事诉讼。根据最高人民法院2013年实施的《关于适用〈中华人民共和国涉外民事关系法律适用法〉若干问题的解释(一)》第1条的规定,涉外因素主要包含以下三方面的内容:

(1) 法律关系的主体具有涉外因素,即诉讼当事人一方或双方是外国人、外国企业或组织,或者当事人一方或双方的经常居所地在中华人民共和国领域外的。这里的"外国人",是指具有外国国籍的人、无国籍的人或国籍不明的人。这里的"外国企业或组织",是指属于外国的企业或其他的经济组织。

(2) 法律关系的内容具有涉外因素,即诉讼当事人之间民事法律关系的产生、变更、终止的法律事实发生在外国。无论当事人是否为外国人、外国企业或组织,只要引起他们之间民事法律关系产生、变更、终止的法律事实不发生在我国境内,而发生在外国,即为涉外民事诉讼。

(3) 法律关系的客体具有涉外因素,即诉讼当事人争议的诉讼标的物在外国。当事人不是外国人、外国企业或组织,但双方争执的财产不在中国境内,而是存在于外国。我国人民法院审理这类案件,判决后需要委托外国法院协助执行,因此这类案件也具有涉外因素。

(二) 涉外民事诉讼程序

涉外民事诉讼程序,指的是人民法院受理、审判和执行具有涉外因素的民事案件的诉讼程序。

《民事诉讼法》的第四编以及《民诉解释》都对涉外民事诉讼程序作出了特别规定。这种特别规定,只是对人民法院审理具有涉外因素的民事案件的某些程序所作的规定,它是民事诉讼法的一个组成部分,而不是独立于民事诉讼法之外的特殊程序。根据《民事诉讼法》第259条的规定,在我国领域内进行涉外民事诉讼,适用第四编的规定,该编没有规定的,适用《民事诉讼法》其他有关规定。

此外,涉及华侨和港、澳、台同胞的民事诉讼,不属于涉外民事诉讼。但是,根据我国

人民法院的司法实践的惯例,鉴于他们所处的地位特殊,在主要适用《民事诉讼法》的同时,也可参照涉外民事诉讼的特别规定办理。

二、涉外民事诉讼程序的一般原则

涉外民事诉讼程序的一般原则,是指对涉外民事诉讼有指导意义和必须遵循的原则。它是根据《民事诉讼法》的基本原则以及我国缔结或者参加的国际条约,参照国际惯例,结合我国涉外民事诉讼的特殊情况而制定的。当事人进行涉外民事诉讼和人民法院审理涉外民事案件,除遵守这些基本原则外,还必须遵守涉外民事诉讼特别规定的一般原则。

根据《民事诉讼法》第二十三章的规定,涉外民事诉讼程序的一般原则包括以下六项原则。

(一) 适用我国《民事诉讼法》原则

这一原则是指我国人民法院审理涉外民事案件,只适用我国《民事诉讼法》。按照国际惯例,法院审理涉外民事案件,原则上适用法院所在地国家的民事诉讼法。《民事诉讼法》第259条规定:"在中华人民共和国领域内进行涉外民事诉讼,适用本编规定。本编没有规定的,适用本法其他有关规定。"这是《民事诉讼法》涉外编明确涉外民事诉讼适用我国《民事诉讼法》的规定,这是涉外民事诉讼中维护国家主权的重要体现,也是涉外民事诉讼程序的首要原则。

涉外民事诉讼适用我国《民事诉讼法》,主要体现在以下三个方面:

(1) 外国人、无国籍人、外国企业或组织在我国领域内起诉、应诉,均应按照我国民事诉讼法规定的程序办理。例如,新《民诉解释》就对外国人参加诉讼应当提供身份证明,以及如何委托代理人作出了比较详细的规定:

第一,外国人参加诉讼应当提供经过公证的身份证明文件。

《民诉解释》第523条规定,外国人参加诉讼,应当向人民法院提交护照等用以证明自己身份的证件。外国企业或者组织参加诉讼,向人民法院提交的身份证明文件,应当经所在国公证机关公证,并经中国驻该国使领馆认证,或者履行中国与该所在国订立的有关条约中规定的证明手续。代表外国企业或者组织参加诉讼的人,应当向人民法院提交其有权作为代表人参加诉讼的证明,该证明应当经所在国公证机关公证,并经中国驻该国使领馆认证,或者履行中国与该所在国订立的有关条约中规定的证明手续。

如果在上述行为中需要办理公证、认证手续,而外国当事人所在国与中国没有建立外交关系的,可以经该公证机关公证,经与中国有外交关系的第三国驻该国使领馆认证,再转由中国驻该第三国使领馆认证。

第二,外国人授权代理人参加诉讼的委托书应当经法官见证或者公证。

《民诉解释》第525条规定,外国人、外国企业或者组织的代表人在人民法院法官的见证下签署授权委托书,委托代理人进行民事诉讼的,人民法院应予认可。

《民诉解释》第526条规定,外国人、外国企业或者组织的代表人在中华人民共和国境内签署授权委托书,委托代理人进行民事诉讼,经中华人民共和国公证机构公证的,人民法院应予认可。

(2) 凡属我国人民法院管辖的涉外民事案件,我国均享有司法管辖权;凡属民事诉讼法规定的专属管辖权条件,任何外国法院均无权管辖。

(3) 任何外国法院的判决、裁定,在我国领域内均不直接发生法律效力。任何外国法院的裁判,只有经人民法院按照我国《民事诉讼法》规定的条款,进行审查并裁定予以承认后,才具有效力,有执行内容的,才能按照我国民事诉讼法的执行程序,予以执行。

(二) 诉讼权利同等和对等原则

《民事诉讼法》第5条规定:"外国人、无国籍人、外国企业和组织在人民法院起诉、应诉,同中华人民共和国公民、法人和其他组织有同等的诉讼权利义务。外国法院对中华人民共和国公民、法人和其他组织的民事权利加以限制的,中华人民共和国人民法院对该国公民、企业和组织的民事诉讼权利,实行对等原则。"

诉讼权利同等原则,是基于国家间的平等互惠关系所普遍采用的诉讼原则,在国际上一般称为"国民待遇"。诉讼权利对等原则,是维护国家主权的需要,也是保护我国公民、法人和其他组织合法权益的需要。诉讼权利同等和对等原则不仅适用于处理通常的外国人、外国企业和组织的关系,而且也是处理司法豁免权问题的准则。通过诉讼权利同等与对等原则的适用,在司法上实现了国家之间的平等对抗。

(三) 信守国际条约原则

关于民事诉讼的国际条约是国际法的重要组成部分,民事诉讼法是国内法,人民法院适用民事诉讼法规定的程序审理涉外民事案件时,如果国际条约规定的有关程序和民事诉讼法规定的程序发生冲突时,解决这种冲突的原则是在承认该国际条约效力的前提下,适用该国际条约的有关规定。

主权国家所缔结或参加的国际条约,体现了它自己的意志,国际条约作为国际间的约定,各成员国具有信守条约、付诸实施的义务。《民事诉讼法》第260条规定:"中华人民共和国缔结或者参加的国际条约同本法有不同规定的,适用该国际条约的规定,但中华人民共和国声明保留的条款除外。"该规定从两个方面体现了我国涉外民事诉讼信守国际条约的原则:

(1) 根据国家主权原则,我国只承认和适用自己缔结或者参加的国际条约,我国未承认和接受的国际条约或某些条款,人民法院在审理涉外民事案件时不予适用,而应适用我国法律的有关规定。

(2) 我国缔结或者参加的国际条约中的某些规定,与《民事诉讼法》的规定不相一致时,应适用该国际条约中的有关规定。这是以国内法确认国际条约的效力来解决法律冲突。

(四) 尊重外交特权与豁免原则

司法豁免权,是指一个国家或国际组织派驻他国的外交代表享有的免除驻在国司法管辖的权利。它是外交特权中的重要内容。司法豁免权先是对外交代表所做的规定,以后逐步扩大到某些国家组织和国际组织。赋予外交代表司法豁免权,不仅是尊重外交代表派出的国家和国际组织,而且也是确保外交代表在驻在国有效执行职务的需要。

司法豁免权分为刑事和民事两种豁免权。外交代表在刑事方面享有的司法豁免权是完全的、绝对的,外交代表不受驻在国的刑事管辖。外交代表在民事方面享有的司法豁免权是不完全的、有限制的。从国际惯例和我国相关的法律规定来看,民事司法豁免权的不完全性和有限制性,主要体现在以下几方面:

(1) 享有司法豁免权的人被诉到驻在国法院,驻在国法院不应受理,但其所属国的主管机关明确宣布放弃司法豁免权的,驻在国法院有权受理。

(2) 享有司法豁免权的人,因私人事务与对方当事人发生民事纠纷,不享有司法豁免权,驻在国法院有权管辖。这里的私人事务,依照我国《领事特权和豁免条例》第 14 条、1961 年《维也纳外交关系公约》和 1963 年《维也纳领事关系公约》的规定主要包括:外交代表在驻在国因自己的不动产与他人发生的诉讼;外交代表以私人身份作为遗嘱执行人、遗产管理人或继承人,与他人发生的继承诉讼;外交代表超出职务范围而从事商业活动所发生的诉讼,包括未明示以派遣国代表身份所订的契约的诉讼;因领事官员在未表明身份的情况下订立的合同所引起的纠纷,或者由于他们的车辆、船舶或航空器等交通工具在驻在国境内造成事故而涉及损害赔偿的诉讼。

(3) 外交代表本人向驻在国法院提出诉讼而引起反诉的,不享有司法豁免权。

与外交代表共同生活的配偶和未成年子女,非中国国籍的,享有与外交代表同样的司法豁免权;外交代表如果是中国公民或获得在中国永久居留资格的外国人,仅就其执行外交公务的行为享有司法豁免权,使领馆的行政技术人员和与其共同生活的配偶及未成年子女不是中国公民且不在中国永久居留的,仅就执行公务的行为享有民事司法豁免权。

关于国家的司法豁免权,有绝对豁免和限制豁免之分。对外国国家的民事司法豁免权,称为主权豁免或国家豁免。传统的国际法,主张国家的绝对豁免,但现代则将国家的行为区分为公法行为和私法行为,对前者适用豁免,对后者则限制其司法豁免权。国家商业活动则属于一般的民商事活动,应当受民商事实体法的调整。国家在民商事活动中并无特殊的主体地位。因此,当这种活动引发民商事纠纷的时候,国家作为民事活动的主体当然应当参加诉讼,对此不应予以豁免。

我国对待司法豁免权的态度是,一方面尊重国际公认的民事司法豁免权是不完全的和有限制的原则;另一方面,坚持国家主权原则,即任何确定民事司法豁免权的不完全性和有限性,取决于我国法律的规定。《民事诉讼法》第 261 条规定:"对享有外交特权与豁免的外国人、外国组织或者国际组织提起的民事诉讼,应当依照中华人民共和国有关法律和中华人民共和国缔结或者参加的国际条约的规定办理。"依此规定,我国人民法院首先应以我国的有关法律《中华人民共和国外交特权与豁免条例》第 14 条第 2 款规定:"外交代表享有民事管辖豁免和行政管辖豁免,但下列各项除外:① 外交代表以私人身份进行的遗产继承的诉讼;② 外交代表违反第 25 条第 3 项规定在中国境内从事公务范围以外的职业或商业活动的诉讼。"第 15 条规定:"外交代表和第 22 条规定的享有豁免的人员如果主动提起诉讼,对与本诉直接有关的反诉,不得援用管辖豁免。"以及国际条约为准则来确定被提起诉讼的外国人、外国组织或者国际组织是否享有司法豁免权,继而决定是否受理该案件。此外,我国还是1946年《联合国特权及豁免公约》、1947年《联合国专门机构特权及豁免公约》、1961年《维也纳外交关系公约》、1963年《维也纳领事关系公约》的参加国,同美国、捷克斯洛伐克、波兰、匈牙利、蒙古、墨西哥、南斯拉夫、朝鲜、意大利等国家签订有领事条约,这些条约有关司法豁免的规定,在我国予以适用。

(五) 使用我国通用语言文字原则

《民事诉讼法》第262条规定:"人民法院审理涉外民事案件,应当使用中华人民共和国通用的语言、文字。当事人要求提供翻译的,可以提供,费用由当事人承担。"根据该原则,外国当事人在我国进行民事诉讼,提交诉状时必须附具中文译本,在诉讼中必须使用中文语言。当事人要求提供翻译的,可以提供翻译,费用由当事人承担。

《民诉解释》第527条也规定,当事人向人民法院提交的书面材料是外文的,应当同时向人民法院提交中文翻译件。当事人对中文翻译件有异议的,应当共同委托翻译机构提供翻译文本;当事人对翻译机构的选择不能达成一致的,由人民法院确定。

(六) 委托我国律师代理诉讼原则

律师制度作为一国司法制度的组成部分,只能适用于本国领域内,我国《民事诉讼法》第263条规定:"外国人、无国籍人、外国企业和组织在人民法院起诉、应诉,需要委托律师代理诉讼的,必须委托中华人民共和国的律师。"

外国籍当事人委托中国律师或者其他诉讼代理人的,需要履行授权委托的程序。《民事诉讼法》第264条规定:"在中华人民共和国领域内没有住所的外国人、无国籍人、外国企业和组织委托中华人民共和国律师或者其他人代理诉讼,从中华人民共和国领域外寄交或者托交的授权委托书,应当经所在国公证机关证明,并经中华人民共和国驻该国使领馆认证,或者履行中华人民共和国与该所在国订立的有关条约中规定的证明手续后,才具有效力。"根据《民诉解释》第529条的规定,涉外民事诉讼中,外国驻华使领馆授权其本馆官员,在作为当事人的本国国民不在中国领域内的情况下,可以以外交代表身份为其本国国民在中国聘请中国律师或者中国公民代理民事诉讼。

外国律师不得在我国以律师名义从事诉讼业务,但是,并不排除外国人委托本国律师以非律师的身份担任诉讼代理人,根据《外国律师事务所驻华代表机构管理条例》的规定,外国律师事务所可以在中国设立代表机构,但是,外国律师事务所驻华代表机构及其代表,只能从事不包括中国法律事务的活动。《民诉解释》第528条也规定,涉外民事诉讼中的外籍当事人,可以委托本国律师以非律师身份担任诉讼代理人。

《民诉解释》第528条也确定涉外民事诉讼中的外籍当事人可以委托本国人或者本国驻华使领馆官员担任诉讼代理人。但外国驻华使领馆官员应当以个人名义担任诉讼代理人,并且在诉讼中不享有外交或者领事特权和豁免。

第二节 涉外民事诉讼管辖

一、确定涉外民事诉讼管辖的原则

(一) 涉外民事诉讼管辖的概念

涉外民事诉讼管辖是一国法院对具有涉外因素的民事案件享有的审判的权力或权限。它所涉及和解决的是就某一特定的涉外民事案件究竟哪一个国家的法院具有管辖权的问题。

由于涉外民事诉讼的管辖是以国家主权为前提，是国家主权在涉外民事诉讼中的具体体现。因此，涉外民事诉讼管辖的确定，直接涉及维护国家主权的问题，准确确定涉外民事诉讼的管辖，有利于维护国家的主权和尊严。同时，涉外民事诉讼管辖权的确定是人民法院审理涉外民事案件的前提条件，司法管辖权的确定会直接影响案件的审理结果，关系到诉讼当事人合法权益的取得和保护，从而在相当大的程度上决定了涉外民事案件的命运。

(二) 确定涉外民事诉讼管辖的原则

世界各国在涉外民事诉讼管辖的确定上，都要求具体案件同本国必须具有某种联系因素或连接因素。但是，由于各国所强调的联系因素不同，因此就形成了不同的涉外民事诉讼管辖权的确定原则，归纳起来，主要有以下三种：

1. 属地管辖权原则

属地管辖权原则，是指以当事人的住所地、居所地或事物的存在地等作为行使管辖权的联系因素而形成的原则。该原则主张以有关涉外民事案件中的案件事实和当事人双方与有关国家的地域联系作为确定法院涉外民事诉讼管辖权的标准，即在涉外民事诉讼中，如果诉讼当事人的住所、财产、诉讼标的物、产生争执的法律关系或法律事实，其中有一个因素存在于一国境内或发生于一国境内，该国就取得对该案的司法管辖权。

2. 属人管辖权原则

属人管辖权原则，是指以当事人的国籍作为连接因素而行使管辖权的原则。属人管辖权原则强调的是涉外民事案件中的双方当事人与有关国家的法律联系。该原则侧重于诉讼当事人与有关国家的法律联系，侧重于当事人的国籍，强调一国法院对于涉及其本国国民的诉讼案件都具有受理、审判的权力。即在某一涉外民事案件中，只要当事人一方具有内国国籍，无论他是原告还是被告，也不论他现在居住在何处，内国法院对此类案件均具有管辖权。

3. 实际控制管辖权原则

实际控制管辖权是英美普通法国家所普遍采用的原则，该原则又称为"有效原则"，即法院对涉外民事案件是否具有管辖权，就看它是否能够对被告或者其财产实行直接的控制，能否作出有效的判决。普通法国家把对被告的"实际控制"和"有效的判决"作为行使管辖权的一般原则。

我国《民事诉讼法》是以被告住所地为一般原则来确定人民法院对涉外民事案件的管辖权的。根据该原则,只要被告在我国领域内有住所,不论该被告是外国人还是无国籍人,也不论该被告是外国法人还是其他组织,我国人民法院都有权管辖。

二、涉外民事诉讼中管辖的种类

(一) 涉外民事诉讼的普通管辖

对于涉外民事诉讼中的普通管辖,《民事诉讼法》没有专门规定。根据《民事诉讼法》第259条的规定,对于涉外民事诉讼特别程序的规定中没有规定的,适用《民事诉讼法》的其他有关规定,据此,涉外民事诉讼的普通管辖,应该遵循《民事诉讼法》的有关规定,即以被告住所地国法院为管辖法院。也就是说,只要涉外民事诉讼中的被告在我国境内有住所,不论其国籍如何,我国人民法院均有管辖权。如果被告的住所地与其经常居住地不一致,只要经常居住地在中国境内,中国法院也有管辖权。此外,根据《民事诉讼法》第22条的规定,对于不在中华人民共和国领域内居住的人以及下落不明或者宣告失踪的人提起的有关身份关系的诉讼,则可由原告住所地以及原告经常居住地的中国法院管辖。

(二) 涉外民事诉讼的特殊地域管辖

《民事诉讼法》第四编第二十四章对涉外合同纠纷和其他财产权益纠纷的管辖作了明确规定,对于涉外合同和财产权益纠纷案件,除以被告住所地作为普通地域管辖外,《民事诉讼法》第265条还规定了对在我国领域内没有住所的被告提起因合同或其他财产权益纠纷的诉讼的管辖法院,这是特殊的地域管辖,是对普通地域管辖所作的补充性特别规定,也是对属地管辖权原则的具体化。《民事诉讼法》第265条规定,在一方当事人在我国领域内没有住所的情况下,对于以该当事人为被告提起的诉讼,以下列四种连接因素作为行使管辖的根据:

(1) 以行为地作为连接因素行使管辖权,即合同在我国签订或履行、侵权行为或者其损害结果发生在我国领域内;

(2) 以诉讼标的物所在地作为连接因素行使管辖权,即双方当事人争讼的财产在我国领域内;

(3) 以被告可供扣押的财产所在地作为连接因素行使管辖权,即被告有财产在我国领域内可供扣押;

(4) 被告在我国领域内设有代表机构,以机构所在地作为连接因素行使管辖权。

(三) 涉外民事诉讼中的专属管辖

涉外民事诉讼中的专属管辖,指的是特定的涉外民事案件的管辖权专属于中华人民共和国特定的法院。

按照《民事诉讼法》第33条、第266条的规定,专属管辖的情况主要如下:(1) 因不动产纠纷提起的诉讼,由不动产所在地人民法院管辖;(2) 因港口作业中发生纠纷提起的诉讼,由港口所在地人民法院管辖;(3) 因继承遗产纠纷提起的诉讼,由被继承人死亡时住所地或者主要遗产所在地人民法院管辖。(3) 因在中华人民共和国履行中外合资经营企业合同、中外合作经营企业合同、中外合作勘探开发自然资源合同发生纠纷提起的诉讼,由中国人民法院管辖。

对于专属管辖案件,我国人民法院享有绝对的管辖权,不允许任何国家法院管辖该类案件,不允许当事人协议改变管辖法院,但当事人协议选择仲裁裁决的除外。

(四) 集中管辖

为履行加入世界贸易组织所承诺的义务,我国人民法院十分重视司法公正和司法终审等问题,为使司法审判能够尽快适应形势的需要,2001年最高人民法院出台了《关于涉外民商事案件诉讼管辖若干问题的规定》,将涉外民商事案件分为五大类:(1) 涉外合同和侵权纠纷案件;(2) 信用证纠纷案件;(3) 申请撤销、承认与强制执行国际仲裁裁决的案件;(4) 审查有关涉外民商事仲裁条款效力的案件;(5) 申请承认和强制执行外国法院民商事判决、裁定的案件。对于这五类案件实行集中管辖,即由下列人民法院管辖:

(1) 国务院批准设立的经济技术开发区人民法院;
(2) 省会、自治区首府、直辖市所在地的中级人民法院;
(3) 经济特区、计划单列市中级人民法院;
(4) 最高人民法院指定的其他中级人民法院;
(5) 高级人民法院。

特别需要说明的是,对于发生在与外国接壤的边境省份的边境贸易纠纷案件,涉外房地产案件和涉外知识产权案件,不适用上述规定。关于涉及香港、澳门特别行政区和台湾地区当事人的民商事纠纷案件的管辖,则参照该规定处理。

三、诉讼竞合及其管辖

(一) 诉讼竞合的概念

诉讼竞合,是指当事人就同一争议,基于相同的事实以及相同的诉讼目的同时在两个以上国家的法院提起诉讼的现象。对此,普通法国家称之为平行诉讼,有的国家则称为"一事两诉"或"双重起诉"。诉讼竞合主要指两种情况,一种是重复诉讼,即原告在一国法院起诉后,又针对同一被告就同一纠纷事实向系属另一法域有管辖权的法院再次起诉。另一种是对抗诉讼,即头一个诉讼的被告依据同一纠纷事实以头一个诉讼的原告为被告向系属其他法域有管辖权的法院提起诉讼。诉讼竞合现象的产生,是各国涉外民事诉讼管辖权扩大化的必然结果。

诉讼竞合是和平行管辖密切联系在一起的。从各国的涉外民事诉讼管辖权类型来看,法院管辖权可分为专属管辖、平行管辖和拒绝管辖三种。通常,各国都只对涉及国家和社会重大利益的案件采用专属管辖,而对那些依国际法与内国国家的管辖权无关的案件和与内国国家的领土或公民或它的实体法不存在任何属地联系或属人联系的案件采用拒绝管辖。因此,每一个不属于专属管辖权范围但又没有被排除出内国法院管辖范围的案件,都处于各国的平行管辖之下。各国一般都只在很少的案件中规定专属管辖和拒绝管辖,而更广泛的案件都属于平行管辖的范围。对于这些案件,国家在主张本国法院具有管辖权的同时,并不否认外国法院对之享有管辖权。因此,常常形成就同一案件数个国家的法院竞相行使管辖权的局面。

此外,就涉外民事纠纷而言,其本身往往是纷繁复杂的,纠纷的当事人人数众多,而且常常有数人居住在不同的国家,当事人的财产、办事机构、分支机构分布于不同的国家,构成纠纷的行为或事实牵连到数个国家,而所有这些与纠纷有关联的因素都可能成为法院行使管辖权的依据,于是就会出现对同一案件各国法院均可主张管辖的情形。

(二) 诉讼竞合的管辖

由于诉讼竞合不可避免地引起了国家间在管辖权行使上的冲突,因此,各国都作出了相应的规定,或采取不同的方式对诉讼竞合加以限制,主要有以下几种做法:

1. 拒绝行使管辖权或中止诉讼

基于该原则确定诉讼竞合的管辖时,在具体的适用上又分为三种情形:(1) 本国法院依据不方便法院为由拒绝行使管辖权。不方便法院的含义是,当本国法院根据其国内法或相关国际条约的规定,对某一涉外民事诉讼案件具有管辖权,但是,该法院认为由它对案件行使管辖权非常不方便或不公平,且存在其他较为方便审理该案的外国法院时,该法院可以拒绝行使管辖权。由于不方便法院原则对保障当事人的正当利益、对尊重他国的主权利益起着重要的作用,因此目前已为许多普通法国家的司法实践所采纳,如英国、新西兰、加拿大、澳大利亚以及美国的一些法院。(2) 因承认首先诉讼国家法院的管辖权而中止本国诉讼的进行,从而使案件由首先受理的法院审理。(3) 以外国法院所作的判决将为内国法院承认为前提中止在本国法院进行的诉讼。

《民诉解释》第532条引入了"不方便法院原则",对我国法院本享有管辖权,但审理案件非常困难,又与我国国家和人民的利益无关的情形,放弃行使管辖权。该条款规定,涉外民事案件如果同时符合下列情形的,人民法院可以裁定驳回原告的起诉,告知其向更方便的外国法院提起诉讼:(1) 被告提出案件应由更方便外国法院管辖的请求,或者提出管辖异议;(2) 当事人之间不存在选择中国法院管辖的协议;(3) 案件不属于中国法院专属管辖;(4) 案件不涉及中华人民共和国国家、公民、法人或者其他组织的利益;(5) 案件争议的主要事实不是发生在中国境内,且案件不适用中国法律,人民法院审理案件在认定事实和适用法律方面存在重大困难;(6) 外国法院对案件享有管辖权,且审理该案件更加方便。

2. 禁止在外国法院进行诉讼

这是普通法国家对于诉讼竞合所用的一种方式。为此,英、美等国的法院可以作出禁诉令,禁诉令是本国法院针对系属该国法院管辖而在外国法院诉讼的一方当事人下达的,禁止其在外国法院诉讼的命令。如果该当事人违背禁令,继续进行其外国诉讼,则该人将会受到藐视法庭命令的惩罚。

3. 由当事人自行选择审判法院

对于诉讼竞合,某些国家的法院既不驳回在本国的诉讼,也不禁止当事人在外国法院进行诉讼,而是要求原告选择他将进行的诉讼,通过鼓励当事人自行确定审判法院,从而自动放弃在其他法院诉讼,以此来解决诉讼竞合的管辖。

关于涉外民事诉讼中诉讼竞合的管辖问题,目前我国《民事诉讼法》上尚无明文规定,但《民诉解释》中有两条规定涉及这一问题。其中,《民诉解释》第15条规定:"中国公民一方居住在国外,一方居住在国内,不论哪一方向人民法院提起离婚诉讼,国内一方住所地的人民法院都有权管辖。国外一方在居住国法院起诉,国内一方向人民法院起诉的,受诉人民法院有权管辖。"《民诉解释》第533条第1款有如下规定:"中华人民共和国人民法院和外国法院都有管辖权的案件,一方当事人向外国法院起诉,而另一方当事人向中华人民共和国人民法院起诉的,人民法院可予受理。判决后,外国法院申请或者当事人请求人民法院承认和执行外国法院对本案作出的判决、裁定的,不予准许,但双方共同参加或者签订的国际条约另有规定的除外。"

由此可见,在我国的立法和司法实践中,如果两国法院对某一案件都有管辖权,则允许两国各自行使根据本国法律或者共同参加的国际条约而产生的司法管辖权。人民法院可以依法受理另一当事人的起诉,而不问一方当事人是否已在他国法院起诉,或者他国法院是否已经接受起诉并正在审理。但是,就确定诉讼竞合的管辖而言,这些规定所导致的"一事两诉"及由此引发的诉讼程序和判决上的矛盾难以避免,因此,如何对诉讼竞合的管辖作出科学的规定,尚需要进一步的研究。

四、涉及国外华侨案件的管辖和涉及港、澳、台同胞案件的管辖

涉及国外华侨案件和涉及港、澳、台同胞的案件不属于涉外案件,原则上按照《民事诉讼法》关于地域管辖的规定办理,但考虑到港、澳、台特殊的历史地位及其法律制度和与祖国大陆的关系,我国人民法院规定了处理涉及港、澳、台民事纠纷案件的特殊办法,因此,涉及国外华侨案件和涉及港、澳、台同胞案件的管辖问题,与一般内地案件的管辖不同。在这个问题上,我国法院的管辖原则是:按照我国《民事诉讼法》关于地域管辖的规定,积极、主动地行使管辖权,同时,也要参照涉外案件管辖权的规定以及我国其他有关规定办理。

(一)涉及国外华侨离婚案件的管辖

根据《民诉解释》第13条、第14条、第15条、第16条和第17条的规定,涉及国外华侨的离婚案件的管辖法院为:

(1)在国内结婚并定居在国外的华侨,如定居国法院以离婚诉讼须由婚姻缔结地法院管辖为由不予受理,当事人向人民法院提出离婚诉讼的,由婚姻缔结地或一方在国内最后居住地人民法院管辖。

(2)在国外结婚并定居在国外的华侨,如定居国法院以离婚诉讼须由国籍所属国法院管辖为由不予受理,当事人向人民法院提出离婚诉讼的,由一方原住所地或在国内的最后居住地人民法院管辖。

(3)中国公民一方居住在国外,一方居住在国内,不论哪一方向人民法院提起离婚诉

讼,国内一方住所地的人民法院都有权管辖。如国外一方在居住国法院起诉,国内一方向人民法院起诉的,受诉人民法院有权管辖。

(4) 中国公民双方在国外但未定居,一方向人民法院起诉离婚的,应由原告或者被告原住所地的人民法院管辖。

(5) 已经离婚的中国公民,双方均定居国外,仅就国内财产分割提起诉讼的,由主要财产所在地人民法院管辖。

(二) 涉及港、澳、台同胞案件的管辖

1. 涉及港、澳、台同胞离婚案件的管辖

(1) 关于涉及港、澳同胞离婚案件的管辖。双方原在国内结婚,现一方居住在港、澳地区,另一方居住在内地,内地一方提起离婚诉讼的,参照《民事诉讼法》第22条的规定,由原告住所地或经常居住地人民法院管辖;港、澳一方向港、澳地区法院提起离婚诉讼,内地一方向人民法院起诉的,受诉人民法院有权管辖。居住港、澳一方当事人向港、澳法院起诉离婚后,该法院作出准予离婚的判决,只要不违反我国法院的基本精神,且双方当事人均无异议,该判决对双方当事人有拘束力;如该判决要在内地执行的,须由港、澳地区法院按《民事诉讼法》的有关规定,委托内地人民法院协助执行。

(2) 涉及台湾同胞离婚案件的管辖。这类案件也参照《民事诉讼法》地域管辖的有关规定来确定管辖权,即一般应以原告住所地或居所地人民法院作为管辖法院。下列三种情况的案件均由原告住所地或居所地人民法院管辖:第一,大陆一方要求与在台湾一方离婚的案件;第二,大陆一方与在台一方分离后未办理离婚手续,一方或双方分别在大陆或台湾再婚的,如果其中一方当事人(大陆一方)提出与其配偶离婚的案件;第三,回大陆定居一方要求与在台一方离婚的案件。

2. 涉及港、澳、台经济纠纷案件的管辖

这类案件应按照《民事诉讼法》及其他有关规定办理,此外还应严格依据最高人民法院1989年6月12日《全国沿海地区涉外、涉港澳经济审判工作座谈会纪要》行使管辖权。

涉及港、澳、台经济纠纷案件主要有三类:一类是因经济合同纠纷提起的诉讼;一类是因物权纠纷提起的诉讼;一类是因侵权行为提起的诉讼。

凡是合同履行地或合同签订地在内地,或者双方争议的财产在内地,或者侵权行为发生地或侵权行为结果地在内地,内地人民法院有管辖权。此外,凡是被告在内地有住所、营业所或设有常驻代表机构的,或者被告在内地有非争议财产的,内地人民法院也可管辖。

对于发生在港、澳、台地区的经济纠纷案件,除涉及不动产物权的纠纷外,只要双方当事人有书面协议约定在内地人民法院进行诉讼的,内地人民法院依据当事人提交的书面协议,取得对该项诉讼的管辖权。在没有协议的情况下,一方当事人向内地人民法院进行诉讼的,另一方当事人应诉并就实体问题进行答辩的,视为双方当事人承认内地人民法院对该诉讼的管辖权。

凡是内地人民法院享有管辖权的港、澳、台经济纠纷案件,港、澳、台地区法院对该案的受理,并不影响当事人就同一案件在内地人民法院起诉,但是否受理,应依据案件的具体情况作出决定。

凡是《民事诉讼法》和其他法律规定由内地人民法院专属管辖的案件,港、澳、台地区的法院无权管辖,当事人也不得约定其他地区的法院管辖。

第三节 送达、期间

一、涉外民事诉讼中的送达

(一) 一般的涉外送达

在涉外民事诉讼中,有关送达的规定主要是《民事诉讼法》《民诉解释》以及《关于涉外民事或商事案件司法文书送达问题若干规定》。送达的方式,依受送达人的居住地点的不同而有所区别。

1. 当事人在我国领域内居住

当事人在我国领域内居住的,按照《民事诉讼法》第七章第二节的规定方式送达。根据《民诉解释》第535条的规定,外国人或者外国企业、组织的代表人、主要负责人在中华人民共和国领域内的,人民法院可以向该自然人或者外国企业、组织的代表人、主要负责人直接送达。外国企业、组织的主要负责人包括该企业、组织的董事、监事、高级管理人员等。

2. 当事人不在我国领域内居住

对不居住在我国领域内的当事人,无论其是否属于外国国籍,都必须依照《民事诉讼法》第四编第二十五章第267条规定的方式送达,可以采取以下八种方式送达:

(1) 依照国际条约规定的方式送达。

按条约规定的方式送达,是指按照受送达人所在国与我国签订的双边条约或共同参加的国际公约中规定的方式,向受送达人送达诉讼文书和法律文书。我国同法国和波兰等国签订的司法协助条约及协定中都规定,缔约双方通过各自指定的中央机关(通常为司法部)相互代为送达诉讼文书。我国1961年3月加入的《关于向国外送达民事或商事司法文书和司法外文书》(《海牙公约》)规定,各缔约国和参加国都要指定一个机关作为中央机关和有权接受外国通过领事途径转递的文书的机关。我国人民法院向其他缔约国或者参加国的当事人送达诉讼文书,可依该公约规定,将请求书及送达的文书送交发往国的中央机关,由其自行送达或者安排一适当机构送达。

(2) 通过外交途径送达。

如果受送达人所在国同我国没有订立双边司法协助条约,也不是《海牙公约》的缔约国或参加国,则通过外交途径送达。

1986年8月14日,最高人民法院、外交部、司法部《关于我国法院和外国法院通过外交途径和相互委托送达法律文书若干问题的通知》中规定,我国人民法院通过外交途径向国外当事人送达法律文书应按照下列要求办理:第一,要求送达的法律文书须经省、自治区、直辖市高级人民法院审查,由外交部领事司负责转递。第二,法律文书须准确注明受送达人的姓名、性别、年龄、国籍及其在国外的详细外文地址,并将该案的基本情况函告外交部领事司,以便转递。第三,须附有送达委托书,即委托对方向哪一个法院送达。如果对方法院名称不明,可委托受送达人所在地区的主管法院。委托书和所送达的法律文书应附有该国文字或者该国同意使用的第三国文字的译文。如该国对委托书和法律文书要求公证、认证的,由外交部领事司逐案通知。

(3)委托我国驻受送达所在国的使领馆代为送达。

对于具有我国国籍的人,可以委托我国驻受送达所在国的使领馆代为送达。1963年《维也纳领事关系公约》承认使领馆可以向驻在国的本国当事人送达法律文书。我国于1979年参加了该公约。因此,我国驻受送达人所在国的使领馆可以接受我国司法机关的委托,向驻在国的具有我国国籍的受送达人送达法律文书。如果受送达人所在国不是该公约的成员国,但根据该国法律的规定允许我使领馆直接送达的,也可以委托我国驻该国使领馆代为送达。这种送达方式是基于双方没有订立司法协助条约,又不能通过外交途径送达而确立的。

(4)向有权接受送达的诉讼代理人送达。

这里的诉讼代理人,是指受送达人在授权委托书中明确表示其诉讼代理人有权代收诉讼文书的或特别指定诉讼代理人代收诉讼文书的代理人。在此情形中,诉讼代理人收到诉讼文书,即视为受送达人收到诉讼文书,当事人必须接受,不得拒绝。

在司法实践中,不论当事人在我国领域内是否有住所,只要当事人向受诉法院明确表示委托他人代收诉讼文书,不论其委托的代收人是否是他的诉讼代理人,人民法院均可向其指定的代收人送达。这种方法主要适用于在两国之间没有司法协助条约的情形。

(5)向代表机构或分支机构、业务代办人送达。

此种送达方式包括两种情况:第一,涉外诉讼的当事人是外国企业或组织,人民法院不便直接向其送达诉讼文书,如果这些外国企业或者组织在我国设有代表机构,人民法院可以向其送达诉讼文书;第二,涉外诉讼外国企业或组织在我国未设代表机构,但在我国有它的分支机构或它的业务代办人,如其分支机构或者业务代办人有权代表外国企业或组织进行活动,其活动的结果由该企业或组织承担,人民法院可以将诉讼文书送达给该分支机构或业务代办人。

(6)邮寄送达。

邮寄送达是指通过邮政部门将诉讼文书和法律文书送交受送达人。但邮寄送达要遵守一个前提条件,即受送达人所在国的法律必须允许邮寄送达。《民事诉讼法》第267条第6项规定:"受送达人所在国的法律允许邮寄送达的,可以邮寄送达。自邮寄之日起满3个月,送达回证没有退回,但根据各种情况足以认定已经送达的,期间届满之日视为送达。"

《民诉解释》第536条进一步规定,邮寄送达时应当附有送达回证。受送达人未在送达回证上签收但在邮件回执上签收的,视为送达,签收日期为送达日期。该条还限定了视为送达的条件,规定自邮寄之日起满3个月,如果未收到送达的证明文件,且根据各种情况不足以认定已经送达的,视为不能用邮寄方式送达。

(7) 传真、电子邮件等方式送达。

《民事诉讼法》第267条第7项规定:"采用传真、电子邮件等能够确认受送达人收悉的方式送达。"这是《民事诉讼法》在总则编规定了传真、电邮等新式送达方式以后,涉外编也相应适用该种新的送达方式。但该项规定对于适用这种方式送达的一些限制性条件并未作出明确规定。按照《民事诉讼法》第87条的规定,经受送达人同意,人民法院可以采用传真、电子邮件等能够确认其收悉的方式送达诉讼文书,但判决书、裁定书、调解书除外。因此涉外传真、电邮送达的对象也不应当包括判决书、裁定书、调解书。并且涉外传真、电邮送达以传真、电子邮件等到达受送达人特定系统的日期为送达日期。

(8) 公告送达。

公告送达是在当事人住所和居所不明时,且不能以上述方式送达时所采用的一种特殊的送达方式。公告送达是由人民法院把需要送达的诉讼文书内容,刊登在向国外发行的报纸上或者在适宜的场所进行公告,从而告知受送达人,达到向当事人送达的目的。《民事诉讼法》第267条第8项规定,公告期为3个月,满3个月即视为送达。

对于公告期满后我国人民法院作出的缺席裁判文书的公告送达问题,按照《民诉解释》第534条的规定,对不在我国领域内居住的当事人,经用公告送达诉状或传唤,公告期满不应诉,人民法院缺席判决后,仍应将裁判文书依照《民事诉讼法》第267条第8项的规定公告送达。自公告送达裁判文书满3个月的次日起,经过30日的上诉期当事人没有上诉的,一审判决即发生法律效力。

按照《民诉解释》第537条的规定,人民法院一审时采取公告方式向当事人送达诉讼文书的,二审时可径行采取公告方式向其送达诉讼文书,但人民法院能够采取公告方式之外的其他方式送达的除外。

(二) 涉及港、澳、台的涉外送达

1. 关于涉及港、澳案件诉讼文书的送达

在具体适用《民事诉讼法》《民诉解释》送达诉讼文书时,可以参照采用下列做法:

(1) 邮寄送达。由于香港、澳门地区的法律允许邮寄送达,因此人民法院可以将要送达的诉讼文书以附有回执的双挂号形式寄交在港、澳的当事人,并以挂号回执上注明的收件日期为送达日期。该送达方式可靠性强,可普遍使用。

(2) 港、澳方当事人向人民法院指定在内地的代收人代其签收诉讼文书。

(3) 委托被送达人的亲友过境直接送达。港、澳地区紧邻内地,采用这种方式送达较为方便,但其缺陷是可靠性差。

(4) 委托内地方面的律师、诉讼代理人直接送达。

(5) 委托内地方派驻港、澳地区金融、商务机构的驻港、澳人员代为送达。

(6) 当使用以上方式均不能送达的,可使用公告送达。涉港、澳民事案件的公告期限为3个月,期满即视为送达。

2. 关于涉台案件诉讼文书的送达

根据2011年实施的最高人民法院《关于人民法院办理海峡两岸送达文书和调查取证司法互助案件的规定》的内容,有关涉台民事案件诉讼文书的送达应当采取如下方式:

(1) 受送达人居住在大陆的,直接送达。受送达人是自然人,本人不在的,可以交其同住成年家属签收;受送达人是法人或者其他组织的,应当由法人的法定代表人、其他组织的主要负责人或者该法人、其他组织负责收件的人签收。

受送达人不在大陆居住,但送达时在大陆的,可以直接送达。

(2) 受送达人在大陆有诉讼代理人的,向诉讼代理人送达。但受送达人在授权委托书中明确表明其诉讼代理人无权代为接收的除外。

受送达人有指定代收人的,向代收人送达。

(3) 受送达人在大陆有代表机构、分支机构、业务代办人的,向其代表机构或者经受送达人明确授权接受送达的分支机构、业务代办人送达。

(4) 通过协议确定的海峡两岸司法互助方式,请求台湾地区送达。

(5) 受送达人在台湾地区的地址明确的,可以邮寄送达。

(6) 有明确的传真号码、电子信箱地址的,可以通过传真、电子邮件方式向受送达人送达。

(7) 采用上述方式均不能送达或者台湾地区当事人下落不明的,可以公告送达。

二、涉外民事诉讼的期间

在涉外民事诉讼中,当事人在我国领域内有住所的,适用《民事诉讼法》第七章第一节关于期间的一般规定。当事人不在我国领域内居住的,适用《民事诉讼法》第四编第二十五章有关期间的特别规定。

(一) 被告和被上诉人的答辩期间

《民事诉讼法》第268条规定:"被告在中华人民共和国领域内没有住所的,人民法院应当将起诉状副本送达被告,并通知被告在收到起诉状副本后30日内提出答辩状。被告申请延期的,是否准许,由人民法院决定。"依此规定,居住在国外的被告提出答辩的法定期间为30日。被告如有特殊情况需要延长期限的,必须由人民法院作出是否准许的决定。

关于被上诉人的答辩期间,《民事诉讼法》第269条规定:"在中华人民共和国领域内没有住所的当事人,不服第一审人民法院判决、裁定的,有权在判决书、裁定书送达之日起30日内提起上诉。被上诉人在收到上诉状副本后,应当在30日提出答辩状。当事人不能在法定期间提起上诉或者提出答辩状,申请延期的,是否准许,由人民法院决定。"

(二) 上诉期间

依据《民事诉讼法》第268条的规定,涉外上诉的法定期间为30日,如果当事人在法定期间内不能提出上诉状,可以请求人民法院予以延长期间,但是否准许延长的决定权取决于人民法院。

对于一方当事人居住在国内，另一方当事人居住在国外的上诉期间的确定，按照《民诉解释》第538条的规定，不服第一审人民法院判决、裁定的上诉期，对居住在我国领域内的当事人适用《民事诉讼法》第164条规定的期限；对在我国领域内没有住所的当事人适用《民事诉讼法》第269条规定的期限。也就是说，居住在我国领域内的当事人，不论其是否为外国国籍，上诉期均是判决为15天，裁定为10天。居住在我国领域外的当事人，不论其是否为外国国籍，上诉期均为30天。当事人的上诉期均已届满没有上诉的，第一审人民法院的判决、裁定即发生法律效力。

（三）审结期限

《民事诉讼法》第270条规定："人民法院审理涉外民事案件的期间，不受本法第149条、第176条规定的限制。"该规定的具体内容为：涉外民事案件第一审不受6个月内审结的限制；第二审以判决审结的案件不受3个月审结的限制，第二审对裁定的上诉案件不受30日内作出终审裁定的限制。

《民事诉讼法》之所以规定人民法院审理涉外民事案件的期限不受限制，主要是考虑到涉外民事诉讼中的当事人居住在国外，送达诉讼文书、办理委托事项以及给外国当事人有充裕的时间了解我国法律的有关规定等，都需要较长的时间。因此，对涉外民事案件的审结期限未作出限制性规定。

（四）再审期间

《民诉解释》第539条规定，人民法院对涉外民事案件的当事人申请再审进行审查的期间，不受《民事诉讼法》第204条规定的3个月的限制。这同样是因为外国当事人参加再审需要更长的时间。

第四节 涉外仲裁

一、涉外仲裁与诉讼的选择管辖

涉外仲裁与涉外民事诉讼，是我国解决涉外民事纠纷的两种方式。对于涉外民事诉讼，人民法院按照《民事诉讼法》的涉外民事诉讼程序的特别规定，审理和解决。除当事人有书面协议提交我国涉外仲裁机构裁决的案件以外，一切有涉外因素的民事案件，都应由人民法院管辖。所以，对于案件受理问题，涉外仲裁与涉外诉讼表现为选择管辖的关系。《民事诉讼法》第271条第1款规定："涉外经济贸易、运输和海事中发生的纠纷，当事人在合同中订有仲裁条款或者事后达成书面仲裁协议，提交中华人民共和国涉外仲裁机构或者其他仲裁机构的，当事人不得向人民法院起诉。"依此规定，涉外仲裁机构受理案件的根据是双方当事人之间达成的自愿将争议提交仲裁机构解决的书面协议。当事人的仲裁协议既是涉外仲裁机构对案件行使管辖权的依据，同时也排除了人民法院的管辖权。对于涉外民事纠纷的解决来说，当事人只能在两种方式中选择一种方式，或者提请仲裁，或者向人民法院起诉。

对于《民事诉讼法》第271条的规定,应明确以下几方面:

第一,本条中所说的"涉外经济贸易、运输和海事中发生的纠纷",包括我国企业和组织之间、外国人或外国企业和组织之间以及我国企业和组织与外国企业和组织之间发生的经济贸易、运输和海事纠纷。

第二,本条所说的"其他仲裁机构"是指国外的那些常设商事仲裁机构或依据《联合国国际贸易委员会仲裁规则》组成的临时仲裁组织。

第三,当事人的仲裁协议所排除的法院管辖权,包括普通管辖权和专属管辖权。

第四,中国国际经济贸易委员会和中国海事仲裁委员会这两个仲裁委员会,也有权就仲裁协议的有效性和仲裁案件的管辖权作出决定。

二、涉外保全的协助

在财产保全问题上,涉外仲裁与涉外诉讼体现为协助关系。我国的涉外仲裁机构都是民间性质的,无权采取任何强制措施,包括财产保全和证据保全措施。在涉外仲裁中如需要采取财产保全和证据保全措施,应由人民法院决定是否采取。仲裁委员会可以根据当事人的申请和我国《民事诉讼法》第272条的规定,提请被申请人住所地或者财产所在地的中级人民法院作出关于保全措施的裁定。

《民诉解释》第542条还规定,我国涉外仲裁机构将当事人的财产保全申请提交人民法院裁定的,人民法院可以进行审查,决定是否进行保全,裁定采取保全的,应当责令申请人提供担保,申请人不提供担保的,裁定驳回申请。当事人申请证据保全,人民法院经审查认为无需提供担保的,申请人可以不提供担保。

三、涉外仲裁裁决的承认和执行

仲裁作为一种法律制度,仲裁裁决生效后就和法院的确定判决具有同样的终局效力。关于仲裁裁决的执行,《民事诉讼法》第273条和第274条作了专门规定。

(一) 涉外仲裁裁决的效力

《民事诉讼法》第273条规定:"经中华人民共和国涉外仲裁机构裁决的,当事人不得向人民法院起诉……"依此规定,我国涉外仲裁机构作出的仲裁裁决是终局性的。涉外仲裁机构本身也不得对自己作出的最终裁决进行复审或者予以复议。但是由于涉外仲裁机构本身并没有强制执行的权力,因此其裁决的执行有赖于我国法院或者外国法院的支持和协助,此时法院可以对仲裁裁决进行

(二) 涉外仲裁裁决的承认和执行

仲裁裁决的承认与执行,可分为我国涉外仲裁机构的裁决在我国的承认与执行、我国涉外仲裁机构的裁决在外国的承认与执行以及我国法院对外国仲裁裁决的承认与执行。这三种情况,分别适用不同的承认与执行程序。对此,《民事诉讼法》第283条和我国涉外仲裁的两个仲裁规则作了原则规定。

1. 我国涉外仲裁机构的裁决在我国的承认和执行

（1）撤销和不予执行涉外仲裁裁决的条件。

第一，不予执行涉外仲裁裁决的条件和程序。

按照《民诉解释》第541条的规定，人民法院对涉外仲裁机构作出的仲裁裁决，一般不主动进行审查。《民事诉讼法》第273条规定："……一方当事人不履行仲裁裁决，对方当事人可以向被申请人住所地或者财产所在地的中级人民法院申请执行。"当一方当事人按照上述规定申请执行时，如被执行人申辩有《民事诉讼法》第274条第1款规定的情形之一的，法院应当进行审查。

这些情形包括：① 当事人在合同中没有订有仲裁条款或者事后没有达成书面协议的；② 被申请人没有得到指定仲裁员或者进行仲裁程序的通知，或者由于其他不属于被申请人负责的原因未能陈述意见的；③ 仲裁庭的组成或者仲裁的程序与仲裁规则不符的；④ 裁决的事项不属于仲裁协议的范围或者仲裁机构无权仲裁的。由上述事项可见，人民法院对涉外仲裁机构的司法监督的范围，主要限于仲裁程序方面，不涉及实体问题。《民事诉讼法》第274条第1款所列的四种情形，都属于程序性问题。第一种情形是仲裁缺乏管辖的根据；第二种和第三种情形是裁决严重违反仲裁程序，剥夺或者限制了当事人根据仲裁规则应当享有的权利；第四种情形则是仲裁超出当事人的授权范围。

除此以外，在《民事诉讼法》第274条第2款规定的情形下，即人民法院认定执行该裁决违背社会公共利益的，可以不依当事人的请求，依职权作出裁定不予执行。

人民法院对被执行人的申辩进行审查后，根据审查结果裁定不予执行或者不予执行。

第二，撤销涉外仲裁裁决的条件和程序。

根据我国《仲裁法》第70条的规定，涉外仲裁裁决的当事人提出证据证明涉外仲裁裁决具有《民事诉讼法》第274条第1款规定情形之一的，经仲裁机构所在地的中级人民法院组成合议庭审查核实，裁定撤销。由此可见，撤销的事由与不予执行的一致。

（2）不予承认和执行涉外仲裁裁决的后果。

人民法院裁定不予执行的仲裁裁决是无效裁决。《民事诉讼法》第275条规定："仲裁裁决被人民法院裁定不予执行的，当事人可以根据双方达成的书面仲裁协议重新申请仲裁，也可以向人民法院起诉。"重新申请仲裁的，需要由双方当事人提交新的仲裁协议，双方当事人不能达成新的协议的，则任何一方均有权向人民法院提起诉讼。

2. 我国涉外仲裁机构的裁决在外国的承认与执行

《民事诉讼法》第280条第2款规定："中华人民共和国涉外仲裁机构作出的发生法律效力的仲裁裁决，当事人请求执行的，如果被执行人或者其财产不在中华人民共和国领域内，应当由当事人直接向有管辖权的外国法院申请承认和执行。"依此规定，请求外国法院承认和执行我国涉外仲裁机构的裁决，必须是被执行人或其财产不在我国领域内，而且只能由当事人根据1958年《承认及执行外国仲裁裁决公约》（《纽约公约》）或者我国与当事人或其财产所在国缔结或共同参加的其他国际条约的规定直接向外国法院提出。

3. 我国人民法院对国外仲裁裁决的承认与执行

（1）受理申请的法院及办理根据。

《民事诉讼法》第283条规定："国外仲裁机构的裁决，需要中华人民共和国法院承认和执行的，应当由当事人直接向被执行人住所地或者其财产所在地的中级人民法院申请，人民法院应当依照中华人民共和国缔结或者参加的国际公约，或者按照互惠原则办理。"《民诉解释》第545条规定，对临时仲裁庭在中华人民共和国领域外作出的仲裁裁决，一方当事人向人民法院申请承认和执行的，也参照上述规定处理。据此，国外仲裁机构的裁决以及临时仲裁庭在中国领域外作出的仲裁裁决，需要我国承认和执行的，应当由当事人直接向被执行人住所地或者其财产所在地的中级人民法院提出申请，我国人民法院是否办理，应依照我国缔结或者参加的国际公约，或者按互惠原则决定。

《民诉解释》第540条还规定：申请人向人民法院申请执行中华人民共和国涉外仲裁机构的裁决，应当提出书面申请，并附裁决书正本。如申请人为外国当事人，其申请书须用中文文本提出。

（2）拒绝承认和执行国外仲裁裁决的条件。

第一，法院依职权认定的条件。

根据《纽约公约》第5条第2款的规定，申请承认和执行外国仲裁裁决，如经我国人民法院认定有下列情形之一的，人民法院得以拒绝承认和执行：

① 依照我国法律，争议事项系不能以仲裁解决的；

② 承认或执行该裁决违反我国公共秩序的。

第二，法院依申请认定的条件。

此外，根据《纽约公约》第5条第1款的规定，如果被申请人向我国人民法院提供证据足以证明有下列情形之一的，人民法院也可依其请求，拒绝承认和执行：

① 仲裁协议的当事人依照对其适用的法律有某种无行为能力情形的，或者该仲裁协议依当事人作为协议准据的法律属于无效的，或者在未指明以何种法律为准据法时，依裁决地所在国法律属于无效的；

② 被申请执行人未能接获关于指派仲裁员或仲裁程序的适当通知，或因其他缘故，使其未能申辩的；

③ 裁决所处理的争议非为交付仲裁标的或者不在条款之列，或者裁决载有关于交付仲裁范围以外事项的决定，但是交付裁决事项的决定可与未交付仲裁事项分开的，仲裁中关于交付仲裁事项的决定得予承认和执行；

④ 仲裁机构的组成或者仲裁程序与当事人之间的仲裁协议不符，或者在没有协议时而与仲裁所在国的法律不符；

⑤ 裁决对当事人尚无拘束力，或者已经被裁决所在地或裁决所依据法律的国家的主管机关撤销或停止执行的。

申请我国人民法院承认和执行的外国仲裁裁决，仅限于1958年《纽约公约》对我国生效后在另一缔约国领土内作出的仲裁裁决。申请执行的期限应符合《民事诉讼法》第239

条的规定。

(三) 有权撤销、不予执行涉外仲裁裁决,拒绝承认和执行国外仲裁裁决的法院

根据最高人民法院《关于审理和执行涉外民商事案件应当注意的几个问题的通知》的规定,人民法院根据当事人的申请,依照法律规定,拟裁定涉外合同中的仲裁协议无效的,应先逐级呈报最高人民法院,待最高人民法院答复同意后才可以确认仲裁协议无效。

各级人民法院凡拟适用我国《民事诉讼法》第274条和有关国际公约规定,不予执行涉外仲裁裁决、撤销涉外仲裁裁决或拒绝承认和执行外国仲裁机构的裁决的,均应按规定逐级呈报最高人民法院审查,在最高人民法院答复前,不得制发裁定。

上述规定将对涉外仲裁裁决和国外仲裁裁决的监督权收归最高人民法院,避免其他各级人民法院审查标准不统一,防止可能出现的地方保护主义,维护仲裁裁决的权威性。

第五节 司法协助

一、司法协助概述

(一) 司法协助的概念

司法协助,是指不同国家的法院之间,根据本国缔结或者参加的国际条约或者互惠关系,彼此相互协助,为对方代为一定的诉讼行为。

一国法律的效力只能及于其本国境内,没有域外效力,同样,一国的司法机关也只能在本国领域内行使司法权,不能在其他国家行使这种权力。但是,随着国际交往的日益频繁,各国司法机关处理的涉外案件的大量增加,亟须各国在司法领域进行国际合作,以维持国际交往的正常进行,保障当事人的合法权益。因此,各国相互间的司法协助作为克服司法管辖权障碍、便利诉讼顺利进行的重要手段,为国际社会所广泛采用。

(二) 司法协助的种类

国际司法协助的行为范围,涉及诉讼的各个环节,各国因法律制度不同,对司法协助行为范围的理解也存在差异,归纳起来,有"狭义说"和"广义说"两种观点。前者认为,民事司法协助的行为范围仅限于送达司法文书、调查证据。后者认为,司法协助不仅包括送达文书、调查取证,而且包括相互承认和执行法院判决。我国在国际民事司法协助的立法与实践中,一向都采用"广义说"。《民事诉讼法》第二十七章专门对民事司法协助作了规定,其中就包括我国法院判决在域外的承认与执行以及外国法院判决在我国的承认与执行问题。按照广义说,可以把司法协助分为一般司法协助和特殊司法协助。

一般司法协助,指的是代为送达诉讼法律文书和询问当事人、证人等调查取证活动,以及根据请求向对方提供本国的民事法律、法规文本和本国在民事诉讼程序方面的司法实践等情报资料;特殊司法协助,包括对外国法院的裁判和仲裁裁决的承认与执行。《民事诉讼法》第276条第1款规定:根据中华人民共和国缔结或者参加的国际条约,或者按

照互惠原则,人民法院和外国法院可以相互请求,代为送达文书、调查取证以及进行其他诉讼行为。结合《民事诉讼法》第二十七章的条文来看,该条规定中的"其他诉讼行为"包括了对外国法院判决和仲裁裁决的承认与执行的内容。

依据《民事诉讼法》第276条的规定,当我国与外国存在司法协助方面的条约关系时,依条约规定相互请求和提供司法协助;当我国与有关外国没有这方面的条约关系时,则根据互惠原则,按国内民事诉讼法的规定进行司法协助。因此,国际条约是我国国际民事司法协助最重要的基础。而《民事诉讼法》第二十七章的规定只是对国际民事司法协助所作的原则性的规定,是一种辅助性规范,只有在国际条约对某一问题未作规定时,才适用国内民事诉讼法的有关规定。

二、一般司法协助

一般司法协助,是指一国法院和外国法院可以相互请求,代为送达文书和调查取证。其目的在于为涉外民事诉讼的当事人提供可能的帮助。一般司法协助的内容表现为:代为送达诉讼文书、代为取证、代为提供有关法律资料。

我国人民法院同外国法院之间请求和提供司法协助,应当以我国同外国缔结或者参加的国际条约,包括双边司法协助条约(协定)和多边国际公约为根据。在两国既未签订司法协助条约,又不是多边国际公约的共同参加国的情况下,则应按照互惠原则进行。

司法协助除以条约或互惠关系为前提外,还要符合被请求国法律规定的提供司法协助的条件。《民事诉讼法》第276条第2款规定:外国法院请求协助的事项有损于中华人民共和国的主权、安全或者社会公共利益的,人民法院不予执行。

根据《民事诉讼法》第277条的规定,我国人民法院与外国法院之间进行一般司法协助,有三种途径:

(1)依照我国缔结或者参加的国际条约规定的途径进行。

依照条约途径的司法协助,是通过各自指定的代为协助的中央机关进行司法协助。这里的中央机关是指一国为司法协助的目的而指定或建立的、统一负责对外转递有关司法文书和司法外文书的机关。1987年6月,我国国务院正式批准在司法部内设立司法协助局,从而确立了司法部为我国进行司法协助的中央机关。中国与比利时、意大利、西班牙有关民商事司法协助协定中指定我国司法部为中央机关,《中国与蒙古关于民事和刑事司法协助的条约》中同时指定司法部和最高人民法院为中国方面的中央机关。在实践中,究竟是以司法部还是以最高人民法院作为中央机关,主要是从工作方便的角度进行确定。

(2)通过外交途径进行。

在我国与外国尚未缔结或者参加国际条约,但已建立了外交关系的情况下,可以通过外交途径进行司法协助。通过外交途径解决,这也是国际上通行的惯例。

(3)通过本国驻外国使领馆的途径进行。

外国驻我国的使领馆也可以向该国公民送达诉讼文书和调查取证,但通过此途径时,不得违反我国法律,并不得采取强制措施。依照《民事诉讼法》第277条第3款的规定,未经我国主管机关准许,任何外国机关或者个人不得在我国领域内送达文书、调查取证。

代为送达文书、调查取证以及进行其他诉讼行为,都属于诉讼程序性的活动,一般都应按照提供此种司法协助的国家法律所规定的程序进行。但在某些特殊情况下,也可以按照请求国法院要求采用的特殊方式进行,但这些特殊方式不得违反提供司法协助国家的法律。为此,《民事诉讼法》第279条专门规定:人民法院提供司法协助,依照中华人民共和国法律规定的程序进行。外国法院请求采用特殊方式的,也可以按照其请求的特殊方式进行,但请求采用的特殊方式不得违反中华人民共和国法律。

三、特殊司法协助

(一) 特殊司法协助的概念

特殊司法协助,是指国与国之间的法院在一定前提下相互承认并执行对方生效的法律文书的制度。这一制度之所以特殊,主要是因为涉及国家民事审判制度和司法制度,还涉及当事人的切身利益。因此,与一般司法协助的内容比较侧重于司法的外部制度相比,特殊司法协助涉及的是各国司法制度的核心,因此,各国对此都规定了严格的承认和执行程序。

特殊司法协助是相互的,即我国只要承认和执行外国的判决,外国也必须对等地予以我国以同样的优惠。

(二) 法院裁判的承认和执行

承认和执行外国法院的判决是特殊司法协助的重要内容。对于一个主权国家而言,外国法院判决的承认和执行包括两种情形:一是外国法院作出的涉外民事判决在内国的承认和执行;二是内国法院的涉外民事判决在外国的承认与执行。目前,我国有关承认和执行外国法院判决的法律依据主要有:一是国内立法,即《民事诉讼法》第四编的有关规定;二是双边条约,我国与有关国家之间签订的双边司法协助条约;三是国际公约,即我国缔结或参加的有关国际公约。

1. 我国法院的裁判在外国的承认和执行

《民事诉讼法》第280条第1款规定:人民法院作出的发生法律效力的判决、裁定,如果被执行人或者其财产不在中华人民共和国领域内,当事人请求执行的,可以由当事人直接向有管辖权的外国法院申请承认和执行,也可以由人民法院依照中华人民共和国缔结或者参加的国际条约的规定,或者按照互惠原则,请求外国法院承认和执行。依此规定,我国人民法院的判决、裁定请求外国法院承认和执行,必须具备以下条件:

(1) 该判决和裁定已经发生法律效力且具有执行内容。已经发生法律效力的裁判,包括民商事判决、裁定,刑事案件中有关赔偿损失和返还财产的裁判。考虑到国际上一般不承认调解书的效力,《民诉解释》第530条指出:涉外民事诉讼中,经调解双方达成协议,应当制发调解书。当事人要求发给判决书的,可以依协议的内容制作判决书送达当事人。

由于我国实行的是两审终审制,并且如当事人对生效的判决不服,还可以经过申请再审程序得到补救,如果经过再审,原来的生效判决就失去了法律效力。但实践中有的当事人为了维护自己不正当的利益,选择对自己最有利的裁判申请执行。对此,《民诉解释》第550条规定:当事人在我国领域外使用人民法院的判决书、裁定书,要求我国人民法院证明其法律效力的,以及外国法院要求我国人民法院证明判决书、裁定书的法律效力的,我国作出判决、裁定的人民法院,可以本法院的名义出具证明。

(2) 被执行人或其财产不在我国领域内,需要到外国去执行。

(3) 由当事人直接向有管辖权的外国法院提出申请,或者由我国有执行权的人民法院依照中国缔结或者参加的国际条约的规定,或者按照互惠原则,请求外国法院承认和执行。

2. 我国人民法院对外国裁判的承认与执行

(1) 对外国裁判的承认与执行的条件。

第一,肯定条件。

《民事诉讼法》第281条规定:外国法院作出的发生法律效力的判决、裁定,需要中华人民共和国法院承认和执行的,可以由当事人直接向中华人民共和国有管辖权的中级人民法院申请承认和执行,也可以由外国法院按照该国与中华人民共和国缔结或者参加的国际条约的规定,或者按照互惠原则,请求人民法院承认和执行。依此规定,我国人民法院承认和执行外国法院裁判须具备如下条件:

① 必须是已经发生法律效力的外国法院裁判。正在被请求国提起诉讼或正在审理的案件,不予承认和执行。

② 该外国与我国缔结或者参加了有关的国际条约,或者双方有互惠关系。

③ 该国法院裁判不违反《民事诉讼法》第282条的规定,即不违反我国法律的基本原则或者国家主权、安全、社会公共利益。"我国法律的基本原则"既包括《民事诉讼法》的基本原则,也包括我国有关实体法的基本原则。

第二,否定条件。

按照国际上比较通行的做法,当事人申请和外国法院请求人民法院承认与执行外国法院判决,具有以下情形之一的,我国人民法院不予承认和执行:(1) 根据我国法律和条约中有关涉外民事案件管辖权的规定,该判决是由无管辖权的法院所作的;(2) 依据作出判决的国家法律规定,该判决尚未生效或者不具有执行力;(3) 根据作出判决的国家的法律,败诉一方当事人未经合法传唤,或在无诉讼行为能力时未得到适当的代理;(4) 我国人民法院对于相同当事人之间就同一诉讼标的的案件已作出发生法律效力的判决,或正在审理,且这一审理是在向作出需予承认的判决的法院提起诉讼之前开始的;(5) 判决的承认与执行有损于中国的主权、安全或公共秩序。

由上述肯定条件和否定条件可知,我国法院在对外国法院裁判只进行形式审查,而不涉及外国法律裁判认定事实和适用法律是否正确。

(2) 对外国裁判的承认与执行的程序。

《民事诉讼法》第282条对我国承认和执行外国法院裁判的程序和条件作了进一步的规定,在我国同外国签订的双边司法协助条约中,对此也都设有专章规定,不仅规定了判决的承认与执行,而且就承认与执行判决的范围、拒绝承认与执行的条件、请求的提出与应附具的文件、承认与执行的程序及效力等问题,都作了具体的规定。我国人民法院对外国法院裁判承认与执行的程序是:

第一,承认与执行请求的提出。

按照《民诉解释》第543条,申请人向人民法院申请承认和执行外国法院作出的发生法律效力的判决、裁定,应当提交申请书,并附外国法院作出的发生法律效力的判决、裁定正本或者经证明无误的副本以及中文译本。外国法院判决、裁定为缺席判决、裁定的,申请人应当同时提交该外国法院已经合法传唤的证明文件,但判决、裁定已经对此予以明确说明的除外。中国缔结或者参加的国际条约对提交文件有规定的,按照规定办理。

对外国法院判决的承认与执行,必须由当事人直接向中国有管辖权的中级人民法院提交承认与执行的申请书,或者由该外国法院向我国人民法院提出承认与执行的请求书,并附具有关文件。"有管辖权的中级人民法院"指的是被执行人住所地或被执行人财产所在地的中级人民法院。

值得注意的是按照《民诉解释》第546条,对外国法院作出的发生法律效力的判决、裁定或者外国仲裁裁决,需要中华人民共和国法院执行的,当事人应当先向人民法院申请承认。人民法院经审查,裁定承认后,再根据《民事诉讼法》第三编的规定予以执行。当事人仅申请承认而未同时申请执行的,人民法院仅对应否承认进行审查并作出裁定。由此可见,承认是执行的先行程序。

第二,承认与执行的程序。

承认和执行外国法院作出的发生法律效力的判决、裁定或者外国仲裁裁决的案件,人民法院应当组成合议庭进行审查。

人民法院接到申请书或请求书后,予以立案,根据我国法律或者我国缔结或参加的国际条约的规定,或者根据互惠原则予以形式审查。此种审查为程序上的审查制度,仅限于审查外国法院的裁判是否符合我国法律规定的承认和执行外国法院裁判的条件,对外国法院裁判中的事实认定和法律适用问题不予审查。人民法院应当将申请书送达被申请人,被申请人可以陈述意见。

我国人民法院经审查,对符合条件的,裁定承认其效力,需要执行的,发出执行令,依照《民事诉讼法》第三编规定的执行程序予以执行;对不符合条件的,则将申请书或请求书退回请求国的当事人或法院。人民法院经审查作出的裁定,一经送达即发生法律效力。

第三,承认与执行的期间。

当事人申请承认和执行外国法院作出的发生法律效力的判决、裁定或者外国仲裁裁决的期间,适用《民事诉讼法》第239条有关申请执行的期间的规定。当事人仅申请承认而未同时申请执行的,申请执行的期间自人民法院对承认申请作出的裁定生效之日起重新计算。

第四,另行处理的情况。

此外,《民诉解释》第 544 条和第 549 条规定,对于以下两种情况,另作处理:

① 当事人向中华人民共和国有管辖权的中级人民法院申请承认和执行外国法院作出的发生法律效力的判决、裁定的,如果该法院所在国与中华人民共和国没有缔结或者共同参加国际条约,也没有互惠关系的,裁定驳回申请,但当事人向人民法院申请承认外国法院作出的发生法律效力的离婚判决的除外。这是因为如果不承认离婚判决的效力,那么外籍当事人已根据离婚判决解除了婚姻关系,而我国当事人仍然要受婚姻关系的约束,这并不公平。

承认和执行申请被裁定驳回的,当事人可以向人民法院起诉。这限定了承认和执行外国法院裁判和向我国法院起诉的顺序,意味着在当事人向我国法院申请承认和执行外国法院裁判时,不能又就同一事实向我国法院起诉。

② 与我国没有司法协助协定又无互惠关系国家的法院,未通过外交途径,直接请求我国法院司法协助的,我国法院应予退回,并说明理由。

(三) 仲裁裁决的承认和执行

有关涉外仲裁裁决在我国和外国的承认和执行,可以参见本章第四节中关于涉外仲裁裁决承认和执行的内容,在此不再赘述。

四、区际司法协助

(一) 区际司法协助概述

区际司法协助,是指存在于同一主权国家内部不同法域的司法机关之间在司法领域的合作和互助。某些地区司法机关应另一地区司法机关的请求,代为履行某些司法行为,如送达文书、调查取证以及承认和执行法院裁判和仲裁裁决等行为都属于区际司法协助。区际司法协助涉及民商事、刑事、行政等司法领域。这里所涉及的是区际民事司法协助问题。

"区际"在这里首先是一个地理上的概念,是指一国内部的不同地区之间,这使得区际司法协助限定在一国领土范围之内,从而与国际司法协助区别开来。其次,"区"在这里并非是一个完全地理意义上的概念,它更是一个法律意义上的概念,即"法域",是指有着独立的或者相对独立的法律制度的区域。在多数情况下,法域与一国主权的管辖范围是一致的,一个国家的领域就是一个独立和统一的法域。但也有例外的情况,即在一个统一的国家中存在着数个相互独立的法律体系及其相应的司法体系,也就是在同一主权下并存数个法域。区际司法协助正是在后一种情况下才得以产生的。

作为法域的"区"与单纯的行政区域既有联系又有区别。一方面,法域与行政区域的地理领域是基本一致的。一个法域往往就是一个行政区域,例如,香港既是一个独立的法域,又是一个特别行政区,其独特的法律制度正是在这一特定的行政区划管辖范围内得以实施,不能在这一区域范围外实施。另一方面,法域与行政区域是不一致的,例如,我国内地有 31 个行政区域,但彼此不是独立的法域,而是实行相同的法律制度,全国人大及其常委会制定的法律,在各省、自治区、直辖市生效。因此,我国内地只有地方行政区域之分,没有法域之分。内地是一个具有同一法律体系和司法制度的大法域,各地方行政区域之间不存在司法协助问题。

具体说,我国区际司法协助的行为范围主要包括以下几方面:(1)区际送达诉讼文书;(2)区际调查取证;(3)区际承认与执行法院裁决;(4)区际承认与执行仲裁裁决。

(二)区际司法协助的原则

解决区际民事司法协助问题的最主要的原则就是"一国两制"原则。"一国"就是要维护国家统一和领土完整,区际民事司法协助,必须以此为基本出发点;"两制"则表明要尊重和维护各区域内法律的独特性,不能以关于民事领域的全国性法律取代香港、澳门特别行政区的有关法律,应该允许香港、澳门特别行政区的司法机关保留自己的制度与做法,也应该允许特别行政区在涉及其自身利益、不与国家利益相冲突的情况下,有权拒绝提供司法协助,而不能要求其像内地各地区司法机关之间提供强制性的义务协助。

此外,各法域平等保护当事人合法权益、程序审查也是解决区际民事司法协助问题的基本原则。由于香港、澳门特别行政区享有独立的司法权和终审权,特别行政区法院与内地法院属于不同的法律系统,它们之间不存在任何隶属关系,因此,在司法协助实践中,作为请求双方的特别行政区法院与内地法院是处于同一地位的,这种协助是相互对等的,同时,由于保护当事人合法权益才是司法协助的最终目的,因此,各区域司法机关应将当事人的利益放在首位,摈弃相互间无谓的争执,及时、有效地保障当事人的合法权益,只要程序上符合本法域规定,就依法提供司法协助,而不根据本法域的实体法对认定事实和适用法律是否正确进行审查,特别是在承认与执行外法域裁决时,被请求方不能对判决进行实质审查,只要判决符合本法域规定的条件就应当予以承认和执行。

(三)关于区际司法协助的规定

1. 内地与香港特别行政区之间民事司法协助的有关规定

(1)内地与香港特别行政区法院相互委托送达民商事司法文书。

根据1999年最高人民法院《关于内地与香港特别行政区法院相互委托送达民商事司法文书的安排》,内地法院和香港特别行政区法院可以相互委托送达民商事司法文书。双方委托送达司法文书,均须通过各高级人民法院和香港特别行政区高等法院进行。最高人民法院司法文书可以直接委托香港特别行政区高等法院送达。

第一,送达司法文书的范围。

送达的司法文书在内地包括:起诉状副本、上诉状副本、授权委托书、传票、判决书、调解书、裁定书、决定书、通知书、证明书、送达回证;在香港特别行政区包括:起诉状副本、上诉状副本、传票、状词、誓章、判案书、判决书、裁决书、通知书、法庭命令、送达证明。

第二,委托。

委托方请求送达司法文书,须出具盖有其印章的委托书,在委托书中说明委托机关的名称、受送达人的姓名或者名称、详细地址及案件的性质。委托书应当以中文文本提出。所附司法文书没有中文文本的,应当提供中文译本。以上文件一式两份。受送达人为两人以上的,每人一式两份。受委托方如果认为委托书与本安排的规定不符,应当通知委托方,并说明对委托书的异议。必要时可以要求委托方补充材料。

第三,送达。

不论司法文书中确定的出庭日期或者期限是否已过,受委托方均应送达,委托方应当尽量在合理期限内提出委托请求。受委托方接到委托书后,应当及时完成送达,最迟不得超过自收到委托书之日起2个月。

送达司法文书后,内地人民法院应当出具送达回证;香港特别行政区法院应当出具送达证明书。出具送达回证和证明书,应当加盖法院印章。受委托方无法送达的,应当在送达回证或者证明书上注明妨碍送达的原因、拒收事由和日期,并及时退回委托书及所附全部文书。

送达司法文书,应当依照受委托方所在地法律规定的程序进行。受委托方对委托方委托送达的司法文书的内容和后果不负法律责任。委托送达司法文书费用互免。但委托方在委托书中请求以特定送达方式送达所产生的费用,由委托方负担。

(2) 内地与香港特别行政区法院相互执行仲裁裁决。

根据2000年最高人民法院《关于内地与香港特别行政区相互执行仲裁裁决的安排》,在内地或者香港特别行政区作出的仲裁裁决,一方当事人不履行仲裁裁决的,另一方当事人可以向被申请人住所地或者财产所在地的有关法院申请执行。

第一,相互执行的有关法院。

被申请人住所地或者财产所在地的法院,在内地指被申请人住所地或者财产所在地的中级人民法院,在香港特别行政区指香港特别行政区高等法院。如被申请人的住所地或者财产所在地,既在内地又在香港特别行政区的,则申请人不得同时分别向两地有关法院提出申请。只有一地法院执行不足以偿还其债务时,才可就不足部分向另一地法院申请执行。两地法院先后执行仲裁裁决的总额,不得超过裁决数额。

第二,申请。

申请人向有关法院申请执行在内地或者香港特别行政区作出的仲裁裁决的,应当提交以下文书:执行申请书;仲裁裁决书;仲裁协议。有关法院接到申请人申请后,应当按执行地法律程序处理及执行。

第三,不予执行。

在内地或者香港特别行政区申请执行的仲裁裁决,被申请人接到通知后,提出证据证明有下列情形之一的,经审查核实,有关法院可裁定不予执行:

① 仲裁协议当事人依对其适用的法律属于某种无行为能力的情形;或者该项仲裁协议依约定的准据法无效;或者未指明以何种法律为准据法时,依仲裁裁决地的法律是无效的。

② 被申请人未接到指派仲裁员的适当通知,或者因他故未能陈述意见的。

③ 裁决所处理的争议不是交付仲裁的标的或者不在仲裁协议条款之内,或者裁决载有关于交付仲裁范围以外事项的决定的;但交付仲裁事项的决定可与未交付仲裁的事项

划分时,裁决中关于交付仲裁事项的决定部分应当予以执行。

④ 仲裁庭的组成或者仲裁庭程序与当事人之间的协议不符,或者在有关当事人没有这种协议时与仲裁地的法律不符的。

⑤ 裁决对当事人尚无约束力,或者业经仲裁地的法院或者按仲裁地的法律撤销或者停止执行的。

内地法院认定在内地执行该仲裁裁决违反内地社会公共利益,或者香港特别行政区法院决定在香港特别行政区执行该仲裁裁决违反香港特别行政区的公共政策,则可不予执行该裁决。

2. 内地与澳门特别行政区之间民事司法协助的有关规定

根据2001年最高人民法院《关于内地与澳门特别行政区法院就民商事案件相互委托送达司法文书和调取证据的安排》,内地人民法院与澳门特别行政区就民商事案件(在内地包括劳动争议案件,在澳门特别行政区包括民事劳工案件)可以相互委托送达司法文书和调取证据。双方相互委托送达司法文书和调取证据,均须通过各高级人民法院和澳门特别行政区终审法院进行。

(1) 送达司法文书。

第一,送达司法文书的范围。

司法文书在内地包括:起诉状副本、上诉状副本、反诉状副本、答辩状副本、授权委托书、传票、判决书、调解书、裁定书、支付令、决定书、通知书、证明书、送达回证以及其他司法文书和所附相关文件;在澳门特别行政区包括:起诉状复本、答辩状复本、反诉状复本、上诉状复本、陈述书、申辩书、声明异议书、反驳书、申请书、撤诉书、认诺书、和解书、财产目录、财产分割表、和解建议书、债权人协议书、传唤书、通知书、法官批示、命令状、法庭许可令状、判决书、合议庭裁判书、送达证明书以及其他司法文书和所附相关文件。最高人民法院与澳门特别行政区终审法院可以直接相互委托送达和调取证据。

第二,委托。

在司法文书的送达程序上,委托方法院请求送达司法文书,须出具盖有其印章的委托书,并在委托书中说明委托机关的名称、受送达人的姓名或者名称、详细地址及案件性质。如果执行方法院请求按特殊方式送达或者有特别注意的事项的,应当在委托书中注明。委托书及所附司法文书和其他相关文件一式两份,受送达人为两人以上的,每人一式两份。

第三,送达。

完成司法文书送达事项后,内地人民法院应当出具送达回证,澳门特别行政区法院应当出具送达证明书。出具的送达回证和送达证明书,应当注明送达的方法、地点和日期及司法文书接收人的身份,并加盖法院印章。受委托方法院无法送达的,应当在送达回证或送达证明书上注明妨碍送达的原因、拒收事由和日期,并及时退回委托书及所附全部文件。

不论委托方法院司法文书中确定的出庭日期或者期限是否已过,受委托方法院均应送达。受委托方法院对委托方法院委托送达的司法文书和所附相关文件的内容和后果不负法律责任。

(2) 代为调取证据。

第一,代为调取证据的范围。

在调取证据的程序上,委托方法院请求调取的证据只能是用于与诉讼有关的证据。代为调取证据的范围包括:代为询问当事人、证人和鉴定人,代为进行鉴定和司法勘验,调取其他与诉讼有关的证据。

第二,委托。

双方相互委托代为调取证据的委托书应当写明:(1) 委托法院的名称;(2) 当事人及其诉讼代理人的姓名、地址及其他一切有助于辨别其身份的情况;(3) 委托调取证据的原因,以及委托调取证据的具体事项;(4) 被调查人的姓名、地址及其他一切有助于辨别其身份的情况,以及需要向其提出的问题;(5) 调取证据需采用的特殊方式;(6) 有助于执行该委托的其他一切情况。

第三,调取证据。

如委托方法院提出要求,受委托方法院应当将取证的时间、地点通知委托方法院,以便有关当事人及其诉讼代理人能够出席。受委托方法院在执行委托调取证据时,根据委托方法院的请求,可以允许委托方法院派司法人员出席。必要时,经受委托方允许,委托方法院的司法人员可以向证人、鉴定人等发问。

受委托方法院完成委托调取证据的事项后,应当向委托方法院书面说明。如果未能按委托方法院的请求全部或部分完成调取证据事项,受委托方法院应当向委托方法院书面说明妨碍调取证据的原因,并及时退回委托书及所附全部文件。如果当事人、证人根据受委托方的法律规定,拒绝作证或推辞提供证言时,受委托方法院应当书面通知委托方法院,并退回委托书及所附全部文件。

受委托方法院可以根据委托方法院的请求,并经证人、鉴定人同意,协助安排其辖区的证人、鉴定人到对方辖区出庭作证。证人、鉴定人在委托方地域内逗留期间,不得因在其离开受委托方地域之前,在委托方境内所实施的行为或针对他所作的裁决而被刑事起诉、羁押,或者为履行刑罚或者其他处罚而被剥夺财产或者扣留身份证件,或者以任何方式对其人身自由加以限制。证人、鉴定人完成所需诉讼行为,且可自由离开委托方地域后,在委托方境内逗留超过 7 天,或者已离开委托方地域又自行返回时,前述所指的豁免即行中止。证人、鉴定人到委托方法院出庭而导致的费用及补偿,由委托方法院预付。这里所指出庭作证人员,在澳门特别行政区还包括当事人。

受委托方法院取证时,被调查的当事人、证人、鉴定人等的代理人可以出席。

受委托方法院可以根据委托方法院的请求代为查阅并提供本辖区的有关法律。

3. 大陆与台湾之间民事司法协助的有关规定

(1) 大陆人民法院认可台湾地区有关法院的民事判决。

根据 2015 年《关于认可和执行台湾地区法院民事判决的规定》,台湾地区法院的民事判决,包括对商事、知识产权、海事等民事纠纷案件作出的判决,如果当事人的住所地、经常居住地或被执行财产所在地在其他省、自治区、直辖市的,当事人可以向人民法院申请认可,具体程序如下:

第一,申请对象。

申请认可和执行的民事判决包括:台湾地区法院作出的生效民事判决、裁定、和解笔录、调解笔录、支付命令,台湾地区法院在刑事案件中作出的有关民事损害赔偿的生效判决、裁定、和解笔录,台湾地区乡镇市调解委员会等出具并经台湾地区法院核定,与台湾地区法院生效民事判决具有同等效力的调解文书。

第二,管辖。

申请认可台湾地区法院民事判决的案件,由申请人住所地、经常居住地或者被申请人住所地、经常居住地、财产所在地中级人民法院或者专门人民法院受理。申请人向被申请人财产所在地人民法院申请认可的,应当提供财产存在的相关证据。

申请人向两个以上有管辖权的中级人民法院申请认可的,由最先立案的中级人民法院管辖。

第三,保全措施。

人民法院受理认可台湾地区法院民事判决的申请之前或者之后,可以按照民事诉讼法及相关司法解释的规定,根据申请人的申请,裁定采取保全措施。

第四,提出申请。

申请人应提交申请书,申请书应记明以下事项:申请人和被申请人姓名、性别、年龄、职业、身份证件号码、住址(申请人或者被申请人为法人或者其他组织的,应当记明法人或者其他组织的名称、地址、法定代表人或者主要负责人姓名、职务)和通讯方式;请求和理由;申请认可的判决的执行情况;其他需要说明的情况。

申请书应当附有台湾地区有关法院民事判决文书和民事判决确定证明书的正本或者经证明无误的副本。台湾地区法院民事判决为缺席判决的,申请人应当同时提交台湾地区法院已经合法传唤当事人的证明文件,但判决已经对此予以明确说明的除外。

第五,受理。

对于符合管辖和申请形式规定的申请,人民法院应当在收到申请后7日内立案,并通知申请人和被申请人,同时将申请书送达被申请人;不符合管辖和申请形式规定的,应当在7日内裁定不予受理,同时说明不予受理的理由;申请人对裁定不服的,可以提起上诉。

第六,审查和裁定。

对申请认可台湾地区法院民事判决的案件,人民法院应当组成合议庭进行审查。

经审理查明台湾地区有关法院的民事判决具有下列情形之一的,裁定不予认可:申请认可的民事判决,是在被申请人缺席又未经合法传唤或者在被申请人无诉讼行为能力又未得到适当代理的情况下作出的;案件系人民法院专属管辖的;案件双方当事人订有有效仲裁协议,且无放弃仲裁管辖情形的;案件系人民法院已作出判决或者大陆的仲裁庭已作出仲裁裁决的;香港特别行政区、澳门特别行政区或者外国的法院已就同一争议作出判决且已为人民法院所认可或者承认的;台湾地区、香港特别行政区、澳门特别行政区或者外国的仲裁庭已就同一争议作出仲裁裁决且已为人民法院所认可或者承认的;认可该民事判决将违反一个中国原则等国家法律的基本原则或者损害社会公共利益的。申请人申请认可台湾地区法院民事判决,应当提供相关证明文件,以证明该判决真实并且已经生效。经审理查明该判决真实,已经生效,且不具有上述所列情形的,裁定认可其效力;不能确认的,裁定驳回申请人的申请。

人民法院受理申请人申请后,应当在6个月内审结。有特殊情况需要延长的,报请上一级人民法院批准。

第七,相关事项。

一是注意下列情形不予受理:人民法院受理认可台湾地区法院民事判决的申请后,当事人就同一争议起诉的,不予受理;一方当事人向人民法院起诉后,另一方当事人向人民法院申请认可的,对于认可的申请不予受理;对人民法院裁定不予认可的台湾地区法院民事判决,申请人再次提出申请的,人民法院不予受理,但申请人可以就同一争议向人民法院起诉。

二是注意应予受理的情形:案件虽经台湾地区有关法院判决,但当事人未申请认可,而是就同一争议向人民法院起诉的,应予受理。

三是注意准许撤回申请的情形:人民法院受理认可台湾地区法院民事判决的申请后,作出裁定前,申请人请求撤回申请的,可以裁定准许。

(2) 大陆人民法院认可台湾地区仲裁裁决。

根据2015年《关于认可和执行台湾地区仲裁裁决的规定》,大陆人民法院认可台湾地区仲裁裁决的程序的要点如下:

第一,申请对象。

申请认可和执行的仲裁裁决是指常设仲裁机构及临时仲裁庭在台湾地区按照台湾地区仲裁规定就有关民商事争议作出的仲裁裁决,包括仲裁判断、仲裁和解和仲裁调解。

第二,管辖。

申请认可台湾地区仲裁裁决的案件,由申请人住所地、经常居住地或者被申请人住所地、经常居住地、财产所在地中级人民法院或者专门人民法院受理。申请人向被申请人财产所在地人民法院申请认可的,应当提供财产存在的相关证据。

申请人向两个以上有管辖权的中级人民法院申请认可的,由最先立案的中级人民法院管辖。

第三,保全措施。

人民法院受理认可台湾地区仲裁裁决的申请之前或者之后,可以按照民事诉讼法及相关司法解释的规定,根据申请人的申请,裁定采取保全措施。

第四,提出申请。

申请人申请认可台湾地区仲裁裁决,应当提交以下文件或者经证明无误的副本:申请书;仲裁协议;仲裁判断书、仲裁和解书或者仲裁调解书。

第五,受理。

对于符合管辖和申请形式规定的申请,人民法院应当在收到申请后7日内立案,并通知申请人和被申请人,同时将申请书送达被申请人;不符合管辖和申请形式规定的,应当在7日内裁定不予受理,同时说明不予受理的理由;申请人对裁定不服的,可以提起上诉。

第六,审查和裁定。

对申请认可台湾地区仲裁裁决的案件,人民法院应当组成合议庭进行审查。

对申请认可和执行的仲裁裁决,被申请人提出证据证明有下列情形之一的,经审查核实,人民法院裁定不予认可:仲裁协议一方当事人依对其适用的法律在订立仲裁协议时属于无行为能力的;或者依当事人约定的准据法,或当事人没有约定适用的准据法而依台湾地区仲裁规定,该仲裁协议无效的;或者当事人之间没有达成书面仲裁协议的,但申请认可台湾地区仲裁调解的除外;被申请人未接到选任仲裁员或进行仲裁程序的适当通知,或者由于其他不可归责于被申请人的原因而未能陈述意见的;裁决所处理的争议不是提交仲裁的争议,或者不在仲裁协议范围之内;或者裁决载有超出当事人提交仲裁范围的事项的决定,但裁决中超出提交仲裁范围的事项的决定与提交仲裁事项的决定可以分开的,裁决中关于提交仲裁事项的决定部分可以予以认可;仲裁庭的组成或者仲裁程序违反当事人的约定,或者在当事人没有约定时与台湾地区仲裁规定不符的;裁决对当事人尚无约束力,或者业经台湾地区法院撤销或者驳回执行申请的;依据国家法律,该争议事项不能以仲裁解决的,或者认可该仲裁裁决将违反一个中国原则等国家法律的基本原则或损害社会公共利益的。

申请人申请认可台湾地区仲裁裁决,应当提供相关证明文件,以证明该仲裁裁决的真实性。经审理查明该仲裁裁决真实,且不具有上述所列情形的,裁定认可其效力;不能确认该仲裁裁决真实性的,裁定驳回申请人的申请。

人民法院应当尽快审查认可台湾地区仲裁裁决的申请,决定予以认可的,应当在立案之日起2个月内作出裁定;决定不予认可或者驳回申请的,应当在作出决定前按有关规定自立案之日起2个月内上报最高人民法院。

第七,相关事项。

一是注意下列情形不予受理:人民法院受理认可台湾地区仲裁裁决的申请后,当事人就同一争议起诉的,不予受理;当事人未申请认可,而是就同一争议向人民法院起诉的,亦不予受理,但仲裁协议无效的除外;对人民法院裁定不予认可的台湾地区仲裁裁决,申请人再次提出申请的,人民法院不予受理。但当事人可以根据双方重新达成的仲裁协议申请仲裁,也可以就同一争议向人民法院起诉。

二是注意准许撤回申请的情形:人民法院受理认可台湾地区仲裁裁决的申请后,作出裁定前,申请人请求撤回申请的,可以裁定准许。

(3) 代为调取证据。

根据2011年实施的最高人民法院《关于人民法院办理海峡两岸送达文书和调查取证司法互助案件的规定》的内容,有关海峡两岸相互代为调查取证的程序如下:

第一,协助台湾地区法院调查取证。

人民法院协助台湾地区法院调查取证,应当采用《民事诉讼法》和相关司法解释规定的方式。在不违反法律和相关规定、不损害社会公共利益、不妨碍正在进行的诉讼程序的前提下,人民法院应当尽力协助调查取证,并尽可能依照台湾地区请求的内容和形式予以协助。台湾地区请求促使大陆居民至台湾地区作证,但未作出非经大陆主管部门同意不得追诉其进入台湾地区之前任何行为的书面声明的,人民法院可以不予协助。协助调查取证的具体程序如下:

① 台湾地区提出请求。

台湾地区请求人民法院协助台湾地区法院调查取证并通过其联络人将请求书和相关材料寄送最高人民法院联络人的,最高人民法院应当在收到之日起7个工作日内完成审查。经审查认为可以协助调查取证的,应当立即转送有关高级人民法院或者由本院办理,高级人民法院应当在收到之日起7个工作日内转送有关下级人民法院办理或者由本院办理;经审查认为欠缺相关材料、内容或者认为不宜协助调查取证的,最高人民法院联络人应当立即向台湾地区联络人说明情况并告知其补充相关材料、内容或者将材料送还。

② 人民法院协助调查取证并报送材料。

具体办理调查取证司法互助案件的人民法院应当在收到高级人民法院转送的材料之日起5个工作日内,以"协助台湾地区民事(刑事、行政诉讼)调查取证"案由立案,指定专人办理,并应当自立案之日起1个月内完成协助调查取证,最迟不得超过3个月。因故不能在期限届满前完成的,应当提前函告高级人民法院,并由高级人民法院转报最高人民法院。

具体办理调查取证司法互助案件的人民法院成功调查取证的,应当在完成调查取证之日起7个工作日内将取得的证据材料一式三份,连同台湾地区提供的材料,并在必要时附具情况说明,送交高级人民法院;未能成功调查取证的,应当出具说明函一式三份,连同台湾地区提供的材料,在确认不能成功调查取证之日起7个工作日内送交高级人民法院。

③ 高级人民法院进行初步审查。

高级人民法院应当在收到前款所述材料之日起7个工作日内完成初步审查,并将审查意见和前述取得的证据材料或者说明函等,一式二份,连同台湾地区提供的材料,立即转送最高人民法院。

④ 最高人民法院进行最终审查并寄送材料。

最高人民法院应当在收到之日起7个工作日内完成最终审查,由最高人民法院联络人出具《〈海峡两岸共同打击犯罪及司法互助协议〉调查取证回复书》,必要时连同相关材料,立即寄送台湾地区联络人。

第二,请求台湾地区法院协助调查取证。

① 提出请求。

审理案件的人民法院需要台湾地区协助调查取证的,应当填写《〈海峡两岸共同打击犯罪及司法互助协议〉调查取证请求书》附录部分,连同相关材料,一式三份,及时送交高级人民法院。

② 高级法院初步审查。

高级人民法院应当在收到前款所述材料之日起 7 个工作日内完成初步审查,并将审查意见和《〈海峡两岸共同打击犯罪及司法互助协议〉调查取证请求书》附录部分及相关材料,一式二份,立即转送最高人民法院。

③ 最高人民法院最终审查。

最高人民法院收到高级人民法院转送的《〈海峡两岸共同打击犯罪及司法互助协议〉调查取证请求书》附录部分和相关材料以及高级人民法院审查意见后,应当在 7 个工作日内完成最终审查。经审查认为可以请求台湾地区协助调查取证的,最高人民法院联络人应当填写《〈海峡两岸共同打击犯罪及司法互助协议〉调查取证请求书》正文部分,连同附录部分和相关材料,立即寄送台湾地区联络人;经审查认为欠缺相关材料、内容或者认为不需要请求台湾地区协助调查取证的,应当立即通过高级人民法院告知提出请求的人民法院补充相关材料、内容或者在说明理由后将材料退回。

④ 台湾地区反馈调查取证情况。

台湾地区成功调查取证并将取得的证据材料寄送最高人民法院联络人,或者未能成功调查取证并将相关材料送还,同时出具理由说明给最高人民法院联络人的,最高人民法院应当在收到之日起 7 个工作日内完成审查并转送高级人民法院,高级人民法院应当在收到之日起 7 个工作日内转送提出请求的人民法院。经审查认为欠缺相关材料或者内容的,最高人民法院联络人应当立即与台湾地区联络人联络并请求补充相关材料或者内容。

第五编 非讼程序

第十九章 特别程序

第一节 特别程序概述

一、非讼程序的概念和适用范围

根据案件是否存在争议,人民法院行使审判权处理的民事案件可分为争讼案件和非讼案件两种。其中,"非讼"的特定内涵为"无争议"。所谓非讼程序是指解决或处理民事非讼案件的程序。而非讼案件是指对某项民事实体法律关系或民事权益不存在争议的案件。民事非讼案件中不存在对立的双方当事人或者不存在明确的双方当事人的对立状态。

由于民事非讼程序处理的是非争议事项,其目的并非解决民事纠纷,而主要是从法律上确认某种民事权益或某项民事法律事实是否存在。比如,宣告失踪案件的非讼程序,其目的是人民法院依法确认某个公民是否失踪这一法律事实;督促程序的直接目的是,人民法院依法确认债权人对于债务人是否享有某项合法明确的债权。应当明确,确认之诉的目的也在于从法律上确认某种民事权益或者法律事实是否存在,但是与非讼案件不同,确认之诉是争议之诉,存在着对立的双方当事人。

根据我国现行法律,民事非讼程序适用范围主要有:(1)《民事诉讼法》第十五章"特别程序"规定的非讼案件,第十七章"督促程序"规定的督促案件,第十八章"公示催告程序"规定的公示催告案件。(2)《海事诉讼特别程序法》规定的海商事督促程序和公示催告程序中的督促案件和公示催告案件,设立海事赔偿责任限制基金程序中的非讼案件,债权登记与受偿程序中的非讼案件,船舶优先权催告程序中的非讼案件。(3)其他法律规定的非讼案件。例如,《企业破产法》规定的破产清算、破产和解、破产重整案件;《合伙企业法》规定的合伙人或其他利害关系人请求法院指定清算人案件;《农民专业合作社法》规定的农民专业合作社成员或债权人请求法院组成清算组案件等。

二、特别程序的概念和适用范围

民事诉讼法规定的特别程序,是人民法院审理和解决某些特别的非民事权益争议案件所适用的特殊程序。所谓"非民事权益争议"主要包括两层意思:一是某些案件根本就不是民事案件,如选民资格案件。选民资格案件不属于一般的民事案件,它是按照我国《选举法》的规定来确认选举委员会公布的选民名单是否有差错,双方当事人之间不存在民事权益冲突的案件;二是某些案件是基于民事法律关系所产生的部分非讼事件。这些非讼事件的突出特征是公民民事权利虽未发生争执但具有潜在的不稳定因素,这些潜在因素的持续存在不但会导致民事权利人的损失,而且会影响甚至阻滞社会、经济的正常流转。因此,人民法院的审理对象不是解决双方当事人之间的民事权利争议,而是确认某种法律事实是否存在,确认某种权利的实际状态,没有明确的被告。如宣告失踪或者宣告死亡案件、认定财产无主案件。

特别程序是相对于普通程序和简易程序而言的。人民法院适用特别程序审理案件的目的是站在国家的高度从法律上确认某种法律事实或权利。而人民法院适用普通程序或简易程序审理案件的目的是解决当事人之间的民事纠纷。由于特别程序与普通程序和简易程序的审理目的和审理对象不同,其审理程序也不相同。

应当注意的是,特别程序是若干不同种类特殊案件的审理程序的总称。它不是一种单一的审理某类案件的程序,而是包含了若干不同种类非民事权益争议案件的审理程序。每一种类型的程序各自适用于不同的案件。

根据《民事诉讼法》的规定,特别程序适用于以下六种类型的案件:选民资格案件、宣告失踪或者宣告死亡案件、认定公民无民事行为能力或者限制民事行为能力案件、认定财产无主案件、确认调解协议案件和实现担保物权案件。

三、我国立法上特别程序的共同规则

《民事诉讼法》第十五章第一节就特别程序的共同规则作出了规定。从立法上看,这些共同规则适用于选民资格案件、宣告失踪或者宣告死亡案件、认定公民无民事行为能力或者限制民事行为能力案件、认定财产无主案件、确认调解协议案件和实现担保物权案件。

《民事诉讼法》第十五章中就"特别程序"规定的共同规则主要有:

(1) 优先适用特别程序规定。人民法院审理选民资格案件、宣告失踪或者宣告死亡案件、认定公民无民事行为能力或者限制民事行为能力案件、认定财产无主案件、确认调解协议案件和实现担保物权案件,首先适用《民事诉讼法》第十五章的特别程序规定。第十五章没有规定的,适用《民事诉讼法》和其他法律的有关规定。

(2) 无原告和被告。特别程序通常由申请人的申请或者起诉人的起诉而开始的,没有对方当事人。申请人或起诉人并不一定与本案有直接的利害关系。如选民资格案件的起诉人,争议的选举关系可能与起诉人有选民资格有关,也可以与起诉人的选举资格无关。我国的任何公民,只要具有诉讼权利能力和诉讼行为能力,对公民选民名单有意见,都可以作为起诉人依法提起诉讼。

(3) 实行一审终审。按照特别程序审理案件,实行一审终审。一审判决一经送达,即

发生法律效力,申请人对于判决书不得提起上诉。

(4) 审判组织有特别要求。选民资格案件或者重大、疑难的非讼案件,由审判员组成合议庭审理;其他案件由审判员一人独任审理。

(5) 特别程序转化规定。法院审理非讼案件的过程中,发现本案存在实体争议的,应当裁定终结特别程序,并告知申请人或利害关系人可以另行起诉,适用诉讼程序。比如,债务人合法提出支付令异议的,则终结督促程序,当事人可以起诉。

(6) 审限较短。人民法院适用特别程序审理案件的期限一般较短,应在立案之日起30日内或者公告期满后30日内审结;有特殊情况需要延长的,由本院院长批准。而选民资格案件须在选举日前审结。

(7) 免交诉讼费。适用特别程序审理的案件,起诉人或申请人免交诉讼费用。

(8) 不适用审判监督规定。人民法院适用特别程序审理的案件的判决生效后,如果发现判决在认定事实或适用法律方面有错误,或者是出现了新情况、新事实,不能按照再审程序对该判决提起再审。当事人、利害关系人认为适用特别程序作出的判决、裁定有错误的,可以向作出该判决、裁定的人民法院提出异议。人民法院经审查,异议成立或者部分成立的,作出新的判决、裁定撤销或者改变原判决、裁定;异议不成立的,裁定驳回。

第二节 选民资格案件的审判程序

一、选举诉讼与选民资格案件概述

选举诉讼,从广义上说,是选民在选举权和被选举权受到侵害或发生争议时的司法救济途径或手段。选举诉讼主要解决如下争议:有关选举人名册(名单)是否错误的争议、因选举违法而对选举效力发生的争议、妨害选举而发生的争议等。由于选举诉讼对于保护全体公民的政治权利产生重大的积极作用,所以又被称为"民众诉讼"。从法律性质上说,选举诉讼具有公法性和争讼性。

我国现行《选举法》和《民事诉讼法》未明确使用"选举诉讼"这一词语,但该词在理论上经常被使用。《选举法》和《民事诉讼法》等仅规定了选民资格案件及其诉讼程序。

选民资格案件,是指公民对选举委员会公布的选民资格名单有不同意见或认为有错误的,向选举委员会申诉后,对选举委员会就申诉所作的决定不服,而向人民法院提起诉讼的案件。这里的"公民"可能是选民名单中被漏掉的选民本人,也可能是其他公民,还可能是该选区的公民,甚至可能是跨选区的其他公民。所谓公民对选民资格名单有不同意见或认为有错误的,是指公民认为有选举资格的人未被选民名册列入或确认,无选举资格的人被选民名册列入或确认。

选举权和被选举权是《宪法》赋予公民的一项政治权利,因而选民资格案件是一种特殊的案件。通过人民法院对选民资格案件的审理和裁判,能够确保具有选举资格的公民依法参加选举活动,行使选举权和被选举权,参与国家事务管理;同时防止没有选举权和被选举权的人参加选举,确保国家选举制度的贯彻执行,维护正常的选举秩序。从性质上讲,选民资格案件中所处理的选举法律关系不是民事法律关系,选民资格案件也不同于有关公民民事权利义务的私法上的争讼案件。

根据《选举法》的规定,选举前,应当按选区进行登记,并在选举日前20日公布选民资格名单,发给选民证。在我国,年满18周岁的公民一般都有选举权和被选举权,未满18周岁的公民和依法被剥夺政治权利的人没有选举权。无法行使选举权的精神病患者,不能列入选民资格名单。公民对选举委员会公布的选民资格名单有不同意见,可以向选举委员会提出申诉。选举委员会对申诉必须在3日内依法作出决定。申请人如果对申诉决定不服,可以向人民法院起诉,由受诉人民法院来判决某公民有无选民资格。

二、审理选民资格案件的特别程序

选民资格案件的特殊性决定了审理选民资格案件需适用特殊的诉讼程序。人民法院解决选民资格案件,须遵循《民事诉讼法》规定的特别程序。选民资格案件的审判程序具有很多特殊之处,具体包括:

(一) 起诉与受理

(1) 申诉与起诉。公民只能对选举委员会就选民资格的申诉处理决定提起诉讼,而不能就选民资格的争议直接向人民法院提起诉讼。换言之,对自己或他人的选民资格有不同意见,应当先向选举委员会提出申诉,选举委员会应当在3日内对申诉意见作出处理决定。申诉人对处理决定不服的,可以在选举日的5日以前向法院起诉。未经选举委员会处理的,不得向人民法院起诉。起诉书应写明申诉人的姓名、年龄、性别、住所地、所在选区以及不服选举委员会决定的理由和根据,同时应附上选举委员会的处理决定原本。

(2) 管辖。选民资格案件由选区所在地基层人民法院管辖。从级别管辖来看,所有的选民资格案件均由基层人民法院管辖,中级以上的人民法院不得管辖此类案件。从地域管辖来看,选民资格案件由选区所在地人民法院管辖。选区所在地与选民的空间距离最近,便于起诉人、与选民名单有关的公民、选举委员会代表参加诉讼活动,也便于人民法院查清选民资格的相关事实并在此基础上作出正确的裁判。

(3) 诉讼参加人。选民资格案件的诉讼参加人包括起诉人、选举委员会的代表以及与选民名单有关的公民。起诉人既可以是选民资格发生争议的公民本人,也可以是对选举委员会关于选民资格的申诉处理决定不服的其他公民。不管起诉人是谁,与选民名单有关的公民本人都必须参加诉讼。选举委员会成为当然的被诉人,由其代表人参加诉讼。

(4) 起诉期间限制。公民必须在选举日的5日以前向选区所在地的基层人民法院起诉。选民资格案件的起诉期限是特定的法定期限,即在选举日的5日以前。

(二) 审理与判决

(1) 审判组织。由于选民资格案件关系到公民的政治权利问题,必须严肃、慎重对待,因此法庭审理采用由审判员组成的合议制,并且要经过法庭调查和法庭辩论及合议庭的评议。

(2) 审理和判决。人民法院收到起诉人的起诉书后,首先要审查本案是否经过选举委员会处理并作出决定,如果本案未向选举委员会申诉或虽申诉但选举委员会未作出决定而径直向人民法院起诉者,人民法院不予受理。如果已经申诉且选举委员会作出了决定的,人民法院应予受理。受理后应迅即组建合议庭,合议庭只能由审判员3人或3人以上单数组成,而不能实行独任制和陪审制。合议庭在审理案件时,起诉人、选举委员会代表及有关公民均应出庭。审理的基本顺序为先听取起诉人、选举委员会代表及有关公民的陈述;然后传证人作证,出示有关证据材料;接着进行辩论;最后合议。经过审理,人民法院认为起诉人的起诉理由成立的,应当判决撤销选举委员会对申诉所作的处理决定;认为起诉人的起诉理由不成立的,应当判决驳回起诉人的起诉。应该注意的是,选民资格案件不适用调解,不得以调解的方式结案。人民法院审理选民资格案件的目的在于,通过对有争议的选民资格进行审查确认,维护有选举权的公民的选举权和被选举权,维护正常的选举秩序。这就决定了人民法院对选民资格案件开庭审理后,要及时作出判决,即人民法院对选民资格案件的审理和裁判必须在选举日之前完成,否则就失去了现实意义。

(3) 判决书送达与效力。人民法院对选民资格案件实行一审终审,所作的判决一经送达就立即发生法律效力,当事人不得提起上诉和再审。判决书应当在选举日前送达起诉人和选举委员会,并通知有关公民。

第三节 宣告失踪、死亡案件的审判程序

一、宣告失踪案件

(一) 宣告失踪案件的概念和意义

宣告失踪案件,是指公民离开其住所且下落不明、杳无音讯达到法定期限,经有关利害关系人申请,请求人民法院判决宣告该公民失踪的案件。人民法院处理宣告失踪案件的审判程序,称为宣告失踪案件程序。宣告公民失踪是法律上推定下落不明的公民还生存着。

在经济生活和社会生活中,人与人之间的交往是以对方的存在为前提条件。如果公民失踪,就会使与已失踪公民有直接利害关系的人的财产关系和人身关系处于不稳定状态,也使失踪公民的合法权益得不到保护。为此,人民法院通过审判,认定下落不明人为失踪人,依法维护失踪人的合法权益,解决失踪人与利害关系人之间的人身及财产关系,稳定社会秩序。

关于宣告公民失踪的案件,《民法通则》第20、21、22条规定其实体要件,《民事诉讼法》第183、185、186条规定其程序要件和宣告的法律程序,为实体法的实施提供了程序上的保障。

(二) 宣告失踪案件的审判程序

1. 申请

宣告公民失踪案件的程序须由下落不明人的利害关系人提出申请而开始。符合法律规定的多个利害关系人提出宣告失踪申请的,列为共同申请人。申请法院宣告下落不明的公民失踪,必须具备以下要件:

(1) 公民下落不明已满 2 年。下落不明,是指公民最后离开自己住所地或居所地后,去向不明、生死未卜、杳无音讯。宣告失踪的,下落不明的期间为满 2 年。下落不明的法定期限,应从公民最后离开自己住所地或居所地之次日起连续计算满 2 年,中间不能间断;如有间断,则应从最后离开自己住所地或居所地之次日起连续计算。因意外事故下落不明的,从事故发生之次日起连续计算。战争期间下落不明的,从战争结束之次日起连续计算。

(2) 须是与下落不明的公民有利害关系的人提出申请。利害关系人,是指与下落不明的公民有人身关系或者其他民事权利义务关系的人,包括下落不明公民的配偶、父母、成年子女、祖父母、外祖父母、成年兄弟姐妹等近亲属,以及其他与下落不明公民有民事权利义务关系的人,如下落不明公民的债权人和债务人、受遗赠人、人寿保险合同的受益人等。

(3) 须以书面形式提出申请。申请必须采取书面形式,申请书应写明下落不明的事实、时间和申请人的请求。同时,还应附有公安机关或者其他有关部门关于该公民下落不明的书面证明。其他有关部门,是指公安机关以外的能够证明该公民下落不明的机关。

2. 管辖

有管辖权的法院为下落不明人住所地的基层人民法院。如果下落不明人的住所地与居住地不一致的,有管辖权的法院为下落不明人最后居住地的基层人民法院。

3. 受理

法院收到申请后,应当及时审查以决定是否受理。在受理阶段,法院主要是根据申请书及申请人提供的证据来审查申请人的申请是否符合法律规定。对于符合法律规定的申请,人民法院应当受理;对于不符合法律规定的申请,人民法院应当以裁定驳回。例如,申请人不适格的,法院应当不予受理。申请书不合法的,法院应当命申请人限期补正,申请人若无正当理由不按期补正或者补正后仍不合法的,则不予受理。管辖不合法的,法院应告知申请人向有管辖权的法院申请,若受理的则应移送有管辖权的法院。

人民法院受理宣告失踪案件后,作出判决前,申请人撤回申请的,人民法院应当裁定终结案件,但其他符合法律规定的利害关系人加入程序要求继续审理的除外。

4. 公告

人民法院受理宣告失踪案件后,应当立即发出寻找下落不明人的公告。"公告"是法律规定的证明宣告失踪案件事实是否真实的方法。公告的目的是确定该公民是否生存或死亡。宣告失踪的公告期间为 3 个月。法院根据公告的结果作出判决或者驳回申请。因此,发出寻找下落不明人的公告,是宣告公民失踪的必经程序。法院没有依法公告的,申请人有权提出异议。

寻找下落不明人的公告应当记载下列内容:一是被申请人应当在规定期间内向受理法院申报其具体地址及其联系方式。否则,被申请人将被宣告失踪;二是凡知悉被申请人生存现状的人,应当在公告期间内将其所知道情况向受理法院报告。

5. 审理

人民法院受理利害关系人的申请后,可以根据申请人的请求,清理下落不明人的财产,指定案件审理期间的财产管理人。人民法院对有关利害关系人提交的证据要认真核实,必要时应亲自调查。审查的重点为:一是该公民是否确实下落不明;二是下落不明是否有持续2年的事实。

6. 判决

公告期满,法院经审理查明该公民的确实下落,不存在失踪事实的,应作出判决,驳回申请人申请;如查明该公民确已下落不明,存在失踪事实的,应当作出判决,宣告该公民失踪,同时依照《民法通则》第21条第1款的规定指定失踪人的财产代管人。判决一经宣告即发生法律效力。判决中应当确定下落不明公民的失踪日期,判决中未确定失踪日期的,则以判决宣告之日为失踪日期。判决书除送达申请人外,还应在被宣告失踪公民住所地和法院所在地予以公告。

(三) 判决宣告失踪的法律后果

1. 财产由代管人代管

公民被宣告失踪后,人民法院应当为失踪人指定财产代管人。财产代管人可以是失踪人配偶、父母、成年子女或者关系密切的亲属、朋友。如果没有上述代管人或者对代管人有争议的,应由法院指定代管人。代管人申请变更代管的,比照民事诉讼法特别程序的有关规定进行审理。申请理由成立的,裁定撤销申请人的代管人身份,同时另行指定财产代管人;申请理由不成立的,裁定驳回申请。失踪人的其他利害关系人申请变更代管的,人民法院应当告知其以原指定的代管人为被告起诉,并按普通程序进行审理。财产代管人有权保管失踪人的财产,有权代理失踪人进行有关民事活动以及其他法律活动,比如以失踪人的财产支付失踪人所欠税款、债务和应付的其他费用,并且可以当事人身份提起或参加有关失踪人及其财产的民事诉讼和仲裁等解决民事纠纷活动。

2. 身份关系不发生变化

公民被宣告失踪后,其民权权利能力并不因此而消灭。具有民事行为能力的公民在被宣告失踪期间实施的民事法律行为有效,与失踪人人身有关的民事法律关系(如婚姻关系、收养关系等)也不发生变化。例如,在宣告失踪以后涉及继承问题,仍然应当为失踪人保留其应继承的份额。

(四) 宣告失踪判决的撤销

判决下落不明人为失踪人,实际上是法院根据法定的条件和程序所作出的推定,被宣告失踪人可能会重新出现或者确知其下落。如果失踪人重新出现或确知其下落,失踪人或者其他利害关系人有权向原审人民法院提出申请,请求撤销宣告失踪的判决。原审人民法院审查属实后,应当作出新判决,撤销原判决。

原判决撤销后,财产代管人的职责终止,并应当负责返还财产及其收益。代管人所支出的必要费用,有权要求该公民偿付。

二、宣告死亡案件

(一) 宣告死亡案件的概念和意义

宣告死亡案件,是指公民下落不明达到法定期限或具备法定条件,利害关系人请求人民法院判决宣告该公民死亡的案件。宣告死亡,是指法律上推定下落不明的公民已经死亡,与自然死亡相对称,如果确知该公民还生存着或者已经死亡,都不能宣告该公民死亡。人民法院处理申请宣告死亡案件的审判程序,称为宣告死亡案件程序。

公民长期下落不明,虽然可以宣告公民失踪,但下落不明人或失踪人有关的民事法律关系并没有因此发生变动,他们的权利仍然处于一种不确定的状态。财产代管人虽然能够在一定程度上管理和保护失踪人的全部财产,但这毕竟只是一种临时性的措施。为了避免因公民长期下落不明而使其人身关系和财产关系长期处于不稳定状态,保护该公民及利害关系人的合法权益,维护正常的社会秩序和生活秩序,《民法通则》规定了宣告公民死亡制度。为贯彻《民法通则》中的宣告公民死亡制度,现行《民事诉讼法》规定使用特别程序,审理宣告公民死亡案件。

宣告失踪并不是宣告死亡的必经顺序。即使没有宣告下落不明人失踪,只要符合宣告死亡的条件,利害关系人就可以向人民法院申请宣告下落不明人死亡。

(二) 宣告死亡案件的审判程序

1. 申请

宣告公民死亡案件程序须由下落不明人的利害关系人提出申请而开始。符合法律规定的多个利害关系人提出宣告死亡申请的,列为共同申请人。申请法院宣告下落不明的公民死亡,必须具备以下要件:

(1) 公民下落不明达到法定期限或具备法定条件。主要包括四种情形:第一,公民离开自己的住所地或经常居住地以后下落不明的,下落不明的持续状态必须满4年。下落不明的法定期限,应从公民最后离开自己住所地或居所地之次日起连续计算,中间不能间断;如有间断,则应从最后离开自己住所地或居所地之次日起连续计算。人民法院判决宣告公民失踪后,利害关系人向人民法院申请宣告失踪人死亡,自失踪之日起满四年的,人民法院应当受理。第二,因意外事故下落不明的,下落不明的持续状态必须满2年。意外事故包括交通事故(如海难、空难)、自然灾害(如地震、水灾、火灾)等。因意外事故下落不明的,从事故发生之次日起连续计算。第三,因意外事故下落不明,经有关机关证明该公民不可能生存的,不受"4年"或者"2年"法定期限的限制。有关机关证明该公民不可能生存,实际上是推定该公民已经死亡,但只有经过法院宣告其死亡,才能产生该公民死亡的法律后果。第四,因战争下落不明的,下落不明的持续状态必须满4年,从战争结束之次日起连续计算。

（2）须是与下落不明的公民有利害关系的人提出申请。宣告公民死亡案件,须由下列利害关系人按照下列顺序提出申请:① 配偶;② 父母、成年子女;③ 成年兄弟姐妹、祖父母、外祖父母、孙子女、外孙子女;④ 其他与之有民事权利义务关系的人,如失踪公民的债权人等。同一顺序的利害关系人,有的申请宣告死亡,有的申请宣告失踪,人民法院应当按宣告死亡案件审理。

（3）须以书面形式提出申请。申请书应写明申请人的姓名、性别,与被申请人的关系,被申请人下落不明的事实、时间以及申请人的请求。同时还应附具公安机关或者有关机关证明该公民下落不明的书面材料。如果该公民已被法院判决宣告为失踪人的,宣告失踪的判决即是该公民失踪的证明。

2. 管辖

有管辖权的法院为下落不明人住所地基层人民法院。

3. 受理

人民法院受理有关利害关系人的申请后,首先要审查申请的主体是否适格,适格主体提出的申请是否合于法定要件,证明文件是否有效。审查合格后即应受理;如审查不合格,不符合受理条件的,裁定驳回申请。人民法院受理申请宣告死亡案件后,可以根据利害关系人的请求,清理下落不明人的财产,指定案件审理期间的财产管理人。

4. 公告

人民法院受理宣告死亡的案件以后,应当立即发出寻找下落不明人的公告。寻找下落不明人的公告应当记载下列内容:一是被申请人应当在规定期间内向受理法院申报其具体地址及其联系方式。否则,被申请人将被宣告死亡;二是凡知悉被申请人生存现状的人,应当在公告期间内将其所知道情况向受理法院报告。宣告死亡的公告期间为1年;因意外事故下落不明经有关机关证明该公民不可能生存的,宣告死亡的公告期间为3个月。公告既可在人民法院的公告栏内张榜公告,也可在报刊上公告。人民法院没有依法公告的,申请人有权提出异议。人民法院判决宣告公民失踪后,利害关系人向人民法院申请宣告失踪人死亡,人民法院在审理中仍应依法进行公告。

5. 判决

公告期满之前,人民法院获知下落不明公民确实死亡或者还生存着,应判决驳回宣告公民死亡的申请,终结案件的审理。公告期满,下落不明公民仍然下落不明的,法院应判决宣告该公民死亡。判决书除应送达申请人外,还应在被宣告死亡公民住所地和法院所在地公告。判决一经宣告,立即发生法律效力。判决中应当确定被宣告死亡人的死亡日期,判决中未确定死亡日期的则以判决宣告之日为死亡日期。

人民法院受理宣告死亡案件后,作出判决前,申请人撤回申请的,人民法院应当裁定终结案件,但其他符合法律规定的利害关系人加入程序要求继续审理的除外。

（三）判决死亡案件的法律后果

公民被宣告死亡的法律后果和公民自然死亡的法律后果大致相同,主要表现为:宣告死亡结束了该公民以自己的住所地或者经常居住地为活动中心所发生的民事法律关系,该公民的民事权利能力因宣告死亡而终止,与其人身有关的民事权利义务也随之终结,如原有的婚姻关系消灭,继承因宣告死亡而开始。另外,该公民的诉讼权利能力和仲裁权利能力因宣告死亡而终止,即没有资格或能力成为诉讼当事人和仲裁当事人。但是,宣告死亡仅是法律上的一种推定死亡,如果该公民在异地生存,那么他仍然在生存地具有民事权利能力、诉讼权利能力和仲裁权利能力,仍然有权进行民事活动,成为诉讼当事人和仲裁当事人。

(四) 宣告死亡判决的撤销

判决宣告公民死亡,实际上是法院根据法定的条件和程序所作出的推定,被宣告死亡人可能会重新出现或者确知其下落。如果被宣告死亡的公民重新出现,经本人或原利害关系人(可不依顺序)申请,人民法院应当作出新判决、撤销原判决。

新判决生效后,被宣告死亡公民的民事权利能力随之恢复。被宣告死亡人的财产,如果在宣告死亡期间被他人取得的,该公民有权请求返还其所有的财产。原物尚存的,应当返还原物;原物不存在或者原物受损的,则应给予适当的补偿。但如果其原物已被第三人合法取得的,第三人可不予返还。此外,如果利害关系人隐瞒真实情况,使他人被宣告死亡而取得其财产的,除应返还原物及孳息外,还应对造成的损失予以赔偿。

人民法院撤销宣告死亡的判决以后,该公民因为被宣告死亡而消灭的人身关系,可以有条件地恢复:被宣告死亡的人与配偶的婚姻关系,自死亡宣告之日起消灭。死亡宣告被人民法院撤销,如果其配偶尚未再婚,原婚姻关系从死亡宣告撤销之日起自动恢复;如果其配偶再婚,或者再婚后又离婚,或者再婚后配偶又死亡的,其夫妻关系不能自行恢复。在被宣告死亡期间,被宣告死亡人的子女被他人依法收养,其合法收养关系仍然有效。被宣告死亡的人在死亡宣告被撤销后,仅以未经本人同意而主张收养关系无效的,一般不应准许,但收养人与被收养人同意解除收养关系的除外。

第四节 认定公民无民事行为能力、限制民事行为能力案件的审判程序

一、认定公民无民事行为能力、限制民事行为能力案件的概念和意义

认定公民无民事行为能力案件,是指对于因精神病或其他疾病不能辨认自己行为的公民,法院根据利害关系人的申请,通过法定程序认定并宣告该公民为无民事行为能力人的案件。认定公民限制民事行为能力案件,是指对于因精神病或其他疾病不能完全辨认自己行为的公民,法院根据利害关系人的申请,通过法定程序认定并宣告该公民为限制民事行为能力人的案件。人民法院审理认定公民无民事行为能力和限制民事行为能力案件的程序,称为认定公民无民事行为能力程序和认定公民限制民事行为能力程序。

根据《民法通则》的规定,公民的民事行为能力分为三种:完全民事行为能力、限制民事行为能力、无民事行为能力。其中,18周岁以上以及16周岁以上不满18周岁、但以自

己的劳动收入为主要生活来源的公民,为完全民事行为能力人;10周岁以上的未成年人、不能完全辨认自己行为的精神病人是限制民事行为能力人,可以进行与其年龄、智力和精神健康状况相适应的民事活动,其他民事活动由他的法定代理人代理,或者征得他的法定代理人的同意;不满10周岁的未成年人、不能辨认自己行为的精神病人,为无民事行为能力人,其民事活动由其法定代理人进行。

认定公民无民事行为能力、限制民事行为能力案件针对的是已经达到完全民事行为能力或者限制民事行为能力的年龄标准,但智力不健全、精神不正常的精神病人的实际民事行为能力状况的特别程序。法院通过这种非讼程序确定并宣告该公民为无民事行为能力人或限制民事行为能力人,不仅有利于维护该公民的合法权益,而且有利于维护其利害关系人的合法民事权益,进而确保民事流转安全以及维护正常的社会、经济秩序。

二、认定公民无民事行为能力、限制民事行为能力案件的审理程序

(一)申请

申请法院认定公民无民事行为能力、限制民事行为能力,必须具备下列要件:

(1)具有认定公民无民事行为能力、限制民事行为能力的法定事由。被申请人必须存在患有精神病不能辨认或者不能完全辨认自己行为的事实。对于10周岁以下的无民事行为能力人、10周岁以上18周岁以下的限制民事行为能力人不得作为被申请人,他们当然由其法定监护人来保护其权益,无须申请法院认定其民事行为能力。

(2)必须由利害关系人提出申请。法院不得依职权启动认定公民无民事行为能力、限制民事行为能力案件的审判程序。申请人必须是被申请人的近亲属或者其他利害关系人,主要包括:被申请人的配偶、父母、成年子女、成年兄弟姐妹、祖父母、外祖父母、成年孙子女、成年外孙子女;愿意承担监护责任、经被申请人所在单位或者所在居民委员会或村民委员会同意的、与被申请人关系密切的其他亲属、朋友。

(3)必须采用书面形式提出申请。申请书应包括:申请人和被申请人的基本情况及两者之间的关系;申请事项,即请求法院认定被申请人无民事行为能力或限制民事行为能力;事实和理由,即有关被申请人无民事行为能力或限制民事行为能力的事实、被申请人的医疗诊断证明或病历资料及其有关证据材料。

(二)管辖

有管辖权的法院为被申请人住所地或者经常居住地的基层人民法院。在民事诉讼程序中,当事人的利害关系人提出该当事人患有精神病,要求宣告该当事人无民事行为能力或限制民事行为能力的,应由利害关系人向人民法院提出申请,由受诉人民法院按照特别程序立案审理,原诉讼中止。

(三)受理

法院收到申请后,应当及时审查以决定是否受理。申请人不适格的,法院应当不予受理。申请书不合法的,法院应当命申请人限期补正后,才予受理。管辖不合法的,法院告知申请人向有管辖权的法院申请,若受理的则应移送有管辖权的法院。在受理阶段,法院主要是从形式上即根据申请书及申请人提供的证据来审查是否具备认定公民无民事行为能力、限制民事行为能力的法定事由。精神病或其他疾病是否真实存在,是否真正导致全部或部分丧失民事行为能力,须待审理后才能确定。

(四) 鉴定或诊断

人民法院受理利害关系人的申请后,必要时应当对被申请认定为无民事行为能力人或限制民事行为能力人的公民进行司法精神病学鉴定或者医学诊断、鉴定,以取得科学依据。申请人已提供鉴定意见的,应当对鉴定意见进行审查,对鉴定意见有怀疑的,可以重新鉴定。

(五) 审理

首先,法院应为被申请人确定法定诉讼代理人,由被申请人的近亲属推选代理人。如果近亲属互相推诿,则由法院从其近亲属中指定。被申请人精神健康状况许可的,还应当询问本人意见。但是申请人不得作为被申请人的法定诉讼代理人,因为申请人可能与被申请人存在利害冲突。被申请人没有近亲属的,人民法院可以指定其他亲属为代理人。被申请人没有亲属的,人民法院可以指定经被申请人所在单位或者住所地的居民委员会、村民委员会同意,且愿意担任代理人的关系密切的朋友为代理人。没有前款规定的代理人的,由被申请人所在单位或者住所地的居民委员会、村民委员会或者民政部门担任代理人。代理人可以是一人,也可以是同一顺序中的两人。

其次,法院调查被申请人是否为无民事行为能力或限制民事行为能力人。在被申请人精神健康状况许可的情况下,审理案件需要时,应让被申请人到庭。法院根据申请人或其他人(如诉讼代理人)提供的证据来确定被申请人的精神健康状况和认知水平。必要时,应对被申请人进行医学鉴定。申请人已提供鉴定意见的,法院应当对鉴定意见进行审查,对鉴定意见有怀疑的,可以重新鉴定。

(六) 判决

经审理,法院认为被申请人并未丧失民事行为能力的,则判决驳回申请;法院认为该公民确实是无民事行为能力或者限制民事行为能力的,则判决被申请人为无民事行为能力人或者限制民事行为能力人。公民无民事行为能力或限制民事行为能力的时间从判决生效之日开始,判决生效以前公民所为的行为,其效力不受判决的影响。

三、认定公民无民事行为能力、限制民事行为能力判决的撤销

被认定为无民事行为能力的人,可以申请宣告恢复限制民事行为能力或申请宣告恢复完全民事行为能力;被认定为限制民事行为能力的人,可以申请宣告恢复完全民事行为能力。申请人是该公民本人(已恢复完全民事行为能力)或其监护人。申请时,应当向法院提供恢复限制或完全民事行为能力的证据。

经过审理,法院认定该公民确已恢复限制或者完全民事行为能力的,则作出新判决,撤销原判决,同时撤销对他的监护。判决一经宣告,立即发生法律效力。

四、确定监护人及有关争议的解决

在判决认定公民为无民事行为能力人或限制民事行为能力人之后,通常情况下,需要为该公民确定监护人。应当明确,认定公民无民事行为能力或限制民事行为能力案件的程序,其终结的时间是法院作出公民无民事行为能力或限制民事行为能力的判决之时。判决生效以后,根据《民法通则》第 17 条的规定,由下列人员按照下列顺序担任监护人:(1) 配偶;(2) 父母;(3) 成年子女;(4) 其他近亲属;(5) 关系密切的其他亲属、朋友愿意承担监护责任,经精神病人的所在单位或者住所地的居民委员会、村民委员会同意的;(6) 如果没有前 5 种监护人,由精神病人的所在单位或者住所地的居民委员会、村民委员会或者民政部门担任监护人。该公民近亲属对担任监护人有争议的,由该公民所在单位或者住所地的居民委员会、村民委员会在近亲属中指定。被指定的监护人不服指定,应当自接到通知之日起 30 日内向人民法院提出异议。经审理,人民法院认为指定并无不当的,裁定驳回异议;指定不当的,判决撤销指定,同时另行指定监护人。判决书应当送达异议人、原指定单位及判决指定的监护人。

第五节 认定财产无主案件的审判程序

一、认定财产无主案件的概念

认定财产无主案件,是指法院根据有关公民、法人或者其他组织的申请,依照法定程序将某项权属不明的财产认定为无主财产,并将其判归国家或集体所有的案件。人民法院处理认定财产无主案件的程序,称为认定财产无主案件程序或者认定财产无主程序。

现实生活中,存在着大量的无主财产,这不仅会使这部分财产得不到合理、有效的利用,而且会引起各种各样的社会纠纷。法律设立认定财产无主案件的审判程序,将权属不明的财产认定为无主财产,并将其判归国家或集体所有,其意义在于既能解决这部分财产的归属问题,减少社会纠纷,又能物尽其用,充分利用这部分财产,避免浪费社会财富。

二、认定财产无主案件的审判程序

(一) 申请

公民、法人或者其他组织向法院申请认定财产无主案件,必须具备以下要件:

(1) 必须是有形财产。申请认定无主的财产,必须是有形财产,而不是无形财产或者精神财产。

(2) 该财产的权利主体不明或不存在,权利归属长期无法确定,才能申请认定为无主财产。实践中,失去所有人或者所有人不明的财产主要体现为:① 财产的所有人不存在,或者无法确定财产的所有人;② 所有人不明的埋藏物或隐藏物;③ 无人认领的遗失物、漂流物、失散的饲养动物;④ 继承人不明的遗产;⑤ 有关部门规定在一定期限内招领,但无人认领的遗失物、赃物、赃款。

（3）权利主体不明或不存在的状态须持续一定期间，这一期间多由民事实体法规定。例如，根据《物权法》第 109 条至第 113 条的规定，拾得遗失物的，不知道其权利人的，应当送交公安等有关部门；有关部门收到遗失物后，也不知道其权利人的，应当及时发布招领公告；自发布招领公告之日起 6 个月内无人认领的，该遗失物归国家所有。

（4）申请人须向法院提出书面申请。认定财产无主案件，并不要求申请人与本案有利害关系。凡是知道财产无主情况的公民、法人或其他组织均可为申请人。申请书应当写明申请人的基本情况；请求事项；该项财产的特征、所处位置、种类、数量以及要求认定财产无主的根据。

（二）管辖

认定财产无主的案件由无主财产所在地的基层人民法院管辖。这样有利于人民法院就近查证、核实该财产是否确实为无主，并且可以就近发出公告寻找财产所有人，及时审理和判决。

（三）受理

法院收到申请后，应当及时审查以决定是否受理。申请书不合法的，法院应当命申请人限期补正。管辖不合法的，法院应告知申请人向有管辖权的法院申请；若法院已受理该申请的，则应移送有管辖权的法院。在受理阶段，法院主要进行形式审查，即根据申请书及申请人提供的证据来审查是否具备申请认定财产无主案件的要件。至于被申请的财产是否为真正的无主财产，须经公告以后才能确定。

（四）公告

人民法院受理申请后，应发出财产认领公告，寻找该财产的所有人。公告期限为 1 年。在公告期间，因财产仍处于无主状态，法院可根据财产的具体情况，指定专人看管，或委托有关单位代管。

（五）判决

公告期间或者公告期间届满后，如果财产所有人或者继承人等出现，或者获悉该项财产的确实归属的，法院经审查核实后，判决驳回申请，并通知财产所有人或者继承人等认领财产。公告期间有人对财产提出请求的，人民法院应当裁定终结特别程序，告知申请人另行起诉，适用普通程序审理。

公告期满后，如果财产所有人或者继承人等仍然不明或没有出现，或者仍然不知该项财产的确实归属的，法院经审查核实后，判决认定该项财产为无主财产，并判归国家或集体所有。

三、认定财产无主判决的撤销

认定财产无主判决，在法律性质上属于对财产无主的推定。这种推定可能与现实不符。事实上，判决认定财产无主后，原财产所有人或者继承人等仍有可能出现。在《民法通则》规定的诉讼时效期间内，原财产所有人或者继承人等可以向作出财产无主判决的法院提出书面申请,要求撤销原判决。法院审查属实后,应当作出新判决,撤销原判决。原判决撤销以后,根据原判决由国家或集体取得的财产,应当返还原主。原财产尚存的,应返还原财产;原财产不存在的,应返还同类财产或者按照原财产的实际价值折价返还。

第六节 确认调解协议案件的程序

一、确认调解协议案件的概念

确认调解协议案件,也称"司法确认调解协议案件",是指人民法院根据调解协议当事人的申请,针对经人民调解委员会等调解组织调解后达成的协议是否符合法律规定进行审查,并赋予该调解协议以强制执行效力的案件。人民法院受理、审查和裁定调解协议法律效力的案件的程序,称为确认调解协议案件程序。

调解在我国具有悠久的历史传统,在排难解纷中发挥着十分重要的作用。但是,在《人民调解法》颁行之前,即使是作为专门民间调解机构的人民调解委员会制作的调解协议,也不能成为人民法院的执行根据,而只能依靠当事人自觉履行。这种状况严重影响了社会性救济(尤其是人民调解制度)的功能发挥,也不利于提高民事纠纷解决的效益。在建立多元化纠纷解决机制的社会大背景下,为了规范对包括人民调解协议在内的调解协议的司法确认程序,《民事诉讼法第二修正案》在《民事诉讼法》"特别程序"一章中增加"确认调解协议案件"一节。该节规定的程序,就是确认调解协议案件程序。

对于人民法院确认调解协议程序,《民事诉讼法》第 194 条和第 195 条作出概括规定。第 194 条规定:申请司法确认调解协议,由双方当事人依照人民调解法等法律,自调解协议生效之日起 30 日内,共同向调解组织所在地基层人民法院提出。第 195 条规定:人民法院受理申请后,经审查,符合法律规定的,裁定调解协议有效,一方当事人拒绝履行或者未全部履行的,对方当事人可以向人民法院申请执行;不符合法律规定的,裁定驳回申请,当事人可以通过调解方式变更原调解协议或者达成新的调解协议,也可以向人民法院提起诉讼。

二、申请确认调解协议的要件

双方当事人依据人民调解法等法律达成的调解协议,仅为具有民事合同性质的协议,并不具有国家强制执行力。也就是说,虽然双方当事人之间已经达成了调解协议,但如果一方当事人不履行该协议,另一方当事人也只能"束手无策",而不能申请国家机关强制执行。根据《民事诉讼法》第 194 条的规定,如果双方当事人要保证该调解协议的履行,只能通过向人民法院申请司法确认的形式得到国家公权力即人民法院的司法确认。具体而言,向人民法院申请司法确认调解协议应该具备下列要件:

(1)向人民法院申请司法确认的协议必须是依照《人民调解法》等法律的规定所作出的调解协议。如果不是依据《人民调解法》等法律作出的调解协议,则不能向人民法院申请司法确认。具体而言,可申请司法确认的调解协议范围包括经行政机关、人民调解组织、商事调解组织、行业调解组织或者其他具有调解职能的组织调解达成的具有民事合同性质的调解协议。

(2) 申请主体。申请司法确认调解协议的,双方当事人应当本人向人民法院提出确认申请。一方当事人提出申请,另一方表示同意的,视为共同提出申请。当事人可以委托符合《民事诉讼法》第58条规定的代理人代为申请,但必须向人民法院提交由委托人签名或者盖章的授权委托书。

(3) 申请期限。双方当事人申请确认调解协议,应当在调解协议生效之日起30内向人民法院申请司法确认。调解协议书自各方当事人签名、盖章或者按指印,调解员签名并加盖调解组织印章之日起生效。口头调解协议自各方当事人达成协议之日起生效。该期间为法定的不变期间,逾期提出的,人民法院应当裁定驳回申请。

(4) 申请形式。当事人提出确认申请,可以采用书面形式或者口头形式。当事人口头提出申请的,人民法院应当记入笔录,并由当事人签字或者盖章。

(5) 申请材料。双方当事人提出确认申请时,应当向人民法院提交以下材料:① 盖有调解组织印章的调解协议。若是口头协议的,则应提交记载调解协议内容的调解记录或盖有调解组织印章的调解记录的复印件;② 调解组织主持调解的证明;③ 双方当事人的个人身份证明或企业法人营业执照、组织机构代码证等资格证明;④ 与调解协议相关的财产权利证明等材料;⑤ 双方当事人的住所、联系方式等基本信息;⑥ 人民法院要求提交的其他材料,如由委托人签名或盖章的授权委托书。当事人未提交上述材料的,人民法院应当要求当事人限期补交。

三、确认调解协议案件的审查程序

(一) 管辖

当事人向人民法院提出司法确认的,应当共同向调解组织所在地基层人民法院或者人民法庭提出。由调解组织所在地基层人民法院管辖,便于人民法院收集调解过程的相关材料,从而依法对调解协议的效力作出正确判断。

两个以上调解组织参与调解的,各调解组织所在地基层人民法院均有管辖权。双方当事人可以共同向其中一个调解组织所在地基层人民法院提出申请;双方当事人共同向两个以上调解组织所在地基层人民法院提出申请的,由最先立案的人民法院管辖。

此外,人民法院立案前委派人民调解委员会调解并达成调解协议,当事人申请司法确认的,由委派的人民法院管辖。

(二) 受理

人民法院收到当事人司法确认申请后,应当在3日内决定是否受理。人民法院决定受理的,应当编立"调确字"案号,并及时向当事人送达受理通知书。双方当事人同时到法院申请司法确认的,人民法院可以当即受理并作出是否确认的裁定。有下列情形之一的,人民法院裁定不予受理:(1) 不属于人民法院受理范围的;(2) 不属于收到申请的人民法院管辖的;(3)申请确认婚姻关系、亲子关系、收养关系等身份关系无效、有效或者解除的;(4)涉及适用其他特别程序、公示催告程序、破产程序审理的;(5)调解协议内容涉及物权、知识产权确权的。人民法院受理申请后,发现有上述不予受理情形的,应当裁定驳回当事人的申请。

(三)审查

1. 审查方式

根据《民事诉讼法》第178条的规定,确认调解协议案件一般由审判员独任审理。但对于案情复杂或者涉案标的金额较大的案件,可以由审判员组成合议庭进行审查。人民法院审查相关情况时,应当通知双方当事人共同到场对案件进行核实。人民法院经审查,认为当事人的陈述或者提供的证明材料不充分、不完备或者有疑义的,可以要求当事人限期补充陈述或者补充证明材料。必要时,人民法院可以向调解组织核实有关情况。

2. 审查内容

对于确认调解协议案件,人民法院审查的内容应重点围绕调解协议的"自愿性"和"合法性"展开。经审查,调解协议有下列情形之一的,人民法院应当裁定驳回申请:(1)违反法律强制性规定的;(2)损害国家利益、社会公共利益、他人合法权益的;(3)违背公序良俗的;(4)违反自愿原则的;(5)内容不明确的;(6)其他不能进行司法确认的情形。

(四)裁判

经人民法院审查,针对符合法律规定的调解协议,人民法院应当裁定调解协议有效;针对不符合法律规定、不符合确认条件的调解协议的,人民法院应当裁定驳回申请。裁定驳回申请的,当事人可以通过调解方式变更原调解协议或者达成新的调解协议,也可以向人民法院提起诉讼。确认裁定书和驳回申请裁定书送达双方当事人后立即发生法律效力。当事人收到确认裁定书和驳回申请裁定书后,不得上诉,也不得申请复议。

在人民法院作出是否确认调解协议的裁定前,一方或者双方当事人撤回司法确认申请的,人民法院可以裁定准许。当事人无正当理由未在限期内补充陈述、补充证明材料或者拒不接受询问的,人民法院可以按撤回申请处理。

在人民法院受理确认申请后、作出是否确认的裁定前,一方当事人就调解协议的履行或者调解协议的内容另行提起诉讼的,人民法院应当告知当事人可以选择确认程序或诉讼程序主张权利,但不能同时启动两种程序。如果当事人坚持起诉的,人民法院可以按撤回司法确认申请处理。如果当事人坚持同时采取两种救济方式的,可以视为双方当事人并未就申请司法确认事宜达成一致意见,人民法院可以按撤回司法确认申请处理。

四、确认调解协议的法律后果

人民法院出具确认裁定书时,应当在确认裁定书上写明或口头告知当事人不依约履行的法律后果,督促当事人自动履行调解协议。确认裁定书生效后,一方当事人拒绝履行或者未全部履行的,对方当事人可以向作出确认裁定的人民法院申请强制执行。人民法院在执行过程中,可以邀请调解组织或调解员参与协调。

五、确认调解协议裁定的救济途径

如果法院确认调解协议的裁定确有错误,当事人有异议的,应当自收到裁定之日起15日内提出;利害关系人有异议的,自知道或者应当知道其民事权益受到侵害之日起6个月内提出。

第七节 实现担保物权的程序

一、实现担保物权案件概述

所谓担保物权,是与用益物权相对应的他物权,是为确保债权的实现而设定的,以直接取得或者支配特定财产的交换价值为内容的权利。担保物权包括抵押权、质权和留置权。担保物权的实现(又称担保物权的实行)是指担保物权人在特定条件下对担保物行使优先受偿权的行为或过程。具体而言,以确保债权实现为目的而设定担保物权后,如债务人不能履行债务,担保物权人或者其他有权请求实现担保物权的人,通过法定程序,将担保标的变现,从而使其债权得到优先受偿的过程。担保物权的实现是担保物权最为重要的效力,因此担保物权通过何种途径实现,直接关系到担保物权人的利益保护和担保交易秩序。根据是否以及在何种方式上依赖国家公权力的作用,担保物权的实现分为自力救济和公力救济两种途径。本节所述的实现担保物权案件是公力救济方式,即在设定了担保物权的债权债务关系中,担保物权人以及其他有权请求实现担保物权的人依照物权法等法律,请求人民法院拍卖、变卖担保财产的案件。而人民法院审理当事人请求人民法院拍卖、变卖担保财产的案件的程序,称为实现担保物权案件程序。

在我国,担保物权人申请实现担保物权的现行实体法依据主要有《物权法》(第195、219、220、236、237条)、《合同法》(第286条)、《海商法》(第11条)、《民用航空法》(第16条)等。由于民事程序法没有相应的对接规定,使得担保物权的实现存在程序方面法律制度的缺失。为了更好地维护债权人的利益,适用经济形势发展的需要,在《民事诉讼法》"特别程序"一章中增加"实现担保物权案件"一节,规定了实现担保物权案件的司法程序,从而弥补了民事程序法上的不足。

担保物权实现案件在性质上属于非讼案件,实现担保物权案件的程序也是一种非讼程序。申请人(包括担保物权人以及其他有权请求实现担保物权的人)申请法院拍卖、变卖担保物,实质上是要求法院审查、确认并实现已担保的物权,并不涉及当事人之间关于担保物权的争议。

对于实现担保物权案件的程序,《民事诉讼法》第196条和第197条作出概括规定。《民事诉讼法》第196条规定:申请实现担保物权,由担保物权人以及其他有权请求实现担保物权的人依照物权法等法律,向担保财产所在地或者担保物权登记地基层人民法院提出。第197条规定:人民法院受理申请后,经审查,符合法律规定的,裁定拍卖、变卖担保财产,当事人依据该裁定可以向人民法院申请执行;不符合法律规定的,裁定驳回申请,当事人可以向人民法院提起诉讼。

二、实现担保物权案件的管辖法院

依据《民事诉讼法》第196条的规定,申请实现担保物权,由担保物权人以及其他有权请求实现担保物权的人向担保财产所在地或者担保物权登记地基层人民法院提出。担保财产所在地是指抵押、质押、留置的财产实际所处的行政区划。由担保财产所在地的基层人民法院管辖,便于担保财产的查封、扣押;担保物权登记地是指已办理登记的担保物权,其登记机构所处的行政区划。由担保物权登记地的基层人民法院管辖,主要是考虑到有些担保财产是财产权利,如股权、专利权、著作权等,由担保物权登记地的基层人民法院管辖更便于执行。针对不同类型的担保物权,对于实现担保物权案件的管辖法院应作如下理解和适用:

(1)不动产抵押权,其担保财产所在地与担保物权登记地是重合的。不动产抵押权实行登记要件主义,即不动产抵押权应当办理抵押登记,抵押权自登记时设立。不动产登记应在不动产所在地相关登记部门进行登记。

(2)权利质权,其权利标的为所有权以外的可让与的财产权利,不是有形财产。实现票据、仓单、提单等有权利凭证的权利质权案件,可以由权利凭证持有人住所地人民法院管辖;无权利凭证的权利质权,由出质登记地人民法院管辖。

(3)留置权,其设立以债权人留置已经合法占有的债务人的动产为要件,无需办理标的动产的登记。对于留置权而言,适用担保财产所在地。

对于可以登记但不以登记为成立要件的担保物权类型,可能存在担保财产所在地与担保物权登记地并非同一地的情况。当担保财产所在地与担保物权登记地不一致时,申请人可以结合具体情况,选择对担保标的变现以及担保物权的实现更为便利的法院进行管辖。

同一债权的担保物有多个且所在地不同,申请人分别向有管辖权的人民法院申请实现担保物权的,人民法院应当依法受理。

实现担保物权案件属于海事法院等专门人民法院管辖的,由专门人民法院管辖。

此外,一旦申请人向担保财产所在地或者担保物权登记地基层人民法院提出申请并被受理,此后虽然发生了担保财产所在地的变化等事宜,也不得以此变更管辖法院,此即管辖恒定原则,即确定案件管辖权以起诉时为标准,起诉时对案件享有管辖权的法院,不因确定管辖的事实在诉讼过程中发生变化而影响其管辖权。这一原则可以避免因管辖变动而造成司法资源浪费,减少当事人的讼累,推动程序迅速、便捷进行。

三、担保物权实现案件的审理程序

(一)申请

1. 申请人适格

申请人包括担保物权人以及其他有权请求实现担保物权的人,主要包括:(1)担保物权人,包括抵押权人、质权人和留置权人;(2)其他有权请求实现担保物权的人,包括抵押人、出质人、财产被留置的债务人或者所有权人等。《物权法》第 220 条第 1 款规定:出质人可以请求质权人在债务履行期届满后及时行使质权;质权人不行使的,出质人可以请求人民法院拍卖、变卖质押财产。《物权法》第 237 条规定:债务人可以请求留置权人在债务履行期届满后行使留置权;留置权人不行使的,债务人可以请求人民法院拍卖、变卖留置财产。《合同法》第 286 条规定:发包人未按照约定支付价款的,承包人可以催告发包人在合理期限内支付价款。发包人逾期不支付的,除按照建设工程的性质不宜折价、拍卖的以外,承包人可以与发包人协议将该工程折价,也可以申请人民法院将该工程依法拍卖。建设工程的价款就该工程折价或者拍卖的价款优先受偿。

同一财产上设立多个担保物权,登记在先的担保物权尚未实现的,不影响后顺位的担保物权人向人民法院申请实现担保物权。

2. 申请形式

实现担保物权案件,原则上应采书面申请形式;若书写确有困难的,可以口头申请,由人民法院记入笔录,并由双方当事人签名或盖章。

3. 申请材料及相关证据

担保物权人以及其他有权请求实现担保物权的人向人民法院提出实现担保物权的申请时,应当向人民法院提交下列材料:

(1)申请书。申请书应当记明申请人、被申请人的姓名或者名称、联系方式等基本信息,具体的请求和事实、理由;

(2)证明担保物权存在的材料,包括主合同、担保合同、抵押登记证明或者他项权利证书,权利质权的权利凭证或者质权出质登记证明等;

(3)证明实现担保物权条件成就的材料;

(4)担保财产现状的说明;

(5)人民法院认为需要提交的其他材料。

实现担保物权案件的程序属于非讼程序,适用职权主义,人民法院对于担保物权与其他权利是否存在等相关事实并不限于当事人提供的证据材料,均可依职权进行调查。

(二)受理

人民法院收到申请人的申请后,应当及时裁定是否受理。人民法院受理申请后,应当在 5 日内向被申请人送达申请书副本、异议权利告知书等文书。被申请人有异议的,应当在收到人民法院通知后的 5 日内向人民法院提出,同时说明理由并提供相应的证据材料。法院经审查认为申请人的申请材料不齐全的,应当责令申请人限期补正,逾期未补正的,裁定不予受理;对于管辖不合法的,法院应当告知申请人向有管辖权的法院提出申请。

依照《物权法》第 176 条的规定,被担保的债权既有物的担保又有人的担保,当事人对实现担保物权的顺序有约定,实现担保物权的申请违反该约定的,人民法院裁定不予受理;没有约定或者约定不明的,人民法院应当受理。

(三) 审查

实现担保物权案件可以由审判员一人独任审查。担保财产标的额超过基层人民法院管辖范围的,应当组成合议庭进行审查。人民法院审查实现担保物权案件,可以询问申请人、被申请人、利害关系人,必要时可以依职权调查相关事实。人民法院应当就主合同的效力、期限、履行情况,担保物权是否有效设立、担保财产的范围、被担保的债权范围、被担保的债权是否已届清偿期等担保物权实现的条件,以及是否损害他人合法权益等内容进行审查。被申请人或者利害关系人提出异议的,人民法院应当一并审查。

针对不同类型的担保物权,人民法院在具体审查中应当分别对待：

1. 抵押权

(1) 不动产抵押权。法院对不动产抵押权人提交的不动产权属证书仅作形式审查,只要其经过合法登记,且债务已届清偿期或发生了当事人约定的实现抵押权的情形,即可作出准许拍卖、变卖抵押财产的裁定。(2) 动产抵押权及浮动抵押权。因动产抵押权及浮动抵押权不一定经过登记,于未登记时,其存在及效力均无法依靠登记确定,人民法院应当通知抵押人及债务人到场,确认抵押合同的真实性。如果他们对抵押权人的权利没有异议,应裁定准许拍卖、变卖抵押财产。如果抵押人及债务人有证据证明抵押合同虚假,则应裁定驳回抵押权人的申请。如果法院已经通知抵押人及债务人到场,但其不到场或到场之后不陈述意见,嗣后不能据此主张程序瑕疵。如果抵押人及债务人对担保物权所担保的债务的范围有异议,法院可以就无争议部分作出准许拍卖、变卖抵押财产的裁定。(3) 法定抵押权。法定抵押权基于法律的规定而产生,不待登记即生效力,故其抵押效力、担保范围均不具有公示和公信力,人民法院经询问抵押人,如果其对法定抵押权的效力和内容没有异议,应裁定准许拍卖、变卖抵押财产。(4) 最高额抵押权。最高额抵押权担保的是一定法律关系所生的现有及将来发生的不特定债权,通常仅登记抵押的最高限额,对实际发生的每笔债权额不作登记,故人民法院裁定准许拍卖或变卖抵押财产之前,应当询问抵押人,并确认抵押人对所担保的债权没有异议。

2. 质权

(1) 动产质权。动产质权以质权人占有出质动产为权利设定要件,人民法院应当审查申请人是否占有动产。人民法院经询问出质人,如果其对动产质权的效力和内容没有异议,应裁定准许拍卖、变卖质押财产。(2) 权利质权。质权自权利凭证交付质权人时设立,人民法院应审查申请人是否占有相应的权利凭证。对于没有权利凭证的财产权利,其质权均需进行相应登记后方可设立,人民法院应审查相应的登记证书或通知书等相关文书。

3. 留置权

留置权以债权人事先合法占有债务人的动产为权利设定要件,人民法院应当审查申请人是否合法占有债务人的动产。人民法院经询问债务人,如果其对留置权的效力和内容没有异议,应裁定准许拍卖、变卖留置动产。

(四) 裁定

人民法院审查后,按下列情形分别处理:

(1) 当事人对实现担保物权无实质性争议且实现担保物权条件成就的,裁定准许拍卖、变卖担保财产;

(2) 当事人对实现担保物权有部分实质性争议的,可以就无争议部分裁定准许拍卖、变卖担保财产;

(3) 当事人对实现担保物权有实质性争议的,裁定驳回申请,并告知申请人向人民法院提起诉讼。

人民法院受理申请后,申请人对担保财产提出保全申请的,可以按照《民事诉讼法》关于诉讼保全的规定办理。

四、准许实现担保物权裁定的救济途径

对人民法院作出的准许实现担保物权的裁定,当事人有异议的,应当自收到裁定之日起 15 日内提出;利害关系人有异议的,自知道或者应当知道其民事权益受到侵害之日起 6 个月内提出。

第二十章 督促程序

第一节 督促程序概述

一、督促程序的概念

督促程序,又称支付令程序,是指人民法院根据债权人提出的给付金钱或有价证券的请求,向债务人发出支付令以催促债务人履行债务,如果债务人在法定期间内不提出异议或者异议被驳回的,支付令即具有强制执行力的程序。

督促程序是一种快速、简捷实现债权的程序,具有督促履行、形成执行根据的功能。督促程序专门用于处理以给付金钱或者有价证券为内容,双方当事人对债权债务关系没有争议,而债务人拒不履行义务的案件。督促程序具有成本低、效率高的优势,有利于迅速实现债权人的权利。

《民事诉讼法》第十七章专门规定了督促程序,《海事诉讼特别程序法》第八章第四节中规定了海事督促程序,并且《民诉解释》和《关于适用督促程序若干问题的规定》(2001年)(以下简称《督促程序规定》)等司法解释就督促程序也作出了具体解释。

二、督促程序的特性

根据《民事诉讼法》和司法解释的有关规定,我国督促程序具有以下主要特性:

(1) 适用范围的限定性。督促程序的适用范围是债权人请求债务人给付金钱和有价证券的案件,并以债务已到履行期、债权人对债务人没有给付金钱的其他债务、支付令能够通过审判人员、法警直接送达,或以邮寄、委托方式送达债务人为条件。确认之诉、变更之诉、非以给付金钱或者有价证券为内容的债权债务关系,以及债务人不在我国境内,或者债务人下落不明需要公告送达的,不能适用督促程序。

(2) 督促程序的非讼性。督促程序的适用前提是双方当事人对债权债务关系没有争议,因债权人提出申请而开始,并非以起诉开始。在督促案件的审理过程中,仅有一方当事人即债权人,不传唤债务人到庭进行审理,双方当事人不直接进行辩论与对抗,法院仅依据债权人提供的事实证据,进行书面的形式审查,而不对案件进行实质审查。支付令发出后,债务人依法提出支付令异议的,督促程序则终结。

(3) 审查程序的简捷性。立法上制定督促程序的主要目的是,简便快捷地督促债务人偿还债务以实现债权人债权。其简捷性主要体现在:第一,实行独任制,无需法庭辩论,仅作书面审查。第二,实行一审终审,即支付令发出后,债务人若在法定期间内对支付令不提出异议又不履行其债务的,则该支付令即具有既判力和强制执行力。

(4) 程序适用的选择性。督促程序并非处理以给付金钱或者有价证券为内容的债权债务关系案件的必经程序和唯一程序。当出现可以适用督促程序的情形时,债权人是依督促程序还是依通常诉讼程序来主张债权,由债权人选择。

(5) 程序适用的转化性。根据《民事诉讼法》第133条的规定,对于当事人提起的诉讼,人民法院受理后发现没有争议,符合督促程序规定条件的,可以转入督促程序。同时,根据《民事诉讼法》第217条的规定,人民法院收到债务人提出的书面异议后,经审查,异议成立的,应当裁定终结督促程序,支付令自行失效。支付令失效的,转入诉讼程序,但申请支付令的一方当事人不同意提起诉讼的除外。

三、督促程序的法律意义

(一) 有助于诉讼价值的协调实现

督促程序谋求诉讼公正和诉讼效率的一体实现,体现了诉讼公正和诉讼效率之间的协调。督促程序的公正性主要体现在:(1) 督促程序的适用范围和适用条件的明确限定,使得督促程序所解决的是简易且无争议的案件,从而有助于实现实体公正(即保护合法债权);(2) 虽然债务人不参加审理,然而基于法律平等保护原则,法律赋予债务人对支付令的异议权,并且法院对债权人支付令的申请和债务人对支付令的异议,同样只进行书面审查。在遵行公正性的前提下,与通常诉讼程序相比,督促程序更加突出和强调其效率性,以期降低当事人的诉讼成本和国家(法院)的司法或审判成本。督促程序的效率性是由其非讼性和简捷性来保证实现的。

(二) 有助于公正及时地实现诉讼目的

督促程序的公正性保障债权人申请督促程序的实体目的之公正实现(保护自己合法债权),督促程序的效率性有助于简便快捷地实现债权人实体目的,从而有利于维护民事法律关系和民事交易的安全及民事实体法律秩序。

(三) 有助于当事人接近司法或寻求司法保护

这主要体现在:(1) 由于督促程序有助于公正及时地实现诉讼目的,并且督促程序简单明了,消除了程序给当事人带来的理解上的困难,从而为当事人提供了一种廉价和亲善的司法救济途径;(2) 将督促程序所节约的审判资源,用于更多案件的解决,这样不仅实现审判资源的优化配置,而且也为更多的需要司法保护的当事人提供司法保护的机会,通过简易化的努力使一般国民普遍能够得到具体的有程序保障的司法服务。

(四) 有助于完善民事诉讼法程序体系

根据案件的性质和繁简而设置相应的程序,这种做法已被各国民事诉讼立法所普遍接受。民事诉讼程序的多元化是适应案件类型多元化的内在需求。对于重大复杂的民事案件,应当适用程序保障比较健全完善的程序,而对于简易明了的民事案件,应当适用更加偏重效率的简便易行的程序。督促程序则是满足民事诉讼程序多元化的要求,有助于根据案件的性质和繁简建构完善的民事诉讼程序体系。

四、督促程序与简易程序

根据《民事诉讼法》的有关规定,简易程序专指简易的一审争讼程序,是一种简便易行的第一审程序。

督促程序与简易程序均是简捷性程序,都追求程序的简便和效率,因此有必要明确两者的区别。两者的区别具体包括:

(1) 在专门性方面,督促程序的适用范围仅包括有关给付金钱和有价证券的债权债务的非讼案件;适用条件主要有债务已到履行期、债权人与债务人没有其他债务纠纷、支付令能够送达债务人。简易程序主要解决的是事实清楚、权利义务关系明确、争议不大的简单民事案件,这类案件是争讼案件,可以是给付之诉、确认之诉和变更之诉,并且就给付之诉而言,包括所有给付之诉(给付金钱、物和行为);简易程序的适用不受督促程序适用条件的限制。

(2) 在非讼性方面,督促程序适用的前提是债权人与债务人就给付金钱和有价证券无争议,即解决的是非讼案件,而简易程序解决的是简单争讼案件。解决非讼案件的督促程序具有非讼性,解决简单争讼案件的简易程序具有争讼性。简易程序中,存在着相互对立的原告和被告;简易程序因原告起诉而开始;对简单争讼案件须依法开庭审理,且原则上要求法庭辩论,法院应当根据双方当事人提供的事实和证据进行审理,适用直接言辞审理原则。

(3) 在简捷性方面,虽然督促程序和简易程序均实行独任制,并追求程序的简便和效率,但是,督促程序采用一审终审制并且当事人对支付令不得提起再审,债务人有权采取的救济途径是在法定期间内提出支付令异议,以终结督促程序并启动争讼程序以求救济;而简易程序采用两审终审制并且当事人对判决可依法提起上诉和再审。

第二节 支付令的申请和受理

一、支付令的申请

(一) 申请支付令的条件

申请支付令,是指债权人依法请求人民法院发出支付令的一种行为。申请支付令必须符合下列条件:

(1) 申请人请求给付的标的物必须是金钱或有价证券。金钱是指作为流通手段和支付手段的货币,如人民币;有价证券是指证明某种财产权利的证券,具体包括汇票、本票、支票、股票、债券、国库券、可转让的存款单等。法律限定督促程序的适用范围,是因为这类给付请求较之其他给付请求具有尽快清偿的可能性和必要性,同时由于人民法院主要进行书面审理而不组织法庭辩论就可发出支付命令,所以限定督促程序的适用范围是考虑到维护公正并在遇有错误时易于补救。

(2) 请求给付的金钱、有价证券已到清偿期且数额确定。债权尚未到期或者债权的数额无法确定的,不能申请支付令。基层人民法院受理依法申请支付令的案件,不受给付金额的限制。另外,《劳动争议调解仲裁法》第 16 条规定:因支付拖欠劳动报酬、工伤医疗费、经济补偿或者赔偿金事项达成调解协议,用人单位在协议约定期限内不履行的,劳动者可以持调解协议书依法向人民法院申请支付令。人民法院应当依法发出支付令。最高人民法院《关于建立健全诉讼与非诉讼相衔接的矛盾纠纷解决机制的若干意见》第 13 条规定:对于具有合同效力和给付内容的调解协议,债权人可以根据《民事诉讼法》和相关司法解释的规定向有管辖权的基层人民法院申请支付令。申请书应当写明请求给付金钱或者有价证券的数量和所根据的事实、证据,并附调解协议原件。

(3) 债权人与债务人没有其他债务纠纷。债权人与债务人没有其他债务纠纷,又称债权人没有对待给付义务。对待给付,是指债权人须待自己向债务人为给付后,债务人才有给付的义务,或者债权人与债务人应同时给付的情形。如果债权人与债务人有其他债务纠纷的,那么不仅债权人与债务人之间的债权债务关系不易明确,并且多会发生争议,从而不适宜通过督促程序解决;而且,法院以支付令仅命令债务人向债权人为给付,而不考虑债务人对债权人也拥有的债权,则背离了法律平等保护原则。

(4) 支付令能够送达债务人。所谓支付令能够送达债务人,是指审判人员、法警能够将支付令直接送达,或以邮寄、委托方式送达债务人,并非推定送达。也就是说,送达应以向债务人本人送达为原则,债务人拒绝接受支付令的,人民法院可以留置送达。督促程序的立法目的要求支付令能够顺利快速地送达给债务人,一方面是让债务人知道支付令的内容,从而尽快实现债权人的合法债权,迅速解决纠纷;另一方面也是让债务人在有正当理由时,能够及时提出异议,从而保障债务人的合法权益。因此,如果债务人不在我国境内,或者债务人下落不明需要公告送达的,不宜适用督促程序。如果债务人是外国人、无国籍人、外国企业或者组织,但在中国领域内有住所、代表机构或者分支机构并能够送达支付令的,债权人也可以向有管辖权的法院申请支付令。

(二) 申请支付令的程序

1. 申请支付令的方式

合法的申请形式是债权人须提交合法的申请书。债权人不得采取口头方式申请支付令。合法的支付令申请书应当载明下列主要事项:(1) 债权人和债务人的姓名、性别、年龄、职业、住所或者经常居住地,法人或其他组织的名称、住所地、法定代表人或主要负责人的姓名、职务。当事人无诉讼行为能力,应写明其法定代理人。委托代理人的,同时写明代理人的有关情况。(2) 请求给付金钱或者有价证券的种类、数量和所依据的事实和证据。(3) 支持申请支付令的事实和证据,即请求发出支付令的意思表示,债权债务关系发生,债务履行期已到或条件已成熟,债权人与债务人没有其他债务纠纷等事实及相关证据。

2. 申请支付令的管辖法院

督促案件由被申请人即债务人住所地或经常居住地基层人民法院管辖。管辖法院的具体确定适用《民事诉讼法》关于一般地域管辖的有关规定。具体而言,被申请的债务人是公民的,由债务人住所地人民法院管辖;债务人住所地与经常居住地不一致的,由经常居住地人民法院管辖。被申请的债务人是法人或者其他组织的,由其主要营业地或者主要办事机构所在地人民法院管辖。两个以上人民法院都有管辖权的,债权人可以向其中一个基层人民法院申请支付令。债权人向两个以上有管辖权的基层人民法院申请支付令的,由最先立案的人民法院管辖。

3. 申请支付令的诉讼费用

申请人应当依法预交申请费。申请人在提出支付令申请的同时,应当比照争讼财产案件受理费标准的1/3交纳申请费。债务人对支付令未提出异议的,申请费由债务人负担。债务人对支付令提出异议致使督促程序终结的,申请费由申请人负担;申请人另行起诉的,可以将申请费列入诉讼请求。

二、法院对支付令申请的受理

支付令申请的受理,是指人民法院对债权人提出的请求发出支付令的申请予以受理的诉讼行为。

债权人提出支付令申请后,基层人民法院应当在收到申请后5日内进行审查。基层人民法院在收到债权人请求发出支付令的申请后,应当对如下内容进行审查:(1)请求给付金钱或者汇票、本票、支票、股票、债券、国库券、可转让的存款单等有价证券;(2)请求给付的金钱或者有价证券已到期且数额确定,并写明了请求所根据的事实、证据;(3)债权人没有对待给付义务;(4)债务人在我国境内且未下落不明;(5)支付令能够送达债务人;(6)收到申请书的人民法院有管辖权;(7)债权人未向人民法院申请诉前保全。对于不符合上述内容的申请,人民法院应当在收到支付令申请书后5日内通知债权人不予受理。基层人民法院受理申请支付令案件,不受债权金额的限制。

人民法院收到债权人的书面申请后,对于欠缺一般诉讼要件,而法律规定可以补正的,法院可以通知债权人限期补正。比如,未交纳受理费的,通知债权人限期如数交纳,债权人无正当理由不按期如数交纳的,法院通知债权人不予受理;对于申请书不符合法律要求的,法院可以通知债权人限期补正,债权人若无正当理由不按期补正或者补正后仍不符合要求的,法院通知债权人不予受理;对于不属于本院管辖的,法院应告知债权人向有管辖权的法院申请或者在受理后移送有管辖权的法院。补正期间不计入5日的受理期间。人民法院应当自收到补正材料之日起5日内通知债权人是否受理。人民法院作出的不予受理通知,债权人不得声明不服,也不得上诉。

对债权人提出的支付令申请,人民法院只进行形式审查,即从形式上根据申请书及申请人提供的证据来审查是否具备法定条件。法院经审查认为,申请人的申请符合法律规定的申请要件,应予受理,并在收到申请后5日内通知债权人。

根据处分原则,在人民法院受理决定作出前或支付令发出前,申请人有权撤回申请。申请人撤回申请的,人民法院应当裁定终结督促程序。

第三节 支付令的发出和法律效力

一、支付令的审查

督促程序适用独任制审理。人民法院受理支付令申请后,应当指定一名审判员就债权人提供的事实和证据进行书面审查,不进行开庭审理,从而决定是否向债务人发出支付令。审判员审查支付令申请时,必要时也可询问债权人,而不必要求债务人提供书面陈述以及事实和证据,但如果债务人在审查阶段主动向法院陈述意见的,也可以作为参考。审判员对债权人提供的事实和证据需要慎重审查,以防止支付令确认的是非法债权、虚伪债权和有争议债权,从而尽量避免支付令被轻易推翻,造成程序浪费。

二、支付令的签发

人民法院经审查债权人提供的事实、证据,认为债权债务关系明确、合法的,应当在受理之日起15日内向债务人发出支付令。债权债务关系明确,是指债权人与债务人之间债权债务关系事实清楚、数额确定,双方之间没有实质性的争议,债权的存在无须确认,债务人对债权人有给付的义务,而债权人对债务人没有对等的给付义务。债权债务关系合法,是指引起债权债务关系发生的法律事实以及债权债务关系的内容不违反法律的规定。

支付令,是指在督促程序中由人民法院签发的责令债务人履行支付义务或者提出书面异议的法律文书。支付令应载明以下事项:(1) 债权人、债务人的基本情况。债权人、债务人是公民的,应写明其姓名、性别、年龄、职业、工作单位和住址;债权人、债务人是法人或其他组织的,应写明其名称及法定代表人或主要负责人的姓名、职务、地址等。(2) 债务人应当给付的金钱、有价证券的种类、数量。(3) 清偿债务或者提出异议的期限,记明债务人应自收到支付令之日起15日内清偿债务,或者向人民法院提出书面异议。(4) 债务人在法定期间不提出异议的法律后果。支付令由审判员、书记员署名,加盖人民法院印章。

人民法院应将支付令及时送达债权人和债务人。在送达债务人后,人民法院还应将支付令送达债务人的日期告知债权人,以便债权人确定申请强制执行的日期。

三、驳回支付令申请

人民法院经审查债权人提供的事实、证据,认为支付令申请不能成立的,应在15日内裁定驳回发出支付令的申请。经审查,有下列情形之一的,裁定驳回申请:(1) 申请人不具备当事人资格的;(2) 给付金钱或者有价证券的证明文件没有约定逾期给付利息或者违约金、赔偿金,债权人坚持要求给付利息或者违约金、赔偿金的;(3) 要求给付的金钱或者有价证券属于违法所得的;(4) 要求给付的金钱或者有价证券尚未到期或者数额不确定的。

人民法院受理支付令申请后,发现不符合法定受理条件的,应当在受理之日起15日内裁定驳回申请。

人民法院驳回债权人申请的裁定,应附理由,送达债权人而不必送达债务人。驳回申请的裁定,是终局裁定,债权人不得声明不服,也不得提起上诉。法院驳回支付令申请的裁定没有确认债权是否存在和是否合法。申请人接到裁定后,可以补足申请理由再次申请支付令,也可以提起诉讼或申请仲裁等。申请人应承担督促程序的案件受理费。

四、支付令的法律效力

(一)具有督促债务人限期清偿债务或提出异议的效力

债务人自收到支付令之日起 15 日内应当清偿债务,或者向人民法院提出书面异议。也就是说,如果债务人对支付令没有异议,应当根据支付令履行清偿义务。债务人履行清偿义务的法律依据就是支付令。

(二)具有同生效判决相同的法律效力

如果债务人自收到支付令之日起 15 日内,既不清偿债务,又不提出书面异议或异议被裁定驳回的,那么支付令就具有同生效判决相同的法律效力,即人民法院非经法定程序不得变更或者撤销支付令,也不得受理和裁判当事人就该支付令所确定的债权债务关系提起的诉讼;债务人必须依据支付令向债权人清偿债务,即使对支付令不服,也不能提起上诉或者申请再审;债权人向人民法院申请执行支付令的期间,适用《民事诉讼法》第 239 条的规定。

此外,应当注意以下两种情况:(1)债务人在收到支付令后,未在法定期间提出书面异议,而向其他人民法院起诉的,不影响支付令的效力。债务人超过法定期间提出异议的,视为未提出异议。(2)对设有担保的债务的主债务人发出的支付令,对担保人没有拘束力。债权人就担保关系单独提起诉讼的,支付令自人民法院受理案件之日起失效。

第四节 债务人异议和督促程序终结

一、债务人异议

(一)支付令异议的概念

支付令异议,是指督促程序中债务人在法定期限内就支付令所确认的给付义务,向发出支付令的法院书面提出不同意见,旨在使支付令不发生法律效力的诉讼行为。异议或不同意见是指债务人对支付令所记载的债务是否存在、是否明确、是否合法以及所涉及范围进行争议。

在督促程序中,法院仅以债权人一方提出的权利主张和事实证据为根据,未经债权人与债务人的辩论而发出支付令,所以法律允许债务人以异议的方式对支付令提出自己的不同意见,以维护自己的合法权益,从而在程序上平等保护债权人和债务人。

债务人对支付令提出异议,法院经审查认为异议成立的,应当裁定终结督促程序,而支付令也自行失效。债务人提出异议,应在收到支付令之日起 15 日内以书面形式为之。

此期间为不变期间,法院和当事人均不得延长、缩短。如在此期间因出现不可抗力等客观原因而延误期间,可申请法院顺延。

(二) 支付令异议的成立条件

债务人提出支付令异议应具备必要的程序要件,不具备这些要件的则异议不能成立。支付令异议的成立条件主要有:

(1) 债务人的异议应在法定期限内提出。债务人应在收到支付令之日起15日内向法院提出异议,否则异议不能成立。

(2) 债务人的异议必须以书面形式提出。异议关系到支付令能否生效和督促程序是否终结等问题,基于慎重的考虑,法律要求债务人必须以书面形式对支付令提出异议。口头提出异议的,异议无效。

(3) 债务人的异议必须针对支付令所确定的债务本身提出。即债务人针对债权债务关系是否存在、合法、数额是否属实,偿还期限是否已届满,是否存在其他债务纠纷等问题,提出书面异议。如果债务人对债务本身没有异议,只是提出缺乏清偿能力、延缓债务清偿期限、变更债务清偿方式等异议的,不影响支付令的效力。人民法院经审查认为异议不成立的,裁定驳回。债权人基于同一债权债务关系,在同一支付令申请中向债务人提出多项支付请求,债务人仅就其中一项或者几项请求提出异议的,不影响其他各项请求的效力。债权人基于同一债权债务关系,就可分之债向多个债务人提出支付请求,多个债务人中的一人或者几人提出异议的,不影响其他请求的效力。法院作出终结督促程序前,债务人请求撤回异议的,应当准许。

(4) 债务人的异议必须向发出支付令的人民法院提出。债务人向其他机关或者其他人民法院提出不同意见,不属于有效的异议。

(三) 支付令异议的审查

法院收到债权人提出的支付令申请后,应当在5日内,进行书面审查,不经询问债务人和开庭审理即可发出支付令。依据平等原则,法院收到债务人提出的支付令异议后,也应当在5日内,进行书面审查。法院经审查,认为具备支付令异议的成立条件的,即裁定终结督促程序。法院经审查,认为不具备支付令异议的成立条件,应当裁定驳回异议,对此债务人不得再提出异议。人民法院作出驳回异议裁定前,债务人请求撤回异议的,应当裁定准许。债务人对撤回异议反悔的,人民法院不予支持。

人民法院经形式审查,债务人提出的书面异议有下列情形之一的,应当认定异议成立,裁定终结督促程序,支付令自行失效:(1) 符合不予受理申请情形的;(2) 符合裁定驳回申请情形的;(3) 符合应当裁定终结督促程序情形的;(4) 人民法院对是否符合发出支付令条件产生合理怀疑的。

在司法实务中,债务人滥用异议权,恶意提出异议从而终结督促程序的情形并不少见,债务人凭借无理的异议也能轻而易举地使支付令失效。比如,债务人违背事实提出债务根本不存在、债务数额不符等,目的是恶意终结督促程序,拖延或逃避履行其应当承担的义务。针对上述弊端,《民事诉讼法第二修正案》增加了"经审查,异议成立的"才能裁定终结督促程序。即人民法院除了要从形式上审查债务人的异议是否针对支付令所确定的债务本身,是否在法定期间内提出,是否以书面形式提出等条件外,还要从形式上审查债务人是否提出支持其异议的事实和证据,但是无须审查证据是否充分、事实是否真实。通过异议审查制度,以解决债务人轻易提出支付令异议导致督促程序终结的问题。

(四) 支付令异议成立后的效力

债务人针对人民法院发出的支付令提出的异议成立后,产生以下法律后果:

(1) 法院裁定终结督促程序,对此裁定债权人不得提出异议,更不得提起上诉。

(2) 支付令失效,即支付令丧失督促债务人限期清偿债务的效力,而且支付令具有的同生效判决相同的法律效力也无从产生。如果支付令向必要共同诉讼中共同被告发出,其中一人提出合法异议,其效力及于其他被告。

(3) 转入诉讼程序,但申请支付令的一方当事人不同意提起诉讼的除外。《民事诉讼法第二修正案》增加了"支付令失效的,转入诉讼程序,但申请支付令的一方当事人不同意提起诉讼的除外"。立法作出如此修改的基本理由在于:2008 年《民事诉讼法》规定,一旦债务人提出书面异议,督促程序即告终结。这一做法致使债务人凭借无理的异议也能轻易地使支付令失效,从而妨碍债权人寻求督促程序实现债权的积极性,致使我国督促程序的利用率极低。对此,2012 年《民事诉讼法》规定,人民法院收到债务人提出的书面异议后,经审查,在债务人异议成立的情形下,应裁定终结督促程序,支付令自行失效,转入诉讼程序。但是,督促程序和通常诉讼程序毕竟是两种不同的程序,应赋予当事人程序选择权。支付令失效后,申请支付令的一方当事人不同意提起诉讼的,应当自收到终结督促程序裁定之日起 7 日内向受理申请的人民法院提出。申请支付令的一方当事人不同意提起诉讼的,不影响其向其他有管辖权的人民法院提起诉讼。此外,支付令失效后,申请支付令的一方当事人自收到终结督促程序裁定之日起 7 日内未向受理申请的人民法院表明不同意提起诉讼的,视为向受理申请的人民法院起诉。债权人提出支付令申请的时间,即为向人民法院起诉的时间。

人民法院院长发现本院已经发生法律效力的支付令确有错误,认为需要撤销的,应当提交本院审判委员会讨论决定后,裁定撤销支付令,驳回债权人的申请。

二、督促程序终结

督促程序的终结,是指在督促程序中,因发生法律规定的情况或某种特殊原因而结束督促程序。有下列情形之一的,人民法院应当裁定终结督促程序,已发出支付令的,支付令自行失效:(1) 人民法院受理支付令申请后,债权人就同一债权债务关系又提起诉讼的;(2) 人民法院发出支付令之日起 30 日内无法送达债务人的;(3) 债务人收到支付令前,债权人撤回申请的。

人民法院作出终结督促程序前,债务人请求撤回异议的,应当裁定准许。债务人对撤回异议反悔的,人民法院不予支持。

第二十一章 公示催告程序

第一节 公示催告程序概述

一、公示催告程序的概念

公示催告程序,是指人民法院根据当事人的申请,以公告的方法,告知并催促不明确的利害关系人在法定期间内申报权利,如果到期无人申报权利或申报权利无效的,法院将根据申请人的申请依法作出除权判决的程序。

根据《民事诉讼法》第十八章"公示催告程序"的规定,我国民事诉讼中的公示催告程序解决的是可以背书转让的票据、提单等遗失、灭失或者被盗后如何使权利人重新获得权利的问题。所谓背书转让,是指依据票据法律、法规的规定,票据持有人在票据背面签署姓名、日期等事项,将票据上的权利转让给他人的行为。由于票据权利与票据原则上是不能分离的,因此票据的合法持有人一旦因票据遗失、灭失或被盗等而丧失对票据的实际占有,其结果是,正当权利人就无法向负有支付义务的人主张权利,而非法持有票据的人可能向负有支付义务的人主张权利。然而,由于非法持有票据的人不明确,票据权利人不能通过通常诉讼程序维护自己的合法权益。公示催告程序就是为恢复失票人的权利而设立的一种非讼程序。依照这一程序,当票据遗失、灭失或者被盗时,权利人可向人民法院申请以公告的方法,催告不明确的利害关系人申报该票据权利。如果在一定期限内无人申报权利或申报权利无效时,权利人便可申请人民法院作出除权判决,宣告票据无效,那么该利害关系人无权享有该票据上的权利,而申请人则享有或恢复该票据上的权利。由此可见,公示催告程序既是催告利害关系人申报权利并在无人申报权利时作出除权判决的法律程序,也是通过使票据权利与票据相分离的方法实现权利救济,恢复权利人权利的法律制度。

二、公示催告程序的特征

根据《民事诉讼法》的有关规定,我国公示催告程序具有以下主要特征:
1. 适用范围限定性

根据《民事诉讼法》第218条的规定,我国公示催告程序的适用范围主要包括:(1)可以背书转让的票据。票据是出票人签发的,约定由自己或者委托的付款人在见票时无条件支付一定数额金钱的凭证。根据我国《票据法》的规定,票据分为汇票、本票和支票三种。以上三种票据又可分为可以背书转让的票据和不能背书转让的票据两种。能够申请公示催告的票据,只限于可以背书转让的票据。根据我国《票据法》的规定,汇票、本票、支票,除出票人在票据上记载"不得转让"的字样以外,均可以背书转让。(2) 法律规定可以公示催告的其他事项。"其他事项"是指除了可以背书转让的票据以外的其他可以申请公示催告的票据和有价证券。例如,根据《公司法》的相关规定,记名股票被盗、遗失或者灭失,股东可以依照《民事诉讼法》规定的公示催告程序,请求人民法院宣告该股票失效;根据《海事诉讼特别程序法》的相关规定,提单等提货凭证持有人,因提货凭证失控或者灭失,可以向货物所在地海事法院申请公示催告。

2. 程序非讼性

公示催告程序在性质上是一种非讼程序,这主要体现在:(1) 公示催告程序不解决双方当事人之间的民事权益纠纷,仅通过公示方法催告不明的利害关系人及时申报权利,并在逾期无人申报权利或申报权利无效的情况下,经申请人申请,由人民法院判决宣告票据无效,使申请人恢复票据上的权利。(2) 公示催告程序只有申请人一方,而没有或没有明确的被申请人。《民事诉讼法》第218条规定的票据持有人,是指票据被盗、遗失或者灭失前的最后持有人。而被催告的一方则具有不特定性。公示催告程序因申请人的申请而开始,并非以起诉开始。如果该案件存在明确的利害关系人,人民法院应裁定终结公示催告程序,当事人可依通常诉讼程序另行起诉。(3) 公示催告程序原则上不开庭审理,无需法庭辩论,即法院仅依据申请人提供的事实和证据,作书面上的审查。(4) 公示催告程序实行一审终审,且不适用再审程序。人民法院在无利害关系人申报权利的情况下作出的除权判决,一经作出立即发生法律效力,利害关系人不得提起上诉。在人民法院指定期间内,利害关系人申报权利合法有效的,人民法院应裁定终结公示催告程序,并通知申请人和支付人。这是因为利害关系人申报权利合法有效意味着申请人与利害关系人之间就该票据权利可能发生争议,则需通过争讼程序解决。

3. 程序独特性

立法规定公示催告程序的主要目的是适应票据流通的快速性和安全性,并简便快捷地宣告丧失的票据无效,使申请人恢复票据上的权利。公示催告程序的独特性主要体现在:(1) 我国民事诉讼中的公示催告程序包括两个阶段:第一是公示催告阶段,即申请人申请法院以告示方法(如公告)催告不明利害关系人申报权利;第二是作出除权判决阶段,即在无人申报权利或申报权利无效时,原申请人申请法院作出宣告票据无效的除权判决。公示催告是作出除权判决的必经的前置阶段,但是公示催告后不必然作出除权判决,因为在以下两种情况下并不作出除权判决:一种情况是在无人申报权利或申报权利无效时,原申请人没有依法申请法院作出除权判决;另一种情况是利害关系人申报权利合法有效,法院裁定终结公示催告程序。(2) 公示催告程序的两个阶段均由申请人申请而启动。公示催告阶段由申请人申请开始。公告到期后,人民法院并不主动作出任何裁判,而是由申请人在一定期限内再次提出申请,请求人民法院作出除权判决,确认其对票据的权利。(3) 公示催告程序的两个阶段由不同的审判组织审理。公示催告阶段可以由审判员独任审理,但在作出除权判决阶段,人民法院应当组成合议庭进行审理。(4) 公示催告程序的两个阶段均须发布公告。公示催告阶段的公告,目的在于催促潜在的权利人申报权利。

除权判决阶段的公告,目的在于宣告原票据无效,恢复失票人的权利。

三、公示催告程序与相关制度和做法

公示催告程序是由法院适用的,作为一种司法救济途径或手段,用来调整票据丧失后的票据权利义务关系。若是其他机关或组织以公示方法催告利害关系人申报权利的,则不是公示催告程序,如公安机关以公示方法催告失主申报权利。

公示催告程序不同于票据挂失。票据挂失是指票据遗失后,失主向有关单位(主要是银行)办理遗失声明,宣布遗失票据无效的手续。根据有关法律的规定,允许挂失的票据,在其付款期满后一定期间内没有被冒领,可以办理退款,如果被冒领则往往需要确定有关银行是否负有法律责任;不允许挂失的票据,造成损失的后果一般是失主自负。丧失票据的最后持有人申请人民法院公示催告,无须以是否挂失该票据为前提,也不取决于法律是否允许挂失该票据,其目的在于请求法院对丧失的票据作出除权判决,使自己重新获得票据上的权利。

失主因票据丧失而在电视、电台、报刊和互联网等公共媒体声明作废,与公示催告程序没有直接的联系,无论失主是否声明作废均可申请公示催告程序,而且两者在法律效力方面有着重大不同。声明票据作废仅是声明人单方意思表示,根据法律规定,与被告知的不特定的众人之间一般不能建立民事权利义务关系。而公示催告程序与遗失声明不同,法院以除权判决宣告票据失权。

第二节 公 示 催 告

一、公示催告申请

公示催告的申请,是指票据的最后持有人在票据被盗、遗失或者灭失时,根据法律的规定向人民法院提出公示催告的请求,从而引起公示催告程序发生的行为。公示催告程序须由申请而开始。申请公示催告除必须具备一般诉讼要件外,如申请人具有行为能力、诉讼代理人具有合法的代理权、申请人应当依法交纳公示催告案件的受理费等,根据《民事诉讼法》和司法解释的有关规定,还必须具备下列特别程序要件:

(一) 须符合申请公示催告法定的适用范围

根据《民事诉讼法》第218条的规定,我国的公示催告程序仅适用于被盗、遗失或者灭失的可以背书转让的票据以及依照法律规定可以申请公示催告的其他事项。

(二) 须具备申请公示催告的法定事由

申请公示催告的法定事由是可以背书转让的票据等被盗、遗失或者灭失以及法定的其他事由,并且利害关系人处于不明状态。所谓"不明",主要是指有无相对人或利害关系人不明确以及相对人或利害关系人是谁不明确等。如果票据的最后持有人已经知道票据的利害关系人,由于已经有明确的相对人,那么票据的最后持有人就应当按照普通诉讼

程序向法院提起票据诉讼。

(三) 申请人须适格

公示催告的申请人须是按照规定可以背书转让的票据持有人或法律规定可以申请公示催告的其他事项的人。票据持有人是指票据被盗、遗失或者灭失前的最后持有人,即在票据流转过程中最后占有票据的人,也就是票据记载的最后被背书人。法律规定的其他人,是指法律规定的可以申请公示催告程序的其他票据或者有价证券等的最后持有人等。

(四) 须向有管辖权的法院提出申请

申请公示催告只能向票据支付地的基层人民法院提出。所谓票据支付地,是指票据载明的付款地,如承兑或付款银行的所在地、收款人开户银行所在地等;票据未载明付款地的,以票据付款人的住所地或主要营业地为票据支付地。由票据支付地的基层人民法院管辖,便于人民法院及时通知支付人停止支付,也便于利害关系人及时了解公告内容,及时申报权利。

(五) 须向法院提出书面申请

申请人须向法院提出书面申请。申请书应当写明以下主要内容:(1) 申请人的姓名、名称等基本情况;(2) 票据的种类、名称、号码,票面金额、支付日期等信息;(3) 发票人、持票人、背书人的基本情况;(4) 申请的理由、事实,即写明本人如何获得票据,款项的主要用途,票据被盗、遗失或灭失的时间、地点、经过以及相关证据材料;(5) 其他事项,如汇票的收款人、付款的账号、开户银行等。

申请人撤回申请,应当在公示催告前提出;公示催告期间申请撤回的,人民法院可以径行裁定终结公示催告程序。

二、公示催告的审查与受理

人民法院收到公示催告的申请后,应当立即审查,并决定是否受理。人民法院可安排一名审判员进行审查。因票据丧失,申请公示催告的,人民法院应结合票据存根、丧失票据的复印件、出票人关于签发票据的证明、申请人合法取得票据的证明、银行挂失止付通知书、报案证明等证据,决定是否受理。法官审查时,可以不经言辞辩论,但必要时可以要求申请人陈述。

对于欠缺一般诉讼要件,法律规定可以补正的,法院应酌定期间命申请人补正。比如,申请人不交纳受理费的,通知申请人限期如数交纳,申请人无正当理由不按期如数交纳的,法院应当在7日内裁定驳回申请。

对于不符合或不具备申请公示催告法定的适用范围、事由和申请人不适格的,法院应当在7日内裁定驳回申请。申请书不符合要求的,法院可以通知申请人限期补正,申请人若无正当理由不按期补正或者补正后仍不符合要求的,法院裁定驳回申请。不属于本院管辖的,告知申请人向有管辖权的法院申请或者移送有管辖权的法院。

经审查,人民法院认为申请符合受理条件的,通知予以受理。除通知申请人以外,还应同时通知支付人停止支付;并应在裁定受理后3日内发出公告催告利害关系人申报权利。

三、法院发出停止支付通知

人民法院决定受理申请人的申请后,应当向票据支付人发出停止支付的通知。停止支付通知,又称为止付通知,是指人民法院在决定受理公示催告申请后,向支付人发出的责令支付人停止向任何持票人支付票面金额的通知。无论申请人在丧失票据后是否向票据支付人办理挂失止付,法院受理后均应通知付款人停止付款。票据等被盗、遗失或灭失以后,非法持有人可能会向支付人申请支付,这样即使申请公示催告,宣告票据无效已无实际意义。所以,为了防止非法持有人向支付人主张权利,法律作出如上规定。停止支付就其性质而言,是人民法院在公示催告程序中,为了保护票据利害关系人的合法权益而采取的一种保全性措施。人民法院依照《民事诉讼法》第220条规定通知支付人停止支付,应当符合有关财产保全的规定。

支付人收到人民法院停止支付的通知后,应当停止向持有该票据的人支付票据所载款额,一直到公示催告程序终结。公示催告期间,票据上的权利归属处于一种不确定的状态,因此,在这期间,转让票据权利的行为无效,如果持有该票据的人想要用此票据抵偿债务,债权人有权拒收。停止支付具有协助执行的性质,付款人收到法院止付通知后据不停止支付的,除了要承担法院作出除权判决后仍须向申请人承担付款义务外,还要承担妨害民事诉讼程序的法律后果,即法院可以对拒不停止支付的付款人依照《民事诉讼法》第111条、第114条规定采取强制措施。

四、法院发出公示催告公告

公示催告公告又称权利申报公告,是指人民法院在决定受理申请人的申请后,向社会发出的催促利害关系人在法定期间内向人民法院申报权利的告示。人民法院决定受理申请人的申请后,应当在3日内发出公告,催促利害关系人申报权利。

人民法院依法发出的受理申请的公告,应当写明下列内容:(1)公示催告申请人的姓名或者名称;(2)票据的种类、号码、票面金额、出票人、背书人、持票人、付款期限等事项以及其他可以申请公示催告的权利凭证的种类、号码、权利范围、权利人、义务人、行权日期等事项;(3)申报权利的期间;(4)在公示催告期间转让票据等权利凭证,利害关系人不申报的法律后果。

公告应当在有关报纸或者其他媒体上刊登,并于同日公布于人民法院公告栏内。人民法院所在地有证券交易所的,还应当同日在该交易所公布。公告期间由人民法院根据具体情况决定,但不得少于60日,且公示催告期间届满日不得早于票据付款日后15日。期间的计算,应从公告张贴或者登载于报纸等公共媒体之日起计算。根据最高人民法院《关于审理票据纠纷案件若干问题的规定》(法释[2000]32号)第33条的规定,公示催告的期间,国内票据自公告发布之日起60日,涉外票据可根据具体情况适当延长,但最长不得超过90日。

公示催告申请人撤回申请,应在公示催告前提出;公示催告期间申请撤回的,人民法院可以径行裁定终结公示催告程序。

五、利害关系人申报权利

申报权利是利害关系人为防止因法院宣告票据无效而导致票据失权,在公示催告期间内向法院主张票据权利的行为。

利害关系人申报权利,应当符合以下主要条件:

(1) 申报权利人须是利害关系人,并且必须具有诉讼行为能力或者由法定代理人代为申报。所谓利害关系人,是指已经丧失的票据的实际持有人,即申报人必须持有受公示催告的票据。申报人申报权利,必须出示票据。

(2) 利害关系人应当在法定期间内申报。利害关系人应当在公示催告期间向法院申报。在申报期届满后,除权判决作出之前申报权利的,视为合法的申报。人民法院作出除权判决后,利害关系人不得再申报权利。

(3) 利害关系人应以书面形式申报权利,同时应向法院提交所持的票据等。申请书应当写明申报权利请求、理由和事实等事项,并应当向法院出示票据正本或者法律规定的其他证据。

(4) 须向发布公示催告的法院申报权利,向申请人或其他法院申报均不发生效力。

人民法院收到利害关系人的申报后所进行的审查不是为了确定利害关系人是否享有票据权利,而是为了确定利害关系人持有的票据与申请公示催告的票据是否为同一票据。利害关系人申报权利,人民法院应当通知其向法院出示票据,并通知公示催告申请人在指定的期间查看该票据。申请人查看票据后,认为该票据确系自己丧失的票据,法院应裁定终结公示催告程序,并通知申请人和支付人。终结公示催告程序的裁定书,由审判员、书记员署名,加盖人民法院印章。法院裁定终结公示催告程序后,公示催告申请人或者申报人向人民法院提起诉讼,因票据权利纠纷提起的,由票据支付地或者被告住所地人民法院管辖;因非票据权利纠纷提起的,由被告住所地人民法院管辖。申请人也可以向人民法院另行申请冻结票据权利,即申请财产保全。申请人未在合理期限内申请财产保全的,人民法院应当及时通知支付人解除停止支付的措施。如果申请人申请公示催告的票据与利害关系人出示的票据不一致的,应当裁定驳回利害关系人的申报。

第三节 除权判决

一、除权判决的概念

除权判决又称宣告票据无效判决,是指公示催告期间届满后,无利害关系人申报权利,或者申报权利依法被驳回的,人民法院根据申请人的申请,作出宣告该票据自此不再具有法律效力的判决。

除权判决是实现票据权利与票据本身相分离,使票据失去法律效力的法定形式,也是票据权利与票据本身不可分离原则的一种法定例外。人民法院仅仅发出公示催告公告,没有作出除权判决,并不能认为原票据失效,更不能实现票据权利与票据的分离,也就不能恢复申请人的票据权利。因此,除权判决是公示催告程序的重要内容。

二、除权判决的程序

人民法院作出除权判决应具备以下条件:(1) 在申报权利期间无人申报权利,或者申报权利被依法驳回的;(2) 公示催告申请人应当自公示催告期间届满之日起1个月内向人民法院提出申请。法院不依职权主动作出除权判决,公示催告申请人逾期不申请作出除权判决的,法院裁定终结公示催告程序。裁定终结公示催告程序的,应当通知申请人和支付人。

申请人在法定期间内申请除权判决的,人民法院应组成合议庭对案件进行审理和评议。合议庭经审理和评议,认为不具备申请除权判决条件的,应当裁定驳回申请。合议庭经审理和评议,确信除申请人外没有其他利害关系人,并且具备申请除权判决其他条件的,应当作出除权判决。除权判决应当公告。除权判决一旦作出并公告,票据权利即与票据相分离。

三、除权判决效力

除权判决的主要内容就是宣告申请公示催告的票据不再具有法律效力,申请人可以根据除权判决,重新享有已经丧失的票据上的权利。即除权判决公告之日起,公示催告申请人有权依据判决向付款人请求付款。付款人拒绝付款,申请人向人民法院起诉,符合《民事诉讼法》第119条规定的起诉条件的,人民法院应予受理。此外,任何人不得对除权判决提起上诉。因为申请人已经实现票据除权的目的,其没有上诉利益;而其他人作为利害关系人,不是当事人,自然也没有上诉权。

四、除权判决的撤销

在公示催告期间,票据利害关系人可能会因为某种正当理由没有及时申报权利,而除权判决是不能上诉和申请再审的,因此票据利害关系人的合法权益必然会受到损害。为了对利害关系人的合法权益进行救济,《民事诉讼法》第223条规定,利害关系人因正当理由不能在判决前向人民法院申报的,自知道或者应当知道判决公告之日起1年内,可以向作出判决的人民法院起诉。此条是关于除权判决撤销的规定,利害关系人的起诉所启动的是独立的争讼程序,属于公示催告程序以外的程序。

提起撤销除权判决之诉除须具备一般起诉要件和通常诉讼要件外,还须具备下列特殊要件:

(1) 须利害关系人未向人民法院申报权利具有正当理由。所谓正当理由,是指利害关系人因不可抗力等原因未能在公示催告期间内申报权利。正当理由包括:① 因发生意外事件或者不可抗力致使利害关系人无法知道公告事实的;② 利害关系人因被限制人身自由而无法知道公告事实,或者虽然知道公告事实,但无法自己或者委托他人代为申报权利的;③ 不属于法定申请公示催告情形的;④ 未予公告或者未按法定方式公告的;⑤ 其他导致利害关系人在判决作出前未能向人民法院申报权利的客观事由。

(2) 须在判决前没有向人民法院申报权利。如果利害关系人已经申报过权利而被依法驳回的,则该关系人不得另行起诉。

(3) 须在自知道或者应当知道除权判决公告之日起1年内提起撤销之诉。如因特殊事由中断时,从特殊事由消灭之日起继续计算。

(4) 须向作出除权判决的人民法院起诉。

(5) 须以公示催告申请人为被告提起诉讼。利害关系人另行起诉,其实质是请求人民法院行使审判权,就其与公示催告申请人之间因票据产生的纠纷进行裁判。

人民法院受理利害关系人的起诉后,可按票据纠纷适用普通程序审理。如果法院认为利害关系人的起诉理由成立时应当判决撤销除权判决,并确认票据的权利人。利害关系人仅诉请确认其为合法持票人的,人民法院应当在裁判文书中写明,确认利害关系人为票据权利人的判决作出后,除权判决即被撤销。判决的内容必须公告,公告的方法同于除权判决的公告方法。在撤销除权判决的判决确定后,宣告无效的票据回复原效力,支付人有权请求除权判决的申请人返还已向其支付的款项,利害关系人恢复对该票据的权利;如果法院认为利害关系人的起诉理由不成立的,应当判决驳回诉讼请求,当事人对判决不服的,可以向上一级法院提起上诉。

第六编 执行程序

第二十二章 执行程序概述

第一节 执行和执行程序概述

一、执行

一般认为,执行,或者说强制执行,是执行机关运用国家强制力,强制义务人履行生效法律文书所确定的义务的活动。执行分为民事案件的执行、刑事案件的执行和行政案件的执行。本书中的执行,如无特别说明,仅指民事案件的执行。

在执行活动中,依据生效法律文书向人民法院提出执行申请、主张权利的人称为申请执行人。被提出申请、承担义务的人,称为被执行人。代表国家机关进行强制执行的机关,称为执行机关,在我国主要是法院。代表法院实施执行的人主要是审判员和执行员;书记员和司法警察负责执行中的辅助性工作。

执行的最大特点在于其强制性,即通过执行机关的强制,剥夺被执行人的财产或要求其履行一定行为,以实现申请执行人的债权。这种强制的必要性以国家当事人自力救济的禁止为基础。在人类社会早期,由于法律尚未完备,国家权力比较薄弱,当私权受到侵害时,往往由当事人自力救济。但自力救济很容易被滥用,并导致社会出现弱肉强食的现象,公平难以维持,社会秩序的安宁亦受到影响。因此,随着国家权力的加强,自力救济越来越受到限制。① 作为替代,国家以强制手段来确保私权实现,维持公平和社会秩序就成为必要。

二、执行程序

执行程序是规范执行工作的步骤和方法。执行程序最主要的目的是确保执行工作的顺利进行,但也承担着实现法的公平和正义的功能:它应当保证强制执行活动依法进行,不能损害任何被卷入执行程序的人的合法权益。在这里,被卷入执行程序的人既包括申请执行人、被执行人,也可能是申请执行人、被执行人以外的其他人。

---

① 参见杨与龄:《强制执行法论》,中国政法大学出版社2002年版,第3页;谭秋桂:《民事执行法学》,北京大学出版社2010年版,第13—15页。

执行程序的基础是执行权和执行请求权。其中,执行权是执行机关运用国家强制力,强制被执行人履行义务的权力;执行请求权是申请执行人基于生效法律文书享有的、请求执行机关行使执行权的权利。一般认为,执行权的行使应建立在申请执行人的执行请求权之上。如果没有申请执行人的请求,法院不得启动对被执行人的强制执行。[1]

执行程序与审判程序既有区别,也有联系。其中,区别主要表现在:

第一,权力基础和性质不同。审判程序以审判权和当事人的诉权为基础;而执行程序则以执行权和当事人的执行请求权为基础。在性质上,审判权属于典型的司法权;但对于执行权的性质,则有不同观点。有观点认为,执行权是一项由法院行使的权力,因此属于司法权。[2] 也有观点认为,执行从性质上讲是行政活动,具有确定性、主动性、命令性、强制性的特点,在本质上属于行政权。[3] 还有观点认为,执行权兼有司法权和行政权的属性或特点。[4] 最高人民法院2011年印发的《关于执行权合理配置和科学运行的若干意见》[5]倾向于第三种观点,并将执行权细分为执行实施权和执行审查权。[6]

第二,权力行使的主体不完全相同。在我国,虽然民事案件的审判权和执行权都由人民法院行使,但在人民法院内部,却依然存在职能分工:审判权的行使一般由人民法院的各个民事审判业务庭负责;而执行权的行使则通常由人民法院的执行机构负责。

第三,适用范围不同。一方面,进入到人民法院的民事案件,一般都要经过审判程序,但却不一定经过执行程序。只有当事人不履行生效法律文书所确定的义务的案件,才会进入执行程序。另一方面,审判程序主要解决民事争议;而执行程序则不仅执行民事法律文书,还执行其他性质的法律文书,比如刑事、行政判决、裁定中的财产给付内容,以及行政机关的处罚决定书和处理决定书等。

执行程序与审判程序的联系主要表现在:第一,它们都以保护当事人的合法权益为主要目的:审判程序是通过确定当事人之间的实体权利义务关系来保护当事人的合法权益;执行程序则是通过实现判决、裁定已经确定的权利和义务来保护当事人的合法权益。第二,它们有一些共同的原则和制度,比如当事人地位平等原则,以及期间、送达、回避、妨碍民事诉讼强制措施等制度。第三,一些制度的运行会同时涉及审判程序和执行程序的规定。比如,在财产保全和先予执行制度中,财产保全和先予执行裁定的作出,需要遵守审判程序方面的规定,而这两种裁定的执行,尤其是对当事人财产的查封、扣押或冻结等,则要按照执行程序的规定进行。

---

[1] 参见杨与龄:《强制执行法论》,中国政法大学出版社2002年版,第4—5页。
[2] 参见肖建国:《民事执行权的司法权本质之我见》,载《人民法院报》2008年10月31日;刘艳芳、于恒强:《民事执行的司法性质分析》,载《安徽大学法律评论》2002年第1期。
[3] 参见孙小虹:《克服执行难是社会系统工程》,载《人民日报》1999年3月10日;石时态:《民事执行权配置研究》,湘潭大学2010年博士学位论文,第16页。
[4] 参见高执办:《论执行局设置的理论基础》,载《人民司法》2001年第2期;严仁群:《民事执行权论》,法律出版社2007年版,第32—35页。
[5] 法发[2011]15号,2011年10月19日。
[6] 该《意见》第1条规定:执行权是人民法院依法采取各类执行措施以及对执行异议、复议、申诉等事项进行审查的权力,包括执行实施权和执行审查权。

第二节 执行的原则

执行的原则,是指贯穿于执行程序始终,对执行程序有根本性指导作用的行为准则。根据《民事诉讼法》的规定及一般法理,执行活动需遵循以下原则:

一、执行的合法性原则

执行的合法性原则,是指执行活动应当按照法定的条件和程序进行。执行合法性原则包括三层含义:首先,执行活动必须以法定的生效法律文书为依据,没有法律文书,或者法律文书没有生效的,或者生效的法律文书不属于法律规定的种类的,不能启动执行程序。其次,采取的执行措施不能超出法定的范围。执行人员采取执行措施时,必须符合《民事诉讼法》关于执行措施的规定。最后,执行活动必须按照法定程序进行。比如,人民法院查封、扣押财产时,被执行人是公民的,应当通知被执行人或者他的成年家属到场;被执行人是法人或者其他组织的,应当通知其法定代表人或主要负责人到场等。

二、执行标的有限原则

执行标的是指人民法院的执行活动所指向的对象,包括被执行人的财产和行为两个方面,但不包括人身。我国法律明确禁止对被执行人的人身进行强制。通过羁押被执行人,或者强制其劳动以抵偿债务都是不被允许的。不过,需要注意的是,如果被执行人拒不履行,人民法院可以依照法定程序对其采取拘留等强制措施。但这种强制只是一种保障执行程序顺利进行的手段,与对被执行人的人身进行执行有着根本区别。

执行标的有限原则,是指在对执行对象采取强制措施时,不应当超出被执行人按照生效法律文书所应承担的义务范围,具体包括:(1) 在冻结、划拨被执行人的存款,或者扣留、提取被执行人的收入时,不能超出被执行人应当承担的数额;(2) 查封、扣押、冻结被执行人非金钱财产时,人民法院所查封、扣押、冻结的财物的价值不应当超出被执行人应当承担的义务范围;(3) 拍卖、变卖被执行人的非金钱财产所得价款,除了支付必要的拍卖、变卖费用,偿还申请执行人债权的以外,应当将剩余部分退还被执行人。

三、兼顾被执行人利益原则

兼顾被执行人利益原则,是指在执行过程中,人民法院采取强制措施时,应保障被执行人及其家属生存和发展所需的基本权益。从理论上讲,民事执行固然是为了实现申请执行人的合法权益,迫使被执行人履行生效法律文书所确定的义务,但也不能因此就忽视对被执行人合法利益的保护。

在我国,兼顾被执行人利益原则主要有以下三个具体要求:(1) 在对被执行人的存款和收入进行冻结、划拨,或者查封、冻结、扣押被执行人财产时,如果被执行人是公民的,必须要为其保留必需的生活费用、生活设施以及其他生活必需品;如果被执行人是法人或者其他组织的,应当保留其维持正常生产所需的财产,比如不可缺少的设备、厂房等。(2)对于非必需的、超出被执行人及其所扶养家属生活所必需的房屋和生活用品,人民法院只有在保障被执行人及其所扶养家属最低生活标准所必需的居住房屋和普通生活用品后,方可予以执行。(3)在对被执行人的财产进行执行的过程中,应当尊重被执行人的财产权益,不能随意处置或因措施不当而给被执行人造成不必要的损失。

四、强制执行与说服教育相结合的原则

强制执行与说服教育相结合,是指人民法院在执行中既要采取强制手段,又要对当事人做思想教育工作,以促使其自动履行。

坚持强制执行与说服教育相结合的原则,应处理好强制与说服教育两者之间的关系。强制是后盾,说服教育是方法。没有强制,说服教育不易奏效;而没有说服教育,则不易提高被执行人的法律意识。但是在实际中应注意防止两种错误倾向:其一,只重视执行的强制性,而忽视说服教育在执行中的应有作用,从而不利于纠纷的彻底解决;其二,过分强调说服教育,并把它作为执行的主要方法,忽视强制执行在执行程序中的核心地位,从而导致不能及时地保护当事人的合法权益,造成执行的拖延。

第三节 执行的主体和客体

一、执行的主体

执行的主体,是指在执行程序中,依法享有权利和承担义务,并能引起执行程序发生、变更或终结的组织和个人。执行机构、执行当事人、协助执行人、执行见证人等都属于执行的主体。

(一)执行机构

执行机构是代表国家行使执行权,具体实施执行活动的权力机构。

执行机构的设置与各国的现实情况及权力分配体系密切相关,因此,各个国家对执行机构的设置不尽相同。有的国家在法院之外设立了专门的执行机构,比如瑞典。该国专门设立了独立于法院、警察机构、检察机构的执行局,负责执行事务。尽管其程序法典规定,法院在必要时可以发布有关执行的指示,但也有其他法律规定,法院的指示并不妨碍其他的执行方式。也有的国家将执行事务分别交给法院和法院之外的执行机构,分工负责,比如德国。德国按照执行客体的不同,分别将执行事务交给执行法院、受诉法院和执行官负责。其中,执行官是设立在法院之外的执行机构,具有公务员身份,但不领国家薪俸,主要负责对动产的执行;执行法院负责对不动产、债权和其他财产权的执行;而受诉法院则只负责对特定行为(作为或不作为)的执行。还有的国家将执行事务交给法院的法官负责,比如意大利、奥地利。在这种体制下,执行事务由法官负责,执行员只是法院执行机构的组成人员,没有独立的法律地位,其办理执行事务须受法官和书记官指挥、监督。①

在我国,执行机构的设置与意大利、奥地利类似,设立于人民法院内部。现行《民事诉讼法》第228条第3款规定,人民法院根据需要可以设立执行机构。我国法院内部的执行机构最初称为"执行庭",2000年以后,根据最高人民法院《关于改革人民法院执行机构有关问题的通知》②的要求,更为名"执行工作局",简称"执行局"。最高人民法院执行局设立于2008年,系根据2007年修改后的《民事诉讼法》设立,在此之前,最高人民法院曾设有"执行工作办公室",负责全国法院执行工作的执行监督、协调。

对于我国执行机构的人员组成,《人民法院组织法》和《民事诉讼法》都没有明确规定。《人民法院组织法》只是在第40条规定,地方各级人民法院设执行员,办理民事案件判决和裁定的执行事项,办理刑事案件判决和裁定中关于财产部分的执行事项。与此对应,《民事诉讼法》第228条第1款也规定,执行工作由执行员负责。司法实践中,由于执行员大多不具有审判职称,并且难以适应执行工作的复杂性,所以,执行工作主要由具有审判职称的法官负责。据称,目前在全国法院4万多名执行人员中,具有执行员资格的只有2000多人,其余均为法官。③ 由此来看,我国法院执行机构的组成人员主要是法官,然后才是执行员,以及负责执行辅助工作的书记员和司法警察。

(二) 执行当事人

1. 执行当事人的概念

执行当事人,是指执行依据所确定的享有权利和承担义务的人。《民事诉讼法》对执行当事人的称谓并不统一。通常情况下,《民事诉讼法》和最高人民法院的司法解释使用"申请执行人"和"被执行人"这一对概念,但有时候也使用"债权人""申请人""被申请人"的表述。本书认为,执行当事人主要是申请执行人和被执行人。

2. 执行当事人的变更

执行当事人的变更,是指在执行程序开始后,由于一些特殊情况的出现,使生效法律文书所确定的权利人或义务人发生变化,从而由新的主体承继原申请执行人或被执行人的法律地位。

在我国,执行当事人的变更主要针对被执行人。根据《民事诉讼法》第232条、《民诉解释》第472条至第475条、《执行规定》第76条至第83条的规定,执行程序中应当追加或变更被执行人的情形主要有以下几种:

(1) 作为被执行人的公民在执行程序中死亡,其继承人没有放弃继承权的,人民法院可以裁定变更被执行人,由该继承人在遗产的范围内偿还债务。

(2) 作为被执行人的法人或其他组织合并、分立的,人民法院可以裁定变更后的法人或其他组织为被执行人。在分立后的法人或其他组织的债务分配上,如果被执行人是按

---

① 参见高执办:《国外执行机构概览》,载《人民司法》2001年第3期。
② 法明传[2000]47号,2000年9月30日。
③ 参见卫彦明、范向阳:《〈关于执行权合理配置和科学运行的若干意见〉的理解与适用》,载《人民司法·应用》2011年第23期。

法定程序分立,分立后存续的企业按照分立协议确定的比例承担债务;未按法定程序分立的,裁定由分立后存续的企业按照其从被执行企业分得的资产占原企业总资产的比例对申请执行人承担责任。

(3) 作为被执行人的法人或其他组织名称变更的,人民法院可以裁定变更后的法人或其他组织为被执行人。

(4) 被执行人为无法人资格的私营独资企业,无能力履行法律文书确定的义务的,人民法院可以裁定执行该独资企业业主的其他财产。

(5) 被执行人为个人合伙组织或合伙型联营企业,无能力履行生效法律文书确定的义务的,人民法院可以裁定追加该合伙组织的合伙人或参加该联营企业的法人为被执行人。

(6) 被执行人为企业法人的分支机构不能清偿债务时,可以裁定企业法人为被执行人。企业法人直接经营管理的财产仍不能清偿债务的,人民法院可以裁定执行该企业法人其他分支机构的财产。如果必须执行已被承包或租赁的企业法人分支机构的财产时,对承包人或承租人投入及应得的收益应依法保护。

(7) 被执行人无财产清偿债务,如果其开办单位对其开办时投入的注册资金不实或抽逃注册资金,可以裁定变更或追加其开办单位为被执行人,在注册资金不实或抽逃注册资金的范围内,对申请执行人承担责任。如果被执行人的开办单位已经在注册资金范围内或接受财产的范围内向其他债权人承担了全部责任的,人民法院不得裁定开办单位重复承担责任。

(8) 被执行人被撤销、注销或歇业后,上级主管部门或开办单位无偿接受被执行人的财产,致使被执行人无遗留财产清偿债务或遗留财产不足清偿的,可以裁定由上级主管部门或开办单位在所接受的财产范围内承担责任。

(三) 执行参与人

执行参与人,是指人民法院执行机构和执行当事人以外的、参与执行工作的组织和个人,包括协助执行人、执行见证人等。

在执行程序中,按照人民法院的协助执行通知配合执行工作的单位和个人,称为协助执行人,比如协助执行机构办理被执行人存款查询、冻结事务的银行和协助执行机构办理过户登记手续的土地部门、房管部门,以及协助扣留、提取被执行人收入的单位等。

执行见证人,是指在执行过程中,对人民法院的执行活动亲自到场观察、监督,并证实执行情况的人。根据《民事诉讼法》第245条和第250条的规定,可以成为执行见证人的人员主要有:(1) 未成年的被执行人的家属;(2) 被执行人是公民时,该公民的工作单位及其财产所在地基层组织指派参加执行的人员;(3) 被执行人为单位时,该单位的法定代表人或主要负责人。

二、执行客体

执行客体,又称执行标的,是指执行活动所指向的对象。在我国,可以成为执行标的的可以是财物,也可以是行为,但不包括人身。在1992年答复《湖北省高级人民法院关于人身可否强制执行问题的请示》的过程中,最高人民法院执行工作办公室指出:"不得强制执行×××的人身。"①

（一）财物

作为执行客体的财物,是指根据生效法律文书的规定,被执行人应当交付给执行权利人的金钱、物品或有价证券等财产。该财物既包括被执行人现有的财产,也包括被执行人通过权利的行使可以取得的财产。

不过,并不是所有的财物都可以成为执行的客体。根据相关法律的规定,下列财产不能成为执行的客体:(1) 法律规定的禁止流通物,例如毒品;(2) 涉及公序良俗而不可执行的物体,比如死者的牌位;(3) 外交豁免或者领事豁免的财物,例如使领馆的馆舍;(4) 维持被执行人及其家属生存的生活必需品。

另外,对于被执行人及其所扶养家属生活所必需的居住房屋是否可以执行,司法解释的规定不完全相同。最高人民法院2004年《关于人民法院民事执行中查封、扣押、冻结财产的规定》第6条规定,对被执行人及其所扶养家属生活所必需的居住房屋,人民法院可以查封,但不得拍卖、变卖或者抵债。但2005年《关于人民法院执行设定抵押的房屋的规定》第1条则规定,对于被执行人所有的已经依法设定抵押的房屋,人民法院可以查封,并可以根据抵押权人的申请,依法拍卖、变卖或者抵债。后者并未对"被执行人及其所扶养家属生活所必需的居住房屋"有所例外。由此,对于"被执行人及其所扶养家属生活所必需的居住房屋"而言,能否强制执行就要根据是否设定抵押,视情况而定。如果已经依法设定抵押,就可以进行完全的强制执行。但如果没有依法设定抵押,就只能查封,但不得拍卖、变卖或者抵债。

（二）行为

作为执行客体的行为,是指生效法律文书指定义务人应当履行的非金钱给付。包括可以替代实施的行为和不可替代的行为。

可以替代实施的行为,是指义务人拒不履行时,可以由他人来代为完成的行为。比如,人民法院判决当事人拆除违法设施,在其拒不履行拆除违法设施行为时,人民法院可以委托其他单位或者个人实施拆除。依据《民事诉讼法》第231条的规定,在被执行人拒不履行可以替代实施的行为时,人民法院可以委托他人替代完成该行为,由此所需费用由被执行人负担。

不可替代的行为,是指与义务人有特殊联系,需要其亲自履行的行为。比如按照演出合同,人民法院判决某歌星履行演出行为,该行为就具有不可替代性。根据《民事诉讼法》第111条的规定,如果被执行人拒不履行不可替代的行为,人民法院可以以拒不履行判决、裁定为由,对被执行人及其主要负责人、直接责任人采取罚款和拘留等强制措施;构成犯罪的,还可以追究其刑事责任。

---

① 参见最高人民法院执行办公室《关于人身可否强制执行问题的复函》(执他字[1999]第18号),1999年10月15日。

第二十三章 执行程序的一般规定

第一节 执行依据

一、执行依据的概念和特征

执行依据,也被称为执行名义、执行根据,是指执行机关据以执行的生效法律文书。有效的执行依据是启动执行程序的必要条件。没有执行依据,当事人不得向人民法院申请强制执行,人民法院也不得依职权启动执行程序。在学理上,人们把执行依据所具有的、可以据以强制执行的效力,称为"执行力"或者"强制执行力"。执行依据有以下法律特征:

(1) 执行依据是一种法律文书。这种法律文书是由国家机关、有关机构在其职权范围内,按照法律规定对某些特定事项作出的处理。

(2) 作为执行依据的法律文书必须已经生效。没有生效的法律文书,由于不具备法律效力,自然也就不能作为执行依据。

(3) 执行依据必须具有明确的给付主体和内容。《民诉解释》第463条规定,当事人申请执行的生效法律文书应当具备下列条件:第一,权利义务主体明确;第二,给付内容明确。法律文书确定继续履行合同的,应当明确继续履行的具体内容。

(4) 执行依据必须是按照《民事诉讼法》和司法解释的规定,应当由人民法院的执行机构实施的生效法律文书。具有给付内容的生效法律文书有很多,但并不一定全部由人民法院进行强制执行,比如那些按照法律规定应当由行政机关进行强制执行的生效法律文书。

按照《民事诉讼法》第224条的规定,执行依据可以分为两种类型:一种是由人民法院作出的具有强制执行力的生效判决、裁定;另一种是法律规定由人民法院执行的其他法律文书,包括:应由人民法院执行的行政处罚决定、行政处理决定;我国仲裁机构作出的仲裁裁决和调解书;公证机构依法赋予强制执行效力的关于追偿债款、物品的债权文书;经人民法院裁定承认其效力的外国法院作出的判决、裁定,以及国外仲裁机构作出的仲裁裁决等。

二、人民法院作出的生效法律文书

(一) 具有给付内容的民事判决书、裁定书、调解书

这些法律文书主要包括:负责执行的人民法院本院的民事审判庭制作的判决书、裁定书、调解书、制裁决定书和支付令;刑事附带民事判决、裁定、调解书;外地人民法院委托执

行的民事判决书、裁定书和调解书;上级人民法院指定执行的民事判决书、裁定书和调解书。

(二) 具有给付内容的刑事判决书和裁定书

《刑事诉讼法》第260条规定,被判处罚金的罪犯,期满不缴纳的,人民法院应当强制缴纳。第261条规定,没收财产的判决,无论附加适用或独立适用,都由人民法院执行。在此基础上,最高人民法院2010年《关于财产刑执行问题的若干规定》第2条规定,财产刑由第一审人民法院负责裁判执行的机构执行。这里"负责裁判执行的机构",就是人民法院的执行局。①

(三) 具有给付内容的行政判决书和裁定书

最高人民法院《关于贯彻执行〈中华人民共和国行政诉讼法〉若干问题的意见(试行)》第86条规定,对发生法律效力的行政判决、裁定或者行政赔偿调解书,一方拒绝履行的,对方当事人可以向人民法院申请强制执行。《执行规定》第2条进一步规定,执行机构负责执行人民法院"……行政判决、裁定、调解书"。

(四) 人民法院根据《仲裁法》作出的财产保全裁定

《仲裁法》第20条规定,申请仲裁的当事人一方因另一方当事人的行为或者其他原因,可能使裁决不能执行或者难以执行的,可以申请财产保全,仲裁委员会应当将当事人的申请提交人民法院裁定。人民法院在这种情况下作出的裁定,可以作为执行依据。

三、应当由人民法院执行的其他法律文书

(一) 仲裁裁决书和仲裁调解书

对于审理完毕的案件,仲裁机构应制作仲裁裁决书或仲裁调解书。其中,仲裁裁决书自作出之日起发生法律效力;仲裁调解书经双方当事人签收后发生法律效力。如果当事人在调解书签收前反悔的,仲裁庭应当及时作出仲裁裁决。

《仲裁法》第62条和《民事诉讼法》第237条第1款规定,对依法设立的仲裁机构作出的仲裁裁决,一方当事人不履行的,对方当事人可以向有管辖权的人民法院申请执行。受理申请的人民法院应当执行。另外,《仲裁法》第51条第2款规定,调解书与裁决书具有同等法律效力。因此,当事人不履行仲裁调解书的,对方当事人也可以申请强制执行。

(二) 强制执行效力的公证债权文书

《公证法》第37条规定,对经公证的以给付为内容并载明债务人愿意接受强制执行承诺的债权文书,债务人不履行或者履行不适当的,债权人可以依法向有管辖权的人民法院申请执行。《民事诉讼法》第238条第1款规定,对公证机关依法赋予强制执行效力的债权文书,一方当事人不履行的,对方当事人可以向有管辖权的人民法院申请执行,受申请的人民法院应当执行。在此基础上,最高人民法院、司法部《关于公证机关赋予强制执行

---

① 参见田浩:《财产刑执行将有章可循——最高人民法院研究室负责人就〈关于财产刑执行问题的若干规定〉答记者问》,载《人民法院报》2010年5月31日第2版。

效力债权文书执行有关问题的通知》对公证债权文书的执行程序进行了细化和补充。

根据最高人民法院、司法部《关于公证机关赋予强制执行效力债权文书执行有关问题的通知》的规定,公证机关赋予强制执行效力的债权文书应当具备以下条件:(1)债权文书具有给付货币、物品、有价证券的内容;(2)债权债务关系明确,债权人和债务人对债权文书有关给付内容没有异议;(3)债权文书中应当载明,如果债务人不履行义务或不完全履行义务,债务人愿意接受依法强制执行的承诺。

其中,可以被赋予强制执行效力的债权文书主要包括:(1)借款合同、借用合同和无财产担保的租赁合同;(2)赊欠货物的债权文书;(3)借据、欠单;(4)还款协议或者还物协议;(5)以给付赡养费、扶养费、抚育费、学费、赔偿金或者补偿金为内容的协议。在履行未经公证的合同、协议、借据等债权文书的过程中,债权人申请公证机关赋予强制执行效力的,公证机关必须征求债务人的意见;如债务人同意公证并愿意接受强制执行的,公证机关可以依法赋予该债权文书强制执行效力。

对于被赋予强制执行效力的公证债权文书,如果债务人不履行或不完全履行的,债权人可以向原公证机关申请执行证书。债权人凭原公证书及执行证书向有管辖权的人民法院申请执行。公证机关签发的执行证书应当注明被执行人、执行标的和申请执行的期限。债务人已经履行的部分,在执行证书中予以扣除。因债务人不履行或不完全履行而发生的违约金、利息、滞纳金等,可以列入执行标的。

(三)行政处罚决定书和行政处理决定书

行政机关作出的行政处罚决定书和行政处理决定书,并非全部由行政机关强制执行,部分行政处罚决定书和行政处理决定书可以成为人民法院的执行依据。《行政强制执行法》第13条规定,行政强制执行由法律设定。法律没有规定行政机关强制执行的,作出行政决定的行政机关应当申请人民法院强制执行。《执行规定》第2条的规定,执行机构负责执行"依法应当由人民法院执行的行政处罚决定、行政处理决定"。

(四)外国法院的裁判和仲裁机构的裁决

协助执行外国法院生效的判决和裁定,以及国外仲裁机构的仲裁裁决,是各个国家司法协助的重要内容。不过,外国法院的判决、裁定以及仲裁机构的裁决并不能直接成为执行依据。人民法院承认和执行外国法院判决、裁定以及仲裁机构裁决的,应当作出裁定书和执行令。执行的时候,将该裁定书、执行令和外国法院的判决、裁定或者国外仲裁机构裁决作为执行的依据。

根据《民事诉讼法》第281条和第282条的规定,外国法院作出的发生法律效力的判决、裁定,需要人民法院承认和执行的,可以由当事人直接向我国有管辖权的中级人民法院申请承认和执行,也可以由外国法院依照该国与我国缔结或者参加的国际条约的规定,或者按照互惠原则,请求人民法院承认和执行。人民法院对外国法院作出的发生法律效力的判决、裁定,依照我国缔结或者参加的国际条约,或者按照互惠原则进行审查后,认为不违反我国法律的基本原则或者国家主权、安全、社会公共利益的,裁定承认其效力,需要执行的,发出执行令,依照《民事诉讼法》的有关规定执行。对于违反我国法律的基本原则或者国家主权、安全、社会公共利益的外国法院的裁判,不予承认和执行。

外国仲裁机构的裁决,需要人民法院承认和执行的,应当由当事人直接向被执行人住所地或者其财产所在地的中级人民法院申请,人民法院应当依照我国缔结或者参加的国际条约,或者按照互惠原则办理。

第二节 执行管辖

一、执行管辖概述

执行管辖是指人民法院之间受理执行案件的分工和权限。划分执行管辖的依据与诉讼管辖有所不同。执行管辖的划分依据主要是执行依据。执行依据不同,执行法院也不同。

根据《民事诉讼法》第224条和最高人民法院司法解释的规定,执行管辖的确定主要有以下几种情形:

(1) 发生法律效力的民事判决、裁定,以及刑事判决、裁定中的财产部分,由第一审人民法院或者与第一审人民法院同级的被执行的财产所在地人民法院执行。申请执行人向被执行的财产所在地人民法院申请执行的,应当提供该人民法院辖区有可供执行财产的证明材料。认定财产无主的判决,由作出判决的人民法院将无主财产收归国家或者集体所有。

(2) 发生法律效力的实现担保物权裁定、确认调解协议裁定、支付令,由作出裁定、支付令的人民法院或者与其同级的被执行财产所在地的人民法院执行。

(3) 人民法院审理民事、行政案件过程中作出的财产保全和先予执行裁定,由审理案件的人民法院执行。而且,这类案件的执行不是由执行机构负责,而是由相关审判庭负责。

(4) 法律规定由人民法院执行的其他法律文书,由被执行人住所地或者被执行的财产所在地人民法院执行。不过,这里需要注意级别管辖问题。国内仲裁机构的仲裁裁决和公证债权文书的级别管辖要参照各地法院受理诉讼案件的级别管辖的规定确定。而行政处罚决定、行政处理决定除了法律或司法解释明确规定由中级人民法院执行的以外,均由被执行人住所地或被执行财产所在地的基层人民法院执行。[①] 目前,由中级人民法院执行的主要是专利管理机关和国务院各部门、各省、自治区、直辖市人民政府和海关作出的处理决定和处罚决定。《执行规定》第13条、第14条的规定,专利管理机关依法作出的处理决定和处罚决定,由被执行人住所地或财产所在地的省、自治区、直辖市有权受理专利纠纷案件的中级人民法院执行。国务院各部门、各省、自治区、直辖市人民政府和海关依照法律、法规作出的处理决定和处罚决定,由被执行人住所地或财产所在地的中级人民

[①] 参见江必新:《民事执行新制度理解与适用》,人民法院出版社2010年版,第95页。

法院执行。

（5）在仲裁过程中，当事人申请财产保全，经仲裁机构提交人民法院的，由被申请人住所地或被申请保全的财产所在地的人民法院裁定并执行。对于这一类的执行依据而言，其执行管辖的级别根据"是否涉外"而有所不同，国内仲裁中的财产保全由被申请人住所地或被申请保全的财产所在地的基层人民法院裁定并执行；涉外仲裁中的财产保全则由被申请人住所地或被申请保全的财产所在地的中级人民法院裁定并执行。

（6）对于经人民法院承认和执行的外国法院判决、裁定和国外仲裁机构的仲裁裁决，由作出该裁定书和执行令的中级人民法院执行。

二、执行管辖权的转移

执行管辖权的转移，是指在执行过程中，依据上级人民法院的决定或经上级人民法院同意，将执行案件的管辖权从原来有管辖权的人民法院转移至无管辖权的人民法院的情形。《执行规定》第17条、第132条和《关于高级人民法院统一管理执行工作若干问题的规定》第8条、第9条中都有执行管辖权转移的规定。从这些规定来看，执行管辖权转移的具体情形主要包括两种：提级执行和指定执行。

（一）提级执行

提级执行，是指对于由下级人民法院执行的案件，由于存在特殊的情况而裁定由上级人民法院执行的制度。提级执行是实务部门在执行管理体制改革过程中的新探索，对于排除地方保护主义对执行工作的阻力或干扰，确保案件的公正执行以及提高执行效率等都具有重要意义。[①] 目前，提级执行主要分为上级人民法院自行决定提级执行和下级人民法院报请上级人民法院同意提级执行。

根据《关于高级人民法院统一管理执行工作若干问题的规定》第9条的规定，提级执行主要适用于下列情形：

（1）高级人民法院指令下级人民法院限期执行结案，但下级人民法院逾期没有执结并且需要提级执行的。不过，根据《执行规定》第132条的规定，对下级人民法院长期未能执结的案件，确有必要的，人民法院可以决定由本院执行或者与下级人民法院共同执行，也可以指定本辖区其他法院执行。所以，并不是所有的下级人民法院逾期没有执结的案件都必须提级执行；高级人民法院可以视情况作出不同的决定。

（2）下级人民法院报请高级人民法院提级执行，高级人民法院认为应当提级执行的。《执行规定》第13条规定，基层人民法院、中级人民法院管辖的执行案件，因特殊情况需要由上级人民法院执行的，可以报请上级人民法院执行。

（3）疑难、重大和复杂的案件，高级人民法院认为应当提级执行的。

（4）高级人民法院对最高人民法院函示提级执行的案件，应当裁定提级执行。最高

[①] 参见谭秋桂：《民事执行法学（第二版）》，北京大学出版社2010年版，第101页；江必新：《新民事诉讼法执行程序讲座》，法律出版社2012年版，第49页；董少谋：《民事诉讼法学（第二版）》，法律出版社2013年版，第447页。

人民法院对地方各级人民法院的执行案件有权予以监督和指导,因此,对于最高人民法院发函指示提级执行的案件,高级人民法院应当服从,裁定提级执行。

提级执行以后,原执行法院不再享有对案件的执行管辖权,不得再继续实施执行活动,并可以作结案处理。但提级执行不影响先前执行措施的效力;下级人民法院在提级执行以前所采取的执行措施继续有效。

(二) 指定执行

指定执行,是指上级人民法院对于下级人民法院执行的案件,裁定由辖区内其他人民法院执行的制度。《关于高级人民法院统一管理执行工作若干问题的规定》第8条规定,高级人民法院对本院以及下级人民法院的执行案件,认为需要指定执行的,可以裁定指定执行;对于最高人民法院函示指定执行的案件,高级人民法院应当裁定指定执行。

此外,根据《执行规定》第132条的规定,对下级人民法院长期未能执结的案件,确有必要的,也可以指定本辖区其他法院执行。

(三) 当事人向上一级人民法院申请提级执行或指定执行

除了人民法院主动提级执行或指定执行以外,当事人也可以向上级人民法院申请提级执行或指定执行。《民事诉讼法》第226条规定,人民法院自收到申请执行书之日起超过6个月未执行的,申请执行人可以向上一级人民法院申请执行。上一级人民法院经审查,可以责令原人民法院在一定期限内执行,也可以决定由本院执行或者指令其他人民法院执行。根据《执行解释》第11条和第14条的规定,这里的"人民法院自收到申请执行书之日起超过6个月未执行"包括四种情形:(1)债权人申请执行时被执行人有可供执行的财产,执行法院自收到申请执行书之日起超过6个月对该财产未执行完结的;(2)执行过程中发现被执行人可供执行的财产,执行法院自发现财产之日起超过6个月对该财产未执行完结的;(3)对法律文书确定的行为义务的执行,执行法院自收到申请执行书之日起超过6个月未依法采取相应执行措施的;(4)其他有条件执行超过6个月未执行的。其中,"6个月"的期间不包括执行公告期间、鉴定评估期间、管辖争议处理期间、执行争议协调期间以及中止执行期间。

对于当事人的申请,上一级人民法院责令执行法院限期执行的,应当发出督促执行令,并将有关情况书面通知申请执行人;决定提级执行或指定执行的,应当作出裁定,并送达当事人并通知有关人民法院。如果执行法院再上一级法院责令执行的期限内,无正当理由仍未执行完结的,上一级人民法院应当裁定由本院执行或者指令本辖区其他人民法院执行。

三、执行管辖权争议与管辖权异议

(一) 执行管辖权争议

执行管辖权争议,或者说管辖争议,是指两个人民法院之间因就同一案件应由谁来执行而发生的争议,包括两个法院都主张有管辖权并要求管辖的积极争议,也包括两个法院都主张没有管辖权而拒绝管辖的消极争议。①

执行管辖权争议主要发生于两个人民法院都有管辖权的情形。对于两个以上的人民法院都有管辖权的执行案件,《执行规定》第15条规定,当事人可以向其中的一个人民法院申请执行;当事人向两个以上人民法院申请执行的,由最先立案的人民法院管辖。此外,最高人民法院《执行解释》第2条规定,人民法院在立案前发现其他有管辖权的人民法院已经立案的,不得重复立案。立案后发现其他有管辖权的人民法院已经立案的,应当撤销案件;已经采取执行措施的,应当将控制的财产交先立案的执行法院处理。但在实践中也不乏两个人民法院因争管辖权或相互推诿而发生争议的情形。对于这种争议的处理,《执行规定》第16条规定的处理程序是:首先由双方协商解决;协商不成的,报请双方共同的上级人民法院指定管辖。

不过,需要注意的是,执行管辖权争议不同于两个人民法院在执行过程中就案件如何执行发生的争议。对于两个人民法院在执行过程中发生的争议,《执行规定》第125条和第126条规定了专门的处理程序,即两个或两个以上人民法院在执行相关案件过程中发生争议的,应当协商解决。协商不成的,逐级报请上级法院,直至报请共同的上级法院协调处理。执行争议经高级人民法院协商不成的,由有关的高级人民法院书面报请最高人民法院协调处理。执行中发现两地法院或人民法院与仲裁机构就同一法律关系作出不同裁判内容的法律文书的,各有关法院应当立即停止执行,报请共同的上级法院处理。

(二) 执行管辖权异议

管辖权异议是《民事诉讼法》早就确立的一项制度,并广泛适用于审判程序当中。但对于执行管辖权能否提出异议,《民事诉讼法》却一直没有明确规定。对此,最高人民法院根据2007年《民事诉讼法》"总则"第38条关于管辖权异议的规定,在《执行解释》第3条中确立了执行管辖权异议制度,规定:当事人对执行案件的管辖权有异议的,应当自收到执行通知书之日起10日内提出。人民法院对当事人提出的异议,应当审查。异议成立的,应当撤销执行案件②,并告知当事人向有管辖权的人民法院申请执行;异议不成立的,裁定驳回。当事人对裁定不服的,可以向上一级人民法院申请复议。管辖权异议审查和复议期间,不停止执行。

根据上述规定,执行管辖权异议的提出应当具备两个基本条件:一是异议的期间只能是收到通知书之日起10日内。如果当事人逾期提出异议,人民法院可以不予审查。这一条件的限制旨在促使当事人及时行使管辖权异议,如果案件已经进入实质执行阶段,当事人再提出管辖权异议,会导致司法资源的浪费和执行拖延。③二是异议的主体只能是当事人。但这里的问题是:"当事人"是仅限于被执行人,还是同时包括申请执行人?从司法

---

① 参见童兆洪:《民事执行操作与适用》,人民法院出版社2003年版,第31页。
② 最高人民法院2014年《关于执行案件立案、结案若干问题的意见》第18条对执行法院撤销案件作了进一步规定:"执行实施案件立案后,有下列情形之一的,可以以'销案'方式结案:(一) 被执行人提出管辖异议,经审查异议成立,将案件移送有管辖权的法院或申请执行人撤回申请的……"
③ 参见江必新:《民事执行新制度理解与适用》,人民法院出版社2010年版,第95页。

解释对执行管辖权异议期间的规定来看,此处的"当事人"应当是指被执行人,因为根据《民事诉讼法》第 240 条的规定,执行通知书只是向被执行人发出。但就司法实务的复杂性而言,这里的当事人又不能仅限于被执行人,因为在一些特殊情形下,申请执行人的利益也可能因为其被动接受法院的管辖而受到影响,比如案件被执行法院移送或被上级法院指定执行的情形。

另外,关于执行管辖权异议,还需要注意的一个问题是:在 2012 年《民事诉讼法》修改过程中,立法者将 2007 年《民事诉讼法》第 38 条关于管辖权异议的规定,从"总则"部分调整到了《民事诉讼法》第 12 章"第一审普通程序"第 127 条当中。如此一来,最高人民法院《执行解释》有关执行管辖权异议制度的规定是否还有法律依据就可能面临质疑。关于这一问题,最高人民法院有关方面的理解是:即便现行《民事诉讼法》对管辖权异议制度所处的章节进行了调整,但其关于管辖权异议的规定依然可以在执行程序中参照适用。①

第三节 执行的开始及进行

一、申请执行和移送执行

根据《民事诉讼法》第 236 条的规定,我国执行程序的开始有两种方式:申请执行和移送执行。

(一) 申请执行

1. 申请执行的概念及其条件

申请执行,是指当义务人拒不履行生效法律文书所确定的义务时,权利人或者其权利继受人提请人民法院强制其履行义务的制度。申请执行应当同时具备以下条件:

第一,申请的主体只能是生效法律文书所确定的权利人,或者其权利继受人。一般情况下,申请执行的主体就是生效法律文书所确定的权利人,但如果作为权利人的公民、法人死亡或者终止的,其权利继受人也可以作为申请执行人。

第二,必须有生效法律文书作为执行依据,并且该生效法律文书应当具有给付的内容。

第三,债务人逾期不履行或者拒绝履行生效法律文书所确定的义务。

第四,申请应当在法定的期限内提出,不能超出法律规定的执行时效。根据《民事诉讼法》第 239 条的规定,当事人申请执行的期限是 2 年。超出该期限或时效的,即丧失获得司法保护的权利。该期限从法律文书规定的履行期间届满日之次日起计算;如果法律文书规定分期履行的,则从规定的每次履行期间届满日之次日起计算。法律文书未规定履行期间的,从法律文书生效之日起计算。另外,该申请执行的期限,可以适用法律有关

---

① 参见江必新:《新民事诉讼法执行程序讲座》,法律出版社 2012 年版,第 49—50 页。

诉讼时效中止、中断的规定。

第五，申请应当向有管辖权的法院提出。

2. 申请执行应当提交的文件和证件

权利人申请执行时，应当向人民法院提交下列文件和证件：

（1）申请执行书。申请执行书中应当写明申请执行的理由、事项、执行标的，以及申请执行人所了解的被执行人的财产状况。申请执行人书写申请执行书确有困难的，可以口头提出申请。人民法院接待人员对口头申请应当制作笔录，由申请执行人签字或盖章。外国当事人提出申请的，应当提交中文申请执行书。

（2）生效法律文书的副本。

（3）申请执行人的身份证明。公民个人申请的，应当出示居民身份证；法人申请的，应当提交法人营业执照副本和法定代表人身份证明；其他组织申请的，应当提交营业执照副本和主要负责人身份证明。

（4）继承人或权利承受人申请执行的，应提交权利继承或承受的证明。

（5）其他应当提交的文件或证件。比如，申请执行仲裁机构的仲裁裁决的，应当向人民法院提交有仲裁条款的合同书或者仲裁协议书；申请执行国外仲裁机构的仲裁裁决的，应当提交经我国驻外使领馆认证或者我国公证机关公证的仲裁裁决书中文本。

申请执行时，权利人可以委托代理人。如果是代理人申请执行的，应当向人民法院提交经委托人签字或者盖章的授权委托书，写明委托事项和权限；委托代理人代为放弃、变更请求、代为执行和解，或者代为收取执行款项的，应当有委托人的特别委托授权。

（二）移送执行

移送执行，是指对于法院作出的特定生效法律文书，由人民法院审判机构直接将其交付执行机构执行的制度。移送执行的案件，当事人无须提出申请。

人民法院可以移送执行的生效法律文书主要有以下三类：（1）发生法律效力的以给付赡养费、扶养费、抚育费为内容的法律文书；（2）民事制裁决定书；（3）刑事附带民事判决、裁定、调解书。移送执行时，应当填写移送执行书，并附带据以执行的法律文书。

二、执行的立案

无论是申请执行的案件，还是移送执行的案件，人民法院都应当审查其是否符合受理条件。这些受理条件根据《执行规定》第18条的规定，主要是以下几个方面：

（1）申请或移送执行的法律文书已经生效。

（2）申请执行人是生效法律文书确定的权利人或其继承人、权利承受人。

（3）申请执行人应在申请执行时效期间内提出申请。但需要注意的是，这里的时效期间并不是除斥期间，不具有消灭申请执行人执行请求权的效力。如果申请执行人逾期提出申请，仅构成被执行人的抗辩，法院不得以此为由拒绝受理申请执行人的申请。《民诉解释》第483条规定，申请执行人超过申请执行时效期间向人民法院申请强制执行的，人民法院应予受理。被执行人对申请执行时效期间提出异议，人民法院经审查异议成立的,裁定不予执行。被执行人履行全部或者部分义务后,又以不知道申请执行时效期间届满为由请求执行回转的,人民法院不予支持。

(4) 申请执行的法律文书有给付内容,且执行标的和被执行人明确。

(5) 义务人在生效法律文书确定的期限内未履行义务。

(6) 属于受申请执行的人民法院管辖。

经审查,当事人申请执行或移送执行的案件符合受理条件的,应当在7日内予以立案;不符合条件的,应当在7日内裁定不予受理。

三、执行的准备

在受理执行案件以后,人民法院需要进行一定的准备活动。其中,最主要的是发出执行通知和调查被执行人的财产状况。

(一) 发出执行通知书

执行通知书,是人民法院向被执行人发出的、要求其在指定期限内履行生效法律文书所确定的义务的告知文书。发出执行通知书的目的在于督促被执行人自觉履行生效法律文书确定的义务,因此,执行通知书应当载明人民法院据以执行的生效法律文书、本案的执行立案情况、被执行人履行义务的期限以及被执行人逾期不履行的法律后果。另外,执行通知书还应通知被执行人承担的迟延履行利息或者迟延履行金。

《民事诉讼法》第240条规定,执行员接到申请执行书或移交执行书后,应当向被执行人发出执行通知,并可以立即采取执行措施。

关于执行员发出执行通知书的期限,最高人民法院司法解释的规定不尽相同。《民诉意见》第279条曾规定"人民法院应在收到申请执行书后的10日内"发出执行通知书。《执行规定》修改了发出执行通知的期限,在第24条规定,人民法院决定受理执行案件后,应当在3日内向被执行人发出执行通知书。但在《民诉解释》中,最高人民法院又重新恢复了《民诉意见》第279条发出执行通知期限的规定,在第482条规定,人民法院应当在收到申请执行书或者移交执行书后10日内发出执行通知。

(二) 调查被执行人的财产状况

查明被执行人的财产状况是人民法院对被执行人采取针对性执行措施的前提条件。在我国,查明被执行人财产状况的途径有三种:一是法院依职权调查;二是申请执行人提供财产线索;三是被执行人申报财产。《执行规定》第28条规定,申请执行人应当向人民法院提供其所了解的被执行人的财产状况以及相关线索。被执行人必须如实向人民法院报告其财产状况。人民法院在执行中有权向被执行人、有关机关、社会团体、企业事业单位或公民个人,调查了解被执行人的财产状况,对调查所需的材料可以进行复制、抄录或拍照,但应当依法保密。

对于申请执行人提供财产线索,根据最高人民法院《关于人民法院办理执行案件若干期限的规定》第5条和第6条的规定,承办人应当在收到案件材料后3日内通知申请执行人提供被执行人财产状况或财产线索。如果申请执行人提供了明确、具体的财产状况或财产线索的,承办人应当在 5 日内进行查证和核实;情况紧急的,应当立即予以核查。如果申请执行人无法提供被执行人财产状况或财产线索,或者提供财产状况或财产线索确有困难,需人民法院进行调查的,承办人应当在申请执行人提出调查申请后 10 日内启动调查程序。

对于被执行人申报财产,《民事诉讼法》第 241 条规定,被执行人有义务报告当前以及收到执行通知之日前 1 年的财产情况。如果被执行人拒绝报告或者提供虚假报告,人民法院可以根据情节的轻重对被执行人或者其法定代理人、有关单位的主要负责人或者直接责任人员予以罚款、拘留。至于被执行人申报的财产范围,根据《执行解释》第 32 条的规定,主要包括:(1) 收入、银行存款、现金、有价证券;(2) 土地使用权、房屋等不动产;(3) 交通运输工具、机器设备、产品、原材料等动产;(4) 债权、股权、投资权益、基金、知识产权等财产性权利;(5) 其他应当报告的财产。

另外,根据《执行解释》的规定,被执行人在报告财产期间履行全部债务的,人民法院应当裁定终结报告程序。被执行人自收到执行通知之日前一年至当前财产发生变动的,应当对该变动情况进行报告。被执行人报告财产后,其财产情况发生变动,影响申请执行人债权实现的,应当自财产变动之日起 10 日内向人民法院补充报告。对被执行人报告的财产情况,执行法院可以依申请执行人的申请或者依职权调查核实,申请执行人也可以请求查询。

四、采取执行措施

人民法院执行准备工作完毕以后,应着手采取执行措施,直至实现申请执行人根据执行名义所享有的债权。这些措施包括但不限于:(1) 冻结、划拨执行人的存款;(2) 扣留、提取被执行人的收入;(3) 查封、扣押、拍卖、变卖被执行人的财产;(4) 强制交付法律文书指定的财物或票证;(5) 强制被执行人迁出房屋或退出土地;(6) 强制完成法律文书指定的行为。不过,人民法院采取的执行措施必须有法律依据,因为这涉及对公民财产权利的限制或强制剥夺。

执行机关究竟采取哪一种执行措施,要根据执行依据所确定的债权内容来决定。作为执行机关,人民法院应当根据案件的具体情况,选择最为快捷、经济的执行措施。例如,在对金钱债权进行执行时,如果能够对被执行人的存款进行执行,或者能够提取被执行人的劳动收入,就应当采取与存款、收入相关的执行措施,而不能去执行被执行人的动产或不动产。[①]

关于人民法院采取执行措施的具体方法和步骤,参见本书第 24 章的内容。

---

① 参见张卫平、李浩:《新民事诉讼法原理与适用》,法律出版社 2012 年版,第 423—424 页。

第四节 委托执行和协助执行

一、委托执行

(一) 委托执行的概念

委托执行是指受理案件的执行法院对于被执行人或者被执行的财产不在本辖区的案件,委托其他人民法院代为执行的法律制度。委托执行是人民法院之间的司法互助,它不同于管辖权的转移,不改变执行案件的管辖。在委托执行中,将案件委托给其他人民法院的法院称为委托法院;接受委托并代为实施执行活动的人民法院称为受托法院。

关于委托执行,除了《民事诉讼法》第 229 条的规定之外,最高人民法院还曾出台一系列司法解释予以补充,包括《民诉意见》第 259 条至第 265 条、《执行规定》第 111 条至第 124 条和 2000 年《关于加强和改进委托执行工作的规定》等,但这些规定都随着最高人民法院 2011 年《关于委托执行若干问题的规定》的出台而被废止。[①]《关于委托执行若干问题的规定》第 15 条明确规定,本规定施行之后,其他有关委托执行的司法解释不再适用。

(二) 委托执行的适用

委托执行主要适用于被执行人或被执行财产不在本法院辖区的案件。《民事诉讼法》第 229 条第 1 款规定,被执行人或者被执行的财产在外地的,可以委托当地人民法院代为执行。在此基础上,《关于委托执行若干问题的规定》第 1 条进一步规定,执行法院经调查发现被执行人在本辖区内已无财产可供执行,且在其他省、自治区、直辖市内有可供执行财产的,应当将案件委托异地的同级人民法院执行。

对于应当委托执行的案件,委托法院原则上不得异地执行。但执行案件中有三个以上被执行人或者三处以上被执行财产在本省、自治区、直辖市辖区以外,且分属不同异地的,执行法院根据案件具体情况,报经高级人民法院批准后可以异地执行。

委托异地法院协助查询、冻结、查封、调查或者送达法律文书等有关事项的,受托法院不作为委托执行案件立案办理,但应当积极予以协助。

(三) 委托程序

委托执行应当以执行标的物所在地或者执行行为实施地的同级人民法院为受托执行法院。有两处以上财产在异地的,可以委托主要财产所在地的人民法院执行。被执行人是现役军人或者军事单位的,可以委托对其有管辖权的军事法院执行。执行标的物是船舶的,可以委托有管辖权的海事法院执行。

委托执行的案件应当由委托法院直接向受托法院办理委托手续,并层报各自所在的高级人民法院备案。

委托执行时,委托法院应当提供下列材料:(1) 委托执行函;(2) 申请执行书和委托

[①] 参见张小林、刘涛:《〈关于委托执行若干问题的规定〉的理解与适用》,载《人民司法·应用》2011 年第 13 期。

执行案件审批表;(3)据以执行的生效法律文书副本;(4)有关案件情况的材料或者说明,包括本辖区无财产的调查材料、财产保全情况、被执行人财产状况、生效法律文书的履行情况等;(5)申请执行人地址、联系电话;(6)被执行人身份证件或者营业执照复印件、地址、联系电话;(7)委托法院执行员和联系电话;(8)其他必要的案件材料等。另外,委托法院应当将已经查封、扣押、冻结的被执行人的异地财产,一并移交受托法院处理,并在委托执行函中说明。

受托法院收到委托执行函后,应当在7日内予以立案,并及时将立案通知书通过委托法院送达申请执行人,同时将指定的承办人、联系电话等书面告知委托法院。委托法院收到上述通知书后,应将原执行案件作委托结案处理,并在7日内书面通知申请执行人案件已经委托执行,并告知申请执行人可以直接与受托法院联系执行相关事宜。

委托执行后,委托法院对被执行人财产已经采取查封、扣押、冻结等措施的,视为受托法院的查封、扣押、冻结措施。受托法院需要继续查封、扣押、冻结,持委托执行函和立案通知书办理相关手续。续封续冻时,仍为原委托法院的查封冻结顺序。查封、扣押、冻结等措施的有效期限在移交受托法院时不足1个月的,委托法院应当先行续封或者续冻,再移交受托法院。

受托法院如发现委托执行的手续、材料不全,可以要求委托法院补办。委托法院应当在30日内完成补办事项,在上述期限内未完成的,应当作出书面说明。委托法院既不补办又不说明原因的,视为撤回委托,受托法院可以将委托材料退回委托法院。受托法院退回委托的,应当层报所在辖区高级人民法院审批。高级人民法院同意退回后,受托法院应当在15日内将有关委托手续和案卷材料退回委托法院,并作出书面说明。

委托执行案件退回后,受托法院已立案的,应当作销案处理。委托法院在案件退回原因消除之后可以再行委托。确因委托不当被退回的,委托法院应当决定撤销委托并恢复案件执行,报所在的高级人民法院备案。

(四)委托执行案件的执行

《民事诉讼法》第229条规定,受委托人民法院收到委托函件后,必须在15日内开始执行,不得拒绝。执行完毕后,应当将执行结果及时函复委托人民法院;在30日内如果还未执行完毕,也应当将执行情况函告委托人民法院。受委托人民法院自收到委托函件之日起15日内不执行的,委托人民法院可以请求受委托人民法院的上级人民法院指令受委托人民法院执行。

另外,《关于委托执行若干问题的规定》第10条规定,委托法院在案件委托执行后又发现有可供执行财产的,应当及时告知受托法院。受托法院发现被执行人在受托法院辖区外另有可供执行财产的,可以直接异地执行,一般不再行委托执行。根据情况确需再行委托的,应当按照委托执行案件的程序办理,并通知案件当事人。第11条规定,受托法院未能在6个月内将受托案件执结的,申请执行人有权请求受托法院的上一级人民法院提级执行或者指定执行,上一级人民法院应当立案审查,发现受托法院无正当理由不予执行的,应当限期执行或者作出裁定提级执行或者指定执行。

(五) 委托执行的管理与监督

《关于委托执行若干问题的规定》第13条规定,高级人民法院应当对辖区内委托执行和异地执行工作实行统一管理和协调,履行以下职责:(1) 统一管理跨省、自治区、直辖市辖区的委托和受托执行案件;(2) 指导、检查、监督本辖区内的受托案件的执行情况;(3) 协调本辖区内跨省、自治区、直辖市辖区的委托和受托执行争议案件;(4) 承办需异地执行的有关案件的审批事项;(5) 对下级法院报送的有关委托和受托执行案件中的相关问题提出指导性处理意见;(6) 办理其他涉及委托执行工作的事项。

二、协助执行

(一) 协助执行的概念

协助执行是指有关单位和个人按照人民法院的通知,协助完成与执行活动相关的事项的制度。协助执行有广义和狭义之分,广义的协助执行包括有关单位、个人对法院的协助,也包括法院之间的协助。狭义的协助执行仅指有关单位、个人对法院的协助。[①] 本书使用狭义协助执行的概念。

协助执行的意义在于调动社会力量,保证有关法律文书的实现。在执行过程中,人民法院认为需要有关单位、个人协助执行的,应依法向其发出协助执行通知书。有关单位或个人收到协助执行通知书以后,应当按照协助执行通知书的要求予以协助执行。协助执行通知书应当写明需要协助执行的事项、完成日期、协助执行方法,并附带作为执行根据的生效法律文书。[②]

(二) 协助执行的适用

根据《民事诉讼法》和司法解释的规定,执行过程中,人民法院需要有关单位、个人协助执行的事项主要有以下几种:

(1) 协助扣押、冻结、划拨、变价被执行人的存款、债券、股票、基金份额等财产。《民事诉讼法》第242条规定,人民法院决定扣押、冻结、划拨、变价财产的,应当作出裁定,并发出协助执行通知书,有关单位必须办理。《执行规定》第35条规定,作为被执行人的公民,其收入转为储蓄存款的,应责令其交出存单。拒不交出的,人民法院应当作出提取其存款的裁定,向金融机构发出协助执行通知书,并附生效法律文书,由金融机构提取被执行人的存款交人民法院或存入人民法院指定的账户。

(2) 协助扣留、提取被执行人的收入。《民事诉讼法》第243条规定,人民法院扣留、提取收入时,应当作出裁定,并发出协助执行通知书,被执行人所在单位、银行、信用合作社和其他有储蓄业务的单位必须办理。《执行规定》第36条规定,被执行人在有关单位的收入尚未支取的,人民法院应当作出裁定,向该单位发出协助执行通知书,由其协助扣留或提取。

[①] 参见张卫平、李浩:《新民事诉讼法原理与适用》,法律出版社2012年版,第417页。
[②] 参见潘剑锋:《民事诉讼原理》,北京大学出版社2001年版,第426—427页。

(3) 协助交付生效法律文书指定的财物或票证。《民事诉讼法》第249条第2款规定,有关单位持有法律文书指定交付的财物或者票证的,应当根据人民法院的协助执行通知书转交,并由被交付人签收。这里的"财物"主要指动产,票证指具有财产内容的各项证明文书、执照和支付凭证等,比如房产证、土地证、山林权属证、车辆证照、商标证书和票据等。[①]

(4) 协助查封有产权证照的动产或不动产,或禁止财产权利转移。《执行规定》第41条规定,对有产权证照的动产或不动产的查封,应当向有关管理机关发出协助执行通知书,要求其不得办理查封财产的转移过户手续,同时可以责令被执行人将有关财产权证照交人民法院保管。必要时也可以采取加贴封条或张贴公告的方法查封。既未向有关管理机关发出协助执行通知书,也未采取加贴封条或张贴公告的办法查封的,不得对抗其他人民法院的查封。第50条规定,人民法院有权裁定禁止被执行人转让其专利权、注册商标专用权、著作权等知识产权。这些权利有登记主管部门的,应当同时向有关部门发出协助执行通知书,要求其不得办理财产权转移手续,必要时可以责令被执行人将产权或使用权证照交人民法院保存。

(5) 协助办理有关财产权证照的转移(过户)手续。《民事诉讼法》第251条规定,在执行中,需要办理有关财产权证照转移手续的,人民法院可以向有关单位发出协助执行通知书,有关单位必须办理。司法实践中,需要办理财产权证照转移手续的财产权主要是不动产、车辆飞机等特殊动产以及专利权、商标权等知识产权。[②]

(6) 协助限制被执行人出境,在征信系统记录、通过媒体公布不履行义务信息等。《民事诉讼法》第255条规定,被执行人不履行法律文书确定的义务的,人民法院可以对其采取或者通知有关单位协助采取限制出境,在征信系统记录、通过媒体公布不履行义务信息以及法律规定的其他措施。

(三) 违反协助执行义务的法律后果

民事执行是人民法院行使公权力的活动。在执行过程中,人民法院是代表国家强制被执行人履行义务的。它所作出的裁定、决定、命令或者发出的通知,具有强制性。因此,收到协助执行的单位和个人具有实施协助执行的义务,必须根据通知的内容协助执行,不得拒绝。[③] 协助执行人拒绝协助的,人民法院可以按照妨害民事诉讼秩序的有关规定,对其采取罚款、拘留等强制措施。如果协助执行的单位或个人因为客观原因无法按照通知书的规定协助执行,应当向人民法院说明情况。

《民事诉讼法》第114条规定,有义务协助调查、执行的单位有下列行为之一的,人民法院除责令其履行协助义务外,并可以予以罚款:(1) 有关单位拒绝或者妨碍人民法院调查取证的;(2) 有关单位接到人民法院协助执行通知书后,拒不协助查询、扣押、冻结、划

[①] 参见全国人大常委会法制工作委员会民法室:《中华人民共和国民事诉讼法解读》,中国法制出版社2012年版,第669—670页。
[②] 参见唐德华:《新民事诉讼法释义》,人民法院出版社2008年版,第689—690页。
[③] 参见谭秋桂:《民事执行法学》,北京大学出版社2010年版,第69页。

拨、变价财产的;(3)有关单位接到人民法院协助执行通知书后,拒不协助扣留被执行人的收入、办理有关财产权证照转移手续、转交有关票证、证照或者其他财产的;(4)其他拒绝协助执行的。人民法院对有上述行为之一的单位,可以对其主要负责人或者直接责任人员予以罚款;对仍不履行协助义务的,可以予以拘留;并可以向监察机关或者有关机关提出予以纪律处分的司法建议。

另外,根据《执行规定》的规定,如果协助执行人因怠于履行协助义务给申请执行人造成损失的,还应承担赔偿责任。这主要涉及以下情形:

(1)金融机构擅自解冻被人民法院冻结的款项,致冻结款项被转移的,人民法院有权责令其限期追回已转移的款项。在限期内未能追回的,应当裁定该金融机构在转移的款项范围内以自己的财产向申请执行人承担责任。

(2)有关单位收到人民法院协助执行被执行人收入的通知后,擅自向被执行人或其他人支付的,人民法院有权责令其限期追回;逾期未追回的,应当裁定其在支付的数额内向申请执行人承担责任。

(3)被执行人或其他人擅自处分已被查封、扣押、冻结财产的,人民法院有权责令责任人限期追回财产或承担相应的赔偿责任。

(4)有关企业收到人民法院发出的协助冻结通知后,擅自向被执行人支付股息或红利,或擅自为被执行人办理已冻结股权的转移手续,造成已转移的财产无法追回的,应当在所支付的股息或红利或转移的股权价值范围内向申请执行人承担责任。

(5)有关单位或公民持有法律文书指定交付的财物或票证,在接到人民法院协助执行通知书或通知书后,协同被执行人转移财物或票证的,人民法院有权责令其限期追回;逾期未追回的,应当裁定其承担赔偿责任。

第五节 执行阻却

执行阻却,是指在执行过程中,由于某种特殊事由的出现,导致执行程序无法继续进行或者没有必要继续进行的状态。根据我国《民事诉讼法》和司法解释的规定,执行阻却主要包括不予执行、暂缓执行、执行中止、执行担保、执行和解、执行终结和终结本次执行程序等情形。其中,裁定不予执行和裁定执行终结的案件,人民法院可以做结案处理;执行和解的案件,如果执行和解协议已经履行完毕,也可以做结案处理。

一、不予执行

不予执行,是指人民法院在审查仲裁裁决、具有强制执行效力的公证债权文书以及我国法院承认的外国法院的生效判决、裁定的过程中,因出现法定原因,裁定不予执行并结束执行程序的制度。按照《民事诉讼法》的规定,不予执行主要适用于仲裁裁决、具有强制执行效力的公证债权文书和我国法院承认的外国法院的生效判决、裁定三种执行依据。具体内容如下:

（一）对仲裁裁决的不予执行

对仲裁裁决的不予执行分为当事人申请不予执行和人民法院依职权裁定不予执行。其中，对仲裁裁决的不予执行又分为对国内仲裁裁决的不予执行和对涉外仲裁裁决的不予执行。

对于国内的仲裁裁决，《民事诉讼法》第237条第2款规定，被申请人也即被执行人，提出证据证明仲裁裁决有下列情形之一的，经人民法院组成合议庭审查核实，裁定不予执行：(1) 当事人在合同中没有订有仲裁条款或者事后没有达成书面仲裁协议的；(2) 裁决的事项不属于仲裁协议的范围或者仲裁机构无权仲裁的；(3) 仲裁庭的组成或者仲裁的程序违反法定程序的；(4) 裁决所根据的证据是伪造的；(5) 对方当事人向仲裁机构隐瞒了足以影响公正裁决的证据的；(6) 仲裁员在仲裁该案时有贪污受贿，徇私舞弊，枉法裁决行为的。《民诉解释》第477条规定，仲裁裁决的事项，部分有不予执行情形的，人民法院应当裁定对该部分不予执行；应当不予执行部分与其他部分不可分的，应当裁定不予执行仲裁裁决。

对于我国涉外仲裁机构作出的裁决，《民事诉讼法》第274条第1款规定，被申请人提出证据证明仲裁裁决有下列情形之一的，经人民法院组成合议庭审查核实，裁定不予执行：(1) 当事人在合同中没有订有仲裁条款或者事后没有达成书面仲裁协议的；(2) 被申请人没有得到指定仲裁员或者进行仲裁程序的通知，或者由于其他不属于被申请人负责的原因未能陈述意见的；(3) 仲裁庭的组成或者仲裁的程序与仲裁规则不符的；(4) 裁决的事项不属于仲裁协议的范围或者仲裁机构无权仲裁的。

除此之外，无论是对于国内的仲裁裁决还是涉外的仲裁裁决，如果人民法院认定执行仲裁裁决违背社会公共利益的，有权直接依职权裁定不予执行，无须当事人提出申请。

人民法院对仲裁裁决裁定不予执行的，裁定书应当送达双方当事人和仲裁机构。当事人对该裁定提出执行异议或者复议的，人民法院不予受理。当事人可以就该民事纠纷重新达成书面仲裁协议申请仲裁，也可以向人民法院起诉。

（二）对具有强制执行效力的公证债权文书的不予执行

《民事诉讼法》第238条第2款规定，公证债权文书确有错误的，人民法院应当裁定不予执行，并将裁定书送达双方当事人和公证机关。

根据《民诉解释》第480条的规定，这里的"公证债权文书确有错误"主要是指以下情形：(1) 公证债权文书属于不得赋予强制执行效力的债权文书；(2) 被执行人一方未亲自或者未委托代理人到场公证等严重违反法律规定的公证程序；(3) 公证债权文书的内容与事实不符或者违反法律强制性规定的；(4) 公证债权文书未载明被执行人不履行义务或者不完全履行义务时同意接受强制执行。另外，人民法院认定执行该公证债权文书违背社会公共利益的，也应裁定不予执行。

对于公证债权文书被裁定不予执行后的法律救济，最高人民法院《关于人民法院办理执行异议和复议案件若干问题的规定》第10条规定：当事人不服驳回不予执行公证债权文书申请的裁定的，可以自收到裁定之日起10日内向上一级人民法院申请复议。上一级人民法院应当自收到复议申请之日起30日内审查,理由成立的,裁定撤销原裁定,不予执行该公证债权文书;理由不成立的,裁定驳回复议申请。复议期间,不停止执行。

公证债权文书被裁定不予执行后,当事人、公证事项的利害关系人可以就债权争议提起诉讼。

(三)对外国法院生效判决、裁定的不予执行

《民事诉讼法》第282条规定,人民法院审查有关承认和执行外国法院生效判决、裁定的申请或者请求时,如果认为其违反我国法律的基本原则,或者有损国家主权、安全和社会公共利益的,不予承认和执行。

上级法院发现下级法院执行的非诉讼生效法律文书有不予执行事由,应当依法作出不予执行裁定而没有作出的,可以责令下级法院在指定时限内作出裁定,必要时可直接裁定不予执行。

二、暂缓执行

暂缓执行,是指在执行程序开始以后,人民法院因法定事由而暂时停止执行的法律制度。最高人民法院《关于正确适用暂缓执行措施若干问题的决定》第1条规定,执行程序开始后,人民法院因法定事由可以决定对某一项或某几项执行措施暂缓实施。除法定事由外,人民法院不得决定暂缓执行。

(一)暂缓执行的适用

根据《民事诉讼法》第231条和最高人民法院司法解释的规定,暂缓执行可分为当事人申请暂缓执行、执行法院决定暂缓执行和上级法院决定暂缓执行三种情形。

1. 当事人申请暂缓执行

根据最高人民法院《关于正确适用暂缓执行措施若干问题的决定》第3条、第4条的规定,有下列情形之一的,经当事人或者其他利害关系人申请,人民法院可以决定暂缓执行:(1)执行措施或者执行程序违反法律规定的;(2)执行标的物存在权属争议的;(3)被执行人对申请执行人享有抵消权的。人民法院在收到暂缓执行申请后,应当在15日内作出决定,并在作出决定后5日内将决定书发送当事人或者其他利害关系人。

人民法院决定暂缓执行的,应当同时责令申请暂缓执行的当事人或者其他利害关系人在指定的期限内提供相应的担保,并出具评估机构对担保财产价值的评估证明。如果被执行人或者其他利害关系人提供担保申请暂缓执行,申请执行人也提供担保要求继续执行,人民法院可以继续执行。

2. 执行法院依职权决定暂缓执行

根据最高人民法院《关于正确适用暂缓执行措施若干问题的决定》第7条、第8条、第9条的规定,执行法院依职权决定暂缓执行的情形主要有两种:一是本院的审判机构发现本院的生效法律文书确有错误,并正在按照审判监督程序进行审查。在这种情形下,本院的审判机构不能直接决定暂缓执行,而应当向本院执行机构发出暂缓执行建议书,由执行机构办理暂缓相关执行措施的手续。二是本院执行机构发现据以执行的本院或上级人民

法院作出的判决、裁定、调解书和支付令确有错误,需要报请院长或函请上级人民法院审查处理。在本院或上级人民法院作出审查处理决定之前,本院执行机构可以报经院长决定对执行标的暂缓采取处分性措施,并通知当事人。

另外,根据《民事诉讼法》第231条的规定,被执行人向人民法院提供担保,并经申请执行人同意的,人民法院也可以决定暂缓执行(具体参见本节"执行担保"部分)。

3. 上级人民法院依职权决定暂缓执行

《执行规定》第129条规定,上级人民法院有权对下级人民法院的执行工作进行监督,最高人民法院有权对地方各级人民法院和专门法院的执行工作进行监督。这也就意味着,在对下级人民法院进行执行监督的过程中,最高人民法院和上级人民法院可以依职权决定对案件暂缓执行。

根据《执行规定》第130条、第133条、第134条的规定,上级人民法院可以依职权决定暂缓执行的情形包括:(1)上级人民法院发现下级人民法院在执行中作出的裁定、决定、通知或具体执行行为不当或有错误,需指令下级法院纠正的。此种情形下,上级人民法院在指令纠正的同时,可以通知有关法院暂缓执行。(2)上级法院在监督、指导、协调下级法院执行案件中,发现据以执行的生效法律文书确有错误的。此时,上级人民法院应当书面通知下级法院暂缓执行,并按照审判监督程序处理。(3)上级法院在申诉案件复查期间,决定对生效法律文书暂缓执行。在这种情况下,有关审判庭应当将暂缓执行的通知抄送执行机构。

另外,根据最高人民法院《关于正确适用暂缓执行措施若干问题的决定》第7条的规定,上级人民法院已经受理执行争议案件并正在处理的,也可以依职权决定暂缓执行。

(二)暂缓执行的程序

暂缓执行由执行法院或者其上级人民法院作出决定,由执行机构统一办理。

负责执行的人民法院根据当事人申请或依职权决定对案件暂缓执行,应当组成合议庭对是否暂缓执行进行审查,必要时应当听取当事人或者其他利害关系人的意见。暂缓执行的期间不得超过3个月。因特殊事由需要延长的,可以适当延长,但延长的期限不得超过3个月。暂缓执行的期限从执行法院作出暂缓执行决定之日起计算。

上级法院通知暂缓执行的,应同时指定暂缓执行的期限。暂缓执行的期限一般不得超过3个月。有特殊情况需要延长的,应报经院长批准,并及时通知下级法院。暂缓执行的原因消除后,应当及时通知执行法院恢复执行。期满后上级法院未通知继续暂缓执行的,执行法院可以恢复执行。

(三)恢复执行

暂缓执行期限届满后,人民法院应当立即恢复执行。

暂缓执行期间,据以决定暂缓执行的事由消灭的,如果该暂缓执行的决定是由执行法院作出,执行法院应当立即作出恢复执行的决定;如果该暂缓执行的决定是由执行法院的上级人民法院作出的,执行法院应当将该暂缓执行事由消灭的情况及时报告上级人民法院,该上级人民法院应当在收到报告后10日内审查核实并作出恢复执行的决定。

三、执行中止

执行中止是指在执行过程中,因为发生了特殊情况而中止执行程序,待特殊情况消失后再恢复执行程序的制度。执行中止与暂缓执行有所不同,主要表现在:首先,依法执行中止和暂缓执行的法定事由不同。引发执行中止的法定事由集中在《民事诉讼法》第256条中,暂缓执行的法定事由则散见于《民事诉讼法》及相关司法解释。比较而言,对于执行中止的法定事由,作出中止裁定的人民法院往往较难控制或者没有必要控制;而暂缓执行的法定事由往往花费时间较短,作出暂缓执行决定的法院比较容易控制。其次,作出的法律文书名称不同。暂缓执行的法律文书是暂缓执行决定书;执行中止则是民事裁定书。最后,二者的期限不同。暂缓执行的期限一般不得超过3个月;而执行中止则没有期限限制。

根据《民事诉讼法》第256条的规定,有下列情形之一的,人民法院应当裁定中止执行程序:

(1) 申请执行人表示可以延期执行的。申请执行人允许延迟执行是当事人行使处分权的表现。对于申请执行的案件而言,不仅申请启动执行程序是当事人的权利,在执行程序开始以后,当事人仍然有权决定执行程序的进程;对于移送执行的案件而言,如果债权人表示可以延期的,法院也应当尊重当事人的决定,裁定中止执行。

(2) 案外人对执行标的提出确有理由的异议。根据《民事诉讼法》第227条的规定,对于案外人对执行标的提出的异议,人民法院应当按照法定程序进行审查,并视不同情况,分别处理:异议成立的,裁定中止执行;异议不成立的,裁定驳回。

(3) 作为一方当事人的公民死亡,需要等待继承人继承权利或者承担义务。这里的"当事人"主要是被执行人。作为被执行人的公民死亡的,后续的执行活动如何进行与其继承人的表态密切相关。如果其遗产继承人没有放弃继承,人民法院可以裁定变更被执行人,由该继承人在遗产的范围内偿还债务;如果继承人放弃继承,人民法院就可以直接执行被执行人的遗产。而在等待继承人表态的过程中,人民法院需要裁定中止执行。

(4) 作为一方当事人的法人或者其他组织终止,尚未确定权利义务承受人。法人或者其他组织终止,是指法人或其他组织合并、分立或者被解散。在上述情形发生时,由于执行当事人一方暂时无法确定,所以,在确定执行主体的权利义务承受人之前,应当裁定中止执行。

(5) 人民法院按审判监督程序决定再审。按照审判监督程序决定再审的案件,人民法院首先应当作出裁定,中止原判决、裁定的执行;裁定由院长署名,加盖人民法院印章,然后送达双方当事人。中止执行裁定作出以后,原判决、裁定的法律效力暂时中断,待案件再审之后,再决定是否撤销。

(6) 人民法院认为应当中止执行的其他情形。这里的其他情形包括:人民法院已受理以被执行人为债务人的破产申请的;被执行人确无财产可供执行的;执行的标的物是其他法院或仲裁机构正在审理的案件争议标的物,需要等待该案件审理完毕确定权属的;一方当事人申请执行仲裁裁决,另一方当事人申请撤销仲裁裁决的;仲裁裁决的被执行人依据《民事诉讼法》的规定向人民法院提出不予执行请求,并提供适当担保的。

执行中止,应当作出书面裁定,该裁定应说明中止的事由和根据,由执行人员和书记员署名,并加盖人民法院印章。裁定书送达当事人后立即生效。

执行中止是执行程序的暂时停止。执行中止以前的执行活动,不会因为执行中止而失去效力。当执行中止的原因消除后,人民法院可以依照当事人的申请或者依职权予以恢复执行程序。

四、执行担保

执行担保,是指在执行过程中,被执行人履行生效法律文书有困难时,经申请执行人同意,由被执行人或者第三人向法院提供担保,从而使人民法院决定暂缓执行的法律制度。《民事诉讼法》第231条规定,在执行中,被执行人向人民法院提供担保,并经申请执行人同意的,人民法院可以决定暂缓执行及暂缓执行的期限。

根据上述规定及《民诉解释》第470条的规定,执行担保的成立必须符合四个条件:第一,须由被执行人向人民法院提出申请。第二,被执行人必须向人民法院提供担保。担保的方式可以由被执行人或者他人提供财产担保,也可以由他人提供保证。担保人应当具有代为履行或者代为承担赔偿责任的能力。他人提供执行保证的,应当向执行法院出具保证书,并将保证书副本送交申请执行人。被执行人或者他人提供财产担保的,应当参照物权法、担保法的有关规定办理相应手续。第三,申请执行人同意接受担保并愿意暂缓执行。第四,人民法院决定暂缓执行。

执行担保的效力首先体现在程序方面,即暂缓执行。人民法院收到被执行人提供的执行担保申请后,有权决定是否暂缓执行以及暂缓执行的期限。如果担保是有期限的,暂缓执行的期限应与担保期限一致,但最长不得超过1年。在暂缓执行期间,法院应停止对被执行人的强制执行,申请执行人亦不能要求被执行人履行义务,但被执行人主动向申请执行人履行的除外。当然,如果被执行人或担保人对担保的财产有转移、隐藏、变卖、毁损等行为,人民法院可以依职权或根据当事人的申请恢复强制执行。

另外,执行担保的效力还体现在被执行人或第三人的实体责任上。《民事诉讼法》第231条规定,如果被执行人在人民法院决定暂缓执行的期限届满后仍不履行义务的,人民法院可以直接执行担保财产或者裁定执行担保人的财产,但执行担保人的财产以担保人应当履行义务部分的财产为限。

五、执行和解

(一)执行和解的概念与形式

执行和解是指在执行过程中,申请执行人和被执行人就如何履行生效法律文书确定的内容达成新的约定,从而结束或暂时停止执行的法律制度。《民事诉讼法》第230条第1款规定,在执行中,双方当事人自行和解达成协议的,执行员应当将协议内容记入笔录,由双方当事人签名或者盖章。《执行规定》第 86 条第 2 款进一步规定,和解协议一般应当采取书面形式。执行人员应将和解协议副本附卷。无书面协议的,执行人员应将和解协议的内容记入笔录,并由双方当事人签名或盖章。

在我国,执行和解首先是双方当事人行使处分权的重要表现,只要和解协议是双方当事人真实的意思表示,内容不违反国家的法律规定,不损害国家、集体或者他人的合法权益,人民法院就应当允许。但同时,执行和解也是法院对当事人进行说服教育的平台。实践中,有的生效法律文书之所以难以执行,其原因是很复杂的。有不少人是因为法制观念淡薄或存在实际问题,因此,需要对他们进行法制方面的宣传教育,进行耐心细致的思想工作,消除对立情绪,帮助他们解决某些实际困难,促使双方互相谅解。[①] 在这种情况下,如果双方当事人经过人民法院的说服教育,愿意在不违反规定的前提下达成和解,也应允许。

不过,无论执行和解的达成是否有法院的参与,执行和解都与法院调解不同,因为法院调解是双方当事人在法院的主持下就权利义务争议达成协议的过程,在当事人达成调解协议以后,需要人民法院在调解协议上签章或者发放调解书。而执行和解协议则只需由双方当事人签名盖章,执行员将协议内容记入笔录即可,不需要人民法院签章或发放法律文书。之所以如此,是因为执行程序是实现生效法律文书确定内容的程序,执行机关只能按照生效法律文书确定的内容强制执行,而不是变更已经确定的实体权利义务关系。如果在执行过程中允许执行机关向当事人出具新的法律文书,就会发生两个生效法律文书同时并存,甚至下级人民法院改变上级人民法院生效法律文书的情况。这是严重违反诉讼程序的。[②]

(二)执行和解的内容

《执行规定》第 86 条第 1 款规定,在执行中,双方当事人可以自愿达成和解协议,变更生效法律文书确定的履行义务主体、标的物及其数额、履行期限和履行方式。根据这一规定,执行和解的内容一般包括四个方面:(1)变更义务主体,即由第三人代为履行生效法律文书所确定的义务;(2)变更执行标的及其数额,比如,申请执行人放弃全部或部分债权,或者双方约定以物抵债或协议变更生效法律文书指定交付的标的物等;(3)变更被执行人履行义务的期限;(4)变更履行方式,比如把一次履行完毕变更为分期分批履行等。

(三)执行和解的效力

执行和解的效力首先体现为可以阻止执行程序的进行。《民诉解释》第 466 条规定,申请执行人与被执行人达成和解协议后请求中止执行或者撤回执行申请的,人民法院可以裁定中止执行或者终结执行。

另外,执行和解协议也可能发生消灭实体权利义务关系,彻底结束执行程序的效力。《民诉解释》第 467 条规定,和解协议已经履行完毕的,人民法院不予恢复执行。在此基础

---

① 参见唐德华:《民事诉讼立法与适用》,中国法制出版社 2002 年版,第 252 页。
② 参见同上。

上,《执行规定》第87条和第108条规定,当事人之间达成的和解协议合法有效并已履行完毕的,人民法院作执行结案处理。

（四）执行和解中的法律救济

这主要指当事人不履行和解协议或因受欺诈、胁迫与对方达成和解协议的情形。对此,《民事诉讼法》第230条第2款规定,申请执行人因受欺诈、胁迫与被执行人达成和解协议,或者当事人不履行和解协议的,人民法院可以根据当事人的申请,恢复对原生效法律文书的执行。《民诉解释》第467条和第468条进一步规定,一方当事人不履行或者不完全履行在执行中双方自愿达成的和解协议,对方当事人申请执行原生效法律文书的,人民法院应当恢复执行,但和解协议已履行的部分应当扣除。申请恢复执行原生效法律文书适用《民事诉讼法》第239条关于申请执行期间的规定。申请执行期间因达成执行中的和解协议而中断,并自和解协议约定的履行期限的最后一日起重新计算。

六、执行终结

执行终结,是指在执行过程中,因法定事由的出现,导致执行程序没有必要或者不可能继续进行,从而结束执行程序的情形。执行终结与执行完毕不同。对于执行完毕的案件来说,生效法律文书所确定的内容已经履行完毕,申请执行人的权利也已经得以实现,执行程序是自然结束;而执行终结则不然。

按照《民事诉讼法》第257条的规定,有下列情形之一的,人民法院应当裁定终结执行：

（1）申请人撤销申请。申请人有权申请执行,当然也有权撤销申请。申请人撤销申请是对自己权利的处分;撤销申请以后,执行就因为缺少权利人而没有必要继续进行。

（2）据以执行的法律文书被撤销。执行必须以生效法律文书为依据;如果执行依据被撤销,则执行程序就丧失了继续执行的依据和必要。

（3）作为被执行人的公民死亡,无遗产可供执行,又无义务承担人。作为被执行人的公民死亡以后,人民法院应当首先裁定中止执行,等待其继承人的表态。如果其继承人放弃继承,而被执行人又没有其他遗产可供执行的,人民法院就可以做结案处理,裁定终结执行程序。

（4）追索赡养费、扶养费、抚育费案件的权利人死亡。这些费用与申请执行人的人身密切相关,它只能由本人享有,不能转让或者继承;如果权利人死亡,义务人继续履行义务就没有必要了,因此,人民法院需要裁定终结执行程序。

（5）作为被执行人的公民因生活困难无力偿还借款,同时没有收入来源,又丧失劳动能力。

（6）人民法院认为应当终结执行的其他情形,比如在执行中,被执行人被人民法院裁定宣告破产的,又没有权利义务承受人的,人民法院应当裁定终结执行。

人民法院终结执行的,应当作出书面裁定;裁定书送达当事人后立即生效,执行程序宣告结束。不过,因撤销申请而终结执行的,当事人可以在《民事诉讼法》第239条规定的申请执行时效期间内再次申请执行,人民法院应当受理。

根据《民诉解释》第 521 条的规定,在执行终结后的 6 个月内,被执行人或者其他人对已执行的标的有妨害行为的,人民法院可以依当事人的申请排除妨害,并可以依照《民事诉讼法》第 111 条的规定进行处罚。因妨害行为给执行债权人或者其他人造成损失的,受害人可以另行起诉。

七、终结本次执行程序

终结本次执行程序,是指人民法院在民事执行过程中,因被执行人无财产可供执行,经穷尽执行措施后仍无法执结而裁定终结本次对案件的执行,使案件暂时退出执行程序的特殊制度。《民诉解释》第 519 条规定,经过财产调查未发现可供执行的财产,在申请执行人签字确认或者执行法院组成合议庭审查核实并经院长批准后,可以裁定终结本次执行程序。依照前款规定终结执行后,申请执行人发现被执行人有可供执行财产的,可以再次申请执行。再次申请不受申请执行时效期间的限制。

终结本次执行程序是近些年来实务部门对我国执行终结制度的变通应用①,曾在 2008—2009 年清理执行积案的过程中得到中央政法委和最高人民法院的肯定。中央政法委、最高人民法院 2009 年 3 月联合发布的《关于规范集中清理执行积案结案标准的通知》规定,无财产可供执行的案件,执行程序在一定期间无法继续进行且有规定情形的,经合议庭评议,可裁定终结本次执行程序。终结本次执行程序后,如发现被执行人有财产可供执行的,申请执行人可以再次提出执行申请。申请执行人申请或者人民法院依职权恢复执行的,应当重新立案。

在比较法上,其他国家和地区也有与终结本次执行程序类似的制度安排。比如,我国台湾地区"强制执行法"第 27 条第 1 项规定,债务人无财产可供执行或虽有财产经强制执行后所得之数额仍不足清偿债务时,执行法院应命债权人于 1 个月内查报债务人财产。债权人到期不为报告或查报无财产者,应发给凭证,交债权人收执,载明俟发现有财产时,再予强制执行。这里的凭证被称为"债权凭证"或"再执行凭证",债权人一经发给凭证,执行程序即告终结。②

第六节　执行救济和执行回转

执行救济是指执行当事人和利害关系人就法院执行活动提出不同意见,维护自身合法权益的途径和手段。执行回转是指生效的法律文书执行完毕以后,由于该执行依据被依法撤销,将已经执行完毕的财产返还给被执行人,从而恢复到执行前状态的制度。执行回转的意义在于纠正因生效法律文书错误而造成的执行失误,保护当事人的合法权益,因

---

① 参见黄金龙:《终结本次执行程序的理解与适用》,载《人民法院报》2009 年 4 月 24 日第 6 版。
② 参见陈计男:《强制执行法释论》,台湾元照出版公司 2002 年版,第 186—187 页。

此,从这种意义上讲,执行回转也有一定的救济功能,属于广义上的执行救济。① 但狭义上的执行救济并不包括执行回转。② 本书在狭义上使用执行救济的概念。

一、执行救济

目前,我国《民事诉讼法》和司法解释确立的执行救济制度主要是执行行为异议及其复议、案外人异议与案外人异议之诉及许可执行之诉、分配方案异议与分配方案异议之诉。

(一) 执行行为异议及其复议

执行行为异议,是指当事人、利害关系人就违反法律规定的执行行为向人民法院提出的异议。《民事诉讼法》第225条规定,当事人、利害关系人认为执行行为违反法律规定的,可以向负责执行的人民法院提出书面异议。当事人、利害关系人提出书面异议的,人民法院应当自收到书面异议之日起15日内审查,理由成立的,裁定撤销或者改正;理由不成立的,裁定驳回。根据这一规定,执行行为异议的提出应当满足以下条件:

第一,异议的事由是执行行为违反法律规定。这里的违反法律规定,根据最高人民法院《关于人民法院办理执行异议和复议案件若干问题的规定》第7条的规定,主要包括执行法院违法采取查封、扣押、冻结、拍卖、变卖、以物抵债、暂缓执行、中止执行、终结执行等执行措施,或违反执行的期间、顺序等应当遵守的法定程序等。但被执行人以债权消灭、丧失强制执行效力等执行依据生效之后的实体事由提出排除执行异议的,人民法院也应参照执行行为异议的有关规定进行审查。③

第二,异议的主体必须是当事人或者利害关系人。这里的利害关系人主要是受到执行行为影响的利益相关者。最高人民法院《关于人民法院办理执行异议和复议案件若干问题的规定》第5条规定,有下列情形之一的,当事人以外的公民、法人和其他组织,可以作为利害关系人提出执行行为异议:(1) 认为人民法院的执行行为违法,妨碍其轮候查封、扣押、冻结的债权受偿的;(2) 认为人民法院的拍卖措施违法,妨碍其参与公平竞价的;(3) 认为人民法院的拍卖、变卖或者以物抵债措施违法,侵害其对执行标的的优先购买权的;(4) 认为人民法院要求协助执行的事项超出其协助范围或者违反法律规定的;(5) 认为其他合法权益受到人民法院违法执行行为侵害的。

第三,异议应当以书面形式提出,即向人民法院提交申请书。申请书应当载明具体的异议或者复议请求、事实、理由等内容,并附下列材料:(1) 异议人或者复议申请人的身份证明;(2) 相关证据材料;(3) 送达地址和联系方式。

---

① 对执行救济作广义理解,将执行回转作为一种执行救济的观点,参见张卫平:《民事诉讼法(第二版)》,法律出版社2009年版,第447页;童兆洪、林翔荣:《民事执行救济制度刍论》,载《比较法研究》2002年第3期。
② 参见马登科:《程序上的执行救济与实体上的执行救济》,载《湖北社会科学》2001年第8期;翁晓斌:《民事执行救济制度》,浙江大学出版社2005年版,第93页;谭秋桂:《民事执行法学》,北京大学出版社2010年版,第263页。
③ 这里需要注意的是,根据最高人民法院《关于人民法院办理执行异议和复议案件若干问题的规定》第7条的规定,除了债务抵消之外,被执行人以执行依据生效之前的实体事由提出排除执行异议的,人民法院应当告知其依法申请再审或者通过其他程序解决。

第四,异议只能向负责执行的人民法院提出。这里负责执行的人民法院主要是受理当事人执行申请的法院。但执行案件被指定执行、提级执行、委托执行后,当事人、利害关系人对原执行法院的执行行为提出异议的,原则上应由提出异议时负责该案件执行的人民法院审查处理。如果受指定或者受委托的人民法院是原执行法院的下级人民法院,仍由原执行法院审查处理。

第五,异议应当在执行程序结束前提出。最高人民法院《关于人民法院办理执行异议和复议案件若干问题的规定》第6条规定,当事人、利害关系人依照《民事诉讼法》第225条规定提出异议的,应当在执行程序终结之前提出,但对终结执行措施提出异议的除外。

对于当事人提出的执行行为异议,人民法院应当自收到书面异议之日起3日内立案。最高人民法院《关于人民法院办理执行异议和复议案件若干问题的规定》第2条和第3条规定,执行异议法定条件的,应当在3日内立案,并在立案后3日内通知异议人和相关当事人。不符合受理条件的,裁定不予受理;立案后发现不符合受理条件的,裁定驳回申请。执行异议申请材料不齐备的,人民法院应当一次性告知异议人在3日内补足,逾期未补足的,不予受理。异议人对不予受理或者驳回申请裁定不服的,可以自裁定送达之日起10日内向上一级人民法院申请复议。上一级人民法院审查后认为符合受理条件的,应当裁定撤销原裁定,并指令立案或者对执行异议进行审查。执行法院收到执行异议后3日内既不立案又不作出不予受理裁定,异议人可以向上一级人民法院提出异议。上一级人民法院审查后认为理由成立的,应当指令执行法院在3日内立案。

立案后的执行异议案件,人民法院应当在收到书面异议之日起15日内组成合议庭进行审查,并作出裁定。① 指令重新审查的执行异议案件,应当另行组成合议庭。审查主要原则上以书面审查的方式进行,但案情复杂、争议较大的,应当进行听证。异议人或者复议申请人经合法传唤,无正当理由拒不参加听证,或者未经法庭许可中途退出听证,致使人民法院无法查清相关事实的,由其自行承担不利后果。

异议审查期间,异议人撤回异议申请的,是否准许由人民法院裁定。

审查结束后,人民法院应当按照下列情形,分别作出处理:(1) 异议不成立的,裁定驳回异议;(2) 异议成立的,裁定撤销相关执行行为;(3) 异议部分成立的,裁定变更相关执行行为;(4) 异议成立或者部分成立,但执行行为无撤销、变更内容的,裁定异议成立或者相应部分异议成立。

当事人、利害关系人对执行法院的裁定不服的,可以自裁定送达之日起10日内向上一级人民法院申请复议。人民法院应当在异议裁定中告知相关权利人申请复议的权利和期限。

根据《执行解释》的规定,申请复议应当采取书面形式。当事人、利害关系人申请复议的书面材料,可以通过执行法院转交,也可以直接向执行法院的上一级人民法院提交。执行法院收到复议申请后,应当在5日内将复议所需的案卷材料报送上一级人民法院。

---

① 《执行解释》第5条规定,执行法院审查处理执行异议,应当自收到书面异议之日起15日内作出裁定。

上一级人民法院收到复议申请后,应当通知执行法院在 5 日内报送复议所需的案卷材料。

上一级人民法院对当事人、利害关系人提出的复议申请,应当组成合议庭进行审查,并且自收到复议申请之日起 30 日内审查完毕,作出裁定。有特殊情况需要延长的,经本院院长批准,可以延长,延长的期限不得超过 30 日。执行异议审查和复议期间,不停止执行。被执行人、利害关系人提供充分、有效的担保请求停止相应处分措施的,人民法院可以准许;申请执行人提供充分、有效的担保请求继续执行的,应当继续执行。

根据最高人民法院《关于人民法院办理执行异议和复议案件若干问题的规定》第 23 条的规定,上一级人民法院对不服异议裁定的复议申请审查后,应当按照下列情形,分别处理:(1) 异议裁定认定事实清楚,适用法律正确,结果应予维持的,裁定驳回复议申请,维持异议裁定;(2) 异议裁定认定事实错误,或者适用法律错误,结果应予纠正的,裁定撤销或者变更异议裁定;(3) 异议裁定认定基本事实不清、证据不足的,裁定撤销异议裁定,发回作出裁定的人民法院重新审查,或者查清事实后作出相应裁定;(4) 异议裁定遗漏异议请求或者存在其他严重违反法定程序的情形,裁定撤销异议裁定,发回作出裁定的人民法院重新审查;(5) 异议裁定对应当适用《民事诉讼法》第 227 条规定审查处理的异议,错误适用《民事诉讼法》第 225 条规定审查处理的,裁定撤销异议裁定,发回作出裁定的人民法院重新作出裁定。

除依照上述第(3)、(4)、(5)项需发回重新审查或者重新作出裁定的情形以外,裁定撤销或者变更异议裁定且执行行为可撤销、变更的,应当同时撤销或者变更该裁定维持的执行行为。

人民法院对发回重新审查的案件作出裁定后,当事人、利害关系人申请复议的,上一级人民法院复议后不得再次发回重新审查。

(二) 案外人异议、案外人异议之诉与许可执行之诉

案外人异议,是指在执行过程中,申请执行人和被执行人以外的人对执行标的主张实体权利而向人民法院提出的异议。其救济途径包括案外人异议之诉和许可执行之诉。案外人异议之诉,是指案外人在不服人民法院就案外人异议作出的裁定,且不能通过审判监督程序主张权利时,为了进一步主张实体权利,阻止原生效法律文书的执行而向人民法院提起的诉讼。许可执行之诉,从严格意义上讲,应为申请执行人许可执行特定财产之诉,是指对案外人主张实体权利的执行标的,申请执行人因不服人民法院就案外人异议作出的裁定,为了继续对执行标的强制执行而向人民法院提起的诉讼。

《民事诉讼法》第 227 条规定。执行过程中,案外人对执行标的提出书面异议的,人民法院应当自收到书面异议之日起 15 日内审查,理由成立的,裁定中止对该标的的执行;理由不成立的,裁定驳回。案外人、当事人对裁定不服,认为原判决、裁定错误的,依照审判监督程序办理;与原判决、裁定无关的,可以自裁定送达之日起 15 日内向人民法院提起诉讼。

1. 案外人异议

根据上述规定,案外人的异议提出应当具备以下条件:(1) 异议应当在执行过程中提

出,即应当在执行立案以后,到执行程序终结之前的时间段内提出[①];(2) 提出异议的主体仅限于案外人,即申请执行人和被执行人以外的第三人;(3) 异议理由必须是案外人对执行标的主张自己的实体权利,且该权利足以阻止强制执行的进行,比如,案外人就执行标的的部分或者全部主张所有权等;(4) 案外人异议应当以书面形式提出,并提供相应的证据。

对于案外人异议,人民法院应当在收到书面异议之日起15日内进行审查。审查内容主要包括:(1) 案外人是否系权利人;(2) 该权利的合法性与真实性;(3) 该权利能否排除执行。

经审查,异议理由成立的,裁定中止对该标的的执行;理由不成立的,裁定驳回。审查期间,人民法院可以对财产采取查封、扣押、冻结等保全措施,但不得进行处分;正在实施处分措施的,应当停止实施。案外人向人民法院提供充分有效的担保,请求解除对异议标的的查封、扣押、冻结的,人民法院可以准许;申请执行人提供充分、有效的担保请求继续执行的,应当继续执行。因案外人提供担保解除查封、扣押、冻结有错误,致使该标的无法执行的,人民法院可以直接执行担保财产。申请执行人提供担保请求继续执行有错误,给对方造成损失的,应当予以赔偿。

案外人、当事人对裁定不服,认为原判决、裁定错误的,可以依照审判监督程序办理;与原判决、裁定无关的,可以自裁定送达之日起15日内向人民法院提起案外人异议之诉。另外,根据《民诉解释》第465条第2款的规定,驳回案外人执行异议裁定送达案外人之日起15日内,人民法院不得对执行标的进行处分。

2. 案外人异议之诉

案外人提起案外人异议之诉,除满足《民事诉讼法》第119条的规定之外,还应具备以下条件:(1) 案外人的执行异议申请已经被人民法院裁定驳回;(2) 有明确的排除对执行标的执行的诉讼请求,且诉讼请求与原判决、裁定无关;(3) 自执行异议裁定送达之日起15日内提起。人民法院应当在在收到起诉状之日起15日内决定是否立案。

案外人异议之诉,应当以申请执行人为被告。被执行人反对案外人异议的,列被执行人为共同被告;被执行人不反对案外人异议的,可以列其为第三人。

案外人异议之诉由执行法院管辖。执行法院应当第一审普通程序审理。经审理,案外人就执行标的享有足以排除强制执行的民事权益的,应判决不得执行该执行标的,执行异议裁定失效;案外人就执行标的不享有足以排除强制执行的民事权益的,应判决驳回诉讼请求。案外人同时提出确认其权利的诉讼请求的,人民法院可以在判决中一并作出裁判。

案外人执行异议之诉审理期间,人民法院不得对执行标的进行处分。申请执行人请求人民法院继续执行并提供相应担保的,人民法院可以准许。被执行人与案外人恶意串

---

① 这里的执行程序终结,根据最高人民法院《关于人民法院办理执行异议和复议案件若干问题的规定》第6条的规定,是指对异议指向的执行标的执行终结。执行标的由当事人受让的,应当在执行程序终结之前提出。

通,通过执行异议、执行异议之诉妨害执行的,人民法院应当依照《民事诉讼法》第113条规定处理。申请执行人因此受到损害的,可以提起诉讼要求被执行人、案外人赔偿。

3. 许可执行之诉

申请执行人提起许可执行之诉,除符合《民事诉讼法》第119条的规定之外,还应具备下列条件:(1)依案外人执行异议申请,人民法院裁定中止执行;(2)有明确地对执行标的继续执行的诉讼请求,且诉讼请求与原判决、裁定无关;(3)自执行异议裁定送达之日起15日内提起。人民法院应当在收到起诉状之日起15日内决定是否立案。

许可执行之诉应当以案外人为被告。被执行人反对申请执行人主张的,以案外人和被执行人为共同被告;被执行人不反对申请执行人主张的,可以列被执行人为第三人。

申请执行人提出的许可执行之诉由执行法院管辖。执行法院应当按照第一审普通程序审理。经审理,案外人就执行标的不享有足以排除强制执行的民事权益的,应判决准许执行该执行标的;案外人就执行标的享有足以排除强制执行的民事权益的,判决驳回诉讼请求。人民法院依照《民事诉讼法》第227条的规定裁定对异议标的中止执行后,申请执行人自裁定送达之日起15日内未提起诉讼的,人民法院应当自起诉期限届满之日起7日内解除对该执行标的采取的执行措施。

(三) 分配方案异议与分配方案异议之诉

多个债权人对同一被执行人申请执行或者对执行财产申请参与分配的,执行法院应当制作财产分配方案,并送达各债权人和被执行人。对于该分配方案,债权人或被执行人可以提出异议,要求修正,是为分配方案异议。分配方案异议之诉是指债权人被执行人因不服他人提出的分配方案异议而以该异议人为被告提起的诉讼。

根据《执行解释》第25条、第26条的规定,债权人或者被执行人对分配方案有异议的,应当自收到分配方案之日起15日内向执行法院提出书面异议。对于该异议,执行法院无须审查,但应当通知未提出异议的债权人或被执行人。

未提出异议的债权人、被执行人收到通知之日起15日内未提出反对意见的,执行法院依异议人的意见对分配方案审查修正后进行分配。提出反对意见的,应当通知异议人。异议人可以自收到通知之日起15日内,以提出反对意见的债权人、被执行人为被告,向执行法院提起诉讼;异议人逾期未提起诉讼的,执行法院依原分配方案进行分配。

诉讼期间进行分配的,执行法院应当将与争议债权数额相应的款项予以提存。

二、执行回转

(一) 执行回转的概念

《民事诉讼法》第233条规定,执行完毕以后,据以执行的判决裁定和其他法律文书确有错误,被人民法院依法撤销的,人民法院应当作出裁定,责令取得财产的人返还财产;不予返还的,强制执行。

(二) 执行回转的条件

根据《民事诉讼法》第233条的规定,执行回转必须具备以下条件:

(1) 原来的执行依据已经被执行完毕。如果原来的执行依据在被撤销之前还没有被执行完毕,被执行的财产的产权还没有发生移转,人民法院只需要裁定终结执行程序即可,没有必要实施执行回转。

(2) 原来据以执行依据被依法撤销。在司法实践中,发生执行回转的情形大致有以下几种:第一,人民法院制作的先予执行裁定,在执行完毕以后被本院或者上级人民法院的终审判决所撤销;第二,人民法院制作的判决、裁定已经执行完毕,但该判决、裁定依照审判监督程序被依法撤销;第三,其他机关制作的由人民法院执行的法律文书,在执行完毕以后被制作机关或者上级机关撤销。

(3) 人民法院作出了新的执行依据。原来的执行依据被撤销,并不意味着就可以直接启动执行回转程序就可以启动。由于执行回转制度当中还包含了"不予返还的,强制执行"的内容,所以,人民法院还应当作出新的裁定,责令取得财产的人返还财产,并将该裁定作为重新启动执行程序的依据。

(三) 执行回转的程序

执行回转应当重新立案,并且适用执行程序的有关规定。执行回转时,已执行的标的物系特定物的,应当退还原物。不能退还原物的,可以折价抵偿。

第二十四章　执行措施与妨害执行的强制措施

第一节　执行措施概述

一、执行措施的概念与特征

执行措施,是指人民法院在执行过程中,强制被执行人履行义务,以实现具有执行力的生效法律文书的方法和手段。执行措施是执行程序的重要内容,执行程序的运行过程,在相当程度上就是执行措施的采用过程,执行程序的强制性主要也是由此反映。①

执行措施具有以下特征:

第一,强制性,执行措施是人民法院强制被执行人履行生效法律文书的步骤和方法,不但可以直接剥夺被执行人财产或限制被执行人的自由,无须获得被执行人的允许或同意,而且被执行人对这种强制还负有容忍义务。这是执行措施最为明显的特征。

第二,主动性。在执行活动中,除了少数执行措施,比如对到期债权的执行需要根据当事人的申请启动,多数执行措施的采取都由人民法院依职权进行,无须当事人提出申请。

第三,法定性。由于执行措施的最终的法律效果体现在对当事人的财产利益甚至人身的剥夺或限制上,所以,执行措施必须有明确的法律依据,法律没有明文规定,人民法院不得采取。而且,在采取执行措施的过程中,必须严格遵守法律的规定,按照法律规定的适用条件和程序采取。

二、执行措施的分类

按照不同的标准,执行措施可以进行如下分类:

（1）按照执行措施所要实现的权利内容,可以分为实现金钱债权的执行措施与实现非金钱债权的执行措施。前者如冻结、划拨被执行人的存款或查封、拍卖被执行人的房屋,后者如强制被执行人交付特定的财产或实行一定的行为。在司法实践中,以实现金钱债权为目的的执行案件占绝大多数。因此,各国法律所规定的执行措施大多是实现金钱债权的执行措施。

（2）按照执行措施的功能和作用,可以将执行措施分为控制性执行措施、处分性执行措施与保障性执行措施。其中,控制性执行措施是人民法院为了防止被执行人转移、隐匿、处分财产而采取的措施,较为常见的有查封、扣押、冻结三种。处分性措施是人民法院

---

① 参见潘剑锋:《民事诉讼原理》,北京大学出版社2001年版,第442页。

将被执行财产上的权利转移或变更的措施,比如将被执行财产拍卖、变卖等。保障性执行措施是指在执行过程中,人民法院可以采取的、用以辅助或配合强制执行实施的有关措施。一般情况下,控制性执行措施和保障性执行措施并不影响被执行财产的归属,而处分性执行措施则会将被执行财产的所有权从被执行人转移到其他人。

(3)按照执行措施实现生效法律文书所确定的权利的方式,可以将执行措施分为直接的执行措施和间接的执行措施。其中直接的执行措施是指能够直接实现权利内容的执行措施,比如冻结、划拨被执行人的存款等,直接作用于被执行人的财产。而间接性的执行措施是指虽然不能直接实现生效法律文书所确定的权利,但可以通过向被执行人施加压力,促使其履行义务的执行措施,比如,罚款、拘留、限制高消费、限制离境、载入失信被执行人名单等。

(4)按照执行的客体,可以将执行措施分为对金钱的执行措施、对动产和不动产的执行措施、对财产性权益的执行措施和对行为的执行措施。其中,前三种执行措施都以实现申请执行人的金钱债权为主要目的。本书对执行措施的阐述,即按照这种分类顺序展开。

第二节 因金钱债权对金钱的执行

对金钱的执行目的在于清偿申请执行人的金钱债权。我国对金钱的执行分为两种:一是对存款的执行,即查询、冻结、划拨被执行人的存款;二是对收入的执行,即扣留、提取被执行人的收入。

一、查询、冻结、划拨存款

(一)查询、冻结、划拨存款的概念

查询存款,是指人民法院向银行、非银行金融机构以及其他有储蓄业务的单位了解被执行人存款状况的执行措施。冻结存款,是指人民法院向存有被执行人款项的银行、非银行金融机构以及其他有储蓄业务的单位,发出协助执行通知书,不准被执行人在一定的期限内提取和转移该项存款的执行措施。划拨存款,是指人民法院通过银行、非银行金融机构以及其他有储蓄业务的单位,将被执行人账户上的存款直接划入指定账户的执行措施。其中,查询存款是辅助性措施;冻结是控制性措施;划拨是处分性措施。人民法院划拨被执行人的存款可以在冻结的基础上进行,也可以不经冻结,直接划拨。①

《民事诉讼法》第242条规定,被执行人未按执行通知履行法律文书确定的义务,人民法院有权向有关单位查询被执行人的存款、债券、股票、基金份额等财产情况。人民法院有权根据不同情形扣押、冻结、划拨、变价被执行人的财产。另外,关于银行被执行人存款的查询、冻结和划拨,中国人民银行、最高人民法院、最高人民检察院、公安部1993年《关于查询、冻结、扣划企事业单位、机关、团体银行存款的通知》(银发[1993]356号,下称

---

① 参见江必新:《民事执行新制度理解与适用》,人民法院出版社2010年版,第340页。

"356号《通知》")和最高人民法院、中国人民银行2000年《关于依法规范人民法院执行和金融机构协助执行的通知》(法发[2000]21号,下称"21号《通知》")也作出了具体规定。

（二）查询被执行人的存款

"356号《通知》"明确要求,人民法院因执行案件需要向银行查询企业事业单位、机关、团体与案件有关的银行存款或查阅有关的会计凭证、账簿等资料时,查询人必须出示本人工作证或执行公务证和出具县级(含)以上人民法院签发的"协助查询存款通知书",由银行行长或其他负责人(包括城市分理处、农村营业所和城乡信用社主任)签字后并指定银行有关业务部门凭此提供情况和资料,并派专人接待。查询人对原件不得借走,需要的资料可以抄录、复制或照相,并经银行盖章。

但在"21号《通知》"中,人民法院查询被执行人存款的证件手续有所简化,取消了银行负责人签字的环节。"21号《通知》"第1条规定,人民法院查询被执行人在金融机构的存款时,执行人员应出示本人工作证和执行公务证,并出具法院协助查询存款通知书。金融机构应当立即协助办理查询事宜,不需办理签字手续,对于查询的情况,由经办人签字确认。

（三）冻结被执行人的存款

根据"356号《通知》"和"21号《通知》"的规定,人民法院因执行案件需要冻结企业事业单位、机关、团体银行存款的,必须出具县级(含)以上人民法院签发的冻结裁定书、"协助冻结存款通知书"以及执行人员本人工作证和执行公务证。

银行在受理冻结单位存款时,应审查"协助冻结存款通知书"填写的被冻结单位开户银行名称、户名和账号、大小写金额,发现不符的,应说明原因,退回"通知书"。人民法院手续齐全的,经银行行长(主任)签字后,银行应当立即按照应冻结资金的性质,冻结被执行人账户上的同额存款。如遇被冻结单位银行账户的存款不足冻结数额时,银行应在冻结期内冻结该单位银行账户可以冻结的存款,直至达到需要冻结的数额。

根据《民诉解释》第487条的规定,冻结银行存款的期限不得超过一年。申请执行人申请延长期限的,人民法院应当在冻结期限届满前办理续行冻结手续,续行期限不得超过前款规定的期限。人民法院也可以依职权办理续行冻结手续。①

（四）划拨被执行人的存款

根据"356号《通知》"和"21号《通知》"的规定,人民法院因执行案件需要扣划企业事业单位、机关、团体银行存款的,必须出具县级(含)以上人民法院签发的扣划裁定书、

---

① 这里需要注意的是冻结银行存款期间的变化。"356号《通知》"曾经规定,冻结的期限不得超过6个月。有特殊原因需要延长的,人民法院应当在冻结期满前办理继续冻结手续。每次续冻的期限最长不超过6个月。逾期不办理继续冻结手续的,视为自动撤销冻结。冻结期限内,被冻结的款项如需解冻,应以作出冻结决定的人民法院签发的"解除冻结存款通知书"为凭,银行不得自行解冻。另外,最高人民法院《关于人民法院民事执行中查封、扣押、冻结财产的规定》第29条也曾规定冻结期限为6个月。

"协助扣划存款通知书"以及执行本人工作证和执行公务证,并附执行依据的副本。

银行受理扣划单位存款时,应审查"协助扣划存款通知书"填写的被执行单位的开户银行名称、户名和账号、大小写金额、如发现不符,或缺少应附的法律文书副本,以及法律文书副本有关内容与"通知书"的内容不符,应说明原因,退回"通知书"和所附的法律文书副本。

为使银行扣划单位存款得以顺利进行,人民法院应向银行全面了解被执行单位的支付能力,银行应如实提供情况。人民法院在充分掌握情况之后,实事求是地确定应予执行的期限,对于立即执行确有困难的,可以确定缓解或分期执行。在确定的执行期限内,被执行单位没有正当理由逾期不执行的,银行在接到"协助扣划存款通知"后,只要被执行单位银行账户有款可付,应当立即扣划,不得延误。当日无款或不足扣划的,银行应及时通知人民法院,待单位账上有款时,尽快予以扣划。

(五) 冻结、划拨被执行人存款需要注意的问题

人民法院在冻结、划拨被执行人存款的过程中,除了严格遵守法定程序之外,还应注意以下问题:

第一,冻结、划拨被执行人的存款不得超出被执行人应当履行的义务范围。这里被执行人应当履行的义务除了生效法律文书确定的债权金额之外,还包括被执行人应当承担的执行费、诉讼费、延迟履行金及其他法定费用。

第二,两家以上的人民法院对于同一账户的存款,不得重复冻结。

第三,应注意银行存款的性质,区分哪些存款属于可以冻结、划拨的存款,哪些是可以冻结但不得划拨的存款,哪些是不得冻结且不得划拨的存款,尤其是后两者。在当前的司法实践中,信用证开证保证金、委托贷款、证券期货交易保证金、银行承兑汇票保证金等,属于可以冻结但不得划拨的存款。地方财政预算内资金和预算外资金、税务机关划拨的退税款项、旅行社质量保证金、工会经费集中户、社会保险基金及社会基本保障资金等,则属于不得冻结且不得划拨的存款。另外,根据《执行规定》第34条的规定,被执行人为金融机构的,对其交存在人民银行的存款准备金和备付金不得冻结和扣划,但对其在本机构、其他金融机构的存款,及其在人民银行的其他存款可以冻结、划拨,并可对被执行人的其他财产采取执行措施,但不得查封其营业场所。

二、扣留、提取收入

扣留收入,是指人民法院依法强制留置被执行人的收入,禁止其领取的执行措施。提取收入是指人民法院依法支取被执行人的收入,并交付申请执行人的执行措施。《民事诉讼法》第243条规定,被执行人未按执行通知履行法律文书确定的义务,人民法院有权扣留、提取被执行人应当履行义务部分的收入。这里的"收入"是指被执行人依法所得和依法应得的收入,包括其工资、奖金、劳务报酬、稿费、咨询费、利息、股息等。房屋租金也可

视为被执行人的收入。[①]

扣留、提取被执行人的收入,必须以被执行人应当履行的义务范围为限,而且应当保留被执行人及其所扶养的家属的生活必需费用。人民法院扣留、提取被执行人的收入时,应当作出裁定,并向有关单位发出协助执行的通知书。

作为被执行人的公民,其收入转为储蓄存款的,应当责令其交出存单。拒不交出的,人民法院应当作出提取其存款的裁定,向金融机构发出协助执行通知书,并附生效法律文书,由金融机构提取被执行人的存款交人民法院或存入人民法院指定的账户。

被执行人在有关单位的收入尚未支取的,人民法院应当作出裁定,向该单位发出协助执行通知书,由其协助扣留或提取。

有关单位擅自向被执行人及其他人员支付被执行人的收入的,人民法院可以责令该单位限期追回;逾期未追回的,应当裁定其在支付的数额内向申请执行人承担责任。

第三节 因金钱债权对动产、不动产的执行

根据《民事诉讼法》第244条,被执行人未按执行通知履行法律文书所确定的义务时,人民法院有权查封、扣押、冻结、拍卖、变卖被执行人的财产。在此基础上,《执行规定》第38条进一步规定,因金钱债务对被执行人进行强制执行,被执行人无金钱给付能力的,人民法院有权裁定对被执行人的其他财产采取查封、扣押措施。这里的"其他财产",主要是被执行人所有的动产、不动产及其他财产权益。本部分主要阐述对动产和不动产的执行。

人民法院对动产、不动产的执行,一般分为三个阶段:一是对被执行人的财产进行控制,实施查封和扣押;二是对被执行人的财产进行变价,通过拍卖、变卖等措施,将被执行人的动产、不动产转化为金钱;三是将变价所得的金钱交付申请执行人。但也不排除变价不成功,直接将被执行人的动产、不动产作价,抵偿给申请执行人的情形。

一、对动产、不动产的查封和扣押

(一) 查封、扣押的概念

查封是指人民法院把被执行人的动产、不动产贴上封条,禁止被执行人和其他人转移的措施。扣押在一般情形下是指人民法院把被执行人的财产移至指定场所,防止被执行人占有、使用和处分的措施。但特定情形下,也可以交由被执行人保管,甚至允许被执行人使用。查封的对象可以是动产,也可以是不动产,但扣押的对象主要是动产。

目前,人民法院查封、扣押被执行人的财产,主要适用《执行规定》以及最高人民法院《关于人民法院民事执行中查封、扣押、冻结财产的规定》。

[①] 参见黄金龙:《关于人民法院执行工作若干问题的规定(试行)实用解析》,中国法制出版社2000年版,第101页。

(二) 查封、扣押的范围

根据最高人民法院《关于人民法院民事执行中查封、扣押、冻结财产的规定》第 2 条和第 5 条的规定，人民法院可以查封、扣押被执行人占有的动产、登记在被执行人名下的不动产、特定动产。未登记的建筑物和土地使用权，依据土地使用权的审批文件和其他相关证据确定权属。对于第三人占有的动产或者登记在第三人名下的不动产、特定动产，第三人书面确认该财产属于被执行人的，人民法院可以查封、扣押。

但对于被执行人的下列财产，人民法院不得查封、扣押：(1) 被执行人及其所扶养家属生活所必需的衣服、家具、炊具、餐具及其他家庭生活必需的物品；(2) 被执行人及其所扶养家属完成义务教育所必需的物品；(3) 未公开的发明或者未发表的著作；(4) 被执行人及其所扶养家属用于身体缺陷所必需的辅助工具、医疗物品；(5) 被执行人所得的勋章及其他荣誉表彰的物品；(6) 根据《中华人民共和国缔结条约程序法》，以中华人民共和国、中华人民共和国政府或者中华人民共和国政府部门名义同外国、国际组织缔结的条约、协定和其他具有条约、协定性质的文件中规定免于查封、扣押的财产；(7) 法律或者司法解释规定的其他不得查封、扣押的财产。

(三) 查封、扣押的程序

人民法院查封、扣押被执行人的动产、不动产，应当作出裁定，并送达被执行人和申请执行人。采取查封、扣押措施需要有关单位或者个人协助的，人民法院应当制作协助执行通知书，连同裁定书副本一并送达协助执行人。查封、扣押裁定书和协助执行通知书送达时发生法律效力。

查封、扣押动产的，人民法院可以直接控制该项财产。人民法院将查封、扣押的动产交付其他人控制的，应当在该动产上加贴封条或者采取其他足以公示查封、扣押的适当方式。查封不动产的，人民法院应当张贴封条或者公告，并可以提取保存有关财产权证照。查封尚未进行权属登记的建筑物时，人民法院应当通知其管理人或者该建筑物的实际占有人，并在显著位置张贴公告。

查封、扣押已登记的不动产、特定动产，应当通知有关登记机关办理登记手续。未办理登记手续的，不得对抗其他已经办理了登记手续的查封、扣押行为。查封、扣押协助执行通知书在送达登记机关时，登记机关已经受理被执行人转让不动产、特定动产的过户登记申请，尚未核准登记的，应当协助人民法院执行。人民法院不得对登记机关已经核准登记的被执行人已转让的财产实施查封、扣押措施。

扣押尚未进行权属登记的机动车辆时，人民法院应当在扣押清单上记载该机动车辆的发动机编号。该车辆在扣押期间权利人要求办理权属登记手续的，人民法院应当准许并及时办理相应的扣押登记手续。

查封、扣押的财产不宜由人民法院保管的，人民法院可以指定被执行人负责保管；不宜由被执行人保管的，可以委托第三人或者申请执行人保管。由人民法院指定被执行人保管的财产，如果继续使用对该财产的价值无重大影响，可以允许被执行人继续使用；由人民法院保管或者委托第三人、申请执行人保管的，保管人不得使用。

另外,根据《民事诉讼法》第245条的规定,人民法院查封、扣押财产时,被执行人是公民的,应当通知被执行人或者他的成年家属到场。同时被执行人所在的单位或基层组织应当派员参加。对被查封、扣押的财产,执行员应当逐一清点,并造具清单,由在场的人签名或盖章,并交被执行人一份,同时人民法院应自留一份附卷备查。

(四)查封、扣押的期限

《民诉解释》第487条规定,查封、扣押动产的期限不得超过2年,查封不动产、冻结其他财产权的期限不得超过3年。申请执行人申请延长期限的,人民法院应当在冻结期限届满前办理续行冻结手续,续行期限不得超过前款规定的期限。人民法院也可以依职权办理续行冻结手续。①

(五)查封、扣押的效力

被执行人的财产被查封、扣押后,其所有权仍属于被执行人,但被执行人和相关第三人不得再对被查封、扣押财产进行处分。被执行人就已经查封、扣押的财产所作的移转、设定权利负担或者其他有碍执行的行为,不得对抗申请执行人。第三人未经人民法院准许占有查封、扣押财产或者实施其他有碍执行的行为的,人民法院可以依据申请执行人的申请或者依职权解除其占有或者排除其妨害,人民法院的查封、扣押措施没有公示的,其效力不得对抗善意第三人。

人民法院查封、扣押被执行人设定最高额抵押权的抵押物的,应当通知抵押权人。抵押权人受抵押担保的债权数额自收到人民法院通知时起不再增加。人民法院虽然没有通知抵押权人,但有证据证明抵押权人知道查封、扣押事实的,受抵押担保的债权数额从其知道该事实时起不再增加。

查封、扣押的效力及于查封、扣押物的从物和天然孳息。查封地上建筑物的效力及于该地上建筑物使用范围内的土地使用权,查封土地使用权的效力及于地上建筑物,但土地使用权与地上建筑物的所有权分属被执行人与他人的除外。

查封、扣押的财产灭失或者毁损的,查封、扣押的效力及于该财产的替代物、赔偿款。人民法院应当及时作出查封、扣押该替代物、赔偿款的裁定。

(六)查封、扣押被执行人财产的特殊情形

(1)对于被执行人占有或登记在被执行人名下的担保财产,人民法院可以查封、扣押,但对于担保物权人占有的担保财产,一般应当指定该担保物权人作为保管人;该财产由人民法院保管的,质权、留置权不因转移占有而消灭。

(2)对被执行人与其他人共有的财产,人民法院可以查封、扣押,但要及时通知共有人。共有人协议分割共有财产,并经债权人认可的,人民法院可以认定有效。查封、扣押的效力及于协议分割后被执行人享有份额内的财产;对其他共有人享有份额内的财产的

---

① 这里需要注意查封、扣押期限的变化。最高人民法院《关于人民法院民事执行中查封、扣押、冻结财产的规定》第29条曾规定:查封、扣押动产的期限不得超过1年,查封不动产、冻结其他财产权的期限不得超过2年,但法律或者司法解释另有规定的除外。申请执行人申请延长期限的,人民法院应当在查封、扣押期限届满前办理续行查封、扣押手续,续行期限不得超过前款规定期限的1/2。

查封、扣押,人民法院应当裁定予以解除。共有人提起析产诉讼或者申请执行人代位提起析产诉讼的,人民法院应当准许。诉讼期间中止对该财产的执行。

(3) 对于第三人为被执行人的利益占有的被执行人的财产,人民法院可以查封、扣押;该财产被指定给第三人继续保管的,第三人不得将其交付给被执行人。对于第三人为自己的利益依法占有的被执行人的财产(主要是登记在被执行人名下的不动产或特殊动产),人民法院可以查封、扣押,第三人可以继续占有和使用该财产,但不得将其交付给被执行人。

(4) 被执行人将其财产出卖给第三人,第三人已经支付部分价款并实际占有该财产,但根据合同约定被执行人保留所有权的,人民法院可以查封、扣押;第三人要求继续履行合同的,应当由第三人在合理期限内向人民法院交付全部余款后,裁定解除查封、扣押。

(5) 被执行人将其所有的需要办理过户登记的财产出卖给第三人,第三人已经支付部分或者全部价款并实际占有该财产,但尚未办理产权过户登记手续的,人民法院可以查封、扣押;第三人已经支付全部价款并实际占有,但未办理过户登记手续的,如果第三人对此没有过错,人民法院不得查封、扣押。

(6) 被执行人购买第三人的财产,已经支付部分价款并实际占有该财产但第三人依合同约定保留所有权,申请执行人已向第三人支付剩余价款或者第三人书面同意剩余价款从该财产变价款中优先支付的,人民法院可以查封、扣押。第三人依法解除合同的,人民法院应当准许,已经采取的查封、扣押措施应当解除,但人民法院可以依据申请执行人的申请,执行被执行人因支付价款而形成的对该第三人的债权。

(7) 被执行人购买需要办理过户登记的第三人的财产,已经支付部分或者全部价款并实际占有该财产,虽未办理产权过户登记手续,但申请执行人已向第三人支付剩余价款或者第三人同意剩余价款从该财产变价款中优先支付的,人民法院可以查封、扣押。

(七) 重复查封与轮候查封

在我国,禁止对被执行财产进行重复查封是一项基本要求。《民事诉讼法》第103条规定,财产被查封的,不得重复查封。但这一要求在实践中也存在不少问题,表现在:第一,《执行规定》第88条第1款确立了按照采取执行措施的先后顺序清偿的原则,但由于不允许重复查封,后顺位的债权人的受偿顺序无法确定,按照采取执行措施的先后顺序受偿实际上无法进行。第二,在同一被执行人涉及两个法院执行案件的情况下,查封被解除或撤销后,由于其他法院不能立即知悉并采取查封措施,给债务人借机处分财产、逃避执行提供了可乘之机。第三,一些地方为了方便被执行人逃避债务,对被执行人的财产进行虚假"查封",以致禁止重复查封成为被执行人和地方保护主义者通过合法形式逃避真实债务的方法。第四,对于已经取得执行名义,但无法或不愿意通过参与分配保护自己权利的债权人而言,禁止重复查封意味着其将在一定期间内被排斥于强制执行程序的保护之外。①

---

① 参见最高人民法院民事诉讼法调研小组:《民事诉讼程序改革报告》,法律出版社2003年版,第366—367页。

鉴于以上情况,2004年,最高人民法院在《关于人民法院民事执行中查封、扣押、冻结财产的规定》第28条中设立了轮候查封、扣押、冻结制度,规定:对于已被人民法院查封、扣押、冻结的财产,其他人民法院可以进行轮候查封、扣押、冻结。查封、扣押、冻结解除的,登记在先的轮候查封、扣押、冻结即自动生效。其他人民法院对已登记的财产进行轮候查封、扣押、冻结的,应当通知有关登记机关协助进行轮候登记,实施查封、扣押、冻结的人民法院应当允许其他人民法院查阅有关文书和记录。其他人民法院对没有登记的财产进行轮候查封、扣押、冻结的,应当制作笔录,并经实施查封、扣押、冻结的人民法院执行人员及被执行人签字,或者书面通知实施查封、扣押、冻结的人民法院。

所谓轮候查封,简而言之,就是一种查封"排队"制度,即对其他人民法院已经查封的财产,执行法院可以依次按时间先后在登记机关登记,或者是在其他人民法院进行记载,排列等候,待已经采取的查封依法解除后,其他查封再依次转化为正式查封的制度。

轮候查封不同于重复查封。从法律效力上看,重复查封是两个或两个以上的有效查封,但轮候查封则不同,每次只有一个生效的查封。只要在前的查封未被依法解除或自动消灭,轮候查封就不生效。[①] 从这种意义上讲,轮候查封并不违背禁止重复查封的要求。

二、对动产、不动产的拍卖和变卖

由于执行的主要目的在于实现申请执行人的债权,因此,查封和扣押并不是终极性的措施,接下来还要对已经查封、扣押的动产不动产进行变价,将其转化为金钱,以方便清偿。《民事诉讼法》第247条规定,财产被查封、扣押后,执行员应当责令被执行人在指定期间履行法律文书确定的义务。被执行人逾期不履行的,人民法院应当拍卖被查封、扣押的财产;不适于拍卖或者当事人双方同意不进行拍卖的,人民法院可以委托有关单位变卖或者自行变卖。国家禁止自由买卖的物品,交有关单位按照国家规定的价格收购。根据这一规定,人民法院可以通过拍卖和变卖两种方式将被查封、扣押的财产变价,其中,拍卖是原则,变卖是例外。

(一)拍卖

拍卖,是指人民法院将被执行人的财产,以公开竞价的方式卖给出价最高的买受人,并将所得的价款给予权利人。根据《执行规定》第46条、《关于人民法院民事执行中拍卖、变卖财产的规定》第3条的规定,人民法院拍卖被执行人财产,应当委托具有相应资质的拍卖机构进行,并对拍卖机构的拍卖进行监督。但这种以"委托拍卖机构拍卖"为主的做法被2012年《民事诉讼法》第247条所改变。根据《民诉解释》第488条的规定,人民法院在执行中需要拍卖被执行人财产的,可以由人民法院自行组织拍卖,也可以交由具备相应资质的拍卖机构拍卖。根据这一规定,在执行过程中,人民法院可以将司法拍卖委托给拍卖机构进行,也可以自行组织,而没有优先顺序的要求。

[①] 参见王飞鸿:《〈最高人民法院关于人民法院民事执行中查封、扣押、冻结财产的规定〉的理解与适用》,载最高人民法院执行工作办公室:《强制执行指导与参考》(2004年第4集),法律出版社2005年版,第27页。

由于最高人民法院尚未出台法院自行拍卖的程序细则,这里主要介绍"委托拍卖机构拍卖"的相关规定。

1. 委托拍卖机构拍卖的程序

根据最高人民法院《关于人民法院民事执行中拍卖、变卖财产的规定》(法释[2004]16号)、《关于人民法院委托评估、拍卖和变卖工作的若干规定》(法释[2009]16号)、《关于人民法院委托评估、拍卖工作的若干规定》(法释[2011]21号)的规定,人民法院委托拍卖机构拍卖按照以下程序进行:

(1) 启动拍卖程序。人民法院应当首先作出拍卖被执行人财产的裁定,启动拍卖程序。另外,执行人员还应当对拍卖财产的权属状况、占有使用情况等进行必要的调查,制作拍卖财产现状的调查笔录或者收集其他有关资料。

(2) 对被查封、扣押的财产进行评估。对拟拍卖的财产,除了财产价值较低或者价格依照通常方法容易确定,以及当事人双方及其他执行债权人申请不进行评估的以外,人民法院应当委托具有相应资质的评估机构进行价格评估。评估机构一般采取随机的方式确定,取得政府管理部门行政许可并达到一定资质等级的评估机构,可以自愿报名参加人民法院委托的评估活动,但当事人双方申请通过公开招标方式确定评估机构的,人民法院也应当准许。评估机构选定后,人民法院应当向选定的机构出具委托书,委托书中应当载明本次委托的要求和工作完成的期限等事项。评估机构应当在规定期限内完成委托事项,出具评估报告。人民法院收到评估机构作出的评估报告后,应当在5日内将评估报告发送当事人及其他利害关系人。当事人或者其他利害关系人对评估报告有异议的,可以在收到评估报告后10日内以书面形式向人民法院提出。当事人或者其他利害关系人有证据证明评估机构、评估人员不具备相应的评估资质或者评估程序严重违法而申请重新评估的,人民法院应当准许。

(3) 选定拍卖公司,确定保留价。评估结束后,人民法院应当选定拍卖公司并确定拍卖的保留价。与选定评估机构一样,拍卖机构一般也采取随机的方式确定,取得政府管理部门行政许可并达到一定资质等级的拍卖机构,可以自愿报名参加人民法院委托的拍卖活动,但当事人双方申请通过公开招标方式确定拍卖机构的,人民法院也应当准许。拍卖机构选定后,人民法院应当向选定的机构出具委托书,委托书中应当载明本次委托的要求和工作完成的期限等事项。待拍卖财产的保留价一般按照评估价确定;未作评估的,保留价由人民法院参照市价确定,并应当征询有关当事人的意见。

(4) 拍卖公司实施拍卖。拍卖机构应当在规定期限内完成人民法院的委托事项。拍卖公司的拍卖一般分为宣传招商和组织拍卖会两个阶段。

宣传招商的目的在于确定竞买人。拍卖公司应当发出拍卖公告,鼓励竞买。拍卖动产的,应当在拍卖7日前公告;拍卖不动产或者其他财产权的,应当在拍卖15日前公告。拍卖公告的范围及媒体由当事人双方协商确定;协商不成的,由人民法院确定。拍卖财产具有专业属性的,应当同时在专业性报纸上进行公告。当事人申请在其他新闻媒体上公告或者要求扩大公告范围的,应当准许,但该部分的公告费用由其自行承担。拍卖不动产、其他财产权或者价值较高的动产,需要缴纳保证金的,拍卖公告应当载明。保证金的数额由人民法院确定,但不得低于评估价或者市价的5%。竞买人应当于拍卖前向人民法院预交保证金。申请执行人参加竞买的,可以不预交保证金。拍卖成交后,买受人预交的保证金充抵价款,其他竞买人预交的保证金应当在3日内退还;拍卖未成交的,保证金应当于3日内退还竞买人。另外,人民法院还应在拍卖5日前以书面或者其他能够确认收悉的适当方式,通知当事人和已知的担保物权人、优先购买权人或者其他优先权人于拍卖日到场。优先购买权人经通知未到场的,视为放弃优先购买权。

竞买人确定以后,拍卖公司应当及时组织拍卖会,由竞买人公开竞买。竞价过程中,出价最高的竞买人为买受人。另外,拍卖过程中,有最高应价时,优先购买权人可以表示以该最高价买受,如无更高应价,则归优先购买权人;如有更高应价,而优先购买权人不作表示的,则归该应价最高的竞买人。顺序相同的多个优先购买权人同时表示买受的,以抽签方式决定买受人。

(5) 法院对拍卖公司实施拍卖的监督及干预。在拍卖开始前,有下列情形之一的,人民法院应当撤回拍卖委托:据以执行的生效法律文书被撤销的;申请执行人及其他执行债权人撤回执行申请的;被执行人全部履行了法律文书确定的金钱债务的;当事人达成了执行和解协议,不需要拍卖财产的;案外人对拍卖财产提出确有理由的异议的;拍卖机构与竞买人恶意串通的;其他应当撤回拍卖委托的情形。被执行人在拍卖日之前向人民法院提交足额金钱清偿债务,要求停止拍卖的,人民法院应当准许,但被执行人应当负担因拍卖支出的必要费用。

人民法院委托拍卖后,遇有依法应当暂缓执行或者中止执行的情形的,应当决定暂缓执行或者裁定中止执行,并及时通知拍卖机构和当事人。拍卖机构收到通知后,应当立即停止拍卖,并通知竞买人。暂缓执行期限届满或者中止执行的事由消失后,需要继续拍卖的,人民法院应当在15日内通知拍卖机构恢复拍卖。

(6) 拍卖成交时,拍卖价款及财产交割。拍卖成交后,买受人应当在拍卖公告确定的期限或者人民法院指定的期限内将价款交付到人民法院或者汇入人民法院指定的账户。买受人逾期未支付价款而使拍卖的目的难以实现的,人民法院可以裁定重新拍卖。重新拍卖时,原买受人不得参加竞买。重新拍卖的价款低于原拍卖价款造成的差价、费用损失及原拍卖中的佣金,由原买受人承担。人民法院可以直接从其预交的保证金中扣除。扣除后保证金有剩余的,应当退还原买受人;保证金数额不足的,可以责令原买受人补交;拒不补交的,强制执行。人民法院在收到价款后,应当及时作出裁定,并于价款或者需要补交的差价全额交付后10日内,送达买受人或者承受人。人民法院裁定拍卖成交或者以流拍的财产抵债后,除有依法不能移交的情形外,应当于裁定送达后15日内,将拍卖的财产移交买受人或者承受人。被执行人或者第三人占有拍卖财产应当移交而拒不移交的,强制执行。

(7) 拍卖流拍时的以物抵债。拍卖时无人竞买或者竞买人的最高应价低于保留价,到场的申请执行人或者其他执行债权人申请或者同意以该次拍卖所定的保留价接受拍卖财产的,应当将该财产交其抵债。有两个以上执行债权人申请以拍卖财产抵债的,由法定受偿顺位在先的债权人优先承受;受偿顺位相同的,以抽签方式决定承受人。承受人应受清偿的债权额低于抵债财产的价额的,人民法院应当责令其在指定的期间内补交差额。承受人逾期未补交差价而使抵债的目的难以实现的,人民法院可以裁定重新拍卖。

(8) 拍卖流拍后的再次拍卖。拍卖时无人竞买或者竞买人的最高应价低于保留价,到场的申请执行人或者其他执行债权人不申请以该次拍卖所定的保留价抵债的,应当在60日内再行拍卖。对于第二次拍卖仍流拍的动产,人民法院可以将其作价交申请执行人或者其他执行债权人抵债。申请执行人或者其他执行债权人拒绝接受或者依法不能交付其抵债的,人民法院应当解除查封、扣押,并将该动产退还被执行人。对于第二次拍卖仍流拍的不动产,人民法院可以将其作价交申请执行人或者其他执行债权人抵债。申请执行人或者其他执行债权人拒绝接受或者依法不能交付其抵债的,应当在60日内进行第三次拍卖。

2. 拍卖或以物抵债的效力

根据《民诉解释》第493条的规定,拍卖成交或者依法定程序裁定以物抵债的,标的物所有权自拍卖成交裁定或者抵债裁定送达买受人或者接受抵债物的债权人时转移。①

另外,根据《关于人民法院民事执行中拍卖、变卖财产的规定》第31条的规定,拍卖财产上原有的担保物权及其他优先受偿权,因拍卖而消灭,拍卖所得价款,应当优先清偿担保物权人及其他优先受偿权人的债权,但当事人另有约定的除外。拍卖财产上原有的租赁权及其他用益物权,不因拍卖而消灭,但该权利继续存在于拍卖财产上,对在先的担保物权或者其他优先受偿权的实现有影响的,人民法院应当依法将其除去后进行拍卖。

(二) 变卖

变卖,是指人民法院以非公开竞价的方式将被执行人的财产出卖,并将所得的价款直接给付权利人的执行措施。根据最高人民法院《关于人民法院民事执行中拍卖、变卖财产的规定》第2条、第34条和《民诉解释》第490条的规定,人民法院对查封、扣押的财产进行变价,应首先采取拍卖的方式,但对于金银及其制品、当地市场有公开交易价格的动产、易腐烂变质的物品、季节性商品、保管困难或者保管费用过高的物品,人民法院可以依职权决定变卖。如果当事人双方及有关权利人同意变卖的,人民法院也可以变卖。变卖可以交有关单位变卖,也可以由人民法院直接变卖。对变卖的财产,人民法院或者其工作人员不得买受。

当事人双方及有关权利人对变卖财产的价格有约定的,按照其约定价格变卖;无约定价格但有市价的,变卖价格不得低于市价;无市价但价值较大、价格不易确定的,应委托评估机构进行评估,并按照评估价格进行变卖。按照评估价格变卖不成的,可以降低价格变

---

① 这里需要注意的是所有权转移的时间。最高人民法院《关于人民法院民事执行中拍卖、变卖财产的规定》第29条曾经规定:动产拍卖成交或者抵债后,其所有权自该动产交付时起转移给买受人或者承受人。不动产、有登记的特定动产或者其他财产权拍卖成交或者抵债后,该不动产、特定动产的所有权、其他财产权自拍卖成交或者抵债裁定送达买受人或者承受人时起转移。

卖,但最低的变卖价不得低于评估价的1/2。

变卖的财产无人应买的,可以按照规定将该财产交申请执行人或者其他执行债权人抵债;申请执行人或者其他执行债权人拒绝接受或者依法不能交付其抵债的,人民法院应当解除查封、扣押,并将该财产退还被执行人。

另外,根据最高人民法院《关于人民法院民事执行中拍卖、变卖财产的规定》第28条第2款的规定,对于经过三次拍卖仍然流拍的不动产,如果申请执行人或者其他执行债权人拒绝接受或者依法不能接受该不动产抵债,人民法院应当于第三次拍卖终结之日起7日内发出变卖公告,进行变卖。自公告之日起60日内没有买受人愿意以第三次拍卖的保留价买受该财产,且申请执行人、其他执行债权人仍不表示接受该财产抵债的,应当解除查封、扣押,将该财产退还被执行人,但对该财产可以采取其他执行措施的除外。

关于变卖的实施程序,《民事诉讼法》和司法解释目前尚未作出明确规定。

三、交付或分配拍卖、变卖所得

拍卖、变卖结束以后,人民法院应及时向申请执行人交付变价所得。根据《执行解释》第25条的规定,多个债权人对同一被执行人申请执行或者对执行财产申请参与分配的,执行法院应当制作财产分配方案,并送达各债权人和被执行人。这里需要注意的是债权人申请参与分配制度。

参与分配是《民诉解释》和《执行规定》共同确立的一项制度。根据这两个司法解释的规定,所谓的参与分配,是指在被执行人是公民或其他组织的执行案件中,由于被执行人无其他财产可供执行或其他财产不足清偿全部债务,申请执行人以外的其他债权人依据已经取得的执行依据或担保物权,申请加入已经开始的执行程序,参与分配执行价款或标的物的法律制度。其意义在于对破产制度进行补充,实现特定案件中债权人的公平受偿——破产制度只适用于企业法人,公民和其他组织并不属于破产程序的适用对象。

根据《民诉解释》第508条、第509条和《执行规定》第90条的规定,债权人申请参与分配必须具备以下五个条件:第一,被执行人必须是公民或者其他组织。被执行人是企业法人的,如果在执行程序中出现财产不能清偿所有债权的情形,人民法院可以告知当事人依法申请破产,而不必适用参与分配制度。不过,企业法人未经清理或清算而撤销、注销或歇业,其财产不足清偿全部债务的,应当参照参与分配的有关规定,对各债权人的债权按比例清偿。第二,被执行人的全部财产或者主要财产已经被人民法院查封、扣押或冻结,已无其他财产可供执行,或者其他财产不足清偿全部债务。第三,申请参与分配的债权人必须已经取得执行依据。第四,申请参与分配的债权人所享有的债权,必须是金钱债权或者已经转换为金钱请求的债权。第五,申请参与分配的债权人必须在执行程序开始后,被执行财产执行终结前向执行法院提出申请。另外,对人民法院查封、扣押或冻结的财产有优先权、担保物权的债权人,可以直接申请参加参与分配程序,主张优先受偿权。

债权人申请参与分配的,应当向其原申请执行法院提交参与分配申请书。该执行法院应将参与分配申请书转交给主持分配的法院,并说明执行情况。参与分配申请书应写明被执行人不能清偿全部债权和申请参与分配的事实、理由,并附有执行依据。

参与分配由首先采取查封、扣押、冻结措施的人民法院主持。如果首先采取的查封、扣押、冻结的措施是执行法院的财产保全裁定,具体分配应当在该院案件审理终结后进行。

主持分配的执行法院应当制作财产分配方案,并送达各债权人和被执行人。在分配顺序上,执行所得价款应首先扣除执行费用,并清偿应当优先受偿的债权,然后才能清偿普通债权。普通债权原则上按照其占全部申请参与分配债权数额的比例受偿。债权人或者被执行人对分配方案有异议的,应当自收到分配方案之日起15日内向法院提出书面异议。法院应当在收到书面异议后通知未提出异议的债权人、被执行人。未提出异议的债权人、被执行人自收到通知之日起15日内未提出反对意见的,主持分配的执行法院依异议人的意见对分配方案审查修正后进行分配;提出反对意见的,应当通知异议人。异议人可以自收到通知之日起15日内,以提出反对意见的债权人、被执行人为被告,向主持分配的执行法院提起诉讼;逾期未提起诉讼的,按照原分配方案分配。诉讼期间进行分配的,应当提存与争议债权数额相应的款项。

参与分配清偿后的剩余债务,被执行人应当继续清偿。债权人发现被执行人有其他财产的,可以随时请求人民法院执行。

四、以物抵债

《民诉解释》第491条和第492条规定,以下两种情形,执行法院可以将被执行人的财产交付申请执行人,以物抵债:

一是经申请执行人和被执行人同意,且不损害其他债权人合法权益和社会公共利益的,人民法院可以不经拍卖、变卖,直接将被执行人的财产作价交申请执行人抵偿债务。对剩余债务,被执行人应当继续清偿。

二是被执行人的财产无法拍卖或者变卖的,经申请执行人同意,且不损害其他债权人合法权益和社会公共利益的,人民法院可以将该项财产作价后交付申请执行人抵偿债务,或者交付申请执行人管理。申请执行人拒绝接收或者管理的,退回被执行人。

第四节　因金钱债权对财产性权益的执行

一、对到期债权的执行

对被执行人到期债权的执行是最高人民法院司法解释确立起来的一项法律制度。《民诉意见》第300条曾经规定,被执行人不能清偿债务,但对本案以外的第三人享有到期债权的,人民法院可以依申请执行人,对被执行人的到期债权进行执行。在此基础上,《执行规定》第61—69条对到期债权的执行制度作了进一步补充,规定:人民法院可以依申请执行人或被执行人的申请,向第三人发出履行到期债务的通知。履行通知应包含以下内容:(1)第三人应直接向申请执行人履行其对被执行人所负的债务,不能向被执行人清偿;(2)第三人应当在收到履行通知后的15日内向申请执行人履行债务;(3)第三人对履行到期债权有异议的,应当在收到履行通知后的15日内向执行法院提出;(4)第三人违背上述义务的法律后果。收到履行通知后,第三人在履行通知指定的期间内提出异议的,人民法院不得对第三人强制执行,对提出的异议不进行审查。第三人在履行通知指定的期限内没有提出异议,而又不履行的,执行法院有权裁定对其强制执行。第三人收到人民法院要求其履行到期债务的通知后,擅自向被执行人履行,造成已向被执行人履行的财产不能追回的,除在已履行的财产范围内与被执行人承担连带清偿责任外,可以追究其妨害执行的责任。

但上述程序在《民诉解释》中有所变化。《民诉解释》第501条规定,人民法院执行被执行人对他人享有的到期债权,可以作出冻结债权的裁定,并通知该他人向申请执行人履行。该他人对到期债权有异议,申请执行人请求对异议部分强制执行的,人民法院不予支持。利害关系人对到期债权有异议的,人民法院应当按照《民事诉讼法》第227条的规定处理。对生效法律文书确定的到期债权,该他人予以否认的,人民法院不予支持。

二、对投资权益(股权)的执行

根据《执行规定》第52条至第55条和最高人民法院《关于冻结、拍卖上市公司国有股和社会法人股若干问题的规定》的规定,对被执行人投资权益的执行分为以下三种情况:

(一)对股份有限公司、上市公司投资权益的执行

对被执行人在股份有限公司中持有的股份凭证(股票),人民法院可以扣押,并强制被执行人按照《公司法》的有关规定转让,也可以直接采取拍卖、变卖的方式进行处分,或直接将股票抵偿给债权人,用于清偿被执行人的债务。

这里需要注意的是对上市公司的股权,尤其是上市公司国有股和社会法人股的执行。2001年,最高人民法院曾专门就上市公司国有股和社会法人股的执行出台了司法解释,即《关于冻结、拍卖上市公司国有股和社会法人股若干问题的规定》。这个司法解释将对上市公司国有股和社会法人股的执行分为两个阶段,即冻结和拍卖。

根据《关于冻结、拍卖上市公司国有股和社会法人股若干问题的规定》的规定,人民法院在裁定冻结股权时,除应当将法律文书送达负有协助执行义务的单位以外,还应当在作出冻结或者解除冻结裁定后7日内,将法律文书送达股权持有人或者所有权人并书面通知上市公司。冻结股权的期限不超过1年。如申请人需要延长期限的,人民法院应当根据申请,在冻结期限届满前办理续冻手续,每次续冻期限不超过6个月。逾期不办理续冻手续的,视为自动撤销冻结。冻结的效力及于股权产生的股息以及红利、红股等孳息,但股权持有人或者所有权人仍可享有因上市公司增发、配售新股而产生的权利。

人民法院要对被冻结的股权变价,必须进行拍卖,不得直接将股权执行给债权人。与拍卖被执行人的动产、不动产一样,上市公司国有股和社会法人股也应当首先委托具有从业资格的资产评估机构对股权价值进行评估。而且,人民法院应将评估报告分别送达债

权人和债务人以及上市公司。债权人和债务人以及上市公司对评估报告有异议的,应当在收到评估报告后7日内书面提出。人民法院应当将异议书交资产评估机构,要求该机构在10日之内作出说明或者补正。

评估结束之后,人民法院应当按照评估值确定拍卖的保留价,并委托依法成立的拍卖机构进行拍卖。拍卖机构应当于拍卖日前10天,在《中国证券报》《证券时报》或者《上海证券报》上进行公告。依法具有受让股权购买资格的竞买人可以参与竞买。拍卖过程中,竞买人已经持有的该上市公司股份数额和其竞买的股份数额累计不得超过该上市公司已经发行股份数额的30%。如竞买人累计持有该上市公司股份数额达到30%仍参与竞买的,须按照《证券法》的规定处理。在此期间,中止拍卖程序。

拍卖成交后,人民法院应当向证券交易市场和证券登记结算公司出具协助执行通知书,由买受人持拍卖机构出具的成交证明和财政主管部门对股权性质的界定等有关文件,向证券交易市场和证券登记结算公司办理股权变更登记。

第一次拍卖未成交或最高应价未达到保留价时,应当继续进行拍卖,每次拍卖的保留价应当不低于前次保留价的90%。经三次拍卖仍不能成交时,人民法院应当将所拍卖的股权按第三次拍卖的保留价折价抵偿给债权人。

另外,人民法院可以在每次拍卖未成交后主持调解,将所拍卖的股权参照该次拍卖保留价折价抵偿给债权人。

(二) 对有限责任公司和独资法人企业投资权益的执行

对被执行人在有限责任公司和独资法人企业①中的投资权益,人民法院可以采取冻结措施。冻结投资权益的,应当通知有关企业不得办理被冻结投资权益的转移手续,不得向被执行人支付股息或红利。投资权益被冻结以后,被执行人不得自行转让。

对于被执行人在有限责任公司中的投资权益,按照《公司法》的规定,人民法院可以在征得全体股东过半数同意后予以拍卖、变卖或以其他方式转让。不同意转让的股东,应当购买该转让的投资权益或股权;不购买的,视为同意转让,不影响执行。对于被执行人在其独资开办的法人企业中的投资权益,人民法院可以在采取冻结措施后直接裁定转让,并以转让所得清偿对申请执行人的债务。

人民法院也可允许并监督被执行人自行转让在有限责任公司和其他法人企业中的投资权益,并以转让所得清偿对申请执行人的债务。

(三) 对中外合资、合作经营企业投资权益的执行

对于被执行人在中外合资、合作经营企业中的投资权益或股权,在征得合资或合作他方的同意和对外经济贸易主管机关的批准后,可以对冻结的投资权益或股权予以转让。

如果被执行人除在中外合资、合作企业中的股权以外别无其他财产可供执行,其他股东又不同意转让的,可以直接强制转让被执行人的股权,但应当保护合资他方的优先购

---

① 《执行规定》第53条的原文是"其他法人企业"。根据最高人民法院参与该规定制定的黄金龙法官的解释,这里的"其他法人企业"就是指有限责任公司以外的独资法人企业。参见黄金龙:《关于人民法院执行工作若干问题的规定(试行)实用解析》,中国法制出版社2000年版,第159页。

买权。

三、对股息、红利的执行

根据《执行规定》第51条的规定,对被执行人在企业中应得的股息、红利的执行因股息、红利是否到期而有所不同。

对于已到期的股息、红利等收益,人民法院有权裁定禁止被执行人提取和禁止有关企业向被执行人支付,并要求有关企业直接向申请执行人支付。

对于未到期、被执行人预期应得的股息、红利等收益,人民法院可以先采取冻结措施,禁止到期后被执行人提取和有关企业向被执行人支付。然后,等股息、红利到期后,直接从有关企业中提取,并出具提取收据。

四、对知识产权的执行

《执行规定》第50条规定,被执行人不履行生效法律文书确定的义务的,人民法院有权裁定禁止被执行人转让专利权、注册商标专用权、著作权(财产权部分)等知识产权。知识产权有登记主管部门的,应同时向有关部门发出协助执行通知书,要求其不得办理财产权转移手续,必要时可以责令被执行人将产权或使用权证照交法院保存。

对于人民法院已经裁定禁止转让的知识产权,可以采取拍卖、变卖等执行措施。拍卖、变卖的程序准用对动产、不动产执行的规定。

第五节 对行为的执行

根据《民事诉讼法》的规定,对行为的强制执行分为两种:一是强制完成生效法律文书确定的财产给付,主要是强制交付法律文书指定的财物或票证,以及强制迁出房屋或退出土地;二是强制完成生效法律文书确定的单纯的非财产给付,比如赔礼道歉、恢复原状、办理过户手续等。

一、强制完成生效法律文书确定的财产给付

(一)强制交付生效法律文书指定的财物或票证

根据《民事诉讼法》第249条的规定,对于生效法律文书指定交付的财物或票证,如果被执行人拒不履行,人民法院可以根据不同情况采取措施。通常情况下,由执行员传唤双方当事人当面交付,或者由被执行人将需要交付的财物或票证先交给执行员,再由执行员转交给申请执行人。如果指定交付的财物或者票证由有关单位持有的,人民法院应当发出协助执行通知书。有关单位应当根据协助执行通知书转交,并由被交付人签收。如果指定交付的财物或者票证由个人持有的,人民法院可以直接通知其交出。拒不交出的,强制执行。

根据《民诉解释》第494条和第495条的规定,执行标的物为特定物的,应当执行原

物。原物确已毁损或者灭失的,经双方当事人同意,可以折价赔偿。双方当事人对折价赔偿不能协商一致的,人民法院应当终结执行程序;申请执行人可以另行起诉。

他人持有法律文书指定交付的财物或者票证,人民法院发出协助执行通知后,拒不转交的,可以强制执行,并可依照《民事诉讼法》第114条、第115条的规定,采取妨碍执行的强制措施。他人主张合法持有财物或者票证的,可以根据《民事诉讼法》第227条规定提出执行异议。

(二) 强制迁出房屋或退出土地

《民事诉讼法》第250条规定,人民法院强制被执行人迁出房屋或退出土地的,应当由院长签发公告,责令被执行人在指定期间履行。被执行人逾期不履行的,由执行员强制执行。

在强制执行时,如果被执行人是公民,人民法院应当通知被执行人或者他的成年家属到场。被执行人的工作单位或者房屋、土地所在地的基层组织应当派人参加。如果被执行人是法人或者其他组织的,应当通知其法定代表人或者主要负责人到场。拒不到场的,不影响执行。执行员应当将强制执行情况记入笔录,由在场人签名或者盖章。

对于强制迁出房屋时搬出的财物,人民法院应当派人将其运至指定处所,交给被执行人。如果被执行人是公民的,也可以交给他的成年家属。因拒绝接收而造成的损失,由被执行人承担。

二、强制完成生效法律文书确定的非财产给付

如果生效法律文书确定的行为是非财产性给付,人民法院应当区分该行为是否可以替代,分别采取执行措施。《民事诉讼法》第252条规定,对判决、裁定和其他法律文书指定的行为,被执行人未按执行通知履行的,人民法院可以强制执行或者委托有关单位或者其他人完成,费用由被执行人承担。

在此基础上,《民诉解释》第503—505条规定:被执行人不履行生效法律文书确定的行为义务,该义务可由他人完成的,人民法院可以选定代履行人;法律、行政法规对履行该行为义务有资格限制的,应当从有资格的人中选定。必要时,可以通过招标的方式确定代履行人。申请执行人可以在符合条件的人中推荐代履行人,也可以申请自己代为履行,是否准许,由人民法院决定。代履行费用的数额由人民法院根据案件具体情况确定,并由被执行人在指定期限内预先支付。被执行人未预付的,人民法院可以对该费用强制执行。代履行结束后,被执行人可以查阅、复制费用清单以及主要凭证。

被执行人不履行法律文书指定的行为,且该项行为为只能由被执行人完成的,人民法院可以依照《民事诉讼法》第111条第1款第6项的规定,采取妨碍执行的强制措施。被执行人在人民法院确定的履行期间内仍不履行的,可以再次按照《民事诉讼法》第116条的规定处理。

第六节 保障性执行措施

保障性执行措施,是指在执行过程中,人民法院可以采取的、用以辅助或配合强制执行实施的有关措施。根据《民事诉讼法》和司法解释的规定,目前有明确制度依据的保障性执行措施主要有搜查、加倍支付利息和延迟履行金、限制出境、限制高消费和载入失信被执行人名单五种。

一、搜查

搜查,是指被执行人隐匿财产或者生效法律文书指定交付的物品时,人民法院依法对被执行人的人身、住所或者财产隐匿地进行搜寻、查找的强制措施。搜查被执行人的财产是民事诉讼中的具有较强的强制性的措施,不仅涉及被执行人的财产,甚至同被执行人的人身权利密切相关,因而必须严格按照法定条件和程序进行。《民事诉讼法》第248条规定,被执行人不履行生效法律文书确定的义务,并隐匿财产的,人民法院有权发出搜查令,对被执行人及其住所或者财产隐匿地进行搜查。搜查令应当由院长签发。

搜查时,人民法院应禁止无关人员进入搜查现场;搜查对象是公民的,应通知被执行人或者他的成年家属以及基层组织派员到场;搜查对象是法人或者其他组织的,应通知法定代表人或者主要负责人到场。拒不到场的,不影响搜查。

搜查人员必须按规定着装,并出示搜查令和工作证件。搜查妇女身体,应由女执行人员进行。

另外,搜查应制作搜查笔录,由搜查人员、被搜查人及其他在场人签名、捺印或盖章。拒绝签名、捺印或者盖章的,应在搜查笔录中写明。

二、加倍支付利息和支付迟延履行金

《民事诉讼法》第253条规定,被执行人没有按照判决、裁定和其他法律文书指定的期间履行给付金钱义务的,应当加倍支付迟延履行期间的债务利息。被执行人没有按照判决、裁定和其他法律文书指定的期间履行其他义务的,应当支付迟延履行金。

另外,根据《民诉解释》第506条和第507条的规定,被执行人迟延履行的,迟延履行期间的利息或者迟延履行金自判决、裁定和其他法律文书指定的履行期间届满之日起计算。

被执行人未按判决、裁定和其他法律文书指定的期间履行非金钱给付义务的,无论是否已给申请执行人造成损失,都应当支付迟延履行金。已经造成损失的,双倍补偿申请执行人已经受到的损失;没有造成损失的,迟延履行金可以由人民法院根据具体案件情况决定。

三、限制出境

强制执行法上的限制出境是对被执行人采取的一项约束性措施,是指被执行人不履行生效法律文书确定的义务时,人民法院对其实施边控,在一定期间内禁止其离开我国领土的法律制度。《民事诉讼法》第255条规定,被执行人不履行法律文书确定的义务的,人民法院可以对其采取或者通知有关单位协助采取限制出境。1987年最高人民法院、最高人民检察院、公安部、国家安全部《关于依法限制外国人和中国公民出境问题的若干规定》规定,外国人或中国公民有未了结民事案件(包括经济纠纷案件)的,由人民法院决定限制出境并执行,同时通报公安机关。

人民法院在限制外国人和中国公民出境时,可以分别采取以下办法:(1) 向当事人口头通知或书面通知,在其案件了结之前不得离境;(2) 根据案件性质及当事人的具体情况,分别采取监视居住或取保候审的办法,或令其提供财产担保或交付一定数量保证金后准予出境;(3) 扣留当事人护照或其他有效出入境证件。但应在护照或其他出入境证件有效期内处理了结,同时发给本人扣留证件的证明。在出入境证件有效期内不能了结的,应当提前通知公安机关。

四、限制高消费

限制高消费是指被执行人不履行生效法律文书确定的义务时,人民法院禁止其进行较高水平消费的法律制度。最高人民法院《关于限制被执行人高消费的若干规定》第1条规定,被执行人未按执行通知书指定的期间履行生效法律文书确定的给付义务的,人民法院可以限制其高消费。

人民法院决定采取限制高消费措施时,应当考虑被执行人是否有消极履行、规避执行或者抗拒执行的行为以及被执行人的履行能力等因素。根据规定,这里的高消费包括以下支付行为:(1) 乘坐交通工具时,选择飞机、列车软卧、轮船二等以上舱位;(2) 在星级以上宾馆、酒店、夜总会、高尔夫球场等场所进行高消费;(3) 购买不动产或者新建、扩建、高档装修房屋;(4) 租赁高档写字楼、宾馆、公寓等场所办公;(5) 购买非经营必需车辆;(6) 旅游、度假;(7) 子女就读高收费私立学校;(8) 支付高额保费购买保险理财产品;(9) 其他非生活和工作必需的高消费行为。被执行人为自然人的,被限制高消费后,不得以其财产支付上述费用。被执行人为单位的,被限制高消费后,该单位及其法定代表人、主要负责人、影响债务履行的直接责任人员不得以单位财产支付上述费用。

限制高消费一般由申请执行人提出书面申请,由人民法院审查决定;必要时人民法院可以依职权决定。人民法院决定限制高消费的,应当向被执行人发出限制高消费令。限制高消费令由人民法院院长签发。限制高消费令应当载明限制高消费的期间、项目、法律后果等内容。人民法院根据案件需要和被执行人的情况可以向有义务协助调查、执行的单位送达协助执行通知书,也可以在相关媒体上进行公告。公告费用由被执行人负担;申请执行人申请在媒体公告的,应当垫付公告费用。

被限制高消费的被执行人因生活或者经营必需而进行本规定禁止的消费活动的,应当向人民法院提出申请,获批准后方可进行。被执行人提供确实有效的担保或者经申请执行人同意的,人民法院可以解除限制高消费令。生效法律文书确定的义务履行完毕的,人民法院应当解除限制高消费令,并通知有关单位或予以公告。在限制高消费令没有解除的情况下,被执行人未经批准,有违反限制高消费令的行为的,经查证属实,可以依法予以拘留、罚款;情节严重,构成犯罪的,追究其刑事责任。

五、载入失信被执行人名单

失信被执行人名单制度是一种人民法院对被执行人进行信用制裁的法律制度。《民事诉讼法》第255条规定,被执行人不履行生效法律文书确定的义务的,人民法院可以对其采取在征信系统记录、通过媒体公布其不履行义务的信息。在此基础上,最高人民法院《关于公布失信被执行人名单信息的若干规定》建立了失信被执行人名单制度。

根据规定,被执行人有以下行为之一的,人民法院应当依法将其纳入失信被执行人名单,对其进行信用惩戒:(1)以伪造证据、暴力、威胁等方法妨碍、抗拒执行的;(2)以虚假诉讼、虚假仲裁或者以隐匿、转移财产等方法规避执行的;(3)违反财产报告制度的;(4)违反限制高消费令的;(5)被执行人无正当理由拒不履行执行和解协议的;(6)其他有履行能力而拒不履行生效法律文书确定义务的。人民法院向被执行人发出的《执行通知书》中,应当载明有关纳入失信被执行人名单的风险提示内容。

将被执行人纳入失信被执行人名单可以根据申请执行人的申请进行,也可以由人民法院以职权进行。决定将被执行人纳入失信被执行人名单的,人民法院应当制作决定书,并送达当事人。决定书自作出之日起生效。

各级人民法院应将失信被执行人名单信息录入最高人民法院失信被执行人名单库,向社会公布。同时,也可以通过报纸、广播、电视、网络、法院公告栏等其他方式予以公布,甚至还可以新闻发布会形式或其他方式定期向社会公布。记载和公布的失信被执行人名单信息应包括以下内容:(1)作为被执行人的法人或者其他组织的名称、组织机构代码、法定代表人或者负责人姓名;(2)作为被执行人的自然人的姓名、性别、年龄、身份证号码;(3)生效法律文书确定的义务和被执行人的履行情况;(4)被执行人失信行为的具体情形;(5)执行依据的制作单位和文号、执行案号、立案时间、执行法院;(6)人民法院认为应当记载和公布的不涉及国家秘密、商业秘密、个人隐私的其他事项。

另外,人民法院应当将失信被执行人名单信息向征信机构通报,由征信机构在其征信系统中记录,并向政府相关部门、金融监管机构、金融机构、承担行政职能的事业单位及行业协会等通报,以对失信被执行人在政府采购、招标投标、行政审批、政府扶持、融资信贷、市场准入、资质认定等方面予以信用惩戒。失信被执行人是国家工作人员的,人民法院应当将其失信情况通报其所在单位。失信被执行人是国家机关、国有企业的,人民法院应当将其失信情况通报其上级单位或者主管部门。

被执行人认为将其纳入失信被执行人名单错误的,可以向人民法院申请纠正。被执行人是自然人的,应由被执行人本人到人民法院提出并说明理由;被执行人是法人或者其他组织的,应由其法定代表人或者负责人本人到人民法院提出并说明理由。经审查,被执行人的理由成立的,人民法院应予以纠正。

被执行人全部履行了生效法律文书确定义务的,或与申请执行人达成执行和解协议并经申请执行人确认履行完毕的,或执行案件被依法裁定终结执行的,人民法院应当将被执行人有关信息从失信被执行人名单库中删除。

第七节 妨害执行的强制措施

妨害执行的强制措施,是指人民法院为排除妨害执行活动的行为,保证执行活动顺利进行,而依法对实施妨害执行行为的人采取的强制手段。根据《民事诉讼法》的规定,它属于妨害民事诉讼的强制措施的一部分,必须由人民法院作出决定。

一、拘传

拘传是人民法院强制有关人员到指定场所,接受人民法院询问的法律制度,在执行阶段,主要适用于被执行人及其法定代表人、负责人和实际控制人。

执行阶段的拘传制度主要规定于最高人民法院的司法解释当中。《执行规定》第97条规定,必须到人民法院接受询问的被执行人或被执行人的法定代表人或负责人,经两次传票传唤,无正当理由拒不到场的,人民法院可以对其进行拘传。拘传应发拘传票。对被拘传人的调查询问不得超过24小时,调查询问后不得限制被拘传人的人身自由。在本辖区以外采取拘传措施时,应当将被拘传人拘传到当地的人民法院,当地的人民法院应当予以协助。

在此基础上,《民诉解释》第484条规定,对必须接受调查询问的被执行人、被执行人的法定代表人、负责人或者实际控制人,经依法传唤无正当理由拒不到场的,人民法院可以拘传其到场。人民法院应当及时对被拘传人进行调查询问,调查询问的时间不得超过8小时;情况复杂,依法可能采取拘留措施的,调查询问的时间不得超过24小时。在这里,最高人民法院对执行阶段的拘传制度进行了三个方面的修改:一是将拘传的对象扩展到了被执行人的实际控制人;二是淡化了"经两次传票传唤"的前提要求,规定相关人员只要"经依法传唤无正当理由拒不到场",就可以拘传;三是改变了拘传的时间要求:对于一般的拘传,调查询问的时间不得超过8小时;只有情况复杂,依法可能采取拘留措施的,才允许将调查询问的时间延长至24小时。

二、责令履行协助义务

责令履行协助义务是指人民法院对负有协助执行义务的人,命令其履行协助义务的法律制度。该制度主要适用于协助执行人。

《民事诉讼法》第114条规定,有义务协助调查、执行的单位有下列行为之一的,人民法院可以责令其履行协助义务：(1) 有关单位拒绝或者妨碍人民法院调查取证的；(2) 有关单位接到人民法院协助执行通知书后，拒不协助查询、扣押、冻结、划拨、变价财产的；(3) 有关单位接到人民法院协助执行通知书后，拒不协助扣留被执行人的收入、办理有关财产权证照转移手续、转交有关票证、证照或者其他财产的；(4) 其他拒绝协助执行的。对于被责令履行协助义务的单位，人民法院也可以予以罚款。

另外，人民法院还可以同时对上述单位的主要负责人或者直接责任人员予以罚款；对仍不履行协助义务的，可以予以拘留；并可以向监察机关或者有关机关提出予以纪律处分的司法建议。

三、罚款、拘留

罚款是指人民法院责令实施妨害执行行为的人缴纳一定数量货币，以示制裁的法律制度。拘留是指人民法院决定在一定期限内，对实施妨害执行行为的人限制人身自由的法律制度。

根据《民事诉讼法》第 110 条和《执行规定》第 100 条的规定，被执行人或其他人有下列行为的，人民法院可予以罚款、拘留：(1) 隐藏、转移、变卖、毁损向人民法院提供执行担保的财产的；(2) 案外人与被执行人恶意串通转移被执行人财产的；(3) 故意撕毁人民法院执行公告、封条的；(4) 伪造、隐藏、毁灭有关被执行人履行能力的重要证据，妨碍人民法院查明被执行人财产状况的；(5) 指使、贿买、胁迫他人对被执行人的财产状况和履行义务的能力问题作伪证的；(6) 妨碍人民法院依法搜查的；(7) 以暴力、威胁或其他方法妨碍或抗拒执行的；(8) 哄闹、冲击执行现场的；(9) 对人民法院执行人员或协助执行人员进行侮辱、诽谤、诬陷、围攻、威胁、殴打或者打击报复的；(10) 毁损、抢夺执行案件材料、执行公务车辆、其他执行器械、执行人员服装和执行公务证件的。单位有上述行为之一的，人民法院可以对其主要负责人或者直接责任人员予以罚款、拘留。

另外，根据《民事诉讼法》第 113 条的规定，被执行人与他人恶意串通，通过诉讼、仲裁、调解等方式逃避履行法律文书确定的义务的，人民法院也可以予以罚款、拘留。

人民法院决定采取罚款、拘留措施的，必须经院长批准，并作出罚款、拘留决定书。对个人罚款的，金额为人民币 10 万元以下；对单位罚款的，金额为人民币 5 万元以上 100 万元以下；拘留的期限，为 15 日以下。被拘留的人，由人民法院交公安机关看管。在拘留期间，被拘留人承认并改正错误的，人民法院可以决定提前解除拘留。

被采取罚款、拘留措施的人对决定书不服的，可以向上一级人民法院申请复议一次。复议期间不停止执行。

后　　记

经全国高等教育自学考试指导委员会同意，由法学类专业委员会负责高等教育自学考试法律专业教材的审定工作。

法律专业《民事诉讼法学》自学考试教材由北京大学法学院潘剑锋教授担任主编。

本教材编写分工如下：

第一编：潘剑锋教授、韩静茹讲师

第二编：刘哲玮副教授

第三编：王晴讲师

第四编：戴锐副教授

第五编：周晓霞讲师

第六编：白晓峰副教授

参加本教材审稿并提出修改意见的有北京师范大学法学院刘荣军教授、中国人民大学法学院肖建国教授、中国政法大学肖建华教授。在此表示真诚的谢意。

全国高等教育自学考试指导委员会
法学类专业委员会
2015年10月